제2판

경제학원론

강남호 · 김경표

Principles of ECONOMICS

정독
DEEP READING

2판 머리말

"우리는 경제 없이 단 하루도 행복해질 수 없다."
"우리의 삶은 하루하루가 선택의 연속이다."

경제학은 선택과학으로서 우리에게 어떤 선택이 좋은 선택인지를 과학적으로 설명해 준다. 제약된 상황에서 효율성과 공평성을 충족하는 최적선택의 모형들을 제공한다. 결과적으로 경제학을 학습하는 과정에서 우리는 경제 현상을 이해하고 경제문제를 해결하며 경제의 변화를 예측하는 이론체계를 습득하게 된다.

경제학은 경제주체로서 합리적인 선택이 무엇인지, 어떻게 하면 제약된 조건에서 최적선택을 할 수 있는지 훌륭한 안내지도로 활용된다. 따라서 모든 경제 경제주체들은 경제학을 통해서 합리적 사고 능력과 합리적 선택 능력을 배양할 수 있을 것이다. 요즈음 학생들의 진로와 관련해서도 다양한 직종과 전공능력의 필요성이 요구되고 있을 뿐만 아니라 공무원 시험을 비롯한 각종 자격시험에서도 경제학 교과목은 중요한 핵심과목이며 시험의 당락을 결정하는 변별력있는 영역 중의 하나이다.

본서는 제2판에서 각장마다 기본적인 개념들에 대한 정확한 이해도를 측정하고 학습자가 어떤 부분들을 보다 더 엄밀하게 학습해야 하는지를 판단할 수 있도록 객관식 문제를 추가하였다. 여기에 각종 공무원 시험이나 자격시험에 출제되었던 기출문제들도 선별하여 추가함으로써 수험생들의 학습에 도움을 주고자 한다.

본 교재는 저자가 오랜 기간 동안 강의경험을 바탕으로 구상해 오던 간결하면서도 효율적인 경제학 입문서에 대한 고민과 노력의 결과물이다. 제1판을 출간하고 돌이켜 보건데 부족함이 없지 않았음에도 불구하고 여러 대학의 교수님들과 독자들의 성원에 힘입어 제1판이 절판되었고 제2판을 출간하는 영광을 누리게 되었다. 그동안 성원해 주신 모든 분들께 진심으로 감사의 마음을 전하고 싶다.

저자는 이번에 출판된 제2판에 멈추지 않고 차후 더욱 간결하고 흥미로우며 이해하기 쉬운 한 단계 업그레이드된 경제학 교재개발을 약속하면서 본서의 제2판을 기꺼이 출판해 주신 도서출판 정독 김중용 대표님께 감사드린다.

2022년 5월 신용벌 연구실에서

머리말

경제는 인류의 생존과 문명 그리고 역사발전의 핵심요소이다. 경제 없이는 단 하루도 편안하고 행복한 생활을 보장할 수 없다. 따라서 경제를 잘 이해하는 것은 이 세상을 잘 이해하는 것이다. 경제를 잘 이해하기 위해서는 경제학을 학습하는 것이 지름길이다. 경제학은 경제현상을 이해하고, 경제문제를 해결하며, 미래경제를 예측하는 데 도움을 준다. 전공기초나 교양교과로서의 경제학은 경제학자를 만들기 위한 교과라기보다는 좋은 선택에 대한 기본적 원리들을 교육하기 위한 교과라 할 수 있다. 경제학은 경제현상을 연구하는 학문이지만 이론적으로 선택과학(choice science)의 영역에 해당한다.

우리가 하는 모든 경제행위들은 선택행위로 귀결된다. 소비자(가계)는 어떻게 하면 효용을 극대화할 수 있는가를 고민한다. 생산자(기업)는 어떻게 하면 생산을 극대화하고 비용은 극소화하며 최대의 이윤을 창출할 수 있는가를 고심한다. 정부는 어떻게 하면 효율적이고 공평한 정책으로 한 나라의 사회후생을 극대화할 수 있는가에 골몰한다. 또한 어떻게 하면 인플레이션이나 실업이 없는 안정된 나라경제를 유지하고 발전시킬 수 있는가에 집중하고 있다. 국가 간의 교역은 관세, 환율, 금리 등을 어떻게 선택해야 교역 당사국들에게 교역이익을 극대로 나눌 수 있는가에 대해 경쟁하고 협력한다.

미래를 준비하는 젊은이가 현재의 시간을 어떤 선택들로 채워야 하는지, 마트나 백화점에서 쇼핑하는 가정주부가 장바구니를 어떤 상품의 조합들로 채워야 하는지, 생산, 조직·인사, 재무, 마케팅을 관리하는 기업의 경영자가 어떤 경영을 통해 기업의 수익성과 지속가능성을 유지할 수 있는지, 지방자치단체를 관장하는 지방자치단체장들이 어떻게 하면 지역을 혁신하고 지역주민들의 후생을 개선할 수 있는지, 한 나라를 이끌어가는 대통령을 비롯한 정치지도자와 관료들이 어떻게 하면 나라경제를 안정되고 성장할 뿐만 아니라 국민의 삶의 질을 개선시킬 수 있는지, 어떻게 하면 적은 비용으로 범죄를 줄일 수 있는 것인지, 어떻게 하면 미세먼지나 미세프라스틱을 줄일 수 있을 것인지.

이 모든 것들은 선택의 문제이고 경제학의 영역에 포함되며 경제학에서 좋은 해법을 찾을 수 있다. 이런 현상들을 합리적으로 이해하고 문제를 해결하며 어떤 결과를 가져올 것인지를 예측하는 데 경제모형을 다양하게 활용할 수 있기 때문이다.

경제학은 합리성과 과학성을 갖추기 위해 복잡한 수식과 그래프들로 가득하다. 경제학자가 아닌 합리적 선택을 위한 학습자라면 수식과 그래프가 중요한 것이 아니라 그 모형이 담고 있는 경제원리, 즉 경제적 의미가 더 중요하다. 경제적 함의를 이해하는 것이야말로 현실을 설명하고 문제에 대한 해법을 제시하는 첫걸음이 된다.

전공기초나 교양과목으로서의 경제학 강의는 모형 그 자체를 교육하는 것보다 그 모형이 함축하고 있는 경제원리나 경제적 의미를 이해시키는 것이 무엇보다 중요하다. 강의 내용이 가능하면 쉽고 흥미로워야 한다. 학습한 원리를 현실에 적용하는 능력에 초점을 맞춰야 한다.

이 책은 이런 문제에 주안점을 두고 경제학원론 교재로 집필하고 출간하게 되었다. 부디 또 하나의 경제학원론이 아닌 수식이나 그래프보다 경제원리의 이해나 응용능력을 배양하는 간결하고 효과적인 강의교재로 활용될 수 있기를 희망해 본다.

이 책이 출간되기까지 강의 경험에 대한 공유와 토론 그리고 원고작성에 함께 해준 공동저자 김경표 교수에게 경의를 표한다. 또한 이 책의 출판을 위해 격려와 지원을 아끼지 않으신 도서출판 정독의 김중용 대표님께 감사드린다.

차례

제 1 부

경제학의 기초

제 3 장 경제문제와 경제체제

제 2 부 미시경제학

제 4 장 수요·공급이론

제 6 장 생산이론

제 7 장 생산비이론

제 8 장 시장이론

제 9 장 생산요소시장이론

제 14 장 고전학파의 국민소득결정이론

제 15 장 케인스의 국민소득결정이론

제 16 장 화폐수요와 금융정책

제 17 장 *IS*–*LM* 모형

제 18 장 총수요와 총공급이론

제 19 장 인플레이션과 실업

제1부

경제학의 기초

제 1 장

경제와 경제학

제 1 장

우리는 매일 경제뉴스를 접하며 산다. J노믹스가 무엇인지?, N포세대를 양산하는 청년실업은 왜 발생하는 건지?, 미국의 연방준비제도(FRB)의 공개시장위원회(FOMC)가 금리를 올릴 것인지, 아니면 내릴 것인지?, 미·중무역전쟁의 원인은 무엇이고 어떤 결말을 맺을 것인지?, 미국의 트럼프 대통령은 왜 한미 FTA를 불공정이라고 몰아세우는지?, 경제학은 이런 경제현상들을 이해하는 데 이론적 틀을 제공한다. 마치 뉴턴의 중력이론을 이해함으로써 사과가 떨어지는 현상을 이해하는 것과 다를 바 없다.

우리는 매일 경제적 선택으로 삶을 유지한다. 원시인이든 현대인이든 경제적 선택 없인 생존할 수 없다. 경제적 선택은 삶의 질을 결정하고 경제성장의 단초를 제공한다. 생산과 소비를 잘 관리하면 가정과 국가가 풍요로워진다. 생산과 소비가 적절하면 세상은 평온해지고 사람들은 행복을 누릴 수 있다.[1)]

인간의 욕망은 생산과 소비를 이끄는 엔진과 같은 것이다. 인간의 무한한 욕망으로 인해 인간의 경제는 발전해 왔다. 욕망은 기술을 혁신하고 욕망이 강할수록 생산혁명은 더욱 강력해진다. 생산은 주어진 자원(자연, 노동, 자본, 경영 등)을 절묘하게 조합함으로써 인간이 원하는 모든 것들을 만들어 내는 매직쇼와 같다.

우리는 로빈슨 크루소처럼 혼자서 살아갈 수 없다. 다른 사람의 도움 없이는 단 하루도 평온한 삶을 유지할 수 없다. 혼자서는 우리가 필요로 하는 어느 것 하나 제대로 만들 수 없기 때문이다. 경제는 매일 매 순간 협업과 분업 그리고 교환으로 얽혀진 복잡한 상호의존성으로 작동한다.

---

1) 경제(economy)는 가계를 꾸려 가는 사람이라는 그리스어에서 왔다. 경세제민(經世濟民)은 '세상을 다스리고 백성을 구제한다'는 중국의 고전에서 왔다.

1.1 경제(economy)의 개념

경제란 인간의 생존과정이라 할 수 있다. 우리는 경제생활 없이는 단 하루도 행복해질 수 없다. 경제활동은 우리가 살아가는 삶의 중요부분이고 생존을 위한 필수조건에 해당한다. 인류의 역사는 경제활동의 역사이다. 경제발전의 역사이고 생산과 소비과정의 역사이다. 어떻게 만들어 내고 어떻게 소비하였는가의 스펙트럼이다. 경제란 바로 생산과 소비가 그 핵심을 이룬다. 생산하지 않았는데 소비할 수 없지 않은가? 생산과 소비는 경제라는 수레를 끌고 가는 두 바퀴와 같다. 생산과 소비가 균형을 이룰 때 경제라는 수레는 잘 나아갈 수 있다. 생산은 과학기술이 주도하고 소비는 문화수준이 결정한다. 잘산다는 것은 무엇인가? 풍요란 생산과 소비가 상대적으로 높은 수준을 유지한다는 것을 의미한다. 부자란 생산력이 높고 소비의 질이 높다는 것의 반영이고 선진국이란 생산능력이 높고 소비수준이 높은 나라들을 일컫는 용어이다. 국민소득이 높다는 것은 그 나라의 생산능력이 높다는 것이다. GNI(gross national Income)란 그 나라 국민들이 1년 동안 소유하고 있는 생산요소를 국내외에 제공한 대가로 벌어들인 소득을 화폐가치로 환산한 개념이다. 또한, 국민소득은 3면 등가의 원칙이 작동하는데 총생산=총소득(분배)=총지출이 모두 일치함을 뜻한다. 어떤 나라에서 생산된 모든 것(총생산)은 그 나라 국민 모두에게 생산에 기여한 바에 따라 모두 분배되어진다(총소득). 총소득으로 그 나라 국민들은 경제활동에 지출하게 되고(총지출) 이것은 다시 기업으로 들어가(소비+투자) 생산을 결정한다.

저축이 투자되고 자본이 축적되어 새로운 생산방식이 기존의 생산방식을 대체한다. 인류의 역사는 저축과 투자 그리고 자본축적의 역사이고 이 과정에서 기술진보가 이루어진다. 원시인류가 집어든 짱돌이 약 10만 년을 거쳐 오늘날 AI로 진화한 셈이다. 석기시대 → 청동기시대 → 철기시대를 거처 산업혁명 → 2차 산업혁명 → 3차 산업혁명 → 4차 산업혁명은 생산의 역사이고 과학기술의 역사이다.

국민경제는 생산 → 소득 → 지출 → 생산이라는 순환체계를 반복하게 된다.

경제란 "만들어내고 사용하는 것", 즉 생산행위(production)와 소비행위(consumption), 그리고 자원배분(allocation)과 소득분배(distribution)의 연속된 과정이라 정의할 수 있다.

무엇을 얼마나 생산할 것인가?를 결정하고 그 생산물을 생산하기 위해 투입되는 생산요소를 선택하는 과정에서 자원배분(allocation)이 이루어진다. 생산된 생산물들을 누가 사용할 것인가?를 결정하는 과정에서 소득분배(distribution)가 이루어진다. 현실의 생산과 소비과정은 자원배분과정이며 이것이 경제적 선택의 문제를 야기한다. 모든 경제행위는 선택행위이며 선택의 과정에서 반드시 경제문제가 발생한다. '무엇을 얼마나' '어떻게' 그리고 '누구를 위하여' 생산하는가라는 문제, 즉 국민경제 3대문제가 발생한다. 현실경제는 인간의 욕구에 비해 항상 자원은 부족하기 때문이다.

이것을 희소성의 원칙(law of scarcity)이라 한다. 모든 경제문제는 희소성의 원칙에서 발생한다. 모든 선택은 대가를 치르게 된다. "공짜 점심은 없는 법이다"(There is no such thing as a free lunch). 현실경제는 무엇인가를 선택하는 동시에 반드시 다른 무엇인가를 포기해야만 한다. 어떤 선택의 결과로 발생하는 다른 선택기회에 대한 포기비용이 발생하는 것이다. 따라서 경제적 선택과 기회비용(opportunity cost)은 동전의 양면과 같게 된다.

1.2 경제학(economics)의 개념과 구분

1.2.1 경제학의 개념

경제학(economics)은 경제문제와 경제현상을 연구하는 학문이다. 경제학은 희소한 자원을 선택적으로 사용하여 재화와 서비스를 생산·교환·분배·소비하는 과정에서 일어나는 경제문제와 경제현상을 연구한다. 따라서 경제학은 선택과학(choice science)이며 모든 사회현상을 이해하는 데 도움을 준다.

경제현상은 경제를 구성하고, 경제이론은 경제현상을 설명·분석하고 예측한다. 경제현상을 과학적으로 모형화하여 이론체계로 담아낸 것이 경제이론이다. 따라서 경제학은 경제의 중요한 현상, 즉 생산과 소비, 그리고 자원배분과 소득분배를 다룰 뿐만 아니라 시장, 교환과 교역, 화폐, 금융, 외환에 이르기까지 다양한 범주를 포괄한다. 또한 어떤 국민경제를 전체적으로 접근한다 하더라도 결국 생산과 소비가 이루어지는 과정에서 경제성장, 경제안정, 개인의 경제적 자유, 경제규칙이나 제도, 삶의 질 등의 문제를 다루게 된다.

따라서 경제학은 경제성장, 경제안정, 개인의 경제적 자유, 경제규칙이나 제도, 삶의 질 등과 관련된 경제현상이나 경제문제들을 다루는 학문이라 정의할 수 있다.

경제학은 희소성, 기회비용, 그리고 최적화(최선의 선택)라는 개념들로 짜여진 이론체계이고, 사회과학에서 가장 중요한 영역을 차지한다. 경제학은 선택과학이며 사회현상에서 발생하는 모든 선택문제에 폭넓게 적용될 수 있다. 따라서 경제학은 전통적으로 경제현상이 아닌 사회현상으로 분류되어왔던 자녀, 교육, 범죄와 처벌, 스포츠, 예술, 성차별 같은 사회문제들을 이해하고 해결하는 데에도 널리 활용되고 있다.

1.2.2 경제학의 구분

경제학은 분류기준에 따라 여러 가지 범주로 나뉜다.

1. 경제이론, 경제정책 그리고 경제사

경제학은 전통적으로 경제이론, 경제정책, 경제사로 분류한다.

① 경제이론(economic theory)은 여러 경제현상 사이에 존재하는 경제법칙을 찾아내고 그 법칙을 사용하여 현재의 경제현상을 설명하고 분석하며 미래의 경제현상을 예측한다.

② 경제정책(economic policy)은 경제이론으로 분석한 경제상태가 바람직한지, 즉 좋은 상태인지, 그렇지 못한 상태인지를 판단하고 바람직한 경제상태를 만들기 위한 효율적 정책수단은 무엇인지를 다루는 분야이다.

③ 경제사(economic history)는 과거의 경제현상을 해석하거나 과거의 경제자료를 분석하여 경제법칙을 찾는 분야이다.

2. 실증경제학과 규범경제학

경제학은 가치판단의 유무에 따라 실증경제학과 규범경제학으로 구분한다.

① 실증경제학(positive economics)은 경제현상을 있는 그대로(What is) 분석하여 경제현상 간의 인과관계를 규명하는 분야이다.

② 규범경제학(normative economics)은 경제현상을 가치기준을 반영하여 바람직한 상태인지 아닌지를 분석하고 경제가 바람직한 상태(what should be)에 도달하는 방법을 다루는 분야이다.

3. 미시경제학과 거시경제학

경제학은 연구대상에 따라 미시경제학과 거시경제학으로 구분한다.

① 미시경제학(microeconomics)은 개별경제주체들(가계, 기업, 정부, 외국)의 경제행위와 그들 간의 상호작용을 연구대상으로 한다.

② 거시경제학(macroeconomics)은 국민경제 전체를 경제주체가 아닌 총량중심의 경제현상으로 연구한다. 거시경제변수들(국민소득, 물가, 이자율, 통화량, 국제수지, 경제성장 등)이 어떻게 상호작용하며 안정된 경제균형을 위해 효과적인 경제정책 수단은 무엇인지에 관해 연구한다.

4. 부분균형분석과 일반균형분석

경제학은 어떤 한 시장만을 따로 분리하여 분석하느냐 아니면 모든 시장의 상호작용을 한꺼번에 분석하느냐에 따라 부분균형분석과 일반균형분석으로 구분한다.

① 부분균형분석(partial equilibrium analysis)은 다른 시장은 일정하게 주어진 것으로 가정하고 특정시장만을 분리하여 독립적으로 시장균형을 분석한다.

② 일반균형분석(general equilibrium analysis)은 특정시장이 모든 시장들과 상호작용하는 연관관계를 고려하면서 특정시장균형만을 분석하거나 모든 시장균형을 동시에 분석한다.

1.3 경제학은 선택과학(choice science)

경제학은 우리에게 경제현상을 이해(understanding)하고, 경제문제를 해결(solution)하며, 미래의 경제현상을 예측(expectation)할 수 있도록 도움을 준다.

집안 살림을 꾸려가는 가장이나 가정주부이거나 어떤 기업의 경영자, 사원이거나 또는 자영업을 하는 사업가이거나 정부의 관료나 지방의 공무원이거나 또는 국회의원이나 지방의회의 의원이거나 어떤 경제적 선택이나 정책적 의사결정과 마주하게 된다.

대통령은 국가차원에서의 의사결정, 도지사나 시장은 지방자치단체차원에서의 의사결정, 대학총장은 대학차원에서의 의사결정, 개인적으로는 사생활에서의 의사결정 그 내용만 다를 뿐, 누구든 하루하루는 선택(의사결정)의 연속이고 그 선택의 결과에서 벗어날 수 없다.

어떤 선택을 하면 부자가 될 수 있는지, 이윤을 많이 남기는 기업을 만들 수 있는

읽을거리 1.1

경제학은 선택과학이고 모든 선택에 도움을 준다

경제학자들도 과학적인 객관성을 가지고 경제문제를 연구한다. 경제학자들이 경제현상을 연구하는 것은 물리학자들이 물질을 연구하고, 생물학자들이 생명체를 연구하는 것과 다르지 않다. 경제학자들도 먼저 이론을 만들고, 자료를 수집하고, 이 자료를 분석하여 그 이론이 맞는지를 검증한다. 경제학을 처음 접하는 사람들에게는 경제학이 과학이라는 말이 다소 생소하게 들릴지 모르겠다. 물론 경제학자들이 시험관이나 망원경을 가지고 연구하는 것은 아니다. 그러나 과학의 핵심은 이 세상이 어떻게 되어 있는지에 대한 엄정한 관찰과 검증, 즉 과학적 방법론(scientific method)이다. 이런 방법론은 지구 중력에 대한 연구나 생명체의 진화에 관한 연구, 나라 경제에 대한 연구 등에 모두 적용된다.

우리는 정부의 정책이나 그 외의 경제와 관련된 갖가지 개인적 결정과 판단에서 자유로울 수 없다. 경제지식 없이는 투표를 제대로 할 수도, 일간신문을 제대로 읽을 수도 없다. 경제생활을 지배하는 힘들이 어떤 것인가를 모르고서 어떻게 우리와 우리의 자녀들이 살아갈 미래를 설계할 수 있겠는가?

— 토드 부크홀츠의 「죽은 경제학자의 살아있는 아이디어(*New Ideas from Dead Economists*)」에서

지, 지역의 발전을 도모할 수 있는지, 풍요로운 국가로 나아갈 수 있는지 모든 것들이 결국 선택에 의해 좌우된다.

경제학은 합리적인 선택의 방법을 제시한다. 합리적인 선택은 어떤 목적을 달성하는 효율적 수단이 된다.

1.4 경제인(economicus)이란?

경제학에 등장하는 인간을 경제인이라 한다. 경제인은 경제행위의 주체이고 경제학에서는 가계, 기업, 정부, 해외로 구분한다. 대부분의 경제학자들은 경제인은 최선의 선택을 찾는 합리적 이기주의자를 가정한다.

경제학을 연구하는 대부분의 경제학자들은 모든 경제행위의 주체인 경제인(economicus)을 합리적 이기주의자(rational egoist)로 전제하고 있다.

개개인이 모두 합리적인 것은 아니나 전체적으로 평균적으로 보면 합리적이라 볼 수 있다. 합리성(rationality)이란 개념을 정의하는 데에도 난해함이 존재하지만 가장 간결하게 설명한다면 어떤 경제적 선택을 함에 있어 이익(편익, 효용)과 손실(비용)을 계산할 수 있고, 손실보다 이익이 되는 선택을 추구한다는 개념이다.

읽을거리 1.2

학문영역에 따른 인간의 개념

경제학에 등장하는 인간은 전통적으로 경제인(homo-economoicus)으로 정의된다. 전통경제학은 인간을 합리적 이기주의자(rational egoist)로 정의하는데, 이익과 손실을 정확하게 계산하고 이익을 따라 선택하는 스크루지형 인간인 셈이다. 최근 행동경제학에서는 인간을 휴리스틱(heuristic)이라는 개념으로 설명하고 있다. 인문학에서는 인간을 감성적이고 철학적인 인간으로 정의한다. 뜨거운 인간애가 넘치는 돈키호테형 인간인 셈이다. 법학에서는 인간을 법인격체, 즉, 권리와 의무의 주체로서 정의한다. 자연과학에서는 인간을 벌거벗은 원숭이(naked ape), 즉 자연의 일부인 생명체로서의 생물학적 인간으로 정의한다.

1.5 최적화란?

최적화(optimum)란 자원이 희소한 상황에서 편익은 극대화(maximization)되고, 비용은 극소화(minimization)되는 선택, 즉 경제적 최선의 상태를 말한다.

가장 적은 비용으로 가장 많은 편익을 창출하는 것이 '경제법칙'이고 이를 충족한 상태가 최적화이고 균형이다. 소비자는 소비과정에서 효용의 극대화라는 최적화를 달성하려 하고, 생산자의 경우에는 생산과 판매과정을 통해 이윤극대화라는 최적화를 달성하고자 한다. 시장경제의 두 주인공, 소비자와 생산자가 최적화를 달성한 상태를 소비자균형, 생산자균형이라 한다. 또한 소비자균형과 생산자균형이 동시에 달성된 상태, 이를 시장균형이라 한다.

읽을거리 1.3

선택의 기준으로서의 기회비용과 한계비용

어떤 선택을 위해 지불한 비용이나 포기한 비용을 기회비용(opportunity cost)이라 한다. 컵라면을 먹기 위해서는 호주머니에 있는 돈을 버려야 한다. 컵라면을 선택하지 않았다면 그 돈은 계속 호주머니에 있고 다른 무언가를 선택할 수 있는 기회가 남아있는 셈이다. 중간고사 전날 야구중계방송을 1시간 즐겼다면 기회비용은 평점이 되고 중간고사가 끝난 다음날 1시간 야구중계방송을 즐겼다면 기회비용은 낮잠이나 빈둥거림일 것이다. 똑같은 1시간 야구중계방송을 선택한 것인데 기회비용은 서로 다를 수 있다. 이처럼 기회비용은 어떤 선택에 따르는 이익과 손실을 합리적으로 계산하고 판단하는 데 도움을 준다. 따라서 이것이냐? 저것이냐?를 선택하는 기준으로 기회비용을 활용할 수 있다. 또한 매몰비용이란 개념도 있는데 어떤 선택을 할 때 무시되어야 하는 비용에 해당한다. 매몰비용(sunk cost)은 이미 지출된 비용이기 때문에 어떤 경제적 선택을 하든 그렇지 않든 변하지 않는 비용을 말한다. 한 번 투입되면 회수할 수 없는 성질을 가진다. 따라서 어떤 선택을 하는 경우, 매몰비용은 무시되어야 한다. 한계비용(marginal cost)은 어떤 선택의 변화가 비용의 변화를 가져오는 변화되는 비용의 개념이다. 컵라면을 하나 더 선택했을 때 추가로 발생하는 비용이 한계비용이다. 따라서 양을 선택하는 경우, 한계비용은 합리적 선택을 위한 기준이 된다. 얻어지는 한계편익보다 한계비용이 낮은 경우에는 선택해야 하지만 한계비용이 한계편익보다 높은 경우에는 포기해야 한다. 한계편익과 한계비용이 같아질 때까지만 양을 늘려야 한다.

1.6 이론과 검증

경제학은 경제현상을 연구하고 경제문제를 다루는 학문이다. 경제학이 과학성을 담보하기 위해서는 과학적 방법론이 중요하다. 이런 이유에서 경제학은 물리학 못지않게 복잡한 수학모형들로 가득하다. 그런데 아무리 복잡한 수학적 모형들일지라도 현실 속의 모든 경제변수들을 담아내는 데에는 한계가 있다.

경제모형들은 모든 것을 설명하려는 것이 아니라 평균적으로 설명하려는 것이다. 대수의 법칙이 적용된다.

경제이론은 가정으로 모형을 설정되고 검증으로 이론을 완성된다. 경제이론은 마치 축소지도와 같다. 지도는 많은 것들을 축소하고 생략하며 상징적인 기호로 만들어진다. 그려진 것들보다 생략된 것들이 더 많은 점이 지도의 특징이다. 그런데도 지도는 우리에게 매우 유용하다. 우리가 가고자 하는 목적지를 잘 안내해 준다. 축소와 상징의 원리가 경제이론에도 적용된다. 경제이론은 상대적으로 중요하지 않은 변수들을 생략하고 중요한 핵심변수만으로 그려진 지도와 다를 바 없다.

경제이론이란 현실경제를 단순화하고 추상화하여 만들어진다.

경제이론은 가정에서 출발한다. 현실의 모든 변수들을 다 고려할 수 없기 때문에 다른 조건이 일정하다면(ceteris paribus)이라는 가정(assumption)으로 중요변수만 모형에 남겨둔다. 가정을 거쳐 중요변수들 간의 인과관계가 성립되면 논리체계로써 가설(hypothesis)을 설정한다. 가설은 명제(proposition)들로 구성되어 있고 우리는 이것을 모형(model)이라고 한다.

가설이나 모형은 과학적이고 합리적인 적합성을 확보해야 한다.

경제모형은 ① 적절한 가정, ② 논리적 일관성, ③ 이론화 과정의 타당성, ④ 일반성, ⑤ 예측의 정확성 등의 적합성을 충족하여야 한다.

가설은 이와 같은 적합성을 충족할 때 이론이 되는 것이다. 가설은 현실을 얼마나 잘 설명할 수 있는지, 그리고 미래의 경제현상을 얼마나 정확하게 예측할 수 있는지에 대한 통계적 검증(test)을 거쳐 이론에 등극하는 셈이다. 이론으로서의 내적 일관성(internal consistency)과 외적 적합성(external adequacy)을 검증받는 과정이다.

읽을거리 1.4

경제이론을 학습하는 방법

경제학을 학습하는 첫 걸음은 경제이론을 구성하는 용어(terminology)에 대한 이해이다. 우리가 사용하는 언어는 다의성을 가지고 있다. 다의적인 언어로 일관되고 논리적인 추론을 전개한다는 것은 매우 어려운 일이다. 때문에 과학적 방법론에는 수학적 기호나 화학적 기호들이 등장한다. 수학적 기호들은 일의적이다. 명료하게 단 한 가지의 의미를 부여한다. 경제학 교과서는 ① 서술적 표현, ② 수리적 표현, ③ 기하학적 표현들로 가득하다. 수식을 이해하고, 그래프를 이해한 다음, 그것을 서술적으로 잘 표현하는 것이 경제학을 효과적으로 학습하는 방법이다.

연습문제 EXERCISE

1. 경제(economy)의 개념을 설명하라?

2. 인류 문명의 발전과 경제의 관련성을 설명해 보라.

3. 경제학(economics)의 개념을 설명하라.

4. 경제학을 학습하는 이유를 설명하라.

5. 경제학은 왜 선택과학(choice science)이라 할 수 있는가?

6. 희소성의 원칙(Law of Scarcity)을 설명하라.

7. 경제교육이 중요한 이유를 설명하라.

8. 경제인(economicus)의 개념을 설명하라.

9. 기회비용(opportunity cost)을 설명하라.

10. 이론이 성립하는 과정을 설명하라.

11. 경제모형의 적합성을 설명하라.

12. 경제이론을 학습하는 방법에 대해 설명하라.

제 2 장

경제위기와 경제학자

제 2 장

경제이론은 위대한 경제학자들의 시대적 사명의식에서 비롯된 경우가 많다. 산업혁명 이후 자본주의 경제가 발전하는 과정에서 자본주의 경제체제를 위협하는 치명적인 경제문제들이 발생해 왔다. 위기를 극복하고 자본주의 경제체제가 발전하는 데에는 위대한 경제학자들의 신념과 열정 그리고 아이디어가 크게 공헌한 바 있다.

경제학의 역사는 현실경제를 반영한다. 경제위기가 새로운 경제이론을 탄생시키는 계기가 된다. 애덤 스미스의 〈국부론〉은 시장의 성공을, 케인스의 〈일반이론〉은 시장의 실패를, 하이에크의 자유주의 경제학은 정부의 실패를 처방하고 있다. 한편, 칼 마르크스의 〈자본론〉은 시장의 종말을 예언하고 있다.

2.1 애덤 스미스와 〈국부론〉

애덤 스미스는 1776년 〈국부론(*an inquiry into the nature and causes of the wealth of nations*)〉을 출간하였다. 애덤 스미스는 국부론에서 국부의 원천은 생산능력이며 시장의 섭리에 의한 조화로운 균형의 달성을 공급측면에서 설명하고 있다.

17~18세기 유럽을 지배한 경제사상은 중상주의(mercantilism)를 바탕으로 한 중금주의 패러다임이었다. 국가는 모든 생산과 수출을 통제하고 외국으로부터의 수입은 최소화함으로써 국내에 금과 은을 많이 축적하는 것이 국부의 원천이라는 믿음이다. 국가의 이익을 위해서 개인의 이익을 규제하고 정부가 경제에 적극 개입해야 한다고 주장했고, 국부의 창출은 기본적으로 생산과정이 아니라 유통과정에서 이루어진다는 사상이다. 애덤 스미스의 국부론은 이와 같은 중상주의 사상을 비판하고, "국부의 원천은 그 나라가 축적한 금과 은이 아니라 그 나라가 필요로 하는 것들을 얼마나 잘 만들 수 있느냐", 즉 노동의 생산물에 의해 좌우된다고 주장하게 된다.

또한 생산능력을 극대화하는 방법으로는 국가가 국민경제에 적극적으로 개입하거나 통제하는 것보다 개인의 자유와 재산권을 보장하여 시장경제가 자유롭게 작동하도록 자유방임하는 것이라고 역설한 바 있다.

또한 생산되는 것은 완전분배되고 소비됨으로써 시장은 항상 균형을 이룬다는 세이의 법칙(Say's Law)을 신봉하고 있다. 시장경제는 이기심과 시장기구(시장가격, 이윤, 경쟁)가 조화롭게 작동하여 개인의 사적이익이 사회의 공적이익을 극대화할 수 있다. 그는 이것을 보이지 않는 손(invisible hand)의 섭리라 주장한다. 또한 무엇을 얼마나 생산할 것인지를 생산자가 주도적으로 결정하는 것이 아니라 소비자가 주도적으로 결정해야 한다고 소비자주권을 강조한다.

2.2 케인스와 〈일반이론〉

제1차 세계대전(1914~1918년) 이후 세계경제는 황금기(golden era)를 맞이한다. 재즈, 찰스턴, 전화, 컨베이어벨트, 새로운 음악과 춤, 새로운 의사소통수단과 생산기술들이 경제에 활력을 불어넣어 경제적 호황을 누리게 된다. 1929년 10월 25일 금요일 뉴욕증권시장의 폭락으로 시작된 경제 불황은 전 세계를 경제공황의 공포로 몰아넣는다. 하루 만에 주가는 약 40% 폭락하였고 수십 명의 투자자가 뉴욕의 허드슨 강에 뛰어드는 검은 금요일의 저주가 세계대공황의 시작이었다. 실업률은 30%대에 육박하였고 미국의 경우 5,000여 개 은행이 파산하였으며 그 여파로 900만 명의 예금통장이 하루아침에 쓸모없는 종이쪽지가 되어 버렸다. 영국수상 처칠은 세계대공황의 처참함을 30년 전쟁에 비유할 만큼 치명적이었다고 평가했다.

세계대공황은 한마디로 시장의 실패(market failure)에 해당한다. 세계 지성을 대표하던 케인스는 자본주의와 자유민주주의를 위기에서 구해내기 위해 1936년 〈일반이론(*the general theory on empolyment, interest and money*)〉을 출간하게 된다. 일반이론은 시장의 실패, 즉 유효수요의 부족을 해결하기 위해 정부가 미세조정(fine turning), 정부가 부족한 유효수요를 재정지출을 통해 만들어 내는 수요측면 경제학을 담고 있다.

케인스 경제학은 자유주의가 아닌 정부의 개입주의, 공급측면이 아닌 수요측면, 화폐베일관이 아닌 화폐와 실물의 상호작용관으로 요약할 수 있다.

1929~1933년간 세계대공항은 유효수요의 부족인데다가 정부의 경제정책의 오류가 겹쳐서 만들어진 세계경제위기인 셈이다. 만약 케인스 경제학이 이미 존재했었더라면 아마도 이런 정책적 오류는 범하지 않았을 것이다. 1918년 제1차 세계대전이 종결되자, 미국의 경우 무기재고가 증가하고 전선에서 돌아온 군인실업자들은 소비를 줄이면서 부채를 갚으려는 상황이어서 국내적으로 수요가 위축되었다. 여기다가 전쟁으로 멈추었던 유럽의 공장들이 재가동됨으로써 투자조차도 위축되게 되는데 이것은 소비수요와 투자수요를 모두 감소시키는 심각한 총수요부족현상을 야기하게 된다. 이런 상황에서 정부의 정책조차도 유효수요를 부양하기는커녕 오히려 연방준비은행이 금융긴축정책을 강화해가는 어이없는 실책을 범함으로써 세계경제는 걷잡을 수 없는 위기국면에 빠지게 된다. 케인스는 경제위기의 병폐를 정확하게 진단하고 처방을 제시하게 된다.

케인스는 균형재정이 옳다고 믿고 있는 정치인들을 적자재정으로 세계경제를 불황의 늪에서 구할 수 있다고 설득하게 된다. 케인스는 정치인들을 "경제가 회복되

읽을거리 2.1

경제이론의 파급력

"경제학자 및 정치철학자의 관념의 힘은 옳고 그름을 떠나 일반적으로 이해되는 것보다 훨씬 강력한 것이다. 세계는 그 관념들이 움직여나간다. 어떠한 지적 영향도 받지 않는다고 믿고 있는 실질적 인간조차도 사실은 이미 죽은 어느 경제학자의 노예이기 일쑤다. … 좋은 일에 이용되든 아니면 나쁜 일에 이용되든 궁극적으로 위험한 것은 기득권의 문제가 아니라 관념의 문제이다"라고 케인스는 경제이론의 막강한 파급력에 대해 표현한 바 있다. 또한 그는 경제학자가 갖춰야 할 복합적인 요건에 대해 강조한 바 있다. "그는 수학자인 동시에 정치가이며 철학자이어야 한다. … 그는 기호들만으로 이해한 것들을 평이한 말로써 설명해야 한다. 특수한 경우들을 일반적인 시각에서 고찰할 수 있어야 하며, 추상과 구상을 동일한 사고의 지평 위에서 다룰 수 있어야 한다. 과거의 경험 아래 미래를 목표로 현재를 연구해야 하고, 인간의 본성이나 사회규범 중 미세한 일부라 할지라도 관심의 대상에서 빠뜨려서는 안 된다. 무엇보다도 그는 공평무사함과 과단성을 겸비해야만 한다. 예술가처럼 초연하고 청렴하면서도 가끔씩 정치가처럼 치열하게 세속적이어야 한다."

도록 기다리는 동안에 우리는 모두 죽고 말 것이다"고 설득하였고, 루스벨트 대통령에게는 "제발, 정부지출을 늘리십시오, 그렇게 해야 미국이 살고 세계가 살게 됩니다"라고 뉴욕타임지를 통해 공개서한으로 정책을 권고하게 된다.

1933년 테네시 강 공사를 시작으로 뉴딜정책이 시행되었고 세계경제는 공황의 늪에서 빠져나오기 시작한다. 실업자들을 모이게 하여 삽을 나눠주고 땅을 파게 한 다음 그 다음 모은 실업자들에게 팠던 땅을 다시 메우게 하는 어처구니없는 방식조차도 유효수요를 창출하기 위한 수단으로 사용되었다. 케인스 경제학은 주류경제학의 중심이 되었고 하버드대학은 케인스 경제학을 전파하는 전도사가 되었다. 1930년대 중반부터 케인스이론은 대부분의 나라에서 채택되었다. 1960년대 케네디 행정부와 존슨 행정부는 "이제 우리는 모두 케인스주의자다"라고 선언하였고 1960년대 말까지 케인스 경제학은 경제문제에 대한 해법으로 널리 활용되었다.

2.3 하이에크와 〈종속의 길〉

하이에크는 프리드먼과 함께 시카고학파의 중심이다. 신자유주의, 즉 시장원리주의의 전도사이다. 하이에크는 사회주의를 그의 저서 〈종속의 길(*the road to serfdom*)〉에서 자유의 길이 아닌 노예로 가는 길이라고 주장한다. 또한 그는 케인스식 총수요관리정책의 실패를 예견한 공로로 1974년에야 노벨경제학 상을 수상하게 된다.

흥미로운 것은 하이에크와 케인스는 영국의 케임브리지대학에서 동문수학한 케인스의 가장 비판적인 친구라는 사실이다. 하이에크의 경제학은 케인스의 유명세 때문에 1970년대 후반까지 케인스의 그늘에 가려 빛을 보지 못하게 된다. 1980년대 접어들면서 스태그플레이션의 문제가 세계경제위기로 부각되면서 하이에크의 시장원리주의 경제학은 전 세계 경제에 걸쳐 막강한 영향력을 행사하게 된다. 스태그플레이션이란 정부가 정부지출을 늘려도 경기는 살아나지 않고 오히려 물가만 지속적으로 올라가는 경제적 합병증세를 말한다.

하이에크 경제학의 영향을 받아 복지국가를 지향하던 선진국들은 다시 시장의 유인과 경쟁원리를 강화하게 된다. 이것이 신자유주의이고 그 내용은 계획, 소유, 규제를 정부가 축소하고 시장원리에 맡기는 것이다. 미국에서는 레이거노믹스, 영국에서는 대처리즘으로 나타나게 된다.

또한 하이에크의 시장원리주의는 자본주의 경제뿐만 아니라 사회주의 경제에도 많은 영향을 미치게 된다. 구소련과 중국을 비롯한 동구권의 경제관료들이 하이에크의 저서를 탐독하고 비밀토론회를 가지는 등 시장원리주의를 학습하게 됨으로써 개방과 개혁이라는 이름으로 시장경제체제를 도입하게 된다.

하이에크는 두 가지 예측에 성공하는데 ① 세계대공황에 대한 예측이고, ② 사회

읽을거리 2.2

시장은 인류역사의 최대 발명품

인류역사상 많은 경제체제가 대립하면서 흥망성쇠를 거듭해 왔다. 원시 공유제, 고대 노예제, 중세 봉건제, 자본주의, 사회주의, 특히 20세기 이후 자본주의 경제체제와 사회주의의 경제체제는 치열한 대결구도로 진입하였고, 그 과정은 전쟁을 불사할 만큼 냉혹한 긴장상태를 유지시켰다. 그런데 미국을 중심으로 하는 자본주의 질서와 구소련을 중심으로 하는 사회주의 질서가 양극체제를 구축하면서도, 경제체제의 내용적으로는 정부중심의 경제 질서로 수렴해가는 유사성을 가지게 된다. 이런 이유로 1970년대 말까지는 복지국가 내지는 수정 자본주의가 시장원리주의 경제학자들의 목소리를 압도하는 현상이 유지되는 것이다. 하지만 1970년대의 자본주의 경제는 소위 복지국가가 경제위기를 심화시키면서 거대한 정부개입의 실패를 인정하게 된다. 이런 상황에서 신자유주의는 새로운 경제적 패러다임으로 주목받게 된다. 1980년대에 접어들면서 미국과 영국을 중심으로 복지국가라는 개입주의의 가면을 벗어 던지고 새로운 자유방임주의라는 기치를 내세우며 새로운 자본주의에 대한 열망이 그 빛을 얻게 되고, 그 활력은 자본주의를 회생시키는 데 성공하게 된다. 새로운 자유방임주의가 빛을 발하는 새로운 시대를 맞이하게 된 것이다. 어떤 경제학자는 시장경제의 위대한 힘을 다음과 같이 표현하고 있다. "자유방임시장 체제는 한 이기적 인간이 아침에 일어나 창밖의 세상을 바라본 후, 천연자원으로부터 자신이 원하는 것 대신 남들이 원하는 것을 생산하게끔 유도한다. 그것도 자신이 팔고 싶은 양만큼이 아니라 남들이 사고 싶어 하는 양만큼, 자신이 꿈꾸는 가격이 아니라 남들이 인정하는 가격에, 시장은 저절로 생겨나지 않았더라면 인류역사상 최대의 발명품"으로 꼽혔을 것이 분명하다.

주의 경제체제는 반드시 폐망한다는 예측이었다. 하이에크의 이 두 가지 예측은 정확하게 적중하였고 하이에크의 시장예찬론 또한 전 세계에 영향을 미치게 된다. 그는 경제가 발전하기 위해서는 개인이 가지고 있는 능력과 소질을 극대화할 수 있는 제도가 필요한데 이것이 바로 시장경제라는 주장이다.

시장이란 개인의 자유와 사적 재산권의 보장이 그 축을 이룬다. 시장가격의 자원배분기능과 경쟁의 원리가 시장기능을 강화시킨다. 이것을 바탕으로 개인의 이익이 극대화되는 동시에 공적 이익도 극대화될 수 있다. 애덤 스미스의 보이지 않는 손의 섭리가 작동하는 것이다.

중국을 변화와 번영의 길로 이끌어낸 등소평조차도 경제사상적으로는 하이에크의 제자라 할 수 있다. 등소평이 하이에크를 중국으로 초청하여 간곡하게 부탁하였다. "어떻게 하면 중국의 식량문제를 해결할 수 있습니까?" 하이에크의 대답은 "시장에 맡기십시오." 간단명료하였다. 농부들에게 소유권을 인정하라는 것이다. 그것이 어렵다면 임대제로 전환하여 농부들에게 이윤동기를 부여하라고 조언한다. 중국은 빠른 속도로 변화하고 있다.

2.4 칼 마르크스와 〈자본론〉

칼 마르크스는 다윈과 프로이트에 비견될 만큼 20세기 역사를 변화시킨 강력한 문장과 선동적 문체를 뽐내는 비운의 사상가였다. 그는 1848년 공산당 선언문에서 "프롤레타리아들이여, 단결하라! 그대들이 잃을 것은 오로지 억압의 쇠사슬뿐이다"라고 역설했다. 그의 저서 〈자본론(*Das Kapital*)〉은 사상적으로 20세기에 엄청난 파문을 일으키게 된다. 칼 포퍼는 "젊어서 공산주의자가 되어 보지 않은 자는 바보요, 늙어서도 여전히 공산주의자로 남아있는 자는 더 큰 바보다"는 말로 많은 것을 시사한다.

읽을거리 2.3

자본론의 사회적 배경

1830년 엥겔스는 공장을 창녀굴의 문간으로 악평하면서 여공의 절반이 임신을 했고 40명당 공동변소가 1개뿐인 열악한 근로환경을 비판하고 있다. 1840년 맨터스터 통계에 의하면 영아들의 57%가 3세를 넘지 못하고 사망하였으며 아동들은 15시간 이상 노동에 시달려야 했다. "공장 주변은 좁고, 어둡고, 하수시설이 제대로 되어 있지 않은 길을 따라 건물들이 빽빽하게 들어찼다. 춥고, 축축하고, 더러운 건물에서 공장노동자들은 대개 한 집에 두세 가구가 살았고 지하실이 있으면 여기서도 한 가구가 살았다. 이런 환경에서 태어난 아이들의 절반 이상은 5세가 되기도 전에 죽었다. … 아이들은 체구가 작았으므로 아이들이 면직 공장에서 일할 나이가 되면 기계 밑으로 기어들어가 재빠른 손놀림으로 끊어진 실을 잇는 일을 담당하였다. 아이들은 하루 12~14시간 노농에 투입됐으며 게으름을 피우면 구타당했다 … 19세기 도시 노동자들의 생활은 지옥을 떠올리게 할 정도로 가혹했다. 그 당시 발표된 소설을 보면 도시를 줄곧 '하수구'에 비유했는데, 충분히 그러고도 남을 정도로 상황이 열악했다. 공장에서는 매일 엄청난 유독 가스를 내뿜고 있었고, 노동자들은 하루 16시간 노동에 네 살배기 어린 자식까지 동원해도 먹고살기 힘들 만큼 낮은 임금에 시달리고 있었다. … 이런 열악한 생활환경 속에서 많은 사람들이 만성적인 질병과 전염병에 시달렸고, 노동자 가정의 영아 사망률은 90퍼센트에 이르렀다. 자본가들은 이런 도시를 피해 쾌적한 교외로 옮겨 갔다. 마르크스 사상의 배경이 되는 영국의 경우, 자본가들은 공해물질이 바람을 타고 날아오지 않는 도시 서쪽으로 옮겨 가서 고급 주택가를 이루며 살았다. 돈은 도시에서 벌되, 부유한 사람들끼리 모인 별천지에서 생활과 문화를 즐겼던 것이다. 프롤레타리아에 맞서는 자본가 계급, 곧 부르주아는 이렇게 생겨났다. … 돈만 알고 가난한 사람을 범죄자 취급하는 스크루지는 당시 사람들의 머릿속에 박혀 있던 자본가의 모습이었고, 거리는 성냥팔이 소녀처럼 불쌍한 고아들로 넘쳐나고 있었다.

그의 생은 경제적으로 비참함과 가정적으로 비극적인 종말을 맞는 어처구니없는 파노라마였다. 의사의 치료를 받을 수 없을 만큼 경제적으로 궁핍하여 6자녀 중 3명을 폐렴, 결핵, 기관지염 등으로 잃게 되는 불운을 경험한다. 하지만 그의 사상체계는 보다 나은 세상을 꿈꾸는 수많은 혁명가들을 매료시킨다.

독일에서의 변증법적 철학체계, 프랑스에서의 유토피아적 이상세계관, 그리고 영국에서의 경제학적 자본주의 비판론이 융합되어 혁명론이 완성된다. 그의 사상체계는 유물사관과 변증법적 혁명론으로 가득하다. 체제유지를 위한 법, 문화, 종교, 도덕, 가치관 등 상부구조(Super Structure)는 하부구조(경제구조)에 의해 좌우된다. 물질적 생활능력은 사회적, 정치적, 지적 생활 형태를 좌우한다. 의식이 생활을 결정하는 것이 아니라 생활이 의식을 결정하는 것이다. 따라서 의식구조의 개혁에 의해서는 사회개혁은 불가능하며 오로지 사회구조의 혁명적 변혁에 의해서만 세상은 변화될 수 있다고 주장한다.

그의 묘비에 새겨진 문구처럼 그는 오로지 세상을 바꾸는 것이 중요하고 세상을 바꾸기 위해서는 의식구조가 아닌 사회구조의 개혁만이 유일한 길임을 강조한다.

그는 능력에 따라 일하고 능력에 따라 분배한다는 자본주의 원칙을 배척하고 능력에 따라 일하되 분배만은 필요에 따라 이루어지는 이상적인 경제관을 사회주의에 장착시킨다. 일은 능력 있는 자가 하고 그 생산물은 필요한 자에게 배분한다는 도덕적 분배의 원칙을 사회주의의 기본원칙으로 설정한 것이다. 이런 원칙이 사회적으로 작동하려면 모든 구성원이 도덕적으로 충만한 이타주의적 경제활동을 실천하여야 한다. 하지만 그의 사상은 현실 속에서 이기적인 인간을 도덕적 인간으로 바꾸는데 실패하였고 역사적으로 공유사회가 사유사회보다 더 효율적으로 작동할 수 있는 기제를 만드는데 실패한 셈이다.

마르크스의 유물사관은 지나치게 유물론적인 원인만을 고집스럽게 추구함으로써 관념론적 원인을 전적으로 무시하였다. 사회현상에 미치는 관념의 강력한 힘을 지나치게 무시하였고 도덕적 인간관에 집착한 나머지 이윤동기에서 비롯되는 상상력, 독창성, 경영능력과 같은 인적자본을 경시하였다. 모든 가치창조는 노동에 의해서만 가능한 것으로 고착화하는 우를 범하고 있다. 잉여가치설과 노동착취설로 모든 가치체계를 구축한 것이다.

독점자본주의의 모순에서 칼 마르크스는 빛을 발했지만 사회주의의 실험의 실패에서 그는 시들어가고 있다.

칼 마르크스의 자본론은 도덕적 인간관의 오류, 인적 자본의 가치창조능력에 대한 무지, 노동자들의 소득수준 및 소비수준 향상에 대한 폄하, 서비스산업의 출현으로 인한 새로운 일자리의 창출에 대한 예측오류에서 자유롭지 못하다.

연습문제 EXERCISE

1. 20세기 이후 세계적인 경제위기에 대해 설명하라.

2. 경제위기와 경제학의 발전과정에 대해 설명하라.

3. 〈국부론(*the wealth of nations*)〉과 애덤 스미스의 경제학에 대해 설명하라.

4. 〈일반이론(*the general theory*)〉과 케인스의 경제학에 대해 설명하라.

5. 1929~1933년간 세계대공항에 대해 설명하라.

6. 뉴딜정책에 대해 설명하라.

7. 〈종속의 길(*the road of serfdom*)〉과 하이에크의 경제학에 대해 설명하라.

8. 신자유주의(neo-liberalism)에 대해 설명하라.

9. 〈자본론(*Das kapital*)〉과 칼 마르크스 경제학에 대해 설명하라.

10. 능력에 따라 일하고 필요에 따라 분배한다(according to needs)는 분배원칙에 대해 설명하라.

제 3 장

경제문제와 경제체제

제3장

경제문제는 인간의 욕망은 무한한데 그것을 충족시킬 수 있는 자원은 희소하기 때문에 발생한다. 현실경제는 희소성의 원칙(Law of Scarcity)이 지배하는 셈이다. 경제문제의 본질은 부족함이고 그것을 해결할 수 있는 방책은 효율적인 생산과 공평한 분배에 있다. 가장 효율적으로 생산하고 가장 공평하게 나누는 것이다.

원시공동사회, 고대노예사회, 중세봉건사회, 그리고 자본주의와 공산주의(또는 사회주의)는 생산과 분배에 관한 역사적 투쟁의 결과물이다. 인류는 그동안 보다 효율적이고 보다 공평한 사회를 꿈꾸며 도전하고 실험해 왔다.

가장 이상적인 경제사회는 어떤 경제체제가 담보할 수 있는가? 기나긴 이념대결의 승패는 결국 시장과 정부의 성공과 실패로 귀결되고 있다. 우리는 현재 혼합경제(시장+정부)체제에서 살고 있다. 시장과 정부에 대한 필요성에는 대체로 동의하면서도 시장과 정부의 크기, 기능 그리고 역할에 대한 논쟁은 여전하다.

지난 100여 년에 걸친 이념대결은 1980년대 이후 시장의 판정승으로 결말을 맺고 있다. 자본주의 진영이든, 사회주의 진영이든 가릴 것 없이 시장원리주의가 세계 곳곳에서 승리의 깃발을 휘날리고 있다. 구소련이나 중국, 그리고 동구권 국가들의 경우에도 사회주의에 시장경제를 접목하는 일에 골몰하고 있다. 인도, 동남아시아, 라틴아메리카, 아프리카에서도 시장원리는 빈곤의 탈출구로 기대를 모으고 있다.

하지만 지난 2008년 세계경제를 덮친 금융위기는 신자유주의에 대한 의문의 단초를 제공한다. 금융부문의 경우에는 정부가 재갈을 물려야 한다는 주장이 힘을 얻고 있다. 또한 계급갈등, 인간소외, 기득권과 향락주의, 실업, 양극화, 환경의 파괴 등으로 시장주의는 정부의 미세조정을 필요로 한다.

3.1 경제문제와 경제체제

경제문제는 희소성의 원칙(law of scarcity)에 기인한다. 자원이 부족하므로 우선순위를 정해야 하고 비용은 최소화하고 생산은 극대화하는 최적한 방법을 선택해야 한다. 또한 생산된 것을 어떻게 나누는 것이 공평한가는 무엇보다 중요한 문제이다. 부족함에서 효율적이고 공평한 경제로 풍요를 창출해야 한다.

따라서 모든 국민경제는 희소성의 원칙에서 비롯되는 3대 기본문제를 해결해야 한다.

① 무엇을, 얼마나 생산할 것인가?,
② 어떻게 생산할 것인가?
③ 누구를 위하여 생산할 것인가?

①과 ②의 문제는 효율성(efficiency)에 관한 문제이고 ③의 문제는 공평성(equity)에 관한 문제이다.

경제체제란 ①, ②, ③을 누가 어떻게 해결하는가, 즉 경제문제들을 해결하는 방식을 의미한다. 역사적으로 경제체제는 원시공산사회, 고대노예사회, 중세봉건사회, 자본주의사회, 사회주의사회, 혼합경제체제인 복지국가 등이 생성, 쇠퇴, 발전해 왔다.

지난 반세기 동안 현실경제를 주도했던 자본주의 경제체제와 사회주의 경제체제는 치열하게 대립해 왔다. 그리고 자본주의 경제체제가 판정승을 거두었으나 두 체제는 혼합경제체제로 수렴해 가고 있다.

자본주의 경제체제는 ①, ②, ③의 경제문제들을 시장에 참여한 모든 경제주체들의 자유로운 선택에 의해 해결하는 시스템이고, 사회주의 경제체제는 정부 관료들의 계획, 통제, 조정에 의해 ①, ②, ③의 경제문제들을 해결하는 시스템이다. 자본주의 경제체제는 소비자주권, 자유경쟁의 원리, 이윤의 인정에 바탕한 효율적인 자원배분에 초점이 맞춰져있고, 사회주의 경제체제는 이윤을 불인정하는 도덕적 보상체제, 정부 관료에 의한 생산물의 선택과 분배를 바탕으로 하는 공평한 소득분배에 초점이 맞춰져 있다.

역설적으로 자본주의는 공평한 소득분배에 취약하며, 사회주의는 효율적인 자원배분에 취약하다. 경제문제가 해결되기 위해서는 효율적인 자원배분과 공평한 소득분배를 모두 달성해한다. 지금까지 효율적인 자원배분과 공평한 소득분배에 성공한 완벽한 경제체제는 출현하지 않고 있다.

자본주의 국가들은 1929~1933년 간의 세계대공황 이후 시장실패를 해결하기 위해 정부의 조정과 개입, 즉 미세조정(fine tuning)을 용인하게 되는데 이것을 수정자본주의 또는 복지국가라고도 한다. 한편 사회주의 국가들은 1970년대 이후 특히 구소련과 중국이 중심이 되어 개방과 개혁이라는 기치아래 효율성 증대를 위한 시장가격체계, 사유재산제도, 그리고 자유경쟁의 원리들을 도입하고 있다.

3.2 애덤 스미스와 칼 마르크스의 경제체제관

애덤 스미스는 자본주의를 상징하고 칼 마르크스는 사회주의를 상징한다. 애덤 스미스가 자본주의 경제원리의 고전, 국부론을 저술했다면 칼 마르크스는 사회주의 경제원리의 고전, 자본론을 저술했기 때문이다. 애덤 스미스가 시장경제체제의 원리와 시장의 성공을 묘사했다면 칼 마르크스는 시장경제체제의 모순과 몰락을 역설하고 있다. 칼 마르크스는 자본주의는 그 내적 모순으로 멸망하고 이상적인 공산주의가 인류의 종착역이 될 것이라고 주장한 바 있다.

애덤 스미스와 칼 마르크스의 서로 다른 경제체제관은 인간에 대한 서로 다른 믿음에서 비롯된다. 애덤 스미스는 인간이란 원래 이기적이고 개인의 이익을 추구하는 것은 인간의 기본적 권리라고 주장했다. 따라서 인간의 본성을 고치려 하기보다는 이를 수용하는 경제체제가 가장 효과적이라는 경제체제관을 가지고 있다. 반면에 칼 마르크스는 인간의 탐욕과 이기심은 본성이 아니라 계급사회에서 기인한 것이므로 혁명적 사회변혁(정의로운 사회)을 통해 인간을 사회주의형 도덕적 인간으로 개조할 수 있다고 생각한다.

애덤 스미스는 개인의 이기심과 시장의 보이지 않는 손의 조화로운 작용에 의해 현실적 경제문제들을 가장 효율적으로 해결할 수 있다는 신념을 가진 사상가라면, 칼 마르크스는 개인의 도덕성과 정부의 보이는 손에 의해서 경제문제를 가장 공평하게 해결할 수 있다는 신념을 가진 사상가이다.

칼 마르크스는 역사는 소유양식에서 비롯되는 계급투쟁의 역사이고, 가장 이상적인 경제체제는 소유의 개념을 타파하고 오로지 공유의 이념으로 통제되는 무산계급의 사회, 소위 공산주의(사회주의)사회라고 주장한다. 가진 자와 가지지 못한 자가 없는 사회, 모든 생산수단을 공동소유하고, 공동생산하며, 공동분배하는 경제체제를 상정한다. 따라서 계급이 발생하지 않으며, 개개인 모두가 공동선을 위해서 최선을 다하는 유토피아적 경제체제가 실현될 것으로 믿었던 것이다.

2차 세계대전 이후 거의 반세기 동안 전 세계 인구의 약 1/3에 해당하는 사람들이 사회주의 혁명에 의한 역사적 실험에 동참해 왔다. 결과적으로 도덕주의에 바탕한 이상적인 사회주의혁명은 어디에서도 완성되지 못하고 새로운 길(시장경제)을 모색하고 있다. 아이러니하게도 칼 마르크스가 지적한 자본주의의 내적 모순들은 자본주의를 더욱 강화시켰고 이념의 벽을 넘어 오히려 사회주의 경제체제를 변

읽을거리 3.1

자본주의와 사회주의의 모순

"버리지 못하는 이기주의와 버릴 수 없는 사회적 휴머니즘" 자본주의의 생명력은 이기심에 있고 인간적 휴머니즘은 사회주의의 목표이다. 자본주의의 단점은 이기심에서 비롯되고 사회주의의 몰락은 휴머니즘에서 움튼다. "자유없는 평등은 맹목이고 평등없는 자유는 허무이다." 자본주의는 자유롭지만 불평등하고 사회주의는 평등하지만 빈곤하다.

"자본주의 단점은 모두가 축복을 고루고루 나누어 가지지 못한다는 데 있고, 사회주의의 단점은 빈곤을 모두가 고루고루 나누어 가진다는 데 있다."

−윈스턴 처칠

"젊어서 공산주의자가 되어보지 않은 자는 바보요, 늙어서도 여전히 공산주의자로 남아있는 자는 더 큰 바보다."

−칼 포퍼

"사회주의란 자본주의로 가기 위한 멀고도 험한 길이다."

−구 소련

화시키는 동력이 되고 있다. 도덕적 인간보다는 이기적인 인간의 승리, 자본주의의 승리이고 애덤 스미스의 승리인 셈이다. 애덤 스미스는 인간의 이기심, 자유로운 선택, 그리고 자유경쟁에 의해 발산되는 자본주의적 역동성이 경제성장을 가장 효율적으로 이끌 수 있는 엔진이라는 것을 발견한 것이다.

3.3 경제문제와 시장경제체제

시장경제체제에서는 개인의 이익추구가 공적이익을 증대시키는 보이지 않는 섭리가 작동하고 있다. 보이지 않는 시장의 섭리가 작동하려면 합리적인 소비자와 생산자가 주인공이 되고, 시장가격, 자유선택, 경쟁, 혁신, 이윤과 파산이 작동하는 시장이라는 무대가 존재해야 한다. 시장에 참여하는 모든 경제주체들은 자유로운 선택, 그리고 치열한 경쟁에 따라 승패가 좌우되는 시장배분의 원리를 미덕으로 받아들여야 한다.

이 같은 요소들이 상호 작용하여 시장에서의 선택들이 조화를 이루고, 그 결과로 인해 생산과 소비는 효율적인 경제순환으로 작동하게 된다. 시장경제체제는 보이지 않는 손의 조화 속에서 개인의 이익이 사회전체의 이익으로 통합될 뿐만 아니라 개인의 창조정신과 잠재능력을 최대로 발현시키는 기제라 할 수 있다.

시장경제체제가 국민경제 기본 3대 문제를 해결하는 경제순환모형을 나타내면 〈그림 3-1〉과 같다.

① 무엇을, 얼마나 생산할 것인가?의 경제문제는 〈그림 3-1〉의 A, B구간에서 결정된다. 기업은 A, B구간에서 무엇을, 얼마나 생산할 것인가?를 결정하게 되는데 이윤을 극대화하려면 소비자가 원하는 것을 원하는 만큼 생산해야 한다. 소비주체인 가계는 생산물시장에서 자신의 효용을 극대화할 수 있는 상품과 상품의 양을 결정한다. 소비자(가계)는 돈 투표(dollar voting)를 통해 자신이 원하

〈그림 3-1〉 시장경제체제에서의 경제순환모형

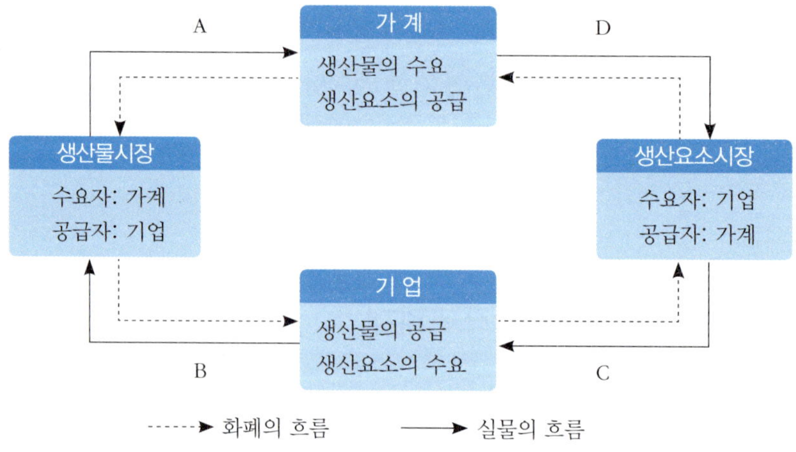

는 소비를 실현하는데, 돈 투표는 바로 소비자의 선호를 반영한다.

시장은 소비자가 돈 투표한 결과를 개표하게 되는데 이것이 바로 시장가격으로 표시된다. 소비자들이 선호하는 상품의 경우에는 돈 투표가 몰리게 되어 가격이 오르게 되고, 그렇지 않은 상품의 경우에는 가격은 떨어지게 된다. 기업의 입장에서는 시장가격이라는 신호를 보고 조사할 필요 없이 소비자들이 무엇을 얼마나 원하는지를 파악할 수 있고, 그에 따라 최적한 공급을 결정할 수 있다. 그런데 경쟁시장에는 항상 경쟁자가 존재하므로 기업은 다른 경쟁자보다 질 좋고 값싼 제품을 공급해야 한다. 그래야만 이윤의 극대화를 달성할 수 있기 때문이다. 따라서 시장원리는 기업이 소비자를 위해서가 아니라 자신의 이윤을 위해서 소비자가 원하는 상품을 원하는 만큼, 그리고 최고의 품질로 가장 싼 가격에 공급하도록 작동하게 된다. 또한 〈그림 3-1〉의 A, B구간에서는 소비자들이 상품의 공급을 자유로운 선택에 의해 결정하는 방식, 즉 소비자주권이 실현되고 있을 뿐만 아니라 생산자와 소비자가 모두 만족하는 생산물에 대한 자원배분이 조화를 이루게 된다.

② 어떻게 생산할 것인가?의 경제문제는 〈그림 3-1〉의 B, C구간에서 결정된다. 기업은 소비자들이 원하는 상품을 원하는 만큼 다른 경쟁기업보다 우수한 질로

값싸게 공급하여야 한다. 만약 소비자들이 원하지 않는 상품을 생산하거나 다른 경쟁기업보다 품질이 떨어지면서 값비싼 제품을 공급한다면, 그 기업은 소비자들로부터 버림받고, 시장에서 퇴출(파산)될 것이다. 경쟁시장은 효율적인 생산자에게는 이윤으로 보상하고 비효율적인 생산자에게는 파산으로 처벌하기 때문이다. 따라서 기업은 〈그림 3-1〉의 C구간에서 가장 효율적인 생산공정과 생산기술을 선택해야 하고, 가장 생산성 있는 생산요소로 가장 효율적인 기술적 배합을 선택하게 된다.

③ 누구를 위하여 생산할 것인가?의 경제문제는 〈그림 3-1〉의 D, C구간에서 결정된다. 기업은 생산과정에서 필요한 생산요소들의 조합을 선택하게 되는데, 마치 생산물시장에서 소비자가 돈 투표 하듯이 기업의 목적을 달성하기 위해 생산요소에 돈 투표하게 된다. 가계는 이 과정에서 노동력, 자본, 토지, 경영력 등의 생산요소를 기업에 공급하고 그 대가로 소득(기업의 돈 투표=생산요소의 가격)을 얻게 된다.

기업은 〈그림 3-1〉의 C, B구간에서 다른 경쟁기업보다 값싸고 질 좋은 제품을 생산하기 위해 질 좋고 값싼 생산요소를 고용하고, 가장 효율적인 생산요소의 조합(기술적 생산방법)을 선택하게 된다. 또한 가계는 생산요소시장에서 기업이 어떤 생산성을 갖춘 생산요소를, 얼마나 공급받기를 원하는지 정보를 확보하고 그 수요에 맞는 생산요소를 공급하게 된다.

따라서 〈그림 3-1〉의 C, D구간에서는 소득수준이 높은 가계와 그렇지 않은 가계가 결정되고, C, B구간에서는 이윤을 획득하여 성장하는 기업과 경쟁과정에서 이윤을 얻지 못해 파산하는 기업이 결정된다.

〈그림 3-1〉의 경제순환모형은 시장기구가 경제문제 ①, ②, ③을 어떻게 해결하는지 A, B, C, D구간으로 설명해 주고 있다. 시장은 경제주체인 가계와 기업이 모든 자원을 효율적으로 배분하도록 유인기구(당근과 채찍=경쟁과 이윤)가 작동하는 자원배분체계라 할 수 있다.

3.4 자본주의가 승리한 이유

3.4.1 구소련과 중국의 변화

1988년 소비에트 중앙위원회에서 고르바초프는 "우리 식탁에 매년 고기를 80kg씩만 얻을 수 있었더라면 다른 문제가 이처럼 심각해지지는 않았을 것이다"라고 구소련의 심각한 경제상태를 탄식했다. 1980년대 구소련경제는 2만4,000여 개의 공장이 폐업을 했고 80루블(약 3,200원) 이하의 근로자가 4천만 명에 이르렀다. 설탕, 소금, 성냥을 구하기 위해 매일 줄을 서야 했고 중앙정부에 팬티스타킹, 치약, 가루세제위원회가 가동될 정도였다.

고르바초프는 '페레스트로이카'에서 "우리 사회에는 실업이 없다. 게으르거나 직장 규율을 잘 지키지 않아 해고당한 사람들에게도 다른 직장을 준다. 비록 일을 열심히 하지 않거나 무능한 사람이라도 쾌적한 생활을 누릴 수 있는 급료를 받는다. 우리는 이것을 자랑스럽게 생각한다. 그러나 동시에 이러한 사회주의의 이점을 악용하는 악질적인 인간들이 있다는 사실도 우리는 잘 알고 있다. 이들은 권리만 주장하면서 자기에게 부여된 의무는 조금도 생각하지 않는다. 일은 제대로 하지 않으면서 술만 퍼마신다"고 구소련경제를 비판한 바 있다.

보리스 옐친은 1991년 모스크바 민주러시아 집회에서 "우리들의 국가는 행복하지 않았다. 이 나라는 마르크스주의의 실험을 하도록 결정지어져 있었다. 운명이 우리들을 정말로 그 방향으로 내몰았던 것이다. 이 실험은 아프리카의 어딘가의 나라가 아니고 확실히 우리들의 조국에서 시작되었다. 그리고 마침내 마르크스주의의 이론이 존재할 여지가 없다는 것이 입증되었다. 이 이론은 우리들을 세계의 문명국이 걸어온 길로부터 벗어나게 했을 뿐이다. 국민의 4할이 빈곤에 시달리는 오늘날의 현상, 나아가서는 배급표를 보이고 상품을 받아야 하는 항국적인 굴욕이 이것을 분명히 반영하고 있다. 이 항국적인 굴욕은 이 나라에서 여러분이 노예의 존재라는 것을 매 시간마다 상기시켜주는 것이다"라고 개방과 개혁을 강조했다.

중국의 공산주의 지도자들은 1959~1962년간 대지주 80만 명을 처형하고 농촌에는 각각 약 2만 명으로 구성된 인민공사를 설립하여 노동자들의 유토피아를 건설하겠다고 약속하였다. 하지만 1959년 중국에서 기아로 사망한 유아, 영아, 아동수가 1,650만 명에서 3천만 명에 이르는 것으로 추정될 정도로 생산성은 곤두박질하고 먹거리도 해결하지 못하는 최악의 상황에 처하게 된다. 중국은 1958년 대약진운동, 1966~1969년간 문화대혁명을 추진하고 관료주의자, 수정주의자, 반혁명분자라는 명분으로 수십만 명의 지식인들을 살해하거나 강제노동수용소로 추방하게 된다. 돌파구를 찾기 위한 특단의 조치들마저 실패하고 1976년 모택동 시대가 막을 내리게 된다. 등소평은 "검은 고양이든 흰고양이든 쥐를 잘 잡는 고양이가 좋은 고양이다"라는 흑묘백묘론으로 중국은 개방과 개혁을 선택하게 된다. 등소평은 1982년 한 연설에서 "정치체제가 어떻든 쇄국정책을 유지한 채로 근대화를 수행한 국가는 지금까지 세계적으로 볼 때 한 나라도 없었다"며 개방과 개혁의 중요성을 강조한다. 중국은 이데올로기와 훈계 대신 교육과 경제적 인센티브를 중시하고 사유재산제도와 시장가격체계를 사회주의 경제에 접목함으로써 G2국가로 성장하게 된다. 중국은 1978년 개방이후 17배의 경제성장을 이루었고 2011년에는 GDP기준으로 일본경제를 추월하였고 2014년 미국경제를 추월하였다. 중국경제는 30여 년간 두 자릿수 경제성장을 통해 세계제조업의 최강자가 되었고 세계최대소비국으로 부상하고 있다.

3.4.2 시장가격체계

계획경제에서는 시장가격 대신 계산가격이 작동하여 자원배분을 조정한다. 계산가격은 정부의 관료들이 생산되는 생산품들의 우선순위를 평가하고 그 상품에 가격을 부여하는 방식의 가격체계이다. 계산가격은 시장가격과 달리 경제주체들의 선호나 수요를 제대로 반영할 수 없는 관료주의적 자원배분의 매개변수라 할 수 있다. 따라서 소비자들이 원하지 않는 관료들의 계획에 의해 생산된 물품들이 창고에 처박혀 자원이 낭비되고 생필품마저 부족해지는 자원배분의 왜곡현상이 나타나게 된다. 이런 문제를 해결하기 위해 구소련이나 중국 등 구공산권 국가들도 시장가격체계를 도입하여 자원배분의 효율성을 개선하고 있다.

시장가격체계는 경제주체들의 선호나 수요를 직접적으로 반영함으로써 신호기능이나 자원배분기능을 효율적으로 수행한다. 시장가격의 주요기능을 정리하면 다음과 같다.

① 시장가격은 신호기능을 수행한다. 소비자들이 무엇을, 얼마나 원하는지, 조사할 필요 없이 돈 투표(dollar voting)의 결과로서 시장가격에 반영된다. 따라서 기업은 시장가격을 보고 무엇을 얼마나 생산할 것인가를 결정할 수 있다. 하지만 시장가격이 존재하지 않는 계획경제체제에서는 정부 관료가 소비자가 무엇을 얼마나 원하는지를 조사하여 계산가격을 설정하여야 한다. 따라서 계산가격체제하에서는 다양한 소비자의 선호를 정확하게 파악하기 어려우며, 수많은 상품들에 대한 막대한 선호조사비용을 부담해야 한다. 또한 정부의 관료들이 소비자의 개인적 선호를 조사하는 과정에서 소비자들의 프라이버시를 침해할 수 있고 개인의 프라이버시와 관련된 조사의 경우에는 소비자들의 정직한 선호표출을 기대하기 어렵다. 이런 이유로 구 공산권 국가들에서 나타났던 생필품의 품귀현상은 매우 자연스러운 결과이다. 반면에 소비자들이 원하지 않는 제품들은 과잉 생산되고 상품의 질도 조잡해서 결국 창고에 재고로 쌓이는 결과를 초래했던 것이다.

② 시장가격은 자율적인 배분기능을 수행한다. 부족한 자원은 상대적으로 시장가

읽을거리 3.2

계산가격의 오류

구소련에서 실제로 발생했던 자원배분의 왜곡 사례이다. 공산주의 경제체제는 노동자의 천국을 지향한다. 노동자들은 빵을 배불리 먹을 수 있어야 한다. 그러므로 빵 가격은 가축이 먹는 사료가격보다 낮아야 한다. 그럴듯한 논리로 빵의 계산가격을 사료가격보다 낮게 설정하는 오류를 범하게 된다. 이렇게 되자 빵으로 가축의 먹이를 대체하는 현상은 매우 자연스럽게 퍼져나간다. 예를 들어 노동자는 1,000원짜리 점심을 먹는데 가축은 3,000원짜리 점심을 먹는 현실이라 해 보자. 감성적으로도 언짢은 일이고 합리적으로도 노동자들은 3,000원짜리 사료 대신 1,000원짜리 빵으로 가축들의 먹이를 해결하려 하지 않겠는가? 이것은 너무 당연한 선택이 된다. 따라서 빵을 사료로 대체시킨 만큼 노동자들의 빵은 부족해지고 가축들의 사료는 남아도는 아이러니가 발생하게 된다. 결과적으로 (1년간 빵 생산량은 계획되어 총량이 일정하므로) 빵이 부족한 지역의 노동자들은 빵 대신 사료를 먹어야 하는 계산가격의 오류가 발생한 것이다.

격이 상승하여 절약을 유도하고 반드시 필요한 소비자만 사용하도록 제약을 가하게 된다. 반면에 상대적으로 풍부한 자원에 대해서는 상대적으로 낮은 가격이 설정되어 소비의 영역을 확장시킨다. 따라서 시장가격은 희소한 자원은 아껴 쓰고 절약하게 하고 풍부한 자원은 여유롭게 소비하도록 조절하는 배분기능을 수행한다. 만약 정부가 시장가격을 인위적으로 조정하거나 통제하는 경우, 부족한 자원은 낭비되고 풍부한 자원은 절약하는 자원배분의 왜곡을 가져올 수 있다.

3.4.3 사유재산제도

모든 생산수단을 공유하는 공산주의체제에서는 소유권을 바탕으로 작동하는 자본주의 경제체제와는 달리 당근과 채찍이라는 유인구조가 부족하다. 자본주의는 사유재산, 즉 이윤을 인정하는 보상체계가 작동한다. 따라서 "능력에 따라 일하고 능력에 따라 분배한다"는 응능주의적 보상체계를 따라 소득이 분배된다. 응능적 분배원리란 열심히 일하는 자에게는 더 많은 이윤으로 보상하고, 게으른 자에게는 파산이라는 채찍으로 응징하는 보상체계이다. 당근과 채찍으로 개인들이 최선을 다하도록 유인기능을 작동시킨다.

공산주의 경제체제에서는 사유재산이 부정되고 "능력에 따라 일하고 필요에 따라 분배한다"는 도덕적 보상체계가 작동한다. 도덕적 보상체계란 능력 있는 자는 최선을 다해 일하지만, 그 결과물은 능력이 있든 없든, 관계없이 필요한 자에게 분배한다는 원칙이다. 도덕적 보상체계는 역사적 실험을 통해 도덕적 해이(moral hazard)라는 비효율에 직면하게 된다. 인간은 소유권에 의한 이윤동기가 부여될 때 더욱 역동적이라는 애덤 스미스의 인간관이 역사적으로 승리를 거둔 셈이다.

중국의 경우, 공산화하는 과정에서 농민들의 사적 재산권을 박탈하고 농지를 강제 수용하여 인민공사라는 집단경제체제를 실험하였으나 모두 실패하게 된다. 공동생산, 공동소비체제가 식량생산을 크게 떨어뜨렸고 수천만 명이 아사하는 곤경에 처하게 된다. 대약진 운동이나 문화혁명과 같은 극약처방으로 생산성을 되살리기 위해 노력했지만 상황을 더 악화시키는 결과에 직면하게 된다. 이념주의자인 모택동이 사망하자, 실용주의자인 등소평이 집권하고 개방과 개혁정책이 추진되고 빛을 발하게 된다.

1979년 등소평은 신자유주의의 대부, 하이에크를 중국에 초청하여 조언을 구하게 되는데, 하이에크는 식량부족문제를 해결하기 위해 "농민들에게 땅을 돌려주세요"라는 권고를 남기게 된다. 등소평은 농민들에게 임대제라는 방식으로 일종의 사유재산권을 인정하게 되고, 2년 후 식량생산은 무려 25%까지 증가하게 된다.

구소련의 경우를 살펴보면 1에이커 미만의 사유지를 인정하는 제도가 유지되었는데, 그 면적이 전체 경작면적에서 1%에 불과하였지만 생산량은 전체 농작물의 25%를 차지하게 된다. 이것은 사유지의 생산성이 공유지에 비해 33배나 높다는 것을 보여준다.

이런 이유로 인해 구공산권 국가들이 개인의 사유재산권을 보장하고 이윤을 인정함으로써 효율성을 극대화하려는 개혁을 적극 추진하게 된다. 소유권을 바탕으로 한 이윤동기야말로 기술혁신과 생산성 향상을 위한 제도적 장치인 것이다. 1993년 노벨경제학상을 수상한 더글라스 노스(Douglass North)는 인류최대의 발명품을 과학기술이 아니라 소유권제도의 창안이라고 주장한 바 있다.

소유권이 수많은 발명을 촉발했다는 것이다. 소유권이야말로 개인의 산출물을 절도 및 약탈로부터 지킬 수 있는 훌륭한 보호막이다. 따라서 안심하고 연구개발하고 투자하여 자신의 경제를 풍요롭게 만들 수 있다. 농업사회에서는 토지에 대한 소유권, 산업사회에서는 자본에 대한 소유권, 지식정보화사회에서는 지식에 대한 소유권(특허권, 저작권, 상표권, 영업에 관한 비밀 등)이 중요한 이유이다.

제도학파 경제학자들은 소유권제도가 안정된 나라일수록 풍요로운 선진국이 될 수 있었지만 그렇지 못한 나라일수록 아직도 빈곤한 후진국으로 남게 되었다고 주장한다. 또한 소유권은 개인의 자유를 보장하고 활성화하는 제도적 장치로서 기능한다. 소유권은 배타적 권리여서 그 영역에서는 어느 누구도 간섭할 수 없고 구상권을 행사할 수 있으며 자유롭게 처분할 수 있는 권리를 보장하기 때문이다. 개인의 경제적 자유는 소유권을 기반으로 성립하고 개인의 경제적 자유는 한 나라의 경제발전을 촉진한다.

소유권과 개인의 경제적 자유는 그 나라의 풍요와 인과관계를 갖는다. 미국은 1776년은 애덤 스미스의 자유주의 시장경제와 정치적 자유주의를 독립선언문에 담아 자유주의 국가를 채택하게 된다. 미국은 애덤 스미스의 경제적 자유와 독립선언문에 담긴 정치적 자유라는 두 개의 수레바퀴로 세계에서 가장 강력한 경제대국을 건설하게 된다.

3.4.4 자유경쟁체제

구공산권 국가들은 개방과 개혁을 기치로 내세우며 국내시장을 개방하고 있다. 시장을 개방하여 자유무역을 촉진하게 되면 국내산업은 치열한 세계경쟁을 견뎌내야 한다. 구조조정과 혁신을 하지 않으면 세계경쟁에서 살아남을 수 없기 때문이다. 국내 소비자들은 세계에서 가장 값싸고 질 좋은 상품을 구매할 수 있고 국내의 기업들은 세계에서 가장 혁신적인 생산기술을 도입하고 효율적인 자본을 유치할 수 있다.

전통적으로 구공산권 국가들은 칼 마르크스의 반제국주의론에 따라 자급자족경제(Autarky)체제를 구축해 왔다. 칼 마르크스는 주기적인 공황과 제국주의 전쟁이라는 예언으로 자본주의 경제체제의 모순을 규정한 바 있다. 자본주의 경제는 자본이 고도화될수록 생산능력이 폭증하게 된다. 그런데 국내의 소비가 폭증하여 이를 모두 소진할 수 없을 것이므로 자본주의 경제는 주기적인 공황에 빠지게 된다. 창고마다 재고가 넘쳐나고 길거리에는 실업자가 득실거린다. 실업자는 소득이 없으므로 유효수요가 더욱 부족해지고 공황의 늪은 더욱 깊어진다. 소위 풍요 속의 빈곤(poverty in the midst of plenty)현상이 경제를 병들게 한다. 자본주의 발전과정에서 이런 현상은 주기적으로 반복된다는 것이 칼 마르크스의 주장이다.

자본주의 발전 과정에서 공황이라는 폐해를 극복하기 위해 선진자본주의 국가들은 제국주의를 채택하게 된다. 식민지를 개척하여 새로운 시장을 창출하려는 국가이기주의적 발상이다. 식민지는 새로운 수요를 창출하고, 값싼 원료를 공급하는 착취의 대상이 된다. 따라서 칼 마르크스는 제국주의적 모순을 타파하고 반제국주의적 경제질서를 구축하기 위해 자급자족경제를 제안했던 것이다.

하지만 오늘날 선진국이든, 후진국이든 관계없이 자유무역은 교역 당사국들에게 거래이익을 증진시키고 경제발전을 촉진하고 있다. 부분적으로는 통상마찰이나 보호무역주의가 자유무역질서(자유경쟁체제)와 충돌하는 경우도 종종 발생하고 있다. 그렇지만 구소련과 중국을 비롯한 구공산권 국가들조차도 자유무역주의(자유경쟁체제)를 보편적인 세계경제질서로 받아들이고 있다.

연습문제 EXERCISE

1. 국민경제 3대 기본문제에 대해 설명하라.

2. 경제체제의 개념을 설명하라.

3. 혼합경제체제(mixed economy)의 특징을 설명하라.

4. A. Smith의 인간관과 K. Marx의 인간관을 비교하라.

5. 자본주의 경제체제의 특징은 무엇인가?

6. 사회주의 경제체제의 특징은 무엇인가?

7. 이상적인 경제체제의 요건은 무엇인가?

8. 자본주의의 모순은 무엇인가?

9. 사회주의의 모순은 무엇인가?

10. 보이지 않는 손의 원리를 설명하라.

11. 구소련이나 중국 그리고 공산권 국가들이 시장경제를 받아들이는 이유를 설명하라.

12. 시장가격과 계산가격을 비교 설명하라.

13. 시장가격의 기능을 설명하라.

14. Autarky경제를 설명하라.

15. 제국주의를 설명하라.

제1부 객관식 연습문제

1. 경제학에서 합리성의 정의에 가장 적합한 것은? (7급 행정)

① 돈을 아껴 쓴다.
② 자기 이익을 최대로 도모한다.
③ 계획을 세워 행동한다.
④ 금전적 이익을 최대로 한다.
⑤ 한정된 자원으로 주어진 목적을 최대한 달성한다.

2. '보이지 않는 손'이 의미하는 것은? (7급 행정)

① 정부가 시장체제의 기능을 통제한다는 것
② 가격을 경쟁적 수준보다 높게 책정하려는 독점판매자의 경향
③ 경쟁적 상황하에서 각 개인의 이기적 동기에 따른 의사결정은 사회적 이익을 증대시킨다는 것
④ 조세제도가 부자로부터 가난한 사람에게로 소득을 재분배한다는 것
⑤ 자본주의 경제체제하에서 정부의 통제는 자원의 효율적 배분을 달성한다는 것

3. 실증경제학에서 하나의 이론이 완성되는 과정은? (공인감정사)

① 가정 → 추론 → 예측 → 검정 → 채택
② 추론 → 가정 → 검정 → 예측 → 채택
③ 예측 → 추론 → 가정 → 검정 → 채택
④ 검정 → 예측 → 추론 → 가정 → 채택
⑤ 가정 → 예측 → 추론 → 검정 → 채택

4. 다음 중 기회비용에 대한 예로서 옳지 않은 것은? (보험계리사)

① 서류를 보관하였다면 내지 않을 수 있었는데 서류를 보관하지 않아서 지불하게 된 세금
② 아이스크림과 커피 중에서 하나를 골라야 하는 상황에서 고민 끝에 커피를 선택한 경우에 포기한 아이스크림

③ 자신 소유의 건물에서 레스토랑사업을 하지 않았더라면 받을 수 있었던 건물임대료 수입
④ 사업을 하기 위해 포기한 직장에서 받을 수 있었던 월급

5. 다음 중 생산가능곡선을 이동시키는 요인을 모두 골라 묶은 것은? 〔보험계리사〕

가. 자본량 증가	나. 노동량 감소	다. 기술진보	라. 청년실업의 감소

① 가, 나, 다, 라　② 가, 나, 다　③ 가, 나
④ 가, 나　⑤ 나, 라

6. X재와 Y재를 생산하는 K국가의 생산사능곡선상에는 두 개의 재화 생산 조합점$(x_1, y_1)=(200, 300)$과$(x_2, y_2)=(240, 290)$이 있다. 다음 중 기회비용체증의 법칙이 성립하기 위한 이 생산가능곡선상의 재화생산조합점(x_3, y_3)은? 〔감정평가사〕

① (160, 310)　② (160, 315)　③ (280, 270)
④ (280, 280)　⑤ (280, 285)

7. 다음 중 구성의 오류와 관련된 설명 중 잘못된 것은?

① 배추농사를 짓는 농부 중에서 갑돌이만 배추농사가 풍년이 되자 배추값이 금값이 되었다.
② 숲속을 나는 새는 숲 전체의 모습을 보기 어렵다.
③ 영화관에서 한 사람이 일어나는 경우와 모두 일어나는 경우 결과가 서로 다르다.
④ 소비가 미덕이다.
⑤ 배추농사로 큰 돈을 번 갑돌이를 보고 모든 동네사람들이 배추농사를 따라 지으면 농가소득이 증대한다.

8. 을은 자신의 저축 1,000만원과 은행으로부터 대출받은 2,000만원을 투자하여 사업을 시작하였다. 저축예금 이자율과 대출이자율이 모두 연 5%로 동일할 경우, 이 사업에 투입된 금융자본의 연간 기회비용은? 〔국가직 9급〕

① 100만원　② 150만원　③ 2,000만원　④ 3,000만원

9. 다음 중 실증경제학과 가장 가까운 것은?

① 사중적 손실을 줄이기 위해 독점은 규제되어야 한다.
② 제4차 산업혁명 기술의 발전을 위한 산업정책이 필요하다.
③ 수도권의 아파트 가격을 안정시키기 위해 다양한 정책이 필요하다.
④ WTO 개도국 지위 포기는 쌀생산 농가에 손실을 주게 될 것이다.

10. 다음 중 미시경제학과 가장 거리가 먼 것은?

① 숲속을 나는 새의 관점에서 경제를 관찰한다.
② 상대가격을 중요한 지표로 삼는다.
③ 절대가격을 중요한 지표로 삼는다.
④ 가격, 수요량, 공급량과 같은 유량(flow)의 개념이 많다.

11. 다음은 한 국가의 생산가능곡선 그림이다. 다음 설명 중 옳지 않은 것은? (공인회계사)

① 점 A에서 생산에서의 효율성이 달성되고 있다.
② 독점기업이 있는 경우 점 B에서 생산이 된다.
③ 기술개발을 통하여 점 D를 달성할 수 있다.
④ X재를 생산하는 기업이 해외로 이전하게 되면, 점 A에서 점 C로 이동하게 된다.
⑤ 점 A에서 생산하는 경우, 점 C보다 X재의 한계비용이 상대적으로 작다.

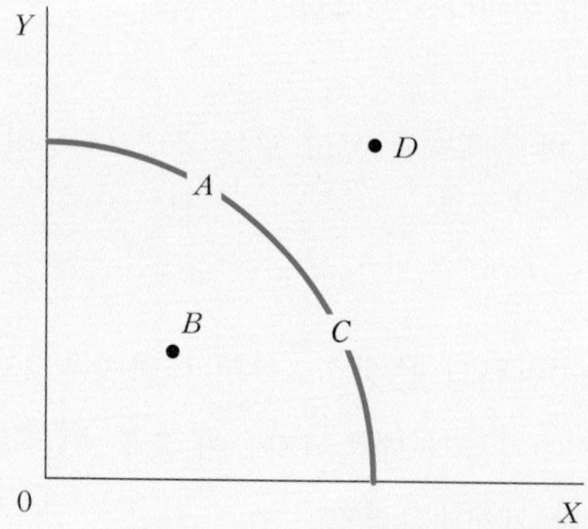

제2부

미시경제학

제 4 장

수요·공급이론

제 4 장

우리는 매일 경제적 선택을 하며 살아간다. 우리가 필요한 상품들을 시장에서 구입하는가 하면 한편으론 직장에서 시장에 제공되는 상품들을 생산하기도 한다. 우리는 어찌보면 1인 2역의 경제활동을 하며 살아간다. 소비자로서 선택하는 것들이 수요가 되고 생산자로서 선택하는 것들이 공급이 된다. 우리는 생산과정에 참여해 소득을 얻고, 그 돈으로 시장에서 필요한 물건들을 구매하는 경제순환과정의 주인공이다.

우리는 수요자(가계)와 공급자(기업)라는 시장경제의 주인공이다. 경제활동이 이루어지는 무대, 즉 시장에는 생산물시장과 생산요소시장이 존재한다. 생산물시장에서는 소비자(가계)가 '수요'를, 생산자(기업)가 '공급'을 연출하는 주인공으로 활동하고, 생산요소시장에서는 가계가 '공급'을, 기업이 '수요'를 연출하는 주인공으로 활동하게 된다.

따라서 시장경제를 이해하기 위해 수요와 공급이론이 중요하다. 어떤 경제학자는 수요·공급이론의 중요성을 지나치게 강조한 나머지 우리는 "앵무새에게조차 경제이론을 가르칠 수 있다"고 허풍을 떨었다고 한다. 앵무새라도 말할 수 있는 두 단어 "수요와 공급"의 중요성을 지나치게 강조한 유머에 해당한다.

우리가 매일 접하는 시장경제란 무엇일까?, 가장 쉽고 재미있게 표현하자면 시장은 한편의 마당극과 같은 것이다. 이 마당극의 주연 배우는 바로 수요자(가계)와 공급자(기업)이고 그들이 연출하는 시나리오는 "수요와 공급", 그리고 "효용극대화와 이윤극대화에 이르는 길"이라 할 수 있다. 수요와 공급이 결정되는 과정에서 자원배분과 소득분배가 결정되고 경제순환이 완성되는 것이다.

이 마당극의 클라이맥스는 소비자와 생산자가 서로 만족하는 상태, 즉 시장균형이라 할 수 있고 가장 최적한 자원배분의 상태라 할 수 있다. 시장균형에서는 소비자와 생산자가 그들의 목표인 효용극대화와 이윤극대화를 동시에 달성할 뿐만 아니라 균형가격과 균형수·급량에 모두 동의하기 때문이다.

앞에서 경제란 생산과 소비의 순환과정이라고 정의한 바 있다. 미시경제이론에서는 소비를 수요라 하고 생산을 공급이라 한다. 따라서 수요와 공급의 원리가 경제현상을 지배하는 것은 당연한 이치이다. 또한 수요·공급이론은 경제현상을 분석하고 경제문제를 해결하며 미래경제를 예측하기 위한 가장 기본적이고 필수적인 도구라 할 수 있다.

4.1 수요와 공급

4.1.1 개별수요와 시장수요

어떤 소비자가 일정기간 동안 어떤 상품을 구매하려는 의도를 개별수요라 한다. 시장수요란 시장에 참여하는 모든 개별소비자의 수요를 수평으로 합한 수요를 말한다. 수평으로 합한다는 것은 일정가격수준에서 수요량만을 합한다는 것을 의미한다. 컵라면을 예로 들어보자. 컵라면은 사적재(private goods)이고 경합성을 갖는다.

경합성이란 어떤 사람이 컵라면을 소비하는 경우, 그 컵라면은 사라져버리게 되어 다른 사람은 그 컵라면을 동시에 소비할 수 없다. 따라서 이런 경합성을 지닌 컵라면은 A라는 사람이 컵라면을 1개 먹고, 또 다른 사람 B도 컵라면을 1개 먹게 된다면 소비되는 컵라면은 2개이고 이를 위해 1개의 컵라면을 추가생산하여야 한다. 한계비용이 0보다 커지는 것이다($MC>0$). 이런 원리가 작동하여 시장수요는 일정한 가격수준에서 컵라면의 수요량만을 증가시키게 된다. 〈그림 4-1〉에서 보는 바와 같이 개별수요곡선을 수평으로 합하여 시장수요곡선을 도출하게 된다.

〈그림 4-1〉 시장수요곡선의 도출

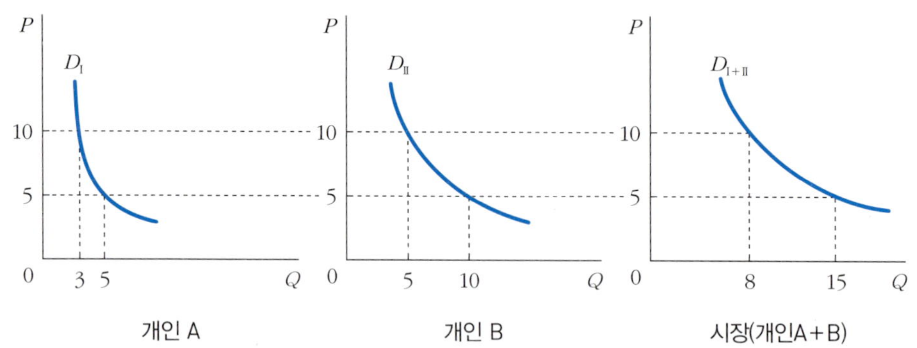

한편 도로의 경우에는 컵라면과는 다르게 공공재이고 비경합성을 가진다. 도로는 A라는 사람이 이용했다고 해서 컵라면처럼 그 도로가 사라지지 않는 특성을 가진다. A가 이용한 그 도로를 B도 동시에 이용할 수 있는 것이다. 컵라면처럼 추가 생산하지 않아도 된다. 한계비용이 0이 되는 것이다($MC=0$). 이런 원리가 작동하여 공공재의 경우에는 개별수요가 곧 시장수요가 되는 것이다. 생산되는 순간 모두가 함께 소비할 수 있는 비경합성을 가지게 되는 것이다. 이런 특성을 공동소비(joint consumption)라 한다. 이런 원리가 작동하여 공공재의 경우에는 개별수요를 수직으로 합하면 시장수요가 된다.

수요함수는 종속변수인 수요량(Q_x)과 독립변수인 가격(P_x)으로 구성된다. 여기서 독립변수로는 그 재화의 가격(P_x)뿐만 아니라 다른 재화의 가격(P_y), 소득수준(I), 기호(T), 미래에 대한 예측(E) 등의 다른 변수들이 다수 존재한다. 하지만 이론은 단순화를 위해서 다른 조건은 일정하다고 가정하는데(ceteris-paribus), 그 재화의 가격(P_x)만이 독립변수로 작동하게 된다. 이것을 수요함수라 하고 이를 수식으로 표현하면 (수식 4-1)과 같다.

$$Q_x=f(P_x;\ P_y,\ I,\ T,\ E) \qquad \text{(수식 4-1)}$$

개별수요함수를 그래프로 나타내면 〈그림 4-1〉의 개인 A나 개인 B와 같고 이를 수평으로 합하면 시장수요곡선이 된다. 사적재이고 소비자의 개별수요가 독립적으로 형성된다면[1] 개별수요곡선을 수평으로 합하여 시장수요곡선을 도출할 수 있다. 시장수요곡선을 도출하는 과정은 〈그림 4-1〉과 같다. 개인 A의 개별수요곡선 D_A과 개인 B의 개별수요곡선 D_B를 수평으로 합하면 시장수요곡선 D_{A+B}가 도출된다. 시장가격이 10원일 때 개인 A의 수요량은 3이고 개인 B의 수요량은 5이다. 따라서 수평으로 합하면 시장수요량은 8이 된다. 시장가격이 5원인 경우에는 개인 A의 수요량은 5이고 개인 B의 수요량은 10이다. 따라서 수평으로 합하면 시장수요량은 15가 된다.

1) 개별수요가 독립적이어야 한다. 밴드웨건효과(bandwagon effect)나 스납효과(snob effect)가 발생하지 않아야 한다.

읽을거리 4.1

비독립적인 수요

비독립적인 수요는 밴드웨건효과(bandwagon effect)와 스납효과(snob effect)로 설명할 수 있다. ① 밴드웨건효과(bandwagon effect)는 유행과 같은 소비행위로 비유될 수 있다. 유행은 마치 친구를 따라 강남에 가는 행위에 비유될 수 있다. 미국의 서부개척시대에 황금을 찾아 너도나도 할 것 없이 많은 사람들이 밴드웨건을 몰고 서부로 향했던 것처럼, 다른 사람들의 재화소비가 증가하면 이에 편승하여 개별소비자의 재화소비가 추가적으로 증가하는 효과를 의미한다. 개별소비자의 소비행위가 다른 소비자의 소비행위를 흉내 내거나 모방하려는 심리로 이해될 수 있다. ② 스납효과(snob effect)는 별종의 소비행위로 설명할 수 있다. 다른 사람들의 재화소비량이 증가하면 개별소비자는 다른 사람들과 다르다는 것을 보여주기 위해 그 재화의 소비량을 오히려 감소시키는 효과를 의미한다. 마치 청개구리처럼 엉뚱한 행위에 비유될 수 있다. 개별소비자의 소비행위를 다른 소비자의 소비행위와 철저하게 차별화하려는 심리로 이해될 수 있다. 따라서 밴드웨건효과나 스납효과가 나타나면 개별수요를 수평으로 합하여 시장수요를 도출할 수 없다. A의 개별수요가 B의 개별수요에 영향을 받아 계속 변해버리기 때문이다.

4.1.2 수요량의 변화

가격이 상승하면 수요량은 감소하고, 가격이 하락하면 수요량은 증가한다. 이 같은 현상을 수요의 법칙(Law of Demand)이라 한다.[2] 재화의 가격이 하락하면 그 수요량이 증대하는 이유로는 첫째, 소비자가 그 재화에 지출할 수 있는 화폐액은 동일한데, 그 재화의 가격이 하락한 결과 소비자의 구매력이 증가함으로써 소비자의 실질소득이 증가한 것과 같은 효과가 나타난다. 이를 소득효과(income effect)라 한다. 소비자는 소득이 증가하는 경우, 정상재라면 그 재화를 더 소비하게 되는 효과이다. 둘째, 다른 대체재의 가격은 변하지 않는 상황에서 본 재화의 가격이 하락한다면, 본 재화의 상대가격이 대체재에 비해 저렴하게 된다. 그렇다면 소비자는 다른 대체재를 구매하던 예산을 본 재화로 대체 구매하게 되는 효과를 말한다. 따라서 상대가격이 하락하는 효과로 인해 소비자는 본 재화를 더 많이 소비하게 되는

2) 기펜재를 제외한 대부분의 재화에 적용되는 법칙이다.

〈그림 4 – 2〉 수요량의 변화

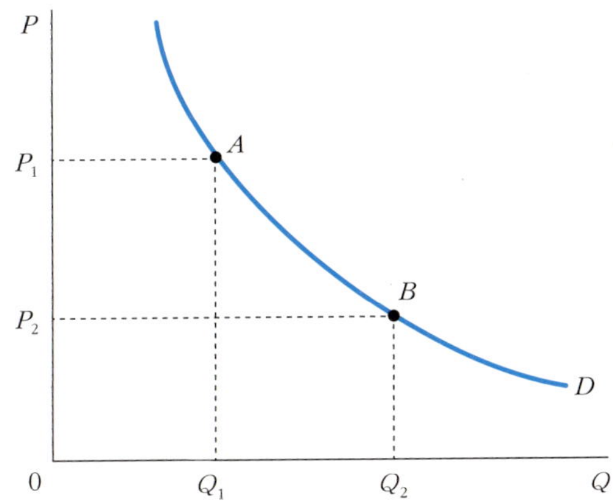

현상을 대체효과라 한다.[3] 어떤 재화의 가격이 하락하는 경우, 다른 재화의 가격이 변하지 않는다는 가정은 여전히 유효하다. 이와 같은 소득효과+대체효과=가격효과로 나타나게 되어 수요량이 증가하는 것이다. 가격이 상승하면 정반대의 소득효과와 대체효과가 발생하여 수요량은 감소하게 된다. 따라서 수요곡선은 우하향하는 곡선으로 나타나게 되는 것이다.

〈그림 4 – 2〉에서 A점에서 B점으로의 이동을 수요량의 변화라 한다. 이는 가격이 변함에 따라 수요량이 변하는 것을 의미하고 수요곡선상의 점의 이동을 말하는 것이다. 그렇다면 가격이 변할 때 수요량은 얼마나 변화할까? 가격변화와 수요량의 변화 비율을 측정하는 개념은 수요의 가격탄력성으로 설명할 수 있다. 수요의 가격탄력성은 다음에 학습하게 된다.

4.1.3 수요의 변화

수요량의 변화와 수요의 변화는 그 경제적 의미가 다르기 때문에 구분된다. 수요량의 변화는 가격이 변할 때 수요량이 변하는 것을 나타내는 개념이며, 수요의 변

3) 상대가격의 하락은 그 재화에 대한 용도의 폭을 확대하기도 한다.

〈그림 4-3〉 수요의 변화

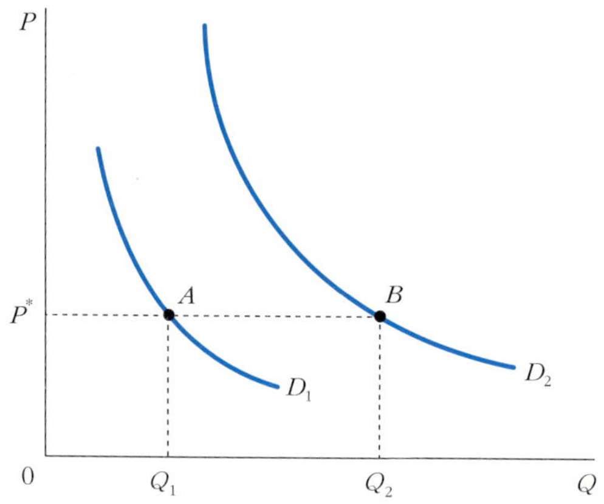

화는 가격은 일정한데 수요량이 변하는 다른 변수와 수요량 간의 변화를 의미한다. 〈그림 4-3〉에서 D_1의 A점에서 D_2의 B점으로의 이동을 수요의 변화라 한다. 수요의 변화는 수요곡선 자체의 이동을 의미하는 것이다. 수요의 변화에 영향을 주는 가격이 아닌 다른 변수들을 정리하면 ① 소비자소득의 변화, ② 타재화 가격의 변화(대체재나 보완재), ③ 소비자들의 기호 및 선호의 변화, ④ 인구의 변화, ⑤ 소비자들의 소득분포의 변화, ⑥ 소비자들의 미래에 대한 예측 등으로 요약할 수 있다. 수요곡선의 이동에 따른 수요량의 변화의 크기를 탄력성이라는 개념으로 계산할 수 있는데, 수요의 소득탄력성과 수요의 대체탄력성이라는 개념이 있다.

4.1.4 시장공급이란?

재화의 가격이 상승하면 공급량은 증가하고 재화의 가격이 하락하면 공급량은 감소한다. 이를 공급법칙이라 한다. 공급곡선의 경우에도 수요곡선의 경우처럼 공급함수에 의해 도출된다. 공급법칙을 함수로 표현하면 공급함수가 되고 공급함수는 가격의 정함수이다. 수식으로 표현하면 $Q=f(P)$이고 기울기가 양의 값을 가진다.

〈그림 4 – 4〉 시장공급곡선의 도출

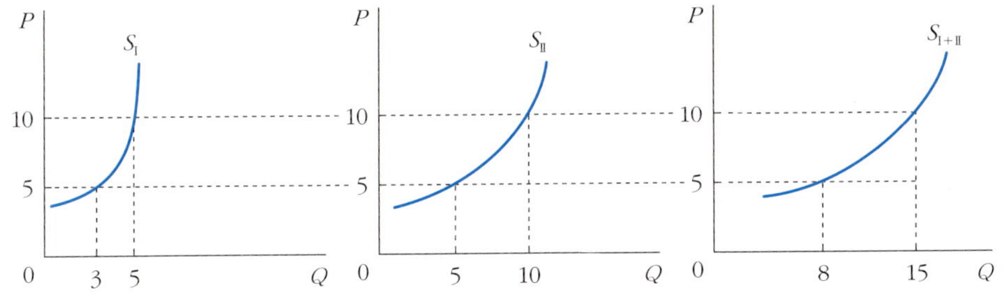

또한 개별공급함수를 그래프로 나타내면 개별 공급곡선이 되고 개별 공급함수가 독립적이라면, 이를 수평으로 합하여 시장공급곡선을 도출할 수 있다. 〈그림 4 – 4〉에서 보는 바와 같이 일정한 시장가격수준에서 기업 I과 기업 II의 개별공급곡선을 수평으로 합하면 시장공급곡선은 S_I+S_{II}이 된다.

〈그림 4 – 4〉에서 보는 것처럼 시장가격 5원에서 기업 I 의 공급량은 3이고 기업 II의 공급량은 5이다. 따라서 시장공급량은 8이 된다. 또한 시장가격 10원에서 기업 I의 공급량은 5이고 기업 II의 공급량은 10이다. 따라서 시장공급량은 15가 된다.

4.1.5 공급량과 공급의 변화

공급량의 변화란 가격변화에 따른 공급량의 변화를 말한다. 즉 가격이 상승하면 공급량은 증가하고, 가격이 하락하면 공급량은 감소하게 되는 현상을 말한다. 〈그림 4 – 5〉에서 공급곡선상의 점 A에서 점 B로 이동하는 것을 공급량의 변화라 한다. 이와 같은 가격변동에 따른 공급량변화를 측정하는 개념을 공급의 가격탄력성이라 한다.

공급의 변화란 가격은 불변인데 공급량은 변하는 경우를 말한다. 가격이 아닌 다른 변수가 변화하여 공급량이 변한 경우를 공급의 변화라 한다. 공급량의 변화는 가격이 변할 때 공급량이 변하는 것을 나타내는 개념이며, 공급의 변화는 가격은

〈그림 4-5〉 공급량의 변화

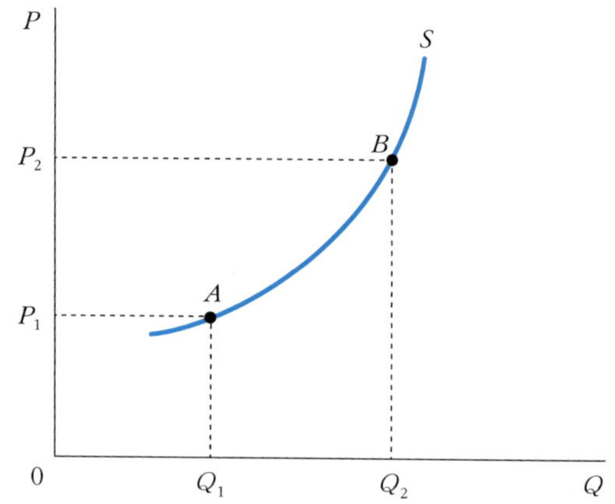

일정한데 공급량이 변하는 다른 변수와 공급 간의 변화를 의미한다. 〈그림 4-6〉에서 S_1의 A점에서 S_2의 B점으로의 이동을 공급의 변화라 한다. 공급의 변화는 공급곡선 자체의 이동을 의미하는 것이다. 공급의 변화에 영향을 주는 가격이 아닌 다른 변수들을 정리하면 ① 타재가격의 변화(대체재나 보완재), ② 생산요소가격의 변동, ③ 기술수준의 발달, ④ 기업목표의 변화, ⑤ 경기에 대한 전망 등으로 요약

〈그림 4-6〉 공급의 변화

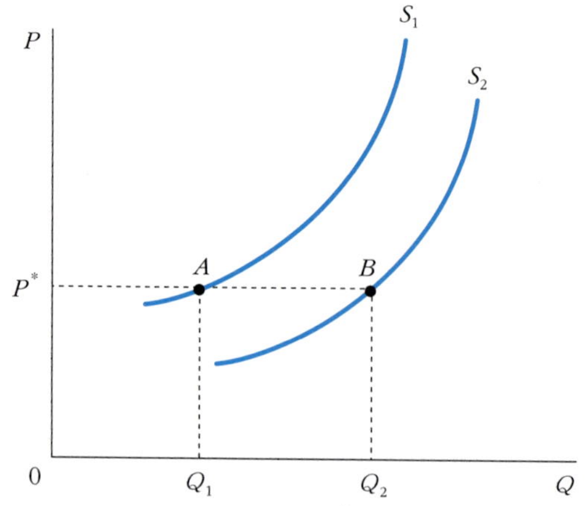

할 수 있다. 대체재가격이 오르면, 대체재의 공급이 증가하므로 당해 재화의 공급곡선은 좌측으로 이동한다. 보완재가격이 오르는 경우, 보완재공급이 증가하므로 당해 재화의 공급곡선은 우측으로 이동한다. 생산요소의 가격이 오르면, 당해 재화의 생산비용이 증가하게 되므로 공급곡선은 좌측으로 이동한다. 기술수준이 발달하게 되면, 생산성이 증가하여 당해 재화의 생산비용이 감소하게 되므로 공급곡선은 우측으로 이동한다.

4.2 수요·공급의 탄력성

4.2.1 탄력성이란 ?

수요·공급분석에서 탄력성(elasticity) 개념은 유용하다. 탄력성을 활용하여 가격이나 다른 변수가 변할 때 수요·공급량이 얼마나 변하는지를 정확하게 계산할 수 있다. 수요와 공급의 탄력성(elasticity)은 수요량과 공급량을 변화시키는 어떤 요인이 변할 때 수요량과 공급량이 변하는 비율을 측정하는 개념이다. 수요와 공급의 가격탄력성 개념이 주로 활용되고 수요의 소득탄력성이나 수요의 대체탄력성 개념도 활용되고 있다. 탄력성 개념은 변수와 변수간의 변화율을 비율(%)로 정확하게 측정할 수 있는 도구이다. 따라서 탄력성을 활용하면 유익한 경제변수들의 특징을 파악할 수 있고, 이를 분석도구로 삼아 다양한 경제적 의사결정에 활용할 수 있는 유용한 개념이다.

탄력성을 측정하는 방식은 비율의 개념($\frac{\partial p}{p}$, $\frac{\partial q}{q}$)으로 되어 있으며, 가격변화에 대한 수요·공급량의 변화의 크기를 변화비율로 측정하기 때문에 양을 측정하는 측정단위에서 비롯되는 변화량 크기에 대한 혼란을 예방할 수 있다.

예를 든다면 참깨의 수요량이 1,000g에서 1,200g으로 증가한 것은 200g이 증가한 것이고 1kg에서 1.2kg으로 증가한 것은 0.2kg이 증가한 것이므로 어떤 측정단위를 사용했는가에 따라 변화한 계수 크기가 g일 경우 200이고 kg일 경우 0.2라는 차이가 발생할 수 있는 반면 변화비율로($\frac{\partial q}{q}$) 계산하면 모두 20% 증가한 것으로 어떤 단위로 측정하든 변화비율은 동일한 값을 갖는다는 것을 알 수 있다.

4.2.2 수요의 가격탄력성

1. 점탄력성과 호탄력성

수요의 가격탄력성은 수요량을 변화시키는 독립변수(가격)의 변화율이 0에 가까워지면 점탄력성(point elasticity)이라 하고, 독립변수의 변화율이 커지면 호(arc elasticity)탄력성이라 한다. 수요의 점탄력성의 정의는 가격의 변화율이 0.01% 정도의 아주 작은 변화율이어야 한다. 변화율이 커지면 호탄력성의 개념을 사용하여야 한다. 변화구간 중 변화시점을 어디에서 계산하느냐에 따라 탄력성이 달라지므로 하나의 변화구간에 2개의 상이한 탄력성이 존재할 수 있다. 이런 문제를 해결하기 위해 호탄력성의 측정공식은 (수식 4-2)와 같다.

$$\frac{\Delta Q/(Q_1+Q_2/2)}{\Delta P/(P_1+P_2/2)}=\frac{\Delta Q/(P_1+P_2)}{\Delta P/(Q_1+Q_2)} \qquad \text{(수식 4-2)}$$

이 공식에 따라 계산하면 변화하는 두 점(시작점과 끝점)의 평균값을 취하여 두 점 간의 어느 점을 변화의 시작점으로 삼든 간에 관계없이 동일한 값으로 측정될 수 있다는 장점이 있다.

2. 수요의 가격탄력성의 측정

점탄력성을 측정하는 수요의 가격탄력성 산식은 (수식 4-3)과 같다. 이것은 수요량의 변화율을 가격변화율로 나눈 값이다.

$$|\varepsilon_d|\,(\text{수요의 가격탄력성})=-\frac{\Delta Q/Q}{\Delta P/P}=-\frac{\Delta Q}{\Delta P}\cdot\frac{P}{Q} \qquad \text{(수식 4-3)}$$

수요의 가격탄력성의 크기는 〈그림 4-7〉에서 보는 것처럼 수요곡선상의 점의 위치에 따라 변화한다. 수요곡선의 중앙점에서는 수요의 가격탄력성이 1이고 좌측

〈그림 4-7〉 수요의 가격탄력성

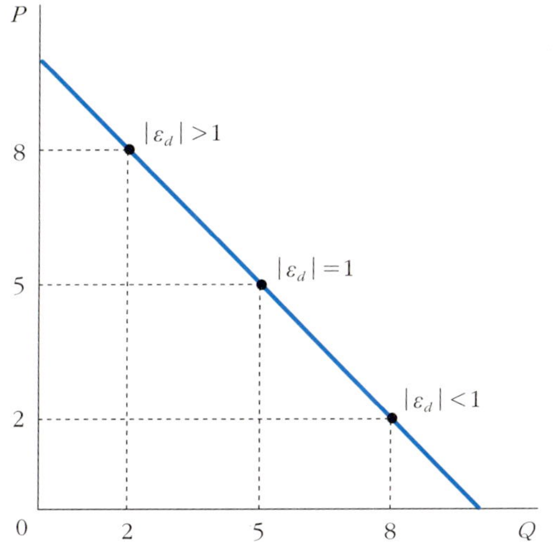

으로 상향할수록 1보다 커져간다는 것을 우측으로 하향할수록 1보다 작아져간다는 것을 알 수 있다. 수요함수 $P=-Q+10$을 그래프로 나타내면 〈그림 4-7〉과 같은 수요곡선이 된다.

$|\varepsilon_d|$(수요의 가격탄력성)$=-\dfrac{\Delta Q/Q}{\Delta P/P}=-\dfrac{\Delta Q}{\Delta P}\cdot\dfrac{P}{Q}$에 $Q=5$인 점을 대입해보면 1(수요곡선의 기울기의 역수 $\dfrac{\Delta Q}{\Delta P}$)$\times\dfrac{5}{5}$($\dfrac{P}{Q}$)$=1$이라는 것을 알 수 있다. 탄력성의 값은 수요함수가 음함수이기 때문에 음의 값을 가진다. 그런데 탄력성의 값을 절댓값으로 정의하는 이유는 탄력성의 크기가 기수적으로 큰 값이 더 탄력적이라는 것을 나타내기 위함이다. $Q=2$인 점을 대입해보면 1(수요곡선의 기울기의 역수 $\dfrac{\Delta Q}{\Delta P}$)$\times\dfrac{8}{2}$($\dfrac{P}{Q}$)$=4$가 되고 $Q=8$인 점을 대입해 보면 1(수요곡선의 기울기의 역수 $\dfrac{\Delta Q}{\Delta P}$)$\times\dfrac{2}{8}$($\dfrac{P}{Q}$)$=\dfrac{1}{4}$이라는 것을 알 수 있다. 이런 원리를 정리하면 수요곡선이 직선인 경우 수요의 가격탄력성은 $\dfrac{P}{Q}$가 된다. 따라서 기하학적으로도 수요의 가격탄력성은 $\dfrac{P}{Q}$로 설명될 수 있다. 수요의 가격탄력성 공식에서 $\dfrac{\Delta Q}{\Delta P}$는 수요곡선의 기울기의 역수이므로 수요의 가격탄력성과 수요곡선의 기울기는 역의 관계에 있다는 점도 기억하기 바란다.

3. 수요의 가격탄력성과 기업의 총수입(가계의 총지출)

수요의 가격탄력성은 기업의 총수입(가계의 총지출)과 밀접한 관계를 가진다. (수식 4-4)에서 보는 것처럼 기업의 총수입(가계의 총지출)=가격(P)×수요량(Q)으로 산정된다. 가격의 변화의 크기와 수요량변화의 크기가 기업의 총수입(가계의 총지출)의 변화를 결정한다는 것을 알 수 있다.

$$\text{기업의 총수입}(TR) = P(\text{가격}) \times Q(\text{수량}) \qquad \text{(수식 4-4)}$$

따라서 가격변동에 대한 수요량의 변화비율을 나타내는 수요의 가격탄력성은 기업의 가격전략에 따른 총수입의 변화를 예측하는 중요한 도구가 된다. 〈그림 4-8〉에서 보는 바와 같이 수요의 가격탄력성($\varepsilon_d=1$)이 1인 경우에는 가격변화비율과 수요량의 변화비율이 동일하기 때문에 가격변화에 따른 기업의 총수입은 변화하지 않

〈그림 4-8〉 수요의 가격탄력성과 기업의 총수입

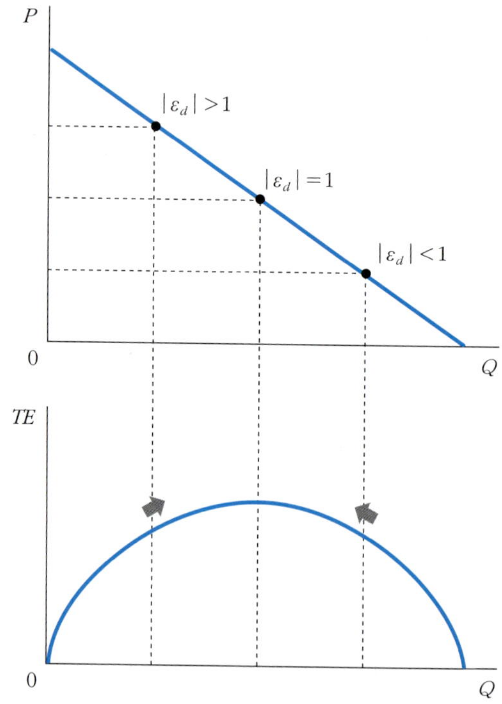

는다. 가격이 변한 만큼 수요량이 변하기 때문에 P(가격)×Q(수요량)=TR(기업의 총수입)은 변하지 않는다. 수요의 가격탄력성($\varepsilon_d>1$)이 1보다 큰 경우에는 수요법칙에 따라 가격이 상승하면(수요곡선을 따라 왼쪽으로 이동) 수요량은 감소하는데 가격상승비율보다 수요량의 감소비율이 더 크게 되어 기업의 총수입은 감소하게 된다. 가격이 하락하는 경우에는(수요곡선을 따라 오른쪽으로 이동) 가격하락비율보다 수요량의 증가비율이 더 크게 되어 기업의 총수입은 증가하는 것이다. 수요의 가격탄력성($\varepsilon_d<1$)이 1보다 작은 경우에는 가격이 상승하면, 수요량은 감소하는데 가격상승비율보다 수요량의 감소비율이 작게 되어 기업의 총수입은 증가하게 된다.

읽을거리 4.2

수요의 가격탄력성과 가격차별

우리는 일상생활에서 매일 가격할인 전단지를 마주한다. 영화관 조조할인, 청소년 할인, 백화점 고객 감사 대세일, 효(경노)세일까지 기업의 마케팅 전략에는 효사상까지 등장한다. 하지만 이런 할인 마케팅은 어디까지나 기업의 수입을 증대시키기 위한 전략적 수단에 불과하다. 이론적으로는 가격차별에 해당하고 기본원리는 수요의 가격탄력성에 기반하고 있다. 기업은 자신의 고객에 대한 수요의 가격탄력성이 서로 다른 시장으로 분리할 수 있는 경우, 가격차별화전략으로 수입을 극대화할 수 있다. 수요의 가격탄력성과 기업의 총수입(가계의 총지출)과의 관계에서 학습한 것처럼 수요의 가격탄력성이 1보다 크다면 가격을 할인하여 기업의 수입을 증대시킬 수 있다. 영화관의 경우, 오전과 저녁시간을 구분해 보면 수요의 가격탄력성이 매우 다르게 나타난다. 따라서 수요의 가격탄력성이 탄력적인 오전시간대에는 가격할인이 영화관 수입에 도움이 된다. 조조할인이 가능한 것이다. 성인과 청소년을 구분하면 청소년은 성인에 비해 주머니 사정이 좋지 않으므로 수요의 가격탄력성이 크게 나타난다. 청소년할인이 가능한 것이다. 노인들의 경우에도 일반인에 비해 시간적 여유는 있는 반면 소득은 넉넉지 않으므로 수요의 가격탄력성이 크다. 노인들에 대한 가격할인이 가능한 것이다. 미국시장과 국내시장에 대한 수요의 가격탄력성이 다르다면 이런 경우에도 가격차별은 성립될 수 있다. 자동차시장의 경우, 미국시장이 국내시장에 비해 더 개방적이므로 수요의 가격탄력성이 국내시장보다 크다. 따라서 미국시장에서 자동차의 가격할인이 가능해지는 것이다. 반대로 수요의 가격탄력성이 1보다 작다면 기업은 가격을 인상하는 전략이 기업의 수입을 극대화하는 데 유리하다. 예를 든다면 심야택시는 보통시간대보다 수요의 가격탄력성이 작아지므로 가격에 할증요금을 부과할 수 있다. 또한, 대학의 등록금 같은 경우에도 대학교육에 대한 수요의 등록금탄력성이 1보다 작으므로 대학당국은 등록금인상을 통해 대학의 재정수입을 증대시킬 수 있는 것이다.

가격이 하락하는 경우에는 수요량은 증가하지만 그 비율이 가격하락비율보다 작게 되어 기업의 총수입은 감소하게 된다. 이 내용을 요약해 보면 수요의 가격탄력성이 1보다 큰 경우에는 가격을 인하할수록 기업의 총수입은 증가하고 1보다 작은 경우에는 가격을 인상할수록 기업의 총수입은 증가한다는 것을 알 수 있다.

수요의 가격탄력성은 기업의 경우 수입을 극대화하는 가격전략을 수립하는 데 매우 유용하게 활용된다. 다양한 가격차별전략 또한 수요의 가격탄력성과 밀접한 관련성을 가진다. 임금인상협상이나 광고효과에 대한 분석도 수요의 가격탄력성을 활용할 수 있다. 임금협상의 경우 생산제품의 수요의 가격탄력성이 상당히 탄력적이라면 제품가격을 인하하여 기업의 수입을 증대시킨 후 임금인상이 가능해질 수 있다. 경영진은 수요의 가격탄력성이 1에 가깝다고 주장하고 노조는 수요의 가격탄력성이 1보다 크다고 주장할 가능성이 높다. 광고효과의 경우에는 광고 이후에는 그 제품의 수요의 가격탄력성이 작아져야 한다. 수요의 가격탄력성이 얼마나 작아졌나

읽을거리 4.3

풍년은 농민들에게 축복인가? 재앙인가?

농민들은 매년 풍년을 기원한다. 그런데 풍년이 되었는데도 농민들의 소득은 증가하지 않는 이유는 무엇일까? 그 해답은 농산물의 수요의 가격탄력성에 있다. 풍년은 농산물의 공급이 증가하는 것을 의미하고 농산물 가격이 하락하는 것을 의미한다. 농산물가격이 하락하는 비율보다 농산물에 대한 수요량의 증가비율이 더욱 증가한다면 농민들의 소득은 증가할 것이다. 농산물에 대한 수요의 가격탄력성이 1보다 큰 경우, 풍년은 농민들에게 축복을 보장하는 것이다. 수요의 가격탄력성이 1보다 작은 경우라면 풍년은 농민들에게 재앙이 될 수 있다. 풍년으로 가격은 떨어지는데 수요량은 가격하락 비율보다 작게 증가하기 때문이다. 또 다른 측면에서 어떤 정책당국자가 농민들의 소득증대를 위해 농산물가격을 인상하는 가격지지정책을 폈다하자. 농민들의 소득을 증대시킬 수 있을 것인가? 역시 이 경우에도 답은 농산물에 대한 수요의 가격탄력성에 있다. 농산물에 대한 수요의 가격탄력성이 1이라고 한다면 이런 정책은 농민들의 소득증대에 아무런 도움을 주지 못한다. 왜냐하면 농산물가격이 오른 비율만큼 농산물 판매가 줄기 때문이다. 그런데다 쓸데없는 가격인상에 따른 거래비용만 증가하게 된다. 만약 농산물에 대한 수요의 가격탄력성이 1보다 큰 경우라면 이런 정책은 오히려 농민들의 소득을 감소시키는 정책이 되고 만다. 가격이 오른 비율보다 농산물판매비율이 더 크게 줄어들기 때문이다. 농민들의 소득에 기여하기 위해서는 농산물가격을 인상할 것인가? 아닌가의 문제가 아니고 농산물에 대한 소비자들의 수요의 가격탄력성의 크기가 얼마인가를 먼저 파악해야 한다.

를 측정하여 광고효과를 분석할 수 있다. 광고로 인해 가격이 오르더라도 수요량이 줄어들지 않는다면 그 제품에 대한 충성도가 높아졌다고 볼 수 있기 때문이다.

수요의 가격탄력성은 여러 가지 정부정책의 효과를 분석하는 데에도 유용하다. 가격정책이나 임금정책 그리고 흡연이나 마약과 관련된 정책을 결정하는 데에도 중요한 분석수단이 된다. 수요의 가격탄력성이 탄력적인 경우에는 가격인상으로 수요량을 효과적으로 줄일 수 있지만 비탄력적인 경우에는 가격정책보다는 비가격 정책이 더 효과적일 수 있다는 것을 알 수 있기 때문이다.

4. 수요의 가격탄력성의 결정요인

수요의 가격탄력성은 여러 가지 요인에 영향을 받는다. 우선 재화의 특성에 따라 다를 수 있다. 예를 들어 마약이나 담배와 같은 중독성이 강한 재화의 경우에는 수요의 가격탄력성이 아주 작은 비탄력적이라는 특성을 가진다. 가격이 오른다 해서 담배나 마약을 쉽게 끊을 수 없기 때문이다. 반면에 보석과 같은 사치품의 경우에는 수요의 가격탄력성이 매우 큰 재화이다. 가격이 변할 때 수요량의 변화가 매우 민감하게 변화하는 탄력적인 특성을 가진다. 수요의 가격탄력성을 결정하는 요인들을 정리하면 다음과 같다. 첫째, 대체재의 존재여부가 수요의 가격탄력성을 결정한다. 대체재가 존재하면 수요의 가격탄력성은 커진다. 그 재화의 가격이 오른다면 그 재화에 대한 수요가 가격이 변하지 않은 대체재로 이동할 수 있기 때문이다. 둘째, 재화의 용도나 성질은 수요의 가격탄력성을 결정한다. 사치재인 경우에는 수요의 가격 탄력성이 커지고, 필수재인 경우에는 수요의 가격탄력성은 작아진다. 가격이 변동할 때 필수재인 경우에는 수요량의 변화가 크지 않겠지만 사치재인 경우에는 수요량의 변화가 크기 때문이다. 셋째, 재화의 가격이 소득에서 차지하는 비중도 수요의 가격탄력성을 결정하는 요소이다. 그 재화의 가격이 소득에서 차지하는 비중이 높으면 탄력성은 커지고, 그렇지 않으면 작아진다. 소득에서 차지하는 비중이 작은 재화의 경우에는 그 재화의 가격변동이 그 재화의 수요량변동에 작은 영향을 미치지 때문이다. 넷째, 소비자가 가격변화에 따른 적응기간도 수요의 가격탄력성을 결정한다. 가격변화에 적응하는 기간이 길어지면 수요의 가격탄력성은 커지고, 그렇지 않은 경우에는 작아진다. 가격변화에 적응할 수 있는 기간이 길어지면,

소비자는 단기적으로는 쉽게 바꿀 수 없는 소비습관을 바꿀 수 있기 때문이다. 따라서 단기에는 가격변화에 소비량을 바꿀 수 없지만 장기에는 소비습관을 바꿀 수 있게 되어 수요량의 변화가 커질 수 있는 것이다.

4.2.3 소득탄력성과 교차탄력성

수요의 가격탄력성은 수요곡선상의 점의 이동과 관련한 것이었다.[4] 그런데 수요의 소득탄력성이나 교차탄력성은 수요곡선 자체의 이동과 관련된 개념이다. 가격은 일정하고 소득이나 다른 재화의 가격이 변할 때 수요량의 변화를 측정하는 개념이다. 수요의 소득탄력성(income elasticity of demand)은 수요함수에서 독립변수인 소득수준이 변할 때 수요량의 변화를 측정하는 개념이며 측정산식은 (수식 4-5)와 같다. 수요의 교차탄력성(cross elasticity of demand)은 수요함수에서 독립변수인 타재화의 가격이 변할 때 수요량의 변화를 측정하는 개념이며 측정산식은 (수식 4-6)과 같다. 또한 수요의 소득탄력성과 교차탄력성의 값은 수요의 가격탄력성과는 달리 절댓값을 취하지 않는다. 음수, 0, 양수의 값을 가지며 소득탄력성의 값이 음수이면 열등재이고 양수이면 우등재이다. 소득이 증가할 때 수요량이 증가하면 수요의 소득탄력성은 양의 값을 가지고 소득이 증가할 때 수요량이 감소하면 수요의 소득탄력성은 음의 값을 가지게 되기 때문이다.

$$\text{수요의 소득탄력성: } \varepsilon_i = -\frac{\Delta Q/Q}{\Delta I/I} \qquad \text{(수식 4-5)}$$

$\varepsilon_i > 0$이면 정상재이고, $\varepsilon_i < 0$이면 열등재이다.[5]

수요의 교차탄력성은 다른 재화의 가격이 변할 때 수요량의 변화를 측정한 개념이다. 다른 재화의 가격이 오를 때 수요량이 증가하면 두 재화의 관계가 대체재라는 것을 알 수 있고 다른 재화의 가격이 오를 때 수요량이 감소하면 두 재화의 관계가 보완재라는 것을 알 수 있다.

4) 가격 이외의 독립변수들은 불변임을 전제한 개념이다.

5) 소득이 증대할 때 수요가 감소하는 재화는 열등재이며, 소득이 증대할 때 수요가 증대하는 재화는 정상재, 우등재, 보통재이다.

$\varepsilon_{xy}=0$이면 X재와 Y재와의 관계는 독립재이며, $\varepsilon_{xy}>0$이면 X재와 Y재의 관계는 대체재이고, $\varepsilon_{xy}<0$이면 X재와 Y재의 관계가 보완재이다.[6)]

- 수요의 가격탄력성 $=\dfrac{\frac{\Delta Q}{Q}}{\frac{\Delta P}{P}}=\dfrac{\text{수요량의 변화율}(\%)}{\text{가격변화율}(\%)}$ ⇒ 가격이 변할 때 수요량이 변하는 비율을 계산한 값
- 수요의 소득탄력성 $=\dfrac{\frac{\Delta Q}{Q}}{\frac{\Delta I}{I}}=\dfrac{\text{수요량의 변화율}(\%)}{\text{소득변화율}(\%)}$ ⇒ 소득이 변할 때 수요량이 변하는 비율을 계산한 값
- 교차탄력성 $=\dfrac{\frac{\Delta Q_x}{Q_x}}{\frac{\Delta P_y}{P_y}}=\dfrac{X\text{재의수요량의 변화율}(\%)}{Y\text{재의 가격변화율}(\%)}$ ⇒ Y재의 가격이 변할 때 X재의 수요량이 변하는 비율을 계산한 값

읽을거리 4.4

수요의 소득탄력성과 수요의 대체탄력성은 무엇에 유용한가?

수요의 소득탄력성도 어떤 정책수립이나 어떤 재화의 미래소비를 예측하는 데 유용하게 적용될 수 있다. 수요의 소득탄력성이 얼마인지를 알고 있고, 미래의 국민소득을 추정할 수 있다면 그 재화의 미래소비를 예측할 수 있는 것이다. 자동차를 예로 들어 보면 자동차의 수요의 소득탄력성이 2이고 10년 후의 국민소득증가율이 5%라고 한다면 10년 후의 자동차에 대한 수요증가율은 10%가 될 것이고, 이에 따른 도로 및 주차장에 대한 수요까지 예측가능하게 된다. 따라서 자동차에 대한 수요의 소득탄력성을 정확하게 측정할 수 있다면 이를 바탕으로 실효성 있는 자동차전용도로 및 주차장에 대한 중·장기계획을 수립할 수 있을 뿐만 아니라 자동차관련 정책에 대한 타당성을 분석하는 데에도 유용하게 활용될 수 있다. 다음으로는 수요의 대체탄력성을 응용하는 사례를 들어보자. 만약 정책당국이 석유에 대한 소비를 줄이기 위한 방책으로 대체재인 연탄소비를 증대시키려 한다 하자. 그런데 연탄가격에 대한 석유 수요의 대체탄력성은 2로 측정되었다 하자. 그렇다면 정책당국은 10%의 석유소비를 줄이기 위해 연탄가격은 얼마나 인하해야 하나?, 연탄가격을 1% 변화시킬 때 석유수요량이 2% 변화한다는 개념이 석유수요의 연탄가격에 대한 대체탄력성이므로 석유소비를 10% 변화시키려면 연탄가격은 5%만 변화시키면 된다는 것을 계산할 수 있다. 이처럼 수요의 소득탄력성이나 수요의 대체탄력성의 경우에도 어떤 경제상태를 분석하거나 예측하는 데 유용하게 활용되고 있다.

6) 교차탄력성이 0이라는 것은 Y재의 가격변동이 X재의 수요변동에 전혀 영향을 미치지 못한다는 의미이고, 0보다 크다면 Y재의 가격변동이 X재의 수요변동에 동일한 방향으로 영향을 미친다는 의미이며, 0보다 작다면 Y재의 가격변동이 X재의 수요변동에 반대방향으로 영향을 미친다는 의미이다. 또한 절댓값의 크기는 그 정도의 척도이다.

4.2.4 공급의 가격탄력성

공급의 탄력성(elasticity of supply)이란 수요의 탄력성처럼 공급량을 변화시키는 어떤 요인이 변화하는 경우 그 요인의 변화비율과 공급량의 변화비율을 측정하는 개념이다. 공급의 탄력성을 이해하는 것은 수요의 탄력성을 이해하는 것이나 다를 바 없다. 공급의 탄력성을 계산하는 산식은 공급함수에서 모든 독립변수의 변화에 따른 종속변수의 변화비율을 측정하는 산식으로 구성된다. 여기서는 수요·공급분석에 가장 유용한 공급의 가격탄력성을 중심으로 살펴보기로 한다. 가격이라는 독립변수가 변할 때 종속변수인 공급량이 얼마나 변하는지를 비율로 나타낸 산식이다.

$$\text{공급의 가격탄력성: } \varepsilon_s = \frac{\Delta Q/Q}{\Delta P/P} = \frac{\Delta Q}{\Delta P} \cdot \frac{P}{Q} \qquad \text{(수식 4-7)}$$

〈그림 4-9〉에 나타난 3개의 그래프를 이용하여 공급의 가격탄력성을 기하학적으로 측정해 보자. $\frac{\Delta Q}{\Delta P}$는 공급곡선의 기울기의 역수이므로 선분 $\frac{AB}{BC}$와 같고, $\frac{P}{Q}$는 선분 $\frac{BC}{OB}$와 같다. 따라서 공급의 가격탄력성은 수식을 그래프에 대입하고 정리하면 $\varepsilon_s = \frac{\Delta Q/Q}{\Delta P/P} = \frac{\Delta Q}{\Delta P} \cdot \frac{P}{Q} = \frac{AB}{BC} \cdot \frac{BC}{OB} = \frac{AB}{OB}$가 성립한다. 기하학적으로 공급의 가격탄력성은 $\frac{\overline{AB}}{\overline{OB}}$의 비율이 된다는 것을 확인할 수 있다.

이와 같은 기하학적 원리를 적용하여 〈그림 4-9〉의 3가지 그래프를 모두 정리하면 ① 원점을 지나는 직선인 공급곡선은 $\overline{AB} = \overline{OB}$이므로 모두 공급의 가격탄력성 $\varepsilon_s = 1$인 것을 알 수 있고, ② 수직축을 자르는 직선인 공급곡선은 $\overline{AB} > \overline{OB}$이므

〈그림 4-9〉 공급의 가격탄력성

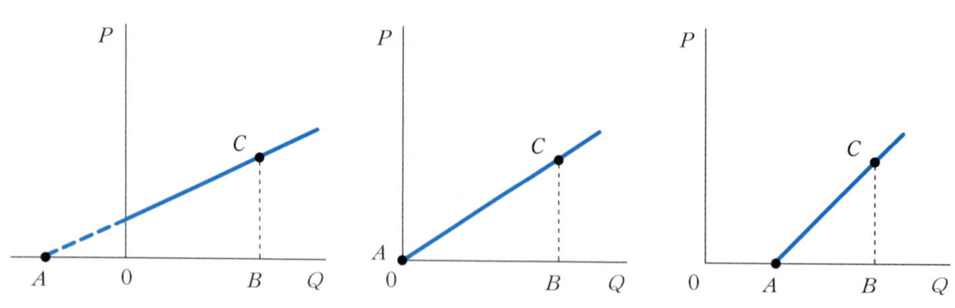

로 모두 공급의 가격탄력성 $\varepsilon_s > 1$는 것을 알 수 있으며, ③ 수평축을 자르는 직선인 공급곡선은 $\overline{AB} < \overline{OB}$이므로 모두 공급의 가격탄력성 $\varepsilon_s < 1$는 것을 알 수 있다.

〈그림 4-9〉에서 수직축을 자르는 모든 공급곡선의 가격탄력성은 1보다 크게 나타나면서 공급곡선상의 점의 위치에 따라 공급의 가격탄력성이 달라지는데 점이 우측으로 이동할수록, 다시 말하면 Q가 커질수록 공급의 가격탄력성은 1을 향해 작아져간다. 공급의 가격탄력성은 $\frac{P}{Q}$이므로 P가 양이면 Q가 커질수록 전체값은 작아지기 때문이다. 반면에 수직축을 자르는 모든 공급곡선은 가격탄력성이 1보다 작게 나타나면서 공급곡선상의 점의 위치에 따라 공급의 가격탄력성이 달라지는데 점이 우측으로 이동할수록, 다시 말하면 Q의 값이 커질수록 공급의 가격탄력성은 1을 향해 커지게 된다. 공급의 가격탄력성은 $\frac{P}{Q}$이므로 P가 음이면 Q가 커질수록 전체값은 커지기 때문이다.

〈그림 4-10〉에서 보는 바와 같이 원점을 통과하는 모든 공급곡선[7]은 공급의 가격탄력성이 모두 $\varepsilon_s = 1$이다. 〈그림 4-11〉에서 보는 바와 같이 수평선인 공급곡선은 공급의 가격탄력성은 모두 $\varepsilon_s = \infty$이며, 수직선인 공급곡선은 공급의 가격탄력성은 모두 $\varepsilon_s = 0$이라는 것을 알 수 있다. 또한 원점을 통과하거나 수평이나 수직인 공급곡선은 가격탄력성은 모든 점에서 동일하다는 것도 알 수 있다.

〈그림 4-10〉 $\varepsilon_s = 1$인 경우

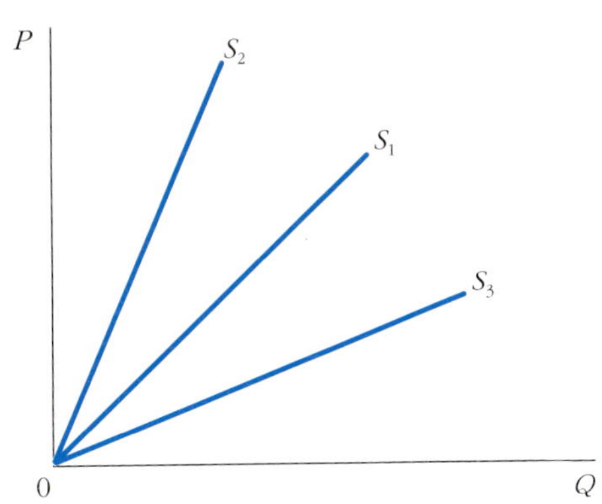

7) 선형함수인 직선을 말한다.

〈그림 4-11〉 $\varepsilon_s=\infty$, $\varepsilon_s=0$인 경우

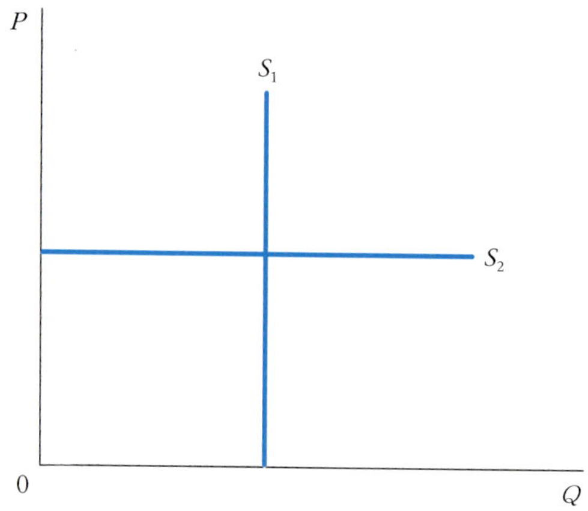

4.3 수요·공급의 시장균형

4.3.1 시장균형이란 ?

시장균형은 시장이란 무대에서 수요자와 공급자가 가격과 수·급량에 모두 동의한 상태를 말한다. 시장균형은 주어진 시장가격을 수요자와 공급자가 받아들이면서 수요량과 공급량, 거래량이 일치된 상태를 의미한다. 〈그림 4-12〉에서 E점을 수요·공급에 의한 시장균형이라 한다. 수요곡선과 공급곡선이 교차하는 점을 시장균형이라 한다. 이 상태는 수요자나 공급자가 모두 최선의 선택으로 받아들이는 상태여서 이 상태를 유지하려는 힘이 작동한다. 시장균형에서는 가격측면에서도 수요자와 공급자가 모두 만족하는 가격이라는 것을 의미하고 수량측면에서도 수요자에게 필요한 양과 공급자가 공급한 양이 일치함으로써 모자람(shotage)이나 과잉공급(surplus)이 전혀 존재하지 않는 최적의 상태를 의미하는 것이다. 시장경제

에서 경제주체들[8]은 시장에서 경제행위를 하는, 생산자인 기업과 소비자인 가계만이 존재한다. 생산자의 경제행위는 시장공급곡선[9]으로 나타나고, 소비자의 경제행위는 시장수요곡선[10]으로 나타난다. 즉 우하향하는 수요곡선과 우상향하는 공급곡선이 시장에서 도출되며,[11] 시장수요곡선과 시장공급곡선이 만나게 되면 시장균형이 성립한다.[12] 요약정리하면 수요자와 공급자가 자유로운 거래를 통해서 시장균형에 이르게 되는데, 시장균형은 수요자와 공급자가 모두 만족하는 시장가격과 균형 수·급량에서 결정된다. 따라서 시장균형은 일정한 조건이 충족된다면 소비자는 효용의 극대화를 달성하는 점이고 공급자는 이윤극대화를 달성하는 점일 수 있는 것이다. 따라서 시장균형에서는 사회적 후생도 극대화될 수 있는 셈이다. 따라서 시장균형은 지속되려는 힘이 작동하고 균형이 무너지게 되면 다시 회복하려는 힘이 작동한다는 것도 알 수 있다. 이런 원리를 균형의 안정성이라 하고 정태적 안정성과 동태적 안정성 개념이 있다. 시장균형이 무너지는 경우, 시장가격은 탄력적으로 조정기능을 발휘하게 되고, 시장가격은 수·급량을 적절하게 조정함으로써 시장을 다시 균형상태로 되돌려 놓는 매개변수의 역할을 수행한다. 시장은 시장가격이 균형가격보다 높게 되면 초과공급(excess supply)을 발생시켜 시장가격은 하락하게 된다. 또한 시장가격이 균형가격보다 낮게 되면 초과수요(excess demand)를 발생시켜 시장가격은 상승하게 된다. 결과적으로 시장가격이 탄력적으로 수·급량을 조정함으로써 시장은 다시 균형을 회복하게 된다.

시장균형은 〈그림 4-12〉에서 보는 바와 같이 만약 시장가격이 시장균형가격 P_E 수준보다 높은 P_1 수준에서 결정된다면 선분 $\overline{ab}$만큼의 초과공급(excess supply)이 발생할 것이다. 공급량이 수요량을 초과하게 되면 시장가격은 하락하게 되어, 균형

8) 가계, 기업, 정부, 외국

9) 시장공급함수이다.

10) 시장수요함수이다.

11) 정상재와 완전경쟁시장을 전제한다.

12) 시장균형분석에는 부분균형분석(partial equilibrium analysis)과 일반균형분석(general equilibrium analysis)이 있다. 여기서는 부분균형분석을 전제한다. 부분균형분석은 하나의 시장이 독립적으로 존재한다고 가정하는 분석방법이고, 일반균형분석은 서로 다른 여러 개의 시장이 상호연관관계에 있음을 전제하는 분석방법이다.

〈그림 4-12〉 수요·공급에 의한 시장균형

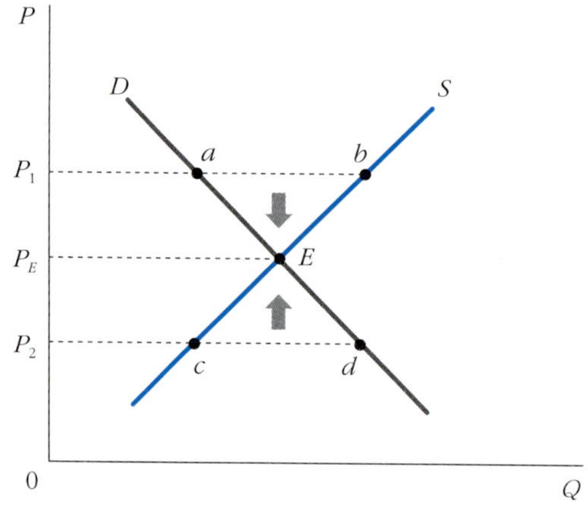

가격을 향해 수렴해 간다. 반대로 만약 시장가격이 시장균형가격 P_E 수준보다 낮은 P_2 수준에서 결정된다면 선분 $\overline{cd}$만큼의 초과수요(excess demand)가 발생하게 된다. 수요량이 공급량을 초과하게 되면 시장가격은 상승하게 되고 균형가격을 향해 수렴해 간다. 〈그림 4-12〉에 나타난 수요곡선과 공급곡선에 의한 시장균형은 안정성이 있다는 것을 알 수 있다. 수량중심으로 분석해 보더라도 균형의 왼쪽에서는 수요가격이 공급가격보다 높은 수준에 있으므로 공급량이 증가하여 균형점으로 이동할 것이며 균형의 오른쪽에서는 수요가격이 공급가격보다 낮은 수준에 있으므로 공급량이 감소하여 역시 균형점으로 이동한다는 것을 알 수 있다.

4.3.2 시장균형의 이동

시장균형은 수요곡선이나 공급곡선이 변하거나 이동하는 경우 변하게 된다. 새로운 균형점이 성립하는 것이다. 〈그림 4-13〉에서 보는 것처럼 수요곡선이 오른쪽으로 이동하는 경우 균형가격은 상승하게 되고 균형 수·급량은 증가하게 된다. 수요곡선이 우측으로 이동하면 균형점 E는 균형점 E_2로 이동하게 된다.

따라서 균형가격 P_E는 P_2로 상승하게 되고 균형수·급량 Q_E는 Q_2로 증가하게 된

〈그림 4-13〉 수요곡선이 이동하는 경우

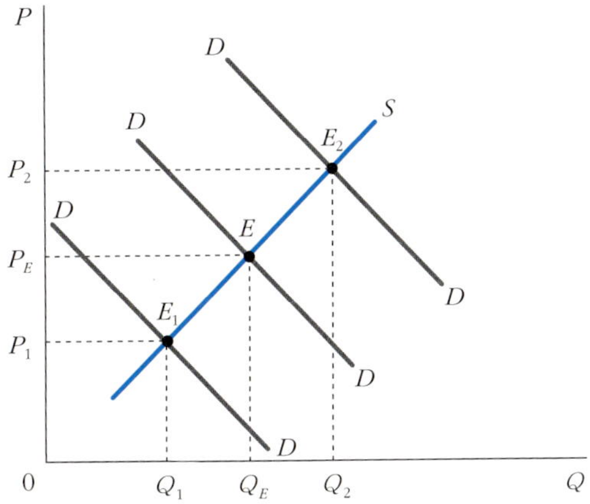

다. 수요곡선이 좌측으로 이동하면 균형점 E는 E_1으로 이동하게 된다. 따라서 균형가격 P_E는 P_1으로 하락하게 되고 균형수·량 Q_E는 Q_1으로 감소하게 된다.

〈그림 4-14〉에서 보는 것처럼 공급곡선이 우측으로 이동하면 균형가격은 하락하게 되고 균형 수·급량은 증가하게 된다. 공급곡선이 우측으로 이동하면 균형점 E는 균형점 E_2로 이동하게 된다. 따라서 균형가격 P_E는 P_2로 하락하게 되고 균형

〈그림 4-14〉 공급곡선이 이동하는 경우

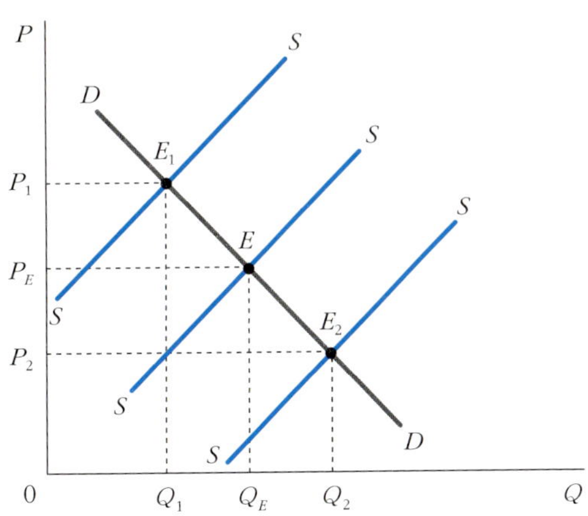

수·급량 Q_E는 Q_2로 증가하게 된다. 공급곡선이 좌측으로 이동하면 균형점 E는 E_1으로 이동하게 된다. 따라서 균형가격 P_E는 P_1으로 상승하게 되고 균형수·급량 Q_E는 Q_1으로 감소하게 된다.

요약하면 수요가 증대하여 수요곡선이 우측으로 이동하게 되면 균형가격과 균형수·급량은 모두 증가하게 되고, 그 역이면 균형가격과 균형수·급량은 모두 감소한다. 공급이 증대하여 공급곡선이 우측으로 이동하면 균형가격은 하락하고 균형수·급량은 증가하며, 그 역이면 균형가격은 상승하고 균형수·급량은 감소한다. 또한 수요곡선이나 공급곡선의 기울기가 변하는 경우에도 시장균형은 변할 수 있다.

4.4 수요·공급이론의 응용

수요·공급이론은 경제이론에서 가장 중요하고 기본이 되는 분석틀을 제공한다. 우리는 수요·공급이론을 바탕으로 여러 가지 현실경제를 이해하고 경제정책을 대안으로 설정하며 경제정책의 효과를 분석할 수 있는 것이다. 시장경제란 수요와 공급에 의해 성립하고 수요와 공급에 의해 자원배분을 실현한다.[13] 다시 말해서 수요와 공급에 의해 시장균형이 달성되고, 시장균형은 균형가격과 균형수·급량을 결정해 준다. 또한 시장균형은 자원을 최적하게 배분시키며, 이런 상태에서 소비자와 생산자는 동시에 만족한 경제상태에 도달하게 된다. 즉, 소비자잉여와 생산자잉여가 극대화되는 것이다.[14] 하지만 시장은 최적한 자원배분에 실패할 수 있다. 시장은 공공재를 충분히 공급할 수 없으며, 외부성이 존재한다면 시장은 자원을 과대 또는 과소공급할 수 있다. 또한, 시장에서 형성된 균형가격이라 할지라도 현실의 가치기준을 적용하는 경우, 바람직하지 못한 가격수준의 상태에 놓여 있을 수

13) 시장조건이 수요·공급의 역할에 영향을 미치지만 여기서의 시장은 완전경쟁시장을 전제한다.

14) 소비자가 느끼는 만족도가 지불하는 가격보다 높은 상태이고, 생산자가 받는 가격이 생산자가 투입한 비용보다 높은 상태이며, 이들이 모두 극대화된 상태를 의미한다.

있다. 따라서 정부는 시장을 조정하기 위해 직접규제나 간접규제라는 수단을 사용하여 시장에 개입할 수 있으며, 우리는 수요·공급이론으로 정부의 개입으로 나타나는 직접규제나 간접규제의 경제적 효과들을 분석할 수 있다. 또한 정부가 세금을 부과하는 경우, 조세의 전가(tax shift)와 귀착(tax incidence)에 대해서도 분석할 수 있다.

4.4.1 직접규제의 효과

시장의 균형이 바람직하지 못한 상태에 있을 때 정부는 권력을 동원하여 시장의 힘을 조정하려 한다.[15] 정부가 시장의 균형가격을 인위적으로 조정하는 방법인데 최고가격을 설정하여 규제하는 방법과 최저가격을 설정하여 규제하는 방법이 있다. 〈그림 4-15〉의 (a)에서는 쌀시장에서의 가격상한제(price ceiling)를 설명하고 있다. (a) 그림에 나타난 바와 같이 쌀시장에서의 균형가격은 P_e이고 실제로 이 가격은 1가마에 100만원이라 하자.[16] 쌀 한 가마에 100만원이라면 현실경제에서는 심각한 상황이 전개될 것이다. 이때 정부는 쌀 가격을 직접통제해서 문제를 해결하려 할 것이다.[17] 따라서 정부는 P_c에 해당하는 쌀 1가마당 10만원을 상한가격으로 설정하고 이 가격수준을 상회하는 모든 거래를 통제한다고 하자. 쌀시장에 이런 상한가격(최고가격)에 의해 거래가 통제된다면 쌀의 수·급량은 $Q_s - Q_d$만큼의 초과수요(공급부족)가 발생하게 된다. 정부의 가격규제로 인해 시장에서는 심각한 공급부족사태가 발생한 것이다. 정부는 부족한 쌀을 여러 가지 배분방법을 동원하여 나누려하겠지만[18] 암시장(black market)과 같은 부작용이 발생할 수 있다. 수요자는 쌀의 충분한 소비를 위해서 기꺼이 P_d 수준의 가격을 지불하려 할 것이고, 이에 공급자가 대응하려 한다면 쌀은 오히려 암시장에서 활발하게 거래가 이루어질 것이다. 시장원리를 이용하여 해결하는 방법은 수요곡선을 Q_s 수준으로 이동시키는 방

15) 이것이 정책이다.

16) 전쟁, 천재지변 등의 비상사태 발생시를 상정할 수 있다.

17) 가격통제가 아닌 수요의 축소정책이나 공급의 확대정책을 통하여 해결할 수도 있다.

18) 공급자 위주의 의사결정이 이루어지며, 선착순, 정실, 끼워팔기, 중앙정부의 배급(쿠폰제) 등의 배분방식이 발생할 수 있다.

〈그림 4-15〉 직접규제에서의 수요·공급균형

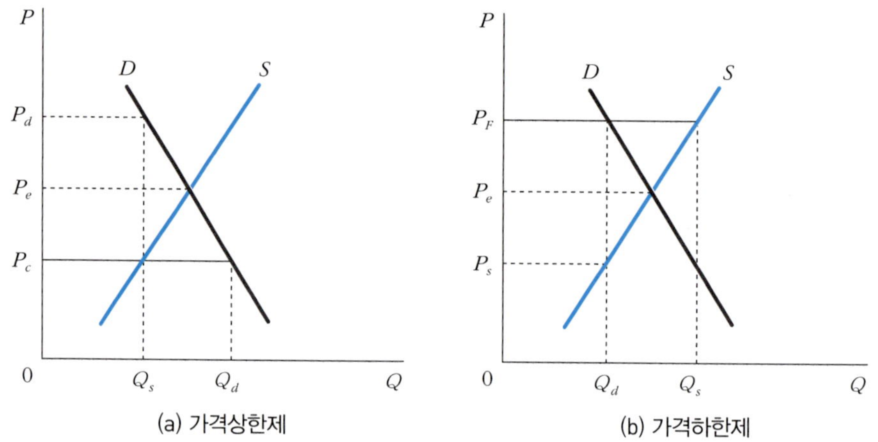

법, 즉 쌀에 대한 수요를 줄이는 방법, 쌀의 대체제인 보리로 쌀의 수요를 이동시키는 방법을 활용할 수 있다. 또한 공급곡선을 Q_d 수준으로 이동시키는 방법, 즉 쌀을 외국으로부터 수입하는 방법을 활용할 수 있다.

〈그림 4-15〉의 (b)에서는 노동시장에서의 가격하한제(price floor)를 설명하고 있다. 노동시장의 균형가격은 P_e이고 임금수준은 월급여로 10만원이라 하자. 이런 상황이라면 노동자들은 생존을 위협받게 될 것이다. 따라서 정부는 노동자들의 최저생계비 유지를 위한 가격하한제, 즉 최저임금을 설정하고 공권력을 동원하여 최저임금보다 낮은 급여수급을 규제하게 될 것이다.[19] 따라서 정책당국은 P_F 가격수준에 해당하는 월 150만원의 하한가격을 설정하고 최저임금보다 낮은 수준에서 거래되는 모든 고용행위를 통제하려 할 것이다. 정부가 이 같은 최저가격제를 동원하여 노동시장에 개입하는 경우, $Q_d - Q_s$에 해당하는 초과공급이 발생하게 된다. 즉, 비자발적 실업이 발생하는 것이다. 임금은 시장가격보다 높아졌으므로 일하고자 하는 노동공급은 증가할 것이고 반면에 기업의 입장에서는 노동고용에 대한 비용이 증가했으므로 노동수요는 감소하기 때문이다. 가격상한제와 마찬가지로 가격

19) 농산물의 과잉공급시 농산물가격의 폭락을 막기 위해서나 또는 산업 간의 과당경쟁을 방지하여 특정산업을 보호하기 위한 수단으로 사용할 수도 있다.

하한제에서도 암시장과 같은 부작용이 발생할 수 있을 것이다. 왜냐하면 노동 공급자가 실업자가 되지 않기 위해서는 노동수요자가 제시하는 노동수요인 Q_d수준에서 임금인 P_s 수준의 임금으로 기꺼이 노동을 제공하려 할 것이기 때문이다.

지금까지 정부가 시장에 직접 개입하는 최고가격제와 최저가격제에 대해 살펴보았다. 수요·공급이론을 바탕으로 우리는 그 정책의 효과를 분석할 뿐만 아니라 부작용까지 분석할 수 있었다. 이런 규제의 부작용을 최소화하기 위해서는 직접규제보다는 시장의 원리를 활용하여 수요와 공급을 조정하는 정책이 더 효과적이라 할 수 있을 것이다. 〈그림 4-15〉의 (a)에서 공급곡선을 오른쪽으로 이동시키는 정책(쌀을 수입한다든가)이거나 수요곡선을 왼쪽으로 이동시키는 정책(혼식운동이나 분식운동)을 활용할 수 있을 것이다. 또한 〈그림 4-15〉의 (b)에서 노동의 공급곡선을 Q_d 수준으로 이동시키거나 아니면 노동의 수요곡선을 Q_s 수준으로 이동시키는 방법이다. 노동공급을 Q_d 수준으로 감소시키는 방법으로는 노동을 해외에 수출하는 정책이 있을 수 있고, 노동의 수요를 Q_s 수준으로 증가시키는 방법으로는 기업들의 투자를 유인하는 정책이 있을 수 있을 것이다.

4.4.2 간접규제의 효과

현실경제는 대부분 혼합경제(mixed economy)라 할 수 있다. 따라서 현실경제에는 공공부문이 반드시 존재하며,[20] 공공부문(public sector)이 존재하기 위해서는 공공재정(public finance)은 필수적이다. 공적부문에서의 수입과 지출은 정부의 의도와는 관계없이 시장경제에 어떤 형태로든 영향을 미치게 된다. 따라서 정부의 직접규제가 아닌 정부의 경제행위에 의해서도 시장경제에 영향을 미치는 정책적 효과를 거둘 수 있다. 따라서 정부는 직접규제가 아닌 이와 같은 간접규제 방식으로 정책목표를 달성할 수 있게 되는데, 정책수단으로는 정부의 수입과정에서 발생하는 조세정책을 활용할 수 있고, 정부의 지출과정에서 발생하는 보조금이나 이전지출 정책을 활용할 수 있을 것이다. 여기서는 간접규제방식인 조세정책이 수요자와 공급자에게 어떤 영향을 미치는지 수요·공급분석을 활용하여 살펴보고자 한

20) 반드시 공공수입과 지출이 존재한다. 이는 시장경제에 간접적으로 영향을 준다.

〈그림 4-16〉 물품세 부과와 수요·공급균형

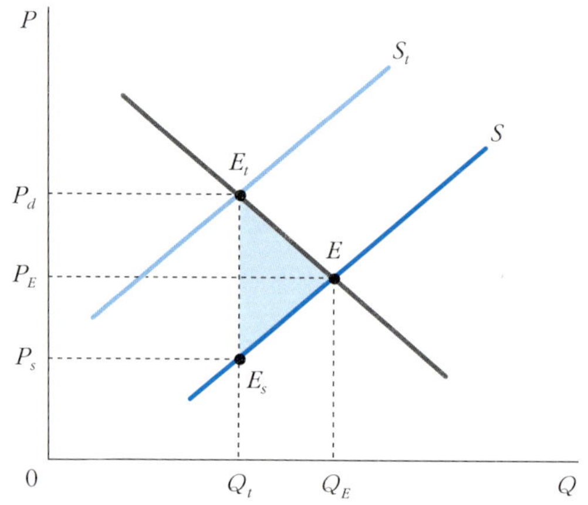

다.[21] 설명의 편의를 위하여 정부가 공급자에게 물품세를 부과하였다 하자. 물품세의 부과는 시장에 어떤 영향을 미치고 조세부담은 수요자와 공급자 간에 어떻게 배분되는지 분석해 보자. 종량세인 물품세가 부과되면 〈그림 4-16〉에서 보는 바와 같이 공급곡선은 S에서 S_t로 좌상향 이동하게 된다. 기업의 입장에서는 종량세 부과가 비용의 증가이기 때문이다. 따라서 시장에서는 변화가 일어나는데 물품세부과로 인한 시장균형이 E에서 E_t로 변하게 된다. 시장가격은 P_E에서 P_d수준으로 상승하게 되고 균형수·급량은 Q_E에서 Q_t수준으로 감소하게 된다. 물품세의 부과는 시장균형가격을 상승시켰고 균형수·급량을 감소시켰다. 따라서 삼각형 E_t, E, E_s만큼의 사회적 후생의 손실을 발생시킨다. 이런 현상을 초과부담(excess burden)이라 하는데 시장실패 부문에서 보다 자세히 설명하게 될 것이다.

종량세가 $t(E_s-E_t=P_d-P_s)$만큼 공급자에게 부과된다면[22] 공급자는 t만큼의 가격을 인상하려 할 것이고, 수요자는 인상된 가격에 따라 수요량을 줄이려 할 것이다. 일단 공급자에게 납세의무가 있는 것으로 전제하였으므로 공급곡선이 S에서 S_t

21) 물품세(excise tax)에는 부과되는 방식에 따라 종량세(per unit tax, specific tax)와 종가세(ad valorem tax)가 있다.

22) 납세의무자가 공급자인가 아니면 수요자인가에 따라 공급곡선이나 수요곡선이 이동하게 된다.

로 상향이동하게 된다.[23)]

여기서 t만큼의 종량세 부과로 인한 시장가격의 변화를 살펴보면 〈그림 4-16〉에서 보는 바와 같이 $t=(P_s-P_d)$만큼의 가격상승이 아닌 P_E-P_d만큼의 가격상승에 불과하다는 것을 알 수 있다. 여기서 우리는 수요·공급분석을 이용하여 조세부과에 따른 조세의 전가 및 조세부담의 귀착을 분석할 수 있다. $t=(P_s-P_d)$만큼의 물품세가 공급자에게 부과되었는데, 공급자가 모두 부담하지 않는 경우, 조세의 전가와 조세부담의 귀착문제가 발생하게 된다. 우선 공급자가 물품세를 모두 부담한다면 소비자는 조세를 부담할 필요가 없기 때문에 시장가격은 전혀 상승하지 않게 된다. 하지만 〈그림 4-16〉에 나타난 바와 같이 물품세 부과로 인해 시장가격이 상승했으므로 조세의 전가가 소비자에게로 가격의 상승분 P_E-P_d만큼 발생한 것이다. 따라서 $t=(P_s-P_d)$만큼의 물품세 부과는 소비자에게로 P_E-P_d만큼 조세의 전가가 이루어졌으며, 나머지 P_s-P_E만큼은 생산자가 부담하게 된다는 것을 분석할 수 있게 된다. 이것을 조세부담의 귀착이라 한다. 이와 같이 세금이 부과되었을 때 새로운 균형가격의 결정과 새로운 균형수·급량의 결정은 시장의 힘에 의해서 좌우되며, 이는 수요자와 공급자가 부담하게 될 조세의 귀착의 크기를 결정하게 된다. 〈그림 4-16〉에서 소비자는P_E-P_d만큼의 조세를 부담하고[24)] 공급자는 P_s-P_E만큼의 조세를 부담하게 되는데, 이때 P_E-P_d의 길이는 수요의 가격탄력성이 작을수록 그리고 공급의 가격탄력성이 클수록 길어지며, P_s-P_E의 길이는 수요의 가격탄력성이 클수록 그리고 공급의 가격탄력성이 작을수록 길어진다. 정리하면 수요의 가격탄력성이 클수록 수요자의 조세부담이 작아지고, 공급의 가격탄력성이 클수록 공급자의 조세부담이 작아진다. 따라서 수요·공급의 가격탄력성이 클수록 조세부담이 작아지고 수요·공급의 가격탄력성이 작을수록 조세부담이 커진다는 것을 알 수 있다.

23) 수요자에게 납세의무가 있다면 수요곡선이 좌측이동할 것이며, 이 분석의 결과는 공급곡선이 좌측이동한 것과 동일하다.

24) 소비자부담의 크기가 곧 가격상승의 크기이다. 따라서 수요곡선이 수평이면 가격은 상승하지 않으며, 소비자는 전혀 조세를 부담하지 않는다.

연습문제

EXERCISE

주관식 연습문제

1. 수요·공급이론의 중요성에 대해 설명하라.

2. 사적재의 경우, 개별수요를 시장수요로 도출하는 과정을 그림으로 설명하라.

3. A의 개별수요함수 $Q=10-2P$, B의 개별수요함수 $Q=8-P$인 경우 시장수요함수를 구하라.

4. 비독립적 수요(밴드웨건효과, 스납효과)를 예를 들어 설명하라.

5. 수요의 변화와 수요량의 변화의 차이점을 설명하라.

6. 공급을 변화시키는 요인들을 설명하라.

7. 수요의 가격탄력성, 소득탄력성, 교차탄력성을 측정하는 수식을 정리하고 그 차이점을 설명하라.

8. 수요의 가격탄력성과 기업의 총수입과의 관계를 그림을 그려 설명하라.

9. 백화점의 가격할인과 심야택시의 할증요금을 수요의 가격탄력성을 이용하여 설명하라.

10. 풍년이 되면 농부의 소득은 증가할 것인가를 수요의 가격탄력성을 이용하여 설명하라.

11. 농산물의 경우 가격파동이 자주 일어나는데, 그 이유를 수요의 가격탄력성과 공급의 가격탄력성을 이용하여 설명하라.

12. 수요함수 $P=-Q+10$이고 $Q=5$일 때 수요의 가격탄력성을 구하라.

13. 공급함수 $P=Q$, $P=2Q$, $P=4Q$의 공급의 가격탄력성의 크기를 순서대로 나열하라.

14. 소고기 수요량에 대한 돼지고기 가격의 교차탄력성은 2이다. 소고기 수요량을 2% 줄이기 위해 돼지고기 가격은 얼마나 인하해야 하나? 수요의 교차탄력성을 이용하여 값을 구하고 수리적 과정을 설명하라.

15. 시장균형의 경제학적 의미를 설명하라.

16. 가격상한제의 효과와 부작용을 그림을 그려 설명하라.

17. 가격하한제의 효과와 부작용을 그림을 그려 설명하라.

18. 조세의 전가(shift)와 귀착(incidence)을 설명하라.

19. 조세부과로 나타나는 초과부담(excess burden)을 설명하라.

20. 조세의 귀착과 수요·공급의 가격탄력성과의 관계를 설명하라.

객관식 연습문제

1. X상품에 대한 개개인의 수요함수가 $Q_D = 12 - 2P_X$로 동일한 소비자가 10,000명이 있다. 또 이 상품의 공급자는 1,000명이 있는데 이들 각 공급자의 공급함수는 $Q_S = 20P_X$이다. 이 시장에서 X상품의 균형가격(P)과 균형수량(Q)의 값은 얼마인가? 〔공인회계사〕

① $P=0.55$, $Q=109{,}000$ ② $P=3$, $Q=60{,}000$ ③ $P=3.50$, $Q=70{,}000$
④ $P=6.67$, $Q=133{,}400$ ⑤ $P=0.54$, $Q=110{,}000$

2. 상품 A의 수요곡선이 우하향하는 직선일 때 옳게 설명한 것은? 〔국가직 9급〕

① 수요곡선 상의 모든 점에서 수요의 가격탄력성은 일정하다.
② 수요의 가격탄력성이 1일 때 기업의 총수입은 극대화된다.
③ 가격탄력성의 크기와 상관없이 가격이 하락할수록 기업의 총수입은 증가된다.
④ 가격이 하락할수록 수요의 가격탄력성은 증가한다.

3. 세 개의 수요곡선 D_1, D_2, D_3가 있다고 하자. 이들의 탄력성이 각각 0.3, 1.0, 1.2라면 가격의 하락이 수입의 증가를 가져다주는 수요곡선은 어느 것인가? 〔공인감정사〕

① D_1 ② D_1과 D_2 ③ D_2와 D_3
④ D_3 ⑤ D_1, D_2 및 D_3

4. 쌀의 가격탄력도는 0.2이고 소득탄력도는 0.1이라 하자. 쌀의 가격이 5% 상승하였을 때 쌀의 소비가 종전과 동일하려면 소득은 얼마나 변하여야 하는가? 〔감정평가사〕

① 10% 증가 ② 10% 감소 ③ 0.1% 증가
④ 0.1% 감소 ⑤ 2.5% 증가

5. 어떤 상품의 공급함수가 $Q=8P$(단, Q: 공급량, P: 가격)라고 할 때 공급의 가격탄력성은? 〔공인회계사〕

① 1.0보다 크다. ② 8.0과 같다. ③ 0과 같다.
④ 1.0보다 작다. ⑤ 1.0과 같다.

6. 거미집 이론(cob-web theory)에 의하면 금기의 공급량은? 〔공인회계사〕

① 금기의 가격에 의존한다. ② 전기의 가격에 의존한다.
③ 미래의 예상가격에 의존한다. ④ 미래의 예상수요에 의존한다.
⑤ 정답이 없다.

7. 시장균형가격보다 낮은 가격에서 최고가격이 설정되면 다음과 같은 상태가 발생한다. 〔감정평가사〕

① 공급곡선이 왼쪽으로 이동한다. ② 공급량이 수요량보다 적다.
③ 공급량이 수요량보다 많다. ④ 수요곡선이 오른쪽으로 이동한다.
⑤ 수요·공급이 균형을 이룬다.

8. 완전비탄력적인 공급곡선을 갖는 재화에 세금이 부과되면, 그 세금은? 〔감정평가사〕

① 소비자와 생산자에게 반반씩 전가된다.
② 소비자와 생산자에게 나누어 전가되지만 그 비율은 알 수 없다.
③ 소비자에게 완전히 전가된다.
④ 공급자에게 완전히 전가된다.
⑤ 생산성을 낮춘다.

9. X재의 수요함수가 $Q_x=200-0.5P_x+0.4P_y+0.3M$이다. $P_x=100$, $P_y=50$, $M=100$일 때, Y재 가격에 대한 X재 수요의 교차탄력성은? 〔국가직 7급〕

① 0.1 ② 0.2 ③ 0.3 ④ 0.4

10. 완전경쟁시장에서 거래되는 어느 재화의 수요곡선과 공급곡선이 다음과 같다. 수요곡선 $Q_D=10-2P$, 공급곡선 $Q_s=-2+2P$이다. 정부가 균형가격을 시장가격으로 설정하고 시장거래를 2로 제한할 때, 소비자잉여와 생산자잉여의 합은? 〔국가직 7급〕

① 2 ② 4 ③ 6 ④ 8

11. 재화 A에 대한 수요곡선과 공급곡선은 각각 $Q_d = 12 - P$ 및 $Q_s = 2P$로 표현된다. 이 재화에 개당 3원의 세금을 소비자에게 부과하는 경우에 경제적 순손실의 크기는? (국가직 7급)

사과의 수요함수: $Q_A = 0.8 - 0.8P_A - 0.2P_B + 0.6I$
배의 수요함수: $Q_B = 1.1 - 1.3P_B - 0.25P_A + 0.7I$

① 1원 ② 3원 ③ 5원 ④ 7원

12. 돼지고기와 닭고기는 서로 대체관계에 있다. 돼지고기의 가격이 하락함에 따라 닭고기 시장에 나타날 현상으로 적절한 것은? (국가직 9급)

① 균형가격상승, 균형거래량 증가
② 균형가격 상승, 균형거래량 감소
③ 균형가격하락, 균형거래량 증가
④ 균형가격하락, 균형거래량 감소

13. 다음은 비합리적 소비에 대한 설명이다. Ⓐ와 Ⓑ에 들어갈 효과를 바르게 연결한 것은? (국가직 9급)

고가품일수록 과시욕에 따른 수요가 증가하는 (Ⓐ)효과는 가격에 직접 영향을 받고, 보통사람과 자신을 차별하고 싶은 욕망으로 나타나는 (Ⓑ)효과는 가격이 아닌 다른 사람의 소비에 직접 영향을 받는다.

	Ⓐ	Ⓑ
①	bandwagon	Veblen
②	bandwagon	snob
③	Veblen	snob
④	snob	bandwagon

14. 돼지고기 수요의 닭고기 가격에 대한 교차탄력성이 2일 때, 돼지고기 수요량이 10% 감소하였다. 이 경우 닭고기 가격은 얼마나 감소하였는가? (국가직 9급)

① 1% ② 2% ③ 5% ④ 10%

15. 수요와 공급의 법칙이 성립하는 자동차 시장에서 세금부과 전의 균형거래량은 250대이다. 자동차 1대당 5만원의 세금이 부과될 때 소비자는 3만원 생산자는 2만원의 세금을 각각 부담하게 된다. 정부가 1,000만원의 조세수입을 확보할 경우, 세금부과에 의한 자중손실(deadweight loss)은? 〔국가직 9급〕

① 50만원　② 75만원　③ 125만원　④ 250만원

16. 다음 그림은 보통사람과 중증환자에 대한 의료서비스 수요곡선을 나타낸다. 보통사람의 수요곡선은 D_1, 중증환자의 수요곡선은 D_2일 때 옳지 않은 것은? 〔국가직 7급〕

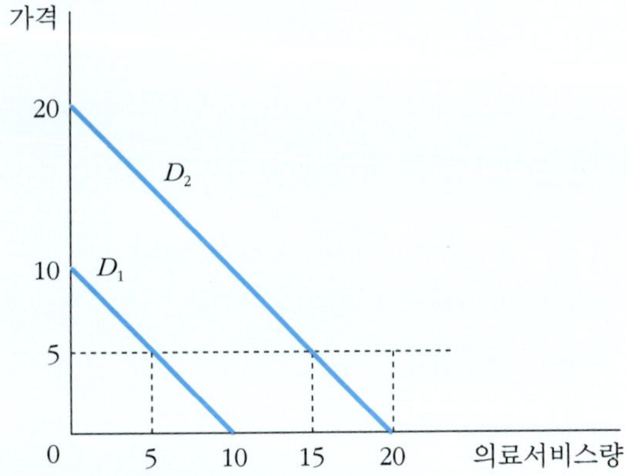

① 보통사람은 가격 5에서 탄력성이 1이다.
② 중증환자는 가격 5에서 탄력성이 1/3이다.
③ 이윤을 극대화하는 독점병원은 보통사람보다 중증환자에게 더 높은 가격을 부과한다.
④ 가격 5에서 가격 변화율이 동일할 경우 보통사람이나 중증환자 모두 수요량의 변화율은 동일하다.

17. 과자와 도넛만을 소비하는 소비자가 있다. 이 소비자는 소득이 늘면 항상 과자 소비를 줄인다. 이 경우, 도넛 가격의 하락으로 나타나는 현상으로 옳은 것은?(단, 과자 가격은 불변이다) 〔국가직 9급〕

① 과자 수요량은 감소한다.
② 도넛 가격이 충분히 하락하면 과자수요량은 증가할 수 있다.

③ 도넛 수요곡선이 우측으로 이동하고 장기적으로 도넛 가격은 어느 정도 다시 상승하게 된다.

④ 도넛 수요량은 증가하지만 위의 정보로는 과자 수요량에 미치는 영향은 알 수 없다.

18. 최근 정부는 경유차의 구매수요를 현재보다 20% 줄이고 대기정화를 위한 재원을 확보하기 위해 유류가격을 인상하려 한다. 경유 자동차 구매 수요의 경우가격탄력성은 3, 경유 자동차구매 수요의 휘발유 탄력성은 2이다. 경유가격을 10% 인상하였다면 위 목표를 달성하기 위해서는 휘발유가격을 얼마나 인상하여야 하는가?

① 5% ② 7.5% ③ 10% ④ 12.5% ⑤ 15%

19. A국은 경쟁시장인 주택시장에서 결정된 높은 임대료를 규제하기 위해 가격상한제를 시행하고자 한다. 이 경우 단기와 장기 관점에서의 설명으로 옳은 것은? 〔국가직 9급〕

① 주택물량 부족 규모는 단기적으로 크고 장기적으로도 크다.

② 주택물량 부족 규모는 단기적으로 작으나 장기적으로는 크다.

③ 주택물량 과잉 규모는 단기적으로 크고 장기적으로도 크다.

④ 주택물량 과잉 규모는 단기적으로 작으나 장기적으로는 크다.

20. 다음 그림에 따를 때 휘발유 가격이 리터당 3,000원인 경우 휘발유의 시장 수요량으로 옳은 것은? 〔국회 8급〕

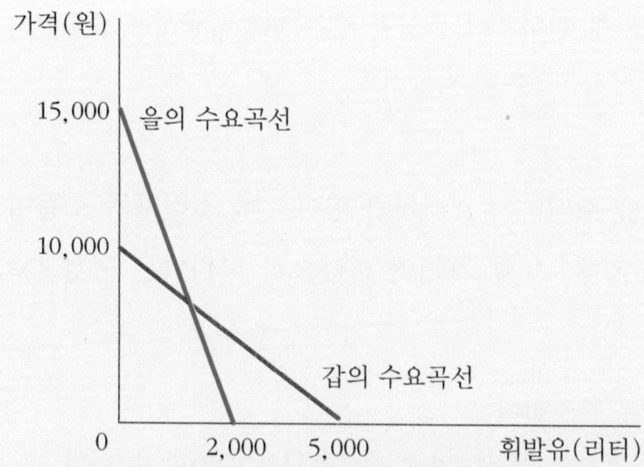

① 5,100 ② 5,200 ③ 5,300 ④ 5,400 ⑤ 5,500

제 5 장

소비자이론

제 5 장

소비자이론에서는 소비자의 행동에 관한 모형을 다루고 있다. 주류경제학에 등장하는 경제주체로서의 소비자는 합리적 이기주의자로 가정한다. 그는 자신의 행복을 위해 소비행위를 표출하며, 그의 합리적 선택은 자신의 한정된 주머닛돈을 가장 만족스런 장바구니로 만드는 과정이라 할 수 있다. 소비자의 소비행위의 목적은 가장 만족스런 장바구니를 구성하는 선택에 있는 셈이다. 이것을 예산제약하에서의 최적선택이라고 한다. 다시 말하면 소비자이론이란 합리적인 소비자가 시장에서 주어진 객관적 조건[1]과 자신의 주관적인 선호체계에 맞춰 만족도를 극대화시킬 수 있는 소비선택행위를 설명하는 모형이다. 제5장에서는 ① 한계효용이론, ② 무차별곡선이론, ③ 현시선호이론, ④ 소비자이론의 응용, ⑤ 불확실성하에서의 소비자이론을 설명하고 있다.

5.1 소비자이론이란?

5.1.1 소비자이론

소비자행동을 설명하는 소비자이론에는 ① 한계효용이론(marginal utility theory), ② 무차별곡선이론(indifference theory), ③ 현시선호이론(reveled preference theory)이 있고, 불확실성하에서의 소비자이론으로 ④ 기대효용이론(expected utility theory)이 있다. 한계효용이론과 무차별곡선이론의 경우에는 주관적인 만족도를 측정하는 방식이나 이를 통한 선호체계[2]의 구축에 있어 차별성을 가지고 있다. 또한 이론이 정립된 시대 순으로 기존이론의 한계를 극복하려는 노력들이 모형에 반영돼 있다. 첫째, 한계효용이론은 소비자의 주관적 만족도를 기수적으로 측정할 수 있는 선호체계를 가정한다. 둘째, 무차별곡선이론은 주관적 만족도를 서수적으

1) 한정된 소득을 말하며, 이것이 희소성의 조건이고 제약조건이다.

2) 소비자의 소비행위에 있어 선호되는 순위관계의 총칭

로 측정할 수 있는 선호체계를 가정한다.[3] 무차별곡선이론에서는 주관적 만족도의 기수적 측정 가능성을 부정할 뿐만 아니라 기수적 효용은 경제분석에 있어 중요한 의미가 없다는 점을 강조한다. 셋째, 현시선호이론은 기수적이든, 서수적이든 주관적 만족도에 대한 측정가능성을 부정하고 소비자가 실제시장에서 현시하는 선호체계를 가정한다. 이처럼 3가지의 소비자이론은 주관적 만족도에 대한 가정에서 서로 차별적이지만 소비자의 균형조건에서 모두 우하향하는 수요곡선을 도출함으로써 이론의 결론에서는 모두 수렴하고 있다.

5.1.2 선호체계와 효용함수

소비자는 소비행위를 통해 최대의 만족을 얻기 위한 경제적 선택을 한다. 자신이 원하는 것을 주어진 소득의 범위 내에서 가장 만족도가 높은 조합으로 선택하기 위해 고심한다. 음식점에 가면 무엇을 먹을 것인지, 백화점에 가면 무엇을 구매할 것인지, 자신의 장바구니에 어떤 것들을 채울 것인지, 여러 번 마음을 바꿔가며 선택의 과정을 거치게 된다. 어떤 선택이 후회 없는 선택인지, 즉 가장 최선의 선택이 무엇인지를 결정한다는 것은 결코 그리 쉬운 일은 아닐 것이다. 소비자의 최적선택 모형을 이해하기 위해서는 어떤 상품조합이 더 만족스러운지를 비교할 수 있는 선호체계에 대한 개념이 중요하다. 선호체계란 소비자의 여러 가지 선택적 소비행위들에 있어 선호관계에 대한 질서체계이다. 이러한 소비자의 선호체계를 좀 더 구체적이고 조직적으로 개념화하는 과정을 거치면 효용함수가 만들어진다. 그런 다음 효용함수를 이용하여 소비자의 소비행위를 설명하고 분석할 수 있는 소비자행동이론이 모형화되는 것이다.

3) 현대경제학에서 사용하는 대부분의 선호체계는 서수적 효용개념을 전제하고 있다.

5.2 한계효용이론

5.2.1 총효용과 한계효용

한계효용이론은 첫째로 기수적(cardinal) 선호체계에 의하여 소비자의 만족도를 측정할 수 있다는 것을 가정한다. 소비자가 재화를 소비할 때 얻는 그 만족도를 몸무게나 키를 측정하듯이 절대적인 수로 나타낼 수 있음을 전제하는 것이다.

따라서 재화소비량과 소비자의 만족도 간에는 일정한 상관관계가 존재하고 이를 바탕으로 효용함수를 도출하게 된다. 총효용함수는 $U=U(X)$, $U=(X,Y)$로 표현된다.

한계효용이론은 둘째로 한계효용은 체감한다고 가정하고 있다. 소비자가 어떤 재화의 소비량을 증가시켜 갈 때 총효용은 증대하지만 증가하는 단위당 재화의 효

〈그림 5-1〉 총효용과 한계효용

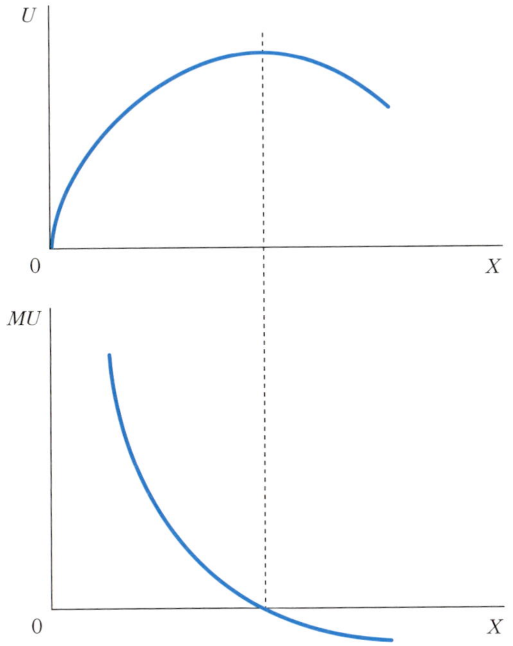

용의 증가분(한계효용)은 체감한다는 것을 의미한다. 다시 말하면 한계효용(MU)은 효용함수의 미분값이며, 총효용(TU)의 변화율이다.

수식으로는 X재의 한계효용은 $MU_x = \frac{\Delta U}{\Delta X}$로 표현된다. 총효용($TU$)과 한계효용($MU$)의 관계를 그래프로 나타내면 〈그림 5-1〉과 같다.

〈그림 5-1〉에서 보는 바와 같이 한계효용(MU)이 0이 될 때까지 총효용(TU)은 증가하고 있다. 하지만 총효용곡선의 기울기는 감소하고 있으며, 한계효용곡선의 기울기도 음(-)의 값을 가진다. 이는 총효용의 증가비율이 감소함을 의미하고, 한계효용이 체감함을 의미한다. 이를 한계효용체감의 법칙(law of diminishing marginal utility)이라 한다.

5.2.2 소비자균형

소비자는 소비행위를 통하여 만족을 얻을 수 있다. 그러나 소비자가 원하는 만큼의 소비행위를 가능케 하는 소비자의 소득은 제약되어 있다. 따라서 소비자는 소비행위를 함에 있어 자신의 효용[4]을 극대화시킬 수 있는 어떤 상품배합을 선택하게 된다. 제약된 소득으로 어떤 재화[5]를 얼마만큼 소비할 것인가를 결정하여야 한다. 설명의 편의를 위하여 X재와 Y재만이 존재하는 경제에서 소비자는 주어진 소득으로 X재와 Y재의 배합을 선택한다고 가정하자. 그리고 소비자가 자신의 효용을 극대화할 수 있는 최적선택, 그 조건을 충족하게 되면 소비자는 소비자균형에 이르게 된다. 소비자의 효용극대화가 달성된 상태이다.

1. 소비자균형조건

소비자가 자신이 원하는 만큼의 모든 재화를 소비할 수 있다면 소비자선택의 문제는 존재하지 않는다. 소비자는 자신의 소비행위에 있어 주어진 소득과 주어진 가격에 의하여 소비행위가 제약된다. 다시 말하면 소비자의 소비행위가능경계가 존재하며, 소비자는 소비행위가능경계 안에 있는 조합의 범위 내에서만 선택이 가능

4) 효용은 만족도의 구체화된 용어이다.

5) 재화와 서비스를 총칭하는 의미로 사용한다.

〈그림 5 - 2〉 소비자의 제약과 소비가능경계

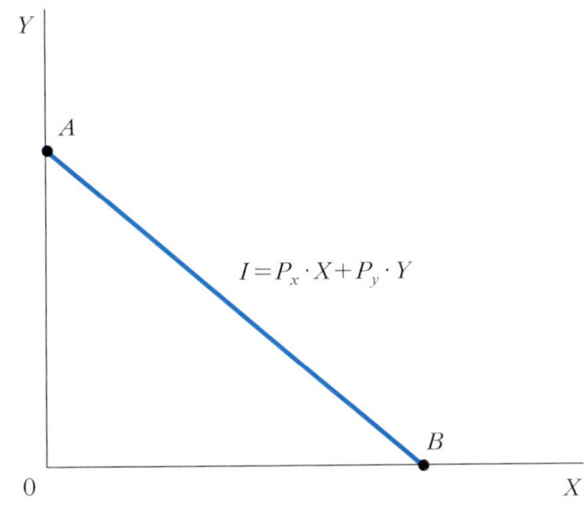

하다. 즉, 소비가능경계를 벗어난 소비행위는 현실적으로 불가능하기 때문이다. 따라서 소비자균형은 다음 두 가지 조건을 충족하여야 한다. 첫째 소비자는 주어진 소득과 가격하에서 소비행위를 선택하여야 한다. 이를 수식으로 표현하면 $P_x \cdot X + P_y \cdot Y = I$가 되고 그래프로 나타내면 〈그림 5 - 2〉와 같다. 〈그림 5 - 2〉에서 AB로 나타난 소비가능경계[6]는 소득 I와 X, Y재의 가격 P_x, P_y에 의하여 도출되었다. $A(\frac{I}{P_y})$점은 소득 I로 Y재만을 최대한 구매할 수 있는 경계이고, $B(\frac{I}{P_x})$점은 소득 I로 X재만을 최대한 구매할 수 있는 경계이다. AB선의 기울기는 $\frac{P_x}{P_y}$가 된다. 따라서 소비자는 AB소비가능경계선상과 선내에서 소비행위가 가능해진다.

둘째, 소비자의 효용극대화조건이다. 이는 주어진 소득과 가격하에서 X재와 Y재를 얼마만큼 배합하여 소비하는 것이 효용을 극대화시킬 수 있는가의 문제이다. 소비자의 총효용을 극대화하기 위해서는 X재와 Y재의 1원당 한계효용이 균등하도록 소비되어야 한다. 이를 가중된 한계효용균등의 법칙(law of equality of weighted marginal utility)이라 하고 이를 수식으로 나타내면 $\frac{MU_x}{P_x} = \frac{MU_y}{P_y}$가 된다.

6) 이는 예산선 또는 가격선이라고도 한다.

2. 수요곡선의 도출

위의 소비자균형조건에서 X재의 수요는 Ⓐ X재화의 가격, Ⓑ Y재화의 가격, Ⓒ 소비자의 소득, Ⓓ 소비자의 X재에 대한 선호체계에 의해서 결정된다. 또한 수요함수는 다음과 같은 두 가지 특징이 있다. 첫째 영차동차함수라는 점이다. 이는 독립변수들이 일정한 비율로 변할 경우 수요는 변하지 않음을 의미한다. 예를 든다면 소비자가 1,000원의 소득으로 100원의 X재를 10개 구매할 수 있었는데, 소득은 2,000원으로 증가하였고, X재의 가격도 200원으로 증가하였다면 소비자의 소비량은 여전히 10개가 유지한다는 것을 의미한다. 둘째, 수요량과 그 재화의 가격관계는 역의 관계에 있다는 점이다(위의 X재의 수요량$=\frac{I}{P_x}$). 따라서 다른 조건은 일정하고 그 재화의 가격만이 변하는 경우 소비자는 소비자의 효용을 극대화하기 위하여 한계효용균등의 법칙을 따라 행동하게 된다.

만약 X재의 가격만이 하락한다면 $\frac{MU_x}{P_x}>\frac{MU_y}{P_y}$가 되어 X재의 수요를 증대시키게 된다. 이에 따라 〈그림 5-3〉과 같은 수요곡선이 유도된다. 왜냐하면 수식의 좌변은 X재에 대한 1원당 한계효용, 그리고 우변은 Y재에 대한 1원당 한계효용을 나타내며, 좌변과 우변이 같아질 때 소비자의 효용은 극대화에 이르게 된다. 그런데 다른 변수는 불변이고 X재 가격만이 하락하였으므로 좌변이 우변보다 더 커지

〈그림 5-3〉 한계효용곡선과 수요곡선의 유도

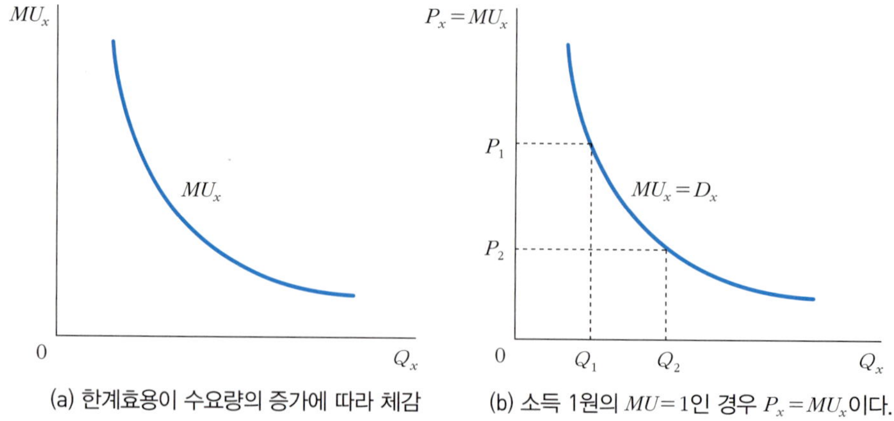

게 된다. 소비자는 자신의 효용을 극대화시키기 위해서는 좌변과 우변을 다시 같게 만들어야 하므로 좌변이 작아지는 선택을 해야만 하는 상황이다. 소비자가 좌변을 보다 작아지게 하려면 X를 더 구매하면 된다. 한계효용체감의 법칙이 작용하기 때문이다. X재를 더 구매하면 한계효용이 작아지므로 Y재의 한계효용(MU_y)은 불변이지만 X재의 한계효용(MU_x)은 작아지게 된다. 따라서 좌변과 우변을 다시 같게 만들 수 있고 가중된 한계효용균등의 조건을 달성할 수 있게 된다. 이를 그래프로 나타내면 〈그림 5-3〉과 같다.

〈그림 5-3〉의 (a)에서는 수요량이 증가함에 따라 한계효용이 체감하는 한계효용곡선이 그려져 있다. 〈그림 5-3〉의 (b)에서는 가격이 P_1에서 P_2로 하락하면 $\frac{MU_x}{P_x} > \frac{MU_y}{P_y}$가 되어 $\frac{MU_x}{P_x} = \frac{MU_y}{P_y}$를 충족시키기 위해서는 MU_x를 감소시켜야 하므로 Q_1에서 Q_2로 수요량이 증가하게 된다. 따라서 우하향하는 수요곡선이 도출된다. 여기서 소득의 한계효용이 m이고 X재만을 구입한다면 P_x와 MU_x 그리고 D_x의 관계는 다음과 같이 정리된다. $\frac{MU_x}{P_x} \geq m$이어야 한다. 왜냐하면 X재의 1원당 한계효용보다 소득 1원당 한계효용이 적거나 적어도 동일할 때 소비자는 구매결정을 하기 때문이다. 따라서 $P_x = \frac{1}{m}MU_x$이고, $m=1$일 경우 $P_x = MU_x$가 성립된다. 결국 $m=1$이라고 가정하면, $D_x = P_x = MU_x$가 성립하게 된다.

3. 수요곡선의 의미

수요곡선은 $\frac{1}{m}MU_x$, 즉 $m=1$인 경우 MU_x에 의해서 결정된다. 수요곡선은 한계효용의 크기를 나타내며, 수요곡선 이하의 면적은 한계효용의 합인 총효용을 나타낸다. 이를 수식으로 나타내면 $\frac{1}{m}\int_0^{Q_x} P_x dQ_x$로 표현된다. 이를 그래프로 나타내면 〈그림 5-4〉와 같다. 소비자가 P_1가격에서 Q_1만큼 소비하는 경우, 소비자의 한계효용은 수요곡선 $D-D$와 같고, 소비자의 총효용은 한계효용 모두를 합한 사각형의 면적 $0P_1dQ_1$과 삼각형의 면적 AP_1d을 합한 것을 의미한다.

$\frac{1}{m}\int_0^{Q_x} P_x dQ_x$에서 $m=1$인 경우 개별소비자의 총효용은 $\int_0^{Q_x} P_x dQ_x$이 되며, 〈그림 5-4〉의 수요곡선이 시장수요곡선을 도출한 것이라면 $A0dQ_1$의 면적은 사회적 총편익을 의미한다.

〈그림 5-4〉 수요곡선의 의미

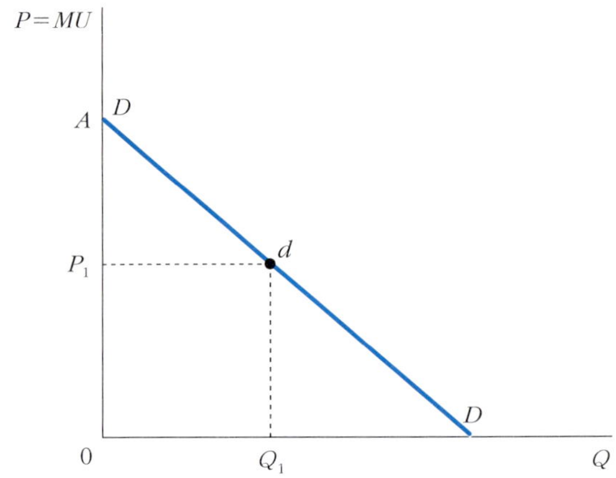

5.2.3 한계효용이론의 응용

1. 가치의 역설

시장에서 거래되는 모든 상품에는 가격이 부여된다. 각각의 상품에는 서로 다른 가격이 부여된다. 거래되는 상품의 가격은 무엇 때문에 서로 다른 것일까?, 대부분의 사람들은 그 상품에는 가치가 있기 때문에 그만큼의 가격이 부여된다고 생각하기 쉽다. 그리고 경제학자들 사이에서도 이 문제는 가치논쟁이라는 이슈로 치열하게 다루어진 바 있다. 가치논쟁의 종결은 한계이론이 등장하면서 해결의 단초가 마련되게 된다. 그것이 알프레드 마샬의 수요·공급에 의한 시장가격결정론이다.

시장균형가격이란 사실상 소비자의 주관적 가치(MU)와 생산자의 객관적 가치(MC)가 일치되는 합의된 가치의 반영이다. 가치의 역설을 이해하기 위해서는 먼저 총효용(TU)은 사용가치(use value)이고, 한계효용(MU)은 교환가치(exchange value)를 의미하며 시장가격은 곧 교환가치, 즉 한계효용이 그 크기를 결정한다. 그런데 한계효용이론 이전의 고전파경제학에서는 사용가치가 곧 가격이라고 생각하였다. 따라서 사용가치가 매우 높은 물이나 공기의 가격이 거의 0에 가까운 이유를 설명하지 못하였다. 이 같은 현상을 우리는 교환가치와 사용가치 간의 괴리[7] 또는 가치의 역설(paradox of value)이라 한다.

한편, 한계효용이론에서 한계효용의 크기는 욕망의 강도에 비례하고 존재량의 크기에는 반비례한다는 법칙이 작동한다. 또한 사용가치는 총효용(TU)의 크기가 커질수록 커져가는 속성을 가지고 있지만 교환가치는 한계효용(MU)의 크기가 그 크기를 결정하고 한계효용은 존재량이 증가할수록 작아지는 특성을 가진다. 요약하면 한계효용은 존재량과 역의 관계이고 한계효용은 곧 교환가치이고 가격의 크기를 결정함으로 교환가치나 가격의 크기는 존재량이 많은 재화일수록 작아지게 된다. 흥미로운 예가 있다. 사우디아라비아는 휘발유는 풍부한데 물이 부족하다. 따라서 물이 휘발유보다 5배나 비싸다. 우리나라에서도 심층해양수나 알래스카 얼음물은 음료수나 휘발유보다 비싸다. 존재량과 역의 관계인 한계효용의 크기가 교환가치를 결정하기 때문이다.

〈그림 5-5〉에서 물의 총효용은 D_w0Q_wE의 면적이고 다이아몬드의 총효용은 D_d0Q_dE의 면적이다. 물의 총효용의 면적인 D_w0Q_wE의 크기가 다이아몬드의 면적

〈그림 5-5〉 물과 다이아몬드의 가치의 역설

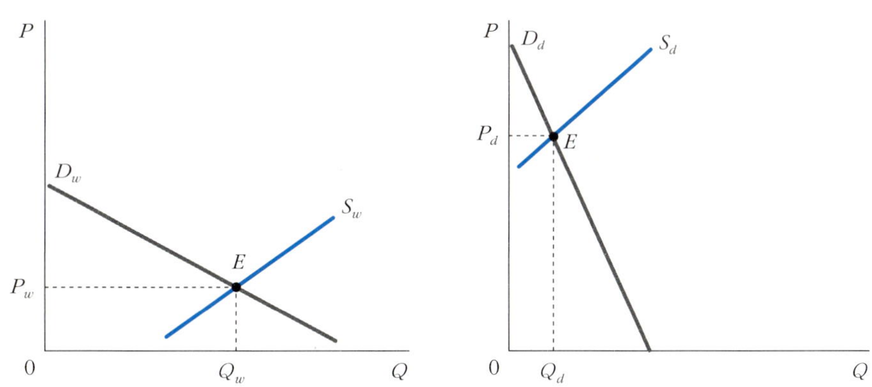

(a) 물의 경우 (b) 다이아몬드의 경우

7) 물이나 공기는 사용가치가 높고 가격은 낮으나, 금이나 다이아몬드는 사용가치에서는 물이나 공기보다 낮으나 가격은 물이나 공기보다 높은 현상을 말한다.

인 D_d0Q_dE의 크기보다 넓다는 것을 나타내고 있는데, 이것은 총효용의 크기가 결정하는 물의 사용가치가 다이아몬드의 사용가치보다 높다는 것을 의미한다. 그런데 물의 시장가격은 P_w수준이고 다이아몬드의 시장가격은 P_d수준이므로 교환가치는 물보다 다이아몬드가 더 높다는 것도 확인할 수 있다. 이를 수식으로 나타내면 다음과 같다.

$$\frac{MU_d}{P_d} = \frac{MU_w}{P_w} = m \qquad \text{(소비자균형조건)}$$

d: 다이아몬드, w: 물, m: 화폐의 한계효용

$$P_d = \frac{1}{m} MU_d$$

$$P_w = \frac{1}{m} MU_w$$

위의 수식에서 보는 바와 같이 P_d와 P_w는 모두 한계효용의 크기에 의해 결정되고 있다는 것을 알 수 있다. 공급측면을 감안한다 하더라도 가격은 사용가치와 관계없이 교환가치인 한계효용의 크기에 의해 결정된다는 점을 확인할 수 있다. 결론적으로 사용가치와 교환가치의 괴리 현상을 총효용과 한계효용의 개념을 이용하여 명쾌하게 설명할 수 있게 된 것이다.

2. 소비자잉여

소비자나 생산자는 시장교환을 통하여 일반적으로 교환이익을 얻고 있다. 소비자는 교환을 통하여 자신이 지불한 총지출 이상의 만족(총효용)을 얻고 있으며, 생산자는 자신이 투입한 생산비 이상의 총수입을 얻고 있다.[8] 소비자가 얻는 총효용의 잉여를 소비자잉여(consumer's surplus)라 하고, 생산자가 얻는 총수입의 잉여를 생산자잉여(producer's surplus)라 한다. 여기서는 〈그림 5-6〉을 이용하여 소비자잉여만을 설명하기로 한다. 단 화폐의 한계효용이 체감하지 않음을 가정하고 있다.[9] 이를 마샬의 소비자잉여라고도 한다. 마샬의 소비자잉여를 쉽게 이해하기

8) 시장이론에서 설명하겠지만 완전경쟁시장은 소비자잉여와 생산자잉여를 극대화시켜 준다.

9) 소득의 한계효용이 체감하는 경우의 소비자잉여는 무차별곡선이론에서 다룬다.

〈그림 5-6〉 마샬의 소비자잉여

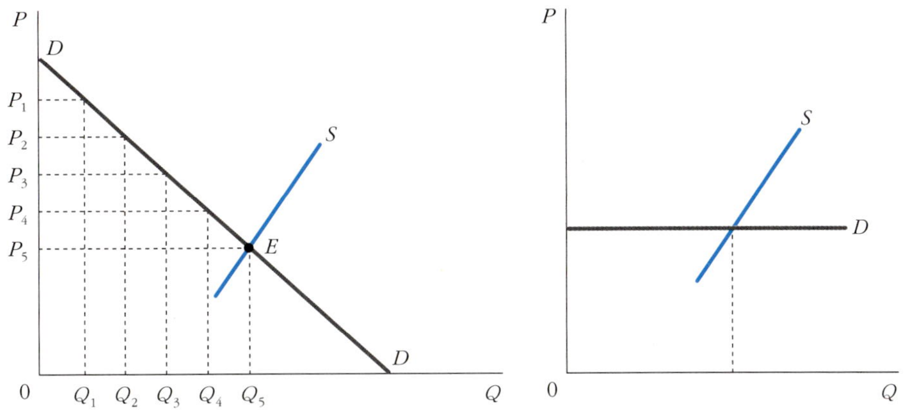

(a) 한계효용이 체감할 경우

(b) 한계효용이 체감하지 않을 경우

위해 첫째, 소비자의 소득에 대한 한계효용은 일정하다. 둘째, 가격이 하락할 때 소득효과는 0이라고[10] 가정한다.

〈그림 5-6〉의 (a)에서 삼각형 DP_5E가 소비자잉여이다. 소비자가 만약 5단위의 상품을 수요하는 경우 한계효용은 DD곡선을 따라 E점까지 체감하게 된다. 소비자가 지불하게 되는 시장가격은 수요와 공급이 만나는 E점에서 결정된다. 여기서 E점은 P_5점이며 P_5점은 재화 5단위인 Q_5의 한계효용과 동일하다. 즉 시장가격은 마지막 단위인 재화 5단위인 Q_5의 한계효용수준인 P_5에서 결정된다. 따라서 소비자가 5단위의 상품을 수요함에 있어 얻을 수 있는 총효용은 Q_1에서 Q_5까지의 한계효용의 합, 즉 〈그림 5-6〉의 $0DEQ_5$의 면적에 해당한다. 그런데 소비자가 실제 지불하는 화폐액은 Q_1에서 Q_5까지의 가격수준을 합한 사각형 $0P_5EQ_5$의 면적과 같다. 따라서 소비자는 사각형 $0P_5EQ_5$의 면적만큼의 화폐를 지불하고 $0DEQ_5$의 면적만큼의 총효용을 얻게 되는 것이다. 요약하면 소비자잉여는 $0DEQ_5 - 0P_5EQ_5$가 된다.

10) 소득효과가 0이 아닌 경우 보상수요곡선을 이용한 소비자잉여를 계산해야 한다. 보상수요곡선도 무차별곡선이론에서 소개한다.

만약 시장가격이 Q_1은 P_1에서 Q_5는 P_5까지 한계효용만큼 차별화된다면 소비자잉여는 존재할 수 없다. 이를 1급 가격차별이라 하는데 독점시장이론 자세히 설명할 것이다. 〈그림 5-6〉의 (b)는 소비자잉여가 존재하지 않는 경우를 보여주고 있다. 수요곡선이 만약 수평일 경우에는 소비자잉여는 존재할 수 없다. 다시 말해 한계효용이 체감하지 않는다면 소비자잉여는 존재하지 않는다.

5.3 무차별곡선이론

5.3.1 들어가기

앞에서 학습한 한계효용이론은 소비자가 소비행위를 통해 느낄 수 있는 주관적 만족도를 기수적으로 측정할 수 있다는 가정에서 출발한다. 즉, 우리의 키나 체중을 자나 체중계로 측정하듯이 만족도를 측정할 수 있다고 가정한 것이다. 그러나 현실적으로 우리가 사과 1개를 먹으면서 나는 100만큼 만족하다. 이렇게 주관적인 만족도를 정확하게 기수적으로 측정하는 것은 불가능하다. 따라서 무차별곡선이론은 한계효용이론의 가정, 즉 효용의 기수적 측정 가능성을 비판하고 새롭게 만들어진 소비자모형이라 할 수 있다. 무차별곡선이론은 '사과 1개를 먹으면서 나는 100만큼 행복하다' 하고 효용을 기수적으로는 측정할 수 없지만, '사과가 감이나 배보다 더 맛있다. 나는 사과를 더 좋아한다'. 이처럼 서수적으로는 만족도를 측정할 수 있다는 것을 가정하고 출발한 이론이다.

5.3.2 무차별곡선

무차별곡선은 효용함수 $U=f(X \cdot Y)$에 의해 그려진 그래프이다. 효용수준을 나타내는 U축은 생략돼 있다.2차원 공간에서 나타낼 수 없기 때문이다. 따라서 무차별곡선은 마치 지도에 나타난 등고선과 같다고 이해하면 된다.

1. 무차별곡선의 기본성격

소비자에게 동일한 수준의 만족을 가져다주는 모든 상품조합들을 나타내 주는 곡선을 무차별곡선이라 한다. 무차별곡선을 도식화하는 데 있어 소비자가 선택할 수 있는 상품은 X재와 Y재만이 존재하며, 소비자의 효용함수는 제1상한에 나타나는 것만으로 제한한다. 이와 같은 무차별곡선은 다음과 같은 기본적인 성질을 가진다.

첫째, 제1상한에 점으로 표현되는 모든 X재와 Y재의 상품조합들은 선호관계가 질서를 유지한다. 동일한 무차별곡선상에 있는 모든 점들은 효용수준이 동일하다.

둘째, 무차별곡선은 우하향한다. 무차별곡선은 음($-\frac{\Delta Y}{\Delta X}$)의 기울기를 가지며 기회비용을 나타낸다. 얼마만큼의 X재를 더 소비하기 위해서는 반드시 얼마만큼의 Y재 소비를 포기해야 한다.

셋째, 무차별곡선은 원점에서 멀어질수록 효용수준이 높다. 무차별곡선이 원점에서 멀어질수록 X재와 Y재 소비가 더욱 증가하는 것을 의미한다. 적어도 한 재화가 변하지 않더라도 다른 재화의 소비는 증가하기 때문이다. 〈그림 5-7〉에서 A점과 B점을 비교해 보면 무차별곡선 U_0와 무차별곡선 U_1의 차이점을 알 수 있다. 무차별곡선 U_0선상의 A점은 (2, 4)인데 무차별곡선 U_1상의 B점은 (4, 4)이다. Y재는 모두 4이더라도 X재는 무차별곡선 U_1상의 B점이 2개 더 많다는 것을 알 수 있다.

〈그림 5-7〉 무차별곡선의 성질(1)

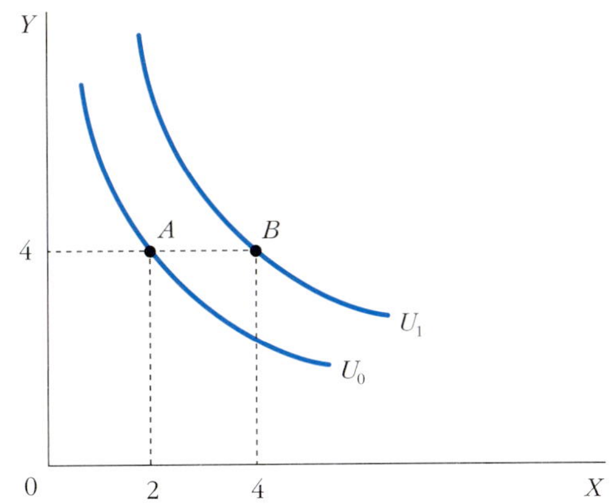

〈그림 5-8〉 무차별곡선의 성질(2)

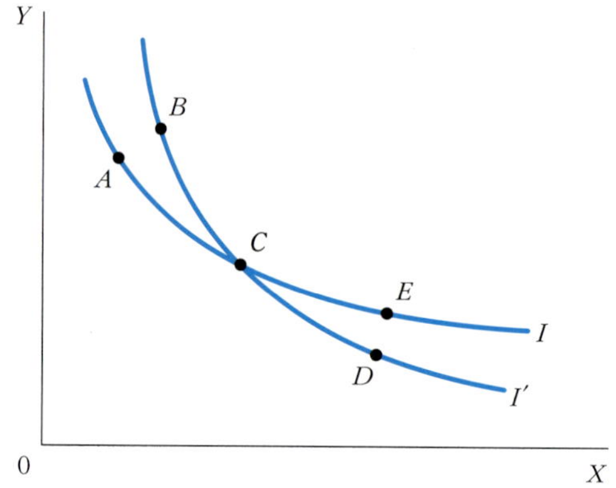

이와 같은 선호체계에서는 소비자의 욕망은 완전히 충족되지 않으며 만족의 포화점(satiation point)이 존재하지 않는 것을 의미한다. 또한 더 많이 소비하면 더욱 행복해진다는 'The more, The better'라는 욕구충족의 양식을 내포하고 있다.

넷째, 두 무차별곡선은 서로 교차할 수 없다. 〈그림 5-8〉에서 무차별곡선 I와 I'가 교차하고 있다. 이런 경우에 무차별곡선의 성질상 점 B, C, D의 소비자의 효용수준은 동일하고, 점 A, C, E의 소비자의 효용수준도 동일하여야 한다. 그런데 〈그림 5-8〉의 점 A의 효용수준은 점 B의 효용수준보다 높고, 점 E의 효용수준은 점 D의 효용수준보다 높게 나타나 있다. 왜냐하면 무차별곡선은 원점에서 멀어질수록 높은 효용수준을 나타내기 때문이다. 무차별곡선이 〈그림 5-8〉처럼 교차한다면 $A=C=E$이고 $B=C=D$를 의미하는데 교차점 윗부분에서는 $B>A$이고 교차점 아래 부분에서는 $B=(D)<(A=E)$라는 논리적 모순이 발생한다.

다섯째, 무차별곡선은 우하향하면서 원점을 향하여 볼록하다. 이를 수학적으로 볼록성(convexity)이라 한다. 무차별곡선이 우하향한다는 것은 X재와 Y재 간의 한계대체율이 음의 관계에 있다는 것을 의미하고, 원점을 향하여 볼록하다는 것은 한계대체율의 절댓값이 작아져 간다는 것을 의미한다, 이것은 무차별곡선의 기울기가 작아지기 때문이며, 소비자는 두 재화의 배합에 있어 극단적인 배합보다는 두 재화를 고르게 섞는 배합을 더욱 선호한다는 것을 의미한다. 〈그림 5-9〉에서 보는

〈그림 5-9〉 무차별곡선의 성질(3)

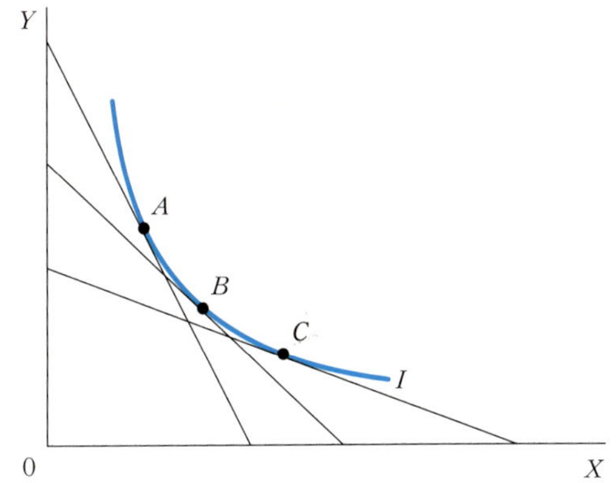

바와 같이 무차별곡선 I 위의 점 A, B, C는 우하향하고 있으며, 점 A, B, C의 기울기는 감소하고 있다. 이것은 X재의 소비가 증가해감에 따라 Y재로 나타낸 X재의 한계대체율 MRS(marginal rate of substitution) $X, Y = -\dfrac{\Delta Y}{\Delta X}$이 체감한다는 것을 의미한다.[11)]

2. 한계대체율체감의 법칙

한계대체율이란 X재 와 Y재 간의 주관적 교환비율을 말한다. 이것을 그래프로 나타내면 〈그림 5-9〉에서 보았던 무차별곡선 I의 기울기인 A점, B점, C에 대한 접선의 기울기이다.

한계대체율 MRS(marginal rate of substitution) $X, Y = -\dfrac{\Delta Y}{\Delta X}$가 작아진다. X재 1 단위를 증대시킬 경우 이전 효용과 동일한 수준을 유지하기 위해 포기해야 하는 Y재의 수량을 나타낸다. 또한 무차별곡선상의 모든 점의 효용수준은 동일함으로 〈그림 5-9〉에서 A점에서 B점으로의 이동은 $MU_x \cdot \Delta x + MU_y \cdot \Delta y = \Delta U = 0$로 나타낼 수 있다.[12)] 이 수식을 정리하면 MRS $X, Y = -\dfrac{\Delta Y}{\Delta X} = \dfrac{MU_x}{MU_y}$이 된다. 따라서 X, Y재의 한계대체율이란 X, Y재의 한계효용비와 역의 관계에 있다는 것을 알 수 있다.

11) 효용함수가 정규강준오목함수(regular strictly quasi-concave function)로 가정된다.

12) 연속미분이 가능함을 전제한다.

〈그림 5 - 10〉 무차별곡선과 한계대체율

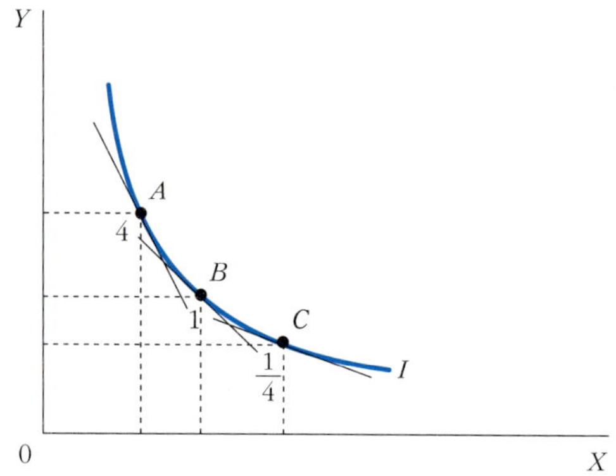

〈그림 5 - 10〉의 점 A, B, C의 이동은 소비자가 X재의 소비를 2, 4, 7로 증가시키고 있다는 것을 나타낸 무차별곡선이다. 점 A에서 점 C로 이동해감에 따라 접선의 기울기 $-(\frac{\Delta Y}{\Delta X})$의 절댓값이 작아져 간다는 것을 알 수 있다. 무차별곡선의 형태가 원점을 향하여 볼록하기 때문에 무차별곡선의 기울기는 체감하고 있는 것이다. 따라서 무차별곡선이 볼록성을 가진다면 한계대체율체감의 법칙(law of diminishing marginal utility)은 작동한다.

3. 특수한 무차별곡선

우하향하고 원점을 향해 볼록성을 보이는 보편적인 무차별곡선은 두 재화가 모두 정상재이고, 두 재화의 관계는 독립재인 경우이다. 〈그림 5 - 11〉에서는 두 재화의 관계가 완전대체재인 경우와 완전보완재인 경우의 무차별곡선을 보여준다.

두 재화의 관계가 완전대체재인 경우에는 〈그림 5 - 11〉의 (a)에서 보는 바와 같이 무차별곡선은 직선이다. 이것은 볼록성의 기본가정을 위배하는 것이며, 한계대체율이 무차별곡선상의 모든 점에서 일정함을 의미한다. 효용함수는 $U=x+y$로 표현될 수 있다. 어떤 한 재화를 아무리 많이 소비해도 한계대체율이 변하지 않는다는 것을 의미한다. 두 재화의 관계가 완전보완재인 경우에는 〈그림 5 - 11〉의 (b)에서 보는 바와 같이 무차별곡선이 L자형이다. 이것도 역시 볼록성의 기본가정을 위

〈그림 5-11〉 특수한 무차별곡선

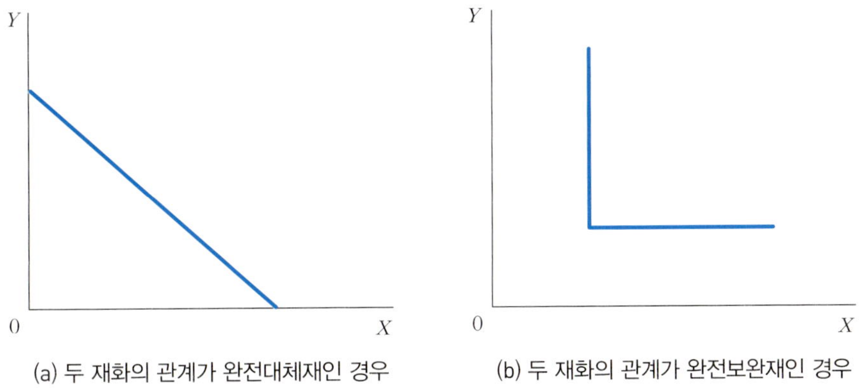

배하는 것이며, 무차별곡선상의 모든 점에서 한계대체율은 0이 된다. 효용함수는 $U = \min(x, y)$로 표현될 수 있다. 두 재화 중 적게 소비하는 재화가 증가하는 경우에만 효용수준이 증가한다. 최솟값 극대화원리가 작동한다. 두 재화 간의 대체가 전혀 이루어지지 않는다는 것을 의미한다.

5.3.3 예산선

무차별곡선은 현실적인 예산제약을 고려하지 않고 소비자가 가질 수 있는 상품조합들의 선호체계를 서수적으로 나타낸 것이다. 만약 현실적인 예산제약이 없다면 소비자는 가장 우측에 있는 무차별곡선상의 어느 상품조합을 선택할 것이다. 자신이 원하는 모든 것을 선택할 수 있는 소비가능경계가 존재하지 않는 상황을 의미한다. 하지만 현실경제에서는 소비자의 소득과 상품의 가격에 의해서 주어지는 예산제약이 존재하며 이에 따른 소비자의 소비가능경계가 주어진다. 소비자는 자신의 선호체계에 의한 효용함수, 즉 무차별곡선상의 어떤 상품조합을 선택하겠지만, 그 선택의 범위가 소비가능경계, 즉 예산선을 벗어날 수 없다. 따라서 소비자의 만족을 극대화시키는 효용극대화조건과 소비자균형점은 무차별곡선과 예산선에 의해 설명될 수 있다.

1. 예산선의 기본성격

〈그림 5-12〉에 그려진 우하향하는 직선은 예산선(budget line) 또는 가격선(price line)이라 한다. 소비자가 일정한 소득을 가지고 주어진 가격하에서 구매할 수 있는 상품의 모든 배합들이 예산선의 경계 안에 나타나있다. 예산선 위의 모든 점들은 소비자가 주어진 소득을 모두 사용하여 구매할 수 있는 상품배합에 대한 선택점들이다. 따라서 예산선은 소비가능경계선이며, X재와 Y재만이 존재하는 경우 두 재화의 가격비와 소비자의 소득수준에 의해 예산선은 결정된다.

예산선은 〈그림 5-12〉와 같이 $P_x \cdot X + P_y \cdot Y = I$ 함수에 의해 그려진 그래프이다. 이 수식을 Y에 대하여 정리하면 $Y = -\frac{P_x}{P_y}X + \frac{I}{P_y}$가 된다. 따라서 X재와 Y재의 상대가격비$(-\frac{P_x}{P_y})$는 예산선의 기울기를 결정하고, 소비자의 소득수준(I)은 예산선의 Y축 절편을 결정한다. 따라서 예산선은 재화의 상대가격비가 변하거나 소비자의 실질소득수준이 변하는 경우 이동하거나 변하게 된다.

예산선의 첫 번째 특징은 〈그림 5-12〉에서 보는 바와 같이 두 재화의 상대가격비$(\frac{P_x}{P_y})$에 해당하는 기울기가 음(−)의 기울기를 가진다는 점이다. 예산선의 기울기가 음(−)이라는 것은 하나의 상품을 더 소비하기 위해서는 반드시 다른 상품의 소비를 포기해야 한다는 것을 의미한다. 즉, 기회비용을 반영한다. 또한 재화에 대

〈그림 5-12〉 예산선의 기본성질

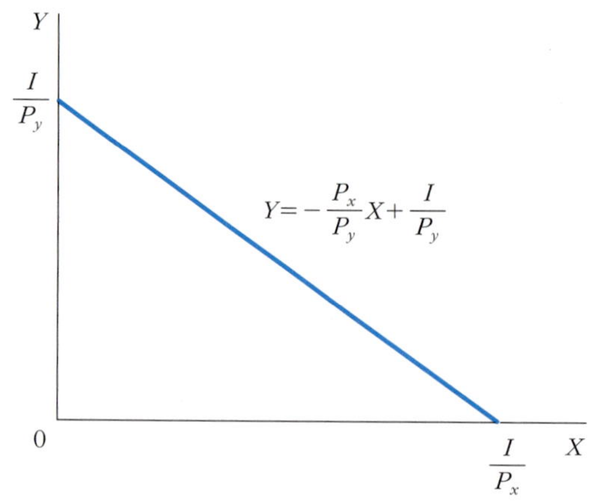

한 효용이 아닌 가격 비에 의하여 기회비용을 나타낸 것이므로 예산선의 기울기는 객관적 교환비율이다. 무차별곡선의 기울기는 주관적 교환비율이다.

둘째, 우하향하는 직선인 예산선은 X재와 Y재의 상대가격비가 일정하다는 것을 나타낸다.[13] 또한 예산선이 연속적인 선분으로 나타난다는 것은 상품의 조합을 구성함에 있어 조밀한 가분성을 내포하고 있는 것이다.

셋째, 예산선상의 모든 점들은 소비자가 소득을 모두 사용한 경우에 소비자가 선택할 수 있는 상품의 조합점들이며, 예산선 이내의 모든 점들은 소비자가 소득을 일부 남겨두고 소비자가 선택할 수 있는 상품의 조합점들이다.[14] 예산선을 벗어난 상품의 모든 조합점들은 소비자에게 주어진 소득으로는 구매할 수 없는(소득이 부족해서) 소비불가능한 조합점들에 해당한다. 예산선을 벗어난 영역은 효용수준이 아무리 높다 하더라도 현실적으로는 실현불가능한 소비영역에 해당한다.

2. 예산선의 변동

예산선은 $Y=-\frac{P_x}{P_y}X+\frac{I}{P_y}$ 함수식에 의해 도출되었다. 따라서 상대가격비($\frac{P_x}{P_y}$)가 변하면 기울기가 변하고 실질소득수준($\frac{I}{P_y}$)이 변하면 예산선은 이동하게 된다.

〈그림 5-13〉 실질소득의 변동과 예산선

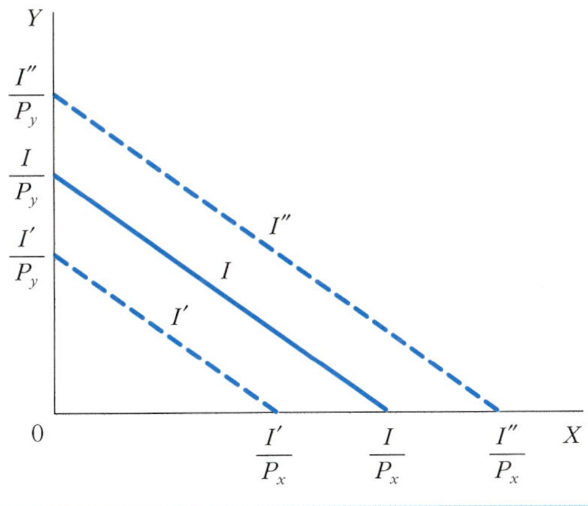

13) 곡선일 수도 있다.

14) 이는 예산집합(budget set) 또는 기회집합(opportunity set)이라고도 한다.

첫째, 두 재화의 가격이 일정하고 소득이 증가하게 되면 예산선은 우측으로 평행이동하며, 소득이 감소하면 좌측으로 평행이동하게 된다.

〈그림 5-13〉에서 보는 바와 같이 소득수준이 I일 때의 예산선 I에서 소득수준이 I''로 증대하면 예산선은 I''로 우측이동하고 I'로 감소하면 예산선은 I'로 좌측이동한다. P_x와 P_y는 일정한 상황에서 I가 증가하면 Y축의 절편 $\frac{I}{P_y}$가 커지므로 우측 $\frac{I''}{P_y}$로 이동하고 X축의 절편 $\frac{I}{P_x}$ 역시 커지므로 우측 $\frac{I''}{P_x}$로 이동하게 된다. 또한 P_x와 P_y가 일정한 상황에서 I가 감소하면 Y축의 절편 $\frac{I}{P_y}$은 좌측 $\frac{I'}{P_y}$로 이동하고, X축의 절편 $\frac{I}{P_x}$는 좌측 $\frac{I'}{P_x}$로 이동하게 된다.

둘째, 소비자의 소득수준은 일정하고 두 재화의 가격비가 변하는 경우 예산선은 기울기가 변하게 된다. 소비자의 소득수준과 Y재의 가격은 일정하고 X재의 가격만이 변하는 경우 예산선은 〈그림 5-14〉의 점선으로 나타낸 예산선과 같이 기울기가 변하게 된다. 〈그림 5-14〉에서 소득수준 I와 Y재의 가격 P_y는 일정하므로 Y축의 절편 $\frac{I}{P_y}$는 변하지 않는다. 하지만 X재의 가격이 하락하면 $\frac{I}{P''_x}$가 되어 예산선의 X축 절편은 우측으로 이동하고, X재의 가격이 상승하면 $\frac{I}{P'_x}$가 되어 예산선의 X축 절편은 좌측으로 이동한다. 요약하면 〈그림 5-14〉에 나타난 바와 같이 최초의 예산선 P_x에서 X재의 가격이 P''_x로 하락하면 예산선은 P''_x로 변하게 되고, X재의 가격이 P'_x로 상승하면 예산선은 P'_x로 변하게 된다.

〈그림 5-14〉 가격비의 변동과 예산선

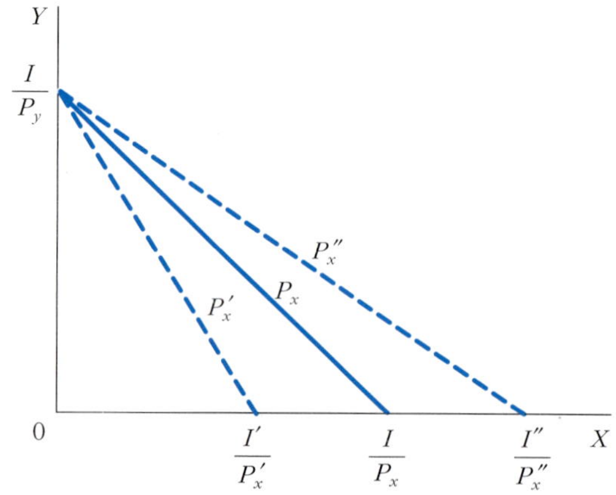

5.3.4 소비자균형

합리적인 소비자는 소비행위를 통하여 자신의 만족을 극대화하려 한다. 한계효용이론에서는 가중된 한계효용균등의 법칙($\frac{MU_x}{P_x}=\frac{MU_y}{P_y}$)으로 소비자 효용의 극대화조건을 설명하고 있다. 소비자균형이란 소비자가 소비자의 최적선택조건을 충족시킨 상태, 즉 소비자효용의 극대화점을 의미한다. 무차별곡선이론에서는 소비자균형점은 소비자가 만족을 극대화하는 최적조건을 달성한 무차별곡선과 예산선이 접하는 점, 즉 무차별곡선의 기울기($-\frac{\Delta Y}{\Delta X}$)와 예산선의 기울기($-\frac{P_x}{P_y}$)가 서로 같아지는 점을 말한다.

1. 소비자 균형조건

소비자는 가장 원점에서 멀어진 우측에 있는 무차별곡선상의 상품조합을 선택하여 소비하고자 할 것이다. 원점에서 먼 무차별곡선일수록 높은 효용수준을 나타내기 때문이다. 하지만 현실적으로 소비자가 소비가능한 선택은 예산선상의 상품조합들로 제약된다. 따라서 소비자의 최적선택은 예산선과 접하는 무차별곡선상의 한 점이 될 것이다. 이는 소비자의 주관적 교환비율과 객관적 교환비율이 일치함을 의미한다. 또한 효용함수가 극대화조건들을 충족하였음을 의미한다. 〈그림 5-15〉에서 E점은 소비자균형점이며, 소비자의 효용을 극대화시킨 점이다. 예산선과 접하는 점 중에서 가장 우측에 있는 무차별곡선과 접하고 있기 때문이다.

〈그림 5-15〉의 점 A에서는 주관적 교환비율 $\frac{\Delta Y}{\Delta X}=\frac{MU_x}{MU_y}$이 객관적 교환비율 $\frac{P_x}{P_y}$보다 크다. 따라서 합리적인 소비자는 X재를 더 소비하여 주관적 교환비율을 감소시킬 것이다. 점 B에서는 주관적 교환비율 $\frac{\Delta Y}{\Delta X}=\frac{MU_x}{MU_y}$이 객관적 교환비율 $\frac{P_x}{P_y}$보다 작다. 따라서 합리적인 소비자는 Y재를 더 소비하여 주관적 교환비율을 증가시킬 것이다. 〈그림 5-15〉의 E점에서는 효용극대화조건 $\frac{MU_x}{MU_y}=\frac{P_x}{P_y}$을 충족하게 된다.[15] 또한 조건식의 양변에 $\frac{MU_y}{P_x}$를 곱하여 주면 $\frac{MU_x}{P_x}=\frac{MU_y}{P_y}$이 성립한다.[16]

$MU_x \cdot \Delta x + MU_y \cdot \Delta y = \Delta U = 0$ 무차별곡선이므로 성립한다.

15) 효용함수의 극대화 제1계조건을 충족한다.

16) 한계효용균등식과 동일하다.

〈그림 5 - 15〉 소비자 균형점과 균형조건

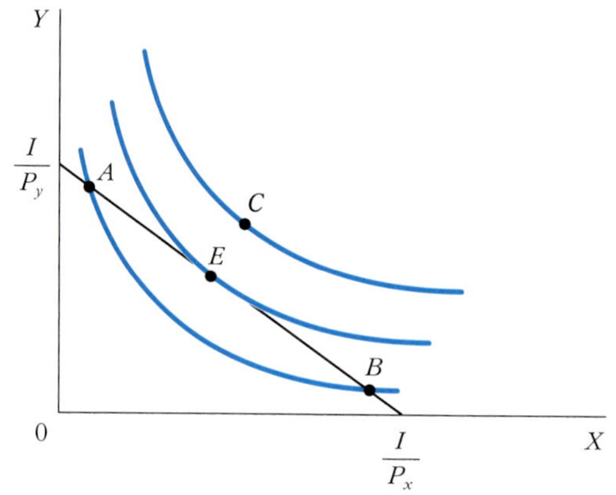

$MU_x \cdot \Delta x = MU_y \cdot \Delta y$ 양변에다가 $1/MU_y \cdot \Delta x$을 곱하면 $\frac{\Delta Y}{\Delta X} = \frac{MU_x}{MU_y}$가 성립한다.

따라서 무차별곡선이론의 소비자균형조건은 $\frac{\Delta Y}{\Delta X} = \frac{P_x}{P_y} = \frac{MU_x}{MU_y}$ 수식이 성립한다. $\frac{MU_x}{MU_y} = \frac{P_x}{P_y}$에서 양변에 $\frac{MU_y}{P_x}$를 곱하면 $\frac{MU_x}{P_x} = \frac{MU_y}{P_y}$가 성립한다.

무차별곡선과 예산선이 접하는 소비자균형점은 한계효용이론에서의 소비자균형점과 수학적으로 동일한 조건임을 알 수 있다.

2. 소비자균형의 변동

소비자균형점은 소비자의 효용극대화점이다. 그런데 소비자균형점도 변동할 수 있다. 소비자균형점은 무차별곡선이나 소비자의 예산선이 변하게 되면 변동하게 된다. 무차별곡선이 변하는 것은 소비자의 선호체계가 변하는 것을 의미하며, 즉, 효용함수가 달라진다는 것을 의미한다. 예산선이 변하는 것은 소비자의 실질소득이나 재화의 상대가격비가 변하는 것을 의미한다. 효용함수가 변하기 위해서는 소비자의 선호체계가 바뀌는 것을 의미하므로 설명의 편의를 위해 변하지 않는 것으로 가정하자.

어떤 사람의 효용함수가 변한다는 것은 예를 들어 개고기를 싫어하는 사람이 갑자기 개고기를 좋아하는 사람으로 바뀌는 상황에 견줄 수 있다. 문화적 요소인 소비자의 선호체계는 오랜 역사적 과정을 통해 변화한다. 현실경제에서는 소비자가

〈그림 5 - 16〉 소득변화와 소득소비곡선

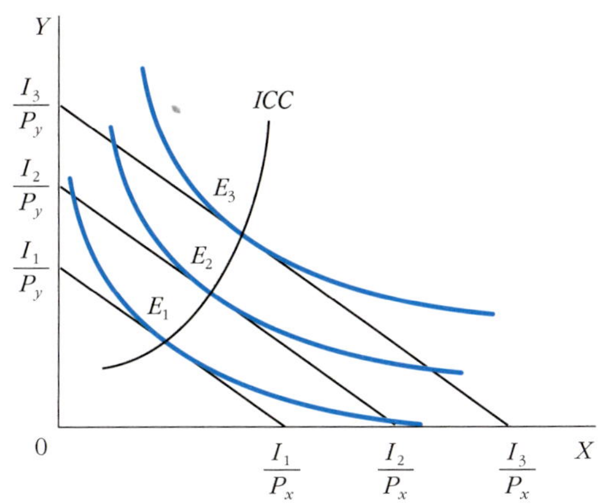

경제적으로 직면하는 실질소득이나 상대가격비가 오히려 지속적으로 변화한다. 따라서 무차별지도는 주어져 있는 것으로 가정하고 예산선 만이 변화하는 상황에서 소비자균형의 변동을 살펴보려고 한다.

첫째, 두 재화의 가격은 일정하고 소득이 변하는 경우, 가격선은 좌우로 평행 이동한다. 가격선이 이동하면 새로운 균형점이 성립하고 이들을 연결하여 소득소비곡선(income-consumption curve)이라 한다.

〈그림 5 - 16〉을 보면 *X*재와 *Y*재의 가격은 일정하고 소득수준이 I_1, I_2, I_3로 증대해 감에 따라 가격선은 우측으로 평행이동하고 소비자균형점은 E_1, E_2, E_3로 변동한다. 이들을 연결하면 *ICC*(소득소비곡선)곡선이 된다. 이렇게 우상향하는 *ICC*곡선은 *X*재와 *Y*재가 모두 정상재라는 것을 의미하고 *X*재와 *Y*재는 모두 0 보다 큰 소득탄력성을 가진다.[17] 소득이 증가함에 따라 *X*재와 *Y*재 모두 수요가 증가했기 때문이다.

만약 *ICC*곡선이 횡축을 향해 강하게 휘어진다면 소득이 증가하는 경우, *Y*재의 수요는 증가하지만 *X*재의 수요는 감소하게 된다. 이런 경우에는 *Y*재는 정상재이지만 *X*재는 열등재라는 것을 알 수 있다. 반대로 *ICC*곡선이 수평축을 향해 강하게

17) 이에 따라 엥겔곡선도 도출할 수 있다. 엥겔곡선이 직선이면 소득탄력성은 1이다.

휘어진다면 X재는 정상재이고 Y재는 열등재라는 것을 알 수 있을 것이다.

둘째, 소득과 한 재화의 가격은 일정하고 다른 재화의 가격이 변화하면 가격선의 기울기가 변하게 된다. 이에 따라 새로운 소비자균형점이 성립하고 이들을 연결하면 가격소비곡선(price-consumption curve)이 된다. 이를 PCC곡선이라 한다.

〈그림 5-17〉에서 소득과 Y재의 가격은 일정하고 X재의 가격이 P_{x_1}, P_{x_2}, P_{x_3}로 하락함에 따라 가격선은 X축을 따라 완만해져가고 소비자균형점은 E_1, E_2, E_3로 변동한다. 이들을 연결하면 PCC(가격소비곡선)곡선이 된다.

PCC곡선의 형태에 따라 X재의 가격이 하락할 때 X재에 대한 소비지출의 크기를 알 수 있다. Y축의 $\frac{I}{P_y}$는 소득을 전부 Y재의 구입에 지출하는 것을 의미한다. 최초의 소비자 균형점 E_1에서 소비자는 소득을 Y재에 y_1만큼 지출하고 나머지 $\frac{y_1-I}{P_y}$만큼을 X재에 지출했다. X재의 가격이 하락해서 E_2, E_3의 새로운 균형점으로 이동해 갈 때 Y재에 대한 지출은 y_2, y_3로 증대해 가고 X재에 대한 지출은 $\frac{y_2-I}{P_y}$, $\frac{y_3-I}{P_y}$로 감소해 가고 있다.

따라서 우상향하는 PCC곡선은 X재의 가격탄력성이 1보다 작은 경우이고, 우하향하는 PCC곡선은 X재의 가격탄력성이 1보다 큰 경우이다. 또한 PCC곡선이 수평인 경우에는 X재의 가격탄력성이 1이라는 것을 알 수 있다.

〈그림 5-17〉 가격의 변화와 가격소비곡선

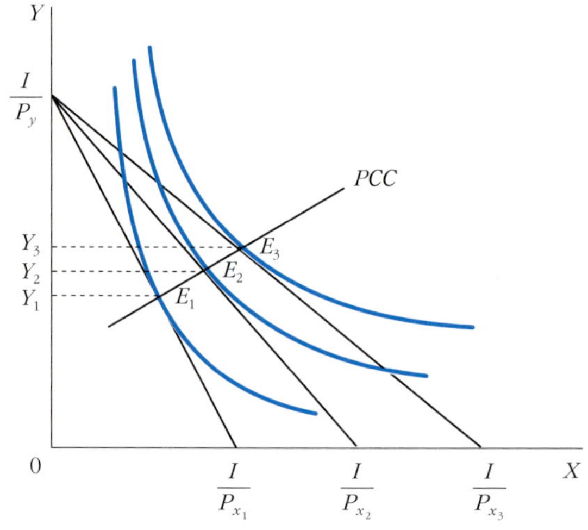

3. 가격효과

어떤 재화의 상대가격이 변화하면 소비자균형점은 달라진다. 예산선의 기울기가 변화하기 때문이다. 예를 들어 어떤 재화의 상대가격이 하락한다면 기펜재가 아닌 경우에는 수요량은 증가한다.[18] 가격이 변할 때 수요량이 변하는 현상을 가격효과(price effect)라 한다. 가격효과는 대체효과와 소득효과로 구성된다.

가격이 하락할 때 수요량이 증가하는 이유는 첫째 가격이 하락해서 물건 값이 싸졌으므로 화폐소득은 동일하지만 실질구매력($\frac{M}{P}$)이 증가하기 때문이며, 둘째 다른 재화에 비하여 가격이 하락한 재화가 상대적으로 싸졌기 때문이다.

요약하면 가격하락으로 그 재화에 대한 실질구매력이 증대한 효과를 소득효과(income effect)라 하고, 상대가격비가 낮아진 효과를 대체효과(substitution effect)라 한다. 그리고 소득효과 대체효과를 합한 것을 가격효과라 한다.

〈그림 5-18〉에서 다른 조건(소득이나 Y재의 가격)은 일정하고 X재의 가격이 $P_{x_1}-P_{x_2}$로 하락함에 따라 소비자균형점은 E_1-E_2로 이동하였다. 이것은 X재의 가격하락으로 인하여 X재의 수요량이 X_1-X_3로 증가하였음을 보여주고 있다. 이와 같은 가격변화에 따른 수요량의 변화를 가격효과(price effect)라 한다. 앞에서

〈그림 5-18〉 소득효과와 대체효과

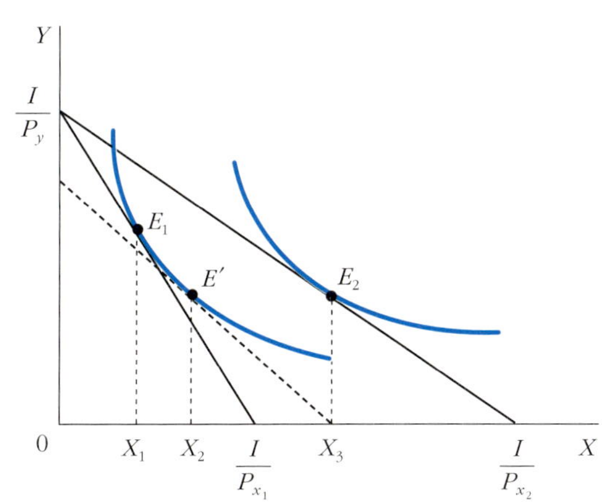

18) 기펜재는 가격이 하락하면 수요량이 감소하는 재화이다.

도 설명한 바 있지만 가격효과는 소득효과(income effect)와 대체효과(substitution effect)를 합한 결과물이다.

〈그림 5-18〉에서 E_1-E'로의 소비자균형점의 이동은 동일 무차별곡선상의 점의 이동이다. 동일 무차별곡선상에서 예산선의 기울기만 작아진 것이다. 이것은 소비자의 효용수준이 동일한 수준에서 X재의 수요량이 증가했다는 것을 의미한다. 따라서 X_1-X_2의 수요량증가는 예산선의 기울기 변화 때문에 발생한 것이므로 소득의 변화(예산선의 이동)와는 아무 관계가 없다는 것을 알 수 있다. 단순히 X재의 가격하락이 Y재의 가격보다 상대적으로 싸졌기 때문에 수요량이 증가한 크기를 나타낸다. 요약하면 소비자균형점 E_1-E' 변동으로 인한 수요량의 증가(X_1-X_2)현상은 대체효과로 발생한 결과이다.

다음으로 〈그림 5-18〉에서 소비자균형점 $E'-E_2$로의 이동은 무차별곡선도 우측으로 이동했을 뿐만 아니라 예산선이 수평으로 이동해서 나타난 결과이다. 예산선이 수평으로 우측 이동하였다는 것은 실질소득이 증가하였다는 것을 의미한다. 따라서 소비자균형점 $E'-E_2$로의 이동은 X재 가격하락으로 인한 소비자의 실질소득증가현상에 의해 발생한 X재에 대한 수요량 증가(X_2-X_3)현상이다. 따라서 소비자균형점 $E'-E_2$ 변동으로 인한 수요량 증가(X_2-X_3)현상은 소득효과에 의해 나타난 현상이다.

〈그림 5-19〉에서 X재의 가격이 하락할 때 소비자균형점은 E_1에서 E_2로 변동하여 X재의 수요량은 X_1-X_3로 오히려 감소하고 있다. 이런 경우에는 X재의 가격이 하락했는데 X재의 수요량은 감소하고 있는 상태이다. 이런 경우 X재는 기펜재라는 것을 알 수 있다. 기펜재란 가격이 하락할 때 수요량이 감소하는 재화로 정의된다. X재의 가격이 하락했을 때 가격효과가 수요량을 줄이는 방향으로 나타난 것이다. 기펜재의 경우에도 대체효과(예산선의 기울기 변화)는 X_1-X_2만큼의 X재 수요량은 증가하고 있지만 소득효과(예산선의 이동)는 X_2-X_3만큼의 X재 수요량을 감소시키고 있다는 것을 알 수 있다. 따라서 소득효과(−)가 대체효과(+)를 상쇄하고도 X_1-X_3만큼 X재에 대한 수요량을 감소시키는 음의 가격효과로 나타나게 된다.

정리하면 정상재의 경우에는 그 재화의 가격이 하락할 때 대체효과나 소득효과

〈그림 5-19〉 가격효과와 기펜재

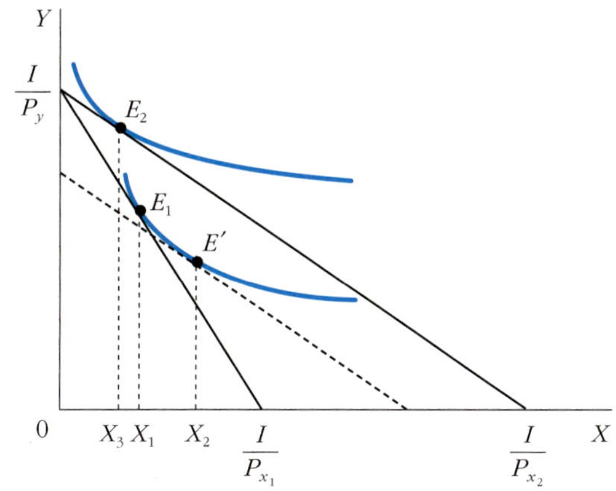

가 모두 수요량을 증대시키는 양(+)방향으로 나타나게 되어 가격효과는 소득효과와 대체효과를 합한 만큼 수요량을 증가시킨다.

열등재의 경우에는 대체효과는 수요량을 증대(+)시키고, 소득효과는 수요량을 감소(−)시키므로 가격효과는 대체효과로 인한 수요량의 증가분에서 소득효과로 인한 수요량의 감소분을 차감한 나머지만큼 수요량을 증가시킨다.

따라서 열등재와 기펜재의 구분은 가격효과로 설명된다. 열등재의 경우에도 소득효과는 음(−)으로 나타나지만 그 절댓값이 대체효과(+)보다는 작게 되어 가격효과는 양(+), 즉 수요량의 증대로 나타난다. 반면에 기펜재의 경우에는 소득효과(−)의 절댓값이 대체효과(+)의 절댓값보다 크게 나타나게 되어 수요량의 감소를 가져오는 음의 가격효과를 보이게 된다.

또한 기펜재(Giffen goods)는 소득효과가 음(−), 즉 소득이 증가할 때 수요량이 감소하는 재화이기 때문에 열등재의 일종이다. 하지만 기펜재는 가격이 하락하는 경우 수요량이 감소하는 수요의 법칙에서 벗어난 특이한 재화라는 특징을 가진다.

4. 수요곡선의 도출

수요곡선은 수요함수에 의해 그려진 그래프이다. 수요함수는 가격변화에 따른 수요량의 변화를 함수로 나타낸 것이다. 수요함수의 일반형은 $D=f(P)$이다. 수요량과 가격 간에는 음의 함수관계가 성립한다.

소비자이론에서는 소비자가 효용을 극대화시키기 위해 가격이 하락할 때 수요량을 증가시키다는 원리가 밝혀진다. 한계효용이론에서는 이미 가중된 한계효용균등의 법칙을 충족시키기 위해서는 어떤 재화의 가격이 하락하는 경우, 그 재화의 수요를 증대시켜야 한다는 효용극대화원리를 학습한 바 있다. 따라서 어떤 재화의 가격이 하락할 때 수요량이 증가하는 우하향하는 수요곡선을 도출한 바 있다.

그런데 무차별곡선이론에서는 가격이 변하는 경우, 새로운 소비자 균형점으로 이동하는 수요량의 변화원리를 학습한 바 있다. 무차별곡선이론에서는 소비자효용의 극대화 조건을 충족하는 소비자균형점을 이용하여 수요곡선을 도출할 수 있다.

〈그림 5-20〉 수요곡선의 도출

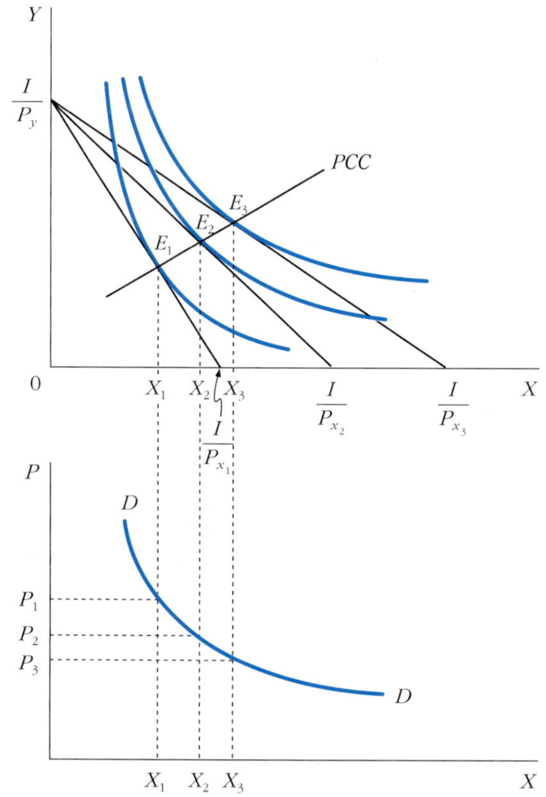

어떤 재화의 가격이 변할 때 무차별곡선과 예산선이 접하는 새로운 소비자 균형점은 변하게 되고 수요량도 변하게 된다.

〈그림 5-20〉에서 X재의 가격이 P_{x_1}, P_{x_2}, P_{x_3}로 하락해 갈 때 소비자균형점은 E_1, E_2, E_3로 변화해 간다. 따라서 X재의 수요량은 X_1, X_2, X_3로 증가하고 있음을 알 수 있다. 이와 같은 그림을 P_x축과 X축으로 하는 좌표로 옮겨 그리면 $D-D$와 같은 수요곡선으로 나타난다. 결국 수요곡선(demand curve)은 무차별곡선으로 주어지는 소비자의 선호체계와 예산선으로 주어지는 소비자의 제약조건하에서 소비자가 효용을 극대화시키려는 선택의 결과물이다.[19)]

5.3.5 무차별곡선이론의 응용

지금까지 학습한 무차별곡선이론을 응용하여 보상수요곡선을 도출하고 소득의 한계효용체감을 고려한 소비자잉여를 이해해 보자. 어떤 재화의 가격이 하락하는 경우, 소득효과와 대체효과의 합, 즉 가격효과에 의해 수요량은 증가한다. 그런데 가격효과 모두를 그대로 반영하여 도출한 수요곡선을 마샬의 수요곡선이라 하고, 가격이 변할 때 소득효과를 제외시키고 대체효과만을 반영하여 도출한 수요곡선을 보상수요곡선(compensated demand curve)이라 한다. 다음으로 소비자잉여(consumer's surplus)에 관해서는 이미 한계효용이론에서 학습한 바 있지만, 소득에 대한 한계효용은 일정하다는 가정에서 도출된 소비자잉여이다. 무차별곡선이론을 응용하는 경우, 소득의 한계효용체감을 고려한 소비자잉여의 새로운 개념을 이해할 수 있다.

1. 보상수요곡선의 도출

일반적인 수요곡선은 가격효과 모두를 수요량의 변화로 계산하여 도출된 마샬적(Marshallian) 수요곡선을 의미한다. 가격이 변하여 수요량이 변했을 때 소득효과를 제외한 대체효과만을 수요량의 변화로 산정한 수요곡선을 보상수요곡선이라 하

19) 소득수준과 두 재화의 가격이 일정비율로 변한다면 수요함수는 일정하다. 따라서 수요함수는 영차 동차함수이다.

〈그림 5-21〉 보상수요곡선의 도출

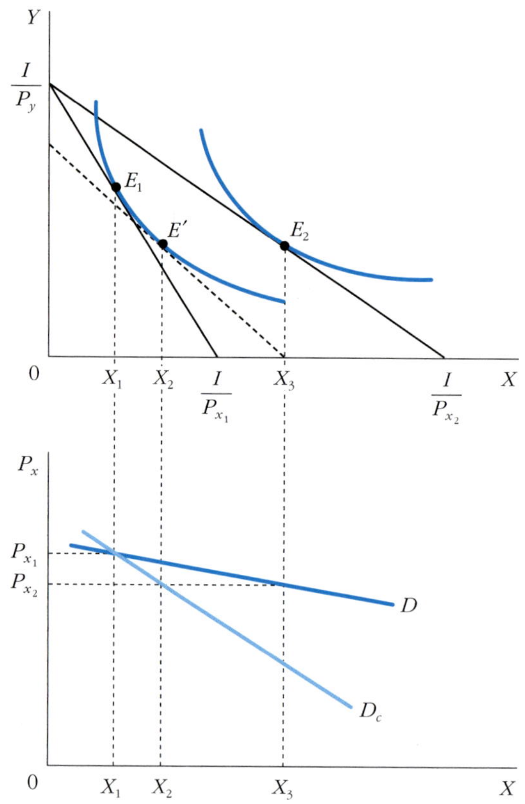

고, 이를 힉스적(Hicksian) 수요곡선이라고도 한다.

〈그림 5-21〉에서 수요곡선(마샬적(Marshallian)) D는 X재의 가격이 $P_{x_1}-P_{x_2}$로 하락할 때 나타난 대체효과 X_1-X_2와 소득효과 X_2-X_3를 합한 가격효과 X_1-X_3를 모두 반영하고 있다. 보상수요곡선(힉스적(Hicksian)) D_c는 X_2-X_3까지의 소득효과를 제외하고 X_1-X_2까지만을 반영하고 있다. 보상수요곡선은 가격하락에 따른 순수한 상대가격비의 변화에 의한 수요량의 변화만을 반영하고 있다는 것을 알 수 있다.

〈그림 5-21〉에서 보는 바와 같이 보상수요곡선(D_c)은 기울기가 마샬적 수요곡선(D)의 기울기보다 크다는 것을 알 수 있다. X재가 만약 열등재라면 보상수요곡

선의 기울기가 마샬적 수요곡선의 기울기보다 완만하게 그려질 것이다. 왜냐하면 열등재의 경우에는 소득효과로 나타나는 수요량을 감소시키는 음(−)의 효과를 배제하기 때문이다. 마샬적 수요곡선은 대체효과로 증가한 수요량의 일부를 오히려 음(−)효과로 나타난 소득효과가 상쇄시키고 대체효과보다 적은 양의 수요량만 증가시키게 된다. 열등재의 경우에는 오히려 보상수요곡선이 마샬적 수요곡선보다 수요량이 더 많이 증가하게 된다(소득효과(−)을 배제시키기 때문에 가격효과가 더 크게 나타난다).

한편, 보상수요곡선은 보상변화의 개념을 이해하는 데 유용하다. 현실적으로 후생변화를 평가하는 척도로써 보상변화(compensating variation)와 대등변화(equivalent variation)가 사용되고 있는데 경제정책 등으로 인한 경제상태의 변화를 사회적 후생의 잣대로 측정하는 개념이다. 보상변화(compensating variation)란 가격이 하락하여 소비자효용수준이 증가했을 경우, 소비자의 효용수준을 이전의 상태로 되돌릴 수 있는 소득변화의 크기를 측정하는 개념이다. 보상변화의 크기는 가격하락으로 우측 이동한 무차별곡선에서 원래의 무차별곡선으로 이동하려면 얼마나 예산선이 수평 이동해야 하는가를 측정하면 된다(변화된 무차별곡선에서 원래의 무차별곡선까지 예산선이 수평 이동한 소득의 크기). 보상변화는 변화된 가격(가격하락으로 기울기가 변한 예산선)을 기준으로 소비자효용의 변화를 측정하는 방법이다.

대등변화(equivalent variation)란 원래의 효용수준에서 가격하락으로 인해 증가된 효용수준으로 옮아가는 데 필요한 소득변화의 크기를 측정하는 개념이다. 대등변화의 크기 원래의 무차별곡선에서 가격하락으로 우측 이동한 무차별곡선으로 이동하려면 얼마나 예산선이 수평 이동해야 하는가를 측정하면 된다(원래의 무차별곡선에서 변화된 무차별곡선까지 예산선이 수평 이동한 소득의 크기). 대등변화는 원래의 가격(원래의 예산선을 기준)으로 소비자후생의 변화를 측정하는 방법이다.

2. 무차별곡선에 의한 소비자잉여

소비자의 소득은 I_o로 주어져 있고 X재의 가격은 P_E수준이라 하자. 〈그림 5-22〉에 나타난 바와 같이 소비자균형점은 E점에서 성립한다. 소비자균형점에서 소비자는 X_E만큼의 X재를 수요하고, 실제로 화폐지불액은 $A-E(I_F-P_E)$만큼 지불한다.

〈그림 5-22〉 무차별곡선에 의한 소비자잉여

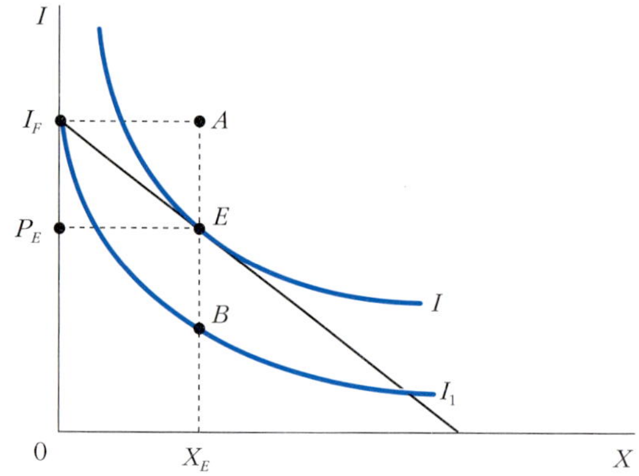

그런데 〈그림 5-22〉에 나타난 바와 같이 소비자는 기꺼이 $A-B$만큼의 소득을 지불할 용의가 있음을 알 수 있다. 왜냐하면 소득에 대한 무차별곡선 I_1에 의하면 B점이나 I_F점이나 소비자의 효용수준은 동일하다. 이것은 소비자가 X재를 X_E만큼 구매하는데 I_F 전소득 중에서 $A-B$만큼을 지불하고 나머지 $B-X_E$만큼을 소유하거나 다른 재화를 구매하는 데 사용하더라도 소비자의 효용수준은 I_F 수준과 동등하다는 것을 의미한다.

따라서 소비자는 $B-E$만큼의 잉여를 얻게 되는 것이다. X재를 X_E만큼 구매하는 소비자가 $A-B$만큼의 소득을 기꺼이 지불할 의도가 있음에도 불구하고 소비자가 실제로 지불한 소득액(화폐지불액)은 $A-E$만큼에 해당한다.

참고로 소비자잉여를 수식으로 표현하면 소비자잉여=소비자가 기꺼이 지불하고자 하는 의도액-실제 지불한 화폐액으로 정의된다.

〈그림 5-22〉를 보면 소비자가 X재를 전혀 소비하지 않고 소득을 전액소유하고 있는 경우 소비자는 소득에 대한 무차별곡선 I_1상의 I_F점 수준의 효용을 느끼고 있다는 것을 알 수 있다. 그런데 소비자가 E점에서 X_E만큼의 X재를 소비하는 경우 소비자는 무차별곡선 I_0상의 E점 수준에서 효용을 느끼고 있는 것이다. 따라서 I_F점과 B점은 동일한 무차별곡선상에 있는 점이므로 소비자는 X재를 X_E만큼 소비할 때 $B-E$만큼 효용을 공짜로 얻고 있는 셈이다.

한계효용이론에 의한 소비자잉여의 개념과 무차별곡선이론에서의 소비자잉여에 대한 개념의 차이는 〈그림 5-22〉에서 보는 것처럼 무차별곡선이론에서의 소비자잉여는 소비자의 소득에 대한 한계효용이 체감하고 있다는 것을 반영하고 있다는 데 있다. 〈그림 5-22〉에서 무차별곡선 I_1는 소비자의 소득에 대한 한계효용의 체감을 나타내고 있다.

5.4 현시선호이론

5.4.1 들어가기

우리는 이미 소비자이론으로서 한계효용이론과 무차별곡선이론에 대해 학습하였다. 한계효용이론은 효용의 기수적 측정가능을 가정하였고, 무차별곡선이론은 효용의 기수적 측정 가능을 비판하고 효용의 서수적 측정 가능을 바탕으로 이론을 발전시켰다. 하지만 무차별곡선이론에서조차도 주관적 만족도를 서수적으로 측정하기 위해서는 여러 가지 조건을 충족해야 한다. 만약 가정의 타당성에 의문이 제기된다면 무차별곡선이론은 이론으로 성립되기 어려운 상황에 직면한다. 이런 이유로 사무엘슨(P.A. Samuelson)은 주관적 만족도의 측정과 관련한 애매모호한 가정들을 배제시키고 객관적인 소비자의 행동에 근거한 이론체계로써 현시선호이론(theory of revealed preference)을 모형화하였다. 현시선호이론은 소비자가 시장에서 실제로 선호하는 구체적인 구매행위를 근거로 하여 주어진 제약조건하에서 소비자의 효용을 극대화시키는 선택원리들을 다루고 있다. 즉 구체적으로 관찰이 가능한 소득, 가격, 수량에 관한 소비자의 선호된 선택을 근거로 모형의 객관화를 시도한 것이다. 이와 같은 노력에도 불구하고 현시선호이론에 대한 정밀한 연구가 진전되면서 기존의 효용이론에 의한 소비자균형조건이나 수요곡선의 도출에 대한 결론에서는 별다른 차이점이 없다는 것이 검증되었다. 따라서 현시선호이론은 한계효용이론이나 무차별곡선이론과 전혀 다른 새로운 소비자이론체계가 아니라 기존의 소비자이론들과 보완적인 소비자이론으로써 유익하다.

5.4.2 기본가정

현시선호이론은 직접현시선호관계와 간접현시선호관계라는 선호체계가 작동한다. 또한 두 가지 선호체계를 바탕으로 약공리와 강공리가 구축되는데, 이 같은 공리들은 소비자의 현시선호행위가 일관성(consistency)을 유지하는 데 필요한 가정에 해당한다.

첫째, 직접현시선호관계란 동일한 예산집합 내에서 상품조합 간에 현시선호되는 선호관계를 말한다. 동일한 예산집합 내라는 것은 〈그림 5-23〉의 (a)에서 AB 예산선 범위의 영역, 즉 $\triangle OAB$를 말한다. 일정한 소득과 일정한 가격벡터 $P_1=(P_{x_1}, P_{y_1})$이 주어졌을 때 소비자가 선택가능한 모든 상품묶음을 말한다.

〈그림 5-23〉의 (a)에 나타난 바와 같이 $\triangle OAB$ 안에 있는 모든 상품묶음 중에서 만약 어떤 소비자가 $S=(X_1, Y_1)$ 상품묶음을 구입하는 것이 관찰되었다면 그 소비자는 S상품묶음을 $T=(X_2, Y_2)$ 상품묶음보다 선호한다고 할 수 있다. 이것은 소

〈그림 5-23〉 현시선호관계

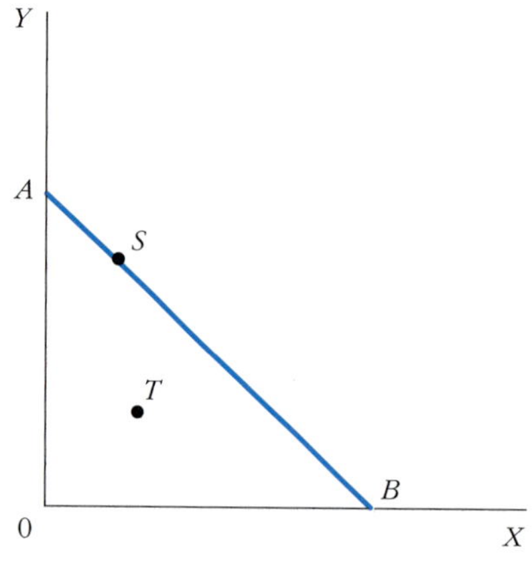

(a) 직접현시선호관계

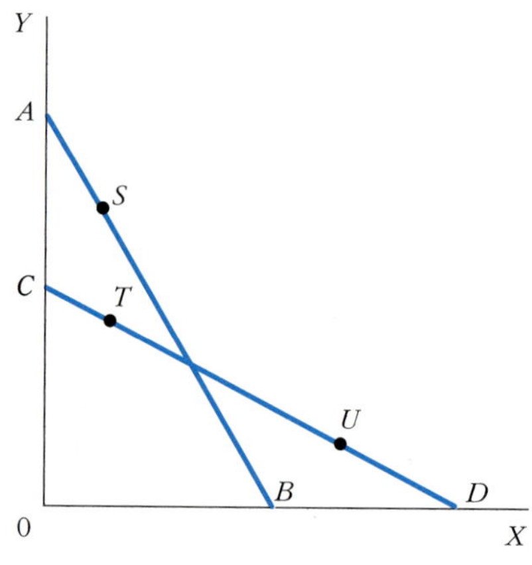

(b) 간접현시선호관계

비자가 △OAB 안의 상품묶음 중에서 S를 현시선호한다는 것을 의미한다. △OAB 안의 상품묶음들 간의 현시선호관계를 파악할 때 이를 직접현시선호관계라 규정한다. 여기서 현시선호이론은 약공리(weak axiom)를 채택하게 된다. 즉 어떤 소비자에게 S상품묶음이 T상품묶음보다 선호되었다면 어떠한 경우에도 T상품묶음이 S상품묶음보다 선호될 수 없다는 공리이다.

둘째, 간접현시선호관계는 서로 다른 예산집합에서 현시선호된 선호관계에 대한 일관성을 말한다. 〈그림 4-23〉의 (b)에서 AB예산선은 가격벡터 $P_1=(P_{x_1},\ P_{y_1})$가 주어졌을 때의 소비자의 예산집합을 나타내 준다. CD예산선은 가격벡터 $P_2=(P_{x_2},\ P_{y_2})$가 주어졌을 때의 소비자의 예산집합을 나타내 준다. 여기에서 어떤 소비자는 AB예산집합 내에서는 S를 T보다 선호하고 CD예산집합 내에서는 T를 U보다 선호한다. 〈그림 5-23〉의 (b)에서 T가 U보다 선호된다면 T는 △OAB 내에 있는 상품묶음이므로 S보다 덜 선호됨을 알 수 있다. 이와 같은 선호관계를 간접현시선호관계라 한다. 여기서 현시선호이론은 기본가정의 하나로 강공리(strong axiom)를 채택한다. 어떤 소비자가 S상품묶음을 T상품묶음보다 선호하고, T상품묶음을 U상품묶음보다 선호한다면 어떠한 경우에도 U상품묶음이 S상품묶음보다 선호될 수 없다는 공리이다.

5.4.3 수요곡선의 도출

〈그림 5-24〉에서 X재의 가격이 하락했다면 예산선 AB는 AC가 될 것이다. X재의 가격이 하락하기 이전 소비자균형점은 E점이었다. 이것은 소비자가 △OAB 영역에서 E점을 현시선호하였다는 것을 의미한다. X재와 Y재가 정상재일 때 가격이 하락하면 수요량이 증가한다. 이는 대체효과와 소득효과 때문이다. 예산선 $A'B'$는 X재의 가격하락으로 인한 소득증가효과를 상쇄하고 상대가격비만을 고려한 예산선이다. 여기에서 우리는 예산선 AB와 예산선 $A'B'$와의 변화관계를 이용하여 대체효과만을 고려한 소비자의 선호관계를 파악할 수 있다. X재의 가격이 하락했을 때 소비자는 E점보다 나은 조합점을 선호할 것이므로 약공리에 의해 EB'선상의 어떤 점을 선호할 것이다.

〈그림 5-24〉 수요곡선의 도출

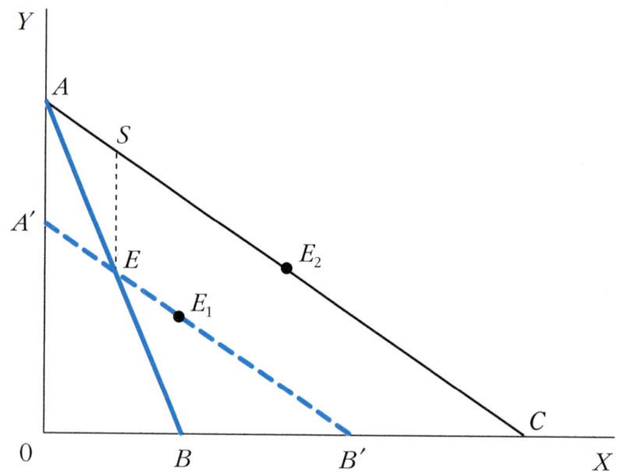

그런데 AC예산선의 경우에는 $A'B'$ 예산선을 우측으로 평행이동시킨 것과 같다. AC예산선과 $A'B'$ 예산선의 변동관계를 활용하여 소득효과를 고려한 선호관계를 파악할 수 있다. X재와 Y재는 정상재이므로 소득이 증가할 때 모두 수요량이 증가한다. ES선이 E균형점에서의 X재의 수요량을 나타내기 때문에 X재의 가격이 하락하는 경우 소비자는 SC선상의 어떤 점을 선호하게 될 것이다. X재의 가격하락으로 인하여 발생하는 수요량의 증가는 대체효과와 소득효과를 합한 가격효과만큼 나타나게 될 것이다. 따라서 소비자는 X재의 가격이 하락할 때 〈그림 5-24〉에 나타난 바와 같이 E, E_1, E_2에 이르는 소비자균형점을 현시선호하게 될 것이다. 이것은 X재 가격이 하락할 때 X재의 수요량이 증가한다는 것을 보여주고 있다. $E-E_1$만큼의 X재 수요량의 증가는 대체효과이고 E_1-E_2만큼의 X재 수요량의 증가는 소득효과라는 것도 알 수 있다. 현시선호이론의 경우에도 한계효용이론이나 무차별곡선이론과 다를 바 없이 소비자의 현시선호에 의해 우하향하는 수요곡선이 도출됨을 알 수 있다.

5.5 소비자이론의 응용

소비자이론은 소비자의 합리적인 선택에 관한 분석모형이다. 소비자이론에서는 주관적인 효용함수와 객관적인 예산제약에 관한 이론체계이다. 소비자이론을 응용하면 ① 사회복지정책에 따른 소비자의 선택, ② 조세부과에 따른 소비자의 선택, ③ 이자율변화에 따른 소비자의 저축과 소비에 대한 선택들을 설명할 수 있다.

5.5.1 사회복지정책의 효과분석

사회복지정책의 대표적인 수단으로는 ① 현금보조(cash transfer), ② 현물보조(in-kind transfer), ③ 가격보조(price subsidy) 등이 있다. 무차별곡선이론을 응용하여 정책효과 및 유용한 정책수단을 비교분석할 수 있다.

1. 현금보조와 현물보조

〈그림 5-25〉의 그래프는 무차별곡선이론으로 현금보조와 현물보조의 효과를 비교한 결과이다. 최초의 소비자균형점은 E점이다. 소비자는 X재보다는 Y재를 더 많이 선호하는 상품조합을 선택하고 있다. X재를 쌀이라 하자. 현물보조의 목적은 저소득층에게 쌀소비를 증대시켜 굶는 사람을 줄이려는 데 있다. 이런 경우 쌀은 X재로서 현물보조를 통해 $A-E_I$만큼 지급했다 하자. 이때 최초의 AB예산선은 AE_ID의 형태로 변하게 된다. 새로운 예산선 AE_ID의 특징은 X재의 최대수요가능량은 $0-D$로 증대하였지만 Y재의 수요량은 최초의 수요가능량 $0-A$를 그대로 유지하고 있다는 점이다. 정부가 X재(쌀)를 현물로 보조했기 때문이다. 새로운 소비자균형점은 E_I으로 표현돼 있다. 새로운 예산선 AE_ID는 최초의 예산선 AB보다 적어도 X재를 $A-E_1$만큼[20] 더 소비하게 되었다는 것을 의미한다.

다음으로 현금보조에 대해 살펴보자. 정부가 X재를 $A-E_I$만큼 구매할 수 있는 현금을 보조하게 되면 예산선은 우측으로 수평이동하여 AB에서 CD로 바뀌게 된

20) Y재를 동일하게 $0-A$만큼씩 선택할 수 있으면서

〈그림 5-25〉 현금보조방식과 현물보조방식

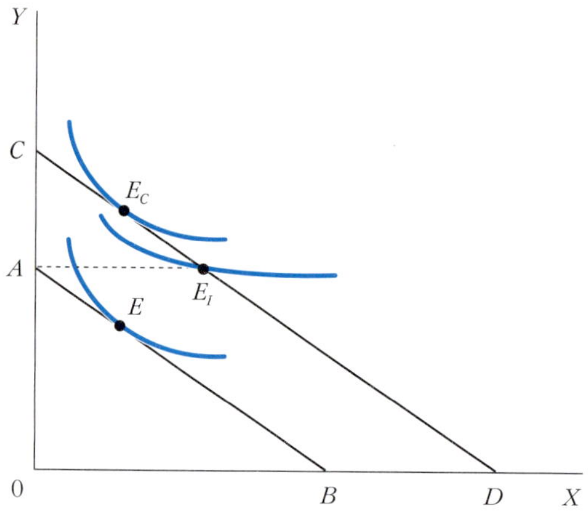

다. 이것은 실질소득이 증대한 것과 똑같은 예산선의 수평이동이다. 새로운 소비자균형점은 새로운 예산선 CD선상의 어디서든 성립할 수 있다. 만약 새로운 균형점이 E_c가 성립되었다면 E_c는 E_I보다 효용수준이 더 높다는 것을 알 수 있다. 따라서 현금보조방식은 현물보조방식보다 저소득층의 후생증대에 보다 효율적인 수단임을 알 수 있다. 또한 현금보조방식은 소비자의 예산집합영역이 현물보조방식보다 $\triangle ACE_I$만큼 넓게 나타나 있고, 이는 소비자의 선택폭이 그만큼 넓다는 것을 의미한다.[21)]

하지만 사회복지정책이 저소득층에게 생필품인 X재(쌀)를 더 소비하도록 보조하는 것이 주목적이라면 현물보조에서의 균형점 E_I과 현금보조에서의 균형점 E_c에서 알 수 있듯이 현금보조방식보다 현물보조방식이 더 효과적이다.

2. 현금보조와 가격보조

〈그림 5-26〉의 그래프는 무차별곡선이론으로 현금보조와 가격보조의 효과를 비교한 결과이다. 최초의 소비자균형점은 E점이다. 정부가 X재에 대한 가격보조

21) X재를 Y재보다 현저하게 선호하는 저소득자에게는 현금보조방식이나 현물보조방식이나 후생의 차이가 없다.

〈그림 5-26〉 현금보조방식과 가격보조방식

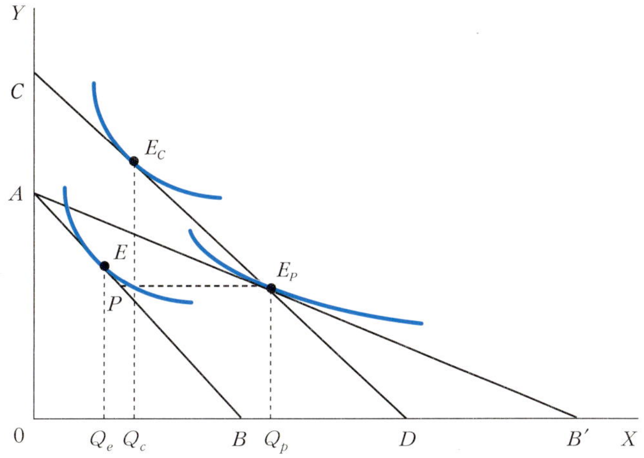

정책을 취하여는 경우 소비자는 X재(쌀)가 생필품이여서 X재를 구매할 때 점선 $P-E_P$만큼의 X재를 추가로 구입할 수 있는 가격보조혜택을 누릴 수 있다. 이런 경우 예산선 $A-B$는 예산선 $A-B'$로 변하게 되고, 소비자균형점은 E점에서 E_P점으로 이동하게 된다.

다음으로 현금보조에 대해 살펴보자. 정부가 X재를 $A-E_I$만큼 구매할 수 있는 현금을 보조하게 되면 예산선은 우측으로 수평이동하여 AB에서 CD로 변하게 된다. 이것은 실질소득이 증대한 것과 똑같은 예산선의 수평이동이다. 새로운 소비자균형점은 새로운 예산선 CD선상의 어디서든 성립할 수 있다. 소비자균형점은 E점에서 E_c점으로 이동하였다 하자.

현금보조방식과 가격보조방식의 효과를 비교해 보면 저소득자들의 후생증대 측면에서는 현금보조방식이 가격보조방식보다 효율적이라는 것을 알 수 있다. 현금보조의 소비자균형점 E_c점의 무차별곡선이 가격보조의 소비자균형점 E_p점의 무차별곡선보다 원점에서 멀리 있기 때문이다. 여기서 가격보조방식이 현금보조방식에 보다 비효율적인 이유로는 X재에 대한 정부의 가격보조로 상대가격비($\frac{P_x}{P_y}$)가 인위적으로 교란되었기 때문이다.

현물지급방식은 저소득자에게 특정한 상품에 대한 수요를 강제한다는 측면(현금지급방식에 비해 자유로운 선택의 폭이 좁아진다)과 가격보조방식은 상대가격을 교란한다는 측면에서 현금지급방식보다 비효율이 나타나게 된다.

하지만 사회복지정책이 저소득층에게 생필품인 X재(쌀)를 더 소비하도록 보조하는 것이 주목적이라면 현물지급방식이나 가격보조방식은 현금지급방식에 비해 보다 효과적임을 알 수 있다. 〈그림 5-26〉에서 보는 바와 같이 가격보조방식은 Q_p에서 X재(쌀)소비가 결정되는 반면 현금지급방식은 X재(쌀)의 소비가 Q_c에서 결정되기 때문에 가격보조방식이 현금보조방식보다 더 많은 X재(쌀)의 소비를 실현할 수 있는 것이다.

5.5.2 조세와 소비자의 후생

정부가 세금을 부과하면 조세부담으로 인해 담세자의 후생은 감소하게 된다. 정부가 어떤 세금을 부과하느냐에 따라 담세자의 후생감소가 달라질 수 있다. 〈그림 5-27〉에서는 무차별곡선이론을 응용하여 소득세와 물품세의 후생감소효과를 보여주고 있다.

먼저 물품세의 경우를 살펴보자. 물품세부과전의 소비자가 직면하는 예산선은

〈그림 5-27〉 조세와 소비자의 후생

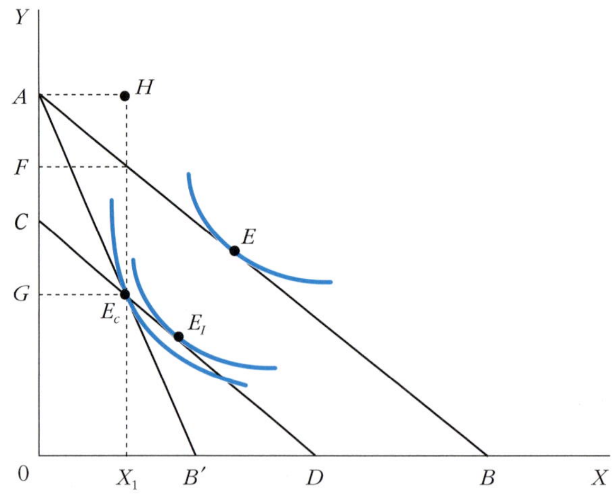

$A-B$이고, 소비자 균형점은 E점이라 하자. $F-G$만큼의 물품세가 부과되는 경우 예산선은 $A-B'$로 회전하게 되고 새로운 소비자균형점 E_c가 성립하게 된다. 따라서 물품세는 소비자의 후생수준을 E점에서 E_c점까지 감소시키게 된다.

다음으로 소득세의 경우를 살펴보자. 소득세부과 전의 소비자가 직면하는 예산선은 $A-B$이고, 소비자 균형점은 E점이라 하자. $F-G$만큼의 소득세가 부과되는 경우 예산선은 $C-D$로 수평 이동하게 되고 새로운 소비자균형점 E_I가 성립하게 된다. 따라서 소득세는 소비자의 후생수준을 E점에서 E_I점까지 감소시키게 된다. 따라서 물품세가 소득세보다 소비자의 후생수준을 E_I점에서 E_c점만큼 더 희생시킨다는 것을 알 수 있다.

5.6 불확실성하에서의 소비자 선택

지금까지 학습한 전통경제학에서는 확실성을 가정하고 경제현상을 설명하고 분석해왔다. 그런데 현실 속에는 항상 불확실성이 존재하고 또한 불확실성으로 인해 경제주체들의 경제적 선택에 영향을 미친다. 최근 들어 불확실성에 대한 분석이 활발하게 이루어지고 있는데 기대효용이론, 게임이론, 정보경제학에서 다루어지고 있다. ① 기대효용이론은 어떤 결과가 발생할지 정확하게 예측이 불가한 상황에서의 소비자의 선택문제를 다루고 있다. ② 게임이론은 경쟁대상인 상대의 전략을 예측 불가한 상황에서 자신의 전략적 선택을 다루고 있다. ③ 정보경제학은 정보가 비대칭적으로 분포된 상황에서 이루어지는 선택의 문제를 다루고 있다. 도덕적 해이 또는 역선택 같은 문제들을 분석하는 이론이다.

5.6.1 기대효용이론

약 200년 전 베르누이(D. Bernoulli)는 불확실성하에서의 개인들의 행동을 설명하기 위해 기대효용(expected utility)의 개념을 설명하고 있다. 하지만 불확실성하에서의 경제적 선택에 관한 현대적인 분석은 1940년대에 폰 노이만과 모르겐슈테른의 기대효용가설 이후에 본격적으로 발전하고 있다.

1. 기대치(expeced value)

기대치란 불확실한 상황에서 확률적으로 얻을 수 있는 값을 말한다. 특정한 결과가 발생할 확률에 그 결과가 나왔을 때 지불되는 상금을 곱한 것을 모든 결과에 대해 합한 값을 의미한다. 예를 들어 복권을 구매했을 때 복권이 당첨될 확률에 당첨금을 곱하고 당첨되지 않았을 때 그 결과를 합하면 기댓값을 구할 수 있다. 복권에 당첨될 확률이 $\frac{1}{10}$이고 당첨금은 100만원이라 하자. 당첨금의 기대치(expected value)는 다음의 수식으로 구할 수 있다.

$$\text{당첨금의 기대치} = \frac{1}{10} \times 100\text{만원} + \frac{9}{10} \times 0\text{원} = 10\text{만원}$$

기대치를 이용하여 우리는 불확실한 상황에서 벌어지는 게임의 결과에 대해 공정한 게임인지 불공정한 게임인지를 판정할 수 있다. 위의 예에서 복권의 구매가격이 만약 10만원이라면 공정한 게임이고 복권의 구매가격이 10만원보다 높다면 불공정 게임이 되는 것이다. 게임에 거는 비용이 기대치와 동일하면 공정한 게임이고 그보다 높으면 불공정한 게임이 되는 것이다.

2. 기대효용(expected utility)

불확실한 상황에서 소비자가 어떤 선택을 할 때 그의 어떤 선택에 대한 결과를 확률적으로 예측한 다음 기대치를 구할 수 있다. 그런데 위의 예에서 기대치가 10만원이고 복권가격은 20만원이라면 그 복권을 사는 것은 불합리한 선택이 될 것이다. 실제로 사람들은 복권을 구매하는데 그들은 기대치에 의존하지 않고 조건부 상품을 선택한다는 것을 알 수 있다. 기대효용이론은 이런 현상을 설명할 수 있는 이론이다. 선택에 영향을 미치는 결정적 요인은 기대소득이 아니라 소비자의 위험에 대한 태도라는 것이다. 그 사람의 위험에 대한 태도가 바로 기대효용의 크기를 결정한다는 것이다. 위험을 기피하는(risk averse) 사람의 경우 기대치가 높더라도 위험상품을 선택하지 않을 수 있고 위험을 선호하는(risk loving) 사람의 경우 기대치가 낮더라도 위험상품을 선택할 수 있게 되는 이유이다. 그렇다면 위험에 중립적(risk neutral)인 사람의 경우에는 기대치가 크다면 위험상품을 선택하고 기대치가 작다면 위험상품을 회피하게 될 것이다. 기대효용이론의 핵심은 이와 같이 기대치에 의해 조건부상품에 대한 선택이 결정되는 것이 아니라 그 사람의 기대효용에 의해 결정된다는 원리이다.

3. 세인트 피터스버그의 역설

1730년대 스위스의 수학자 다니엘 베르누이가 세인트 피터스버그(현 성 페테르스부르크)의 어떤 도박장에서 제기한 역설이다. 이 도박장에서는 도박 참가비가

읽을거리 5.1

사행산업과 비트코인

우리나라는 현재 사행산업 규모가 GDP대비 순매출 규모가 0.67%로 세계에서 4위에 있고 사행산업의 종류로는 7가지 카지노, 경마, 복권, 체육진흥투표권, 경륜, 경정, 소싸움 등으로 세계1위를 차지하고 있다. 여기다가 불법도박규모는 연간 83조 7,000억 규모로 추정된다. 우리나라에서 복권의 경우, 기대수익은 0.5 미만인 것으로 알려져 있다. 그런데 그렇게 많은 종류의 복권이 잘 팔리는 이유는 무엇인가? 리스크를 선호하는 기대효용이 높기 때문이다. 또한 복권은 소득분배에 있어 역진성을 가진다는 점에 주목해야 한다. 주로 복권을 사는 사람들은 서민들이라는 것이다. 2017년 우리나라에서는 비트코인이 한 해 동안 10배 이상 가격이 치솟으면서 20대 대학생에서부터 70대 노인에 이르기까지 비트코인에 대한 묻지마 투기가 확산된 바 있다. 한국에서의 묻지마 투기에 대해 김치프리미엄이니, 남을 따라하기 좋아하는 습성이니 하는 비판마저 들어야 했다. 비트코인에 대한 광풍은 도박심리, 사행심리, 불안심리로 해석될 수 있으며, 복권이나 인형뽑기보다 훨씬 중독성이 높다는 우려까지 투기심리를 잔뜩 경계하는 분위기이다. 마치 1637년 네덜란드에서 일어났던 튤립투기 사건과 대비된다. 튤립 한 뿌리로 고급 주택 한 채를 살 수 있을 만큼 튤립에 대한 투기가 확산됐다가 어느 날 귀족의 요리사가 값비싼 튤립 뿌리를 양파인 줄 알고 요리해 먹어버리는 사건이 발생했다. 화가 난 귀족이 요리사에게 소송을 걸게 되었고 재판부는 튤립 뿌리에 대한 가치를 인정할 수 없다는 판결을 내리는 바람에 튤립 가격은 폭락하게 된다. 사람들은 왜 튤립에 그 많은 가치를 부여한 것일까?

10,000루블이었고, 동전을 던져서 처음 앞면이 나오면 게임이 종료되고 상금은 2^n인 게임이었다. 그런데 이 게임에 사람들이 참가하지 않았다는 것이다. 이 게임의 경우, 기대치를 계산하면 무한대가 나오게 된다.

$$(\frac{1}{2})\times 2^1=1,\ (\frac{1}{2})^2\times 2^2=1\times\cdots\times(\frac{1}{2})^n\times 2^n=1 \Rightarrow 1+1+\cdots+1=\infty$$

만약 30번째 앞면이 나오면 상금은 10억 루블을 상회하게 되는데, 이런 게임에 사람들은 왜 참여하지 않은 것일까? 세인트 피터스버그의 역설은 사람들의 경제적 선택은 기대치가 아니라 기대효용이라는 것을 암시해 주고 있는 셈이다. 기대치가 10,000루블을 엄청나게 상회한다 하더라도 이 게임 참가로 인한 효용의 증대치가 작았다는 것을 의미한다.

4. 위험에 대한 태도

어떤 불확실한 상품에 대한 소비자의 태도는 ① 위험기피자(risk-averter), ② 위험중립자(risk-neutral), ③ 위험선호자(risk-lover)로 나눌 수 있다.

위험기피자(risk-averter)란 불확실한 자산보다는 확실한 자산을 더 선호하는 자

〈그림 5-28〉 위험에 대한 태도

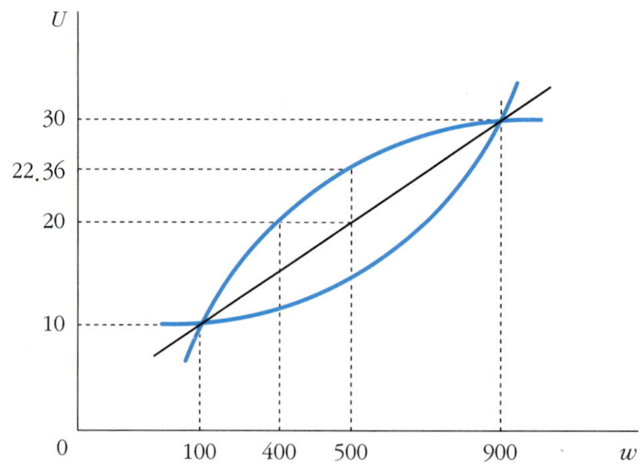

를 말한다. 위험기피자의 효용함수는 아래쪽에서 볼 때 오목한 형태이므로 소득(w)이 증가할수록 효용(U)은 체감하면서 증가한다(〈그림 5-28〉 참조).

위험중립자(risk-neutral)란 불확실한 자산과 확실한 자산을 동일하게 선호하는 자를 말한다. 위험중립자의 효용함수는 직선의 형태이므로 소득(w)이 증가할 때 효용(U)은 비례적으로 증가한다(〈그림 5-28〉 참조). 위험선호자(risk-lover)란 불확실한 자산을 확실한 자산보다 더 선호하는 자를 말한다. 위험선호자의 효용함수는 아래 쪽에서 볼 때 볼록한 형태이므로 소득(w)이 증가할 때 효용(U)도 체증하면서 증가한다. 〈그림 5-28〉에서 위험기피자의 효용함수는 $U=\sqrt{w}$로 표시되고 그래프로 그리면 아래쪽에서 볼 때 오목한 곡선이다. 기대수익이 500인 경우 기대소득의 효용이 20인데 비하여 확실한 소득의 효용은 22.36이 된다. 따라서 위험기피자는 불확실한 수익 500보다는 확실한 수익 500을 더 선호한다. 그런데 위험기피자는 기대소득(불확실한 소득) 500과 확실한 소득 400이 효용 20으로 같다는 것을 알 수 있다. 따라서 위험기피자는 불확실한 소득 500과 확실한 소득 400을 등가하고 있는 것이다. 이를 확실대등액이라 하고 또는 100을 위험프리미엄(risk-premium)이라고 한다.

5. 보험료의 산정

〈그림 5-29〉는 도자기의 가치가 900인데 불이 나면 그 가치가 100으로 줄어든다 하자. 그리고 불이 날 확률은 $\frac{1}{2}$이라 한다. 효용함수는 $U=\sqrt{w}$이다.

기대치는 $\frac{1}{2}\times900+\frac{1}{2}\times100=500$, 확실한 돈 100에 대한 효용은 10, 900에 대한 효용은 30, 500에 대한 효용은 22.36이라는 것을 알 수 있다. 위험중립자라면 확실한 돈에 대한 효용은 20일 것이다. 위험기피자의 효용 20에 등가되는 확실한 돈은 400이라는 것도 알 수 있다.

보험료의 산정원리는 보험가입은 위험기피자가 선택할 것이고 보험에 가입하지 않는 경우, 보유하고 있는 도자기의 기대가치는 500이라는 것을 알 수 있다. 기대손실액은 400이 되는 것이다. 보험회사의 경우에도 기대손실액을 보상하고 그 보상액을 보험료로 징수한다면 보험회사의 이윤은 0이 될 것이다. 따라서 400을 공정보험료라 한다. 그런데 위험기피자는 효용수준 20이라면 보험가입 이전과 같은 수준의 효용을 유지하므로 공정보험료 400+위험프리미엄 100을 지불할 용의가 있게 된다. 따라서 보험회사는 100의 위험프리미엄까지 보험료를 징수할 수 있고 이윤을 남길 수 있다.

〈그림 5-29〉 보험료의 산정

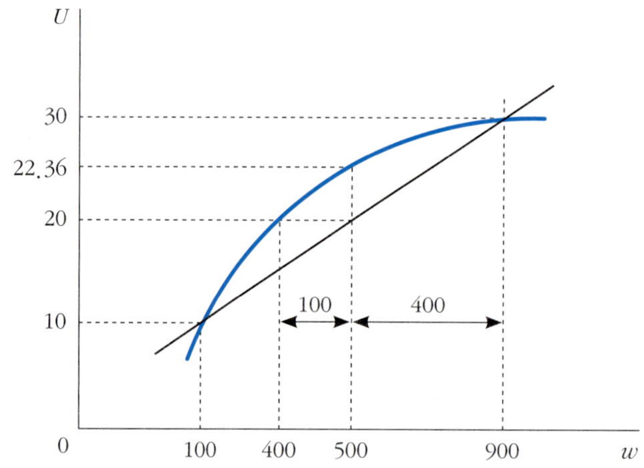

연습문제 EXERCISE

주관식 연습문제

1. 총효용(TU)과 한계효용(MU)의 관계를 설명하라.

2. 한계효용체감의 법칙을 설명하라.

3. 가중된 한계효용균등의 법칙을 설명하라.

4. $\frac{M_x}{P_x} = \frac{M_y}{P_y}$, 가중된 한계효용균등의 법칙을 이용하여 수요곡선을 도출하라.

5. 사용가치(use value)와 교환가치(exchange value) 간의 괴리, 가치의 역설(value paradox)을 설명하라.

6. 한계효용과 총효용을 이용하여 소비자잉여(consumer's surplus)를 그림으로 설명하라.

7. 무차별곡선이론과 한계효용이론의 차이점을 설명하라.

8. 무차별곡선의 특성을 그림을 그려 설명하라.

9. 한계대체율(MRS_{xy})체감의 법칙을 그림을 그려 설명하고 경제적 의미를 설명하라.

10. 선형 무차별곡선이나 L자형 무차별곡선의 특징을 설명하라.

11. 예산선과 소비가능경계의 특성을 그림을 그려 설명하라.

12. 예산선의 수평이동과 기울기의 변동을 수식과 그림을 그려 설명하라.

13. 소비자균형점을 그림을 그려 설명하고 균형조건을 수식으로 정리하라.

14. ICC곡선과 PCC곡선을 그림을 그려 그 차이점을 설명하라.

15. 가격효과=소득효과+대체효과를 그림을 그려 설명하라.

16. 열등재와 기펜재의 차이점을 가격효과를 이용하여 설명하라.

17. 소비자균형점을 이용하여 수요곡선을 도출하라.

18. 한계효용이론에 의한 소비자균형과 무차별곡선이론에 의한 소비자균형의 결과를 비교하라.

19. 보상수요곡선을 도출하고 보상변화(compensating variation)와 대등변화(equivalent variation)를 설명하라.

20. 무차별곡선에 의한 소비자잉여를 그림을 그려 설명하라.

21. 현금보조(cash transfer)와 현물보조(in-kind transer)의 효과를 그림을 그려 비교하라.

22. 물품세와 소득세의 과세에 따른 소비자후생의 변화를 그림을 그려 비교하시오.

23. 기대치(expected income)과 기대효용(expected utility)을 설명하시오.

24. 복권의 액면가와 복권당첨의 기대치, 그리고 소비자의 선택에 대해 설명하시오.

25. 세인트 피터스버그의 역설은 무엇이고 그 의미를 설명하시오.

26. 소비자의 효용함수, $U=\sqrt{w}$이다. 도자기의 가치(w)는 900만원, 불이 나는 경우 그 가치는 100만원이 된다 하자. 불이 날 확률은 $\frac{1}{2}$이다. 적정보험료와 위험프리미엄을 구하라.

객관식 연습문제

1. X재와 Y재의 각각의 가격을 P_X, P_Y라 하고, 각각의 한계효용을 MU_X, MU_Y로 정의할 때, $MU_X/P_X < MU_Y/P_Y$이면 합리적인 소비자는 어떻게 행동할 것인가? 〔7급 행정〕

① P_X가 하락하기를 기다린다.
② P_Y가 상승하기를 기다린다.
③ 더 많은 Y재를 구입하고자 한다.
④ 더 많은 X재를 구입하고자 한다.
⑤ 현재대로 X, Y를 구입할 것이다.

2. 총효용이 체감하면서 증가하고 있다면 한계효용은? 〔국회 7급〕

① 부의 한계효용을 가지며 증가한다.
② 정의 한계효용을 가지며 감소한다.
③ 한계효용은 0이다.
④ 부의 한계효용을 가지며 감소한다.
⑤ 정의 한계효용을 가지며 증가한다.

3. 무차별곡선이 원점에 대해 볼록한 이유는 〔국회 7급〕

① 한계대체율이 체감하기 때문
② 대체효과가 플러스이기 때문
③ 소득효과가 마이너스이기 때문
④ 소득효과가 대체효과보다 크기 때문
⑤ 대체효과가 소득효과보다 크기 때문

4. 다음 그림의 무차별곡선을 보면 두 재화 X와 Y는 아래의 조합 가운데 어느 것일 가능성이 높은가? 〔공인회계사〕

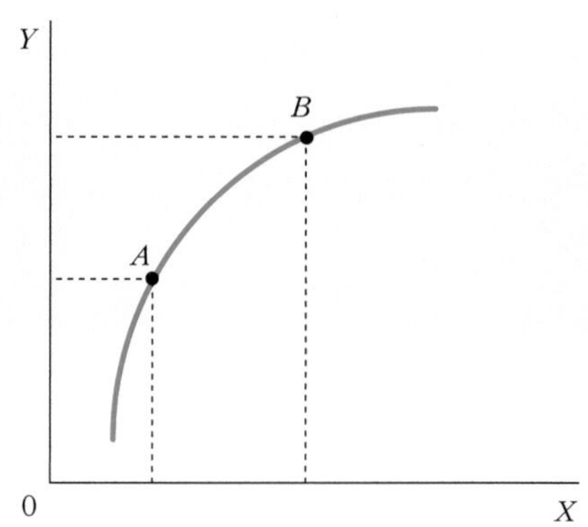

① X는 식량, Y는 의복
② X는 자동차, Y는 식량
③ X는 식량, Y는 쓰레기
④ X는 사랑, Y는 노래
⑤ X는 쓰레기, Y는 소음공해

5. 갑은 열등재인 X재와 정상재인 Y재만을 소비한다. 소득과 Y재의 가격이 일정할 때, X재의 가격이 하락하자 X재의 소비량이 감소하였다. 이 경우 옳은 설명을 모두 고른 것은? 〔감정평가사〕

ㄱ. X재는 기펜재이다.
ㄴ. 가격소비곡선은 우상향한다.
ㄷ. X재에 대한 대체효과의 절댓값이 소득효과의 절댓값보다 작다.
ㄹ. X재에 대한 대체효과와 소득효과는 같은 방향이다.

① ㄱ, ㄴ
② ㄱ, ㄷ
③ ㄴ, ㄹ
④ ㄱ, ㄴ, ㄷ
⑤ ㄴ, ㄷ, ㄹ

6. 소비자 균형점에 대한 설명 중 틀리는 것은? 〔공인회계사〕

① 소비자 균형점은 각 재화의 한계효용이 일치하지 않아도 된다.
② 소비자 균형점은 각 재화간 한계대체율과 가격비율이 같다.
③ 소비자 균형점은 소비자가 예산제약하에서 효용을 극대화하는 것이다.
④ 상대가격의 변화에 따라 재화들의 소비를 조절하여 소비자 균형을 달성할 수 있다.
⑤ 소득변화 이전과 이후의 한계대체율은 달라야 한다.

7. 효용함수 $U=U(X,Y)$일 때 $M=1,000$ $P_X=20$ $P_Y=50$일 때 소비자 균형점에서의 한계대체율은? 〔공인회계사〕

① 0.4
② 0.6
③ 1.0
④ 1.5
⑤ 2.5

8. 한 소비자에게 X재와 Y재의 교환비율인 $P_X/P_Y=1/2$이 주어졌다. 그러나 이 소비자의 주관적인 한계대체율은 $MRS_{XY}=1$이다. 이 소비자의 소비형태는? 〔감정평가사〕

① X재 소비를 줄이고 Y재 소비를 증가시킨다.
② X재 소비를 증가시키고 Y재 소비를 줄인다.
③ X재와 Y재를 모두 소비한다.
④ X재와 Y재 소비를 다 감소시킨다.
⑤ 위의 아무것도 아니다.

9. 효용극대화를 추구하는 소비자 갑의 효용함수는 $U(x, y)=\min(2x, y)$이다. 갑의 수요에 관한 설명으로 옳지 않은 것은? 〔감정평가사〕

① 상대가격변화에 따른 대체효과는 0이다.
② X재 수요의 소득탄력성은 1이다.
③ 가격소비곡선은 수직선의 형태를 갖는다.
④ 소득소비곡선은 원점에서 출발하는 직선의 형태를 갖는다.
⑤ 갑의 효용함수는 1차 동차함수이다.

10. 갑은 한정된 소득을 가지고 X재와 Y재만을 소비하며, 본인의 효용을 극대화하는 소비선택을 한다. 두 재화의 소비량이 각각 X와 Y일 때, 갑의 효용은 $U=X^{\alpha}Y^{\beta}$이다. X재 가격이 Y재 가격의 2배일 경우, 옳지 않은 것은?(단, $\alpha>0$, $\beta>0$) 〔국가직 9급〕

① α가 1보다 크다면 X재에 대한 한계효용은 체증한다.
② 효용을 극대화하는 소비선택에서 Y재로 표시한 X재의 한계대체율은 0.5이다.
③ 소득이 2배로 증가하면 두 재화의 소비량은 2배로 증가한다.
④ α와 β의 크기가 같다면 Y재의 소비량이 X재의 소비량보다 2배 많다.

11. 소비자 갑은 X재와 Y재를 소비하고 있다. 갑의 X재에 대한 한계효용은 $1/Q_x$이고, Y재에 대한 한계효용은 $1/Q_y$이다. X재의 가격과 Y재의 가격이 각각 0.5 및 2로 주어져 있다. 갑의 소득이 120일 때, 효용을 극대화하는 Q_x의 크기는? 〔국가직 9급〕

① 30 ② 60 ③ 120 ④ 240

12. 다음 그림은 소비자 갑의 예산과과 무차별곡선이다. 이 그림에 대한 설명으로 옳지 않은 것은? 〔국가직 9급〕

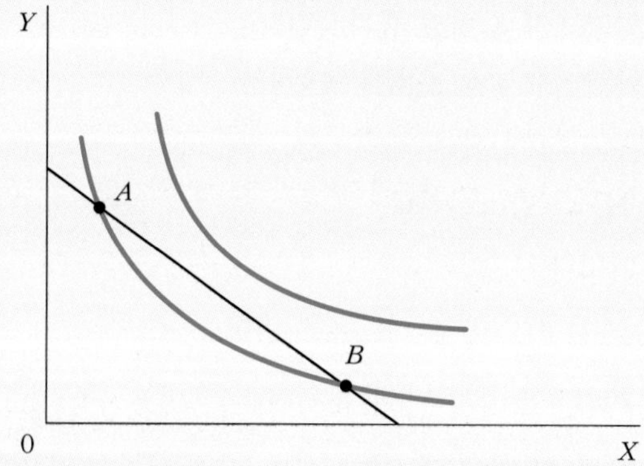

① 한계대체율은 A점이 B점보다 크다.

② 무차별곡선 U_0에서의 상품묶음이 무차별곡선 U_1에서의 상품묶음보다도 효용이 작다.

③ 소비자 갑이 B점에서 소비하는 경우, 효용을 극대화하기 위해서는 X재의 소비를 감소시켜야 한다.

④ A점에서 X재의 1원당 한계효용은 Y재의 1원당 한계효용보다 작다.

13. 길동이는 옥수수 한 개에서 얻는 한계효용이 감자 두 개에서 얻는 한계효용과 같다고 한다. 감자로 표시한 옥수수의 한계대체율은? 〔공인회계사〕

① $\frac{1}{4}$ ② $\frac{1}{2}$ ③ 1 ④ 2 ⑤ 4

14. 두 재화 X재와 Y재를 소비하여 효용을 극대화하는 소비자 A의 효용함수는 $U=X+2Y$이고, X재의 가격이 2, Y재의 가격이 1이다. X재 가격이 1로 하락할 때 소비량의 변화는? 〔공인노무사〕

① X재, Y재 소비량 모두 불변

② X재, Y재 소비량 모두 증가

③ X재 소비량 감소, Y재 소비량 증가

④ X재 소비량 증가, Y재 소비량 감소

⑤ X재 소비량 증가, Y재 소비량 불변

15. 일반적으로 우리 생활에 필요한 물보다도 다이아몬드의 값이 더 높은 이유는? [7급 행정]

① 다이아몬드의 교환가치가 물의 교환가치보다 높기 때문
② 다이아몬드의 사용가치가 물의 사용가치보다 높기 때문
③ 다이아몬드의 한계효용이 물의 한계효용보다 높기 때문
④ 다이아몬드의 총효용이 물의 총효용보다 높기 때문
⑤ 다이아몬드의 평균효용이 물의 평균효용보다 높기 때문

16. 철수는 용돈으로 X, Y만 소비한다. 용돈이 100원이고 X, Y의 가격이 각각 1원일 때 철수는 $(X,\ Y)=(50,\ 50)$을 소비했다. 그런데 X재의 가격은 그대로인데 Y재의 가격이 두 배로 오르자 어머니가 원래 소비하던 상품묶음을 구매할 수 있는 수준으로 용돈을 인상해 주었다. 다음 중 옳지 않은 것은? [국회 8급]

① 철수의 용돈은 50원만큼 인상되었다.
② 새로운 예산집합의 면적은 이전보다 크다.
③ X의 기회비용이 전보다 감소하였다.
④ 철수의 효용은 변화 전의 효용 이상이다.
⑤ 철수는 Y를 50개보다 많이 구매할 것이다.

17. 피셔의 2기간 최적소비선택모형에서 제1기에 소득이 소비보다 큰 소비자에 관한 설명으로 옳은 것을 모두 고른 것은?(단, 기간별 소비는 모두 정상재이며, 저축과 차입이 자유롭고 저축이자율과 차입이자율이 동일한 완전자본시장을 가정함) [공인노무사]

ㄱ. 제1기의 소득증가는 제1기의 소비를 증가시킨다. ㄴ. 제2기의 소득증가는 제2기의 소비를 감소시킨다. ㄷ. 실질이자율이 증가하면 제2기의 소비는 증가한다.

① ㄱ ② ㄱ, ㄴ, ㄷ ③ ㄱ, ㄷ ④ ㄴ ⑤ ㄴ, ㄷ

18. 재산이 100만원인 철수는 75만원의 손실을 볼 확률이 $\frac{1}{5}$, 손실을 보지 않을 확률이 $\frac{4}{5}$이다. 보험회사는 철수가 일정 금액을 보험료로 지불하면 손실 발생시 손실 전액을 보전해 주는 상품을 팔고 있다. 철수의 효용함수가 $u(x)=\sqrt{x}$이고 기대효용을 극대화한다고 할 때, 철수가 보험료로 지불할 용의가 있는 최대금액은 얼마인가?

〔국회 8급〕

① 15만원 ② 19만원 ③ 25만원 ④ 29만원 ⑤ 35만원

19. 그림은 을의 소득에 대한 효용을 나타낸 것이다. 이에 대한 설명으로 옳은 것은?

〔국가직 9급〕

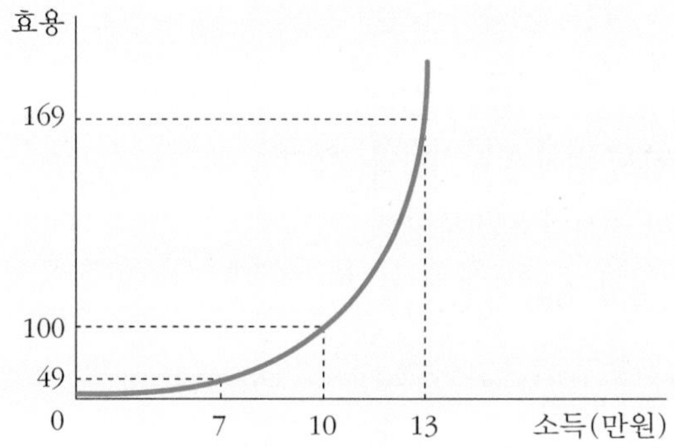

① 을은 위험회피적(risk-averse)이다.

② 을은 위험중립적(risk-neutral)이다.

③ 을은 소득의 증가에 따라 위험에 대한 선호가 변화한다.

④ 한계효용체감의 법칙이 을에게는 적용되지 않는다.

제 6 장

생산이론

제 6 장

경제는 생산과 소비의 연속적 순환과정이다. 인간은 소비하지 않고 생존할 수 없으며, 생산하지 않은 것을 소비할 수 없다. 에덴동산에서 아담은 금기인 사과를 따 먹었다고 한다. 이런 행위도 경제학적으로는 생산과 소비에 해당한다. 생산은 생산요소를 조합하는 선택과정, 즉 생산요소의 조합에 관한 의사결정인 셈이다. 아담은 자연(토지=사과나무)과 노동을 조합하여 사과를 생산하였고 소비할 수 있게 되었다. 에덴동산에 사과나무가 있고 사과가 열려있더라도 아담의 노동이 투입되지 않는다면 아담은 사과를 소비할 수 없다. 자연과 노동을 원초적 생산요소라 한다. 아담이 도구를 만들어 사용했다면 자본이 추가되고 사람들을 조직적으로 이용했다면 경영이 추가되는 것이다. 현대경제에서는 대부분의 생산을 기업이 주도하고 있다. 기업은 생산요소를 조합하여 생산하고 그 생산물을 판매하여 이윤을 극대화하려 한다. 이런 과정을 우리는 생산자행동으로 이해할 수 있고 이를 설명하기 위한 모형으로 생산자이론을 구성한다. 생산은 비용을 발생시키고 생산활동은 이윤을 발생시킨다.

6.1 생산이론이란?

6.1.1 생산이론

생산의 주체는 기업이다. 기업은 개인회사, 합명회사 또는 합자회사, 주식회사가 있다. 기업은 주어진 제약조건하에서 생산요소를 최적배분하여 이윤을 극대화하고자 한다. 그런데 기업은 이를 위해 첫째, 기술적 제약(생산함수), 둘째, 비용제약(비용함수), 셋째, 이윤극대화조건(이윤함수)의 범주 안에서 최적의 선택을 하게 된다. 따라서 생산자이론에서는 생산함수, 비용함수, 그리고 이윤함수에 대해 학습하게 될 것이다. 또한 최소비용으로 최대생산을 실현했다 하더라도 기업은 이윤을 극대화하기 위해 생산량과 가격을 결정해야 한다. 시장의 구조, 즉 완전경쟁시장인가 아니면 불완전경쟁시장인가에 따라 기업의 이윤극대화를 위한 생산량이나 가격 수준은 다르게 결정된다. 생산함수, 비용함수, 이윤함수를 이해한 다음 시장이론까지 학습해야만이 비로소 생산자이론을 총체적으로 이해할 수 있다.

6.1.2 생산주체와 생산요소

생산은 소비를 창출하고 소비에 대한 욕구와 필요는 생산을 더욱 증대시킨다. 생산의 주체는 기업이고, 기업은 생산요소를 결합하는 역할을 수행한다. 기업에는 개인회사, 합명회사 또는 합자회사, 주식회사가 있다. 개인회사는 한 사람에 의해 소유, 소유주는 모든 이윤, 부채, 손실에 대해 책임, 개인소득세가 부과되는 기업을 말하며, 합명이나 합자회사는 여러 명에 의해 소유, 이윤, 부채, 손실에 대해 공동무한 책임을 지며 개인소득세가 부과되는 기업을 말한다. 주식회사는 모든 이윤, 부채, 손실은 주식회사가 책임을 지며, 주주는 투자한 한도 내에서 책임을 지고 이윤에 대해서는 법인세가 부과된다. 기업이 생산을 위해 조합하는 생산요소에는 자연(토지), 노동, 자본, 경영, 지식이나 기술 등이 있다. 또한 오늘날과 같은 첨단의 생산능력과 고도의 소비단계가 성립되는 과정에서 인류의 보편적 생산양식은 중요한 가치를 지닌다. 교환문화를 바탕으로 분업이 발달할 수 있었고, 분업의 발달은 특화와 전문화를 더욱 발전시켰다. 그로 인한 생산성의 증대는 자본축적을 가속화했을 뿐만 아니라 투자증대로 인한 기술의 발달을 더욱 촉진시켰다.

1. 생산과 생산요소

경제학은 생산의 개념을 인간의 효용을 증대시키는 모든 행위로 규정한다. 교환, 저장, 가공, 운송뿐만 아니라 인간을 보다 즐겁게 하는 모든 행위는 생산이다.

첫째, 기존의 재화를 교환하는 행위는 생산이다.

둘째, 기존의 재화를 운반하는 행위도 생산이다.

셋째, 어떤 재화를 저장하는 행위도 생산이다.

넷째, 어떤 재화를 가공, 변형, 개조하여 새로운 재화를 만드는 행위도 생산이다.

다섯째, 각종 용역을 창출하는 행위도 생산이다.

한편 생산물을 생산하기 위해서는 생산요소를 투입하여야 한다. 인간의 노동과 자연의 생산력은 가장 기본이 되는 생산요소이다. 이를 본원적 생산요소라고도 한다.

읽을거리 6.1

청부사상과 자본주의

생산은 인간의 효용을 증대시키는 모든 행위로 정의된다. 자신을 포함하여 다른 사람들을 행복하게 만드는 것은 생산에 해당한다. 다른 사람이 필요로 하는 것들을 충족시키는 행위라면 그것은 모두 생산적인 행위이다. 이런 이유로 자신을 포함하여 다른 사람들을 괴롭히는 행위는 비생산적인 행위에 해당한다. 우리는 전통사회에서 흥부와 같은 가난한 자(清貧)를 동정해 왔다. 가난은 죄가 아니다. 황금보기를 돌같이 하라. 깨끗한 가난이 존경의 대상이었다. 그런데 1960년대 이후 우리나라의 경우에도 산업화와 시장경제가 발달하면서 가난보다는 부를 추구하는 물질중심의 사회풍조가 만연하게 된다. 권력과 유착하여 또는 불법적인 투기까지 일삼으며 "나도 한번 잘살아보겠다"고 흥부의 반전처럼 대박을 꿈꾸어 왔다. 이런 과정에서 청빈 사상은 폐기 처리되고 오로지 부를 쟁취하기 위해 수단과 방법을 가리지 않는 졸부(卒富)들이 출세하게 된다. 다른 사람은 쪽박을 차도 나만 대박나면 그만이라는 왜곡된 부의 관념이 졸부사상의 본질이고 졸부사상이 지배하는 경제상태를 賤民자본주의(pariah capitalism)라 지칭한다. 천민자본주의란 경제윤리(청빈사상)는 무시되고 오로지 물욕이 압도하며 투기가 만연된 경제상태를 의미한다. 경제학에서는 이런 경제행위를 지대추구행위(rent seeking activity)로 경계한다. 쉽게 설명하면 Zero-Sum Game에 해당하는 것이다. 마치 도박처럼 내가 1억을 땄다는 것은 상대방은 1억을 잃었다는 것을 의미한다. 누군가의 희생 없이는 자신의 부가 증가될 수 없는 Zero-Sum Game의 투기적 속성이다. 그렇다면 청부사상이 지배하는 자본주의란 무엇인가? 노동과 직업에 대한 가치부여와 Zero-Sum 게임이 아닌 Plus-Sum 게임이 지배하는 생산적인 경제상태를 의미한다. 전체(sum)가 증가하기 때문에 어느 누군가의 희생 없이 모든 경제주체가 부를 증대시킬 수 있는 생산적 배분체계이다. 누이 좋고 매부 좋은 그런 상황이 바로 Plus-Sum 게임이고 생산이란 개념에 해당한다. 멋진 자동차를 생산했다는 것은 사회적으로 자동차를 증가시켜 어느 누군가의 부를 증대시키고 그 과정에서 자동차를 생산한 자도 부를 증대시킨다는 원리가 작동한다. 박지성은 멋진 축구로 부자가 될 수 있었다. 왜냐하면 박지성의 축구능력은 우리에게 고통을 주는 것이 아니라 그만큼 행복을 주기 때문이다. 따라서 박지성은 생산적인 사람이다. 박지성은 전 세계 축구팬들에게 행복을 제공하고 그만큼 부자가 될 수 있었다. 따라서 청부사상이 지배하는 자본주의는 부자를 존중하는 사회이다. 대체로 기업인이 존경받는 사회는 풍요로운 경제사회에 해당한다. 다만 기업인은 생산적인 사람이고 깨끗한 부를 추구하는 청부(淸富)의 상징이어야 한다. 깨끗한 부는 다른 사람들조차 부자로 만들 수 있는 미다스의 손과 같은 마력을 지녔기 때문이다.

또한 자본[1]은 인간에 의해서 재창출된 생산요소이다. 생산력의 향상에 의한 잉여와 인간의 두뇌 그리고 손에 의해서 만들어진 생산요소이다. 저축과 투자의 순환을 통해 자본은 축적되어진다. 이를 파생적 생산요소라고도 한다.

경영은 모든 생산요소들을 최적하게 조직화한다. 이외에도 기술과 지식이 생산요소로 존재한다. 지식이나 기술은 노동이나 자본에 체화된 생산요소로 취급하기도 한다. 특히나 현대사회에서의 생산성향상은 지식과 기술진보가 주도하고 있어 지식과 기술을 독립된 중요한 생산요소로 간주하고 있다.

2. 기업과 기업의 목표

현대 경제학에서 일반적으로 소비행위의 주체는 가계를, 그리고 생산행위의 주체는 기업으로 정의하고 있다. 생산자는 생산활동을 하는 개별적인 사람을 지칭하겠지만, 기업은 경제행위를 하는 하나의 단위로써 취급된다. 기업은 분업과 전문화를 체계화하여 여러 가지 생산요소를 결합하는 조직체이며, 생산활동과 관련한 기술창조와 경영혁신을 끊임없이 추구하는 유기체이다. 또한 기업이란 자신의 행위와 관련하여 분명한 목표를 가지고 있으며, 주어진 제약조건하에서 생산활동에 관한 의사를 결정하는 경제행위의 주체단위이다.

기업이 행하는 의사결정(decision making)에는 첫째, 무엇을 얼마나 생산할 것인가와 관련한 의사결정, 둘째, 어떤 생산기술을 사용할 것인가와 관련한 의사결정, 셋째, 투입되는 생산요소의 량을 결정하고, 생산요소의 반대급부와 관련한 의사결정이다.[2] 그런데 기업은 무엇을 위해서 기업활동에 관한 복잡한 의사결정을 하려하는가? 이런 질문에 대하여 전통 경제학은 이윤극대화를 위해서라고 답하여왔다.

그동안 전통경제학은 기업 활동의 목적을 이윤극대화라고 가정하고 모형을 전개해 온 셈이다. 하지만 현대 기업은 경영과 소유가 분리되어 있을 뿐만 아니라 주주와 경영자가 추구하는 목표 역시 일치하기 어렵다. 따라서 기업의 행동목적은 이윤극대화가 아닐 수 있다는 주장도 제기된다. 하지만 아직까지 이윤극대화가설을 뒤

1) 인적자본(human capital)과 물적자본(physical capital)으로 구분된다. 또한 물적자본은 자본(capital)과 자본재(capital goods) 그리고 화폐자본(money capital)의 구분이 있다.

2) 경제학이 다루는 범위로 한정한다.

집을 만한 대체가설이 존재하지 않기 때문에 보편적으로 이윤극대화가설을 받아들이고 있다.

6.1.3 생산함수와 생산이론

1. 생산함수의 개념

생산이란 개념은 일정기간 동안에 여러 가지 생산요소의 결합과 그 결합으로부터 얻을 수 있는 최대산출량과의 기술적 관계를 말한다. 따라서 생산함수(production function)란 일정기간 동안 투입한 투입물과 그로 인한 산출물 간의 기술적 관계로 정의된다. 또한 기간의 구분에 따라 단기생산함수와 장기생산함수로 구분된다.

생산이론에서 기간은 크게 단기와 장기로 나누어지는데, 생산요소 중 하나가 고정요소이고 나머지 하나가 가변요소이면 단기생산함수이고, 두 생산요소가 모두 가변요소이면 장기생산함수라 한다. 생산함수를 그래프로 나타내면 일반적으로 평면좌표를 사용하기 때문에 생산요소는 노동과 자본으로 나타난다.

노동만을 독립변수로 삼으면 단기생산함수이고, 노동과 자본을 모두 독립변수로 삼으면 장기생산함수가 된다. 생산함수의 일반형은 $Q=f(L, K)$로 표현된다. 단기생산함수는 $Q=f(L, \overline{K})$로 표현된다. $\overline{K}$는 고정투입요소라는 의미이다.

2. 총생산과 한계·평균생산

〈그림 6-1〉에 나타난 총생산곡선(TP_L), 평균생산곡선(AP_L), 한계생산곡선(MP_L)들은 단기생산함수 $Q=f(L, \overline{K})$에 의해 그려진 것이다. 단기총생산곡선은 대부분 S자형의 모양을 가진다. TP_L곡선은 〈그림 6-1〉에서 보는 바와 같이 I점을 변곡점(inflection point)으로 하는 휘어지는 곡선의 특징을 가진다. 원점에서 I점까지는 볼록성을 가지며 I점 이상의 구간에서는 오목성을 가지고 있다.

이 같은 현상은 노동투입이 증대해감에 따라 I'점(L_2)까지는 총생산의 증가비율(MP_L)이 상승하면서 총생산(TP_L)이 증대하고 있으며, 노동투입량이 L_2수준을 초과하게 되면 총생산량의 증가비율($MP_L=I'$)이 감소하면서 총생산(TP_L)이 증대한다는 것을 알 수 있다. I'점은 한계생산 MP_L의 극대화점이다. 노동 1단위 증가에 따

〈그림 6 - 1〉 총생산곡선과 한계·평균생산곡선

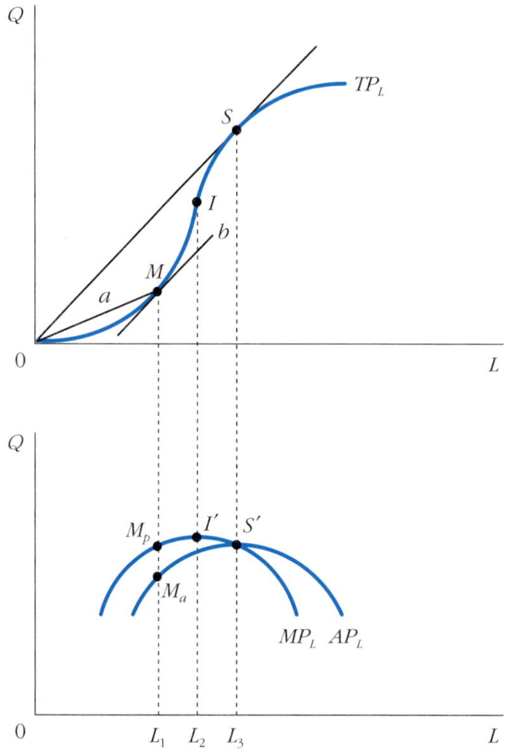

른 총생산 증가가 가장 높은 점이다. 한계생산곡선(MP_L)은 총생산곡선에 접선을 그어 도출한 것이고 총생산함수를 미분한 값이다. 수식으로 표현하면 $MP_L = \frac{\Delta Q}{\Delta L}$과 같다.

〈그림 6 - 1〉에서 접선 b의 접점 M을 아래의 좌표에서 MP_L곡선의 M_p로 도출한 것이다. 다음으로 평균생산곡선(AP_L)은 원점에서 출발하는 직선과 총생산곡선(TP_L)이 만나는 접점들을 연결하여 도출한 그래프이다. 〈그림 6 - 1〉에서 보는 바와 같이 원점에서 출발하는 직선 a와 만나는 총생산곡선상의 M점을 아래의 좌표에서 AP_L곡선의 M_a로 도출한 것이고 이것은 총생산을 노동으로 나눈 값이다.

노동 1단위당 생산량을 의미한다. 수식으로 표현하면 $AP_L = \frac{Q}{L}$과 같다.

〈그림 6 - 1〉에서 원점을 출발하는 접선 a와 접선 b가 총생산곡선(TP_L)상의 S점

에서 만난다는 것은 MP_L과 AP_L의 값이 같다는 것을 의미한다. 또한 S점을 아래의 좌표로 옮겨 그리면 S'점이 되고, S'점은 MP_L곡선이 AP_L곡선의 극대점에서 교차한다는 것을 알 수 있다. 따라서 평균생산 AP_L과 한계생산 MP_L의 관계를 정리하면 $MP_L > AP_L$일 때 AP_L은 증가한다. $MP_L < AP_L$일 때 AP_L은 감소하며, $MP_L = AP_L$일 때 AP_L은 극대가 된다.

3. 한계생산체감의 법칙

한계생산체감의 법칙(law of diminisning marginal products)은 다른 생산요소들은 고정투입 요소로 하고 한 생산요소만을 가변투입요소로 하여 요소투입을 계속 증대시켜 가면 처음에는 한계생산이 증가하다가 총생산곡선의 변곡점을 지나면 한계생산이 감소해 가는 경험적 법칙을 말한다. 이를 수확체감의 법칙(law of diminishing returns)이라고도 한다.[3)]

〈그림 6－1〉의 아래 그래프에서 한계생산력(MP_L)은 노동투입만을 증가시킬 때

읽을거리 6.2

평균값과 한계값의 관계

평균값과 한계값의 관계를 쉽게 이해하기 위해 지금 강의실에 있는 학생들의 평균키를 180cm라 하자. 그렇다면 평균값이 180cm인 것이다. 그런데 지각한 학생이 한 명 더 강의실에 추가로 들어왔다 하자. 참고로 지각한 학생은 변화량이기 때문에 한계값에 해당한다. 그렇다면 강의실 학생들의 평균키는 얼마일까? 이 같은 질문의 답은 바로 한계값의 크기가 결정한다. 이미 기존의 평균값은 180cm로 주어져 있다. 그런데 한계값이 180cm라면 평균값과 한계값이 동일하기 때문에 평균값은 여전히 180cm가 된다. 만약 한계값(지각한 학생의 키가)이 180cm보다 작은 경우에는 평균값은 180cm보다 작아질 것이고, 한계값이 180보다 큰 경우에는 평균값은 180cm보다 더 커질 것이다. 따라서 정리하면 한계곡선이 평균곡선보다 위에 위치하면 평균곡선은 상향하고 한계곡선이 평균곡선보다 아래에 위치하면 평균곡선은 하향하게 된다. 또한 평균곡선이 정점(극대점이거나 극소점)인 경우에는 한계곡선은 반드시 평균곡선을 교차하여야 한다. 정점이라는 것은 평균값이 변하지 않는 점, 즉 평균이 180cm 그대로 유지되는 점이고, 평균곡선과 한계곡선이 교차하는 점이다.

3) 가변비례의 법칙(law of variable propotions)이라고도 한다. 가변비례의 법칙은 가변투입요소의 투입량을 비례적으로 증가시키는 경우 생산량의 증가가 요소투입증가비율에 미치지 못함을 말한다.

L_2까지는 증가해 가다가 노동투입이 L_2수준을 초과해 가면 한계생산력(MP_L)이 감소한다는 것을 알 수 있다. 총생산곡선(TP_L)에서는 I 변곡점까지는 MP_L이 증가해 가다가 I점 이상에서는 MP_L이 감소해간다는 것과 같은 원리이다. 이와 같은 현상을 한계생산체감의 법칙이라 한다.

6.1.4 등량곡선

1. 등량곡선의 개념

장기생산함수란 두 생산요소 노동과 자본이 모두 변하는 생산함수를 말한다.

수식은 $Q=(L,\ K)$이다. 장기생산함수를 그래프로 그리려면 삼차원 공간이 필요하다. 변수가 3개이기 때문이다. 이를 삼차원좌표에 그림으로 나타내면 생산곡면(production surface)이 도출될 것이다.

하지만 우리는 평면인 2차원 공간에 그래프를 그려야 하기 때문에 생산곡면에서 등생산량점들을 평면좌표에 옮겨 나타내면 등량곡선(isoquant curve)을 도출할 수 있다. 등량곡선(isoquant)이란 동일한 산출량을 생산해 낼 수 있는 서로 다른 생산요소의 모든 조합들을 연결한 선을 의미한다.[4)]

2. 등량곡선의 특성

소비자이론에서의 무차별곡선과 생산자이론에서의 등량곡선은 유사한 성질을 가지고 있다. 무차별곡선은 소비자의 선호체계에 의한 효용함수에 의해 그려진 그래프이며, 소비자의 주관적 만족도에 대한 서수적 표현이다. 등량곡선이란 생산기술상의 특성을 반영한 생산함수에 의해 그려진 그래프이며, 투입요소의 조합에 대한 구체적인 산출량을 기수적으로 나타낸다.

첫째, 등량곡선은 원점에서 멀어질수록 보다 많은 산출량을 나타낸다.

둘째, 등량곡선은 교차할 수 없다. 만약 등량곡선이 교차한다면 이행성이 무너지게 된다. 셋째, 등량곡선은 우하향한다. 기울기가 음(−)의 값을 가진다. 이것은 생

4) 등생산곡선(iso-product curve)이라고도 한다.

산요소 간의 대체가 가능하다는 것과 한계생산(MP)이 양(+)의 값을 가진다는 것을 의미한다. 만약 등량곡선이 수평선(노동)이거나 수직선(자본)이라면 어느 한 생산요소의 한계생산은 0이라는 의미이고, 우상향한다면 생산요소의 한계생산은 음(−)의 값을 가진다.

넷째, 등량곡선은 원점에 대하여 볼록하다. 이는 한계기술대체율(marginal rate of technical substitution)이 체감한다는 것을 의미한다. 덧붙이면 노동과 자본의 관계가 서로 독립적이고 노동과 자본에 대한 한계생산체감의 법칙이 성립한다면 한계기술대체율체감의 법칙(law of diminising marginal rate of technical substiyutiion)이 성립된다. 이것은 두 생산요소의 완전한 대체가 불가능함을 의미하기도 한다(Cobb-Douglas 생산함수). 등량곡선이 만약 직선이라면 두 생산요소간 대체가 완전하다는 것을 의미한다(선형생산함수). 모든 점에서 대체율이 일정한 값을 가진다. 등량곡선이 만약 L자 모양을 가진다면 두 생산요소간 대체가 불가능함을 의미한다(Leontief 생산함수).

3. 한계기술대체율체감의 법칙

한계기술대체율(marginal rate of technical substitution)은 동일한 생산수준을 유지하면서 노동을 한 단위 더 고용할 경우 포기해야 하는 자본량을 나타낸다. 다시 말하면 자본을 한 단위 포기할 때 동일한 생산수준을 유지하기 위해서 더 고용해야 하는 노동량을 의미한다.

수식으로 나타내면 $MRTS_{L,K}=-\frac{\Delta K}{\Delta L}$과 같다.

한계기술대체율(marginal rate of technical substitution)은 〈그림 6-2〉의 등량곡선의 기울기를 말한다. 〈그림 6-2〉에서 A점과 B점을 지나는 접선의 기울기가 한계기술대체율이다. 여기서 무차별곡선상의 점의 이동은 생산요소의 투입비율이 변하지만 산출량수준은 일정하다는 것을 의미하므로 수식으로 표현하면 $MP_L \cdot \Delta L + MP_K \cdot \Delta K = 0$이 성립한다.

이 수식을 정리하면 $MRTS_{L,K}=-\frac{\Delta K}{\Delta L}=\frac{MP_L}{MP_K}$로 나타난다.

여기서 $MP_L=\frac{\Delta Q}{\Delta L}$이고 $MP_K=\frac{\Delta Q}{\Delta K}$을 의미하므로 한계기술대체율은 한계생산

〈그림 6-2〉 한계기술대체율의 체감

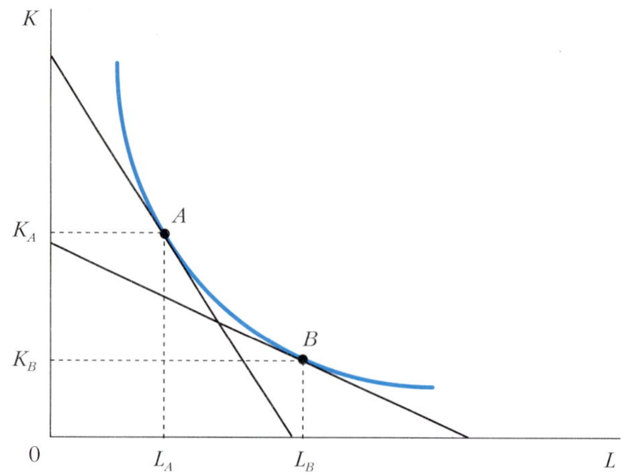

력의 역수임을 알 수 있다. 한계기술대체율이 작아진다는 것은 노동의 한계생산은 작아지고 자본의 한계생산은 커진다는 것을 의미한다. 어떤 한 투입요소를 증가시키면 그 투입요소의 한계생산이 감소하는 성질을 의미한다.

〈그림 6-2〉에서 등량곡선 A점의 기울기보다 B점의 기울기가 작아진다는 것을 알 수 있는데 이것은 노동투입을 증대시킬 때 자본으로 나타낸 노동의 생산력($\frac{\Delta K}{\Delta L}$)이 체감한다는 것을 의미한다.

이를 한계기술대체율체감의 법칙(law of diminising marginal rate of technical substiyutiion)이라 한다. 이런 현상은 등량곡선이 원점을 향해 볼록성을 가질 때 나타난다.

4. 생산요소간 대체탄력성

생산요소간 대체탄력성(elasticity of substitution)은 생산과정에서 한 생산요소가 다른 생산요소로 얼마나 쉽게 대체될 수 있는지를 나타내는 측정지표이다. 생산량을 일정수준으로 유지하면서 노동과 자본 사이의 대체의 용이성을 측정하면 대체단력성이 된다. 생산요소간 대체탄력성은 등량곡선의 형태에 따라 서로 다른 값을 가지며 생산의 기술적인 특성이나 산업별 특성에 따라 큰 차이를 보인다.

$$\rho = \frac{\text{요소집약도의 변화율}}{\text{한계기술대체율의 변화율}} = \frac{\dfrac{\Delta \frac{K}{L}}{\frac{K}{L}}}{\dfrac{\Delta MRTS}{MRTS}} = \frac{\dfrac{\Delta \frac{K}{L}}{\frac{K}{L}}}{\dfrac{\Delta \frac{w}{r}}{\frac{w}{r}}}$$

〈그림 6-3〉에서 볼 수 있는 것처럼 생산요소간 대체탄력성은 등량곡선이 직선에 가까울수록 큰 값을, L자에 가까울수록 작은 값을 가진다. 등량곡선이 직선이면 대체탄력성은 ∞이고 L자이면 0이다. 농업의 경우에는 노동과 자본 간에 대체가 탄력적이여서 (b)그래프에 가깝고 철강산업의 경우에는 대체가 거의 불가능하여 (a)그래프에 가깝다.

생산요소간 대체탄력성이 $\rho<1$인 것은 $\frac{\text{요소집약도의 변화율}}{\text{요소상대가격의 변화율}}<1$을 나타내고

생산요소간 대체탄력성이 $\rho>1$인 것은 $\frac{\text{요소집약도의 변화율}}{\text{요소상대가격의 변화율}}>1$을 나타낸다.

〈그림 6-3〉 생산요소간 대체탄력성

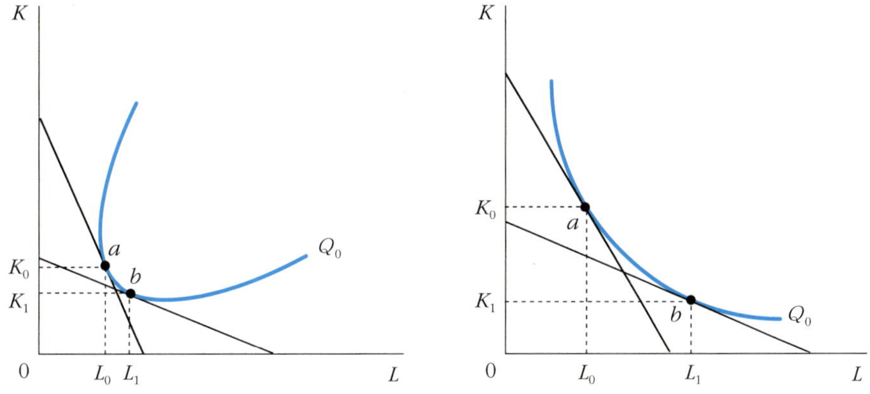

(a) 생산요소간 대체탄력성 $\rho<1$ (b) 생산요소간 대체탄력성 $\rho>1$

6.1.5 규모에 대한 보수와 기술진보

1. 규모에 대한 보수

규모에 대한 보수[5)]란 두 생산요소의 투입량이 증가할 때 요소투입량의 증가비율에 대비한 산출량의 증가비율의 크기에 관한 유형화된 개념이다. 규모에 대한 보수는 첫째, 규모에 대한 보수의 불변, 둘째, 규모에 대한 보수의 증가, 셋째, 규모에 대한 보수의 감소로 유형화된다. 규모에 대한 보수불변(constant returns to scale)은 모든 생산요소의 투입을 동일비율로 증가시킬 때 생산량의 증가비율이 생산요소의 증가비율과 동일한 유형을 말한다. 일차동차생산함수의 경우에는 규모에 대한 보수가 불변인 특징을 가진다. 생산함수가 $r^iQ=f(rL,\ rK)$에서 $i=1$인 경우에 규모에 대한 보수불변현상이 나타난다. 이것을 등량곡선으로 나타내면 〈그림 6-4〉와 같다. 규모에 대한 보수불변은 생산요소의 투입증가비율이 2배, 3배로 증대됨에 따라 산출량수준도 2배, 3배로 증가되는 것을 말한다.

규모에 대한 보수증가(increasing returns to scale)란 모든 생산요소의 투입비율

〈그림 6-4〉 규모에 대한 보수(규모에 대한 불변)

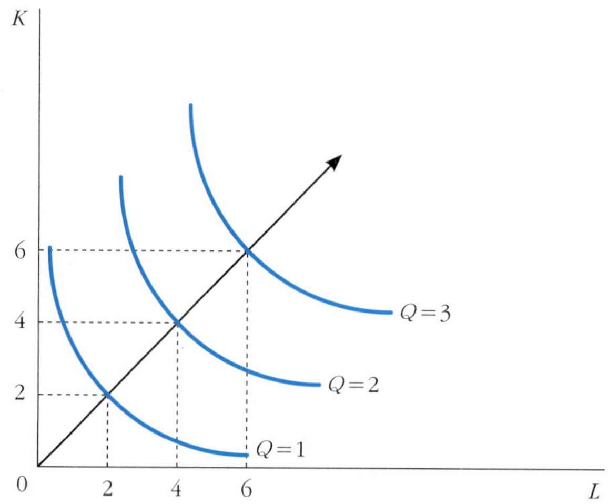

5) 두 생산요소의 투입증가를 전제하므로 장기적 개념이다.

〈그림 6-5〉 규모에 대한 보수(규모에 대한 보수증가)

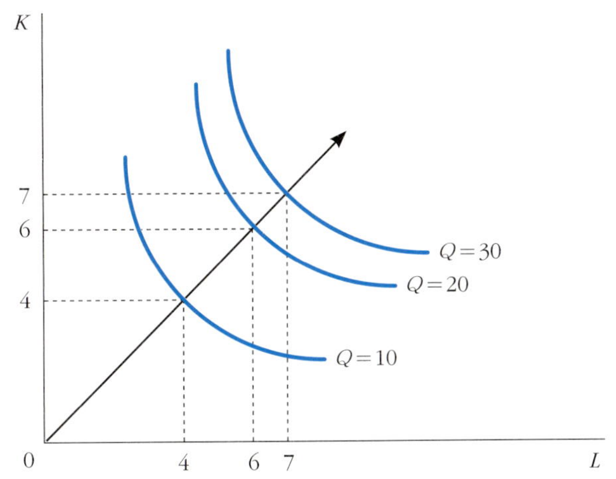

을 동일비율로 증가시킬 때 생산량의 증가비율이 생산요소의 증가비율보다 더욱 높은 비율로 증가하는 유형을 말한다.

생산함수가 $r^iQ=f(rL, rK)$에서 $i>1$인 경우에 규모에 대한 보수증대현상이 나타난다. 이것을 등량곡선으로 나타내면 〈그림 6-5〉와 같다. 규모에 대한 보수증대는 산출량수준은 2배, 3배로 증가해 가는데 투입요소의 증가비율은 산출량수준의 증가율보다 작은 1.5배, 1.75배로 증가비율로 감소하는 것을 말한다. 이와 같은 규모에 대한 보수증가현상은 기술진보에 의해 나타날 가능성이 높다.

규모에 대한 보수감소(decreasing returns to scale)란 모든 생산요소의 투입비율을 동일비율로 증가시킬 때 생산량의 증가비율이 생산요소의 증가비율보다 낮은 비율로 증가하는 유형을 말한다. 생산함수가 $r^iQ=f(rL, rK)$에서 $i<1$인 경우에 규모에 대한 보수감소현상이 나타난다. 이것을 등량곡선으로 나타내면 〈그림 6-6〉과 같다. 규모에 대한 보수 감소는 산출량수준은 2배, 3배로 증가하고 있는데 생산요소의 투입은 산출량 수준보다 높은 3배, 12배로 증가비율이 높아지는 것을 말한다.

〈그림 6-6〉 규모에 대한 보수(규모에 대한 보수감소)

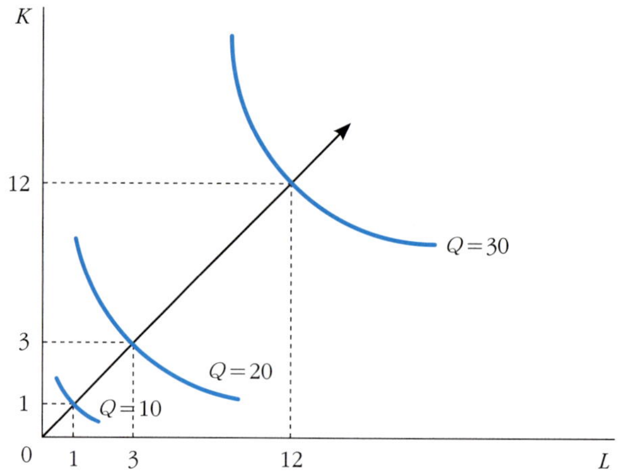

2. 기술진보

기술진보(technological process)는 생산함수에서 최장기의 개념으로 다루어진다. 기술진보를 포함한 생산함수를 수식으로 나타내면 $Q=A(t)f(L, K)$와 같다.

〈그림 6-7〉 기술진보와 등량곡선

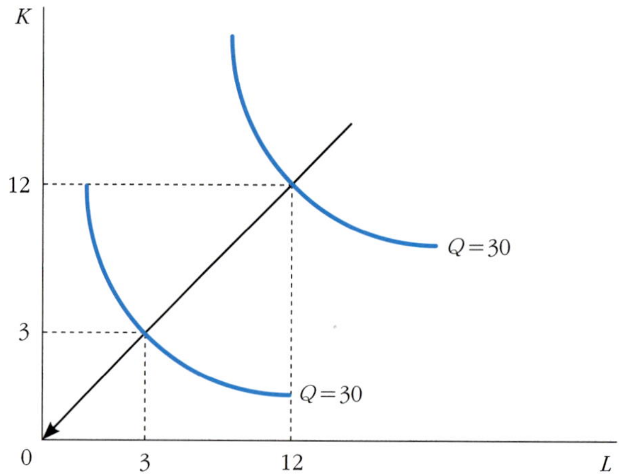

기술진보는 〈그림 6-7〉에 나타난 등량곡선의 이동으로 나타낼 수 있다. 기술진보는 〈그림 6-7〉에서 보는 바와 같이 기술진보 이전에는 $L=12$, $K=12$의 생산요소를 투입하여 $Q=30$ 수준의 산출량을 얻고 있다. 그런데 기술진보 이후에는 $L=3$, $K=3$만큼의 생산요소, 즉 기술진보 이전보다 적은 생산요소를 투입하여 동일한 $Q=30$ 수준의 산출량을 얻는다는 것을 알 수 있다.

연습문제

EXERCISE

주관식 연습문제

1. 생산의 개념을 설명하라.

2. 생산요소와 생산의 관계를 설명하라.

3. 파생적 생산요소에 대해 설명하라.

4. 청부사상과 자본주의원리에 대해 설명하라.

5. 총생산(TP), 평균생산(AP), 한계생산(MP)의 관계를 설명하라.

6. 평균생산과 한계생산의 관계를 그림을 그려 설명하라.

7. 한계생산체감의 법칙을 설명하라.

8. 등량곡선의 특성을 그림을 그려 설명하라.

9. 한계기술대체율체감의 법칙($MRTS_{L,K}$)을 그림을 그려 설명하라.

10. 생산요소간 대체탄력성과 등량곡선과의 관계를 그림을 그려 설명하라.

객관식 연습문제

1. 다음 중 생산의 경제적 영역에 관한 아래 설문에서 틀린 것은 어느 것인가? (공인감정사)

① 생산요소의 한계생산물이 정(+)인 영역
② 수확체감의 법칙이 적용되는 영역
③ 생산요소의 한계생산물이 최대점으로부터 영(0)에 이르는 영역
④ 생산의 제2단계
⑤ 요소의 한계기술대체율이 부(−)인 영역

2. 경제학에서 생산기간을 단기와 장기로 구별하는 기준은? (7급 행정)

① 보통 1년 미만은 단기이고, 그 이상을 장기로 구분한다.
② 고정투입물이 존재하면 단기이고, 모든 투입물이 가변적이면 장기이다.
③ 최초의 고정비용 이외에 새로운 고정비용이 추가될 때부터 장기이다.
④ 모든 투입물이 고정이면 단기이고, 일부만 고정적일 때는 장기이다.
⑤ 규모의 경제가 실현되면 단기이고, 한계생산물체감의 법칙이 작용할 때 장기이다.

3. 수확체감의 법칙이 작용하고 있을 때 가변요소의 투입을 한 단위 더 증가시키면 어떻게 되는가? (행시)

① 총생산물은 반드시 감소한다.
② 평균생산물은 반드시 감소한다.
③ 한계생산물은 마이너스가 된다.
④ 한계생산물은 반드시 감소되나 총생산물과 평균생산물은 반드시 증가한다.
⑤ 한계생산물은 반드시 감소하나 총생산물과 평균생산물은 증가될 수도 있고 감소할 수도 있다.

4. 처음 다섯 사람의 노동자가 작업을 할 때 1인당 평균생산량은 10단위였다. 노동자를 추가로 한 사람 더 고용함에 따라 1인당 평균생산량은 9단위로 줄어들었다. 이 경우 노동자의 한계 생산량(marginal product)은 얼마인가? (공인회계사)

① 4단위 ② 5단위 ③ 1단위 ④ 2단위 ⑤ 3단위

5. 등량선에 대한 설명으로 옳지 않은 것은? 〔공인회계사〕

① 등량선이 우하향하므로 한계기술대체율은 체감한다.
② 등량선은 교차하지 않는다.
③ 등량선은 원점에 대하여 볼록하다.
④ 원점에서 멀어질수록 더 많은 생산량을 나타낸다.
⑤ 두 생산요소가 완전보완적이면 등량곡선은 L자형태이다.

6. 기업 A의 생산함수가 $Q=2K+L$이고, 단위당 노동의 가격이 1이고 자본의 가격은 3이다. 10개를 생산하기 위한 최소비용은? 〔보험계리사〕

① 4 ② 6 ③ 8 ④ 10 ⑤ 12

7. 기업의 생산함수는 $Y=L-100$이고, 노동 1단위당 임금은 1이다. 다음 설명 중 옳은 것은? 〔감정평가사〕

① 노동의 한계생산이 체감한다.
② 노동의 평균생산은 일정하다.
③ 생산량이 늘어남에 따라 평균비용은 처음에는 감소하나 생산량이 일정수준을 넘어서면 점차 증가한다.
④ 생산량이 일정수준을 넘어서면 한계비용이 평균비용보다 더 커진다.
⑤ 규모의 경제가 나타난다.

8. 소규모 기업인 A기업의 생산함수가 $Y=L^2$으로 주어져 있다고 하자. 이에 대한 설명으로 옳지 않은 것은? 〔국회 8급〕

① 규모의 경제가 나타난다.
② 노동투입이 증가함에 따라 노동의 한계생산은 증가한다.
③ 생산요소시장이 완전경쟁일 때, 평균비용은 우하향한다.
④ 생산요소시장이 완전경쟁일 때, 한계비용은 우하향한다.
⑤ 한계비용이 평균비용을 통과하는 점에서 효율적 생산량이 존재한다.

9. $MP_L/MP_K < P_L/P_K$일 때(단, MP_L: 노동의 한계생산물, MP_K: 자본의 한계생산물, P_L: 노동의 가격, P_K: 자본의 가격) 기업의 합리적 행동은? 〔공인노무사〕

① 노동투입을 증대시키고 자본투입을 감소시킨다.
② 노동투입을 감소시키고 자본투입을 증대시킨다.
③ 두 요소의 투입을 모두 증대시킨다.
④ 두 요소의 투입을 모두 감소시킨다.

10. $MP_L=8$, $MP_K=5$, $P_K=12$, $P_L=25$일 때 취하여야 할 조치는? 〔공인회계사〕

① 자본감소, 노동불변
② 자본증가, 노동감소
③ 자본감소, 노동증가
④ 자본과 노동 모두 증가
⑤ 자본, 노동 모두 감소

11. 생산함수가 $q=5L^{0.4}k^{0.6}$일 때, 다음 설명 중 옳은 것은? 〔감정평가사〕

① $L=K$일 경우 노동의 한계생산은 일정하다.
② 노동과 자본간의 대체탄력성은 L, K값의 크기에 따라 변한다.
③ 등량곡선은 우하향하는 직선 모양을 갖는다.
④ 규모에 대한 수익이 체감한다.
⑤ 한계기술대체율은 L, K값의 크기와 관계없이 항상 일정하다.

12. 소비자이론과 생산자이론에서 서로 대칭되지 않는 배열은? 〔감정평가사〕

① 가격선과 등비선
② 무차별곡선과 등량곡선
③ 한계효용과 한계생산
④ 효용극대화와 이윤극대화
⑤ 효용함수와 생산함수

13. 다음의 CES생산함수에서 불변상수인 요소간 대체탄력도의 크기는 다음 중 어느 것을 알면 계산해 낼 수 있는가? 〔공인회계사〕

$Q = A\{\alpha K^{\rho} + (1-\alpha)L^{-\rho}\}^{-1/\rho}$

Q: 산출량, K: 자본, L: 노동, α, ρ: 파라미터(parameters)

① A ② L ③ ρ ④ α

⑤ 위에서 괄호의 지수로 나타낸다.

제 7 장

생산비이론

제 7 장

현실경제에서는 씨앗을 뿌리지 않고 곡식을 얻는다는 것은 불가능하다. 무엇인가 투입(input)될 때 산출(output)하는 투입-산출의 법칙이 작동한다. 어떻게 생산요소를 투입하느냐에 따라 산출물 수준, 즉 산출물에 대한 생산비용은 달라진다. 생산자입장에서 무엇인가를 투입한다는 것은 비용을 발생시킨다. 비용을 극소화할 수 있는 생산요소투입이 중요한 이유이다. 이미 앞에서 학습한 생산함수와 등량곡선의 개념들은 투입요소와 산출량 간의 기술적 관계, 비용제약을 전혀 고려하지 않은 생산요소의 생산성만을 고려한 생산요소의 최적조합에 관한 모형이었다. 생산비이론에서는 기술적 측면과 경제적(비용적) 측면을 동시에 고려한 최적선택의 문제를 다루게 된다. 가장 적은 비용으로 가장 많은 생산물을 얻을 수 있는 생산수준이나 생산방식을 찾는 것이다.

7.1 생산비이론이란?

7.1.1 생산비이론

생산이론에서는 생산함수, 즉 기술적 측면만을 고려한 생산요소의 효율적 배합조건을 다루었다. 생산함수에 의한 등량곡선을 중심으로 생산방법의 최적선택을 다룬 것이다. 생산비이론에서는 생산함수와 비용함수를 모두 고려한 등량곡선과 등비용선을 학습해야 한다. 등량곡선은 생산함수에 의해 도출되고 등비용선은 비용함수에 의해 도출된다. 또한 등량곡선과 등비용선은 기술적 제약과 경제적 제약을 반영하고 있다. 등량곡선과 등비용선을 이용하여 기술적 측면과 경제적(비용적) 측면을 동시에 고려한 최적선택을 찾을 수 있다.

7.1.2 비용의 개념

생산함수와 비용함수는 쌍대관계로써 생산자이론의 핵심을 이룬다. 기회비용에서 이미 언급한 바 있지만 투입요소에 대한 여러 가지 비용함수들은 최적선택을 위한 잣대로써 유용하다. 총비용함수에서 평균비용(AC)과 한계비용(MC)을 유도할 수 있고 생산자의 최적선택조건을 구하는 데 유용하게 활용된다. 생산함수와 비용함수는 쌍대관계에 있기 때문에 총생산곡선과 총비용곡선 또한 쌍대관계를 이룬다. 비용함수에 대해서는 단기생산함수에 대응하는 단기비용함수와 장기생산함수에 대응하는 장기비용함수가 있다.

1. 경제적 비용과 회계학적 비용

경제학에서 비용의 기본개념은 기회비용에서 출발한다. 따라서 장부상의 비용과 경제적 비용은 다른 개념이다. 장부상에 나타나지 않은 비용까지 포함한 개념이 기회비용이다. 회계학적 비용을 명시적 비용(explicit cost)이라 하고 화폐로 지출되어 기업회계에 산정되는 모든 화폐비용을 말한다.

이에 더하여 경제적 비용은 암묵적 비용(implicit cost) 개념을 포함한다. 암묵적 비용은 귀속비용(imputation cost)과 정상이윤(normal profit)으로 구성된다. 명시적 비용에 암묵적 비용을 합한 개념이 경제적 비용이다.

어떤 사람이 자동차를 사주고 세금과 보험 그리고 유지비까지 제공한다 해도 그 차를 제공받아 타는 사람의 입장에서 암묵적 비용은 발생한다. 그 찻값에 해당하는 이자비용과 그차의 내용연수에서 발생하는 감가상각이다. 이런 비용까지 다 계산한 비용을 경제학적 비용(명시적 비용+암묵적 비용)이라 한다.

2. 사적비용과 사회적 비용

사적비용(private cost)이란 기업의 생산활동과 관련해 발생한 비용으로서 시장을 통하여 청산되는 비용을 말한다. 시장에서 자원배분을 조정하는 수요·공급에 의한 시장균형가격의 경우에도 사적비용의 그 크기가 결정되어진 가격개념이다. 그런데 기업의 생산활동과 관련한 비용으로서 시장을 통하여 계상되지 않는 비용

(시장가격에 반영되지 못한)이 존재한다. 이와 같은 비용의 개념은 사적비용에 계상되지 않았기 때문에 사회적 비용으로 정의된다.

사회적 비용은 사회 전체적인 관점에서 재화생산과정에서 발생한 모든 비용, 사적비용+외부성에 따른 비용을 포함한다.

따라서 기업이 시장을 통하여 계상하는 요소에 대한 기회비용을 사적비용(private cost)이라 하고, 시장을 통하여 계상되지 않은 비용까지 포함한 요소의 기회비용 전체를 사회적 비용(social cost)이라 한다.

사적비용과 사회적 비용의 크기는 같을 수도 있고 서로 다를 수도 있다. 만약 사적비용과 사회적 비용이 서로 다르게 나타나는 경우, 시장은 자원배분에 실패하게 된다. 시장경제에서 경제주체의 선택에 대한 기준을 제시해주는 시장가격이 비용을 제대로 반영하지 못하기 때문이다. 시장실패에서 자세히 설명하게 되겠지만 이런 현상을 외부성이라 한다. 사회적 비용이 사적비용에 비해 크거나 작게 나타나면 외부성이 발생하고 그로 인해 시장은 실패하게 된다.

3. 비용의 분류

비용(cost)은 여러 가지로 분류할 수 있는데, 이를 활용하여 비용함수와 비용곡선을 이해해 보자.

첫째, 단기비용과 장기비용의 분류이다. 생산요소로써 노동과 자본만이 존재하는 단순경제라고 가정한다면 단기비용은 고정비용(자본)이 존재하는 기간을 고려한 비용이고, 장기비용은 가변비용(노동과 자본 모두)만을 고려하는 기간이다.

둘째 고정비용과 가변비용의 분류이다. 고정비용은 생산수준과 관계없이 일정수준에서 변하지 않는 비용이고, 가변비용은 생산수준이 변함에 따라 변하는 비용을 말한다.

셋째 총비용(TC)과 평균비용(AC) 그리고 한계비용(MC)의 분류이다. 총비용(TC)은 일정한 생산량을 산출하는 데 투입된 모든 비용의 합, 즉 총고정비용(TFC)과 총가변비용(TVC)을 합한 개념이다. 평균비용(AC)은 한 단위의 산출량당 투입된 비용을 말하는데, 평균고정비용(AFC)과 평균가변비용(AVC)을 합한 개념이다. 한계비용(MC)이란 한단위의 산출량을 추가로 생산하기 위해 추가로 투입된 비용의 개념이다. 이와 같은 비용의 개념들을 수식으로 표현하면 다음과 같다.

$$TC(\text{총비용}) = TFC(\text{총고정비용}) + TVC(\text{총가변비용})$$

$$AC(\text{평균비용}) = \frac{TC}{Q} = AFC(\text{평균고정비용}) + AVC(\text{평균가변비용})$$

$$AFC(\text{평균고정비용}) = \frac{TFC}{Q},\ AVC(\text{평균가변비용}) = \frac{TVC}{Q}$$

$$MC(\text{한계비용}) = \frac{\Delta TC}{\Delta Q}$$

4. 매몰비용과 한계비용

매몰비용(sunk cost)은 이미 지출한 비용, 마치 배가 침몰한 것처럼 회수할 수 없는 비용을 말한다. 어떤 의사결정과정에서 매몰비용은 결과에 영향을 미치지 못한다. 어떤 결정을 하든 매몰비용은 달라지지 않는 특징을 가진다.

공장을 더 가동하든 공장 가동을 멈추든 관계없이 매몰비용은 변하지 않는다. 가게 문을 닫아버리든 영업을 계속하든 매몰비용은 그대로이다. 영화를 보기 위해 관람권을 지불했다 하자. 영화관에서 영화를 계속 보든 지루해서 영화보기를 중단하든 관람권을 얻기 위해 지불한 관람비용은 회수될 수 없다. 이처럼 한번 지불되면 회수될 수 없는 비용을 매몰비용이라 한다.

우리는 어떤 선택을 해야 하는 경우, 매몰비용은 무시해야 한다. 매몰비용을 선택에 따르는 비용으로 간주하면 비효율적인 선택을 하게 된다. 이미 투입된 매몰비용 때문에 중단해야 할 사업을 계속하는 경우 엄청난 추가손실을 부담하게 된다.

어떤 의사결정을 할 때 가장 중요한 기준으로 삼아야 하는 비용의 기준은 기회비용과 한계비용이다. 기회비용은 앞에서 학습한 바 있고, 한계비용은 생산량의 증감에 따라 변화하는 비용을 말한다.

따라서 양을 선택하는 의사결정에서는 한계비용(MC)과 한계수입(MR)의 개념이 중요하다. 한계비용(MC)과 한계수입(MR)을 비교하면 곧바로 효율적인 의사결정을 할 수 있기 때문이다.

읽을거리 7.1

콩코드오류

영국과 프랑스가 합작했던 초음속 여객기, 콩코드기의 개발과 생산에 대한 의사결정이 매몰비용과 관련된 좋은 사례이다. 매몰비용이란 한 번 투입되면 회수될 수 없는 비용을 말한다. 그런데 이 매몰비용의 규모가 커지면 이 비용 때문에 적기에 의사결정을 하지 못하게 된다. 이미 들어간 비용의 규모가 커질수록 소위 본전생각 때문에 비용을 회수할 수 없다는 것을 알면서도 계속해서 투자를 늘리게 되는 오류에 빠질 수 있다. 기존에 투입된 막대한 비용 때문에 사업을 중단하지 못하고 더 많은 추가비용을 투입한 후에야, 그 사업을 포기할 수밖에 없는 상황에 몰리게 되는 현상, 이런 사례를 콩코드 오류라 한다. 이미 투자된 비용이 아까워서 계속 더 투자하다가 결국 모든 것을 잃게 되는 비합리적 의사결정을 일컫는다. 초기 콩코드에 투자했던 투자가들은 매몰비용이 아까워 투자를 계속했지만 결국 2003년 4월에 콩코드기는 운행을 중단함으로써 총 190억 달러(약 20조원)를 날리게 되었던 실제 사례이다. 콩코드기를 개발하는 과정에서 초기비용, 즉 매몰비용이 많이 들어가게 되었는데 초음속여객기의 위험성, 여객기의 좁은 공간, 높은 연료비 등으로 인한 고비용문제가 발견되었는데도 불구하고 2000년 콩코드기가 공중 폭발하고 승객 전원이 사망할 때까지 이 사업을 지속했던 경제적 선택의 오류이다.

7.2 등비용선과 비용극소화

7.2.1 등비용선

등량곡선이 소비자이론의 무차별곡선과 대비된다면 등비용선은 소비자이론의 예산선과 대비된다. 등비용선(isocost)이란 일정하게 주어진 총비용으로 구입 가능한 생산요소들의 모든 조합을 연결한 선이다. 생산요소선택가능곡선이라고도 할 수 있다.

이것을 수식으로 나타내면 $TC=wL+rK$로 표현된다. 이 수식을 정리하면 $K=\frac{w}{r}L+\frac{1}{r}TC$이고, 이것을 그래프로 나타내면 〈그림 7-1〉의 등비용선이다.

〈그림 7-1〉 등비용선

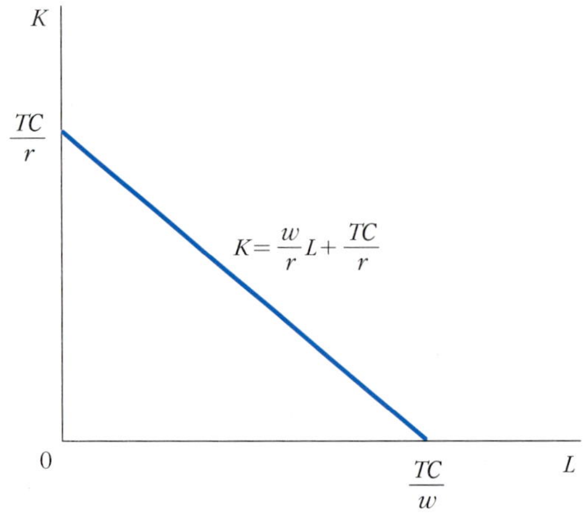

등비용선은 주어진 총비용으로 구입가능한 생산요소의 모든 조합을 포함한다. 등비용선이 포괄하는 삼각형($\frac{TC}{r}\ 0\ \frac{TC}{w}$) 안의 모든 점들은 주어진 총비용으로 선택가능한 모든 생산요소의 조합을 의미한다. 등비용곡선상의 모든 점들은 총비용을 모두 사용하여 선택할 수 있는 모든 생산요소조합을 의미한다.

등비용선은 이동하거나 기울기가 변할 수 있다. 등비용선의 이동은 실질총비용의 증감에 의해 좌우된다. 등비용선의 기울기가 변하는 것은 두 생산요소(노동과 자본)의 상대가격이 변하는 경우이다. 실질총비용이 증가하면 등비용선은 우측평행이동하고 실질총비용이 감소하면 등비용선은 좌측평행이동한다. 생산요소의 상대가격($\frac{w}{r}$)의 변화는 등비용선의 기울기를 변화시킨다. 노동의 가격(w)이 상대적으로 커지게 되면 등비용선의 기울기는 커지게 되고 자본의 가격(r)이 상대적으로 커지게 되면 등비용선의 기울기는 작아지게 된다.

7.2.2 비용최소화조건

총비용(TC), 생산함수 $Q=f(L, K)$, 생산요소의 가격 $P_L=w$, $P_K=r$이 주어진 조건이라 하자. 이런 상황에서 어떤 기업이 최소비용으로 최대생산을 달성하려 한

〈그림 7-2〉 생산요소의 최적배합

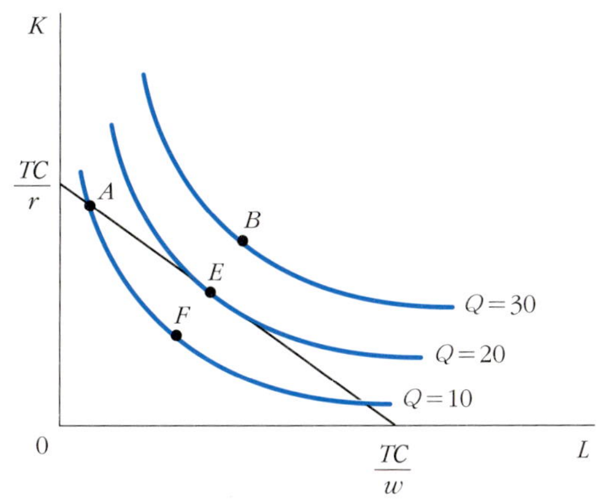

다고 하자. 현실적으로 제약된 총비용의 범위 안에서 최대생산과 최소비용을 달성할 수 있는 생산요소의 최적조합을 찾아야 한다.

〈그림 7-2〉는 생산요소의 최적배합점(생산자균형점)을 나타내고 있다. 〈그림 7-2〉에서 A점과 E점은 주어진 총비용을 모두 사용하여 생산할 수 있는 요소배합점이다. 그런데 A점과 E점을 비교하면 E점을 지나는 등량곡선($Q=20$)은 A점을 지나는 등량곡선($Q=10$)보다 우측에 있다. 등량곡선이므로 A와 F점의 생산수준은 모두 $Q=10$이다. 이것은 E점의 요소결합이 A점의 요소결합보다 더욱 생산적이라는 사실을 보여준다. 즉 E점과 A점은 모두 등비용선상에 있는 점들이므로 총비용은 동일하다는 것을 의미한다. 동일한 비용으로 E점($Q=20$)은 A점($Q=10$)보다 더 많은 생산물을 얻을 수 있는 요소배합점이다. B점과 E점을 비교하면 B점($Q=30$)은 E점($Q=20$)보다 더 많은 생산물을 산출할 수 있다.

하지만 B점은 주어진 총비용의 제약을 벗어난 점이다. 현실적으로 생산불가능영역에 있는 것이다. 따라서 E점은 주어진 총비용으로 최대생산을 실현하는 요소조합점이며 최대생산을 위한 최소비용점[1]이기도 하다.

〈그림 7-2〉에서 보는 바와 같이 생산자균형점 또는 최적요소조합점은 등량곡선

1) 생산의 쌍대성(duality in production)이라 한다.

과 등비용선이 접하는 점(E점)이 되는 것이다. 여기서 우리는 생산균형조건을 산출할 수 있으며 그것은 등량곡선과 등비용선의 기울기가 같아지는 조건임을 알 수 있다.

이것을 수식으로 나타내면 등량곡선에서 도출된 $MRTS_{L,K}=-\frac{\Delta K}{\Delta L}$에 등비용선의 기울기인 $\frac{w}{r}$를 대입하면 된다. 따라서 생산자균형조건은 $\frac{\Delta K}{\Delta L}=\frac{w}{r}$로 표현된다. 또한 등량곡선상에서의 점의 이동은 동일 생산수준을 의미하므로 $MP_L\cdot\Delta L+MP_K\cdot\Delta K=0$로 나타낼 수 있고, 이를 정리하면 $\frac{\Delta K}{\Delta L}=\frac{MP_K}{MP_L}$가 된다. 따라서 비용극소화를 위한 생산자의 최적선택 조건은 $\frac{MP_L}{MP_K}=\frac{w}{r}$로 표현되고, 양변을 $\frac{w}{MP_K}$로 나누어 정리하면 $\frac{MP_L}{w}=\frac{MP_K}{r}$가 된다.

7.2.3 확장선

〈그림 7-2〉의 비용극소화를 달성하는 E점을 생산자균형점이라 하자. 두 생산요소의 가격은 일정하고 총비용이 증대해 가는 경우 생산자균형점은 이동하게 된다.[2)] 이런 경우에는 기업의 생산규모를 확장해 가는 예에 해당하며 그래프로 나타

〈그림 7-3〉 확장선의 도출

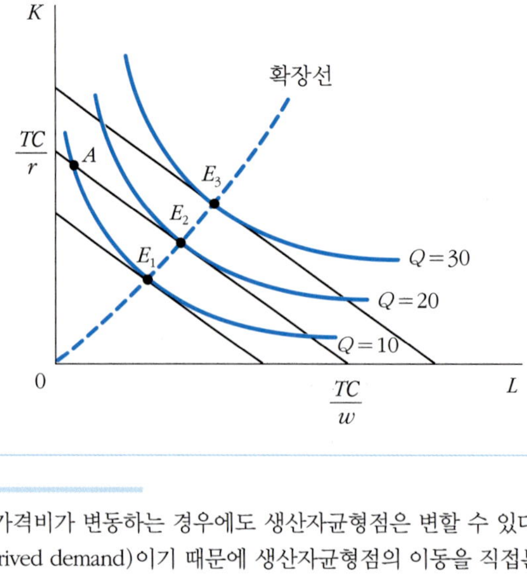

2) 생산요소의 가격비가 변동하는 경우에도 생산자균형점은 변할 수 있다. 하지만 생산요소의 수요는 파생수요(derived demand)이기 때문에 생산자균형점의 이동을 직접분석하기 어렵다.

내면 〈그림 7-3〉과 같다. 〈그림 7-3〉에서 등비용선은 우측으로 수평이동하고 있다. 왜냐하면 노동의 가격(w)과 자본의 가격(r)은 일정하고 총비용(TC)만이 증대하는 것으로 가정했기 때문이다. 따라서 생산자균형점은 E_1, E_2, E_3로 이동하게 되며, 이들을 연결하여 확장선(expansion path)을 도출할 수 있다.[3)]

7.3 단기생산비용곡선

7.3.1 단기생산비용이란?

앞에서 이미 살펴본 바와 같이 생산이론에서 고정비용이 존재하면 단기의 경우이고, 가변비용만 존재하면 장기의 경우라고 학습한 바 있다. 생산함수이든 비용함수이든 우리는 설명의 편의를 위해 생산요소는 노동과 자본, 즉 두 가지 생산요소만 투입되는 것으로 가정하고 있다. 이와 같은 가정하에서 자본은 노동보다 공급기간이 더욱 소요되는 생산요소로 취급된다.

따라서 자본을 고정요소로 노동을 가변요소로 간주하고 생산비용곡선에 대해 학습해 보기로 하자. 단기총생산비용함수는 일정한 기간 동안 일정한 산출량을 생산하는 데 소요되는 최소한의 총지출을 말한다. 두 생산요소의 가격은 주어진 것으로 가정하면 총생산비용함수는 $TC=TC(Q)$로 나타난다.

노동투입(L)을 증가시키면 생산량(Q)이 증가[4)]하고, 노동투입증가에 따른 생산비용[5)]도 함께 증가하게 된다. 총생산곡선의 기울기는 한계노동생산(MP_L)을 의미하고 총비용곡선의 기울기는 한계비용(MC)을 의미한다. 따라서 총생산곡선과 총비용곡선의 쌍대관계를 이해할 수 있다. 한계노동생산(MP_L)이 체증하면 한계비용

3) 생산함수가 동조적(homothetic)이라면 확장선은 원점에서 출발하는 방사선이 된다. 동차함수는 동조함수의 특수형이다.

4) 이 관계를 함수로 표현하면 생산함수가 된다.

5) 이 관계를 함수로 표현하면 비용함수가 된다.

〈그림 7-4〉 단기총생산곡선과 단기총비용곡선

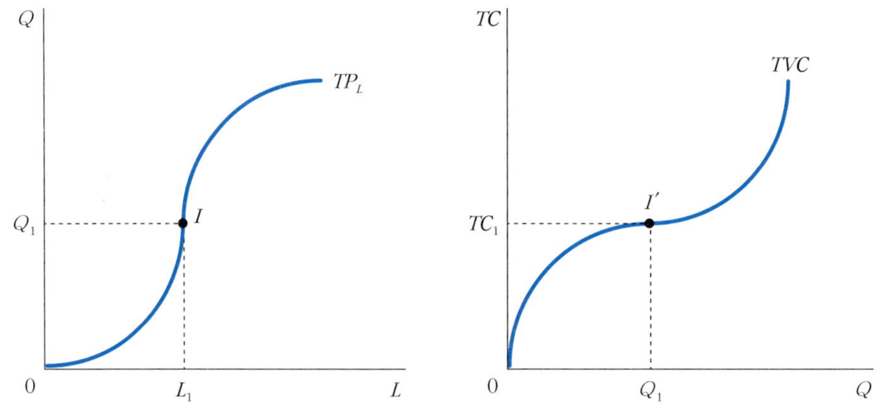

(a) 단기총생산곡선 (b) 단기총비용곡선

(MC)은 체감하며 반대로 한계노동생산(MP_L)이 체감하면 한계비용(MC)은 체증한다는 것을 알 수 있다. 〈그림 7-4〉의 (a) 단기총생산곡선과 〈그림 7-4〉의 (b) 단기총비용곡선은 쌍대관계를 나타내고 있다.

〈그림 7-4〉의 (a) 생산총곡선을 보면 원점에서 I점까지는 한계생산이 증가하고 I점 이후로는 한계생산이 감소하고 있다. 접선을 그려보면 알 수 있다. 접선의 기울기가 노동의 한계생산을 나타내기 때문이다. 〈그림 7-4〉의 (b) 총비용곡선을 보면 원점에서 I점까지는 한계비용이 감소하고 I점 이후로는 한계비용이 증가하고 있다. 역시 접선을 그려보면 알 수 있다. 접선의 기울기가 한계비용이기 때문이다.

여기서 총비용은 총고정비용(TFC) + 노동투입량(L) × 임금(w)이다. 총고정비용은 매몰비용(sunk cost)이여서 산출량수준과 관계없이 일정하고, 임금도 일정하다고 가정하고 있다. 따라서 총비용곡선의 기울기는 노동투입량의 변화율이 결정하게 된다.

7.3.2 고정비용곡선과 가변비용곡선

단기총생산비용을 수식으로 나타내면 $TC = TFC + TVC$이고,

〈그림 7 - 5〉 총고정비용곡선과 총가변비용곡선

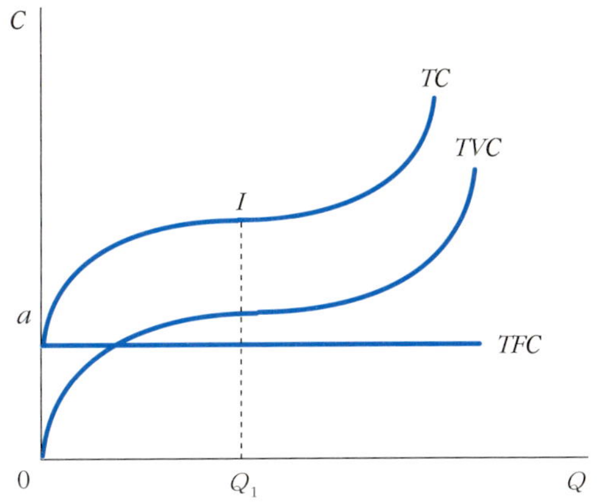

평균비용은 $AC=\frac{TC}{Q}$이고, 평균비용은 $AFC=\frac{TFC}{Q}$와 $AVC=\frac{TVC}{Q}$의 합이다.

총비용=총고정비용+총가변비용이고 그래프로 나타내면 〈그림 7 - 5〉와 같다.

〈그림 7 - 5〉에서 총고정비용은 산출량수준과 관계없이 일정하므로 a를 절편으로 하는 수평선으로 나타나게 된다. 따라서 총비용곡선은 총고정비용곡선과 총가변비용곡선을 수직으로 합하여 도출하게 된다. 〈그림 7 - 5〉에서 총비용곡선의 기울기는 총가변비용곡선의 기울기와 동일하게 나타난다.

7.3.3 평균비용곡선과 한계비용곡선

평균비용을 수식으로 나타내면 $AC=AFC+AVC$로 표현된다.

평균고정비용과 평균가변비용을 수식으로 나타내면 $AFC=\frac{TFC}{Q}$, $AVC=\frac{TVC}{Q}$가 된다. 평균비용[6]은 평균고정비용곡선과 평균가변비용곡선을 수직으로 합하여 도출할 수 있다. 따라서 평균고정비용곡선(AFC)은 수평축을 향하여 무한히 접근해 가고, 평균가변비용곡선(AVC)은 평균비용곡선(AC)을 향하여 평균고정비용곡선이 수평축을 향해 접근해 가는 만큼 무한히 상승해 간다.

6) 이하에서 총평균비용을 편의상 평균비용이라 하자.

〈그림 7-6〉 평균비용곡선

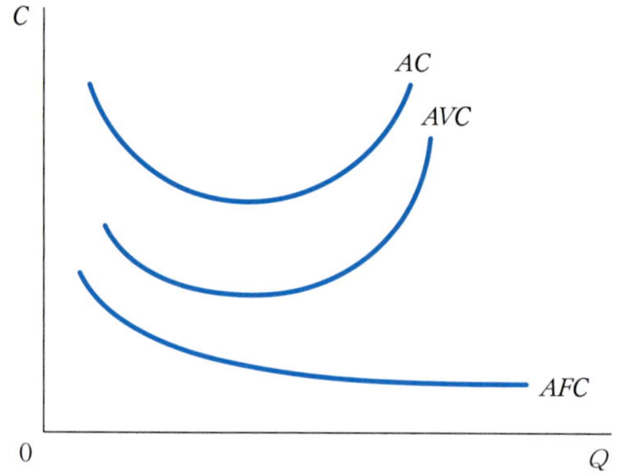

〈그림 7-7〉은 총비용곡선과 한계비용곡선 그리고 평균비용곡선과의 관계를 그래프로 나타내고 있다.

〈그림 7-7〉에서 한계비용곡선은 총비용곡선의 접선에 의하여 도출되었다. 총비용곡선의 변곡점 *I*는 한계비용곡선의 최저점을 의미한다. 총비용곡선의 접선의 기울기는 원점에서 변곡점인 *I*점까지 감소해 가다가 *I*점 이후부터는 증가해 가고 있다. 평균비용곡선은 총비용곡선과 원점을 출발하는 직선과의 교점에 의해서 도출되었다. 〈그림 7-7〉의 *S*점은 총비용곡선의 접점이면서 원점을 출발하는 직선과도 접하고 있다. 따라서 *S*점은 한계비용과 평균비용이 일치되는 점이다.

한계비용곡선과 평균비용곡선과의 관계를 살펴보면 평균비용이 한계비용보다 크면 평균비용은 감소하고, 평균비용이 한계비용보다 작으면 평균비용은 증가하게 된다. 또한 한계비용곡선은 반드시 평균비용곡선의 최저점을 통과해야만 한다. 평균비용곡선의 최저점은 평균이 변하지 않는 점을 말하며, 평균값이 일정하려면 한계값과 평균값이 동일하여야 한다.

〈그림 7-7〉 한계비용과 평균비용

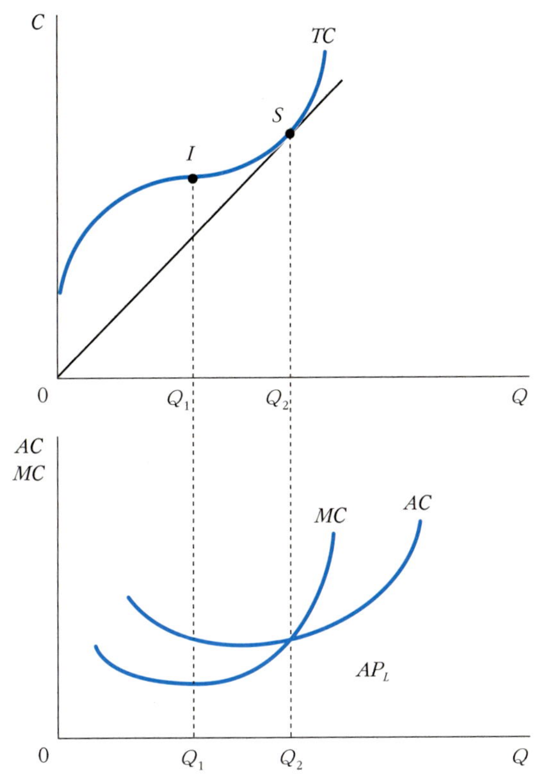

7.3.4 손익분기점과 조업중단점

평균비용곡선(AC)과 한계비용곡선(MC) 그리고 평균가변비용곡선(AVC)을 이용하여 조업중단점과 손익분기점에 대해 학습해보자. 〈그림 7-8〉에 나타난 B점을 조업중단점(shutdown point)이라 하고 A점을 손익분기점(break-even point)이라 한다.

기업은 한계비용이 평균가변비용보다 작거나 동일하면 생산을 중단하여야 한다. 한계비용은 곧 가격[7]이므로 가격이 평균가변비용보다 작다면 기업은 생산을 중단

7) 완전경쟁시장을 전제한다.

하는 것이 손실을 최소화하는 방책이다. 가격이 평균비용보다는 낮지만 적어도 평균가변비용보다 높다면 기업은 생산을 지속해야 한다. 왜냐하면 가격으로 평균가변비용을 차감하고 남는 여분으로 평균고정비용 일부를 차감할 수 있기 때문이다. 따라서 손실을 보고는 있지만 손실규모를 줄일 수 있는 합리적 선택이라 할 수 있다.

만약 가격이 평균가변비용보다 낮은 수준(B점 이하의 생산수준)이라면 생산에 따른 추가비용(평균가변비용)조차도 상쇄시키지 못하기 때문에 오히려 평균고정비용+평균가변비용에서 가격으로 차감한 나머지로 손실이 증대하게 된다.

〈그림 7-8〉의 A점(손익분기점)은 평균비용곡선과 한계비용곡선이 교차하는 점이다. 총비용은 평균비용×생산량($AC \times Q$)이고 총수입은 가격×생산량($P \times Q$)이다. 그런데 가격=한계비용(완전경쟁시장의 균형)이라면 총비용(TC)과 총수입(TR)은 같아지게 된다. 따라서 A점은 손익분기점이다.

A점을 지나서 생산이 증가하면 한계비용이 평균비용보다 높아지므로 초과이윤이 발생한다는 것을 알 수 있다. 손익분기점을 수식으로 나타내면 $TR = MC(=P) \times Q$이고, 기업의 총비용은 $TC = AC \times Q$이다. 따라서 손익분기점(breakeven point)은 A점이고 기업은 Q_A 이상의 생산규모를 유지할 때 초과이윤을 얻을 수 있다는 것을 알 수 있다.

〈그림 7-8〉 조업중단점과 손익분기점

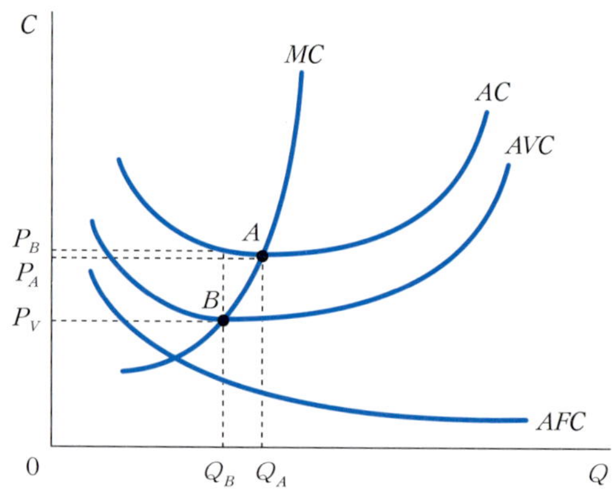

기업은 조업중단점 이상에서 생산하고 한계비용곡선(MC)을 따라 생산을 증대시키게 된다. 시장이론에서 자세히 학습하게 되겠지만 $P=MC$조건은 이윤극대화 조건을 충족하는 것이다. 따라서 완전경쟁시장에서 기업의 단기공급곡선은 $AVC=MC$점 이상의 MC곡선이 된다. 수요·공급이론에서의 공급곡선은 한계비용곡선을 의미한다는 것을 알 수 있다.

7.4 장기생산비용곡선

7.4.1 장기생산비용곡선이란?

장기생산함수에서는 노동과 자본 모두가 가변투입요소로써 변수가 된다. 단기생산함수의 경우에는 노동은 가변투입요소이고 자본은 고정투입요소로서 노동만이 변수였는데 장기생산함수에서는 노동과 자본 모두 변수가 된다.

따라서 기업은 비용의 최소화를 위하여 생산량을 조절할 뿐만 아니라 생산규모, 즉 생산설비를 조절하여야 한다. 생산규모(생산설비)를 조절한다는 것은 자본의 투입량을 조절한다는 것을 의미한다.

장기생산함수와 쌍대관계에 있는 장기비용함수도 규모의 증감에 의해 영향을 받게 된다. 또한 기업이 생산규모를 조절하는 경우 규모의 경제(economies of scale)나 규모의 불경제(diseconomies of scale)현상이 나타날 수 있으며 장기비용곡선의 형태를 결정한다.

7.4.2 장기 평균비용곡선과 장기 한계비용곡선

장기에서는 생산규모(자본량)의 변동에 따라 비용의 크기가 영향을 받는다. 장기적인 개념에서 최소비용으로 생산가능한 생산규모의 최적수준이 중요하다. 생산

〈그림 7－9〉 장기평균비용곡선(LAC)

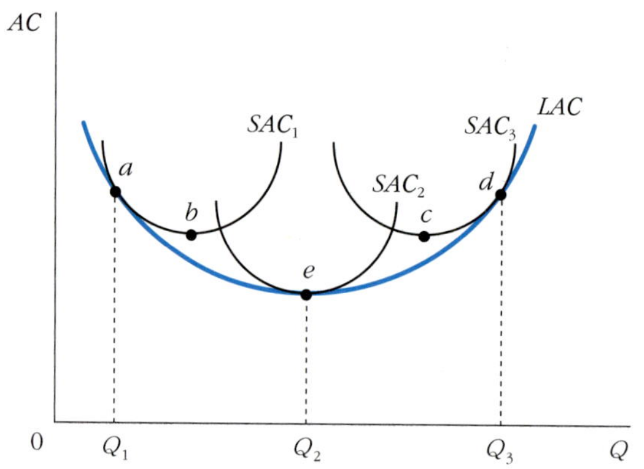

규모의 최적수준을 판단하고 최적규모의 조건을 이해하기 위해 장기 평균비용곡선과 장기한계비용곡선에 대해 학습해 보자. 〈그림 7－9〉에는 단기평균비용곡선에 의해 장기평균비용곡선이 도출되어 있다.

장기평균비용곡선은 단기평균비용곡선들에 대한 포락선(envelop curve)이다. 단기평균비용곡선이 U자형인 이유는 낮은 산출량수준에서는 평균고정비용이 급속히 줄어드는 경향이 있고, 높은 산출량 수준에서는 평균가변비용이 급속히 증가하는 경향이 있기 때문이다. 〈그림 7－8〉에서 평균가변비용곡선과 평균고정비용곡선의 모양을 보면 이해에 도움이 된다.

단기평균비용곡선 SAC_1에 직면하고 있는 기업의 경우에는 b점 생산규모의 설비투자를 하여 a점에서 가동하는 것이 효율적이다. 이유는 장기평균비용이 감소하고 있기 때문이며, 즉 규모의 수익이 체증하는 경우에는 〈그림 7－9〉에서 c점보다 a점이 낮은 비용수준에 있게 된다.

단기평균비용곡선 SAC_3에 직면하고 있는 기업의 경우에는 c점 생산규모의 설비투자를 하여 d점에서 가동하는 것이 효율적이다. 이유는 장기평균비용이 증가하고 있기 때문이며, 즉 규모의 수익이 체감하는 경우에는 〈그림 7－9〉에서 d점보다 e점이 낮은 비용수준에 있게 된다.

단기평균비용곡선 SAC_2에 직면하고 있는 기업의 경우에는 최저점인 e점과 장기

〈그림 7-10〉 장기한계비용곡선과 생산의 최적규모

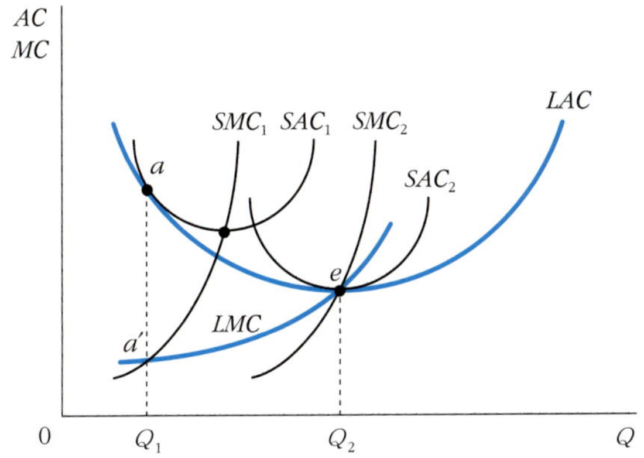

평균비용곡선의 최저점이 일치하고 있다는 것을 알 수 있다. 이것은 규모를 늘리거나 줄이더라도 장기평균비용은 최저수준에서 변하지 않는 점이다. 따라서 생산규모를 늘리거나 줄여야 할 이유가 없게 되므로 e점의 생산규모의 설비투자를 하여 e점에서 가동하는 것이 효율적이다.

〈그림 7-10〉은 단기평균비용곡선(SAC)과 장기평균비용곡선(LAC), 그리고 장기한계비용곡선(LMC) 간의 관계를 나타낸 그래프이다. LAC곡선과 LMC곡선이 교차하는 e점에서는 적정시설규모와 적정가동수준이 일치하고 있으며 단기평균비용과 장기평균비용 모두가 최저점에 있다.

따라서 e점은 생산의 최적규모(optimum scale of plant) 또는 장기최적생산수준이다. e점을 수식으로 표현하면 $LAC = LMC = SAC_2 = SMC_2$로 나타나고 이런 조건하에서 최적생산규모 또는 장기최적생산수준이 충족된다.

7.4.3 규모에 대한 보수와 장기비용곡선

규모에 대한 보수가 불변인가, 체감하는가, 체증하는가에 따라 장기평균비용곡선은 그 형태가 달라진다. 생산과 비용은 쌍대관계이므로 규모에 대한 보수불변은 규모에 대한 비용불변, 규모에 대한 보수체증은 규모에 대한 비용체감, 규모에 대

〈그림 7 - 11〉 장기평균비용곡선(규모에 대한 보수불변)

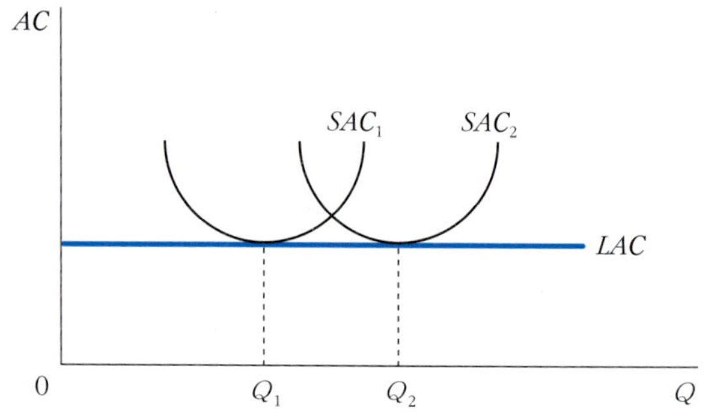

한 보수체감은 규모에 대한 비용체증과 동일한 개념이다.

첫째, 규모에 대한 보수가 불변(비용불변)인 경우, 장기평균비용곡선(LAC)은 〈그림 7 - 11〉과 같다. 생산요소가격이 일정할 경우 규모에 대한 보수가 불변이라면 산출량과 총생산비용은 정비례 관계에 있다. 따라서 장기평균비용은 일정한 수준에서 불변이고 장기평균비용곡선(LAC)은 수평이다.

둘째, 규모에 대한 보수체증(비용체감)의 경우 장기평균비용곡선(LAC)은 〈그림 7 - 12〉와 같이 우하향하는 형태로 나타난다. 규모에 대한 보수가 체증한다는 것은 생산규모를 확대할 때 생산비의 증가속도가 산출량의 증가속도보다 상대적으로 느

〈그림 7 - 12〉 장기평균비용곡선(규모에 대한 보수체증)

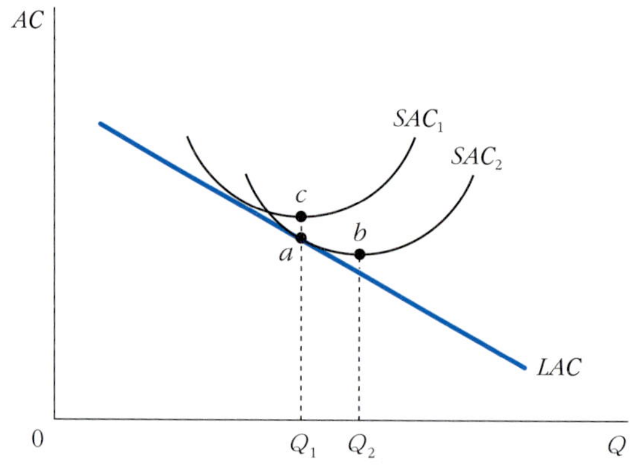

리게 증가한다는 것을 의미한다. 따라서 장기평균비용은 감소하게 되고 장기평균비용곡선은 우하향하는 형태를 가진다. 〈그림 7 - 12〉에서 기업은 Q_1의 산출목표를 가질 때 Q_2의 시설규모를 선택하여 Q_1수준에서 가동하는 것이 보다 효율적임을 알 수 있다. 만약 Q_1수준의 시설규모를 가지고 가동한다면 평균비용이 최저수준이더라도 c점에 해당한다. 그런데 Q_2의 시설규모를 선택하여 Q_1수준에서 가동하는 경우 평균비용은 a점 수준이므로 보다 효율적인 생산규모임을 알 수 있다.

셋째, 규모에 대한 보수체감(비용체증)의 경우 장기평균비용곡선(LAC)은 〈그림 7 - 13〉과 같이 우상향하는 형태로 나타난다.

규모에 대한 보수가 체감한다는 것은 생산규모가 확대될 때 생산비의 증가속도가 산출량의 증가속도보다 상대적으로 빠르게 증가한다는 것을 의미한다. 따라서 장기평균비용은 증가하게 되고 장기평균비용곡선은 우상향하게 된다.

〈그림 7 - 13〉에서 기업이 Q_2의 산출목표를 가질 때 Q_1의 시설규모를 선택하여 Q_2수준에서 가동하는 것이 보다 효율적임을 알 수 있다. 만약 Q_2수준의 시설규모를 가지고 가동한다면 평균비용이 최저수준이더라도 d점 수준임을 알 수 있다. Q_1의 시설규모를 선택하여 Q_2수준에서 가동하면 평균비용은 d수준보다 낮은 e수준이므로 Q_2시설규모보다 효율적인 생산수준규모임을 알 수 있다.

한편, 지금까지 장기평균비용(LAC)곡선에 대한 많은 실증연구들은 장기평균비

〈그림 7 - 13〉 장기평균비용곡선(규모에 대한 보수체감)

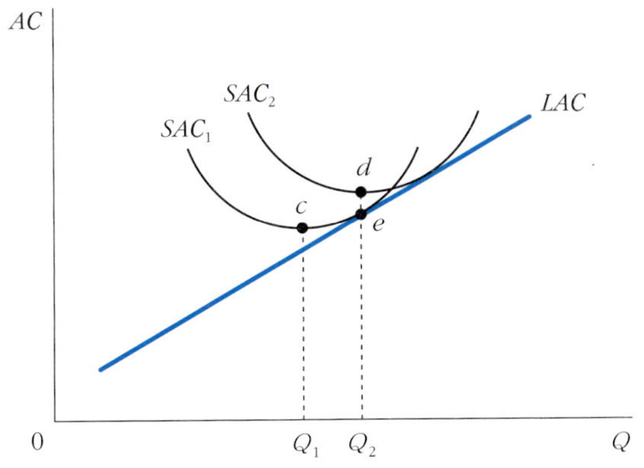

용(*LAC*)곡선이 U자 형태가 아닌 완만한 L자 형태임을 논증하고 있다. 완만한 L자 형태의 장기평균비용곡선은 산출량이 낮은 수준의 경우에는 생산에 대한 규모의 경제효과가 크게 나타나지만 산출량이 높은 수준에 이르게 되면 생산에 대한 규모의 경제효과가 미약해지다가 사라져 버리게 된다는 것을 의미한다. 또한 기업의 규모가 커짐에 따라 발생하는 경영의 비효율성이 규모의 경제로 발생한 효율성을 상쇄하기 때문이다.

7.4.4 범위의 경제

1. 범위의 경제란?

범위의 경제(economy of scope)는 규모의 경제와는 다르게 한 기업이 여러 가지 재화를 동시에 생산하는 경우 발생하는 효율성을 말한다. 여러 기업이 각각 한 가지의 재화를 생산하는 경우보다 여러 가지 재화를 한 기업이 동시에 생산할 때 생산비용이 감소하는 현상을 말한다.

2. 범위의 경제가 발생하는 이유

① 범위의 경제는 한 기업이 여러 가지 재화를 생산하는 과정에서 생산요소를 공동으로 이용할 수 있다는 효율성을 가진다.

② 범위의 경제는 한 기업이 여러 가지 재화를 생산하는 과정에서 하나의 경영조직으로 효율성을 확보할 수 있다.

③ 범위의 경제는 한 기업이 여러 가지 재화를 생산하는 과정에서 하나의 생산과정에서 나오는 부산물을 다른 생산물에 투입하는 결합생산의 효율성을 확보할 수 있다.

3. 규모의 경제와 범위의 경제

규모의 경제와 범위의 경제는 연관성이 전혀 없는 서로 다른 독립된 경제적 개념이다. 따라서 규모의 경제가 발생하는 상황에서 범위의 경제가 발생할 수 있고, 범위의 경제가 발생하는 상황에서 규모의 경제가 발생할 수도 있다.

7.5 기업이윤극대화

7.5.1 기업의 이윤극대화 조건

기업은 이윤을 극대화가 위해서 생산과 비용측면뿐만 아니라 기업의 수입측면까지 고려되어야 한다. 즉, 기술적으로 최대생산을 다루는 생산함수, 비용측면에서 최소비용을 다루는 비용함수, 그리고 이윤극대화 조건을 다루는 이윤함수가 필요하다.

따라서 기업의 이윤극대화는 최대수입과 최소비용의 관점에서 다루어진다. 기업의 최대수입조건을 알기 위해서 최적산출량수준과 최적 가격수준을 밝혀내야 한다.

총비용과 산출량과의 관계를 $TC=TC(Q)$라 하고, 총수입과 산출량과의 관계를 $TR=TR(Q)$라 하자.

이윤과 산출량과의 관계를 수식으로 표현하면 $\pi(Q)=TR(Q)-TC(Q)$가 되는데, 이것을 이윤함수라 한다.

여기서 이윤함수가 극댓값을 갖는 조건을 수학적으로 도함수의 제1계조건과 제2계조건이라 한다.

첫째, 기업의 이윤이 극대화되기 위해서는 한계수입과 한계비용이 같아야 된다. (도함수의 제1계조건)

$\pi'(Q)=TR'(Q)-TC'(Q)=0$

$TR'(Q)=MR$, $TC'(Q)=MC$이므로

$MR-MC=0$

따라서 $MR=MC$의 조건이 성립되어야 한다.

둘째, 기업의 이윤이 극대화되기 위해서는 한계비용곡선의 기울기가 한계수입곡선의 기울기보다 커야 한다(도함수 제2계조건).

$$\frac{d^2\pi}{dQ^2} = TR''(Q) - TC''(Q) < 0$$

$TR''(Q) = MR'$, $TC''(Q) = MC'$이다.

$MR' - MC' < 0$

따라서 $MR' < MC'$의 조건을 충족하여야 한다.

〈그림 7-14〉에서 기업의 이윤극대화 제1계 조건인 한계수입(MR)과 한계비용(MC)이 일치하는 산출량수준은 Q_1과 Q_2가 된다. 산출량 Q_1수준을 보면 이윤극대화의 필요조건(제1계조건)은 충족하나 충분조건(제2계조건)은 위배된다는 것을

〈그림 7-14〉 기업의 이윤극대화 조건

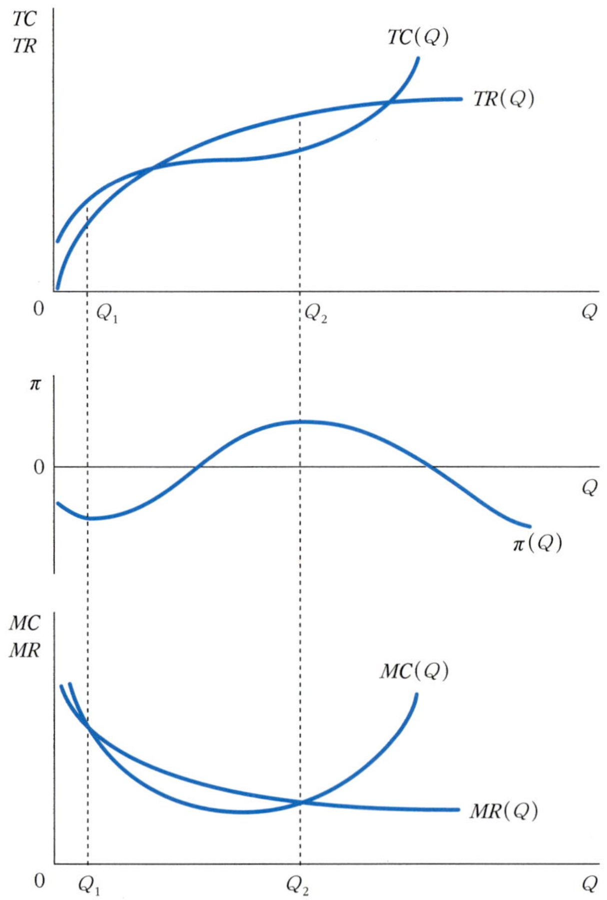

알 수 있다. 한계수입곡선의 기울기가 한계비용곡선의 기울기보다 크기 때문이다. 따라서 산출량 Q_1수준에서는 이윤극대화가 달성되지 않는다. 두 번째 그래프의 이윤곡선을 보면 Q_1수준에서는 이윤이 음의 값을 가진다는 것을 알 수 있다.

한편, 산출량 Q_2수준을 보면 기업의 이윤극대화의 필요조건(제1계조건)인 한계수입(MR)과 한계비용(MC)이 교차하고, 기업의 이윤극대화의 충분조건(제2계조건)인 한계비용곡선의 기울기가 한계수입곡선의 기울기보다 크다는 것을 알 수 있다.

충분조건을 그래프로 나타내면 한계비용곡선이 한계수입곡선을 아래에서 위로 교차해야 한다. 따라서 산출량 Q_2수준에서 기업은 이윤극대화조건을 달성하고 있는 것이다. 〈그림 7-14〉에서 두 번째 그래프인 이윤곡선은 양의 값을 가지며 극대점을 나타내고 있다.

7.5.2 한계수입곡선과 이윤극대화

수요함수는 $P=-2Q+10$이라 하자. 이 수요함수를 이용하여 평균수입곡선과 한계수입곡선을 도출해 보자.

수리적으로 정리하면 기업의 총수입은 $TR=P\cdot Q$

평균수입은 $AR=\frac{TR}{Q}=\frac{P\cdot Q}{Q}=P$이므로 평균수입은 곧 수요함수이고

〈그림 7-15〉 평균수입곡선과 한계수입곡선

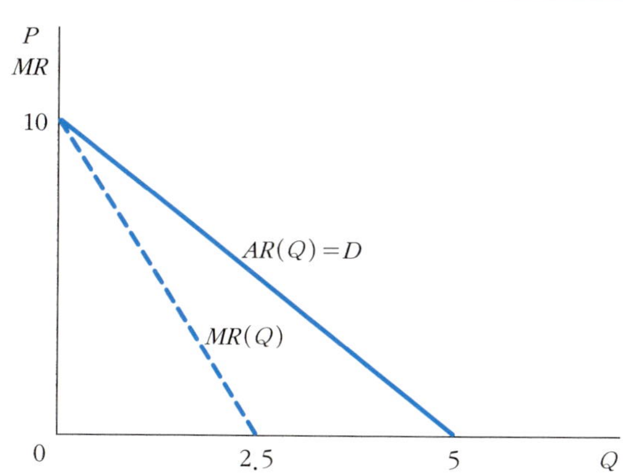

$AR=-2Q+10$와 같다.

한편 총수입함수는 $TR=-2Q^2+10Q$이고

이를 미분하면 한계수입함수 $MR=-4Q+10$이 된다.

〈그림 7-15〉는 평균수입곡선 $AR=-2Q+10$, 그리고 한계수입곡선을 $MR=-4Q+10$을 나타내고 있다. 〈그림 7-15〉에서 한계수입곡선(MR)은 평균수입곡선(AR)보다 기울기가 2배 가파른 곡선이란 것도 알 수 있다.

〈그림 7-16〉에서는 한계수입(MR)과 총수입(TR) 그리고 수요의 가격탄력성(ε_p)과 한계수입(MR)과의 관계를 나타내고 있다. 〈그림 7-15〉에 도출된 AR곡선과 MR곡선과 함께 기업의 총수입곡선을 연계한 그래프이다. 〈그림 7-16〉에서 한계수입(MR)이 0이면 기업의 총수입(TR)은 극대가 됨을 알 수 있다. 또한 수요의 가격탄력성(ε_p)이 1일 때 한계수입은 0이 되어, 기업의 총수입(TR)은 극대가 된다.

수요의 가격탄력성(ε_p)이 1보다 큰 영역에서는 한계수입(MR)이 양(+)의 값을

〈그림 7-16〉 한계수입과 총수입과의 관계

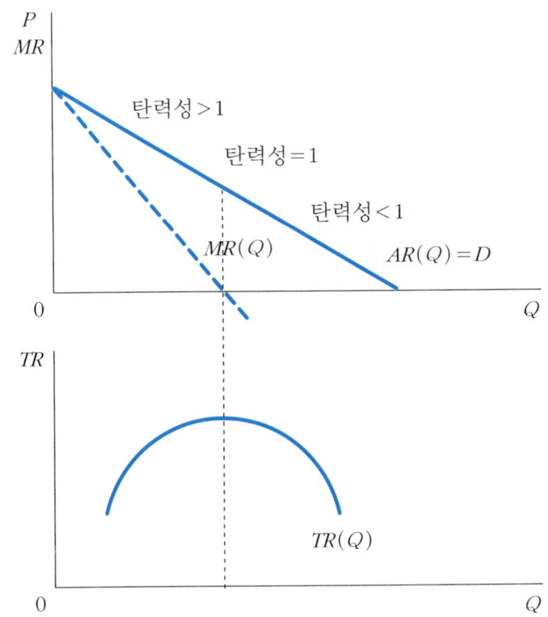

가지게 되고 기업의 총수입은 증가하게 된다. 수요의 가격탄력성(ε_p)이 1보다 작은 영역에서는 한계수입(MR)은 음(−)의 값을 가지게 되고 기업의 총수입은 감소하게 된다.

한계수입(MR)과 총수입(TR)과의 관계를 수식으로 정리하면

아모로소−로빈슨(Amoroso-Robinson) 공식 $MR=P(1-\frac{1}{\varepsilon_p})$이 된다.

수식의 전개과정은 $\frac{dTR}{dQ}=\frac{d(P\cdot Q)}{dQ}=P+Q\frac{dP}{dQ}=P(1+\frac{Q}{P}\frac{dP}{dQ})=P(1-\frac{1}{\varepsilon_p})$ 이다.

따라서 $MR=P(1-\frac{1}{\varepsilon_p})$의 관계가 성립한다.

수요의 가격탄력성(ε_p)이 1보다 큰 영역에서는 ( ) 안의 값이 양(+)의 값을 갖게 되어 한계수입(MR)은 양(+)의 값을 가지게 되고, 수요의 가격탄력성(ε_p)이 1보다 작은 영역에서는 ( ) 안의 값이 음(−)의 값을 갖게 되어 한계수입(MR)은 음(−)의 값을 가지게 된다.

읽을거리 7.2

이윤극대화가설과 대체가설

전통적으로 생산자이론의 기본전제로써 받아들여져 온 기업의 이윤극대화가설은 여러 가지 측면에서 비판받고 있을 뿐만 아니라 새로운 대체가설들이 등장하고 있는 상황이다. 하지만 아직까지 이윤극대화가설을 전적으로 대체할 수 있는 새로운 대체가설은 나타나지 않고 있다. 이윤극대화가설의 한계와 대체가설의 개요를 정리하면 다음과 같다. 첫째 이윤극대화가설의 한계를 정리하면 ① 이윤극대화가설은 기업의 목적을 지나치게 이윤 하나만으로 단순화시킨다는 것이다. 주식회사의 경우 경영진의 입장에서는 기업의 이윤극대화보다는 오히려 기업의 규모에 따르는 경영진의 위신이나 사회적 지명도를 기업의 목표로 삼을 수 있을 것이며, 기업의 안정이나 성장 또는 시장점유율의 극대화에 목적을 둘 수 있을 것이다. ② 이윤극대화가설은 현실경제에 대한 현실설명능력이나 현실적용능력에 한계가 있다는 것이다. 실제로 경영인들은 기업경영에 이윤극대화가설을 적용하는 사례가 드문 것으로 조사되고 있으며, 한계비용과 한계수입을 정확하게 계산하는 데 필요한 정보를 충분히 확보하지 못한다는 것이다. 하지만 아직도 대부분의 경제학자들은 이윤극대화가설을 보편적으로 인정하고 있으며, 이윤극대화가설의 타당성을 주장하고 있다.[8] 둘째, 이윤극대화가설에 대한 대체가

8) 이 가설은 프리드만(M. Friedman)과 매클럽(F. Machlup)의 업적이다.

설들을 정리하면 다음과 같다. ① 장기이윤극대화 가설이 있다. 단기적으로 기업은 손실에 해당하는 행위일지라도 장기적인 전략하에서 이윤으로 전환될 수 있다는 주장이다. ② 제약된 이윤극대화가설이 있다. 기업은 이윤을 극대화함에 있어 무제한적으로 행동하는 것이 아니라 기업이 설정해 놓은 일정한 범위 안에서 이윤을 극대화하기 위해 행동한다는 주장이다. ③ 만족이윤가설이 있다. 이 가설은 복잡하고 급변하는 현대의 환경 속에서 기업들은 불확실성에 직면하고 있다. 따라서 이윤극대화를 위한 최적선택은 정보부족으로 인하여 불가능성이 높다는 것이다. 따라서 기업은 이윤의 극대화보다는 적절한 만족을 현실적인 기업의 목표로 삼는 다는 주장이다.[9] ④ 수입극대화가설 또는 매상고극대화가설이다.[10] 이 가설은 경영자들이 최저이윤을 전제로 이윤극대화보다는 수입극대화를 추구할 가능성이 높다는 주장이다.

9) 이 가설은 사이먼(H. Simon)의 업적이다.

10) 이 가설은 보몰(W.J. Baumol)의 업적이다.

연습문제

EXERCISE

주관식 연습문제

1. 명시적 비용과 묵시적 비용을 설명하라.

2. 사적비용과 사회적 비용을 설명하라.

3. 매몰비용(sunk cost)과 한계비용(marginal cost)을 비교하라.

4. 콩코드오류와 같은 사례를 제시해 보라.

5. 등비용선과 생산요소선택가능곡선을 그림을 그려 설명하라.

6. 등비용선의 수평이동과 기울기의 변동의 차이를 그림을 그려 설명하라.

7. 생산자균형점을 그림으로 설명하고 그 조건을 수식으로 정리하라.

8. 총비용(TC), 총고정비용(TFC), 총가변비용(TVC), 평균비용(AC), 평균고정비용(AFC), 평균가 변비용(AVC), 한계비용(MC)을 그림을 그려 비교하라.

9. 손익분기점(break-even point)과 조업중단점(shutdown point)을 그림을 그려 설명하라.

10. 규모의 경제와 규모의 불경제를 장기평균비용곡선을 그려 설명하라.

11. 규모의 경제(economy of scale)와 범위의 경제(economy of scope)의 차이점을 설명하라.

12. 이윤극대화 조건을 이윤함수를 전개하여 수식으로 정리하라.

13. 평균수입곡선(AR)과 한계수입곡선(MR) 그리고 수요곡선과의 관계를 그림을 그려 설명하라.

14. 아모로소 – 로빈슨(Amoroso-Robinson)공식으로 총수입(TR)과 한계수입(MR), 그리고 수요의 가격탄력성과의 관계를 설명하라.

15. 이윤극대화가설과 대체가설에 대해 설명하라.

객관식 연습문제

1. 가변생산요소가 하나인 기업의 단기비용곡선에 관한 설명으로 옳지 않은 것은?(단, 평균비용곡선은 U자 모양, 고정비용 존재, 생산요소가격은 불변) 〔감정평가사〕

① 생산량이 증가함에 따라 한계비용이 증가할 때 한계생산물이 체감한다.
② 평균가변비용곡선의 최저점은 평균총비용곡선의 최저점보다 좌측에 위치한다.
③ 한계비용이 평균총비용보다 작을 때 평균총비용이 상승한다.
④ 한계비용곡선은 평균총비용곡선의 최저점을 통과한다.
⑤ 생산량이 증가함에 따라 평균고정비용이 감소한다.

2. 단기와 장기의 비용곡선 간의 관계를 설명한 것이다. 다음 설명 중 옳지 않은 것은?

〔국회 8급〕

① 단기총비용곡선은 장기총비용곡선과 한 점에서만 접한다.
② 단기평균비용곡선의 최저점은 장기평균비용곡선의 최저점과 항상 일치하지는 않는다.
③ 단기와 장기의 총비용곡선이 서로 접하는 산출량 크기에서 단기와 장기의 한계비용곡선도 서로 접한다.
④ 단기와 장기의 총비용곡선이 서로 접하면 단기와 장기의 평균비용곡선도 서로 교차한다.
⑤ 단기평균비용곡선은 장기평균비용곡선과 한 점에서만 접한다.

3. 비용을 최소화하는 기업 A의 생산함수는 $Q=\min(2L,\ K)$이다. 노동시장과 자본시장은 모두 완전경쟁시장이고 W는 임금률, R은 자본의 임대가격을 나타낸다. $W=2$, $R=5$일 때 기업 A의 한계비용곡선은? 〔공인노무사〕

① $MC=3Q$ ② $MC=7Q$ ③ $MC=3$
④ $MC=6$ ⑤ $MC=7$

4. 기업의 비용을 최소화하는 생산함수는 $Q=L^{0.5}K$이다. 이에 관한 설명으로 옳지 않은 것은? 〔공인노무사〕

① 규모에 대한 수익이 체증한다.
② 노동투입량이 증가할수록 노동의 한계생산은 감소한다.
③ 노동투입량이 증가할수록 자본의 한계생산은 증가한다.
④ 노동과 자본의 단위당 가격이 동일할 때 자본투입량은 노동투입량의 2배이다.
⑤ 자본투입량이 증가할수록 자본의 한계생산은 증가한다.

5. 어떤 운전사가 가솔린도 넣고 자동차도 씻으려고 한다고 하자. 그런데 휘발유 19ℓ를 넣으면 1ℓ에 370원이고, 세차비는 1,000원이지만 가솔린 20ℓ를 사면 차는 무료로 씻어 준다고 한다. 그렇다면 이 때 20번째의 가솔린 1ℓ는 얼마의 한계비용을 가지느냐?

〔감정평가사〕

① 370원 ② 1,000원 ③ 0원 ④ 630원 ⑤ −630원

6. 다음 중 한계비용이 상승할 때 평균비용의 상태는? 〔감정평가사〕

① 감소하다 증가한다. ② 증가하다 감소한다. ③ 계속 증가한다.
④ 계속 감소한다. ⑤ 변함이 없다.

7. 어떤 기업의 생산량을 100단위로 하였을 때 평균가변비용은 30원, 한계비용은 40원, 평균비용은 50원이었다. 이 공장의 고정비용은 얼마인가? 〔감정평가사〕

① 6,000원 ② 4,000원 ③ 2,000원 ④ 1,000원 ⑤ 500원

8. 어느 기업의 총비용함수가 $TC(Q)=20Q^2-15Q+4,500$일 때, 평균비용을 최소화하는 생산량은? 〔국가직 9급〕

① 10 ② 15 ③ 20 ④ 25

9. A라는 시멘트 회사의 단기비용함수가 $C=200+2Q^2$이라고 하면 생산량(Q)이 100톤일 때 평균가변비용은? 〔공인회계사〕

① 4 ② 20 ③ 40 ④ 200 ⑤ 400

10. A기업은 자본과 노동의 생산요소만을 사용하여 생산활동을 하고 있으며, 각 생산요소의 한계생산물은 각 생산요소의 투입이 증가함에 따라 체감한다. A기업은 이윤극대생산량을 생산하고 있었지만, 최근 임금에 변화가 생겨 고용량을 조정하려 한다. 노동의 투입량을 증가시켜 이윤을 항상 증가시킬 수 있는 경우는? 〔국가직 9급〕

① 기업의 고정비용이 상승하는 경우
② 임금이 자본비용보다 낮을 경우
③ 자본의 한계생산물이 노동의 한계생산물보다 작은 경우
④ 임금이 자본비용보다 낮고, 자본의 한계생산물이 노동의 한계생산물보다 작은 경우

11. '규모에 대한 수익불변'에 관한 아래 서술 중 틀린 것은? 〔공인감정사〕

① U형의 단기평균비용곡선을 갖는다.
② U형의 장기평균비용곡선을 갖는다.
③ 요소의 평균 및 한계생산물은 요소비율에 의하여 결정된다.
④ 오일러 정리가 적용된다.
⑤ 등량선이 원점에 대해 볼록하다.

12. Ⓐ~Ⓒ에 들어갈 내용으로 옳은 것은? 〔국가직 9급〕

단기에 기업의 평균총비용곡선은 생산량 증가에 따라 평균총비용이 처음에는 하락하다가 나중에 상승하는 U자 형태를 갖는다. 평균총비용이 처음에는 하락하는 이유는 생산량이 증가함에 따라 (Ⓐ)이 하락하기 때문이다. 평균총비용이 나중에 상승하는 이유는 (Ⓑ)의 법칙에 따라(Ⓒ)이 증가하기 때문이다.

–Ⓐ– –Ⓑ– –Ⓒ–

① 평균고정비용, 한계생산체감, 평균가변비용
② 평균고정비용, 규모수익체감, 평균가변비용
③ 평균가변비용, 한계생산체감, 평균고정비용
④ 평균가변비용, 규모수익체감, 평균고정비용

13. A기업의 생산함수는 매 기간 $C(Y)=Y^2$이다. A기업이 두 기간(1기, 2기)에 총 100만큼의 Y재를 생산하고 비용최소화전략을 취하고 있을 때 옳은 것은?(단, 두 기간의 현재가치는 차이가 없다.) 〔국가직 9급〕

① 생산비용함수는 한계비용체감을 나타낸다.
② 생산비용함수는 규모에 대한 수익불변을 나타낸다.
③ 1기와 2기에 각각 50을 생산할 것이다.
④ 두 기간의 생산량 합이 100이면 1기와 2기에 각각 얼마를 생산해도 상관없다.

14. 비용에 대한 설명으로 옳은 것은? 〔지방직 7급〕

① 매몰비용은 경제적 의사결정을 하는 데 있어서 고려되어서는 안 된다.

② 공장부지나 재판매가 가능한 생산시설을 구입하는 데 지출된 비용은 고정비용이자 매몰비용이다.

③ 평균비용곡선이 U자 형태로 되어있을 때, 한계비용곡선은 평균비용곡선의 최저점을 통과 할 수 없다.

④ 수입보다 비용이 커서 손실이 발생한 기업은 조업을 중단하여야 한다.

제 8 장

시장이론

제 8 장

미시경제학에서 시장은 생산물시장(output market)과 생산요소시장(input market)으로 나뉜다. 생산물시장에서는 가계가 수요자이고 기업은 공급자이다. 하지만 생산요소시장에서는 두 경제주체의 역할이 서로 바뀌게 되어, 가계는 공급자이고 기업은 수요자가 된다. 시장이론은 생산자이론의 일부라 할 수 있다. 지금까지 학습한 생산이론과 비용이론을 바탕으로 기업의 이윤극대화가 시장에서 성립하기 때문이다. 기업은 시장에서 이윤을 극대화할 수 있는 가격과 산출량을 결정할 수 있다. 그런데 시장은 시장의 경쟁정도에 따라 완전경쟁시장, 독점시장, 과점시장, 독점적 경쟁시장으로 나뉜다. 따라서 시장이론에서는 시장구조에 따라 달라지는 기업의 이윤극대화 조건을 충족하는 시장균형에 대해 학습하게 된다. 우리는 생산이론에서 이미 기업의 생산극대화와 비용극소화조건에 대해 학습한 바 있다. 하지만 기업이 생산극대화와 비용극소화 조건을 충족하는 생산량 수준을 결정한다 해도 이윤극대화를 달성하기 위해서는 가격수준을 결정해야 한다. 이윤극대화란 생산의 극대화뿐만 아니라 기업의 수입이 극대화되고 비용이 극소화될 때 달성되기 때문이다. 따라서 시장이론이란 기업의 수입극대화($P \times Q$)와 관련한 중요한 두 변수 가격(P)과 산출량(Q)결정에 관한 모형이라 할 수 있다. 제8장에서는 ① 완전경쟁시장, ② 독점시장, ③ 과점시장, ④ 독점적 경쟁시장, ⑤ 게임이론을 설명하고 있다.

8.1 완전경쟁시장

8.1.1 완전경쟁시장의 성립조건

경쟁이란 개념은 시장구조에 관련된 특성, 또는 수요자나 공급자의 행위에 관련된 특성을 반영하고 있다. 완전경쟁시장이란 가장 이상적인 시장구조에 가깝다. 완전경쟁시장의 성립조건을 모두 충족하는 실제시장은 거의 존재하지 않는다. 그럼에도 불구하고 이론적으로는 완전경쟁시장을 가장 많이 가정하고 있다. 완전경쟁시장은 이론의 체계성을 확보하는데 여러 가지 편리한 이점을 가지기 때문이다.

완전경쟁시장(perfect competition market)이 성립되기 위해서는

첫째, 각 경제주체는 가격수용자(price taker)이어야 한다. 개별적인 경제주체가 가격설정에 영향을 미칠 수 없을 정도로 참여자의 수가 많아야 한다.

둘째, 이 시장에 공급되는 모든 동종의 상품은 동질적이어야 하고, 수요자 입장에서 어느 공급자든 무차별하여야 한다.

셋째, 모든 경제적 자원들이 자유롭게 시장에 진입하고 이탈할 수 있어야 한다. 또한 모든 경제주체들의 진입과 이탈이 자유로워야 한다.

넷째, 모든 경제주체들이 완전한 정보를 가지고 있어야 한다. 상품의 생산, 가격, 시장 등 상품과 관련된 모든 정보를 인지하고 있어 정보의 비대칭적인 현상을 일으키지 않아야 한다.[1)]

소비자의 정보탐색행위는 소비자의 구매량이 커질수록, 탐색된 정보의 유효기간이 길어질수록 활발해지며, 소비자의 정보탐색비용은 소비자의 시간당 급여가 작을수록 소비자의 교육수준이 높을수록 작아진다는 연구결과가 있다.[2)]

이와 같은 조건들을 충족하는 현실적인 시장은 농산물시장이나 증권시장 정도에 지나지 않으며, 장기적으로 충족될 수 있는 가능성이 높다.

한편, 클라크(J.M. Clark)는 완전경쟁시장의 성립은 현실적으로 불가능다고 주장하면서 대체 개념으로 유효경쟁(workable competition, effective competition)을 주장한 바 있다. 유효경쟁시장은 완전경쟁시장조건인 다수의 기업과 소비자, 상품의 동질성, 진입이탈의 자유 등이 완벽하지 않더라도 기업 간에 실질적인 경쟁으로 시장가격이 한계비용수준에 근접한 시장으로 정의된다. 또한 보몰(W. Baumol)과 윌릭(R. Willig)은 경합시장(contestable market)의 개념을 제시하면서 기업의 시장 진입이탈비용이 없는 자유로운 경합시장을 현실적 대안으로 제시한 바 있다. 유효

1) 가격수용자의 조건과 진입이탈의 자유에 관한 조건을 충족하고 있다고 가정된 시장형태를 순수경쟁시장(pure competition market)이라 한다.

2) H. Marvel, "The Economics of Information and Retail Gasoline Price Behaviour: An Empirical Analysis," *Journal of Political Economy*, October 1976.

경쟁시장은 완전경쟁시장의 요건 중 가격순응자(price maker)적 요소가 강조된 반면 경합시장은 진입이탈의 장벽이 없는 시장요건에 강조점을 둔다.

8.1.2 완전경쟁시장의 단기균형

1. 시장이론에서의 기간

생산이론에서 기간을 단기와 장기로 구분하였다. 단기는 생산설비는 고정되어 있고, 노동투입량을 조절하여 생산량을 변동시킬 수 있는 정도의 기간으로, 장기는 노동뿐만 아니라 생산설비(자본)까지 조절하여 생산규모를 변동시킬 수 있을 정도의 기간의 개념으로 정의된다. 시장이론에서 단기(short-run)란 기업의 진입이나 이탈이 불가능한 상태에서 기존기업의 산출량조절에 의해 공급량이 결정되는 정도의 기간을 말하고, 장기(long-run)란 기업의 진입과 이탈이 자유로워 생산규모까지 증감시킬 수 있을 정도의 기간으로 정의된다.

2. 기업의 단기균형

완전경쟁시장에서의 단기균형은 〈그림 8-1〉의 A점, B점, C점과 같다. 〈그림 8-1〉에서 개별기업이 직면하는 수요곡선(D_1, D_2, D_3)은 모두 수평이다. 완전경쟁시장에 참여하는 모든 기업들의 특성은 가격수용자(price taker)라는 것을 반영한다.

수평인 수요곡선($D=P$)은 $P=AR$을 성립시키므로 수요곡선은 곧 평균수입곡선(AR)을 의미한다. 평균수입곡선(AR)이 수평이면 평균수입이 불변이므로 평균수입(AR)과 한계수입(MR)은 같아진다. 따라서 수식으로 정리하면 $P=AR=MR=D$가 성립한다.

또한 수요곡선[3]이 수평이라는 것은 주어진 가격으로 그 기업의 산출량이 모두 판매될 수 있고, 기업은 자신의 산출량을 조절하여 가격설정에 전혀 영향을 미칠 수 없다는 것을 의미한다.

3) 기업의 시장수요곡선은 우하향하며, 수요자의 수요곡선도 우하향한다.

〈그림 8-1〉 완전경쟁시장에서의 단기균형

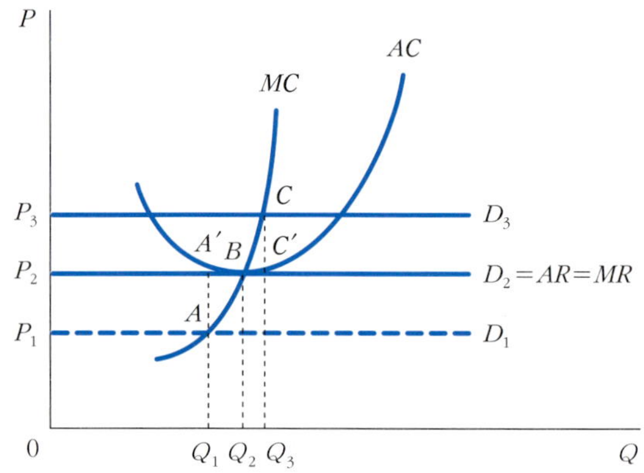

완전경쟁시장에서의 세 가지 단기균형(*A*점, *B*점, *C*점)에 대해 살펴보자.

*B*점은 개별기업이 직면하고 있는 D_2 수요곡선($D_2=P$)이 *SAC*(단기평균비용)곡선의 최저점을 접하는 경우이다. 〈그림 8-1〉에서처럼 균형산출량 수준은 Q_2이고, 균형가격수준은 P_2에서 결정된다. B점에서는 $MR=MC$가 성립되고 *MC*곡선이 *MR*곡선을 아래에서 위로 교차하고 있어 이윤극대화 조건을 충족한다. 또한 *B*점에서는 $P_2=AC$가 성립하므로 기업의 총수입 $TR(P\times Q)$과 기업의 총비용 $TC(AC\times Q)$이 같다는 것을 알 수 있다.

따라서 완전경쟁시장의 (이윤극대화점) *B*단기균형점에서는 초과이윤이나 손실이 발생하지 않는다는 것을 알 수 있다.

*C*점은 개별기업의 D_3 수요곡선($D_1=P$)이 *SAC*(단기평균비용)곡선보다 높은 균형점이다. 〈그림 8-1〉의 *C*점은 균형산출량 수준은 Q_3이고, 균형가격수준은 P_3이다. *C*점은 $MR=MC$과 $MR'<MC'$의 이윤극대화 조건을 충족하는 점이고, 가격이 평균비용보다 높은($P_1>AC$) 단기 균형점이라는 것을 알 수 있다. 따라서 *C*점에서는 $TR>TC$이 성립하고 직사각형 P_3P_2CC'만큼의 초과이윤이 발생하게 된다.

*A*점은 개별기업의 D_1 수요곡선($D_3=P$)이 *SAC*(단기평균비용)곡선보다 낮은 균형점이다. 〈그림 8-1〉의 *A*점은 균형산출량 수준은 Q_1이고, 균형가격수준은 P_1이다. *A*점은 $MR=MC$과 $MR'<MC'$의 이윤극대화 조건을 충족하는 점이며, 가격이

평균비용보다 낮은($P_1 < AC$) 단기균형점이다. 따라서 A점에서는 $TR < TC$이 성립하고 직사각형 P_1P_2AA'만큼의 손실이 발생하게 된다.

3. 기업의 단기공급곡선

기업은 생산활동을 조업중단점에서 시작하여 손익분기점을 지나 이윤극대화점에서 생산수준을 결정한다. 완전경쟁시장이라면 손익분기점 $AC=MC$는 이윤극대화점이기도 하다.

〈그림 8 - 2〉에서 A는 조업중단점이고 B는 손익분기점이다.

조업중단점 A는 $AVC=MC$인 점이고 평균가변비용(AVC)과 한계비용(MC)이 같다는 것은 $MC=P$인 관계로 평균가변비용은 가격과 같다($AVC=P$). 따라서 산출량 Q_a수준에서는 총수입($P\times Q$)과 총가변비용($AVC\times Q$)은 등식($TR=TVC$)이 성립한다.

산출량 Q_a수준에서는 기업이 조업을 하든, 조업을 중단하든 기업은 동일한 손실을 보게 된다. 조업을 하는 경우, 총수입=총가변비용이어서 총고정비용은 손실이 되고 조업을 중단하는 경우, 총가변비용은 0이 되겠지만 총고정비용은 손실이 된다. 따라서 조업중단점에서는 조업을 하든, 조업을 중단하든 총고정비용만큼 손실이 발생한다는 것을 알 수 있다.

〈그림 8 - 2〉 기업의 단기공급곡선

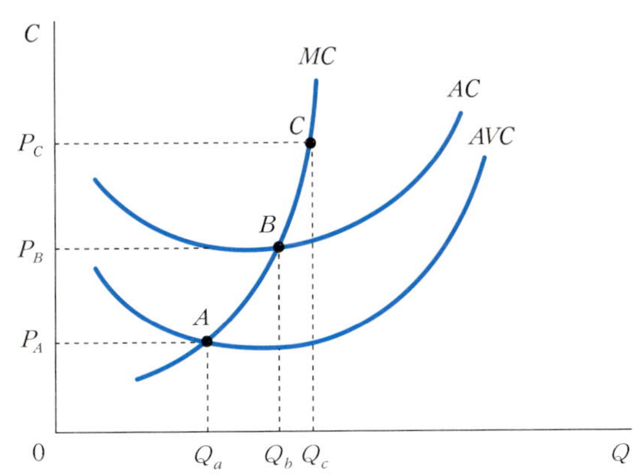

〈그림 8-2〉의 A점 이하, 즉 산출량 Q_a수준 이하에서는 $TR<TVC$가 되어 기업은 생산활동을 하면 할수록 손실액이 더 크게 발생한다. 따라서 산출량 수준 Q_a수준 이하에서는 조업을 중단해야 하는 것이고 이를 조업중단점이라 한다.

〈그림 8-2〉의 A점에서 B점까지, 즉 산출량 Q_a에서 Q_b수준까지는 $TR>TVC$이지만 $TR<TC$이어서 손실은 발생한다는 것을 알 수 있다. 하지만 그 구간에서는 생산은 지속되어야 한 단위당 $P>AVC$만큼의 손실을 줄일 수 있다. $MC=P>AVC$여서 가격이 평균가변비용보다 높은 만큼 평균고정비용(AFC)에서 발생하는 손실액을 차감할 수 있는 것이다. $P>AC$이긴 하나 $P>AVC$이기 때문에 손실은 발생하나 조업을 중단하는 것보다 그 손실액을 $P>AVC$만큼 줄일 수 있다.

〈그림 8-2〉의 B점, 즉 산출량수준 Q_b에서는 $MC=AC$이므로 $P=AC$이고 $TR(P\times Q)=TC(AC\times Q)$가 되어 손익분기점이 된다. 산출량 수준 Q_C에서는 $MC>AC$이므로 $P>AC$이고 $TR>TC$가 되어 초과이윤이 발생한다. 따라서 기업의 단기공급곡선은 〈그림 8-2〉의 A점 이상의 A, B, C점을 연결하는 MC곡선과 동일하다. 기업이 직면하는 수요곡선은 수평이고 $AR=MR$이어서 A, B, C점과 수평으로 교차하여 MC곡선은 이윤극대화 조건 $MR=MC$, $MR'<MC'$를 모두 충족한다는 것을 알 수 있다.

4. 산업의 단기공급곡선

산업이란 동종의 상품을 생산하는 기업집단이라고 정의할 수 있다. 따라서 산업의 단기공급곡선은 기업의 단기공급곡선을 수평으로 합한 것과 같고 그것은 시장공급곡선이 된다. 산업의 단기공급곡선은 〈그림 8-3〉의 좌측 그림 S_1, S_2, S_3를 수평으로 합하여 〈그림 8-3〉의 우측 그림 S로 도출되었다.

〈그림 8-3〉의 우측 그림 S는 한 산업의 모든 기업들이 동시에 산출량을 증대시킨다 해도 생산요소의 가격은 불변이라는 가정하에서 도출되었다. 만약 한 산업의 모든 기업들의 산출량 수준의 증대로 인해서 생산요소의 가격이 상승하는 경우에는 산업의 단기공급곡선은 〈그림 6-3〉의 공급곡선 S보다 기울기가 급한 공급곡선으로 나타난다.

〈그림 8-3〉 산업의 단기공급곡선

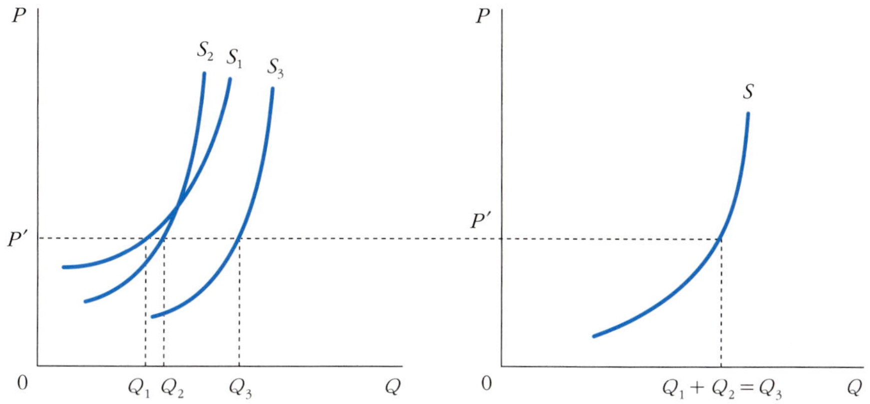

5. 산업의 단기균형

〈그림 8-3〉에서 도출된 산업의 단기공급곡선, 즉 시장공급곡선과 수요이론에서 도출되었던 시장수요곡선을 조합하여 〈그림 8-4〉의 시장의 단기균형점 E와 시장균형가격 P_E가 나타나 있다. 완전경쟁시장에서의 개별기업은 시장균형가격을 받아들이므로 가격수준 P_E에서 $D=AR=MR$이 성립하고, 이것은 개별기업이 직면하는 수요곡선이 된다. 따라서 F점에서 $MR=MC$, $MR'<MC'$인 이윤극대화조건이 충족

〈그림 8-4〉 산업의 단기균형

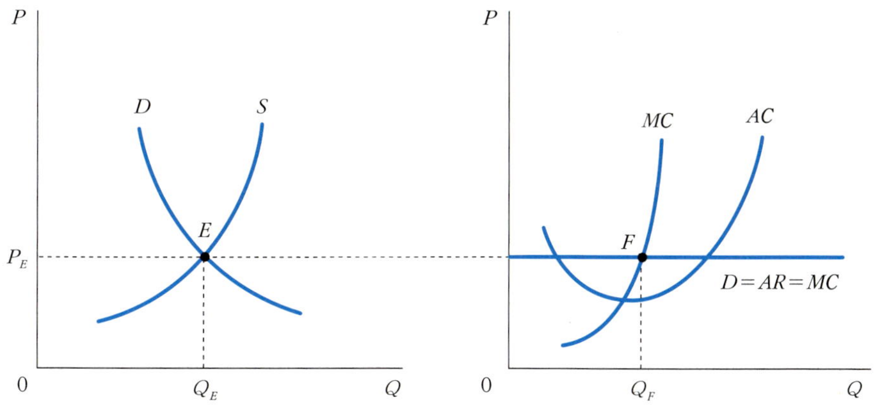

되며, 산출량수준 Q_F가 결정된다. 여기서 결정된 산출량수준 Q_F는 시장공급곡선에 다시 반영되게 된다.

8.1.3 완전경쟁시장의 장기균형

1. 장기균형

완전경쟁시장의 장기균형이란 생산규모를 확대 또는 축소할 수 있는 기간, 새로운 기업의 진입과 이탈까지 고려한 기간에서의 시장균형을 말한다. 따라서 장기균형은 단기균형보다 역동적인 조정과정(long-run adjustment)을 거친다는 특성에 주목해야 한다.

현재의 생산규모에서 초과이윤이 발생하는 경우, 기존의 기업들이 생산규모를 확장하거나 새로운 기업들이 시장 내로 진입하게 될 것이다. 하지만 생산규모가 지나치게 확대되어 손실이 발생하는 상황이라면 기존의 기업들이 생산규모를 축소하거나, 기존의 기업들 중에서 다른 산업으로 이전하는 시장 외로의 이탈현상이 나타나게 될 것이다.

이러한 조정과정을 반복하여 완전경쟁시장에서의 장기균형은 결국 초과이윤이나 손실은 사라지고 정상이윤만이 남게 되는 〈그림 8-5〉의 F점에 이르게 된다.

〈그림 8-5〉 완전경쟁시장의 장기균형

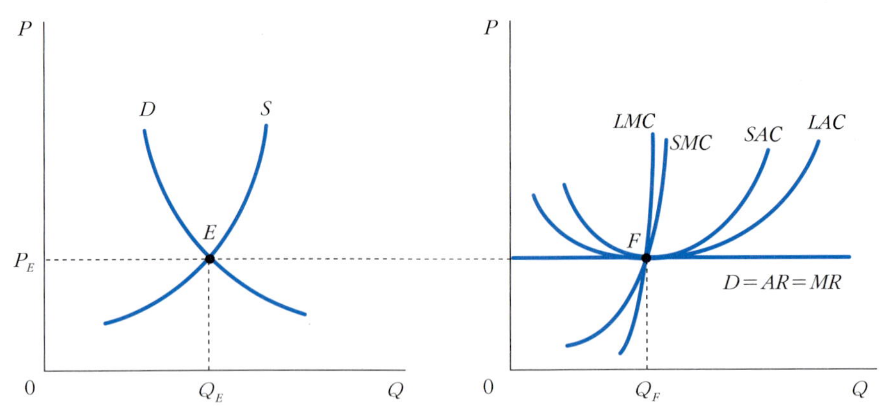

〈그림 8 - 5〉의 F점은 $P=LMC$, 즉 $MR=MC$, $MR'<MC'$(MC곡선이 MR곡선을 아래에서 위로 교차한다.) 이윤극대화조건을 모두 충족하고 있다.

〈그림 8 - 5〉의 F점은 $P=LAC$이므로 $AR=AC$이고, 기업의 총수입과 총비용이 같게($TR=TC$) 되어 초과이윤이나 손실, 어느 것도 발생하지 않는 점이다. 따라서 F점은 완전경쟁시장의 장기균형점이고, 조건식은 $P=SAC=SMC=LAC=LMC=AR=MR$가 된다.

2. 장기공급곡선

완전경쟁시장에서의 장기공급곡선은 단기공급곡선의 결정요인, 즉 가격변화에 따른 개별기업의 산출량 수준의 변동을 포함한다. 뿐만 아니라 초과이윤이나 손실이 발생하는 경우, 기업의 진퇴로 인해 발생한 생산규모의 변동까지 포함한 개념이다.

장기공급곡선은 산업전체의 산출량을 증가시킬 때 비용은 어떤 방향으로 변화하는가, 즉 산출량과 비용변화와의 함수관계를 나타낸다.

완전경쟁시장에서의 장기공급곡선은 세 가지 형태, 즉 ① 생산규모가 증가할 때 비용이 변하지 않는 산업, ② 생산규모가 증가할 때 비용이 체증하는 산업, ③ 생산규모가 증가할 때 비용이 체감하는 산업으로 분류할 수 있다.

〈그림 8 - 6〉 비용불변과 장기공급곡선

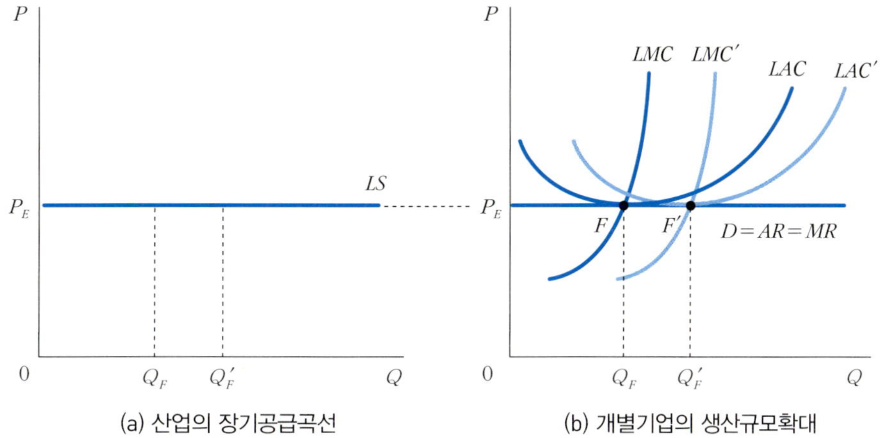

첫째, 생산규모가 증가할 때 비용이 변하지 않는 산업에서 장기공급곡선은 〈그림 8-6〉의 (a)와 같이 도출된다.

〈그림 8-6〉의 (b)에서 생산규모가 Q_F에서 Q_F'로 증가할 때 비용이 불변이므로 (장기평균비용곡선) LAC가 우측으로 수평 이동하여 LAC'가 된다. 따라서 기업의 새로운 장기균형점 F'점이 성립한다. F'점은 이윤극대화조건($P=LMC$, $MR=MC$)을 충족하고 있다. 따라서 비용불변산업의 경우에는 F점과 F'점을 잇는 개별기업의 공급곡선과 이들을 수평으로 합한 〈그림 8-6〉의 (a)와 같은 수평선 형태의 장기공급곡선(LS)을 도출할 수 있다.

둘째, 생산규모가 증가할 때 비용이 체증하는 산업의 장기공급곡선은 〈그림 8-7〉의 (a)와 같다.

〈그림 8-7〉의 (b)에서 생산규모가 Q_F에서 Q_F'로 증가할 때 비용이 체증하므로 (장기평균비용곡선)LAC는 위로 이동하여 LAC'가 된다. 비용체증산업의 경우에는 기업의 새로운 균형점 F'점이 성립한다. F'점은 이윤극대화조건($P=LMC$, $MR=MC$)을 충족하고 있는 점이다. 따라서 비용체증산업의 경우에는 F점과 F'점을 잇는 개별기업의 공급곡선과 이들을 수평으로 합한 〈그림 8-7〉의 (a)와 같은 우상향하는 장기공급곡선(LS)을 도출할 수 있다.

〈그림 8-7〉 비용체증과 장기공급곡선

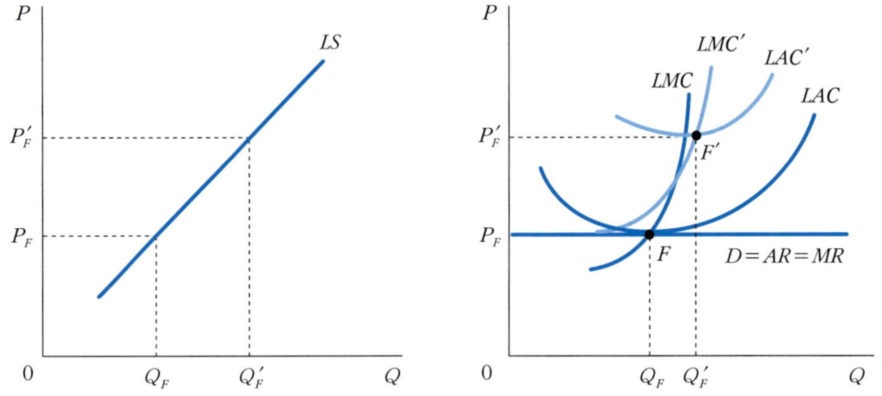

(a) 산업의 장기공급곡선 (b) 개별기업의 생산규모확대

셋째, 생산규모가 증가할 때 비용이 체감하는 산업의 장기공급곡선은 〈그림 8-8〉의 (a)와 같다. 〈그림 8-8〉의 (b)에서 생산규모가 Q_F에서 Q_F'로 증가할 때 비용이 체감하므로 장기평균비용곡선(LAC)은 아래로 이동하여 LAC'가 된다. 따라서 기업의 새로운 균형점 F'점이 성립한다. F'점은 이윤극대화조건($P=LMC$, $MR=MC$)을 충족하고 있다. 따라서 비용체감산업의 경우에는 F점과 F'점을 잇는 개별기업의 공급곡선과 이들을 수평으로 합한 〈그림 8-8〉의 (a)와 같은 우하향하는 장기공급곡선(LS)을 도출할 수 있다.

〈그림 8-8〉 비용체감과 장기공급곡선

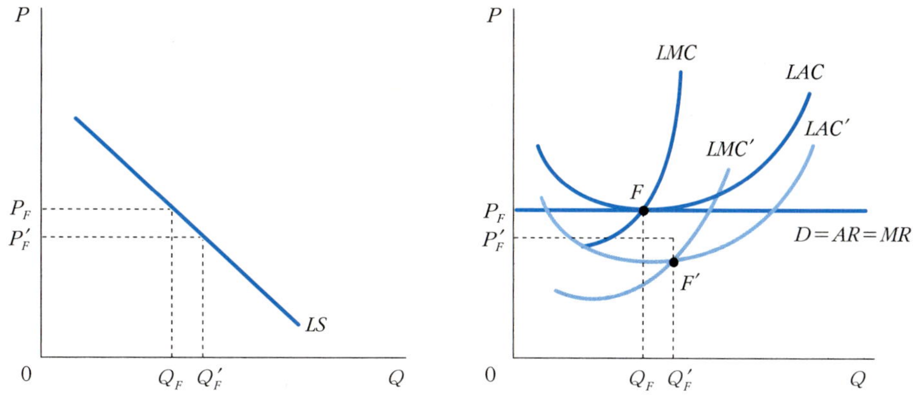

(a) 산업의 장기공급곡선 (b) 개별기업의 생산규모확대

8.2 독점시장

8.2.1 독점시장의 특성

독점시장이란 어느 한 상품에 대한 시장전체의 총 공급을 하나의 공급자가 지배하는 시장을 말한다. 독점기업은 가격설정자(price maker)이고 독점시장에는 대체재가 존재하지 않으며 진입장벽(entry barrier)으로 어떤 기업도 독점기장에 진입할 수 없어야 한다.

독점시장의 모든 성립요건을 충족한 시장형태를 순수독점시장이라고도 한다. 독점기업은 이윤을 극대화하기 위해 가격수준과 산출량을 탄력적으로 조정하는 힘, 즉 가격결정력을 가진다. 이를 독점력(monopoly power)이라 하고 수요곡선으로 나타내면 기울기가 클수록 독점력이 강하고 기울가기 작을수록 독점력은 약해진다. 완전경쟁시장은 개별기업이 직면하는 수요곡선이 수평이고 독점력은 0이다. 독점력은 $\frac{1}{\text{수요의 가격탄력성}}$으로도 나타낸다.

독점력$=\frac{P-MC}{P}=\frac{P-MR}{P}$, 여기에 아모로소 로빈슨 공식 $MR=P(1-\frac{1}{\varepsilon_P})$를 대입하여 정리하면 독점력$=\frac{1}{\varepsilon_P}$가 된다. 수요의 가격탄력성은 수요곡선의 기울기의 역수이고 독점력은 수요의 가격탄력성의 역수이므로 수요곡선이 기울기와 독점력은 비례한다.

기업의 독점력은 주로 진입장벽에 의해 발생한다. 진입장벽을 만드는 원인들은 다음과 같다.

① 정부가 직·간접으로 민간경제에 개입함으로써 독점을 발생시킨다. 정부가 관장하는 허가나 특허제도는 진입장벽이 되어 독점시장을 형성한다. 또는 정부가 전매권을 행사하거나 특정기업에게 전매권을 부여하는 경우에도 진입장벽과 독점시장이 형성된다.

② 규모의 경제가 발생하는 비용체감산업의 경우에는 자연적으로 독점이 발생할 수 있다. 대규모의 고정자본을 필요로 하는 산업의 경우, 하나의 기업만이 본 산업에 참여한다 할지라도 현실적으로 최소효율규모(minimum efficient scale)수준에서 생산할 수 없기 때문이다. 따라서 비용체감산업의 경우에도 대규모의 고정자본을 투자할 수 있는 기업만이 이 시장에 진입할 수 있고 진입장벽과 독점시장이 형성될 수 있다.

③ 생산요소를 독점하는 경우에도 산출물시장을 독점할 수 있다. 생산요소에 대한 독점은 다른 기업의 진입을 차단하는 진입장벽을 형성한다. 따라서 생산요소를 독점한 기업은 산출물 시장에서도 독점력을 행사하게 된다.

④ 기업의 합병이나 통합을 통해서 진입장벽을 형성할 수 있다. 또한 새로운 생산기술의 개발은 다른 기업들에 대한 진입장벽이 된다. 따라서 합병이나 통합, 그리고 새로운 생산기술의 보유를 통해서 독점력을 행사할 수 있다.

2. 독점시장의 단기균형

독점시장은 시장에 참여하는 단 하나의 기업에 의해 시장 전체의 공급이 독점되는 형태의 시장을 말한다. 따라서 개별기업이 직면하는 수요곡선은 곧 시장수요곡선이 되고, 개별기업이 산출하는 공급곡선은 곧 시장공급곡선이 된다.

개별기업이 직면하는 수요곡선의 모형도 완전쟁시장과 독점시장은 대비된다. 완전경쟁시장의 경우에는 수평선($\varepsilon_p=\infty$)인 데 반하여 독점시장의 경우에는 우하향하는 가파른 직선으로 나타난다. 독점시장에서 독점기업은 자신의 산출량수준을 조절하여 시장가격을 결정할 수 있다는 것을 반영한 그래프이고 독점력이 크다는 것도 반영하고 있다.

따라서 독점기업은 가격설정자(price maker)이고, 자신의 이윤을 극대화하기 위한 가격과 산출량을 결정할 수 있다. 독점시장의 단기균형도 완전경쟁시장의 단기균형처럼 평균비용(AC)곡선의 높낮이에 따라 초과이윤($P>AC$), 정상이윤($P=AC$), 손실($P<AC$)이 발생할 수 있다.

독점시장의 단기균형은 〈그림 8-9〉의 E점에서 이루어지고 그 특징을 정리하면 다음과 같다.

① 독점시장에서의 시장가격은 한계비용보다 높은 수준에서 결정된다($P>MC$). 완전경쟁시장에서는 수요곡선이 수평이므로 $P=MR$이고 기업의 이윤극대화

〈그림 8-9〉 독점시장의 단기균형

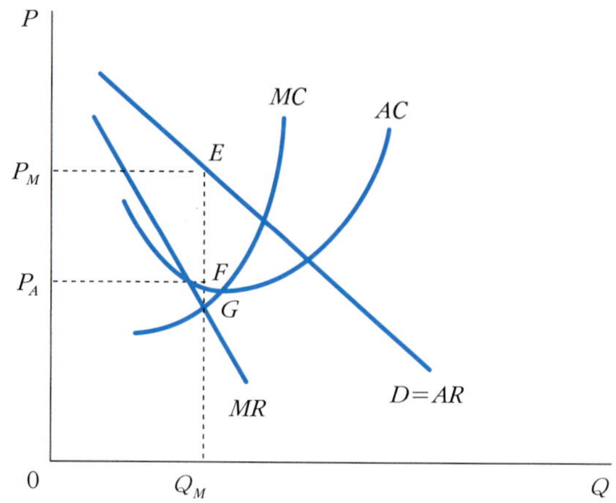

조건을 충족하면 $MR=MC$가 되어 $P=MC$가 성립한다. 따라서 시장가격은 한계비용수준에서 결정되고 이윤극대화조건을 충족한다. 하지만 독점시장에서는 수요곡선(AR)이 우하향하는 형태(평균값이 작아진다는 의미)이므로 한계수입곡선(MR)은 〈그림 8-9〉에서처럼 수요곡선보다 아래에 위치하고 기울기는 두 배 급하게 그려진다(평균값이 작아지려면 한계값이 평균값보다 작아야 한다). 따라서 〈그림 8-9〉의 E점(독점가격)은 G점(한계비용)보다 높은 위치에 그려지므로 독점가격은 한계비용보다 크게 나타난다($P>MC$). 이것이 독점시장의 비효율을 만든다.

② 독점시장에서는 공급곡선이 존재하지 않는다. 공급곡선은 일정가격과 일정량의 공급의도와의 함수관계를 나타낸 그래프이다. 따라서 공급곡선은 수요와는 독립적이며, 가격에 의해서만 영향을 받는 특성을 가진다. 그런데 독점기업의 경우 〈그림 8-9〉의 E점처럼 수요곡선에 의해서 도출된 한계수입(MR)곡선과 한계비용(MC)곡선이 교차하는(이윤극대화점) 점에서 산출량을 결정할 뿐 가격변동에 따른 산출량과의 함수관계가 성립하지 않는다.

③ 〈그림 8-9〉의 E점에서처럼 독점기업은 주어진 수요조건에 의해 이윤을 극대화하는 산출량을 결정함으로써 가격이 설정된다. 가격에 의해 산출량이

결정되는 것이 아니어서 가격과 산출량 간의 안정적인 함수관계가 성립할 수 없다.

이윤극대화는 〈그림 8-9〉의 G점에서 $MR=MC$를 충족하고 있으므로 이윤극대화를 위한 산출량수준은 Q_M이 된다. 독점시장의 단기균형점 E점은 Q_M의 산출량과 P_M의 가격수준을 결정하게 되는데 평균비용은 F점($AC=P_A$)이므로 P_M에서 P_A만큼의 초과이윤가격이 성립하게 된다(초과이윤가격은 $P-AC$이므로 P_M-P_A와 같다). 따라서 독점기업의 단기균형은 〈그림 8-9〉의 사각형 $P_AP_MEF(P_AP_M \times Q_M)$만큼의 초과이윤 또는 독점이윤을 얻을 수 있다.

3. 독점시장의 장기균형

독점시장의 장기균형은 독점기업이 생산규모를 조정할 수 있는 기간을 고려한 균형의 개념이고 단기균형에 비해 더 많은 독점이윤을 얻을 수 있다는 특징을 가진다.

독점시장의 단기균형은 〈그림 8-10〉의 E점에서 이윤극대화산출량수준 Q_{SM}과 독점가격 P_{SM}이 결정되고 사각형 $P_{SM}P_{SA}EF$만큼의 독점이윤이 발생하는 것을 알 수 있다.

〈그림 8-10〉 독점시장의 장기균형

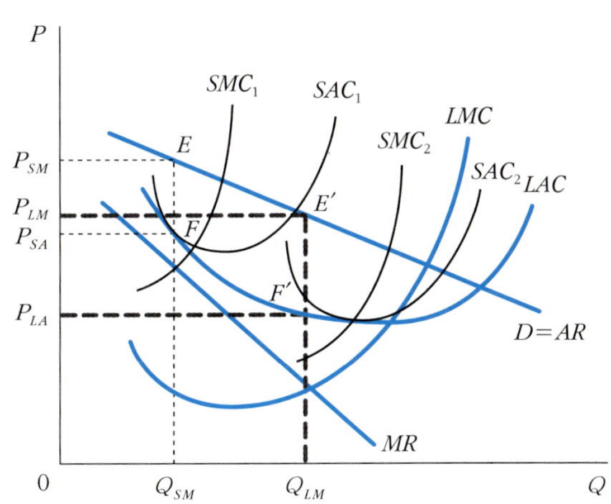

독점시장의 장기균형은 〈그림 8－10〉의 E'점에서 이루어지고 독점기업의 이윤을 극대화하는 Q_{LM}수준의 산출량과 P_{LM}수준의 독점가격이 결정된다. 장기에는 독점기업의 경우, 생산규모를 변화시키는 장기조정과정을 거치게 되고 단기균형보다 더 많은 독점이윤을 획득할 수 있는 Q_{LM}의 산출량수준과 P_{LM}의 독점가격수준을 결정하게 된다. 따라서 독점시장의 장기균형에서는 독점이윤이 사각형 $P_{LM}P_{LA}E'F'$으로 증가하게 된다. 독점기업의 장기균형은 〈그림 8－10〉의 사각형 $P_{SM}P_{SA}EF$ 단기균형에서의 독점이윤보다 더 큰 사각형 $P_{LM}P_{LA}E'F'$이라는 것을 알 수 있다.

4. 가격차별

동일한 재화를 구매하는 수요자에 따라 서로 다른 가격을 매기거나 동일한 수요자라고 하더라도 각기 다른 평균가격을 설정하는 것을 가격차별(price discrimination)이라 한다. 독점시장에서 독점기업은 이윤극대화를 달성하기 위해 동일한 상품에 서로 다른 가격을 설정하거나 동일상품을 구매하는 수요자에게 서로 다른 평균가격을 설정할 수 있다. 가격차별은 가격설정력을 갖는 독점시장에서 자주 발생하는 현상이다. 가격차별은 가격차별화의 강도에 따라 제1급 가격차별, 제2급 가격차별, 제3급 가격차별 등의 구분이 있다.

1. 가격차별의 성립조건

가격차별을 위한 성립조건과 가격차별을 통한 독점이윤 극대화 달성을 위한 조건을 정리하면 다음과 같다.

① 가격차별을 목표로 하는 기업이 가격을 설정할 수 있는 가격설정력을 가져야 한다.

② 시장이 분리될 수 있고, 분리된 시장에서는 서로 다른 소비자가 서로 다른 수요의 가격탄력성을 가지고 있어야 한다. 시장이 분리되더라도 소비자의 수요의 가격탄력성이 같은 수준이라면 가격차별로 인한 수입의 증가나 독점이윤의 증가현상은 나타나지 않는다. 오히려 시장분리비용이나 가격차별화비용만 발생할 뿐이다.

③ 분리된 시장에서는 서로 전매가 불가능하여야 한다. 서로 전매할 수 있다면 두 시장은 결국 동일가격수준으로 회귀하고 말 것이다.

④ 시장을 분리하는 비용보다 가격차별화로 인한 수익이 더 커야 한다.

2. 제1급 가격차별

제1급 가격차별(first-degree price discrimination)은 독점적 생산자가 각 소비자에 대한 유보가격에 따라 서로 다른 가격을 설정하는 가격차별을 말한다. 여기서 유보가격이란 소비자가 지불할 용의가 있는 최대금액(유보가격=한계효용)을 말하는 것이다.

독점기업은 상품의 각단위에 대한 소비자의 한계효용의 크기를 완벽하게 파악하고 각 단위마다 한계효용의 크기만큼씩 서로 다른 가격을 설정하는 것이 제1급 가격차별의 특성이다. 따라서 독점기업은 각 단위마다 다른 가격을 설정할 수 있고 모든 소비자잉여를 독점기업의 이윤으로 착취할 수 있다. 이를 완전가격차별(perfect price discrimination)이라고도 한다.

제1급 가격차별이 이루어지면 독점기업은 모든 단위의 재화에 대해 수요곡선($D=MU$) 높이에 해당하는 가격을 설정하게 된다. 따라서 〈그림 8-11〉의 수요곡선

〈그림 8-11〉 제1급 가격차별

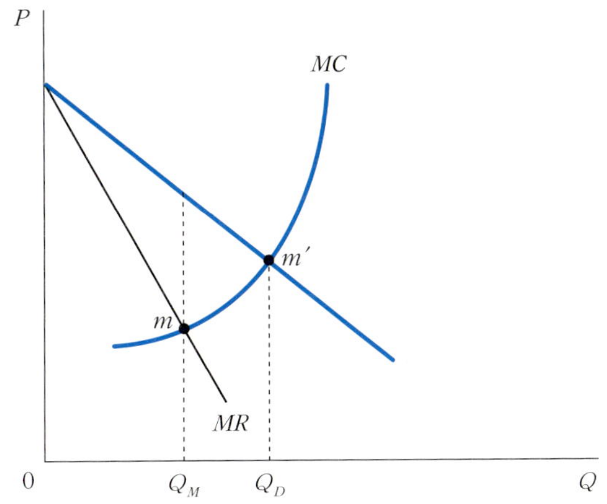

D는 곧 한계수입곡선(MR)과 같게 된다.

가격차별화 이전의 경우, 독점기업은 m점(이윤극대화 점)에서 Q_M을 생산하였는데 가격차별화가 이루지면 수요곡선 D가 한계수입(MR)곡선이 되므로 독점기업은 m'점(이윤극대화 점)에서 Q_D생산하게 된다.

따라서 제1급 가격차별의 결과를 살펴보면 〈그림 8-11〉의 Q_M에서 Q_D수준으로 산출량이 증가한다. 이것은(Q_D) 완전경쟁시장에서의 산출량과 동일한 수준이어서 자원배분측면에서 효율성이 증가되었음을 알 수 있다. 다만 소비자잉여가 모두 생산자잉여로 전환되기 때문에 소득분배측면에서는 부정적인 효과가 발생한다.

3. 제2급 가격차별

제2급 가격차별(second-degree price discrimination)은 소비자의 구입량에 따라 단위당 가격을 서로 다르게 설정하는 특성을 가진다. 동일한 상품에 대한 수요량을 몇 개의 구간으로 나누고 각 구간별로 서로 다른 가격을 부과하는 방식이다. 설정의 단위마다 가격을 차별화하는 것이 아니라 상품을 구매단위의 크기로 묶어 분리하고 각 구매단위의 묶음에 따라 가격을 다르게 설정하게 된다.

〈그림 8-12〉에서 Q_1의 상품단위묶음에는 P_1의 가격을 설정하고 Q_2의 상품단위

〈그림 8-12〉 제2급 가격차별

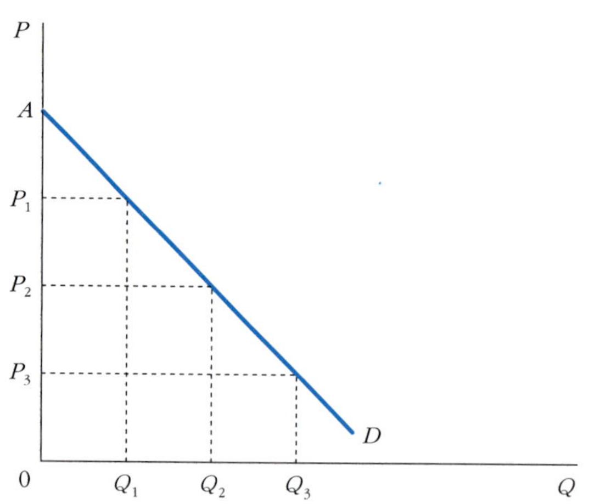

묶음에는 P_2의 가격을 설정하며, Q_3의 상품단위묶음에는 P_3의 가격을 설정하는 방식을 제2급 가격차별이라 한다. 전기요금이나 수도요금처럼 사용량의 구간에 따라 서로 다른 요율을 적용하는 사례가 여기에 해당한다.

제2급 가격차별은 정보가 비대칭인 상황에서 독점기업이 몇 가지의 가격을 제시하고 소비자가 자신의 선호를 드러내도록 하는 선별(screening)의 효과가 있다. 제2급의 가격차별은 이런 측면에서 차별화된 가격을 소비자가 선택한다는 점에서 다른 가격차별과 차이점이 있다.

제2급 가격차별의 효과는 소비자잉여의 일부를 생산자잉여로 착취한다는 점에서는 부정적이지만 산출량수준이 독점시장의 경우보다 증가한다는 점에서는 효율적이다.

제2급 가격차별은 실제로 다양한 유형으로 현실에서 적용되고 있다. 제2급 가격차별의 한 형태로서 기업이 광고나 쿠폰을 제공하고 그것을 가지고 오는 소비자에게만 가격을 할인해 주는 방식의 가격차별을 장애물 가격차별이라고 한다. 또한 세일기간이나 조조 할인 같은 기간이나 시간대별로 가격을 다르게 설정하는 방식을 시점간 가격차별이라고 한다. 이부가격(two-part tariff)제도 또한 제2급 가격차별의 유형이라 할 수 있다. 이부가격은 1차 지불가격(기본료)를 부과한 다음 2차 지불가격(사용료)를 부과하는 가격체계이다. 놀이공원의 경우, 기본료(1차 지불가격)는 입장하는 사람 모두에게 일정액으로 부과되어 고정비용과 같고 사용료(2차 지불가격)는 이용하는 양에 따라 부담이 증가하여 가변비용과 같다. 콘도미니엄 회원권, 놀이공원 입장료, 전기요금처럼 이부가격제로 요금을 징수하는 경우에는 소비량이 증가할수록 1단위당 지불가격은 작아지게 된다. 소비량이 증가할수록 1단위당 기본료가 작아지기 때문이다(평균고정비용은 생산량이 증가할수록 작아지는 원리와 같다).

4. 제3급 가격차별

제3급 가격차별이란 소비자들의 특징에 따라 시장을 몇 개로 분할하고 각 시장마다 서로 다른 수요의 가격탄력성에 대응하는 서로 다른 가격을 설정하는 방식의 가격차별을 말한다.

제3급 가격차별은 소비자의 개인별 차별이 아닌 소비자의 그룹별 차별이라는 점에서 제1급 가격차별과 다르고, 동일그룹에 속하는 소비자는 구매하는 상품의 단위에 관계없이 모두 동일한 가격을 지불한다는 점에서 제2급 가격차별과는 다르다.

현실적으로는 소비자의 수요의 가격탄력성의 차이에 따라 시장이 분리되는데, 청소년과 일반인, 60세 이상의 어른과 일반인, 국내소비자와 해외소비자 등의 구분이 있다.

제3급 가격차별의 성립조건을 정리하면 다음과 같다.

① 기업은 가격설정력을 가져야 한다.
② 시장의 분리가 가능해야 한다.
③ 분리된 시장의 수요의 가격탄력성은 서로 달라야 한다.
④ 시장간 전매가 불가능해야 한다.
⑤ 시장분리비용이 가격차별로 인한 이윤의 증가보다 작아야 한다.

시장은 A시장과 B시장으로 분리되어 있고 두 시장의 수요의 가격탄력성은 서로 다르다하자. 기업의 이윤극대화조건을 대입하여 서로 다른 시장에서의 가격차별을 수식으로 정리하면 다음과 같다.

〈그림 8-13〉 제3급 가격차별

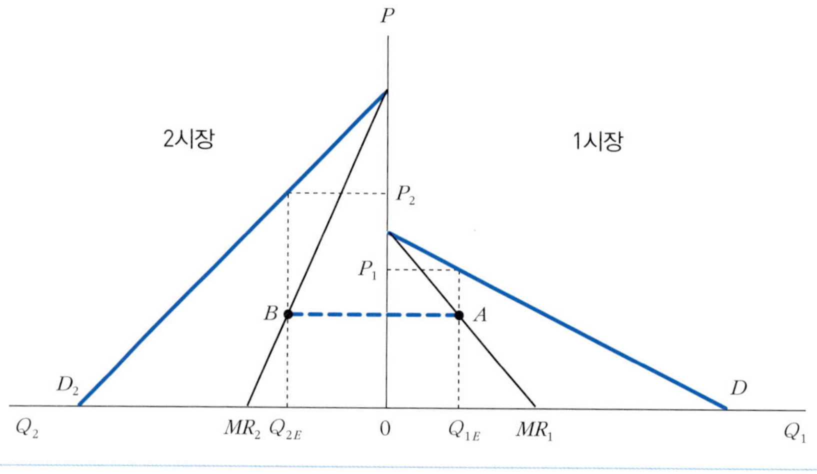

$MR_A = MR_B = MC$가 된다. 또한 $MR_A = MR_B$에 아모로소 로빈슨공식을 대입하면 $P_A(1-\frac{1}{\varepsilon_{PA}}) = P_B(1-\frac{1}{\varepsilon_{PB}})$가 성립된다.

따라서 수요의 가격탄력성이 작은 시장에는 높은 가격을, 수요의 가격탄력성이 큰 시장에는 낮은 가격으로 가격을 차별화하여야 독점기업의 이윤이 극대화된다는 것을 알 수 있다.

〈그림 8-13〉은 제3급 가격차별에서 1, 2시장의 서로 다른 가격결정원리를 보여준다. 시장은 1시장과 2시장으로 분리되었고, 1시장의 수요곡선은 D_1, 2시장의 수요곡선은 D_2라 하자. 한계수입(MR)곡선은 수요곡선 D_1, D_2에 의해 각각 MR_1, MR_2로 도출되었고 한계비용(MC)곡선은 AB라 하자(동일제품이므로 한계비용은 같다. 운송비 등은 설명의 편의를 위해 고려하지 않는다).

1시장에서의 이윤극대화($MR_1 = MC$)점은 A점이고 1시장에서의 공급량은 Q_{1E}, 가격은 P_1에서 결정된다. 2시장에서의 이윤극대화($MR_2 = MC$)점은 B점이고 2시장에서의 공급량은 Q_{2E}, 가격은 P_2에서 결정된다. 따라서 수요의 가격탄력성과 수요곡선의 기울기는 역의 관계이므로 가격탄력성이 보다 큰 1시장에서는 상대적으로 낮은 가격을, 가격탄력성이 보다 작은 2시장에서는 상대적으로 높은 가격을 설정하게 된다(이윤극대화 조건을 충족하는 가격결정).

가격차별의 효과로 나타나는 장점과 단점을 정리하면 다음과 같다.

가격차별의 장점으로는 ① 가격차별화하지 않았을 경우보다 산출량수준이 증가한다. 따라서 가격차별로 인한 산출량수준의 증대효과는 고용증대효과나 국민소득의 증대효과를 가져올 수 있다. ② 가격차별은 차별이윤의 극대화를 위해 수요의 가격탄력성이 높은 계층에 낮은 가격을, 수요의 가격탄력성이 낮은 계층에 높은 가격을 설정하게 한다. 만약 소득수준이 낮은 계층의 수요의 가격탄력성이 소득수준이 높은 계층의 수요의 가격탄력성보다 높다고 한다면 가격차별은 소득수준이 낮은 계층에게 낮은 가격의 혜택을 부여하게 된다. 따라서 이런 조건하에서는 가격차별이 소득재분배에 긍정적인 효과를 유발할 수 있다.

가격차별의 단점으로는 ① 동일한 상품에 대한 소비자들의 한계편익이 달라질 수 있다. 이런 현상은 소비자주권의 침해문제를 유발하며 그로 인한 사회적 후생의 손실을 야기할 수 있다. ② 가격차별은 독점적 기업에 의해 소비자잉여를 독점이윤으로 변환시킨다. ③ 국내시장과 해외시장으로 분리된 가격차별의 경우, 독점적 기업의 덤핑으로 인한 국내소비자들의 희생을 강제할 수 있다.

5. 묶어팔기와 끼워팔기

묶어팔기(bundling)란 두 가지 이상의 재화를 하나의 묶음으로 판매하는 것을 말한다. 묶어팔기는 소비자들이 서로 다른 수요를 갖고 있으나 가격차별이 어려운 경우 이윤을 증대시킬 수 있다.

철수와 영희 피자와 음료수에 대한 지불용의가 아래와 같다.

두 사람 모두 피자와 음료를 소비하게 하려면 피자는 10,000원, 음료수는 1,000원에 판매해야 한다. 그러면 기업의 총수입은 10,000원×2명(=20,000원)+1,000원×2명(=2,000원)이므로 22,000원이 된다.

이런 조건에서 묶어팔기를 해보자.

철수는 총 12,000원에 피자와 음료수를 소비할 용의가, 영희는 총 16,000원에 피자와 음료수를 소비할 용의가 있으므로 피자와 음료수를 한 묶음으로 12,000원에 판매하면 철수와 영희 모두 피자와 음료수 묶음을 기꺼이 소비하게 될 것이다.

	피자	음료수
철수	10,000원	2,000원
영희	15,000원	1,000원

따라서 묶어팔기의 결과는 기업의 총수입을 12,000원×2명=24,000원으로 따로 팔 때보다 2,000원의 총수입을 증가시킨다는 것을 알 수 있다.

만약 철수나 영희 중 누구든 피자와 음료수 모두에 대해 높은 지불의사가 있는 경우에는 묶어팔기가 기업의 총수입을 증대시킬 수 없다. 두 소비자의 수요 사이에 양(+)의 상관관계가 있기 때문이다.

끼워팔기(tie-in sales)란 어떤 재화를 구매할 때 부수적인 재화를 끼워판매하는 행위를 말한다. 묶어팔기도 일종의 끼워팔기라고 할 수 있다. 주상품의 시장이 경쟁적이어서 이윤을 낼 수 없는 경우, 보다 덜 경쟁적인 시장의 부수적인 상품을 끼워팔아 이윤을 확보하는 전략으로 활용된다.

5. 독점시장에 대한 평가

1. 완전경쟁시장과 독점시장의 비교시장참여자의 수가

완전경쟁시장과 독점시장을 비교하면 다음과 같다.

① 시장성립요건에서 완전경쟁시장의 경우에는 누가 경쟁자인지 알 수 없을 만큼 시장참여자의 수가 많아야 한다. 또한 완전경쟁시장의 경우에는 진입이탈의 장벽이 존재하지 않아야 한다. 독점시장의 경우에는 경쟁자가 없다는 점과 진입이탈의 장벽이 확실하다는 점에서 완전경쟁시장과 서로 다르다.

완전경쟁시장에는 경쟁압력이 매우 강하나 독점시장에는 경쟁압력이 전혀 존재하지 않는다. 따라서 완전경쟁시장의 기업들은 효율적인 생산을 하여야만 경쟁압력을 이겨내고 기업이 존립할 수 있다. 즉 경쟁의 효율화가 작동하는 것이다.

독점기업의 경우에는 경쟁압력이 존재하지 않기 때문에 효율적인 생산방법보다는 진입장벽을 높게 만들어 경쟁압력을 계속 차단하려 할 것이다. 비경쟁의 비효율성, 즉 일종의 X비효율(X-inefficiency)이 발생할 수 있다.

② 단기균형에서 완전경쟁시장은 P[4]$=MC$에서 균형이 성립하고, 독점시장은 $P>MC$에서 균형이 성립한다. 독점은 가격은 상승하고 생산량은 감소한다. 독점시장은 사회적 후생의 극대화조건 $P=MC$을 위배하는 것이다. 또한 독점시장은 최적산출수준에 미치는 못하는 과소산출량수준에서 생산한다.

③ 장기균형에서 완전경쟁시장의 최적산출량규모는 장기평균생산비용의 최저점에서 결정되고, 독점시장의 산출규모는 장기비용의 최저점 이전에서 결정된다.

〈그림 8-14〉의 그래프는 완전경쟁시장과 독점시장의 차이점을 나타내고 있다.

① 완전경쟁시장의 가격은 $P_D=MC$이고 독점시장의 가격은 $P_M>MC$임을 알 수 있다. 독점시장은 효율성 조건 $P=MC$를 충족하지 못한다.

② 산출량수준을 보면 완전경쟁시장은 Q_D수준에서, 독점시장은 Q_M수준에서 생

4) 가격은 한계수입, 한계효용, 한계편익으로 이해할 수 있다.

〈그림 8-14〉 완전경쟁시장과 독점시장의 차이

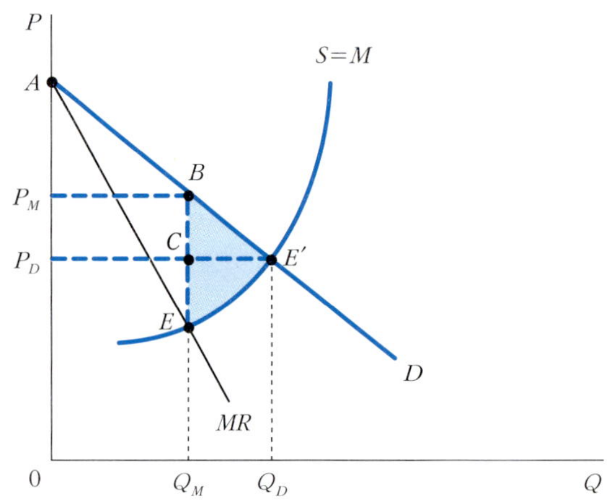

산량을 결정한다(이윤극대화 조건을 충족하는 산출량 수준이다). 독점시장의 경우에는 완전경쟁시장에 비해 과소생산의 비효율성이 발생한다.

③ 완전경쟁시장의 소비자잉여는 $\triangle AP_DE'$이고, 독점시장의 소비자잉여는 $\triangle ABP_M$이다. 완전경쟁시장의 소비자잉여가 독점시장의 소비자잉여보다 $\square P_MBP_DE'$만큼 크다. 직사각형 P_MP_DBC 만큼의 소비자잉여가 생산자잉여로 변환되고, $\triangle BCE'$만큼의 소비자잉여는 사회적으로 손실되었다. 이것을 독점으로 인해 잃어버린 사회적 후생, 즉 자중적 손실(deadweight loss)[5]이라 한다.

④ 독점시장은 완전경쟁시장보다 $\triangle CEE'$만큼의 생산자잉여와 BCE'만큼의 소비자잉여가 자중손실되었다. $\triangle BEE'$은 독점으로 인해 발생한 총자중손실의 크기이다.

2. 독점시장의 후생경제학적 의미

독점시장은 완전경쟁시장에 비해 자원배분의 효율성과 소득분배의 공평성을 얼마나 훼손할 수 있을까? 첫째, 독점시장의 자원배분의 비효율성을 정리하면 다음과 같다.

5) 이는 후생삼각형(welfare triangle) 또는 하버거의 삼각형(Harberger's triangle)이라고도 한다.

① 독점으로 인한 자원배분의 왜곡으로 발생하는 사회적 손실, 즉 자중손실의 크기(〈그림 8-14〉의 △BEE'은 독점으로 발생한 총자중손실의 크기)만큼 자원배분의 비효율성을 발생시킨다. 미국에서의 실증적 연구들은 자중손실의 크기가 대체로 GNP의 0.5%~2% 정도인 것으로 정하고 있다.

② 독점기업은 효율적인 생산방법의 개발이나 기술혁신으로 이윤을 획득하려 하기보다는 진입의 장벽을 높이는 방법으로 독점이윤을 지키려 할 가능성이 높다. 이를 지대추구행위(rent-seeking behavior)라 하고 자원낭비를 발생시킨다. 따라서 이런 이유로 인한 자원배분의 비효율성이 나타날 수 있다. 실증연구에 의하면 완전경쟁과 독점 중 어느 경우에 기술혁신이 더 촉진되는지에 대한 명확한 결과가 없다.

③ 독점기업에는 X-비효율성(X-inefficiency)이[6] 존재할 수 있다. 독점기업에는 경쟁의 압력이 존재하지 않기 때문에 배분적 비효율성뿐만 아니라 X-비효율성도 존재할 수 있다. 미국의 경우, 실증연구에서 미국의 경우 X-비효율성은 총생산비의 약 5% 내외인 것으로 추정되고 있다.

④ 독점은 생산품의 종류가 1가지일 가능성이 높으므로 소비자의 선택의 자유가 제한된다. 따라서 소비자의 후생이 감소할 수 있다.

⑤ 독점으로 인해 경제력이 집중될 수 있고 경제력 집중으로 인한 정경유착의 문제도 발생할 수 있다.

둘째, 독점은 소득분배측면에서 분배의 공평성을 훼손할 수 있다. 생산자의 소득계층이 소비자의 그것보다 높은 계층에 있는 경우 독점으로 인한 소비자잉여의 일부가 생산자잉여로 전환되는 것은 소득분배를 악화시키는 결과를 가져온다. 또한 세계적인 부호들이 소유하고 있는 재산형성의 상당부분들이 독점이윤과 관련이 있다는 연구결과도 제기된 바 있다. 하지만 독점기업이 가격차별과정에서 저소득계층의 수요의 가격탄력성이 고소득계층의 수요가격탄력성보다 크게 나타나는 경우 판매과정에서 독점기업은 소득분배를 개선시킬 수 있다.

한편 독점시장은 경쟁시장보다 오히려 효율적일 수 있다는 주장도 제기되는데

6) 라이벤스타인(H. Leibenstein)이 초과적인 효율성이란 의미에서 명명하였다.

이를 정리하면 다음과 같다.

① 시장규모가 협소하거나 경제개발이 초기단계인 상황에서는 경쟁시장보다 오히려 독점시장이 필요하다는 주장이다.
② 독점이윤이 기업들의 기술혁신을 자극할 수 있고, 독점이윤의 축적은 기술개발의 자원으로 재투자될 수 있다는 주장이다. 기술개발은 규모의 경제보다는 시장지배력에 의해 더욱 촉진된다는 실증연구들이 많다.
③ 규모의 경제가 발생하는 비용체감산업의 경우에는 독점은 오히려 비용을 최소화하는 데 도움을 준다는 주장이다.

6. 독점규제

독점시장은 자원배분 측면에서 비효율적이며 사회후생을 감소시킨다. 따라서 정부는 여러 가지 수단을 동원하여 독점을 규제하고 있다. 정부는 직접규제 방식인 가격규제, 간접규제방식인 조세규제를 활용하고 새로운 기업의 진입을 유도하여 경쟁을 촉진시길 수 있다.

가격규제방식은 정부가 공정가격을 설정하고 그보다 높은 가격으로 생산물을 판매하지 못하도록 규제하는 최고가격제와 유사한 방식이다. 조세를 통한 간접규제방식은 독점이윤이 독점기업에 귀속하지 못하도록 조세를 부과하여 정부가 독점이윤을 환수하는 방식이다. 현실적으로 가격규제방식이 주로 사용되고 있다. 왜냐하면 조세를 통한 규제방식은 가격상승과 과소생산으로 효율성을 악화시킬 수 있기 때문이다.

한편, 시장구조를 측정하기 위해 사용되는 것이 시장집중지수(market concentration index)이다. 시장집중지수에는 상위k기업집중지수 $CR_k=\sum_{i=1}^{k}s_i$와 허쉬만-허핀달지수 $HH=\sum_{i=1}^{n}s_i^2$가 있다. 상위k기업집중지수와 허쉬만-허핀달지수 모두 큰 값을 가질수록 기업의 시장점유율이 높다는 것을 의미하므로 시장의 불완전경쟁의 정도가 높다는 것을 나타낸다.

우리나라의 경우 상위3개 기업의 지중도 $CR_3=75\%$인 경우 해당 품목의 사업자를 시장지배적으로 본다. 허쉬만-허핀달지수(HH)는 한 산업 안에 있는 모든 기업의 시장점유율의 제곱을 합한 값이다. HH는 상위k기업집중지수보다 시장점유율이 큰 기업에 더 큰 비중을 준다.

우리나라의 경우 *HH*지수에 10,000을 곱하여 1,800 이상인 산업을 고집중산업으로 분류한다. 미국의 독점규제는 반독점법(anti-trust law)에 의해 이루어지고, 우리나라의 독점규제는 독점규제 및 공정거래에 관한 법률에 의해 공정거래위원회에서 주관한다. 우리나라 공정거래법은 ① 시장지배적 지위의 남용금지, ② 기업결합의 제한, ③ 경제력집중의 억제, ④ 부당한 공동행의 제한, ⑤ 불공정거래행위의 금지 등을 규정하고 있다.

1. 가격규제

가격규제방식은 정부가 독점가격보다 낮은 공정가격을 설정하여 이 가격수준을 상한선으로 규제하는 방식이다. 공정가격의 설정은 ① 한계비용 수준으로 설정하는 방식, ② 평균비용 수준으로 설정방식, ③ 이중가격으로 설정하는 방식으로 나눌 수 있다.

첫째, 한계비용가격설정(marginal cost pricing) 방식은 정부가 공정가격을 한계비용과 일치시켜 한계비용가격수준을 상한선으로 규제하는 방식이다. 〈그림 8-15〉의 P_R수준에서 공정가격을 설정하면 독점기업은 $P=MC$를 충족하는 E점에

〈그림 8-15〉 한계비용가격설정에 의한 독점규제

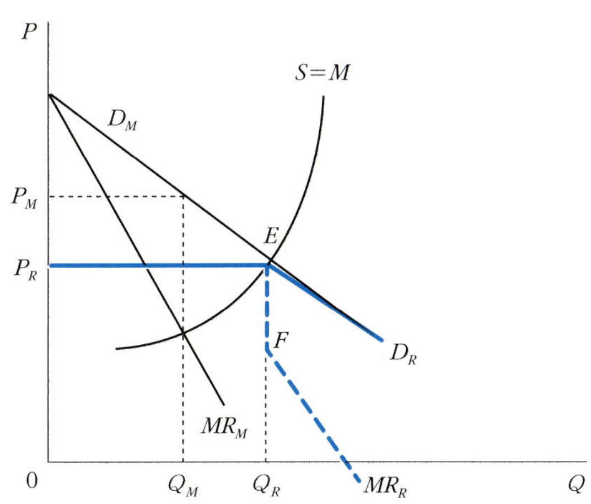

서 이윤극대화를 달성할 수 있다. 따라서 가격수준은 P_R이 되고 산출량수준은 Q_R이 된다. 가격수준은 독점가격 P_M에서 완전경쟁시장의 수준인 P_R로 낮아졌으며, 산출량도 독점산출량수준 Q_M에서 완전경쟁시장 수준인 Q_R로 증가하게 된다. 한계비용가격규제는 완전경쟁시장의 균형과 동일한 결과를 가져온다. 하지만 현실적으로 독점기업의 한계비용을 정확히 파악하여 규제한다는 것은 어려움이 있으며 독점기업은 제품의 질을 떨어뜨릴 가능성이 내재한다.

한편 비용체감산업, 즉 규모의 경제가 발생하는 자연독점(natural monopoly)의 경우에는 한계비용가격설정에 의한 규제는 생산의 중단을 가져올 수도 있다. 왜냐하면 비용체감산업의 경우 한계비용과 동일한 가격이 평균비용보다 낮은 수준($P=MC<AC$)에 있어 기업은 손실을 보기 때문이다. 비용체감산업의 독점규제에 있어 한계비용가격설정 방식은 위와 같은 문제점을 안고 있으므로 평균비용가격설정(average cost pricing) 방식이나 이중가격설정(two-tier pricing) 방식을 이용할 수 있다.

2. 조세를 통한 규제

정부는 과세를 통해 독점을 규제할 수 있는데, 이를 간접규제방식이라 한다. 과세를 통한 규제방식에는 독점기업의 산출물에 종량세(재화 1단위당 일정액의 조세

〈그림 8-16〉 소비세를 이용한 독점규제

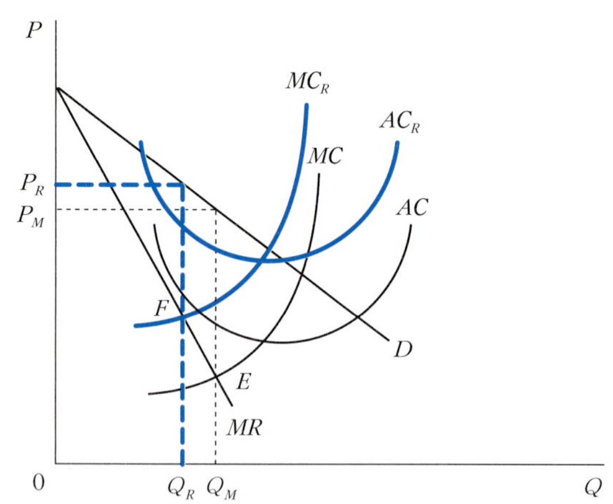

부과)를 부과하는 방식과 정액세(생산량과 관계없이 일정액의 조세부과)를 부과하는 방식이 있다. 독점기업의 산출물에 종량세를 부과하면 당위당 생산비가 증가하므로 마치 가변비용이 증가한 것과 같은 효과가 나타나고, 독점기업의 산출물에 정액세를 부과하면 마치 고정비용이 증가한 것과 같은 효과가 나타난다. 종량세부과는 평균비용(AC)곡선과 한계비용(MC)곡선을 모두 상방으로 이동시키지만 정액세부과는 평균비용(AC)곡선만을 상방으로 이동시킨다.

〈그림 8-16〉의 E점은 종량세가 부과되기 이전의 이윤극대화조건을 충족하며 독점기업은 산출량수준 Q_M에서 생산하고 독점가격은 P_M수준에서 결정된다. 정부가 독점을 규제하기 위해 종량세를 부과하면 마치 가변비용이 증가한 것처럼 AC곡선과 MC곡선이 상방이동하여 〈그림 8-16〉의 F점에서 이윤극대화조건이 충족되고 독점기업은 새로운 산출량 수준 Q_R에서 생산하고 독점가격은 P_R수준에서 새롭게 결정된다.

따라서 종량세가 부과되면 가격은 상승($P_M - P_R$)하고 생산량은 감소($Q_M - Q_R$)한다. 따라서 종량세의 일부를 소비자가 부담하게 되고 생산량이 감소하여 효율성이 악화된다. 다만 (평균비용상승분$\times Q_R$)만큼의 독점이윤을 정부가 재정수입으로 환수하게 된다. 독점이윤의 일부분이 독점기업에서 정부의 재정수입으로 변환되는

〈그림 8-17〉 정액세를 이용한 독점규제

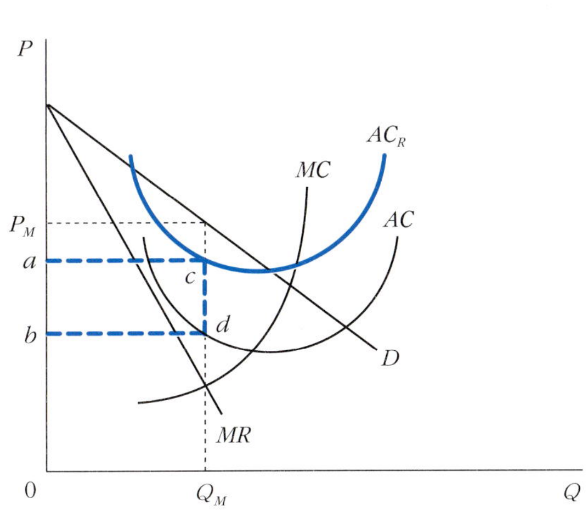

것이다. 독점기업으로부터 환수한 조세수입을 재분배정책에 사용한다면 소득재분배에 기여할 수 있다.

정부가 독점기업에 산출량수준과 관계없이 정액세를 부과하면 기업의 입장에서는 마치 고정비용이 증가한 것처럼 한계비용곡선은 그대로 있고 평균비용곡선만 위로 이동한다. 그 결과 〈그림 8-17〉에서 보는 것처럼 산출량수준과 가격수준은 동일하다. 이윤극대화점이 변하지 않기 때문이다. 또한 정액세 부과 이후에 가격수준이 변하지 않으므로 조세가 소비자에게 전혀 전가되지 않는다는 것을 알 수 있다. 따라서 정액세부과는 산출량과 가격수준에는 아무런 영향을 미치지 않으며, 다만 사각형 $abcd$만큼의 독점이윤을 정부수입으로 환수하는 효과가 나타난다.

3. 경쟁촉진방식

정부가 독점의 폐해를 줄이기 위한 또 하나의 방법으로 경쟁촉진방식을 사용할 수 있다. 정부는 독점시장에 새로운 기업의 진입을 유도하거나 기존의 독점기업을 분할하여 시장구조 자체를 경쟁구조로 변화시킬 수 있는 경쟁촉진정책을 활용할 수 있다. 경쟁촉진정책은 독점시장에서 발생하는 비효율을 경쟁을 촉진함으로써 해소할 수 있겠으나 자칫 규모의 경제라는 효율성의 과실을 해칠 수 있다. 또한 독점기업을 국유화하고 한계비용수준에서 가격을 결정한다면 사회후생측면에서는 효율성을 극대화할 수 있겠으나 공기업의 경우, 이윤동기가 부족하고 X-비효율의 문제들이 자원배분의 왜곡을 조장할 수 있다.

8.3 과점시장

8.3.1 과점시장의 특징

과점시장(oligopoly)은 새로운 기업의 진입이 어렵거나 불가능한 상황에서 소수의 기업이 시장수요의 대부분을 공급하는 시장구조를 말한다. 경쟁관계에 있는 소수의 공급자에 의해 지배되는 시장이므로 개별기업이 시장에서 차지하는 비중이 상당히 높으며 한 기업의 생산수준이 시장가격의 변화와 경쟁기업의 이윤의 크기에 영향을 미친다.

과점시장은 시장에 참여하는 경쟁자의 수가 둘 이상이지만 경쟁의 상대가 누구인지 서로 분명하게 인지할 수 있을 만큼의 경쟁자 수가 생산활동을 하는 구조이다.[7] 과점시장은 규모의 경제가 나타나는 산업이거나 진입의 장벽이 높은 시장구조에서 성립될 수 있다. 과점시장은 순수과점시장과 차별화된 과점시장으로 나뉘는데, 동질적인 상품끼리 경쟁하는 구조를 순수과점시장이라 하고 약간의 차별화된 상품끼리 경쟁하는 구조를 차별화된 과점시장이라 한다.

과점시장의 특징을 정리하면 다음과 같다.

① 과점기업은 상대기업들의 반응(reaction)을 고려하여 자신의 산출량수준과 가격수준 그리고 상품의 차별화 등을 결정한다. 이같은 특성을 전략적 상황(strategic situation)이라 한다.

② 과점기업들 사이에는 강한 상호의존성(interdependence)이 존재한다. 따라서 과점시장에서는 카르텔을 형성하거나 담합(collusion), 또는 묵계에 의한 가격선도제 같은 경쟁을 회피하려는 경향을 나타낸다.

③ 과점기업들은 광고나 제품차별화를 통한 비가격경쟁(non-price competition)이 독점적 경쟁보다 치열하다. 따라서 상품에 대한 약간의 차별화, 광고, 그리고 애프터서비스 등과 관련된 경쟁수단이 발달한다.

7) 생산자가 단 둘인 시장을 복점시장(duopoly market)이라 한다.

④ 과점시장은 현실적으로 가장 많이 존재하는 시장의 형태이면서도 과점시장의 특성으로 인하여 일반이론이 존재하기 어렵다.

8.3.2 과점시장이론

과점시장은 경쟁기업간 상호의존성이 높기 때문에 어떤 기업의 행동에 따라 경쟁기업은 반응하게 된다. 어떤 기업의 행동이 경쟁기업의 행동을 유발하고 그에 따라 시장의 결과가 달라진다는 특징을 가진다. 이와 같은 과점시장의 특징으로 인해 과점기업은 서로 다른 다양한 양상으로 행동하게 된다. 따라서 과점시장은 하나의 모형으로 설명할 수 없고 여러 가지 과점모형들이 존재한다.

과점시장을 설명하는 이론을 정리하면 다음과 같다.

① 독자행동이론에는 쿠르노모형, 슈타켈버그모형, 베르뜨랑모형, 굴절수요곡선이 있다. 쿠르노모형, 슈타켈버그모형은 수량중심모형으로 경쟁기업과의 생산량수준의 결정을 보여준다. 베르뜨랑모형, 굴절수요곡선모형은 가격중심모형으로 경쟁기업과의 가격수준 결정을 보여준다.

② 상호협조이론에는 카르텔모형, 가격선도모형이 있고 과점기업의 행동원리를 설명하는 비용할증가격설정, 진입저지가격설정, 경합시장이론 등이 있다.

1. 굴절수요곡선의 모형

1930년대 후반 스위지(P. Sweezy)는 굴절수요곡선모형으로 과점기업들 간에 담합이 이루어지지 않더라도 과점시장의 가격은 비교적 안정성(경직성)을 갖는다는 과점균형의 특징을 보여준다. 스위지(P. Sweezy)는 과점시장 내에서 경쟁기업들 간에 담합이나 협조행위가 없음에도 불구하고 가격의 안정성은 나타날 수 있으며, 과점가격의 안정성은 과점기업들이 인식하고 있는 수요곡선의 굴절현상에서 비롯된다는 점을 모형에서 보여주고 있다. 과점시장에서 기업이 직면한 수요곡선은 굴절현상을 보이는데 그 원인으로는 가격의 추측된 변화[8]가 비대칭성

8) 어떤 기업이 가격을 변화시켰을 경우 경쟁기업들의 반응하는 가격변화에 대한 기대

(asymmetry)을 가지기 때문이라고 설명하고 있다. 추측된 변화란 한 기업이 생산량수준이나 가격수준을 조정할 경우 상대기업이 어떤 반응을 보일 것인지에 대한 예측을 말한다.

가격의 추측된 변화는 $CV_p = \frac{\Delta P_i}{\Delta P_0}$로 나타낼 수 있다. CV_p(conjectural variation): 추측된 가격변화. $CV_p = \frac{\Delta P_i}{\Delta P_0} = 0$이라면 한 기업이 가격을 변화시키더라도 다른 기업이 $CV_p = \frac{\Delta P_i}{\Delta P_0} = 0$ 전혀 가격을 변화시키지 않을 것으로 예상된다는 것을 의미한다.

수요곡선의 굴절모형은 가격인상시에는 $CV_p = \frac{\Delta P_i}{\Delta P_0} = 0$을 가정하고 가격인하시에는 $CV_p = \frac{\Delta P_i}{\Delta P_0} > 0$으로 가정한다.

과점시장에서 어떤 기업이 상품의 가격을 떨어뜨리면 경쟁기업들은 고객을 잃지 않기 위해서 경쟁기업의 가격인하에 가격인하로 반응을 보일 것이지만, 어떤 기업이 상품의 가격을 올리는 경우에는 경쟁기업들은 더 많은 고객의 확보를 위해 가격을 인상시키지 않을 것이라는 기대를 갖게 되기 때문이다. 이 같은 현상을 가격의 추측된 변화에 대한 비대칭성이라 한다.

따라서 어떤 기업이 가격을 인상하는 경우 그 기업이 직면하는 수요곡선은 가격하락의 경우보다 탄력적으로 나타난다. 왜냐하면 경쟁기업들은 더 많은 고객확보를 위해 가격을 인상시키지 않을 것으로 예측되므로 가격을 인상한 기업은 수요량이 큰 폭으로 감소할 것이기 때문이다. 반대로 어떤 기업이 가격을 인하하는 경우 그 기업이 직면하는 수요곡선은 가격인상의 경우보다 비탄력적으로 나타난다. 왜냐하면 어떤 기업이 가격을 인하하게 되면 경쟁기업들은 고객을 잃지 않기 위해 그들의 가격도 인하할 것으로 예측되기 때문이다.

〈그림 8-18〉의 A점은 P_0의 가격에서 Q_0의 산출량을 생산하는 과점기업의 수요곡선상의 균형점이다. A점에서 $MR_1 = MC_1$이 성립하여 이윤극대화조건을 충족하기 때문이다. 만약 어떤 과점기업이 가격을 인상하는 경우 경쟁기업의 추측된 가격의 변화는 $CV_p = \frac{\Delta P_i}{\Delta P_0} = 0$으로 생각하여 자신의 수요곡선은 $A'A$와 같이 탄력적인 수요곡선으로 받아들인다. 한편 어떤 과점기업이 상품의 가격을 인하하는 경우 경쟁기업의 추측된 가격의 변화는 $CV_p = \frac{\Delta P_i}{\Delta P_0} = 1$로 생각하여 자신의 수요곡선은 AD_2와 같이 비탄력적인 수요곡선으로 받아들인다.

따라서 과점기업의 수요곡선은 〈그림 8-18〉의 $A'AD_2$와 같은 굴절된 수요곡선

〈그림 8 - 18〉 굴절수요곡선

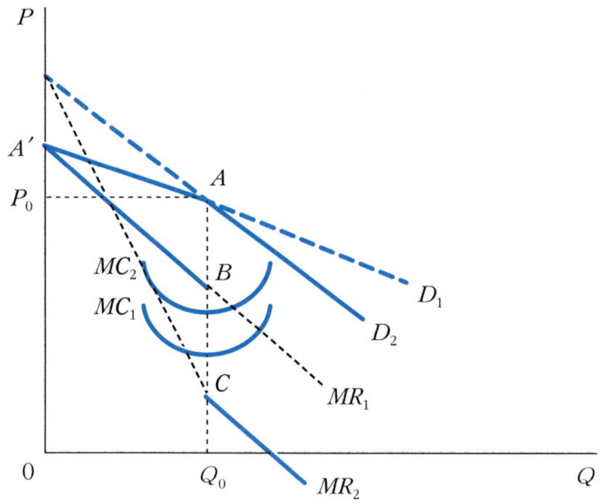

에 직면하게 된다는 것을 알 수 있다. 이것이 바로 가격의 추측된 변화[9)]가 비대칭성(asymmetry)을 갖는 결과이다.

〈그림 8 - 18〉의 $A'AD_2$와 같은 굴절된 수요곡선(kinked demand curve)의 경제적 의미를 정리하면 다음과 같다.

① 굴절된 수요곡선에 직면하는 과점기업은 약간의 생산비용의 변화가 발생하더라도 가격변동이나 산출량 수준의 변동으로 나타나지 않을 가능성이 높다. 〈그림 8 - 18〉의 한계비용곡선 MC_1이 한계비용곡선 MC_2로 상방 이동하여 비용이 증가하더라도 과점기업의 이윤극대화점은 여전히 A점이며 가격은 P_0수준에서 산출량은 여전히 Q_0수준에서 생산하고 있음을 알 수 있다.

② 굴절된 수요곡선에 직면하는 과점기업은 약간의 수요의 변화가 발생하더라도 가격을 변화시키거나 산출량수준을 증감시키지 않을 가능성이 높다. 〈그림 8 - 18〉의 A점에서 MC_1을 그대로 두고 수요곡선만을 약간씩 좌우로 이동시킨다 해도 이윤극대화조건을 충족하는 가격수준은 여전히 P_0이며 산출량수준도 Q_0임을 알 수 있다.

9) 어떤 기업이 가격을 변화시켰을 경우 경쟁기업들의 반응하는 가격변화에 대한 기대

③ 〈그림 8－18〉에서 보는 것처럼 과점시장에서 가격이 안정성을 갖는 것은 과점기업이 경쟁기업과의 담합이나 협조에 의한 것이 아니라 과점기업들에 의해 인식되는 굴절된 수요곡선에 의해 발생한다.

굴절수요곡선 모형은 과점시장에서 가격의 안정성을 설명하는 데 유용한 이론이지만 다음과 같은 한계점을 지니고 있다.

① 이론적인 측면에서 가격의 안정성을 설명하고 있으나 과점가격의 결정원리와 결정과정에 대한 설명력이 부족하다.
② 수요곡선 자체가 굴절되어 있다는 것을 증명하기 어렵다.
③ 과점시장에서의 결정된 가격이 다른 시장에서의 결정된 가격보다 더욱 안정적이라고 현실적 증거가 부족하다.
④ 현실적으로 어떤 과점기업이 가격을 인상하면 다른 경쟁기업도 가격을 따라서 인상하는 현상이 많이 관찰되고 있다.

2. 쿠르노모형

쿠르노모형은 1838년 쿠르노(A. Cournot)에 의해 제시된 최초의 복점모형이며 수량중심과점시장모형이다. 쿠르노모형에서는 모든 기업은 동질적인 상품을 공급하고 복점기업이 공급량을 결정함에 있어 상대경쟁기업의 공급량은 일정하게 주어진 것으로 인식하고 자신의 공급량을 조절하여 이윤극대화를 추구한다고 가정한다. 경쟁기업 모두가 추종자(follower)로 행동한다는 가정이다.

쿠르노모형은 산출량의 추측된 변화, $CV_q = \frac{\Delta Q_i}{\Delta Q_0}$가 0임을 가정하고 참여기업 모두의 한계비용(MC)은 0임을 가정한다.

〈그림 8－19〉는 쿠르노균형을 설명하기 위한 반응곡선(reaction curve)의 도출과정을 보여주고 있다. 1기업과 2기업은 복점관계에 있다 하자. 1기업의 반응곡선을 도출과정을 설명해 보자. 복점시장 전체의 수요곡선이 D_A로 주어져 있고 2기업의 산출량수준이 0이라면 1기업은 시장 전체의 수요곡선 D_A를 자신의 수요곡선으로 간주하게 될 것이다. 따라서 1기업은 시장 전체의 수요에 직면한 독점기업처럼 행동할 것이고, 한계비용이 0이므로 MC곡선은 수평축과 동일함에 따라 MR_A와 수

〈그림 8 - 19〉 쿠르노모형의 반응곡선

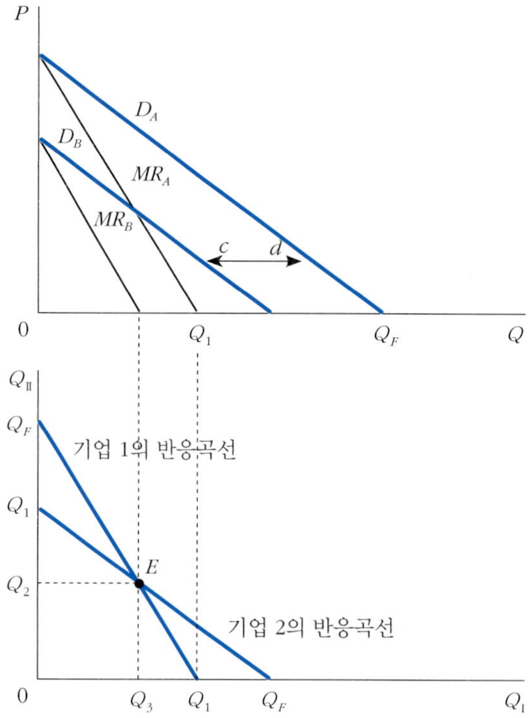

평축의 교차점이 1기업의 이윤극대화점이 될 것이다. 따라서 2기업의 산출량 수준을 0으로 받아들일 때, 1기업은 Q_1의 산출량을 결정하는 반응을 보이게 된다. 즉 (Q_1, 0)의 반응곡선점을 도출하게 된다. 다음으로 2기업의 산출량 수준을 시장 전체의 수요량 모두로 받아들일 때, 1기업은 0의 산출량을 결정하는 반응을 보이게 되어 (0, Q_F)의 반응곡선점을 도출하게 된다. 1기업의 반응곡선점 (Q_1, 0)과 (0, Q_F)을 연결한 〈그림 8 - 19〉의 기업 1의 반응곡선이다. (1기업의 산출량, 2기업의 산출량)을 나타낸다.

이제 만약 2기업이 $Q_2=cd$의 산출량 수준을 결정했다면 1기업은 최초의 수요곡선 D_A는 $Q_2=cd$만큼 좌측으로 수평 이동하여 D_B가 된다. 따라서 1기업은 MR_B와 수평축($MC=0$)이 교차하는 점이 이윤극대화점이 되어 1기업은 Q_3의 산출량수준을 결정하는 반응을 보이게 된다. 〈그림 8 - 19〉의 (Q_3, Q_2)점에서 1기업과 2기업은 반응곡선이 교차하게 된다.

이 같은 원리에 따라 2기업의 반응곡선도 〈그림 8-19〉의 (0, Q_1)점과 (Q_F, 0)점을 연결하는 반응곡선으로 도출된다. 결과적으로 1기업의 반응곡과 2기업의 반응곡선은 대칭성을 가진다.

따라서 쿠르노모형에서의 균형은 1기업의 반응곡선과 2기업의 반응곡선이 교차하는 〈그림 8-19〉의 E점에서 이루어진다. 이윤극대화 균형조건에서 1기업은 Q_3의 산출량을 결정하고 2기업은 Q_2의 산출량을 결정하게 된다. 또한 1기업의 반응곡선과 2기업의 반응곡선은 대칭성을 가지기 때문에 Q_2의 절대적 크기와 Q_3의 절대적 크기는 같게 된다.

〈그림 8-19〉의 수요곡선 D_A는 $P=60-Q$라 하자.2기업의 산출량이 0이면 1기업의 산출량은 30이고, 1기업의 산출량이 0이면 2기업의 산출량도 30이다. 그런데 2기업의 산출량이 20이라면 1기업이 직면하는 수요곡선은 $P=40-Q$가 되어 1기업의 산출량도 20이 된다. 따라서 과점기업은 시장전체수요량 60에서 $\frac{2}{3}$인 40을 공급하게 된다.

완전경쟁시장이라면 한계비용이 0이므로 수평축과 수요곡선($AR=MR$)이 만나는 점 60에서 이윤극대화가 성립하므로 시장수요 60을 모두 공급한다는 것을 알 수 있다. 만약 독점시장이라면 한계비용곡선이 수요곡선(AR곡선)의 $\frac{1}{2}$선이므로 30을 공급하게 된다.

결과적으로 완전경쟁시장은 시장수요 전체를 공급하고 과점시장은 시장수요의 $\frac{2}{3}$를 공급하며 독점시장은 시장수요의 $\frac{1}{2}$을 공급하게 된다.

3. 과점시장을 설명하는 기타모형들

베르뜨랑모형은 현실의 기업들은 수량중심의 경쟁이 아닌 가격중심의 경쟁을 벌일 가능성이 높다는 점에 주목하여, 쿠르노모형의 수량중심의 가정을 비판하고 가격중심모형을 전개하였다. 베르뜨랑모형에서 어떤 기업이든 경쟁상대기업의 가격을 일정한 것으로 추측하고 자신의 가격을 조절하여 이윤극대화를 달성할 것으로 가정한다. 따라서 과점기업은 자신이 결정한 가격수준이 한계비용보다 높은($P>MC$) 수준을 유지하는 경우, 경쟁상대기업의 가격은 일정수준을 유지하므로 자신의 가격을 낮추어 고객을 더욱 확보하려 할 것이다. 이 같은 상황이 과점기업 모두에게 적용되므로 과점기업들은 $P=MC$와 같은 수준에서 가격을 결정하게 될 것이다. 따라서 베르뜨랑모형에서의 균형가격과 산출량은 완전경쟁시장의 균형과 거의 동일한 결과에 이르게 된다.

베르뜨랑은 쿠르노모형이나 굴절수요곡선모형이 과점시장의 가격안정성을 주장하는 것에 반하여 과점시장은 가격의 불안정성이 특징이라는 점을 주장한다. 과점시장의 가격불안정성은 생산비의 변화에 의해서가 아니라 경쟁기업의 반응가격의 변동에 따른 것으로 설명하고 있다. 베르뜨랑모형의 과점시장가격은 $P=AC=MC$로 수렴해 가며, 생산량수준은 완전경쟁시장과 동일하고 참여기업이 두 기업이라면 생산량은 각각 $\frac{1}{2}$씩 결정하게 된다.

한편 지금까지 살펴본 과점시장모형들은 기업의 상호경쟁관계에서 어떤 기업이든 모두 추종자(follower)의 역할을 가정하고 있다. 그런데 슈타켈버그모형(H.V. Stackelberg)은 한 기업이나 또는 두 기업 모두가 선도자(leader)의 역할을 가정하고 과점시장을 설명하는 이론이다. 슈타켈버그모형은 쿠르노모형과 함께 수량중심의 모형이나 기존의 과점시장모형들에 비해 기업들의 연관관계를 추종자(follower)가 아닌 선도자(leader)의 관계로 규정하고 있다. 슈타켈버그모형에서는 두 기업 모두가 선도자가 되는 경우, 불균형이 발생하는데 이를 슈타켈버그의 불균형이라 한다.

8.3.3 담합모형과 카르텔모형

지금까지 살펴본 과점모형들을 독자행동이론으로 분류된다. 과점시장의 기업들은 독자적으로 경쟁기업에 대응하여 경쟁기업의 가격이나 산출량에 대한 반응을 추측하고, 이를 바탕으로 자신의 이윤극대화 달성을 위한 가격과 산출량수준을 독자적으로 결정한다는 이론들이었다. 그런데 과점시장에서 기업마다 독자적으로 경쟁기업과 대응하여 치열하게 경쟁한다는 가정은 현실적으로 제한적 성격을 가진다. 현실경제에서 과점기업들은 치열한 경쟁보다는 상호 협조체제를 구축함으로써 발생하는 공동이익에 더 많은 관심을 가지기 때문이다.

과점기업들의 협조체제를 설명하기 위한 이론으로는 ① 비공식적이고 불완전한 형태의 담합(collusion)방식인 가격선도모형이 있고 ② 공식적이며 완전한 형태의 담합방식인 카르텔(cartel)모형이 있다.

1. 가격선도모형

가격선도모형은 비공식적이고 불완전한 형태의 담합모형이라 할 수 있다. 현실적으로 카르텔은 독점과 같은 자원배분의 효율성을 저해하므로 독점규제법을 통해 엄격히 규제하고 있다. 따라서 법적 규제를 피해 자연스럽게 불완전한 담합으로 과점기업들의 이익을 대기업이나 효율적인 기업의 선도에 따라 협조체제를 구축하게 된다. 가격선도모형에서는 어떤 기업이 가격을 선도하는 역할을 수행하는데, 가격선도의 역할은 시장지배율이 높은 기업이거나 효율성이 높은 기업이 그 역할을 수행한다. 가격을 선도하는 기업을 지배적 기업(dominant firm)이라고 한다. 〈그림 8-20〉은 지배적 기업이 가격을 선도하는 모형에서 가격과 산출량이 결정되는 원리를 보여주고 있다. 지배적 기업은 시장수요에서 군소기업들의 판매량의 합을 제외한 나머지 수요에 대해 이윤극대화를 달성하고자 한다.

〈그림 8-20〉의 왼쪽그림 D_M은 과점시장의 전체수요곡선고 S_T는 군소과점기업의 공급곡선을 수평으로 합한 군소기업의 총공급곡선이다. 군소기업들은 〈그림

〈그림 8-20〉 지배적 기업에 의한 가격선도모형

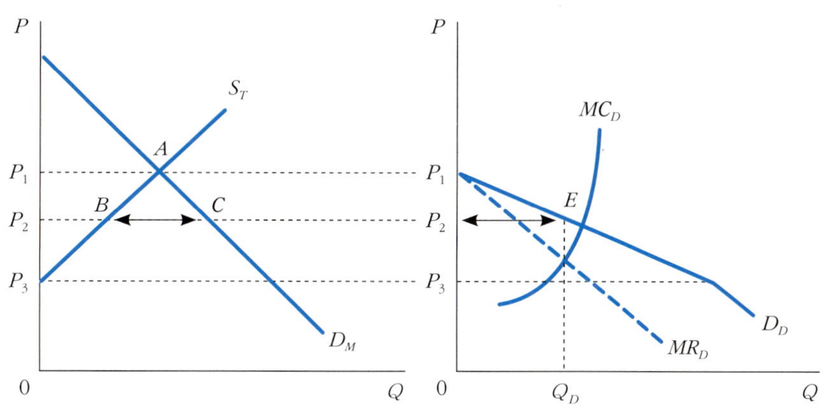

8 – 20〉의 P_1가격수준에서 자신들의 공급량을 결정하게 된다.

한편, 지배적 기업의 수요는 P_1가격에서는 〈그림 8 – 20〉의 오른쪽 그림 생산량이 0이고, P_3 이하 가격에서는 〈그림 8 – 20〉의 왼쪽그림 공급이 0이므로 시장수요 전체가 지배적 기업의 수요가 된다. 따라서 지배적 기업의 시장수요곡선은 〈그림 8 – 20〉의 오른쪽 그림 D_D곡선이 된다. 지배적 기업의 수요곡선 D_D의 $\frac{1}{2}$선인 MR_D선 지배적 기업의 한계수입곡선이 도출된다.

따라서 〈그림 8 – 20〉의 오른쪽 그림 수요곡선상의 E점에서 이윤극대화조건이 성립하고 지배적 기업은 P_2수준의 가격과 Q_D수준의 산출량을 결정하게 된다. 〈그림 8 – 20〉의 왼쪽 그림에서 군소기업들은 P_2가격수준에서 P_2B만큼을 공급하게 되고, 지배적 기업은 그 나머지 수요 $BC=P_2E$만큼을 공급하게 된다.

2. 카르텔모형

카르텔(cartel)은 과점기업들이 담합을 통하여 마치 독점기업처럼 시장을 지배하려는 협조체제에 해당한다. 과점기업들은 카르텔을 결성하여 가격전쟁을 회피하고 공동으로 가격을 설정하며 다른 기업들의 시장진입을 막으려는 전략적 협조체제를 구축하려 한다. 과점기업들이 카르텔을 형성하면 카르텔 전체의 이윤이 극대화되는

〈그림 8 – 21〉 카르텔모형의 이윤극대화

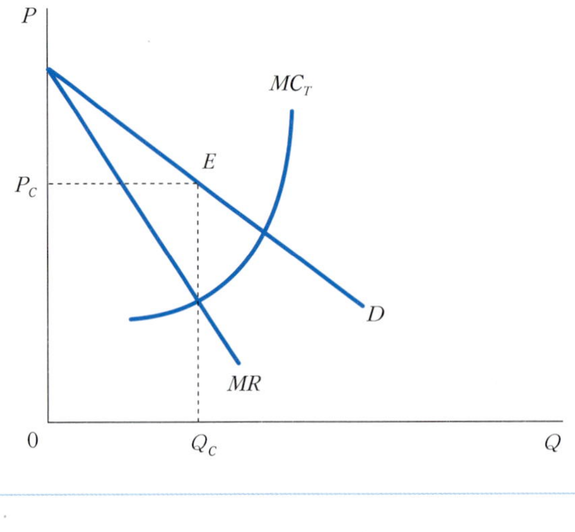

수준에서 가격과 산출량을 결정려는 경향이 있다. 카르텔의 이윤극대화는 가맹기업들이 합의된 가격과 산출량을 엄격하게 준수하여 행동할 때 가능하다. 카르텔을 결성한 후 협정을 위반하는 기업은 초과이윤을 획득할 수 있다. 따라서 카르텔은 항상 붕괴되려는 속성을 갖게 된다. 이런 특성을 카르텔의 불안정성이라 한다.

카르텔이 안정성을 유지하기 위해서는 ① 위반사실을 쉽게 파악할 수 있어야 하고, ② 위반하였을 때 상대방의 보복강도가 강력해야 한다.

〈그림 8-21〉의 D는 시장수요곡선이고 이것의 $\frac{1}{2}$선인 MR은 한계수입곡선이다. 또한 카르텔 가맹기업전체의 한계비용곡선은 MC_T이다. 따라서 카르텔이 결성되면 기업의 이윤극대화가 달성되는 〈그림 8-21〉의 수요곡선상의 E점에서 P_c의 가격수준에서 산출량 Q_C를 생산하게 된다. 〈그림 8-21〉의 $MR=MC_T$는 카르텔에 참여하는 모든 기업의 MC수준에서 각각의 산출량을 결정하게 된다. 〈그림 8-21〉의 균형 E점은 독점시장에서의 균형점과 동일하며 가격수준과 산출량 수준도 동일하다는 것을 의미한다.

8.3.4 비용할증가격설정의 원리

과점시장에서 과점기업의 가격설정에 관한 실증연구(Hall&Hitch)들은 과점기업들이 이윤극대화조건을 충족하는 가격설정의 원리를 따르기보다는 단위당 평균비용에 일정율의 이윤을 부과하는 방식으로 가격을 결정한다는 것을 밝히고 있다. 과점기업들은 기업의 이윤극대화조건 $MR=MC$를 충족하는 가격을 설정하는 것이 아니라 평균비용에다 일정률의 마진율을 합하여 과점가격을 결정하는 풀코스트 원리(full-cost pricing) 혹은 마크업가격결정(mark-up pricing)을 따른다는 것이다. 과점기업은 목표생산량을 결정하고 목표생산량수준에서의 평균비용을 산정한 다음 목표이윤을 부과하여 가격을 결정하는 방식이다. 이와 같은 과점기업의 가격설정 원리를 비용할증가격설정(full-cost pricing)이라 한다.

한편으로는 이와 같은 가격설정원리는 이윤극대화원리를 무시한 무지한 가격결정방식이며, 수요측면의 요인들을 고려하지 않은 비합리적인 방식이라는 비판을 면하기 어려웠다. 하지만 이 같은 가격설정원리가 이윤극대화에 근접한 결과를 가져다주고 수요측면의 요인들까지 고려한 가격설정원리로 보아야 한다는 해석도 가능하다.

$P=AC(1+m)$를 m에 대하여 정리하면 $m=\frac{P-AC}{AC}$가 된다.

기업의 최적산출규모는 $AC=MC$ 조건을 충족하므로 $m=\frac{P-MC}{MC}$가 성립한다. 여기서 기업의 이윤극대화조건은 $MR=MC$이므로 $m=\frac{P-MR}{MR}$의 관계가 성립한다.

여기서 아모로소 - 로빈슨 공식 $MR=P(1-\frac{1}{\varepsilon_p})$을 MR에 대입하여 정리하면 $m=\frac{1}{\varepsilon_{p-1}}$의 관계가 성립한다.

따라서 이윤을 극대화 조건을 충족하는 마진율을 계산할 수 있으며, 수요의 가격탄력성은 마진율에 대한 중요한 결정인자라는 것을 알 수 있다.

8.3.5 과점시장에 대한 평가

과점시장은 일반이론보다는 경쟁기업에 대한 예측과 그에 따른 반응곡선으로 설명되는 다양한 이론들이 난립한다는 특징이 있다. 과점시장은 완전경쟁시장이나 독점시장보다 연구개발이나 기술혁신이 활발하게 이루어진다는 장점을 가진다. 또한 다양한 재화공급이 가능하여 소비자의 선택의 폭을 확대시킨다.

과점시장은 완전경쟁시장에 비해 가격이 한계비용보다 높은 수준에서 결정된다. $P>MC$는 과소생산으로 인한 자원배분의 효율성을 침해한다. 또한 치열한 광고경쟁으로 인한 사회적 후생의 감소가 발생할 수 있다.

8.4 독점적 경쟁시장

8.4.1 독점적 경쟁시장의 특징

독점적 경쟁시장은 다수의 기업들이 참여하고 진입이탈의 장벽이 낮으며 시장에 공급되는 상품들은 대체성은 높으나 차별화가 이루어지는 특성을 가진다. 독점적 경쟁시장은 제품의 차별화 측면에서는 독점요소가 내제하고 참여기업의 수나 진입이탈의 장벽측면에서는 경쟁요소가 내재한다. 따라서 완전경쟁과 독점의 중간 정도의 독점력을 가질 수 있다. 독점력은 제품의 차별화나 비가격경쟁으로 강화시킬 수 있다. 따라서 독점적 경쟁기업은 상표, 품질, 포장, 디자인 등과 같은 측면에서 제품의 차별화전략을 구사하고 광고, 판매조건, 애프터서비스 같은 비가격경쟁을 활용하고 있다.

독점적 경쟁시장의 특징을 정리하면 다음과 같다.

① 시장에 참여하는 판매자와 구매자의 수가 다수이여야 한다.

② 시장에 공급되는 상품은 서로 밀접한 대체성을 유지하되 약간의 질적 차별화가 이루어져야 한다.

③ 새로운 기업들의 진입과 비효율적인 기업의 탈퇴가 자유로워야 한다.

④ 참여하는 모든 기업들은 동일한 수요조건과 비용조건을 가진다.

8.4.2 독점적 경쟁시장의 단기균형

〈그림 8-22〉의 수요곡선 D_n상의 E점에서 독점적 경쟁시장은 단기균형을 달성한다. 독점적 경쟁기업이 개별적으로 직면하는 수요곡선 D_n은 우향하고 있어 독점기업의 형태와 유사하다. 단지 독점기업의 수요곡선보다 기울기가 작은 것이 특징이다.

수요곡선 D_n에 의해 한계수입곡선 MR_n은 도출되었고 이윤극대화조건($MR=MC$)은 수요곡선상의 E점에서 충족된다. 따라서 독점적 경쟁기업은 P_m의 가격수준에서 Q_m의 산출량을 생산하게 된다. 〈그림 8-22〉의 독점적 경쟁시장의 단기균

〈그림 8 – 22〉 독점적 경쟁시장의 단기균형

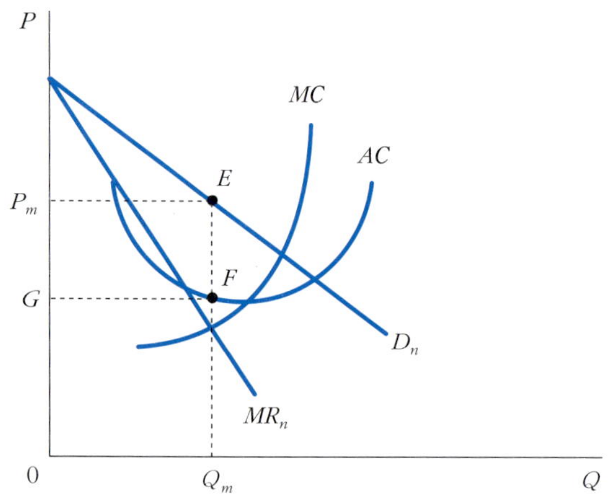

형점 E점은 $AC<P_m$이므로 $G-P_m$만큼의 초과이윤을 발생시킨다. 독점적 경쟁기업은 단기균형에서 〈그림 8 – 22〉의 사각형 P_mGFE만큼의 독점이윤 내지는 초과이윤을 얻게 된다.

8.4.3 독점적 경쟁시장의 장기균형

독점적 경쟁시장의 장기균형은 단기균형에서 초과이윤이 발생하면 새로운 기업들이 진입하고 손실이 발생하면 기존의 기업들이 빠져나가는 경쟁기업들의 진입이탈의 결과로 결정된다.

따라서 독점적 경쟁시장의 장기균형에서는 초과이윤이나 손실이 존재하지 않는다. 또한 생산량 수준은 완전경쟁시장보다 약간의 과소생산이 이루어지고 가격수준의 경우에는 완전경쟁시장보다는 다소 높은 수준($P>MC$)의 가격이 설정된다.

〈그림 8 – 23〉의 E점은 독점적 경쟁시장의 장기균형점이다. E점에서 이윤극대화 조건 $MR_n=LMC$가 충족되므로 독점적 경쟁기업은 P_p수준의 가격에서 Q_p수준의 생산을 결정하게 된다. 독점적 경쟁시장의 장기균형은 완전경쟁시장의 장기균형보다 Q_D-Q_m만큼의 과소생산을 하게 되어 약간의 유휴시설이 존재하게 된다.

〈그림 8-23〉 독점적 경쟁시장의 장기균형

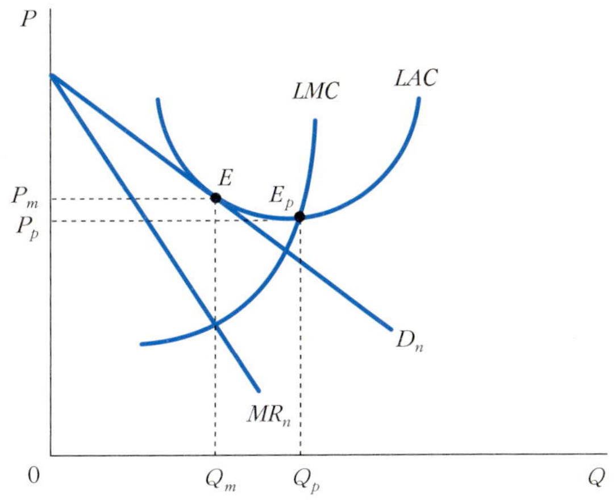

8.4.4 독점적 경쟁시장의 평가

독점적 경쟁시장은 다양한 제품의 차별화를 통하여 소비자들의 선택의 폭을 확대시킨다. 따라서 독점적 경쟁시장은 제품의 차별화를 통해 소비자의 후생을 증대시키는 장점을 가진다. 하지만 완전경쟁시장에 비해 부정적인 결과가 많다는 것은 단점이다. ① 가격이 한계비용보다 높은 수준에서 결정되므로 자원배분의 효율성을 침해한다. ② 장기평균비용의 최저점보다 좌측에서 장기균형이 성립하므로 유휴설비가 존재하는 비효율성이 나타난다. ③ 기술혁신에 의한 제품의 차별화보다는 상표, 포장, 디자인 같은 제품의 차별화가 촉진되는 경향이 있다. ④ 비가격경쟁으로 인한 사회적 자원이 낭비될 수 있다.

8.5 게임이론

과점시장은 경쟁기업간 강한 상호의존성으로 인해 어떤 과점기업의 의사결정시 상대방의 반응을 고려해야 하는 전략적 상황(strategic situation)이라는 특성을 가진다. 과점기업들은 경쟁기업의 가격이나 산출량 수준뿐만 아니라 광고나 마케팅 전략에 이르기까지 상대적인 상황에 민첩하게 대응해야 한다. 자신과 상대의 대응 전략에 따라 보수가 달라지기 때문이다.

이런 전략적 상황에서 자신과 상대의 전략은 일종의 조합(set)으로 나타나고 선택될 조합, 즉 어떤 기업이 어떤 전략을 선택할 것인지는 불확실한 상황으로 예측해야 한다. 과점시장에 참여한 기업의 입장에서는 어떤 전략을 선택하고 보수를 기대해야 하는 불확실한 상황을 마주한다는 특성에서 상대의 카드가 무엇인지 알 수 없는 포커게임과 매우 유사하다. 게임이론은 불확실한 상황에서 선택한 전략과 보수조합들이 어떤 결과를 가져오는지 분석할 수 있는 이론적 모형이다. 따라서 게임이론은 전략적 상황에 직면한 과점기업들의 합리적 선택을 설명할 수 있고 그 결과를 예측할 수 있도록 도움을 준다.

게임이론은 포커게임이든, 기업 간의 경쟁이든, 국가 간의 협상이든 불확실한 전략과 보수를 분석하고 예측하는 데 활용되고 있다.

8.5.1 게임이론의 구성과 종류

게임은 경기자(player), 전략(strategy), 게임의 보수(payoff)로 구성된다. 경기자는 게임에 참여하는 경제주체를 말하고, 전략은 자신의 이윤(효용)을 극대화하는 선택적 대안을 말하며 게임의 보수는 게임의 결과로 얻어지는 이윤이나 효용을 말한다.

게임은 서로 다른 구성요소조합에 의해 그 게임의 특성이 결정되고 그 게임에 대한 구성요소조합의 특성에 따라 게임의 종류가 결정된다.

① 경기자의 협력 여부에 의해 협조적 게임과 비협조적 게임으로 구분된다.
② 보수의 합이 제로(0)인지 아니면 (+)인지 (−)인지에 의해 영합게임과 비영합게임으로 구분된다.
③ 보수의 합이 일정한지, 변화하는지에 따라 정합게임과 비정합게임으로 구분된다.
④ 각 경기자들이 동시에 전략을 선택했는지, 아니면 경기자들이 순차적으로 전략을 선택했는지에 따라 동시게임과 순차게임으로 구분된다.

8.5.2 게임의 균형

게임의 균형이란 게임에 참여하는 모든 경기자가 어떤 전략들을 선택하고 그에 따른 결과에 대하여 모두 만족함으로써 더 이상 전략을 변동시킬 유인이 없는 상태를 말한다. 게임의 균형은 경기자가 선택하는 전략의 성격에 따라 우월전략균형(dominant strategy equilibrium)과 내시균형(Nash equilibrium) 그리고 혼합전략균형(mixed strategy equilibrium)으로 구분된다.

1. 우월전략균형

우월전략(dominant strategy)은 경쟁자가 어떤 전략을 사용하든 관계없이 자신의 보수를 극대화시키는 전략을 말한다. 우월전략균형이란 경기에 참여하는 모든 경기자가 모두 우월전략을 사용하여 도달하는 균형상태를 말한다

〈표 8-1〉는 경기자 1, 2로 구성된 2-경기자 게임에 대한 보수행렬(payoff ma-

〈그림 8-1〉 우월전략균형과 보수행렬

경기자 2 / 경기자 1	전략 B_1	전략 B_2
전략 A_1	(5, 5)	(1, 10)
전략 A_2	(10, 1)	(3, 3)

trix)을 나타낸 것이다. 〈표 8-1〉에서 경기자 1은 전략 A_2가 우월전략이 되고, 경기자 2는 전략 B_2가 우월전략이 된다. 따라서 경기자 1, 2가 모두 만족하는 우월전략은 A_2전략과 B_2전략의 조합으로 보수는 (3, 3)으로 결정된다. 이 같은 결과를 우월전략균형이라 한다.

2. 내시균형

내시균형(Nash equilibrium)은 경쟁자의 전략을 주어진 것으로 보고 각 경기자가 자신에게 유리한 전략을 선택함으로써 도달한 균형을 말한다. 〈표 8-1〉의 우월전략균형은 모든 경기자가 경쟁상대의 모든 전략에 대해 우월전략을 가진다는 가정을 전제한 결과이다. 이 같은 가정은 현실에 적용하기에 너무 강한 것이어서 주어진 상대방의 전략에 대해서만 최적의 전략을 가질 수 있다고 완화된 가정으로 만들어진 균형을 내시균형이라 한다. 내시균형은 게임이론에서 일반적으로 사용되는 균형의 개념에 해당한다.

〈표 8-2〉에서 경기자 1이 A_1을 전략으로 선택했다면 경기자 2의 최적전략선택은 B_1이 된다. 따라서 보수행렬은 (20, 10)이 된다. 경기자 2가 B_2을 선택했다면 경기자 1의 최적전략선택은 A_2가 된다. 따라서 보수행렬은 (10, 20)이 된다. 내시균형은 2개의 균형이 존재할 수 있다. 상대 경기자의 전략에 따라 내시균형은 달라지기 때문이다. 과점시장의 쿠르노모형은 상대방의 전략에 따라 변화하는 내시균형의 특징을 반영하고 있다.

또한 내시균형은 항상 파레토효율적인 자원배분을 충족하는 것은 아니며 우월전략균형은 내시균형을 포함하고 있어 우월전략균형은 내시균형이기도 하다. 하지만

〈그림 8-2〉 내시균형과 보수행렬

경기자 1 \ 경기자 2	전략 B_1	전략 B_2
전략 A_1	(20, 10)	(5, 5)
전략 A_2	(5, 5)	(10, 20)

내시균형이 우월전략균형인 것은 아니다. 〈표 8-1〉에서의 내시균형은 경기자 1, 2의 선택전략이 각각 A_2, B_2인 경우 이에 따른 보수행렬은 (3, 3)인 것을 알 수 있고, 만약 경기자 1, 2가 각각 A_1, B_1전략을 선택했더라면 보수행렬은 (5, 5)가 주어진다는 것을 알 수 있다. 경기자 1, 2의 보수를 더욱 높일 수 있는 여지가 있다는 것을 보여준다. 따라서 〈표 8-1〉의 내시균형은 파레토효율을 충족하는 자원배분, 최선의 선택을 보장하는 것은 아니라는 것을 보여준다.

8.5.3 최소극대화전략과 정합게임

1. 최소극대화전략

최소극대화전략(maximin strategy)이란 각각의 경기자가 어떤 전략을 선택하였을 때 예상되는 최소의 보수 중에서 최소보수가 가장 큰 전략을 선택하는 게임을 의미한다. 게임에 참여하는 경기자들이 합리적이지 못한 경우, 의외의 전략을 선택함으로서 최악의 결과를 가져오는 위험을 피할 수 있는 소극적인 전략선택게임이라 할 수 있다.

게임의 한 참가자가 비합리적이고, 부족한 정보를 가지고 자신의 이익과는 전혀 다른 의외의 전략을 선택할 가능성이 있는 경우에는 다른 경기자는 내시균형전략을 사용할 수 없는 상황을 맞게 된다. 이런 상황에서 합리적인 경기자는 비합리적인 상대경기자의 의외의 행동으로부터 발생할 수 있는 손실을 최소화하는 전략을 선택하는 것이 최선일 것이다.

〈표 8-3〉의 보수행렬에서 경기자 1, 2가 모두 합리적인 경기자라면 경기자 1, 2는 각각 A_2, B_2전략을 선택할 것이고 (10, 20)의 보수를 얻는 내시균형에 이를 것이다. 그런데 만약 경기자 1의 입장에서 경기자 2가 비합리적으로 예측되어 의외의 전략을 사용할 수 있을 것으로 판단되는 경우 경기자 2가 어떠한 전략을 선택하더라도 경기자 1은 자신의 손실을 최소화시킬 수 있는 전략을 모색하게 된다. 경기자 2가 만약 B_1전략을 선택한다면 경기자 1은 A_1전략을 선택하여 손실을 최소화하는 결과 (2, 10)의 보수를 얻게 된다.

〈그림 8-3〉 최소극대화전략과 보수행렬

경기자 1 \ 경기자 2	전략 B_1	전략 B_2
전략 A_1	(2, 10)	(5, 15)
전략 A_2	(−500, 5)	(10, 20)

만약 경기자 2가 B_1전략을 선택할 때 경기자 1이 우월전략인 A_2전략을 선택하게 되면 경기자 1은 500의 손실을 감당해야 한다. 이를 피하기 위해 우월전략을 버리고 최소극대화전략을 선택하는 게임을 최소극대화전략게임이라 한다.

2. 정합게임

경기자의 전략적 선택과는 관계없이 보수의 합이 항상 일정한 값을 갖게 되는 게임을 정합게임(constant sum game)이라 한다. 정합게임은 영합게임(zero sum game)과 양합게임(positive sum game) 그리고 음합게임(negative sum game)의 형태가 있다.

영합게임은 운동경기나 포커게임과 같은 경우에 해당한다. 어떤 팀이 2:0으로 승리했다는 것은 상대팀이 2점을 잃었다는 것을 의미한다. 따라서 얻은 2점과 잃은 2점을 합하면 항상 0이 된다. 도박의 경우에도 마찬가지이다. 어느 누군가가 돈을 얻었다는 것은 어느 누군가가 그만큼의 돈을 잃었다는 것이다. 따라서 도박이나 투기와 같은 영합게임은 전체의 이익을 증대시킬 수 없다.

8.5.4 게임이론의 응용

1. 용의자의 딜레마(Prisoner's Dilemma)

두 명의 공범자가 공동범죄행위에 대해 검사의 취조를 받는 상황이라 하자. 검사는 범죄행위를 입증할 만한 증거로써 어떻게든 자백을 받아야 하는 상황이다. 검사는 용의자로부터 자백을 받아내기 위해 용의자 1, 2를 분리심문하고 자백을 이끌어

〈그림 8－4〉 용의자의 보수행렬

경기자 1 \ 경기자 2	不자백	자백
不자백	(2, 2)	(10, 1)
자백	(1, 10)	(5, 5)

내기 위해 〈표 8－4〉 같은 보수행렬을 제시했다 하자.

〈표 8－4〉는 범죄행위에 대해 1, 2용의자가 모두 자백하는 경우 모두에게 4년을 구형하고, 한 사람은 자백하고 다른 한 사람은 자백하지 않는 경우, 자백한 자에게는 1년을 구형하고 자백하지 않은 자에게는 10년을 구형하겠다는 조건을 제시한 보수행렬이다. 여기서 보수는 형량을 나타낸 것이므로 값이 작을수록 유리하다.

심문에 임하는 용의자 1, 2는 모두 자백하는 것은 불리함으로 당연히 서로 자백하지 않겠다고 약속한 상태라 하자. 〈표 8－4〉의 보수행렬에서 용의자 1, 2는 모두 자백을 선택하는 것이 우월전략에 해당한다. 용의자 각각의 입자에서 우월전략균형(내시균형)은 두 사람 모두 자백(형량 1년 구형)인 것이다. 이 게임의 균형은 내시균형이지만 그 결과가 최선은 아니라는 것을 알 수 있다. 최선은 경기자 1, 2가 모두 불자백을 선택하여 약속을 지키는 상황이다. 최소형량(2, 2)에서 균형을 이룰 수 있다.

용의자의 딜레마(Prisoner's Dilemma) 게임에서 나타나는 시사점을 정리하면 다음과 같다.

① 용의자가 모두 서로 신뢰하고 약속을 지킬 수 있게 된다면 모두에게 최선의 결과가 보장될 수 있다. 법은 사회적 약속이다. 그런데 법을 지키지 않는 자가 개인적으로는 이익을 얻는 현상을 설명할 수 있다.

② 개인의 이익추구가 공동의 이익을 해치는 현상을 설명할 수 있다. 공유지의 비극도 이런 유형에 해당한다. 참여자가 3명 이상이라는 점이 다를 뿐이다.

③ 과점시장의 카르텔의 불안정성을 설명할 수 있다. 협정을 위반하는 자가 이익

을 볼 수 있는 유인이 존재하기 때문이다. 하지만 이 같은 게임이 지속적으로 반복된다면 결과는 달라질 여지를 가진다. 약속을 어긴 상대방에게 강한 보복을 가한다면 카르텔의 안정성은 유지될 수 있을 것이다.

④ 법과 카르텔 모두 핵심은 약속을 지키는 것이다. 그런데 약속을 어긴 자가 이익을 보는 유인이 존재하는 것이다. 이를 해결하는 방안으로는 “이에는 이, 눈에는 눈”(tit for tat)이라는 해결방식이 주목받고 있다. 실증연구들은 공동체적 해결방식, 즉 보복과 협력으로 문제를 해결할 가능성이 있는 결과들을 보여준다.

⑤ 애덤 스미스의 보이지 않는 손의 원리와 충돌한다. 개인의 이익추구가 공동의 이익을 더욱 촉진할 수 있다는 사적 재산권의 한계를 논증한다. 지나친 지적 재산권이 희귀한 과학적 자원들의 활용을 방해한다는 반공유자원의 비극(tragedy of anticommons)을 설명할 수 있다. 또한 협력에 의한 공유사회의 가능성, 즉 공유자원의 희극(comedy of tragedy)에 대한 논리적 설명이 가능하다.

2. 겁쟁이 게임(chicken game)

국제정치나 경제에서 치킨게임이라는 용어가 자주 등장하는데 치킨게임도 용의자의 딜레마와 유사한 원리이다. 치킨게임은 자신에게 유리한 우월전략을 선택하면 결국 서로 충돌하여 최악의 결과에 도달한다는 문제점을 보여준다.

〈표 8-5〉의 보수행렬에서 경기자 1, 2의 우월전략은 모두 직진임을 알 수 있다. 직진을 선택한 경기자 1, 2는 (0, 0)의 보수를 얻게 된다. 전쟁이나 자동차 경주라

〈그림 8-5〉 치킨게임

경기자 1 \ 경기자 2	회피	직진
회피	(3, 3)	(2, 4)
직진	(4, 2)	(0, 0)

면 파멸을 의미하는 셈이다. 상대가 직진을 선택했을 때 회피하게 되면 손실을 보게 되기 때문이다. 서로 회피를 약속하고 그것이 지켜질 수 있다면 (3, 3)이라는 차선의 결과를 가져올 수 있다.

3. 기업의 광고게임

용의자의 딜레마는 기업의 광고전략에도 적용될 수 있다. 〈표 8-6〉의 보수행렬에서 경기자 1, 2의 우월전략은 모두 광고전략임을 알 수 있다. 상대가 광고전략을 선택했을 때 광고를 하지 않는다면 손실을 보기 때문이다. 경기자 1, 2는 광고전략을 선택하게 되어 (2, 2)의 보수를 얻게 되지만 최선의 결과가 아님을 알 수 있다.

〈그림 8-6〉 기업의 광고게임

경기자 1 \ 경기자 2	不광고	광고
不광고	(5, 5)	(−1, 10)
광고	(10, −1)	(2, 2)

연습문제 EXERCISE

주관식 연습문제

1. 생산물시장과 생산요소시장을 비교 설명하라.

2. 완전경쟁시장의 성립조건을 설명하라.

3. 완전경쟁시장의 단기균형을 그림을 그려 설명하고 균형조건을 수식으로 정리하라.

4. 완전경쟁시장에서 수요곡선 $D=AR=MR$이 성립하는 이유를 설명하라.

5. 완전경쟁시장의 장기균형을 그림을 그려 설명하고 균형조건을 수식으로 정리하라.

6. 독점시장의 특성을 설명하라.

7. 독점력을 측정하는 수식을 밝히고 수요곡선의 기울기와의 관계를 그림을 그려 설명하라.

8. 독점도는 수요의 가격탄력성의 역수임을 밝혀라.

9. 독점시장의 단기균형을 그림을 그려 설명하라.

10. 독점시장의 장기균형을 그림을 그려 설명하라.

11. 가격차별의 성립조건을 설명하라.

12. 제1급 가격차별과 제2급 가격차별을 비교 설명하라.

13. 이부가격제도(two-part tariff)와 제2급 가격차별을 설명하라.

14. 제3급 가격차별을 그림을 그려 설명하고 이윤극대화조건을 수식으로 정리하라.

15. 묶어팔기나 끼워팔기의 효과를 설명하라.

16. 완전경쟁시장과 독점시장을 그림을 그려 비교 설명하라.

17. 독점시장의 후생경제학적 의미를 설명하라.

18. 독점규제에서 한계비용가격규제와 평균비용가격규제를 비교 설명하라.

19. 독점규제에서 종량세와 정액세의 효과를 비교 설명하라.

20. 과점시장의 특성을 설명하라.

21. 과점시장이론을 가격중심모형과 수량중심모형으로 분류하라.

22. 굴절수요곡선모형을 그림을 그려 설명하고 가격의 안정성이 발생하는 이유를 설명하라.

23. 굴절수요곡선이론의 한계점을 설명하라.

24. 쿠르노모형을 그림을 그려 설명하고 균형에서 각 기업의 산출량 결정을 설명하라.

25. 완전경쟁시장, 독점시장, 과점시장에서 산출량 수준이 다른 이유를 설명하라.

26. 카르텔모형과 가격선도모형을 비교 설명하라.

27. 비용할증가격설정원리(full-cost pricing)의 원리를 수식으로 제시하고 경제적 의미를 설명하라.

28. 과점시장의 장·단점을 설명하라.

29. 독점적 경쟁시장의 특징을 설명하라.

30. 완전경쟁시장, 독점시장, 독점적 경쟁시장을 수요곡선을 그려 비교하라.

31. 독점적 경쟁시장의 단기균형을 그림을 그려 설명하라.

32. 독점적 경쟁시장의 장기균형을 그림을 그려 설명하라.

33. 독점적 경쟁시장의 장·단점을 설명하라.

34. 게임이론에서 우월전략과 내시균형을 설명하라.

35. Zero Sum Game을 사례를 들어 설명하라.

36. 용의자의 딜레마를 설명하라.

37. 용의자의 딜레마를 이용하여 공유자원의 비극을 설명하라.

객관식 연습문제

1. 완전경쟁기업의 이윤이 극대가 되는 생산량은? 〔국회 7급〕

① AR(평균수입)=AC(평균비용)일 때
② MR(한계수입)=MC(한계비용)일 때
③ $MR=MC$이고, MC 곡선이 우하향할 때
④ $MR=MC$이고, MC 곡선이 우상향할 때
⑤ 이상 모두가 아님

2. 완전경쟁기업이 직면하는 수요곡선은 무한탄력적이다. 이것이 의미하는 내용이 아닌 것은? 〔7급 행정〕

① 완전경쟁기업은 가격결정자이다.
② 완전경쟁기업의 평균수입은 가격과 같다.
③ 완전경쟁기업은 정상이윤을 획득한다.
④ 완전경쟁기업은 일정가격에서 얼마든지 공급이 가능하다.
⑤ 이상에 정답이 없다.

3. 완전경쟁시장에서 X재를 생산하는 어느 기업의 고정비용은 18,000원이다. 현재 생산량 수준에서 가변비용은 24,000원, 평균비용은 10.5원이며, 현재 평균가변비용의 최저점에서 생산하고 있다. 시장가격이 9원일 때 옳은 것은? 〔국가직 9급〕

① 이윤극대화를 위해서 이 기업은 생산량을 줄여야 한다.
② 현재의 생산량 수준에서 이 기업의 한계비용은 8원이다.
③ 이 기업은 단기적으로 조업을 중단해야 한다.
④ 현재의 생산량 수준에서 이 기업의 평균가변비용은 6원이다.

4. 완전경쟁시장에서 기업의 단기공급곡선은? 〔공인회계사〕

① 평균비용곡선의 극소점에서 우상하는 부분
② 평균비용곡선의 극소점으로부터 우상하는 한계비용곡선
③ 자신의 극소점으로부터 우상하는 한계비용곡선
④ 평균가변비용곡선의 극소점으로부터 우상하는 한계비용곡선
⑤ 평균고정비용과 한계비용의 교점으로부터 우상하는 한계비용곡선

5. 다음 중 조업중단점을 가리키는 것은? 〔7급 행정〕

① 평균수입 = 한계수입
② 평균수입 = 평균비용
③ 평균수입 = 평균가변비용
④ 평균가변비용 = 한계가변비용
⑤ 평균수입 = 고정비용

6. 생산함수가 $y=\sqrt{X}$이고, 상품 한 단위의 가격은 p이며, 원재료 한 단위의 가격은 1이라고 할 때 다음 중 옳지 않은 것은? 〔보험계리사〕

① 공급함수는 $y=\frac{p}{2}$이다.
② 이윤함수는 $py-y^2$이다.
③ 비용함수는 $c(y)=y^2$이다.
④ 탄력성은 $\frac{1}{2}$이다.
⑤ 평균비용이 증가하기 시작했을 경우이다.

7. 완전경쟁시장에서 이윤을 극대화하는 어느 기업이 현재 단기적으로 300만원의 경제적 이윤을 얻고 있다. 이 기업에 대한 설명으로 옳은 것은?(단, 이 기업의 한계비용곡선은 U자 형태이다.) 〔국가직 9급〕

① 장기균형에서도 초과이윤을 얻는 것이 가능하다.
② 현재 단기적으로 한계비용은 평균비용보다 크다.
③ 현재의 생산량을 감소시키면 가격이 상승할 것이다.
④ 현재의 생산량을 증가시키면 평균비용이 감소할 것이다.

8. 다음 중 독점발생의 원인이 될 수 없는 것은? 〔공인회계사〕

① 대외 개방화 정책
② 규모의 경제
③ 제품차별화
④ 신기업의 진입에 대한 정부의 규제
⑤ 특허권의 인정

9. X재에 대한 시장수요함수는 $P=40-4X$이고, X재를 독점공급하고 있는 B기업의 단기비용함수는 $C=4X+2X^2$이다. B기업의 이윤을 극대화하는 X재의 가격은 얼마인가? 〔공인회계사〕

① 3 ② 12 ③ 18 ④ 28 ⑤ 32

10. 한계수입(MR), 가격(P), 그리고 수요의 가격탄력성($\varepsilon=-\frac{\Delta Q}{\Delta P}\cdot\frac{P}{Q}$)간의 관계 중 올바른 것은? 〔행시〕

① $MR<P(1-1/\varepsilon)$
② $P<MR(1-1/\varepsilon)$
③ $MR=P(1/\varepsilon-1)$
④ $MR<P(1/\varepsilon-1)$
⑤ $MR=P(1-1/\varepsilon)$

11. 한 대에 400만원 하는 자동차의 한계비용이 300만원이라면 Lerner의 방법에 따른 독점도는? 〔감정평가사〕

① 75 ② 0.75 ③ 0.25 ④ 100 ⑤ 1.33

12. 가격차별에 관한 설명으로 옳지 않은 것은? 〔감정평가사〕

① 1급 가격차별을 하면 소비자잉여는 모두 생산자잉여가 된다.
② 완전경쟁시장과 가격차별은 양립하지 않는다.
③ 가격차별은 경제적 순손실을 항상 증대시킨다.
④ 가격차별은 독점기업의 이윤극대화 전략 중의 하나이다.
⑤ 극장에서의 조조할인 요금제는 가격차별의 일종이다.

13. 기업 A는 차별화된 전통주를 독점적으로 생산하여 판매하고 있다. 이 제품에 대한 수요곡선은 $Q_d = -3P + 480$으로 표현된다. 기업 A가 판매수입을 극대화하기 위해 책정해야 하는 전통주 1병당 가격은? 〔국가직 9급〕

① 50 ② 60 ③ 70 ④ 80

14. 동일한 재화를 두 개의 공장에서 생산하는 기업이 있다. 공장 1과 공장 2의 비용함수는 각각 $C_1(Q_1) = 6Q_1^2$ 및 $C_2(Q_2) = 4Q_2^2$이다. 이 기업이 총 100단위의 재화를 생산할 때, 이윤을 극대화하는 공장 1의 최적 생산량은? 〔국가직 9급〕

① 20 ② 30 ③ 40 ④ 60

15. 어떤 독점기업의 수요함수가 $P = 30 - \frac{Q}{2}$이고, 총비용함수는 $TC(Q) = Q^2 + 100$일 때, 이윤을 극대화하는 생산량은? 〔국가직 9급〕

① 5 ② 10 ③ 15 ④ 20

16. 독점시장에 존재하는 어떤 회사의 한계비용이 500이며, 이 시장의 소비자는 모두 $P = 1,000 - Q_d$라는 수요함수를 갖고 있다. 이 회사가 두 단계 가격(two part tariff)을 설정하여 이윤을 극대화하기 위한 고정요금(가입비)은 얼마인가? 〔국회 8급〕

① 500,000 ② 250,000 ③ 125,000 ④ 100,000 ⑤ 50,000

17. 독점적 경쟁시장에 대한 설명으로 옳지 않은 것은? 〔국가직 9급〕

① 장기균형에서 기업의 이윤은 0이 되므로 균형가격은 한계비용과 같게 된다.
② 장기적으로 기업들의 균형산출량은 평균비용이 극소화되는 산출량보다 적다.
③ 각 기업은 자사 제품에 대해 어느 정도의 시장지배력을 가지며, 시장 진입과 퇴출이 자유롭다.
④ 각 기업들은 서로 강한 대체성을 갖지만 완전대체성은 갖지 않는 차별화된 제품을 생산하면서 경쟁한다.

18. 굴절수요곡선의 이론에서 과점가격이 경직적인 이유는? 〔감정평가사〕

① 경쟁기업간의 담합현상 때문이다.
② 경쟁기업이 가격보다는 품질경쟁을 하기 때문이다.
③ 경쟁기업이 안정적 판매를 위해 가격을 고정시키기 때문이다.
④ 경쟁기업이 가격인하경쟁을 하되 가격인상경쟁은 하지 않기 때문이다.
⑤ 경쟁기업의 규모가 비슷하여 가격선도를 하는 기업이 없기 때문이다.

19. 다음 항목 중 광고의 경제적 효과를 적절하게 표현하지 못한 것은? 〔공인회계사〕

① 당해 제품의 수요탄력성을 높게 함
② 당해 제품에 대한 수요곡선의 우측이동
③ 당해 제품의 수요탄력성을 작게 함
④ 당해 기업의 이윤증대

20. 정부가 독점기업에 세금을 부과하여 독점이윤을 환수하려고 할 때 나타날 수 있는 현상에 대한 다음 설명 중 옳은 것은? 〔국회 8급〕

① 독점이윤에 대해 30%의 세금을 부과하면 생산량이 줄고 가격이 올라간다.
② 생산량 1단위당 100원씩 세금을 부과하면 생산량과 가격은 변하지 않는다.
③ 독점기업의 매출액에 10%의 세금을 부과하면 생산량과 가격은 변하지 않는다.
④ 독점이윤에 10%의 세금을 부과하면 독점기업은 세금 부담을 모두 소비자에게 떠넘긴다.
⑤ 독점기업에 정해진 일정 금액을 세금(lump sum tax)으로 부과해도 생산량과 가격은 변하지 않는다.

21. 기업 A와 B는 연구개발비에 대한 전략으로 대규모 예산과 소규모예산 중 하나를 선택할 수 있다. 두 기업이 동시에 각각 한 전략을 한 번만 선택하는 게임의 보수행렬은 다음 표와 같다. 이 게임에 대한 설명으로 옳은 것은? 〔국가직 9급〕

B기업 \ A기업	대규모 예산	소규모 예산
대규모 예산	(30, 20)	(70, 10)
소규모 예산	(10, 30)	(50, 40)

① 기업 A의 우월전략은 대규모 예산이다.
② 기업 A가 소규모 예산을, 기업 B가 대규모 예산을 선택하는 경우는 내시균형이 된다.
③ 기업 A가 대규모 예산을, 기업 B가 소규모 예산을 선택하는 경우는 내시균형이 된다.
④ 기업 A가 소규모 예산을, 기업 B가 소규모 예산을 선택하는 경우는 내시균형이 된다.

제 9 장

생산요소시장이론

제9장

미시경제학에서 시장은 생산물시장(output market)과 생산요소시장(input market)으로 구성된다. 생산물시장에서는 소비가 결정되고 생산요소시장에서는 생산이 결정된다. 지금까지 우리는 생산물시장에 대해 학습해 왔다. 이제 생산요소시장에 대해 학습할 차례이다. 시장경제는 소비자와 생산자에 의해 작동한다. 생산물시장이든 생산요소시장이든 경제활동의 주인공은 소비자와 생산자이다. 생산물시장에서 가계는 생산물에 대한 수요를 결정하고 기업은 공급을 결정한다. 반면에 생산요소시장에서는 가계는 생산요소에 대한 공급을 결정하고 기업은 수요를 결정한다. 생산물시장이나 생산요소시장이나 가계는 효용의 극대화를 추구하고 기업은 이윤극대화를 추구하는 것으로 가정한다. 가계는 효용극대화를 위한 생산요소의 공급을 선택하고 기업은 이윤극대화를 위한 생산요소의 수요를 결정한다.

기업은 생산물시장에서 이윤극대화를 위한 생산물의 생산수준을 결정한 다음 생산물을 생산하기 위한 생산요소의 수요를 결정하는 생산물시장과 생산요소시장 간의 연계된 의사결정과정에 직면한다. 따라서 기업은 생산요소의 수요를 독립적으로 결정하는 것이 아니라 생산물의 생산수준에 따라 파생된 생산요소의 수요량을 결정하는 것이다.

물론 생산물시장에서처럼 생산요소시장에서도 수요·공급에 의한 시장균형이 성립되고 생산요소에 대한 시장균형가격과 균형수·급량은 균형점에서 결정된다. 생산요소에 대한 공급은 효용극대화 원리에 따른 가계의 경제적 선택으로 결정되고, 생산요소에 대한 수요는 이윤극대화 원리에 따른 기업의 경제적 선택으로 결정된다. 이런 원리에 의해 생산요소시장에서의 수요곡선과 공급곡선이 도출되고 시장에서의 균형조건에 따라 생산요소의 시장균형가격과 균형 수·급량이 결정된다.

9.1 생산요소시장

생산요소시장의 경우에도 생산물시장에서처럼 시장의 경쟁정도에 따라 완전경쟁시장과 불완전경쟁시장으로 분류된다. 각각의 시장구조에 따라 시장균형조건과 시장균형가격 그리고 균형수·급량이 다르게 결정된다.

한편, 생산요소의 가격결정은 곧 그 생산요소를 공급하는 경제주체의 소득을 결정하게 된다. 따라서 생산요소시장이론은 소득분배이론이라고 할 수 있다.

소득분배이론은 ① 생산요소시장이론에서 다루어지는 기능적 분배이론(functional distribution), ② 계층간 소득분배를 다루는 인적분배이론(personal distribution)으로 나뉜다. 기능적 분배이론은 토지, 노동, 자본, 경영 등의 생산요소의 가격결정에 대한 이론이고 인적 분배이론은 계층별 소득분배에 대한 공평성을 다루는 이론이다.

9.1.1 생산요소의 수요

생산요소의 수요자는 기업이다. 기업은 생산물의 생산수준을 결정한 후 그에 따라 생산요소의 수요를 결정한다. 생산요소에 대한 기업의 수요는 생산물수요에 의한 파생되는 수요(derived demand)이다. 따라서 기업은 생산물시장과 생산요소시장을 모두 고려하여 자신의 이윤극대화를 달성하는 생산요소의 수요를 결정하게 된다.

1. 생산요소시장에서의 기업의 선택

기업은 생산물시장에서 이윤극대화를 충족하는 생산량을 결정하고 파생적인 생산요소의 수요를 결정한다. 기업이 어떤 생산요소를 수요할 것인지의 여부는 그 생산요소를 투입했을 때 발생하는 추가적인 수입(MRP: marginal revenue product)과 추가적인 비용(MFC: marginal factor cost)을 비교할 것이다.

생산요소투입의 추가수입 $MRP_F = \dfrac{\Delta TR}{\Delta F} = \dfrac{\Delta Q}{\Delta F} \times \dfrac{\Delta TR}{\Delta Q} = MP_F \times MR$

* MP_F : 생산요소의 한계생산, MR: 기업의 한계수입
* 생산요소의 한계생산은 생산력체감의 법칙에 의해 체감한다.
* MR곡선은 완전경쟁시장이면 수평이므로 MR은 일정하고 불완전경쟁시장이면 우하향하므로 MR은 감소한다.

생산요소투입의 추가비용 $MFC_F = \dfrac{\Delta TC}{\Delta F} = \dfrac{\Delta Q}{\Delta F} \times \dfrac{\Delta TC}{\Delta Q} = MP_F \times MC$

예를 든다면 노동자 한 명을 추가로 고용했다 하자. 기업의 수입측면에서는

$MP_L = 5$, $MR = 1{,}000$이라면

$MRP_L = 5{,}000$, 즉 노동자 한 명을 고용했을 때 기업은 5,000원의 추가수입이 발생한다.

기업의 비용측면에서는 $MP_L = 5$, $MC = 1{,}000$이라면

$MFC_L = 5{,}000$, 즉 노동자 한 명을 고용했을 때 기업은 5,000원의 추가비용이 발생한다.

따라서 기업은 $MRP_F = MFC_F$에서 생산요소의 투입을 멈춰야 한다.

$MRP_F > MFC_F$에서는 기업은 더 많은 생산요소를 투입할수록 기업의 수입은 증대하고

$MRP_F < MFC_F$에서는 기업은 더 많은 생산요소를 투입할수록 기업의 수입은 감소한다.

$MRP_F = MFC_F$에서 생산요소시장의 균형이 달성된다.

$MP_F \times MR = MP_F \times MC$ 수식이 성립하여 정리하면 $MR = MC$가 된다.

결국 생산요소시장에서의 기업의 이윤극대화 조건 $MRP_F = MFC_F$와 생산물시장에서의 이윤극대화 조건 $MR = MC$가 같은 의미를 갖는다.

MRP_F(한계수입생산) $= MP_F \times MR$

VMP_F(한계생산물가치) $= MP_F \times P$

* 생산물시장이 완전경쟁이면 $P = MR$이 성립하여 $MRP_F = VMP_F$
  생산물시장이 불완전경쟁이면 $P > MR$이 되어 $MRP_F < VMP_F$가 된다.

2. 단기의 노동수요곡선의 도출(생산요소가 하나인 경우)

단기적으로 자본은 고정되어 있고 하나의 생산요소 노동만이 수요된다 하자. 기업은 VMP_L(노동의 한계생산물가치)$=MP_L \times P$를 따라 노동을 수요하게 된다. 생산물시장이 완전경쟁시장이라면 $MRP_L = VMP_L$가 성립되므로 노동의 수요곡선은 〈그림 9-1〉의 $VMP_L = D$와 같이 도출된다. VMP_L곡선이 우하향하는 이유는 노동의 한계생산체감의 법칙 때문이다. VMP_L(한계생산물가치)$=MP_L \times P$에서 MP_L은 체감한다.

〈그림 9-1〉 단기의 노동수요곡선(가변요소가 하나인 경우)

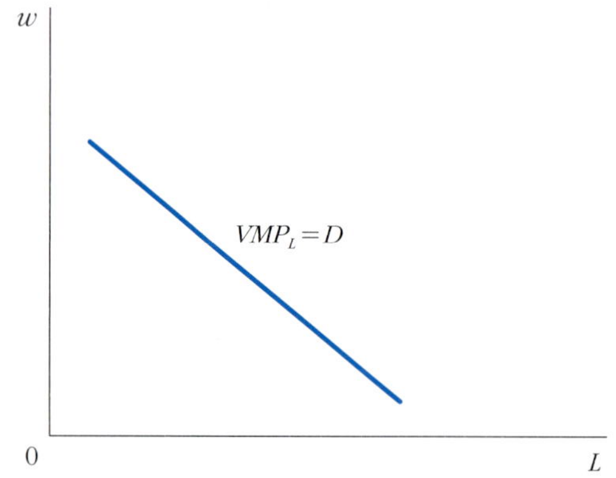

만약 생산물시장이 불완전경쟁시장이라면 노동의 수요곡선은 VMP_L 곡선이 아닌 MRP_L 곡선이 된다. 〈그림 9-2〉에서 MRP_L 곡선이 VMP_L 곡선보다 아래에 있는 이유는 생산물시장이 불완전경쟁인 경우에는 생산물의 가격이 한계수입이나 한계비용보다 높기 때문이다($P > MR = MC$).

〈그림 9-2〉 생산물 시장이 불완전경쟁시장일 때 노동수요곡선

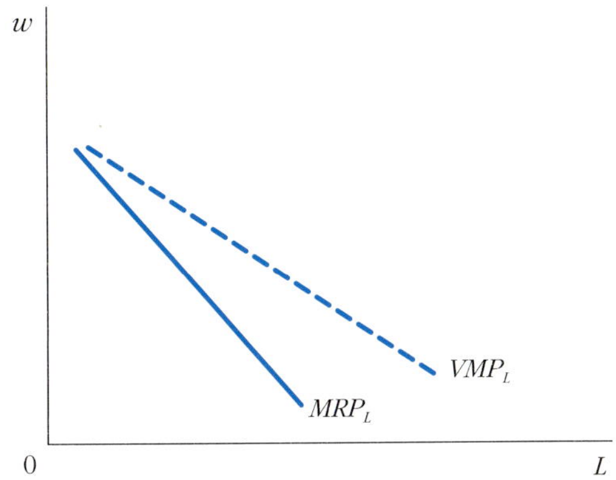

3. 장기의 노동수요곡선의 도출(가변요소가 둘 이상인 경우)

단기에는 자본은 고정요소이고 노동만이 투입요소로 보고 수요곡선이 도출되었다. 장기에는 자본도 투입요소로 되어 변수로 작용한다. 이제 노동과 자본은 모두 가변요소가 된다. 가변요소가 노동 하나인 경우에는 〈그림 9-1〉에서처럼 노동수요는 노동의 한계생산물가치곡선(VMP_L)상에서 이동한다.

가변요소가 노동과 자본인 경우에는 임금이 하락하면 노동의 한계생산물가치곡선(VMP_L)은 우측으로 이동하게 되고 이에 따라 노동에 대한 수요는 증가한다. 임금이 하락하면 대체효과와 산출효과가 발생하고, 이에 따라 노동과 자본에 대한 수요가 증가한다.

임금이 하락하면 노동의 가격이 자본의 가격보다 상대적으로 싸졌기 때문에 노동에 대한 대체수요가 〈그림 9-3〉의 L_1에서 L_2로 증가한다. 이것을 노동과 자본에 대한 상대가격의 변화로 나타나는 대체효과(substitution effect)라 한다.

다른 한편으로는 임금이 하락하면 생산물에 대한 한계비용이 감소하고 그에 따라 산출량은 〈그림 9-3〉의 등량곡선 Q_1에서 Q_2로 증가하게 된다. 산출량의 증가는 노동에 대한 수요를 〈그림 9-3〉의 L_2에서 L_3로 증가시키게 되는데 이를 산출효과(output effect)라 한다.

〈그림 9-3〉 임금의 하락에 의한 대체효과와 산출효과

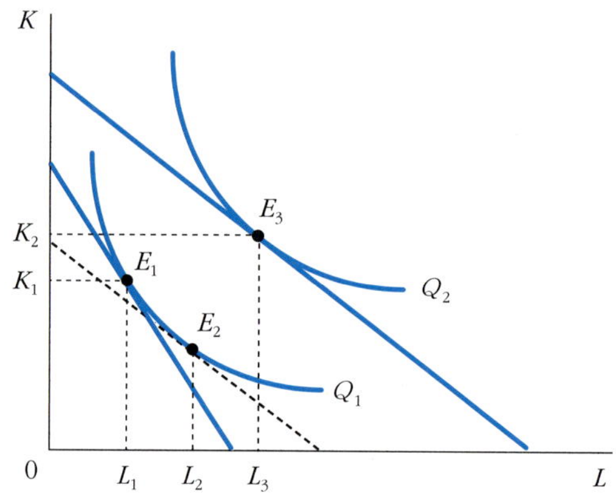

여기서 산출효과는 노동수요만이 아니라 〈그림 9-3〉의 K_1에서 K_2만큼의 자본수요도 증가시키게 된다.

이런 이유로 〈그림 9-4〉의 VMP_{L_1} 곡선은 VMP_{L_2}로 우측이동하게 된다. 임금이 w_1에서 w_2로 하락하면 자본이 변하지 않는 K_1수준일 경우 VMP_{L_1} 곡선을 따라 노동에 대한 수요는 L_1에서 L_2로 증가한다.

그런데 노동투입의 증대는 자본의 한계생산을 증대시켜 자본은 K_1에서 K_2로 증

〈그림 9-4〉 노동에 대한 수요곡선(가변요소가 둘인 경우)

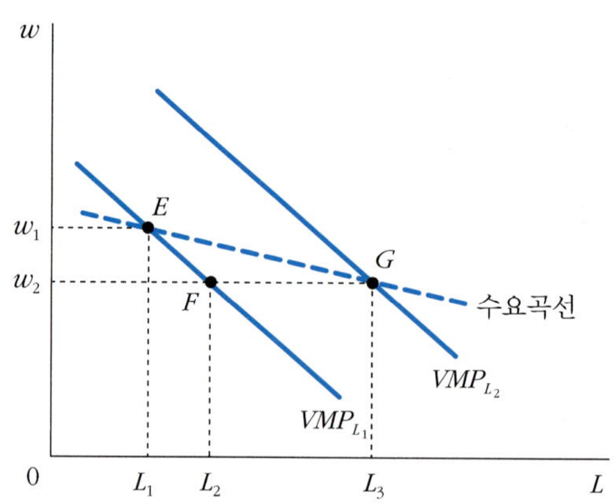

가하고 노동단위당 자본증가로 노동의 한계생산(MP_L)도 증가한다. 따라서 VMP_{L_1}은 〈그림 9-4〉처럼 우측으로 이동하여 VMP_{L_2}가 되고 이에 따라 노동수요는 L_2에서 L_3로 더욱 증가하게 된다.

장기의 노동수요곡선은 최초의 임금수준(w_1)에서의 수요인 E점에서 임금의 하락(w_2)수준에서의 수요인 G점을 잇는 $E-G$점선으로 도출된다. 장기의 노동수요곡선은 단기의 노동수요곡선보다 완만한 수요곡선이 된다.

4. 생산요소의 시장수요곡선

생산요소의 시장수요곡선은 개별의 기업의 생산요소에 대한 수요곡선을 수평으로 합하여 구할 수 있다. 생산물시장이 완전경쟁이면 생산요소의 시장수요곡선은 개별기업의 VMP_F 곡선을 수평으로 합하여 도출할 수 있다.

생산물시장이 불완전경쟁시장이면 생산요소의 시장수요곡선은 개별기업의 MRP_F 곡선을 수평으로 합하여 도출할 수 있다.

그런데 생산물시장을 고려한 생산요소의 시장수요곡선은 생산요소가격이 하락하면 생산요소수요량이 증가한다는 차원을 넘어 생산요소의 투입량이 증가하면 생산물의 공급량이 증가하여 생산물의 가격이 하락하는 것까지 고려해야 한다. 이런 경우 〈그림 9-5〉에서 보는 바와 같이 생산물의 가격이 하락하면 VMP_{L_1}에서

〈그림 9-5〉 생산물시장을 고려한 생산요소의 시장수요곡선

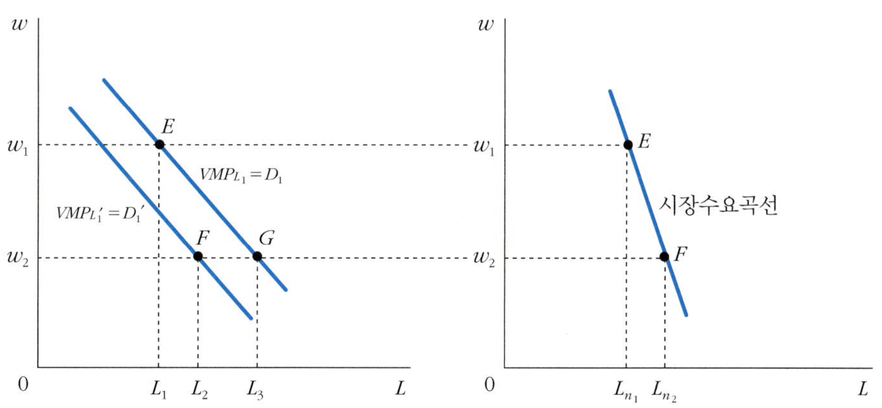

VMP_{L_2}로 한계생산물가치곡선이 하방이동하게 된다.

따라서 생산요소수요가 L_1에서 L_3로 증가했다가 L_2로 증가량이 감소하게 된다. 생산요소의 시장수요곡선은 〈그림 9-5〉의 FE곡선으로 나타나며 생산물시장을 고려하지 않은 경우보다 비탄력적이 된다.

9.1.2 생산요소시장의 균형

생산요소시장의 균형은 생산물시장과 생산요소시장의 구조적 특성에 따라 다르게 형성된다.

① 생산물시장이나 생산요소시장이 모두 완전경쟁이면 $VMP=MRP=MFC=AFC$가 성립한다.

② 생산물시장이 독점이고 생산요소시장이 완전경쟁이면 $VMP>MRP=MFC=AFC$가 성립한다.

③ 생산물시장이 완전경쟁이고 생산요소시장이 독점이면 $VMP=MRP=MFC>AFC$가 성립한다.

④ 생산물시장이나 생산요소시장 모두 독점이면 $VMP>MRP=MFC>AFC$가 성립한다.

⑤ 생산요소시장이 수요독점이면 $MFC>AFC$가 성립하는데 생산요소가격은 AFC 수준에서 결정된다. 수요독점적 착취가 발생한다.

⑥ 생산요소시장이 공급독점이면 독점자의 목표가 이윤극대화, 총임금소득의 극대화, 고용량의 극대화에 따라 다르게 결정된다.

1. 완전경쟁시장

생산물시장이나 생산요소시장이 모두 완전경쟁이면 $VMP=MRP=MFC=AFC$가 성립한다.

〈그림 9-6〉에서 $VMP=MRP$가 시장수요곡선 D이며 $MFC=AFC$는 시장공급곡선 S가 된다. 따라서 $VMP=MRP$(D수요곡선)$=$(S공급곡선)$MFC=AFC$가 성립하는 E점에서 균형이 이루어진다.

〈그림 9-6〉 생산요소시장의 균형(완전경쟁시장의 경우)

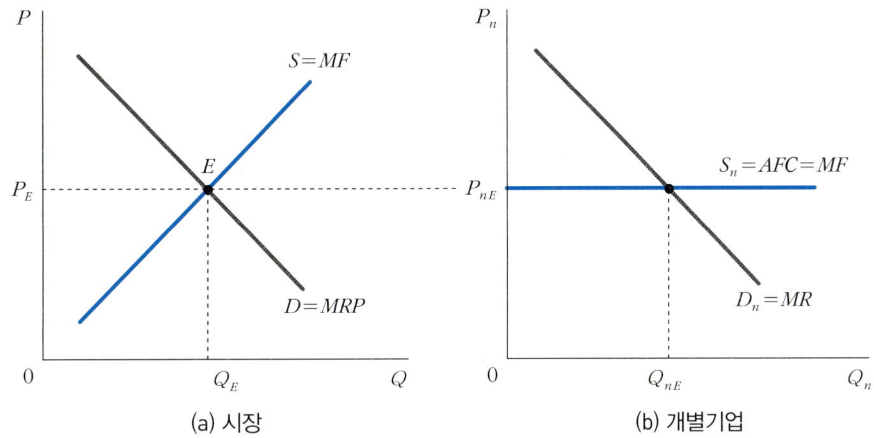

생산요소시장이 완전경쟁시장인 경우 개별기업이 직면하는 생산요소의 공급곡선은 〈그림 9-6〉의 (b)와 같은 수평선으로 나타난다. 완전경쟁에서는 개별기업이 생산요소를 주어진 시장가격하에서 충분히 공급받는다는 것을 의미한다. 또한 공급곡선이 수평이므로 평균요소비용(AFC)이 일정하다는 것을 의미하므로 $AFC=MFC$가 성립한다. 따라서 요소에 대한 수요곡선와 공급곡선이 교차하는 E점에서는 기업의 이윤극대화조건($MFC=MRP$)을 충족하면서 P_E 수준의 시장균형가격와 Q_E 수준의 균형수·급량이 결정된다.

2. 불완전경쟁 생산요소시장

불완전경쟁 생산요소시장은 ① 생산물시장은 독점인데 생산요소시장은 완전경쟁인 경우, ② 생산요소시장의 수요측면이 독점이면서 생산물시장도 독점인 경우, ③ 생산요소의 시장의 수요측면은 완전경쟁이고 공급측면은 독점인 경우, ④ 생산요소시장의 수요와 공급이 모두 독점인 경우로 분류해 볼 수 있다.

① 생산물시장이 독점이고 생산요소시장이 완전경쟁이면 $VMP>MRP=MFC=AFC$가 성립한다.

② 생산물시장과 생산요소시장이 동시에 독점이면 $VMP>MRP=MFC>AFC$가

성립한다.

③ 생산요소시장이 공급독점이면 독점자의 목표가 이윤극대화($MR=MC$의 MRP 선상의 점), 총임금소득의 극대화($MR=0$인 수준의 MRP선상의 점), 고용량의 극대화($MRP=MC$)에 따라 다르게 결정된다.

④ 생산요소시장이 수요독점이면 $MFC>AFC$가 성립하는데 생산요소가격은 AFC수준에서 결정된다. $MFC>AFC$의 차이만큼 수요독점적 착취가 발생한다.

〈그림 9-7〉의 A점($VMP=MRP=MFC=AFC$)은 생산물시장과 생산요소시장이 완전경쟁인 경우, B점($VMP>MRP=MFC=AFC$)은 생산물시장은 독점이고 생산요소시장은 완전경쟁인 경우, C점($MFC>AFC$)은 생산요소시장이 수요독점인 경우인데 생산요소가격은 AFC수준에서 결정된다. $MFC>AFC$의 차이만큼 수요독점적 착취가 발생한다.

〈그림 9-7〉 불완전경쟁시장의 균형(1)

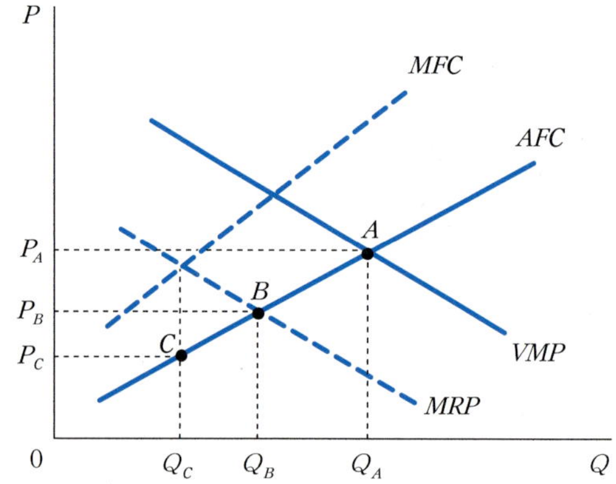

9.2 기능별 소득분배이론

미시적 소득분배이론은 기능별 소득분배이론(functional distribution of income)과 계층별 소득분배이론(size distribution of income)으로 구분된다. 생산요소시장에서의 생산요소의 시장가격결정은 곧 각각의 생산요소를 공급하는 경제주체들의 소득수준을 결정한다. 생산요소는 토지, 노동, 자본, 경영 등으로 구분되고 각각의 수요·공급에 의해 시장균형가격이 결정되면 그것이 공급자의 지대, 임금, 이자, 이윤소득이 된다. 각각의 생산요소는 공급측면에서 특성을 가지고 있다. 생산요소시장의 균형원리에 따라 지대, 임금, 이자, 이윤이 결정되는 과정을 다르고 있는 모형이 기능별 소득분배이론이다.

9.2.1 지대론

1. 전용수입과 경제적 지대

지대란 토지와 같이 공급이 제한된 생산요소가 생산과정에서 제공한 서비스에 대한 대가=가격을 의미한다. 지대와 토지의 가격은 다른 개념이다. 지대는 임대료의 의미이고, 토지의 가격은 토지에 대한 자본화가치(capitalized value of land)이다.

지대는 토지뿐만 아니라 공급이 제한된 생산요소에 대한 보수를 통칭하는 개념이다. 따라서 만약 생산요소의 공급이 고정된 경우라면 지대는 수요에 의해 좌우된다.

〈그림 9-8〉은 제적 지대와 전용수입을 나타내고 있다. 전용수입(transfer earnings)이란 생산요소가 현재 투입되고 있는 용도에서 다른 용도로 전용되지 않도록 하기 위한 최소한의 보수를 말한다. 전용수입은 생산요소의 기회비용이며 생산요소의 공급이 탄력적일수록 커진다. 반면에 경제적 지대(economic rent)는 공급이 비탄력적일수록 커지는 특성을 가진다.

〈그림 9-8〉의 (a)의 $\triangle AEP'$가 경제적 지대이다. 여기서 $\square 0AEQ'$는 전용수입

〈그림 9-8〉 경제적 지대와 전용수입

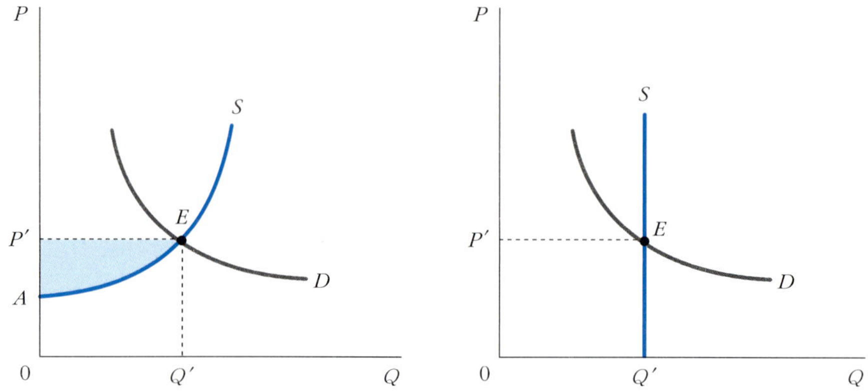

(a) 요소공급이 비탄력적인 경우 (b) 요소공급이 완전비탄력적인 경우

이다. 〈그림 9-8〉의 (b)는 요소의 공급곡선이 수직이어서 요소의 공급이 고정되었다는 것을 의미한다. 이것은 공급의 가격탄력성이 0(완전비탄력적이다)인 경우이다. 이런 경우 경제적 지대는 □$0P'EQ'$이고 전용수입은 0가 된다.

만약 생산요소의 공급의 가격탄력성이 무한히(∞) 탄력적이라면 요소의 공급곡선은 수평선이 되고 생산요소의 가격은 모두 전용수입이며 경제적 지대(0)는 존재하지 않는다.

따라서 토지뿐만 아니라 공급이 탄력적인 직종과 공급이 비탄력적인 직종의 보수의 차이도 대체로 경제적 지대의 차이에 의해 결정되는 것으로 볼 수 있다.

경제적 지대는 생산물시장에서 생산자잉여와 거의 동일한 개념이며 공급의 제한된 직업에 적용될 수 있다. 의사, 변호사, 회계사, 변리사 등 면허 또는 인증제도에 의해 공급이 제한되는 경우뿐만 아니라 세계적인 예술인, 세계적인 운동선수 등 아주 특별한 질적 수준에 의해 공급이 제한되는 경우에도 경제적 지대가 발생한다.

특수이익집단들이 정부의 인·허가를 얻기 위해 로비한다든지, 의사협회나 변호사협회에서 면허나 자격취득인원을 제한하려고 압력을 행사하는 이유도 공급의 탄력성을 줄이려는 노력을 해석할 수 있다. 이와 같은 행위들은 지대추구행위(rent-seeking behavior)라 할 수 있다.

2. 경제적 지대와 준지대

경제적 지대(economic rent)와 유사한 개념으로 준지대(quasi-rent)가 있다. 경제적 지대는 생산요소공급이 비탄력적일 때 발생하는 생산요소공급자의 잉여를 의미하기 때문에 생산요소의 총보수에서 이전수입을 뺀 개념이다. 경제적 지대는 단기든 장기든 관계없이 생산요소의 공급제한에서 발생한다.

〈그림 9-9〉에서 준지대(quasi-rent)는 기업의 총수입 □$0P'EQ'$에서 총가변비용 □$0P_vVQ'$를 제외한 □$P'P_vVE$가 준지대이다

그런데 준지대는 단기개념이며 고정생산요소(자본)가 얻는 보수를 의미한다. 준지대는 총수입에서 총가변비용을 뺀 개념이다. 따라서 준지대는 재화의 가격이 높을수록 총가변비용이 작을수록 커지는 특성을 가진다. 장기적으로는 고정생산요소가 존재하지 않으므로 준지대는 발생하지 않는다.

준지대 개념은 자본설비처럼 한계생산 개념이 적용될 수 없는 경우 보수를 산정할 때 준지대 개념을 활용한다.

〈그림 9-9〉 기업의 총수입과 준지대

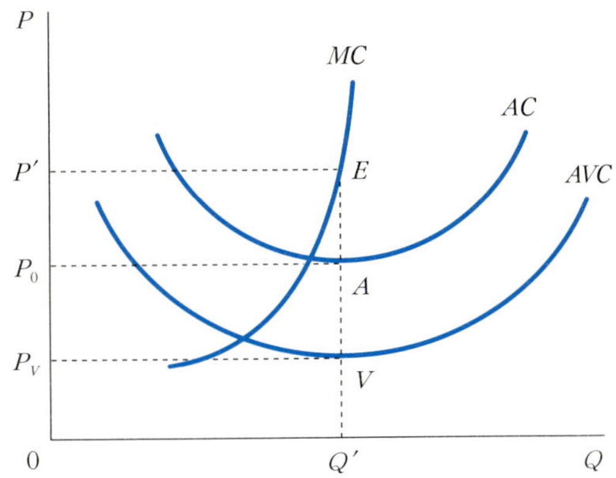

9.2.2 임금론

1. 임금이란?

임금이란 생산요소로써 노동이 제공하는 서비스에 대한 대가를 의미한다. 임금은 곧 노동의 시장가격에 해당한다.

임금은 노동시장에서 노동의 수요와 공급에 의해 결정된다. 이미 생산요소시장의 기본원리에서 학습한 것처럼 기업은 노동의 수요자이고 가계는 노동의 공급인데, 노동의 수요곡선은 노동의 $MRP=VMP$곡선이고 노동의 수요곡선은 노동의 $AFC=MFC$곡선이다.

수요곡선과 공급곡선이 교차하는 점에서 시장균형임금이 결정되고 이것은 명목임금(nominal wage)이다. 실질임금(real wage)은 명목임금으로 구입할 수 있는 상품에 대한 구매력을 나타낸다. 실질임금($\frac{W}{P}$)은 명목임금(W)을 물가(P)로 나눈 값을 말하고 또는 $\frac{\text{명목임금}}{\text{물가지수}}\times 100$으로 계산한다.

2. 임금의 결정

임금의 결정에 대한 논쟁은 임금생존비설, 노동가치설 등 다양하게 지속돼왔다. 하지만 임금은 한계생산력에 의해 결정된다는 한계생산성이론이 가장 일반적으로 받아들여지고 있다.

완전경쟁시장에서 임금이 결정된다면 노동의 수요곡선은 노동의 $MRP=VMP$곡선이고 노동의 수요곡선은 노동의 $AFC=MFC$곡선이 될 것이다. 그리고 노동의 수요곡선과 공급곡선이 교차하는 점에서 균형임금과 균형고용량이 결정될 것이다.

$$W=VMP_L(\text{한계생산물가치})=MP_L(\text{노동의 한계생산})\times P(\text{생산물의 가격})$$

재화의 가격(P)은 생산물시장에서 결정되므로 생산요소시장에서 임금은 MP_L(노동의 한계생산)이 결정한다는 것을 알 수 있다.

임금이 노동의 MP_L(노동의 한계생산)에 의해 결정되는 원리를 한계생산성이론이라 한다.

3. 노동공급곡선의 특징

생산요소시장에서 노동공급은 후방굴절공급곡선(backward bending supply curve)이라는 특징을 가진다. 노동의 공급자는 대체로 가계라 할 수 있다. 따라서 노동공급자는 효용극대화를 추구하며 노동공급을 결정한다. 주어진 임금과 시간이라는 제약조건하에서 노동(labor)과 여가(leisure)에 대한 최적 조합을 선택함으로써 자신의 효용을 극대화하려 한다.

〈그림 9-10〉은 노동공급자의 효용극대화조건에서 노동과 여가의 조합을 연결한 노동공급곡선이다.

노동공급자는 효용의 극대화를 위하여 임금이 상승하면 노동을 증가시키거나 아니면 여가를 증가시킬 수 있다. 임금이 상승할 때 노동의 공급시간을 증가시키면 대체효과라 하고, 임금이 상승할 때 여가를 증가시키면 소득효과라 한다.

〈그림 9-10〉에서 임금이 w' 수준까지는 임금상승에 따라 노동공급이 증가하게 되는데, 이는 대체효과가 소득효과보다 크게 나타난 결과이다. 이때 노동공급곡선은 우상향하는 모습을 갖는다. 그런데 임금이 w' 수준을 상회하게 되면 임금상승에 따라 노동공급이 오히려 감소하게 되는데, 이는 소득효과가 대체효과보다 크게 나타난 결과이다. 이때 노동공급곡선은 후방으로 굴절하게 된다.

따라서 노동의 공급곡선은 임금 w' 수준에서 노동시간 L_H'를 최대공급하고 임금

〈그림 9-10〉 노동의 후방굴절공급곡선

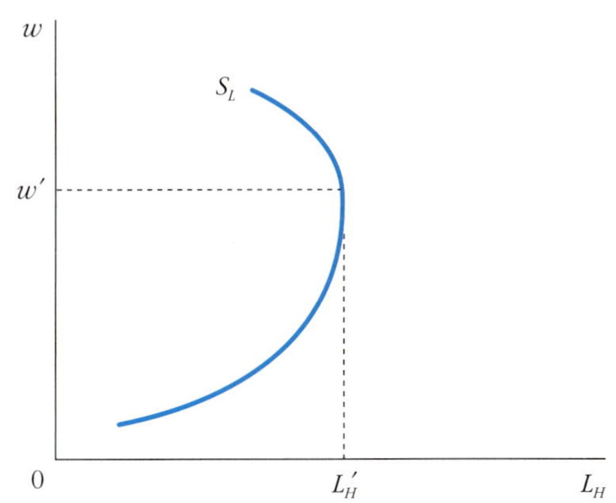

w' 수준 이상에서는 여가시간을 늘리기 때문에 노동시간은 줄어든다는 것을 알 수 있다.

9.2.3 이자론

1. 이자란?

이자(interest)는 자본을 차입하여 사용한 것에 대한 대가이다. 또한 이자란 자본재라는 생산요소가 제공하는 서비스에 대한 가격이라 할 수 있다. 즉 이자는 자본재(capital goods)의 사용에 대한 임대료이다.

이자율은 차입한 자본에 대한 이자의 크기를 백분율로 나타낸 것이며 명목이자율과 실질이자율로 구분된다.

$$\text{이자율} = \frac{\text{이자}}{\text{자본재 가격}} \times 100$$

명목이자율과 실질이자율의 관계는 실질이자율=명목이자율−예상인플레이션율이다.

따라서 만약 인플레이션율이 0이라면 명목이자율과 실질이자율은 동일하다.

2. 이자율의 결정

이자율은 자본서비스의 수요와 공급에 의해 결정된다. 생산요소로서의 자본은 자본재가 제공하는 자본서비스를 말한다. 기업은 이윤극대화를 위해 기업의 수입이 자본임대료보다 높다면 자본의 수요를 증대시킬 것이다. 만약 기업이 자본재를 임대가 아닌 투자를 통해 직접 구매할 수 있다. 이런 경우에는 투자가 증가하게 된다. 기업이 투자를 위해 금융을 차입하게 되면 금융시장에서 자금수요가 증가한다.

자본서비스의 수요[1]는 기업이 자본으로부터 얻는 한계생산물가치(VMP)와 자본서비스의 가격($r=AFC$)이 같아질 때 결정된다. 가계는 미래소비와 현재소비의 가

1) 새로운 자본재의 수요는 투자에 의해서 결정된다. 또한 투자는 현재가치법(present value criterion)과 내부수익률법(internal rate of return criterion)에 의해서 결정된다.

치가 일치할 때 자본서비스의 공급을 결정한다.

이자율결정에 관한 이론으로는 고전파의 이론과 케인스의 이론이 대표적이다.

① 고전파는 이자를 실물적 관점에서 투자와 저축에 의해 결정되는 것으로 파악한다. 투자와 저축이 일치하는 생산물시장의 균형상태에서 이자율이 결정된다고 보는 대부자금설을 이론화했다.

② 케인스는 이자를 화폐적 관점에서 화폐시장의 수요와 공급에 의해 이자율이 결정되는 것으로 파악한다. 화폐의 공급은 정책당국에 의해 결정되고, 화폐의 수요는 화폐에 대한 소비자의 유동성선호(화폐를 수요하려는 3가지 동기)에 의해 결정된다. 이것을 케인스의 유동성선호설(theory of liquidity preference)이라 한다.

③ 거시이론에서 거시적 일반균형에 의한 이자결정이론이 있다. 생산물시장과 화폐시장이 동시적으로 균형에 도달할 때 이자율이 결정된다. 이것은 힉스의 IS－LM모형에 의해 설명된다.

9.4.4 이윤론

1. 이윤이란?

이윤은 기업가가 생산요소를 효율적으로 결합하여 생산활동을 조직하고 관리한 결과, 즉 기업활동에 대한 보수를 말한다. 이윤은 기업가가 기업활동으로 얻은 기업의 총수에서 각각의 생산요소(임금, 지대, 이자) 비용을 지불하고 남은 잔여수입에 해당한다. 따라서 이윤의 크기는 불확정성을 가진다.

이윤은 시장에서 보다 많은 이윤을 얻으려는 기업들에게 기술개발이나 혁신, 그리고 경영의 효율화를 촉진시키는 유인을 제공한다. 또한 이윤은 자원배분과정에서 이윤이 발생하지 않는 비효율적인 산업이나 기업들을 퇴출시켜 시장에 의한 자율적인 구조조정을 가능하게 한다.

슘페터(J. Schumpeter)는 기업가의 혁신에 대한 대가가 이윤이며 혁신이야말로 경제발전을 위한 핵심동력이라고 주장하였다. 나이트(F.H. Knight)는 이윤은 기업가가 부담하는 위험에 대한 대가라고 주장한 바 있다. 칼 마르크스는 이윤을 노동착취인 잉여가치로 보기도 하고, 뵘바베르크는 이윤을 완전경쟁을 제한하는 진입장벽의 결과물로 파악하기도 한다.

2. 이윤의 구분

이윤은 정상이윤, 초과이윤, 그리고 독점이윤으로 구분할 수 있다. ① 정상이윤이란 기업가가 정상적인 생산활동을 하기 위해 필요한 최소한의 보수를 의미한다. 정상이윤은 기업가의 기회비용이고 잠재적 비용이며 경제학적 비용에 포함된다. 총수입과 총비용($TR = TC$)이 동일하다면 기업가는 정상이윤을 얻고 있다는 것을 의미한다. ② 초과이윤이란 정상이윤을 초과하는 부분을 의미하며 단기적으로 조정과정에서 발생한다. 따라서 장기적으로는 소멸하는 이윤이므로 자원배분을 왜곡시키지 않는다. ③ 독점이윤이란 독점상태에서 발생하는 이윤이며 초과이윤의 일종이지만 장기적으로도 소멸되지 않기 때문에 자원배분의 왜곡을 초래한다.

9.3 계층별 소득분배이론

계층별 소득분배(size distribution of income)이론은 소득을 결정하는 기능이나 원천이 무엇인가를 고려하지 않고 소득의 분배상태가 계층 간 얼마나 균등성을 유지하는가에 관한 이론체계이다. 저소득층과 고소득층 간의 소득불평등이 발생하는 요인으로는 개인적 측면에서 상속, 능력, 노력 등에서 비롯될 수 있고 사회적 측면에서는 사회제도, 경제정책 등에서 비롯될 수 있다. 계층별 소득분배문제는 공평성의 문제이고 정의사회 실현에 대한 실천적 과제이다.

소득분배의 계층별 불평등의 기준과 정도를 판단하기 위해 여러 가지 불균등지수가 개발되어 왔다. 소득불균등지수로는 ① 로렌츠곡선, ② 지니계수, ③ 십분위분배율, ④ 앳킨슨지수 등이 있다.

9.3.1 로렌츠곡선

로렌츠곡선(Lorenz curve)은 계층별 소득분포자료에서 인구의 누적점유율과 소득의 누적점유율을 대응하여 소득불균등을 나타낸다. 〈그림 9-11〉의 수평축은 소득계층의 인구비율을 나타내고 수직축은 전체소득에서 소득이 차지하는 누적점유율을 나타낸다.

〈그림 9-11〉의 대각선인 L_F형태로 나타난 로렌츠곡선은 소득분배가 완전하게 균등분배된 상태를 나타낸다. 반면에 로렌츠곡선이 L_U형태로 L자형이 되면 소득분배가 완전히 불균등한 상태를 나타낸다.

따라서 로렌츠곡선 $\triangle L_F$와 L_U 점선으로 표시된 삼각형의 면적은 완전한 불균등도를 나타낸다. 만약 현실적인 로렌츠곡선이 L_R선이라면 대각선 점선 L_F에서 멀어질수록 소득분배의 불균등지수가 대각선 점선 L_F와 L_R선 사이 면적만큼 커지는 것을 의미하고, L_R선이 대각선 점선 L_F에 가까워질수록 대각선 점선 L_F와 L_R선 사이의 면적이 작아지는 만큼 불평등지수가 작아지는 것을 의미한다.

로렌츠곡선은 소득분배의 불균등 정도를 명료하게 그래프로 단순화하는 장점을 가진다. 하지만 로렌츠곡선은 다음과 같은 단점을 가지고 있다.

〈그림 9-11〉 로렌츠곡선과 소득분배의 불평등도

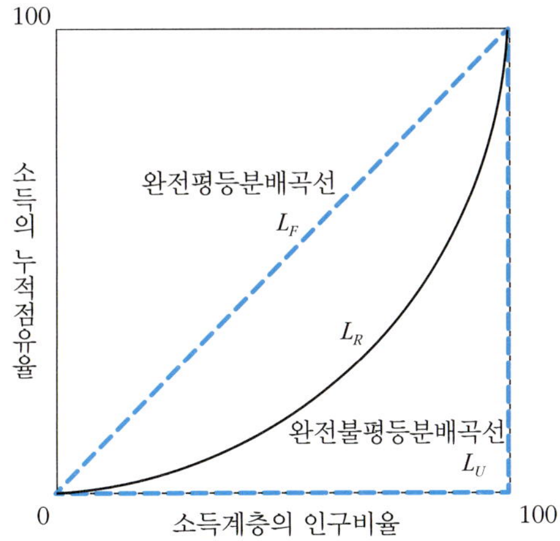

① 로렌츠곡선은 단순명료하게 그래프를 이용하여 소득분배에 대한 불균등도를 어느 정도 판별할 수 있는 지표로서 사용할 수 있지만 그 불균등도가 기수적으로 얼마인지 또는 서로 비교했을 때 얼마만큼의 불균등의 차이가 존재하는지 정확하게 계측할 수 없다.

② 로렌츠곡선은 이론적으로 교차할 수 없다. 로렌츠곡선이 만약 서로 교차한다면 소득불균등도를 비교할 수 없기 때문이다. 하지만 실제로 로렌츠곡선을 도출하는 경우, 교차하는 곡선들이 자주 나타나고 있다.

③ 로렌츠곡선은 소득분배에 대한 개개인의 가치기준을 반영하지 못한다.

9.3.2 지니계수

지니계수(Gini coefficient)는 로렌츠곡선의 면적을 계산하여 소득의 불균등도를 측정한 기수적 개념이다.

$$\text{지니계수} = \frac{\text{직선과 곡선 사이의 초승달 면적}}{\text{직선인 로렌츠곡선의 △면적}}$$

〈그림 9-10〉의 대각선인 L_F형태로 나타난 로렌츠곡선은 소득분배가 완전하게 균등분배된 상태를 나타낸다. 이런 경우 지니계수는 0이 된다. 반면에 로렌츠곡선이 L_U형태로 L자형이 되면 소득분배가 완전히 불균등한 상태를 나타낸다. 이런 경우 지니계수는 1이 된다. 로렌츠곡선이 L_R인 경우의 지니계수는 대각선 L_F △면적과 로렌츠곡선 L_R 사이의 면적의 비율을 구한 값이다. 따라서 지니계수는 그 값이 작을수록 소득분배의 균등한 상태를 나타내고 그 값이 클수록 소득분배의 불균등한 상태를 나타낸다.

하지만 지니계수는 전 소득계층의 소득분배상태를 하나의 값으로 평가함으로써 특정계층의 소득분배상태를 나타낼 수 없다. 또한 소득분배에 있어 사회구성원들의 가치판단의 문제를 반영할 수 없다.

9.3.3 십분위분배율과 소득 5분위배율

1. 십분위분배율

십분위분배율(deciles distribution ratio)은 소득의 계층을 10분위로 구분한 다음 최하위 40%계층의 소득이 차지하는 전체소득에서의 소득비율(소득점유율)을 최상위 20%계층이 차지하는 전체소득에서의 소득비율(소득점유율)로 나눈 값으로 나타낸다.

$$\text{십분위분배율} = \frac{\text{최하위 40\% 소득계층의 소득}}{\text{최상위 20\% 소득계층의 소득}}$$

따라서 십분위분배율지수가 클수록 균등한 소득분배를, 지수가 작을수록 불균등한 소득분배상태를 나타낸다. 십분위분배율이 2이면 완전균등분배를 나타내고 0이면 완전불균등분배를 나타낸다. 측정이 간단하고 명료하여 실제 소득분배상태를 나타내는 개념으로 많이 사용되고 있다. 하지만 중위계층 40%의 소득이 십분위분배율에는 포함되지 않아 사회 전체의 소득불균등의 정도를 반영할 수 없다.

2. 소득 5분위배율

소득 5분위배율은 소득의 계층을 5분위로 구분한 다음 최상위 20% 계층의 소득을 최하위 20% 계층의 소득으로 나눈 값으로 나타낸다. 소득 5분위배율지수는 값이 클수록 불균등한 소득분배를, 값이 작을수록 균등한 소득분배상태를 나타낸다.

$$\text{소득 5분위배율} = \frac{\text{최상위 20\% 소득계층의 소득}}{\text{최하위 20\% 소득계층의 소득}}$$

소득 5분위배율이 1이면 완전한 소득균등분배를 나타내고 ∞이면 완전한 소득불균등분배를 나타낸다. 사회 전체의 소득 불균등의 정도를 반영하지 못한다.

9.3.4 앳킨슨지수

앳킨슨지수(Atkinson index)는 균등분배대등소득과 현재의 평균소득을 비교하여 소득의 균등분배 정도를 측정하는 개념이다.

균등분배대등소득(equally distributed equivalent income)이란 1인당 평균소득 I_m인 사회에서 소득이 어떤 형태로(불균등분배) 사람들 사이에 분배된 결과 SW의 사회후생수준에 있다고 하자. 이때 모든 사람에게 I_e의 소득을 균등분배하면 역시 SW의 사회후생수준에 도달할 수 있는 소득 I_e를 균등분배대등소득이라 한다.

수식으로는 $A=1-\frac{I_e}{I_m}$로 나타낸다.

소득분배가 완전균등분배상태라면 앳킨슨지수는 0이 된다. 평균소득(I_m)과 균등분배대등소득(I_e)이 동일한 결과이다.

소득분배가 불완전균등분배상태라면 앳킨슨지수는 1이 된다. 평균소득(I_m)이 ∞인 결과이다. 앳킨슨지수는 0과 1 사이의 값을 가지며 그 값이 작을수록 소득분배가 균등함을 나타낸다. 앳킨슨지수는 사회구성원들의 균등분배에 대한 가치판단을 반영한 개념이다. 그 사회구성원들이 어떤 사회후생함수(SW)를 받아들이냐에 따라 앳킨슨지수의 값이 달라진다. 사회구성원들이 소득분배에 가중치를 높게 부여할수록 균등분배대등소득(I_e)이 작아진다. 따라서 앳킨슨지수는 커지게 된다.

예를 들어 설명하면 평균소득(I_m)이 10만원이고 균등분배대등소득(I_e)이 5만원이라 하자.

앳킨슨지수는 $1-\frac{1}{10}=0.5$가 된다. 현재사회전체소득의 50%로 완전균등하게 배분한다면 현재와 동일한 사회후생에 이른다는 의미이다. 앳킨슨지수가 0.2라고 하면 현재사회전체소득의 80%를 완전균등분배할 때 현재의 사회후생과 동일해진다는 원리이다. 따라서 앳킨슨지수가 작을수록 균등분배에 가까워지고 평균소득(I_m)의 값에 균등분배대등소득(I_e)의 값이 근접할수록 앳킨슨지수가 작아진다.

연습문제

EXERCISE

주관식 연습문제

1. 생산요소시장의 특징을 설명하라.

2. 파생적 수요가 무엇인지 설명하라.

3. *MRP*(marginal revenue product)가 무엇인지 수식을 쓰고 설명하라.

4. *MFC*(marginal factor cost)가 무엇인지 수식을 쓰고 설명하라.

5. *VMP*(value of marginal product)무엇이고 *MRP*와 무엇이 다른지 설명하라.

6. 생산물시장과 생산요소시장이 모두 완전경쟁일 때 생산요소시장의 균형조건을 수식으로 쓰고 설명하라.

7. 생산물시장이 독점이고 생산요소시장이 완전경쟁일 때 생산요소시장의 균형조건을 수식으로 쓰고 설명하라.

8. 생산물시장과 생산요소시장이 모두 독점일 때 생산요소시장의 균형조건을 수식으로 쓰고 설명하라.

9. 기능별 소득분배이론과 계층별 소득분배이론의 차이점을 설명하라.

10. 전용수입과 경제적 지대를 설명하라.

11. 경제적 지대가 무엇인지 사례를 들어 설명하라.

12. 경제적 지대와 준지대의 차이점을 설명하라.

13. 명목임금과 실질임금을 비교 설명하라.

14. 노동공급곡선의 특징을 설명하라.

15. 이자란 무엇이고 자본재는 무엇인가?

16. 명목이자율과 실질이자율을 비교 설명하라.

17. 고전파의 이자율 결정이론과 케인스의 이자율 결정이론을 비교 설명하라.

18. 이윤의 개념과 이윤발생원인을 설명하라.

19. 정상이윤, 초과이윤, 독점이윤을 비교 설명하라.

20. 로렌츠곡선의 개념과 특징을 설명하라.

21. 지니계수를 계산하는 산식을 쓰고 지니계수의 범위와 의미를 설명하라.

22. 십분위분배율과 소득 5분위배율을 비교 설명하라.

23. 앳킨슨지수의 개념과 특징을 설명하라.

객관식 연습문제

1. 생산요소의 한계수입생산물 MRP와 한계생산물가치 VMP의 관계가 바르게 표현된 것은? 〔감정평가사〕

① 생산물시장의 형태와 관계없이 항상 $MRP > VMP$이다.
② 생산물시장이 완전하면 $MRP = VMP$, 불완전하면 $MRP > VMP$이다.
③ 생산물시장이 완전하면 $MRP = VMP$, 불완전하면 $MRP < VMP$이다.
④ 생산물시장이 완전하면 $MRP > VMP$, 불완전하면 $MRP < VMP$이다.
⑤ 생산물시장의 형태와 관계없이 항상 $MRP = VMP$이다.

2. 힉스-마샬의 파생수요법칙에서 노동수요의 임금탄력성에 관한 설명으로 옳은 것을 모두 고른 것은? 〔공인노무사〕

Ⓐ 생산될 생산물 수요의 가격탄력성이 클수록 임금탄력성이 커진다.
Ⓑ 노동이 다른 생산요소와 대체하기 쉬울수록 임금탄력성이 커진다.
Ⓒ 임금탄력성은 단기보다 장기에 더 작아진다.

① Ⓐ ② Ⓑ ③ Ⓒ ④ Ⓐ, Ⓑ ⑤ Ⓑ, Ⓒ

3. 생산요소시장이 완전경쟁적일 때 생산물시장에서의 독점기업이 얻게 되는 초과이윤을 옳게 표시한 것은? 〔공인회계사〕

① (한계생산물가치 − 한계수입생산물) × 요소고용량
② (한계요소비용 − 한계생산물가치) × 요소고용량
③ (한계수입생산물 − 한계요소비용) × 요소고용량
④ (한계수입생산물 − 평균요소비용) × 요소고용량
⑤ 정답이 없다.

4. 노동시장에 관한 설명으로 옳지 않은 것은? 〔공인노무사〕

① 노동의 한계생산 증가는 노동공급곡선을 이동시킨다.
② 노동절약적 기술변화는 노동수요곡선을 이동시킨다.
③ 비노동소득의 증가는 노동공급곡선을 이동시킨다.
④ 산출물의 시장가격이 변화하면 노동수요곡선이 이동한다.
⑤ 숙련편향적 기술변화는 숙련노동자와 비숙련노동자의 임금격차를 확대시킨다.

5. 다른 모든 조건이 같다면 독점적 기업은 경쟁적 기업에 비하여? 〔공인감정사〕

① 더 높은 임금을 지불하고 더 많은 노동을 고용한다.
② 더 높은 임금을 지불하고 더 적은 노동을 고용한다.
③ 더 낮은 임금을 지불하고 더 많은 노동을 고용한다.
④ 더 낮은 임금을 지불하고 더 적은 노동을 고용한다.
⑤ 똑같은 임금을 지불하고 똑같은 양의 노동을 고용한다.

6. 한계요소비용(MFC)에 관한 설명으로 옳지 못한 것은? 〔감정평가사〕

① 요소시장이 경쟁적이면 기업의 MFC는 요소가격과 같다.
② 요소시장이 독점적이면 기업의 MFC는 요소가격보다 낮다.
③ 요소공급이 무한탄력적이면 MFC는 요소가격과 같다.
④ 수요독점적 착취란 MFC와 요소가격간의 차이를 말한다.
⑤ MFC란 생산요소를 한 단위 더 고용함으로써 발생하는 기업의 총비용의 증가분을 말한다.

7. 소득분배에 관한 설명 중 옳지 않는 것은? 〔공인회계사〕

① 지니 집중계수의 최대치는 1이다.
② 지니 집중계수의 최소치는 0이다.
③ 계층별 소득분배란 생산요소별로 소득분배를 나타내는 것을 의미한다.
④ 소득분배가 공평해질수록 지니 집중계수는 낮아진다.
⑤ 로렌츠곡선은 일반적으로 기능별 소득분배보다 계층별 소득분배를 분석하는 데 많이 이용된다.

8. 생산물시장에서 독점기업인 A는 노동시장에서 수요독점자이다. 노동공급곡선은 $w=100+5L$, 근로자를 추가로 고용할 때 A기업이 얻는 노동의 한계수입생산물은 $MRP_L=300-10L$이다. 이때 A기업이 이윤극대화를 위해 근로자에게 지급하는 임금은? 〔공인노무사〕

① 100　② 150　③ 200　④ 250　⑤ 300

9. 다음 중 준지대에 해당하는 것은? 〔감정평가사〕

① 총수입－초불변비용(TFC)
② 총수입－총가변비용(TVC)
③ 총수입－총평균비용(TAC)
④ 총수입－한계비용(MC)
⑤ 총수입－총비용(TC)

10. 준지대에 대한 아래의 설명 중 틀린 것은? 〔공인감정사〕

① 단기적 개념이다.
② 장기적으로 생산요소의 변화를 인정한다.
③ 요소의 공급제한에서 발생한다.
④ 생산요소의 가격에 준지대는 포함된다.
⑤ 요소의 공급탄력도가 무한대에서 발생한다.

11. 소득 불평등 지표에 대한 설명으로 옳지 않은 것은? 〔국가직 9급〕

① 십분위분배율의 값이 커질수록 더 평등한 분배상태를 나타낸다.
② 로렌츠곡선이 대각선과 일치할 경우 지니계수는 0이다.
③ 지니계수가 $\frac{1}{2}$이면 소득분배가 완전히 균등하다.
④ 진계수의 값이 커질수록 더 불평등한 분배 상태를 나타낸다.

12. 국민의 50%는 소득 100을 균등하게 가지고 있고, 나머지 50%는 소득이 없다면, 지니계수는? 〔감정평가사〕

① 0　② 0.25　③ 0.33　④ 0.5　⑤ 1

13. 지대, 경제적 지대 및 준지대를 설명한 것 중 옳지 않은 것은? 〔공인회계사〕

① 리카도에 다르면, 쌀값이 비싸지면 그 쌀을 생산하는 토지의 지대도 높아진다.

② 경제적 지대는 토지뿐만 아니라 공급량이 제한된 노동, 기계설비 등 모든 종류의 시장에서 나타날 수 있다.

③ 생산요소기 받는 보수 중에서 경제적 지대가 차지하는 비중은, 수요가 일정할 때, 공급곡선이 탄력적일수록 작아진다.

④ 마샬의 준지대는 장기에 소멸되어 존재하지 않는다.

⑤ 준지대는 산출량의 크기와는 관계없이 총고정비용보다 크다.

제10장

일반균형분석과 후생경제학

제10장

제9장까지 ① 수요·공급이론, ② 소비자이론, ③ 생산자이론, ④ 시장이론, ⑤ 생산요소시장이론을 학습해 왔다. 이와 같은 분석방식을 부분균형이론이라 한다. 부분균형이론은 다른 부문의 조건은 일정하다고 가정하고 특정부분만을 독립적으로 분석하는 방법이다. 시장과 시장의 연관관계는 배제하고 독립된 하나의 시장균형에만 관심을 갖는다. 분석이 간단명료하고 대체로 현실경제를 잘 설명하고 있다. 하지만 부분균형분석방식은 경제부문 간의 연관성을 고려하지 않은 분석이므로 오류가 발생할 가능성이 있다. 따라서 분석방법이 상대적으로 복잡함에도 불구하고 부분균형이론을 보완하기 위해 일반균형이론을 학습해야 한다. 일반균형이론은 서로 다른 시장들과의 연관관계를 모두 고려하고 또한 모든 시장이 동시적으로 균형에 도달하는 과정과 특징을 분석한다. 제10장에서는 일반균형이론과 후생경제학을 설명하고 있다.

10.1 일반균형이론

10.1.1 일반균형과 모색과정

1. 일반균형의 조건

부분균형이론에서는 자동차시장, 타이어시장, 맥주시장 등 독립된 각각의 시장균형을 분석하는 이론체계이다. 그런데 현실경제는 자동차 시장에서 생산이 증가하면 자동차 생산을 위해 투입되는 모든 부품을 비롯한 생산요소시장에 영향을 미치게 된다. 따라서 자동차 생산이 증가하면 자동차관련 산업의 근로자들의 소득이 증가하게 되고 근로자들의 소득이 증가하면 맥주나 소주를 비롯한 모든 소비재들도 수요가 증가하게 될 것이다. 이처럼 현실적 시장들은 서로 밀접하게 연관돼 있으며 서로 영향을 주고받는 관계를 형성한다.

따라서 일반균형(general equilibrium)이론은 연관된 모든 시장이 동시적으로 균형에 도달하는 과정과 조건 그리고 균형의 경제적 의미를 함축하는 모형에 해당한다. 일반균형(general equilibrium)은 경제 내의 모든 생산물시장과 생산요소시장이 동시에 균형상태에 도달한 상태를 말한다. 일반균형이 성립하려면 다음과 같은 조건을 충족해야 한다.

① 모든 소비자는 주어진 예선제약하에서 자신의 효용을 극대화하는 조건에서 생산물을 수요하고 생산요소를 공급하고 있다.

② 모든 기업은 이윤극대화를 달성하는 수준에서 생산물공급량과 생산요소수요량을 결정한다.

③ 주어진 가격체제하에서 모든 생산물시장과 생산요소시장에서 수요량과 공급량이 일치한다.

2. 모색과정과 일반경쟁균형

일반균형이론을 설명하기 위해 교환만이 이루어지는 순수교환경제를 상정해 보자. 소비자는 A와 B, 단 2명만이 존재하고, 교환되는 재화는 X재와 Y재, 단 2개만이 거래되는 경제라 하자.

〈그림 10－1〉 순수교환경제에서의 교환의 이익

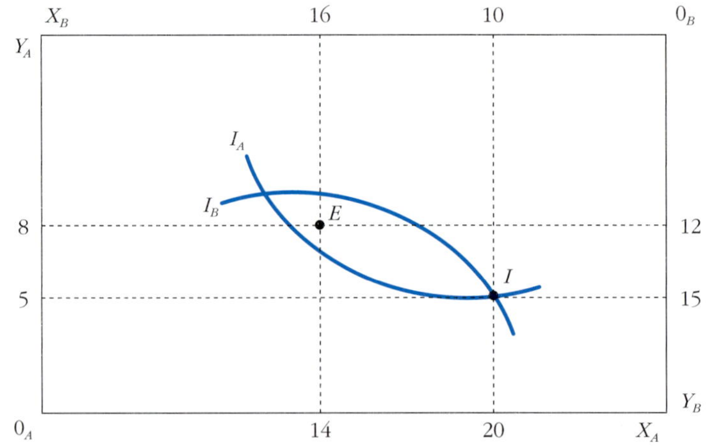

〈그림 10－1〉은 A는 X재 20개, Y재 5개, B는 X재 10개, Y재 15개를 교환하는 순수교환경제라 하고 에지워스상자(Edgeworth box)를 이용하여 일반경쟁균형을 나타내고 있다. 여기서 X재의 총량은 에지워스상자 수평축의 길이인 30개이고, Y재의 총량은 에지워스상자 수직축의 길이인 20개이다. 0_A는 A의 원점, 0_B는 B의 원점이다.

〈그림 10－1〉의 I점은 초기부존자원점(initial endowment point)이다. I점은 A와 B가 교환하지 않은 상태의 최초의 X재와 Y재 배합점이다. I_A와 I_B는 A와 B의 선호체계인 무차별곡선이다. I의 초기부존자원점에서 E점으로의 이동은 A와 B 사이에 X재와 Y재의 교환이 이루진 결과이다. 최초의 I점은 A는 X재와 Y재를 (20, 5), B는 X재와 Y재를 (10, 15) 소비한다는 것을 의미한다. 그런데 A와 B가 교환한 결과 E점에서는 A와 B가 각각 X재와 Y재를 (14, 8), (16, 12) 소비하게 된다.

교환은 A는 X재 6개를 주고 Y재 3개를 받았으며, B는 Y재 3개를 주고 X재 6개를 받는 조건으로 이루어졌다. 초기부존자원점 I에서 E점으로의 이동은 A의 무차별곡선 I_A보다 원점에서 먼곳에 위치하며 B의 무차별곡선 I_B보다 원점에서 멀어졌다는 것을 알 수 있다. 따라서 교환에 의해서 I점이 무차별곡선이 교차하여 만들어진 호 안으로 이동한다면 이것은 교환에 의해서 A와 B 모두에게 교환이익이 발생하게 된다.

〈그림 10－2〉의 에지워스상자는 일반경쟁균형이 이루어지는 모색과정을 보여주고 있다. 〈그림 10－2〉의 초기부존자원점 I에서 A와 B는 교환에 의해 효용을 증대시킬 목적으로 새로운 선택점(Q_A Q_B)로 이동했다 하자. A는 Q_A점에서 X재와 Y재를 (16, 15), B는 Q_B점에서 X재와 Y재를 (12, 10)을 소비할 수 있다. 초기부존자원점 I에서 새로운 선택점(Q_A Q_B)으로의 이동은 무차별곡선이 모두 원점에서 멀어지므로 A와 B 모두 효용이 증가했음을 알 수 있다.

하지만 새로운 선택점(Q_A Q_B)에서는 일반경쟁균형이 성립될 수 없다. X재의 경우, 2개의 초과공급(X재의 총량은 30)이 발생하고, Y재의 경우, 5개의 초과수요(Y재의 총량은 20)가 발생하기 때문이다. 따라서 시장은 초과공급이 발생하는 X재의 가격은 하락시키고, 초과수요가 발생하는 Y재의 가격은 상승시킨다. 이런 결과로 〈그림 10－2〉의 가격선 P_1에서 P_2로 가격선의 기울기 $\frac{P_x}{P_y}$가 완만하게 변하

〈그림 10-2〉 모색과정과 일반경쟁균형

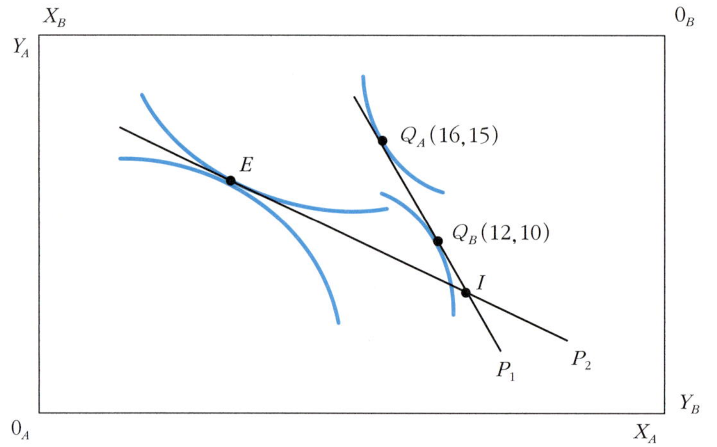

게 된다. 따라서 X재에 대한 수요는 증가하여 초과공급을 해소하고 Y재에 대한 수요는 감소하여 초과수요를 해소시킨다. 시장가격의 조정과정을 거쳐 A와 B의 선택은 새로운 선택점 E로 이동하게 된다. 따라서 시장은 가격조정과정(모색과정)을 거쳐 초과공급이나 초과수요를 모두 상쇄시키고 새로운 균형점 E로 귀결하게 된다. 시장은 이와 같은 모색과정을 거쳐 일반경쟁균형에 이르게 되고 이것을 왈라스 균형(Walrasian equilibrium)이라고도 한다.

10.1.2 파레토효율성과 계약곡선

파레토효율성(Pareto efficiency)이란 모든 자원이 가장 효율적으로 배분된 상태를 말한다. 파레토효율성이 충족되기 위해서는 더 이상 개선의 여지가 전혀 없는 현재의 상태가 최선인 자원의 배분상태를 유지해야 한다. 따라서 자원배분이 파레토효율성을 충족하기 위해서는 어떤 사람의 효용을 감소시키지 않고서는 다른 사람의 효용을 증대시킬 수 없는 최선의 최선의 상태에 도달해야 한다.

위 〈그림 10-1〉의 E점, 그리고 〈그림 10-2〉의 E점은 경제적 의미가 서로 다른 상태이다. 두 E점의 경우 모두 I점보다 A와 B의 효용수준을 개선시켰다는 점에서

〈그림 10－3〉 파레토효율성과 계약곡선

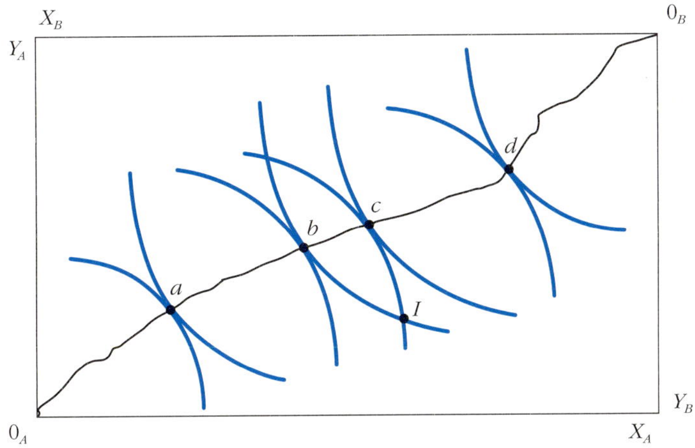

는 동일한 의미를 갖고 있으나 〈그림 10－1〉의 E점은 파레토효율 조건을 충족하지 못한 상태이지만 〈그림 10－2〉의 E점은 파레토효율 조건을 충족한 상태이다.

〈그림 10－2〉의 E점은 A와 B의 무차별곡선이 서로 등을 맞대고 있는 상태여서 A의 효용을 증대시키기 위해서는 반드시 B의 효용을 감소시켜야 하고 B의 효용을 증대시키기 위해서는 반드시 A의 효용을 감소시켜야 하는 상태, 파레토효율성 조건을 충족하고 있다.

〈그림 10－3〉의 궤적($a-b-c-d$)을 연결한 선 0_A-0_B를 계약곡선(contract curve)이라 한다. 계약곡선은 〈그림 10－3〉에서 보는 것처럼 A와 B의 무차별곡선이 서로 등을 맞대고 있다는 것을 알 수 있다. A와 B의 무차별곡선이 서로 등을 맞대고 있다는 것은 A의 효용을 증대시키기 위해서는 반드시 B의 효용을 감소시켜야 하고 B의 효용을 증대시키기 위해서는 반드시 A의 효용을 감소시켜야 하는 상태, 즉 파레토효율(Pareto optimum)이 달성되었다는 것을 의미한다.

10.2 후생경제학

어떤 경제상태가 바람직한 경제상태인지를 판단하는 평가지준을 후생경제학(welfare economics)이라 한다. 어떤 경제상태가 다른 경제상태와 비교하여 보다 더 바람직한 경제상태인지를 비교하려면 어떤 기준이 필요한데 경제학에서는 효율성과 공평성이란 기준을 사용한다. 자원배분의 효율성을 측정하는 잣대로는 파레토 효율성을 사용하고 소득공평성을 평가하는 잣대로는 가치판단을 함축하고 있는 사회후생함수를 사용한다. 어떤 경제상태가 효율적인가 하는 문제는 주로 실증경제학(…한 상태이다)에서 다루어지고 공평한가의 문제는 규범경제학(…해야만 한다)에서 다루어진다. 따라서 후생경제학이란 실증경제학과 규범경제학을 포괄한다.

10.2.1 교환의 효율성과 효용가능곡선

〈그림 10-4〉의 초기부존자원점 I에서 A와 B는 교환을 통하여(모색과정을 거쳐) 자신들의 효용을 극대화할 수 있는 계약곡선상의 점 0_A, a, b, c, d, 0_B로 귀결

〈그림 10-4〉 교환의 효율성

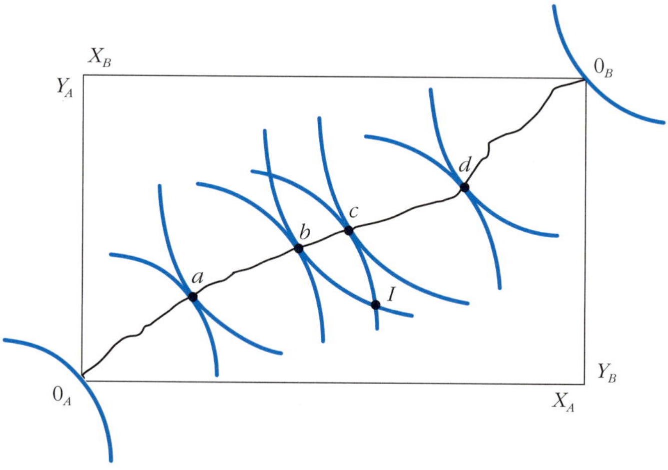

하게 된다. 계약곡선상의 점(a, b, c, d)들은 A와 B의 무차별곡선이 서로 등을 맞대고 있으므로 파레토효율성을 달성하고 있다. 소비자 A와 B의 무차별곡선의 기울기는 MRS^A_{XY}과 MRS^B_{XY}이다. 무차별곡선이론을 참고하라. 따라서 A와 B의 무차별곡선이 서로 등을 맞대고 있다는 것은 소비자 A와 B의 무차별곡선의 기울기인 MRS^A_{XY}와 MRS^B_{XY}가 같다는 것이다.

따라서 교환의 효율성이 충족되기 위해서는 A의 한계대체율(MRS_{XY})과 B의 한계대체율(MRS_{XY})이 같아야 한다.

교환의 파레토효율성 조건은 $MRS^A_{X,Y} = MRS^B_{X,Y}$이 된다.

〈그림 10-5〉는 〈그림 10-4〉의 계약곡선상의 점(a, b, c, d)들을 연결한 계약곡선을 X재와 Y재 좌표에서 소비자 A와 B의 효용좌표 U_A, U_B로 변환시킨 그림이다. 교환의 효율성 조건을 충족하는 점(a, b, c, d)들을 연결한 계약곡선을 A와 B의 효용수준을 나타내는 U_A, U_B좌표로 옮겨 〈그림 10-5〉의 효용가능곡선(utility possibility curve)을 도출하게 된다.

〈그림 10-5〉의 효용가능곡선(utility possibility curve)은 현재 생산된 재화 X재와 Y재를 A와 B 소비자에게 배분하여 소비하는 과정에서 교환의 파레토효율성이 달성되는 점들을 연결한 궤적이다. 효용가능곡선상의 점들은 더 이상 파레토개선이 불가능한 최선의 배분상태를 의미한다. 따라서 교환의 계약곡선과 효용가능곡선상의 모든 점들은 소비의 최적성을 나타내는 점들이다.

〈그림 10-5〉 효용가능곡선의 도출

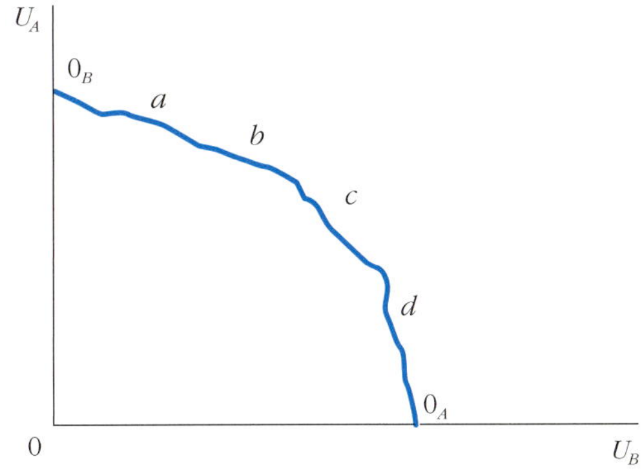

10.2.2 생산의 효율성과 생산가능곡선

생산의 파레토효율성이란 어떤 재화의 생산을 감소시키지 않고서는 다른 재화의 생산을 증대시킬 수 없는 최적의 상태를 의미한다. 〈그림 10-6〉은 생산의 효율성을 설명하기 위한 에지워스상자이다. 생산요소는 노동(L)과 자본(K) 두 가지 생산요소만이 존재한다. 노동의 부존량은 에지워스상자의 가로변의 길이이고 자본의 부존량은 에지워스상자의 세로변의 길이이다. 경제주체는 A와 B 두 사람만이 존재하고, 표준적인 선호체계를 가진다. 또한 생산되는 생산물은 X재와 Y재 두 가지 상품만이 존재하고, 생산함수는 표준적인 성격을 가진다.

〈그림 10-6〉의 0_X, a, b, c, d, 0_Y점들을 연결한 생산의 계약곡선은 등량곡선이 서로 등을 맞대고 있어 생산의 파레토효율성을 충족하고 있다. 생산자가 X재와 Y재를 생산함에 있어 어떤 재화의 생산을 감소시키지 않고서는 다른 재화의 생산을 증대시킬 수 없는 최적의 상태를 나타내고 있기 때문이다.

생산의 계약곡선상의 점들은 등량곡선의 기울기, 즉 X재와 Y재를 생산함에 있어 X재 생산에 대한 한계기술대체율($MRTS_{LK}^{X}$)과 Y재 생산에 대한 한계기술대체율($MRTS_{LK}^{Y}$)이 동일하다는 것을 의미한다.

〈그림 10-6〉 생산의 효율성

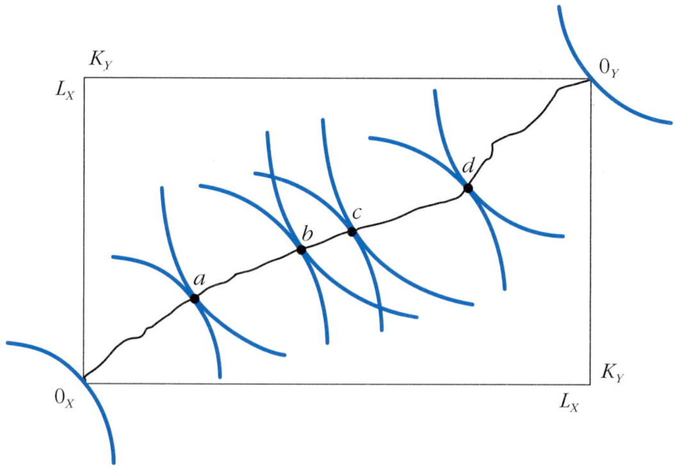

따라서 생산의 파레토 효율성조건은 $MRTS^{X}_{L,K} = MRTS^{Y}_{L,K}$이다.

〈그림 10-5〉는 〈그림 10-4〉의 계약곡선상의 점(a, b, c, d)들을 연결한 계약곡선을 X재와 Y재 좌표에서 소비자 A와 B의 효용좌표 U_A, U_B로 변환시킨 그림이다. 교환의 효율성 조건을 충족하는 점(a, b, c, d)들을 연결한 계약곡선을 A와 B의 효용수준을 나타내는 U_A, U_B좌표로 옮겨 〈그림 10-5〉의 효용가능곡선(utility possibility curve)을 도출하게 된다.

〈그림 10-6〉의 생산가능곡선(production possibility curve)은 현재 주어진 생산요소 노동 L과 자본 K를 조합하여 X재와 Y재를 생산하는 과정에서 생산의 파레토효율성이 달성되는 점들을 연결한 궤적이다. 생산가능곡선상 점들은 더 이상 파레토개선이 불가능한 최선의 배분상태를 의미한다. 따라서 생산의 계약곡선과 생산가능곡선상의 모든 점들은 생산의 최적성을 나타내는 점들이다.

〈그림 10-7〉의 생산가능곡선(production possibility curve)은 〈그림 10-6〉의 생산의 효율성조건을 충족하는 점(a, b, c, d)들을 연결한 L, K좌표(input공간)의 계약곡선을 산출물 좌표인 X, Y좌표(output공간)로 변환한 그림이다.

〈그림 10-7〉의 생산가능곡선(production possibility curve)은 현재 주어진 생산요소 노동 L과 자본 K를 조합하여 X재와 Y재를 생산하는 과정에서 생산의 파레토효율성이 달성되는 점들을 연결한 궤적이다. 생산가능곡선상의 점들은 더 이상

〈그림 10-7〉 생산가능곡선의 도출

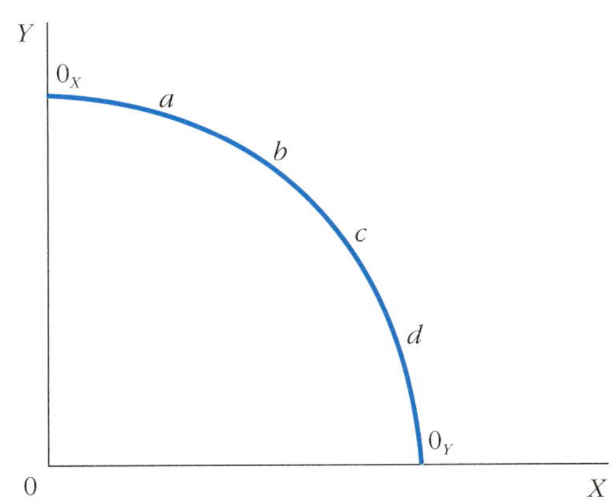

파레토개선이 불가능한 최선의 배분상태를 의미한다. 따라서 교환의 계약곡선과 효용가능곡선상의 모든 점들은 소비의 최적성을 나타내는 점들이다.

생산가능곡선상의 모든 점들은 주어진 생산요소 L과 K를 X재와 Y재 생산에 조합으로 투입하여 생산하는 과정에서 가장 생산성이 높은 생산요소의 최적배합점들을 의미하는 것이다. 생산가능곡선상의 점들보다 더 높은 생산수준은 존재할 수 없는 최선의 상태를 의미한다.

따라서 생산의 계약곡선과 생산가능곡선상의 모든 점들은 생산의 최적성을 나타내는 점들이고, 이것을 생산변환곡선(product transformation curve)이라고도 한다.

10.2.3 교환과 생산의 종합적 효율성

교환과 생산의 종합적 효율성은 생산과 교환이 동시에 파레토효율성을 충족하면서 생산점을 바꾸더라도 더 이상 소비자의 효용을 증가시킬 수 없는 상태를 말한다. 〈그림 10-8〉의 생산가능곡선상의 모든 점은 생산의 파레토효율성을 충족한 점들이다. 예를 들어 E점(X재와 Y재)에서 생산점이 주어진다면 X재와 Y재만큼의 에지워스상자가 결정된다. 또한 에지워스상자 안의 계약곡선상의 모든 점은 교환의 파레토효율성을 충족하고 있다. 따라서 생산점과 교환의 점의 기울기가 동일한 상태에서 교환과 생산의 종합적 효율성이 달성된다. 즉, 생산은 E점에서 교환은 e점에서 이루어질 때 교환과 생산의 종합적 효율성이 충족되는 것이다.

조건을 수식으로 나타내면 $MRS_{X,Y} = MRT_{X,Y}$이 된다.

〈그림 10-8〉에서 생산가능곡선상의 E점은

생산의 파레토효율성조건 $MRTS^{X}_{L,K} = MRTS^{Y}_{L,K}$과

교환의 파레토효율성조건 $MRS^{A}_{X,Y} = MRS^{B}_{X,Y}$을 충족하고,

〈그림 10-8〉에서 교환의 계약곡선상의 e점은 교환의 파레토효율성 조건을 충족하는 점이다. 또한 E점을 지나는 접선의 기울기와 e점을 지나는 가격선의 기울기가 동일하다는 것은 동일가격비하에서 교환과 생산의 효율성이 동시에 달성된다는 것을 의미한다.

E점을 지나는 가격선의 기울기는 생산가능곡선의 접선이므로 한계변환율(mar-

〈그림 10-8〉 교환과 생산의 종합적 효율성

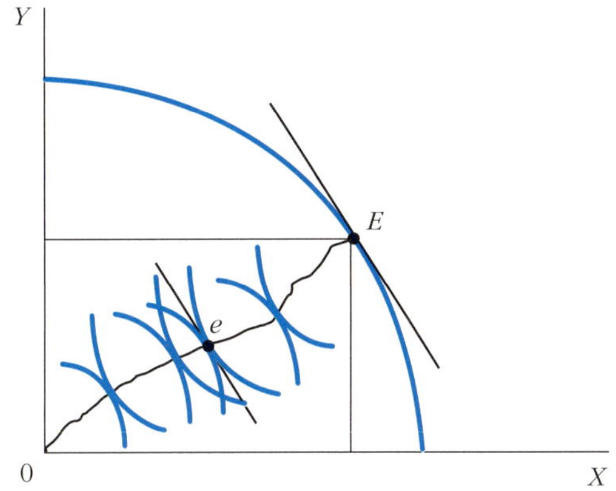

ginal rate of transformation) $-\frac{\Delta Y}{\Delta X}$이라 한다. 따라서 교환과 생산의 종합적 효율성은 교환에서의 한계대체율 $MRS^A_{X,Y}=MRS^B_{X,Y}$과 생산에서의 한계변환율(MRT_{XY} $=-\frac{\Delta Y}{\Delta X}$)이 같아질 때 달성된다.

따라서 교환과 생산의 종합적 효율성은 $MRS^A_{X,Y}=MRS^B_{X,Y}=MRT_{X,Y}$조건을 충족해야 한다. E점에서 생산하고 e점에서 소비할 때 소비의 효율성과 생산의 효율성이 종합적으로 달성되는 최적한 생산물조합이라 할 수 있다. 이와 같은 조건에서는 생산과 소비가 더 높은 효용수준이나 더 높은 생산수준을 달성할 수 없는 상태이므로 산출물 구성의 최적상태에 이르게 된다.

10.2.4 효용가능경계

효용가능경계(utility possibility frontier)는 한 나라 경제 내의 모든 자원을 가장 효율적으로 배분한 점들을 〈그림 10-9〉처럼 개인 A의 효용좌표 U_A와 개인 B의 효용좌표 U_B의 공간으로 옮겨 그린 곡선이다.

〈그림 10-8〉의 E점과 e점은 생산과 교환의 종합적 효율성을 충족하는 점이다. E점에서 가장 효율적인 X재와 Y재의 산출물수준이 결정되고 〈그림 10-8〉의 e점에서 산출물 X재와 Y재가 가장 효율적으로 소비되는 조합점들을 〈그림 10-9〉

〈그림 10 - 9〉 효용가능경계

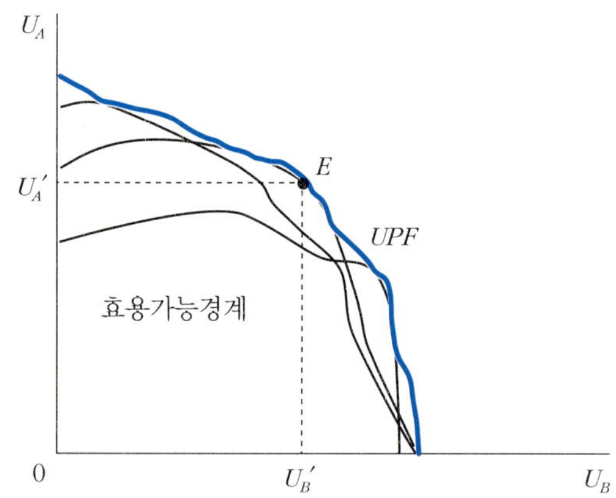

처럼 개인 A의 효용좌표 U_A와 개인 B의 효용좌표 U_B의 공간으로 옮겨 그린 곡선이 바로 효용가능곡선이 된다. 또한 〈그림 10 - 7〉의 a, b, c, d점에 대응하는 e점들을 연결하면 모두 효용가능곡선이 된다. 이를 수식으로 정리하면

① $MRTS_{L,K}^{X} = MRTS_{L,K}^{Y}$

② $MRS_{X,Y}^{A} = MRS_{X,Y}^{B}$

③ $MRS_{X,Y} = MRT_{X,Y}$을 충족하는 점들이 효용가능곡선이다.

따라서 효용가능경계는 〈그림 10 - 9〉에서처럼 수많은 효용가능곡선의 포락선이며 대효용가능곡선(grand utility possibility curve)이라고도 한다.

10.2.5 사회후생함수

사회후생함수(social welfare function)란 개인의 선호를 반영하고 사회적 가치판단을 포함한 사회적 선호체계라 할 수 있다. 〈그림 10 - 9〉의 효용가능경계상의 모든 점은 어떤 경제에 주어진 모든 자원을 가장 효율적으로 배분하여 얻을 수 있는 A와 B, 두 사람의 최대만족의 효용수준을 나타내고 있다. 그런데 효용가능경계상의 모든 점들은 효율성 측면에서는 최선이지만 공평성 측면에서는 어떤 상태인지

를 평가할 수 없다.

어떤 경제상태가 다른 경제상태와 비교하여 보다 더 바람직한 경제상태인지를 비교하는 두 가지 기준은 효율성과 공평성이라는 잣대이다. 〈그림 10-9〉의 효용가능경계는 효율성을 평가할 수 있는 기준으로 활용되지만 가치판단을 고려하는 공평성의 기준으로서는 전혀 무용하다.

따라서 어떤 경제상태가 다른 경제상태보다 더 바람직한 경제상태인지를 비교하는 공평성측면에서는 사회후생함수라는 가치판단의 잣대가 활용된다.

다시 말하면 효용가능경계상의 모든 점들은 효율성을 충족하지만 공평을 충족하는지의 여부는 판별할 수 없다는 한계를 가진다. 따라서 사회후생함수에 의해 사회무차별곡선을 도출하고 효용가능경계와 사회무차별곡선이 접하는 경계점에서 가장 효율적이며 가장 공평한 사회후생이 극대화된 자원배분이 이루어진다.

사회후생함수(social welfare function)는 사회구성원들의 선호를 집약하여 사회적 선호체계를 나타내는 함수이다. 소비자이론에서 효용함수 $U=(X, Y)$는 개인의 선호체계를 반영하여 만들어진 함수이고 이것을 그래프로 나타내면 무차별곡선으로 도출된 바 있다. 사회후생함수 $SW=f(U_A, U_B)$의 경우에도 동일한 원리가 적용되어 그래프로 나타내면 사회무차별곡선(social indifference curve)을 도출할 수 있다.

〈그림 10-10〉은 〈그림 10-9〉에서 도출한 효용가능경계와 사회후생함수 $SW=$

〈그림 10-10〉 사회후생함수와 효용가능경계

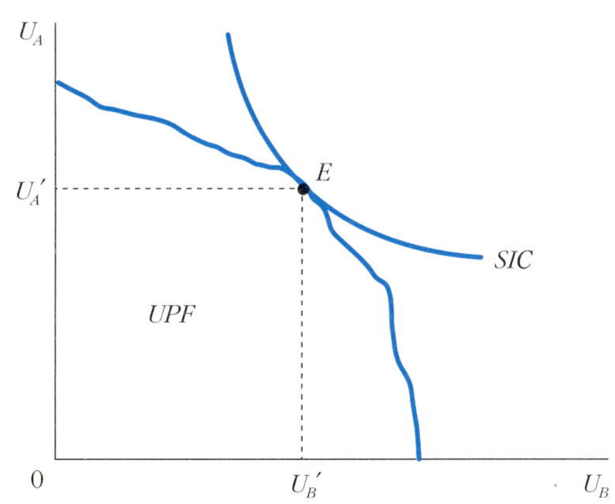

$f(U_A, U_B)$로 그려진 사회무차별곡선을 동일좌표에 옮겨 그린 그래프이다.

따라서 〈그림 10-10〉의 E점은 효율성과 공평성 조건을 모두 충족하는 사회후생극대화 점이다.

사회무차별곡선(*SIC*)의 형태는 사회후생함수가 어떤 사회적 선호체계, 즉 어떤 가치판단의 성격을 반영하고 있느냐가 결정한다. 사회후생함수는 ① 공리주의 사회후생함수, ② 평등주의 사회후생함수, ③ 롤스의 사회후생함수로 분류된다.

1. 공리주의 사회후생함수

공리주의(utilitarian) 사회후생함수는 사회를 구성하는 각 개인의 효용의 합을 사회적 후생으로 나타내는 특징을 가진다.

공리주의 사회후생함수 $SW = U_A + U_B$와 같고, 〈그림 10-11〉의 사회무차별곡선처럼 직선(선형)으로 나타난다.

사회무차별곡선(*SIC*)은 우하향하며 모든 점에서 기울기(−1)가 일정하다.

사회무차별곡선(*SIC*)의 기울기가 일정하다는 것은 A와 B의 효용의 한계대체율($-\frac{\Delta U_A}{\Delta U_B}$)이 일정하다는 것을 말하고, A가 B보다 아무리 많은 효용수준을 유지한다 해도 A의 1단위의 효용과 B의 1단위의 효용은 동일한 가치로 대체된다는 것을 의미한다.

〈그림 10-11〉 공리주의적 사회후생함수

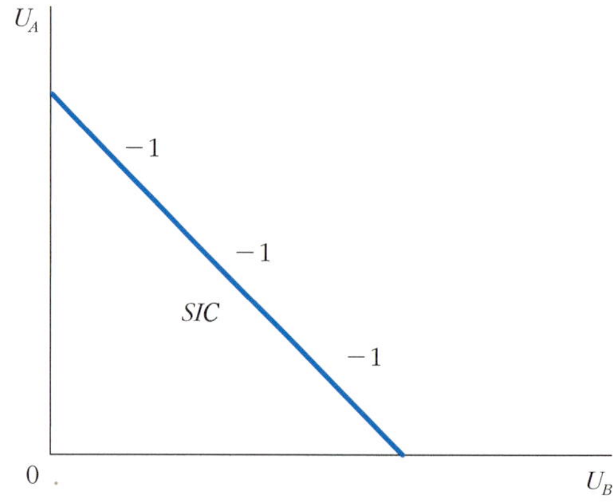

따라서 A와 B 사이에 자원이 어느 한쪽으로 모두 배분된다 하더라도 사회후생에는 영향을 미치지 않는다는 것을 의미한다. 개인 간의 효용의 배분은 사회후생과 관계가 없고 단지 사회 전체의 효용만이 사회후생을 결정한다는 가치판단이다.

2. 평등주의 사회후생함수

평등주의(egalitarian) 사회후생함수는 고소득층보다는 저소득층에게 효용의 가중치를 높게 부여하는 사회적 가치체계를 반영한 사회후생함수라 할 수 있다.

평등주의 사회후생함수는 $SW=f(U_A,\ U_B)$와 같고, 〈그림 10-12〉의 사회무차별곡선처럼 원점을 향해 볼록한 모양으로 나타난다.

사회무차별곡선(SIC)은 우하향하며 원점을 향해 볼록성을 갖는다는 것은 사회무차별곡선(SIC)의 기울기가 체감한다는 것을 의미한다. A와 B의 효용의 한계대체율($-\frac{\Delta U_A}{\Delta U_B}$)이 〈그림 10-12〉에서처럼 -4, -1, $-\frac{1}{4}$로 작아진다는 것을 의미한다. A와 B 중에서 어느 누구든 더 많은 효용을 갖게 되면 효용 간의 대체율이 체감한다는 것을 나타낸다. 높은 효용수준을 누리고 있는 자의 1단위당 효용의 가치는 체감하고, 낮은 효용수준을 누리고 있는 자의 1단위당 효용의 가치는 체증한다는 가치판단을 반영한 사회후생함수이다.

〈그림 10-12〉 평등주의적 사회후생함수

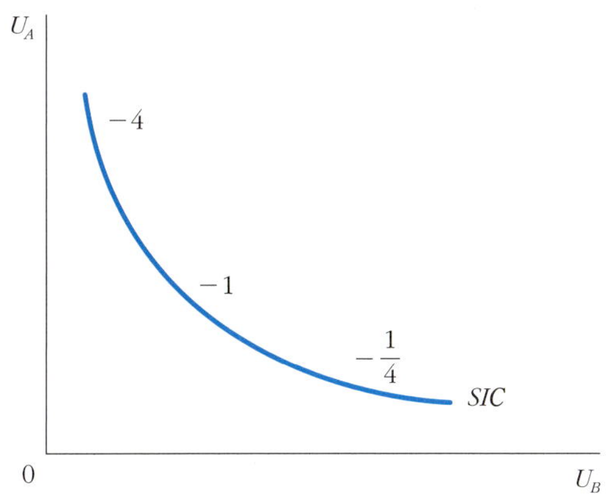

3. 롤스의 사회후생함수

롤스(Rawls)의 사회후생함수는 사회 구성원 중 가장 가난한 계층의 효용수준이 사회후생을 결정한다는 사회적 가치체계를 반영한 사회후생함수라 할 수 있다. 롤스(Rawls)의 사회후생함수는 $SW=\min(U_A,\ U_B)$와 같고, 〈그림 10-13〉의 L자형 사회무차별곡선(*SIC*)의 형태로 나타난다. 원점을 향해 볼록한 평등주의 사회후생함수의 극단적인 형태이다.

롤스의 사회후생함수는 가장 가난한 계층의 후생이 개선될 때만이 사회적 후생이 증대될 수 있다는 사회적 가치판단을 반영하고 있다. 이것을 최솟값 극대화원리(maxmin priciple), 또는 쇠사슬의 원리라 한다. 〈그림 10-13〉에서 보는 바와 같이 L자형의 *SIC*는 가장 작은 값 *E*점이 화살표 방향으로 증대하기 위해서는 두 값, U_A와 U_B 중 작은 값이 커질 때만 가능하다. 롤스의 사회후생함수는 가장 가난한 계층의 후생이 극대화될 때 사회 전체의 후생이 극대화된다는 원리를 반영한다.

〈그림 10-13〉 롤스의 사회후생함수

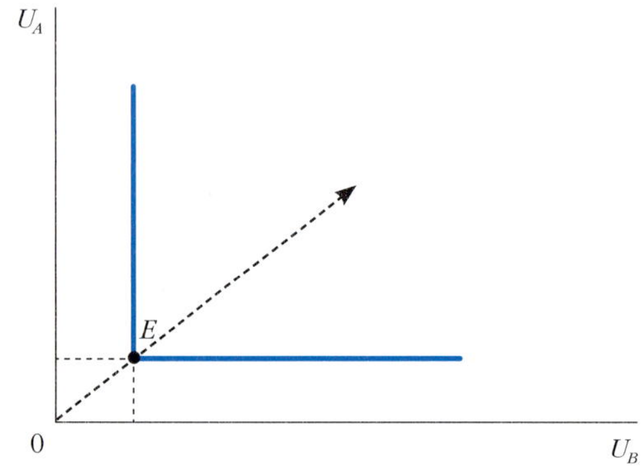

4. 불가능성정리

〈그림 10-10〉의 *E*점은 효율성과 공평성 조건을 모두 충족하는 사회후생극대화점이다. 그런데 효율성과 공평성 조건을 모두 충족하려면 개인들의 선호를 사회적 선호로 바꾸어야 하고 그러기 위해서는 여러 가지 조건을 충족해야 한다. 애로우

(K. Arrow)는 개인적 선호를 사회적 선호로 전환하여 바람직한 사회후생함수를 도출하기 위해서 다섯 가지 충족 요건을 검증한 바 있다.

애로우(K. Arrow)는 ① 완비성, ② 보편성, ③ 파레토원칙, ④ 제3의 선택으로부터의 독립성, ⑤ 비독재성 등을 충족하는 바람직한 사회후생함수를 검증했으나 현실적으로 존재할 수 없음을 입증하였는데, 이를 애로우의 불가능성정리(impossibility theorem)라 한다.

바람직한 사회후생함수를 위한 바람직한 사회적 선호체계가 성립하기 위해서는 다음과 같은 공리가 충족되어야 한다.

① 완비성(completeness)과 이행성(transitivity)이 충족되어야 한다. 모든 사회적 상태들이 평가되고 무엇이 더 선호되는지 판단할 수 있어야 한다. 또한, 모든 사회적 상태들 간의 선호에 대한 우선순위가 일관성을 유지하여야 한다.

② 보편성이 충족되어야 한다. 개인들의 선호가 어떤 선호체계이더라도 사회선호를 도출할 수 있어야 한다.

③ 파레토원칙(Pareto principle)이 충족되어야 한다. 어떤 사회적 상태에 대하여 모든 구성원이 A를 B보다 더욱 선호한다면 사회 전체적으로도 A를 B보다 더욱 선호하여야 한다.

④ 제3의 선택으로부터의 독립(independence of irrelevant alternatives)이 충족되어야 한다. 어떤 사회적 상태의 선호관계가 A와 B로 주어져 있고, A와 B 대신 선택할 수 있는 제3의 사회적 상태인 C가 있다 하더라도 C에 의해서 A와 B의 선호관계가 영향을 받지 않아야 한다.

⑤ 비독재성(non-dictatorship)이 충족되어야 한다. 사회전체의 선호는 사회구성원 전체의 선호에 의해 결정되어야 한다. 사회를 구성하는 구성원 중 어느 한 구성원의 선호가 사회 전체의 선호를 좌우해서는 안 된다.

애로우는 ①, ②, ③, ④ 조건을 만족하는 사회적 선호체계는 독재성을 벗어날 수 없음을 검증하였다. 이것은 개인들의 선호를 민주적인 절차를 거쳐 사회적 선호로 도출할 수 없음을 의미한다.

하지만 경제학자들은 대체로 애로우의 불가능성정리(impossibility theorem)에 대해 공리들이 너무 강한 공준을 설정하고 있다는 점에 동의하고 있다. 따라서 비교적 가벼운 공리를 제외시킨다면 합리적이고 민주적인 사회후생함수를 도출할 수 있는 가능성에 무게를 두고 있다.

10.2.6 차선의 이론

파레토효율성 조건이 동시에 충족될 때 최선의 이론이라 할 수 있다. 그런데 현실경제에서는 어떤 제약으로 인해 모든 파레토효율성 조건을 충족할 수 없는 상황에 직면한다. 이런 경우 최선이 불가하다면 차선의 선택은 무엇인가? 립시 – 랭카스터(R. Lipsey, K. Lancaster)는 최선이 아닌 차선의 모형을 제시했는데, 이를 차선의 이론(theory of the second best)이라 한다.

차선의 이론이란 모든 파레토효율성 조건이 동시에 충족될 수 없는 상황에서 더 많은 파레토효율성 조건을 충족한 상태가 그렇지 못한 상태보다 사회적으로 더 바람직한 상태가 아니라는 것을 밝힌 모형이다. 모든 조건이 충족되지 못하는 상황이라면 차라리 모든 조건이 깨어지는 상황이 차선이 될 수 있다는 설명이다.

〈그림 10 – 14〉의 E점은 생산가능곡선과 접하고 있는 사회무차별곡선 I_1이 원점에서 가장 멀리 있으므로 사회후생이 가장 높은 최선의 상태임을 알 수 있다. 그런

〈그림 10 – 14〉 차선의 이론

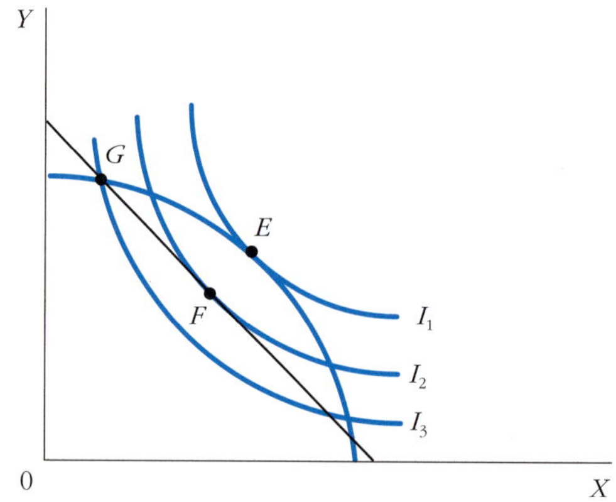

데 최선의 조건을 충족하지 못하는 경우, G점과 F점을 비교해 보면 G점보다 F점이 오히려 사회후생이 높은 수준이다. G점은 사회무차별곡선이 I_3이고 F점은 사회무차별곡선이 I_2인데 I_2가 I_3보다 원점에서 멀리 있기 때문이다.

또한 G점은 생산가능곡선상에 위치하기 때문에 생산의 효율성 조건을 충족하고 있는 반면 F점은 생산가능곡선의 내부에 위치하기 때문에 생산의 효율성 조건조차도 충족하고 있지 못하다는 것을 알 수 있다. 따라서 F점은 G점보다 효율성 조건을 덜 충족하는 점이지만 그럼에도 불구하고 사회후생수준은 더 높은 점이라는 현상을 차선의 이론으로 설명할 수 있다.

차선의 이론을 현실에 적용한다면 모든 파레토효율성 조건을 충족하지 못하는 현실경제가 있다 하자. 이런 상태에서 몇 개의 추가적인 파레토효율성 조건을 충족시키기 위해 부분적인 개혁이나 개선을 추진했다 하자. 그 결과는 그렇지 않았을 경우보다 오히려 사회후생을 감소시킬 수 있다는 논리이다. 그렇다면 더 많은 부분에서 파레토효율성 조건을 무너뜨리는 것이 개선일 수 있을 것이다. 따라서 부분적인 개선이 아닌 모든 부분에서 전체적이고 동시적인 개선을 추진할 때만이 사회후생을 증대시킬 수 있다.

연습문제

EXERCISE

주관식 연습문제

1. 부분균형분석과 일반균형분석의 차이점을 설명하라.

2. 일반균형의 조건을 설명하라.

3. 에지워스상자를 이용하여 일반경쟁균형을 설명하라.

4. 파레토효율성의 개념을 설명하라.

5. 계약곡선의 의미를 설명하라.

6. 교환의 파레토효율성을 설명하라.

7. 생산의 파레토효율성을 설명하라.

8. 효용가능곡선과 효용가능경계를 그림을 그려 설명하라

9. 생산의 계약곡선으로 생산가능곡선을 도출하라.

10. 교환과 생산의 종합적 효율성을 설명하라.

11. 교환과 생산의 종합적 효율성 조건을 수식으로 설명하라.

12. 사회후생함수의 개념을 설명하라.

13. 효용가능경계와 사회후생함수와의 관계를 설명하라.

14. 공리주의 사회후생함수를 그림과 수식으로 설명하라.

15. 평등주의 사회후생함수를 그림과 수식으로 설명하라.

16. 롤스의 사회후생함수를 그림과 수식으로 설명하라.

17. 애로우의 불가능성정리를 설명하라.

18. 차선의 이론을 설명하라.

객관식 연습문제

1. 경제 전체의 파레토 효율성을 만족시키는 상황에 관한 설명으로 옳지 않은 것은?

(국회 8급)

① 각 재화 생산요소들의 한계기술대체율과 각 재화의 가격비가 일치한다.
② 각 재화의 한계변환율과 한계대체율이 일치한다.
③ 소비자들의 각 재화의 한계대체율이 일치한다.
④ 각 재화 생산요소들의 한계기술대체율이 일치한다.
⑤ 각 재화의 가격비와 한계변환율이 일치한다.

2. 모든 소비자의 선호체계가 강단조성을 갖고 경제 내에 외부성이 존재하지 않는다. 이 경우 파레토 최적에 관한 설명 중 옳지 않은 것은? 〔보험계리사〕

① 파레토최적 상태에서는 한 사회의 자원이 효율적으로 배분된다.
② 소비자의 선호체계가 원점에 대해 볼록한 모양을 갖지 않을 경우, 시장에서 파레토최적은 완전경쟁상태(일반경쟁균형)를 의미한다.
③ 소득분배가 불균등하더라도 파레토최적은 이루어질 수 있다.
④ 한 상태에서 다른 상태로 이동할 경우 적어도 한 사람이 손해를 보는 상태가 파레토최적 상태이다.

3. 파레토최적 개념은 여러 가지 가능한 경제상태들을 평가함에 있어 (a) 자원배분의 효율성과 (b) 소득배분의 균등성 중 어떤 것에 근거를 두고 있는가? 〔감정평가사〕

① (a)와 (b) 다함께
② (b)에만 근거되어 있다.
③ (a)에만 근거되어 있어 탈가치개념이다.
④ (b)에만 근거되어 있어 가치관의 표현이다.
⑤ 위의 아무것도 아니다.

4. 효용가능곡선(utility-passivity curve)을 잘 설명하고 있는 것은? 〔공인회계사〕

A. 효용가능곡선상의 각 점은 파레토최적을 나타낸다. B. 효용가능곡선상의 각 점은 최적소득분배를 나타낸다. C. 사회후생함수를 나타낸다.

① A ② B와 C ③ A와 C ④ A와 B ⑤ A, B, C 모두

5. 사회후생함수에 대한 설명으로 옳지 않은 것은? 〔세무사〕

① 공리주의적 가치관에 따르면, 사회후생함수는 개인의 효용을 더한 것으로 정의된다.
② 평등주의적 가치관에 따르면, 사회후생을 결정할 때 효용수준이 높은 사람이나 낮은 사람이나 동일한 가중치를 적용해야 한다.

③ 롤스의 사회후생함수는 사회구성원들 중에서 효용수준이 가장 낮은 사람의 효용이 그 사회의 후생수준이라고 본다.
④ 애로우는 불가능성정리에서 어떤 사회의 여러 가지 상태를 비교, 평가할 수 있는 합리적 기준이 존재하지 않음을 입증하였다.
⑤ 차선이론은 하나 이상의 효율성 조건이 이미 달성되지 않은 상태에서는, 만족되는 효율성 조건의 수가 많아진다고 해서 사회적 후생이 더 커진다는 보장이 없다는 이론이다.

6. 후생경제학에 대한 설명으로 옳은 것을 모두 고르면? (국회 8급)

Ⓐ 생산가능곡선상에 있는 어느 한 점에서도 모든 재화와 서비스의 한계대체율이 동일하다.
Ⓑ 모든 사람들의 한계대체율이 동일할 때 생산의 파레토 효율이 달성된다.
Ⓒ 주어진 상품 조합을 두 사람 사이에서 배분할 때, 두 사람이 얻을 수 있는 최대 효용수준의 조합을 효용가능곡선이라고 한다.
Ⓓ 주어진 경제적 자원이 모두 고용되더라도 효용가능곡선 상에 있지 않을 수 있다.
Ⓔ 효용가능곡선 상에 있는 점에서는 항상 사회후생이 극대화된다.

① Ⓐ, Ⓑ, Ⓒ
② Ⓐ, Ⓒ, Ⓓ
③ Ⓐ, Ⓒ, Ⓔ
④ Ⓑ, Ⓓ, Ⓔ
⑤ Ⓒ, Ⓓ, Ⓔ

제11장

시장의 실패와 공공경제

제11장

시장이 성공하려면 앞에서 학습한 효율성과 공평성을 모두 충족하여야 한다. 그런데 역사적으로 시장은 실패하였고 고장 난 시장을 수리하기 위해 정부의 기능과 역할이 필요하게 된다. 시장이 완벽하다면 정부는 존재할 이유가 사라지고 정부가 완벽하다면 시장이 쇠퇴했을 것이다. 경제학의 역사는 가장 효율적이고 공평한 경제를 어떻게 만들 것인가?, 또한 비효율과 불공평한 그리고 불안정한 경제가 발생한다면 누가 어떻게 해결할 것인가?에 관한 문제를 다루는 시장과 정부에 관한 이론체계라 할 수 있다.

시장과 정부는 경합하였지만 그 어느 쪽도 완벽한 승리를 얻어내지 못하였다. 결국 시장과 정부는 서로 장점은 받아들이고 단점은 서로 보완하는 혼합경제체제로 수렴해 가고 있다. 성공적인 경제란 부족함에서 출발하여 ① 효율적인 경제(efficiency), ② 공평한 경제(equity), ③ 안정된 경제(stability), ④ 성장하는 경제(growth), ⑤ 삶의 질(quality of life)을 모두 충족시켜야 한다.

하지만 현실경제는 세계대공황을 비롯한 크고 작은 공황과 인플레이션, 심각한 소득불평등과 스태그플레이션에 이르기까지 많은 경제문제들에 직면하고 있다. 따라서 제11장에서는 시장의 실패와 정부의 실패, 그에 따른 시장과 정부의 역할을 설명한다. 또한 정부의 규제에 대한 의미와 한계에 대해서도 설명하고 있다.

11.1 시장의 실패

11.1.1 독점과 자연독점

시장은 완전경쟁구조에서 효율적이다. 불완전경쟁시장에서는 비효율이 발생한다. 불완전경쟁시장은 가격이 한계비용보다 높은 수준($P>MC$)에 있고 완전경쟁시장보다 과소생산이 이루어지며 자중적 손실(deadweighted loss)을 발생시킨다. 따라서 정부는 독점규제를 비롯한 정책적 수단으로 불완전경쟁시장의 비효율을 개선

〈그림 11 - 1〉 비용체감산업과 시장의 실패

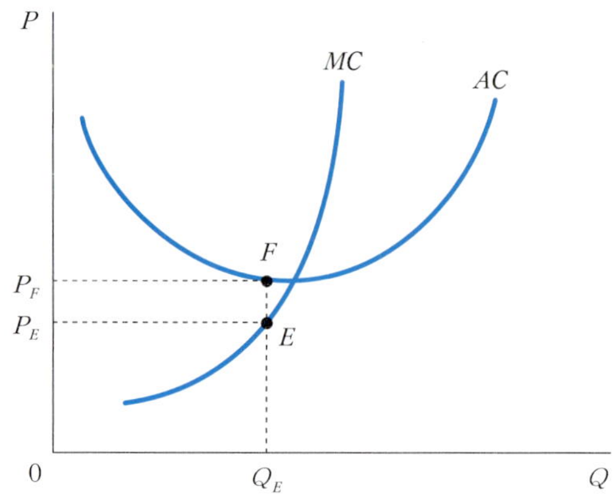

시킬 수 있다.

자연독점(natural monopoly)은 자연적 요인, 즉 기술적인 비용체감현상에 의해 나타나는 불완전전경쟁 상태이다. 〈그림 11 - 1〉의 *LAC*곡선의 우하향하는 구간은 비용체감산업(decreasing cost industry)[1]을 의미한다. 비용체감산업의 경우에는 초기자본비용이 막대하게 투여되어야 하는 특징을 가지므로 장기평균비용곡선의 최저점 $LAC=LMC$를 충족하는 최적생산규모에 미치지 못하는 생산수준 Q_E에서 산출량을 결정하게 된다. 효율적인 시장가격은 $MC=P_E$조건을 충족해야 하므로 P_E에서 가격이 결정되는데, 이럴 경우 P_E는 $P_F=AC$보다 낮은 수준이므로 이 기업은 직사각형 P_EP_FEF만큼의 손실을 부담하게 된다. 기업의 손익분기점($TR=TC$)은 $P=AC$점이기 때문이다. 따라서 비용체감산업의 경우 가격이 $P=MC$수준을 유지한다면 그 기업은 생산을 지속할 수 없게 될 것이다.

이와 같은 자연독점으로 인한 시장실패를 보완하기 위해 ① 비용체감산업을 국영기업으로 운영할 수 있다. ② 정부가 P_F수준으로 가격을 관리할 수 있다. ③ 이부가격제(two part tariff)나 최대부하가격제(peak load princing)를 운영할 수 있다. ④ 정부가 보조금(subsidy)으로 손실을 보전해 줄 수 있다.

1) 이것은 규모의 경제(economy to scale)라고도 한다.

11.1.2 공공재

공공재(public goods)는 그 재화의 특성상 비배제성(non-excludability)과 비경합성(non-rivalry)으로 인해 시장에서 충분한 공급이 이루어질 수 없다. 공공재는 어떤 경제주체에 의해 생산되는 즉시 모든 사회구성원들이 소비할 수 있는 재화이다. 이런 특성을 비배제성(non-excludability)과 비경합성(non-rivalry)라 한다.

① 공공재는 비배제성이라는 대가를 지불하지 않은 수요자를 배제시킬 수 없는 특성을 가진다. 따라서 공공재에 대한 무임승차자(Free rider)문제가 발생할 수 있다. 국방, 치안, 소방 같은 공공재의 경우, 대가를 지불하지 않았다 하더라도 공공서비스의 이용으로부터 배제시키기 어렵다.

② 공공재는 한번 생산되면 모든 사회구성원들이 공동소비할 수 있는 비경합성이라는 특성을 가진다. 수요자가 증가하더라도 추가생산 없이 추가소비가 가능하다. 예를 든다면 음악이나 도로와 같은 경우에는 어느 누군가가 이용했을 때 컵라면처럼 소비되면서 사라지지는 재화가 아니다. 또 다른 누군가가 이전 사용자처럼 동일하게 한번 생산된 상태에서 소비할 수 있고 많은 이용자가 동시에 소비할 수 있다.

이와 같은 공공재의 특성을 비경합성 또는 결합소비(joint consumption)라 하고 이런 특성으로 인해 공공재의 한계비용은 0가 된다. 그런데 시장이 자원배분을 효율적으로 하기 위해서는 효율성 조건 $P=MC$를 충족해야 한다. 따라서 공공재의 시장가격은 0원이어야 한다. 시장가격이 0원이 공공재를 사적인 공급주체에 의해 시장수요에 충족될 만큼 시장에서 공급된다는 것은 불가능한 일이다.

한편, 공공재의 경우에는 사적재와는 무임승차자(free rider) 문제로 인해 수요자가 공공재에 대한 자신의 수요를 정확히 표출하지 않으려는 특성을 가진다. 이를 의사수요(pseudo-demand)라고 한다. 시장은 공공재를 최적수준으로 공급하는데 어려움을 겪는다. 따라서 정부는 부족한 공공재를 충분히 공급하기 위해 공급재를 직접 공급하는 시장개입방식을 사용한다.

읽을거리 11.1

공공재의 비경합성

컵라면은 사적재이고 음악은 공공재의 성격을 갖는다. 컵라면은 어느 누군가가 그 컵라면을 먹고 있다면 그 컵라면은 그가 먹은 양만큼 사라져간다. 또 다른 사람이 컵라면을 먹으려 한다면 그 컵라면은 반드시 추가생산이 이루어져야 한다. 그런데 음악의 경우에는 어느 누군가가 그 음악을 듣는다해서 그 음악은 그가 들은 만큼 사라지지 않는다. 또 다른 사람이 그 음악을 듣기 위해 그 음악을 추가 생산할 필요도 없는 것이다. 공공재란 음악처럼 추가생산이 필요 없는 비경합적 성격을 갖고 있다. 한번 생산되면 아무리 많은 사람들이 사용한다 할지라도 사라지거나 또는 추가 생산으로 인한 추가 비용을 지불할 필요가 없는 특성을 가진다. 따라서 공공재의 경우 추가생산비용인 한계비용은 0이 되는 것이다.

11.1.3 외부성

외부성(externality)이란 어떤 경제행위자의 행동이 제3자에게 의도하지 않은 이익이나 손실을 발생시키고 그 손실이나 이익에 대한 대가를 시장을 통하여 지불하거나 지불받지 못하는 현상을 말한다. 외부성은 이익이 발생하는 경우 외부경제(external economy)라 하고, 손실이 발생하는 경우 외부불경제(external diseconomy)로 구분된다. 외부성은 생산과정이나 소비과정에서 발생한 편익이나 비용이 시장가격에 반영되지 않고 생산수준이 결정되기 때문에 과대생산이나 과소생산의 문제를 발생시킨다. 따라서 완전경쟁시장이더라도 외부성이 발생하면 시장은 실패하게 된다.

1. 외부경제

외부경제(external economy)란 어떤 경제주체의 경제행위가 제3자에게 이익(효용)을 발생시키고 시장을 통해 보상받지 못한 상태를 말한다. 외부효과만큼의 효용이 시장시스템에 반영되지 않게 되어 사적비용(private cost)이 사회적 비용(social cost)을 초과하는 현상을 유발하게 된다.

어떤 경제주체는 사회가 부담해야 할 비용을 개인이 부담하는 입장에 놓이게 된

〈그림 11－2〉 외부경제와 과소생산

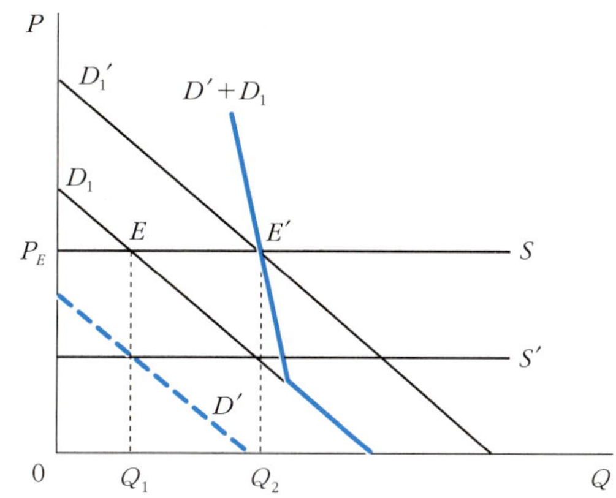

다. 따라서 어떤 경제주체는 그 재화를 과소생산하게 되고 이로 인해 시장은 실패하게 된다.

〈그림 11－2〉의 E점은 외부경제가 발생했을 때 시장균형점에 해당한다. E점은 D'만큼 발생한 이익(효용)을 D_1(시장수요곡선)에 반영하지 못한 상태에서 성립된 시장균형이다. 따라서 Q_1수준에서 생산수준이 결정된다. 〈그림 11－2〉의 D'만큼 발생한 이익(효용)을 D_1(시장수요곡선)에 더하면 $D'+D_1$으로 수요곡선이 변하게 된다. 외부경제를 반영한 시장수요곡선이 도출된 것이고 외부경제를 반영한 새로운 시장균형인 최적균형점은 E'가 된다. 외부경제를 반영하면 Q_2수준에서 생산이 이루어져야 한다.

따라서 외부경제가 발생하면 Q_2-Q_1만큼의 과소생산이 이루어지므로 시장실패에 직면하게 된다. 시장이 성공하려면 사적비용과 사회적 비용이 일치해야 한다. 정부는 시장실패를 보완하기 위해 사적비용을 줄여줌으로써 과소생산을 최적생산으로 변동시킬 수 있다. ① 정부는 수요보조금을 지급하여 수요곡선을 D_1'로 상방으로 이동시킴으로써 최적수준 E'에서 시장균형이 이루어지도록 조정할 수 있다. ② 정부가 공급보조금을 지급하여 공급곡선을 S'로 하방으로 이동시킴으로써 최적수준 E'에서 시장균형이 이루어지도록 조정할 수 있다.

2. 외부불경제

외부불경제(external diseconomy)는 어떤 경제주체의 경제행위가 제3자에게 손실(비용)을 발생시키고 시장을 통해 배상하지 않는 상태를 의미한다. 외부효과만큼의 비용이 시장시스템에 반영되지 않게 되어 사적비용(private cost)보다 사회적 비용(social cost)이 커지는 현상을 유발하게 된다.

어떤 경제주체는 자신이 부담해야 할 비용을 사회에 부담시키는 입장에 놓이게 된다. 따라서 어떤 경제주체는 그 재화를 과대생산하게 되고 이로 인해 시장은 실패하게 된다. 사적비용(private cost)보다 사회적 비용(social cost)이 커지는 현상, 즉 개인이 부담해야 할 비용을 사회가 부담하고 있는 상태를 의미한다.

〈그림 11-3〉의 E점은 외부불경제가 발생했을 때 시장균형점에 해당한다. E점은 S'만큼 발생한 손실(비용)을 S_1(시장공급곡선)에 반영하지 못한 상태에서 성립된 시장균형이다. 따라서 Q_1수준에서 생산수준이 결정된다. 〈그림 11-3〉의 S'만큼 발생한 손실(비용)을 S_1(시장공급곡선)에 더하면 $S'+S_1$으로 공급곡선이 변하게 된다. 외부불경제를 반영한 시장공급곡선이 도출된 것이고 외부불경제를 반영한 새로운 시장균형인 최적균형점은 E'가 된다.

외부불경제를 반영하면 Q_2수준에서 생산이 이루어져야 한다.

따라서 외부불경제를 발생하면 Q_2-Q_1만큼의 과대생산이 이루어짐으로써 시장

〈그림 11-3〉 외부불경제와 과대생산

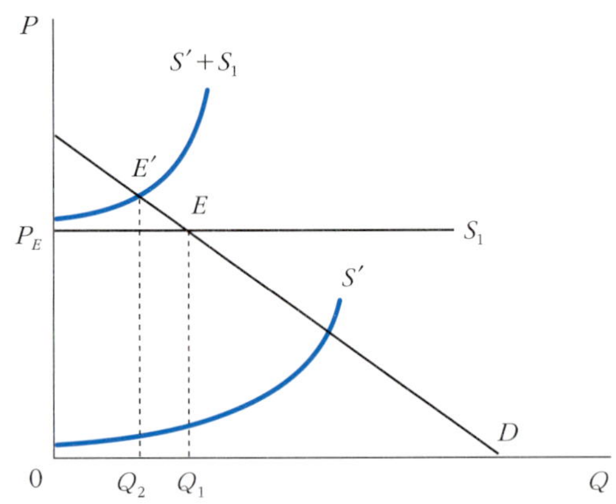

읽을거리 11.2

공유자원의 비극과 희극

물이나 공기는 우리가 살아가는 데 매우 중요하다. 그런데 물과 공기는 소중하게 관리되지 못하고 마구잡이로 오염되고 있다. 자연자원들은 대체로 사적 소유가 아닌 공유자원의 성격을 갖고 있다. 물이나 공기 같은 공유자원들이 함부로 다루어지는 현상을 공유자원의 비극(tragedy of commons)이라 한다. 따라서 코우즈라는 경제학자는 환경오염을 해결할 수 있는 하나의 대안으로 공유자원에 대한 사유재산권을 활용하자는 코우즈정리를 주장한 바 있다.

하지만 물이나 공기는 모든 인간에게 생존을 위한 필수재이다. 그런데 물과 공기에 대해 사유권이 인정되고 시장거래의 대상이 된다는 것은 돈이 없는 자는 생존권을 보장받을 수 없다는 문제가 발생한다. 물이나 공기 같은 공유자원은 사유권이나 경쟁이 아닌 공유권이나 협력으로 보존되고 공동 소비되어야 한다. 온라인상의 많은 지식과 정보들은 공유자원의 성격을 갖고 있으며 모든 사람들이 공동소비할 수 있다는 특성을 가진다. 이런 현상을 공유자원의 희극(comedy of commons)이라 한다.

실패에 직면하게 된다. 시장이 성공하려면 사적비용과 사회적 비용이 일치해야 한다. 정부는 시장실패를 보완하기 위해 사회적 비용을 줄여줌으로써 과대생산을 최적생산으로 변동시킬 수 있다.

공해와 같은 외부불경제라면 정부는 ① 법률로 직접 규제하여 생산수준을 줄일 수 있다. ② 배출부과금(effluent fee)이나 공해세(Pigouvian tax)를 부과하여 간접적으로 생산수준을 줄일 수 있다. ③ 환경에 소유권을 부여하는 외부성의 내부화방식으로 생산수준을 줄일 수 있다.

11.1.4 정보의 부족

완전경쟁시장은 모든 경제주체가 완전한 정보(perfect information)를 가지고 경제적 선택을 한다고 가정한다. 또한 정보비용이나 정보의 불균형도 발생하지 않는 것으로 가정한다. 하지만 현실경제에서는 정보부족에 따른 불확실성과 위험(uncertainty and risk)뿐만 아니라 정보의 불균형으로 인한 비효율의 문제도 상존한다.

정보의 비대칭성(asymmetric information)은 도덕적 해이(moral hazard), 역선택(adverse selection) 그리고 본인-대리인의 문제(principal-agent problem)를 발

생시킨다. 또한 최고가격입찰제 방식의 경매과정에서 승자의 불행(winner's curse)이라는 비효율의 문제도 발생시킨다. 승자의 저주는 경쟁과정에서 승리하기 위해 너무 많은 비용을 지불한 결과로 승자가 실질적으로는 손실을 입는 현상을 말한다.

정보의 비대칭성이란 경제적인 이해관계가 있는 경제주체들 사이에 정보의 차이가 존재하는 상황을 의미한다. 정보의 비대칭인 상황은 감추어진 특성(hidden characteristic)과 감추어진 행동(hidden action)으로 구분된다. 예를 들어 설명하면 감추어진 특성은 중고차시장에서 판매자와 구매자 사이에 정보가 비대칭이며 구매자는 중고차의 성능(감추어진 특성)에 대해 상대적으로 판매자보다 정보가 부족하다. 감추어진 행동은 화재보험에 가입한 자가 보험 가입 후 화재예방노력을 충분히 하지 않는 행동에 대해 보험회사는 정보가 부족하다.

도덕적 해이란 정보가 비대칭인 경우 정보가 충분한 경제주체가 정보가 부족한 경제주체에게 바람직하지 않은 행동(숨겨진 행동)을 행하는 경향을 의미한다. 대리인이 본인을 위해 최선을 다하는지에 대한 정보가 비대칭적이어서 발생하는 본인-대리인의 문제(principal-agent problem)도 숨겨진 행동으로 인해 발생한다.

역선택이란 정보가 비대칭인 경우 부족한 정보로 인해 불리한 상대방(숨겨진 특성)과 거래할 가능성이 높아지는 현상을 말한다. 중고차시장에서 겉은 번지르르하지만 성능의 질은 좋지 않은 자동차만 가능성이 높은 현상도 숨겨진 특성으로 인한 역선택에 해당한다. 이 같은 현상을 개살구시장(lemon market)이라고도 한다. 또한 자동차보험시장에서 사고를 낼 가능성이 높은(숨겨진 행동) 운전자를 보험에 가입시키는 현상도 역선택에 해당한다.

따라서 도덕적 해이나 역선택 문제는 시장에서 시장거래규모를 축소시키거나 아예 거래 자체를 방해하는 요인이 되어 시장의 효율적인 자원배분을 왜곡하게 된다.

역선택에 대한 해결방안으로는 선별(screening)과 신호보내기(signalling)로 정보의 비대칭성문제를 해결할 수 있다. 선별이란 보험회사가 사고확률이 높은 대상에게 더 높은 보험요율을 적용한다든지 신용도가 낮은 채무자에게 높은 이자율을 부과하는 방식을 말한다. 신호보내기란 자격증을 취득한다든지 품질보증서를 발행한다든지 상대에게 적극적으로 정보를 알리는 행태를 말한다.

도덕적 해이에 대한 해결방안으로는 감시나 담보설정 등으로 정보의 비대칭성문제를 해결할 수 있다. 감시란 금융기관이 채무자(기업)의 행동을 주기적으로 모니터링하는 행태를 말하고 담보설정이란 금융기관이 채무자에게 담보를 부담하게 하여 위험이 높은 곳에 투자하지 못하도록 견제하는 행태를 말한다.

주인-대리인문제에 대한 해결방안으로는 주식옵션이나 성과금 등으로 정보의 비대칭성 문제를 해결할 수 있다. 주식옵션이나 성과금은 유인설계의 일종으로 주인의 이익이 대리인의 이익과 연계시키는 행태이다.

한편, 정부가 시장에 개입하여 정보의 부족문제를 해결하는 방식으로는 ① 완전한 조건부상품시장을 갖추어 불확실성을 제거하는 방법, ② 정부가 정보비용을 제공하거나 완전한 정보를 제공하여 불확실성을 제거하는 방법 등을 이용할 수 있다.

읽을거리 11.3

개살구시장(lemon market)

새 차를 구매하는 경우, 품질과 가격에 대한 정보가 판매자와 구매자 사이에서 대칭적으로 공유할 수 있다. 하지만 중고차시장에서는 판매자가 구매자보다 더 많은 정보를 가지는 정보의 비대칭성 문제가 발생할 수 있다. 구매자는 판매자보다 중고차에 대한 부족한 정보(hidden characteristic)로 인해 역선택할 가능성이 높다.

예를 들어보자. 겉은 번지르르한데 사고로 인해 질이 좋지 않은 중고차와 겉은 별로지만 무사고로 질 좋은 중고차가 있다 하자. 판매자의 경우, 차에 대한 기대가격을 질이 좋은 차는 900만원, 질이 나쁜 차는 100만원, 구매자는 질이 좋은 차는 1,000만원, 질이 나쁜 차는 200만원이라 하자.

질이 좋은 차는 900만원~1,000만원에서 거래가 이루지고, 질이 나쁜 차는 200만원~100만원에서 거래가 이루어진다. 구매자의 경우, 정보가 부족하므로 1,000만원과 200만원의 평균가격인 600만원에서 구매하려 할 것이다

따라서 중고차시자에서는 질이 좋은 차는 거래가 이루어질 수 없고 질이 나쁜 차들과 거래되는 상황이 벌어질 수 있다. 이 같은 현상을 개살구시장(lemon market)이라 한다. 이 문제를 해결하는 방법으로는 선별이나 신호보내기를 동시에 활용할 수 있다. 구매자입장에서는 겉모양보다는 질을 평가할 수 있는 간접정보를 수집해야 하고(선별), 판매자입장에서는 품질보증과 질에 대한 신뢰정보를 구매자에게 전달하려는 노력(신호보내기)이 필요하다.

11.2 공공경제

현실경제는 시장과 정부가 상존하는 혼합경제이다. 시장경제를 사적영역(private sector)이라 하고 정부경제를 공적영역(public sector)이라 한다. 공공경제(public economy)의 주인공은 정부이고, 공공경제의 목표는 사회후생의 극대화이다. 공공경제의 주체는 정치인(politician), 관료(bureaucrats), 특수이익집단(special inerest group)이라 할 수 있다. 시장경제이론에서는 가계와 기업이라는 경제주체들의 개별적 의사결정에 의해 시장균형으로 귀결되는 경제모형을 다루어 왔다. 공공경제이론에서는 정부라는 집단적 경제주체들이 집단적 의사결정(직접민주제+간접민주제)으로 강제적인 경제행위를 통해 재정수입과 재정지출로 귀결되는 경제모형을 다루게 된다.

11.2.1 정부란 무엇인가?

정부란 시장을 보완하는 국민경제의 또 하나의 경제주체를 의미한다. 시장경제는 가계와 기업에 의한 자유롭고 개별적인 의사결정으로 이루어진 경제적 선택의 장이라고 정의한다면 공공경제란 국민이란 주인을 대리하는 정치인, 관료집단에 의해 강제적이고 집단적인 의사결정과정, 즉 정치적 과정으로 이루어진 공공선택의 장으로 정의할 수 있다.

시장경제와 공공경제는 다음과 같은 차이점을 갖는다.

① 정부는 국민이 직접 선출한 사람(정치인)이나 선출된 사람에 의해 임명된 사람들(관료)에 의해 운영되는 집단적 성격을 가진다.

② 국민들(시장)에 대해 강제성을 가진다. 납세나 국방은 자유로운 선택이 아닌 국민으로서의 기본적인 의무이다.

③ 정부에 의해 생산된 재화나 서비스는 주로 비시장배분(non-market rationing) 방식에 의해 국민들에게 배분되는 특징을 가진다. 국방, 경찰, 소방서비스는 대가없이 누구나 이용할 수 있다.

정부의 본질은 무엇인가? 정부의 본질에 대해서는 2가지 관점이 존재한다.

① 사회 전체를 하나의 유기체로 인식하고 정부는 그 유기체의 심장부로 이해하는 관점이다. 정부(공적영역)가 개인(사적영역)보다 우월한 존재라는 인식에서 출발한다. 개인의 자유나 권리를 보장하기 위해 정부가 필요하다는 인식이 지배한다. 적극적인 정부의 개입주의(큰 정부)나 전체주의에 대한 논리적 근거로 제기된다.

② 사회 전체를 하나의 기계적인 존재로 인식하고 정부는 개인의 목표달성을 돕기 위해 고안된 기제(mechanism)에 불과하다는 관점이다. 정부는 개인의 자유를 최대한 보장하기 위한 장치로 인식된다. 따라서 최소한의 정부(자유방임주의) 내지는 자유주의, 무정부주의에 대한 논리적 근거로 제기된다.

11.2.2 정부의 역할과 기능

혼합경제에서 정부와 시장은 서로 보완적인 관계에 있다. 정부는 시장경제가 원활하게 작동할 수 있는 규칙을 만들고, 자신이 직접 경기자가 되기도 하며, 원활한 경기진행을 위해 심판으로써의 역할을 수행하기도 한다. 또한 시장이 실패하는 경우 직접규제방식이나 간접규제 방식을 통해 시장경제의 운용을 통제하거나 방향을 조정하기도 한다.

정부는 시장에서 벌어지는 경쟁이라는 게임규칙(재산권의 확립 등)을 마련하고, 그 규칙에 대한 준수 여부를 감시하거나 분쟁을 해소하는 심판자역할을 수행할 뿐만 아니라 경기자로서 생산과 소비에 직접 참여하기도 한다.

정부의 기능은 다음과 같다.

① 자원배분(allocation)의 효율성(efficiency)을 촉진시킨다. 시장이 실패하는 부분을 보완하거나 조정하는 역할을 수행한다. 공공재를 공급한다거나 독과점을 규제한다거나 환경세를 부과하는 등 시장실패를 보완한다.

② 소득재분배(redistribution)를 통해 공평성(equity)을 강화한다. 누진적인 조세제도나 사회보장제도를 강화하여 소득분배가 공평성을 확보하도록 시장에서의 소득분배를 조정한다.

③ 경제안정화(stabilization)를 달성한다. 시장에서 초과수요(shortage)나 초과공급(surplus)이 발생하는 경우(인플레이션이나 실업) 총수요나 총공급을 관리해서 경제를 안정화시켜야 한다. 완전고용, 물가안정, 그리고 국제수지의 균형을 위해 재정정책이나 통화정책을 적절히 활용해야 한다.

④ 경제가 지속적으로 성장(growth)할 수 있도록 성장동력을 창출해야 한다. 투자와 기술개발, 새로운 일자리의 창출 및 혁신을 촉진해야 한다.

⑤ 경제의 성장과 발달이 삶의 질을 개선하도록 유인하고 조정해야 한다. 자원개발, 쾌적한 환경, 범죄 없는 안전한 사회, 행복지수가 높은 경제사회를 위해 사회적 자본의 축적을 촉진해야 한다.

미래의 정부는 세계화와 인터넷의 확산에 직면하고 있다. 조세의 징수가 어려워지고 정부의 역할과 기능은 축소될 것이다. 인터넷 발달로 국경 없는 경제는 가속화될 것이다. 각국의 정부는 인구나 자본의 해외유출을 방지하기 위해 정부 간 소득세율과 법인세율을 인하하는 경쟁적 상황에 직면할 것이다. 다국적 기업들은 보다 더 많은 이윤확보를 위해 국가 간 조세인하경쟁에 편승하여 보다 조세부담이 낮은 지역으로 본사나 생산 공장을 이전하게 될 것이다.

또한 인터넷을 기반으로 한 디지털경제의 활성화는 정부의 역할과 기능을 축소시킬 것이다. 정부가 세원을 확보하고 조세를 징수하는 과정에서 전자상거래의 발달과 전자화폐의 출현은 정부의 세수증대에 위협으로 작동할 것이다. 가상상품(virtual goods)과 개인의 컴퓨터에서 이루어지는 거래에 대한 과세와 세금징수는 미래정부가 직면할 가장 중요한 해결과제가 될 것이다.

11.2.3 정부의 실패

혼합경제(mixed economy)에서는 시장과 정부는 서로 보완적 기능을 수행한다. 시장이 모든 경제문제를 완전하게 해결한다면 정부의 개입은 필요치 않다. 반대로 정부가 모든 경제문제를 완전하게 해결한다면 시장은 퇴출될 것이다. 하지만 시장도 실패하고 정부도 실패하기 때문에 시장과 정부는 상호보완하며 수렴하고 있는 것이다.

시장의 실패를 보완하기 위해 정부가 개입하지만 정부의 개입으로 인한 효율성이나 공평성이 오히려 훼손되는 현상을 정부의 실패(government failure)라 한다.

정부실패가 발생하는 원인은 다음과 같다.

① 제약된 정보로 인해 정부는 실패할 수 있다. 정책을 설계하고 실행하는 과정에서 필요한 모든 정보를 정치가나 관료가 완전하게 인지할 수 없다. 따라서 어떤 정책의 실행결과를 정확하게 예측할 수 없게 됨으로써 정부의 개입으로 인해 의도하지 않은 결과가 초래될 수 있다.

② 정부의 정책에 대해 민간부문이 어떻게 반응할 것인가를 정확하게 예측하는 것과 민간부문의 반응이 예측을 벗어나는 경우 그것을 통제하는 일도 불가능하다.

③ 정치적 과정에서의 이해관계가 상충하여 정부가 실패할 수 있다. 정책결정은 정치적 과정이다. 그런데 어떤 정책이든 그 정책으로 인해 이익을 얻는 집단이 있고 손실을 보는 집단이 발생한다. 이해관계가 상충하는 이익집단의 로비능력에 의해 정책은 왜곡될 수 있다.

④ 정부의 개입시기와 그 결과가 나타나는 시기가 다르기 때문에 정부의 개입이 바람직하지 않은 결과를 도출할 수 있다(정책의 시차: time lag).

⑤ 관료조직에 대한 통제가 불가능하여 정부가 실패할 수 있다. 모든 정책의 결정은 정치인들이 수행한다. 하지만 그 정책을 실행하는 것은 관료조직이다. 관료조직은 주인인 국민을 위해 일해야 하지만 그들의 이익을 위해 일할 여지는 항상 남아있다. 관료가 국민을 위해 일하지 않는 경우 정치인이 관료조직을 완벽하게 통제할 수 없다는 데 문제가 있다. 관료들의 도덕적 해이가 나타나게 되면 정부의 정책은 왜곡될 수 있다.

관료조직을 개혁하기 위한 방법으로는 첫째, 관료조직은 기업처럼 역할과 성과에 대한 평가가 명료하지 못하다. 따라서 제도를 개혁하여 개인이나 조직에 대한 성과를 분명히 평가하고 보상이나 인사 및 예산에 반영해야 한다. 둘째, 적절한 유인기구를 설계해야 한다. 예산의 규모에 의해 조직이나 개인의 역량을 평가하지 말고 효율적인 업무추진능력을 평가하여 보상하는 유인체계를 구축해야 한다. 셋째,

관료조직에 경쟁압력을 유입시켜야 한다. 기업처럼 치열한 대내외적인 경쟁에 의해 개인과 조직의 역량이 평가되도록 경쟁체제를 도입해야 한다.

11.2.4 공공선택이론

정부의 경제행위는 집단적 의사결정(collective decision making)이며 정치적 과정(political process)이다. 시장에서의 경제행위는 개별적 의사결정이며 자유로운 선택이다. 공공경제는 집단적 의사결정(정치적 과정)이 무엇이며 그 집단적 의사결정의 결과가 무엇이고 그것이 함축하는 경제적 의미가 무엇인지를 이해하는 것이 중요하다.

따라서 공공선택이론(public choice)이란 정부의 선택이 무엇이고 어떻게 이루어지며 그 결과에 대한 경제적 의미를 밝히는 이론체계이다. 정부의 선택은 공공선택(public choice)이고 정치적 과정을 거치게 된다. 정치적 과정에는 직접민주제와 대의민주제가 있다. 직접민주제는 국민이 직접 참여하여 정부의 의사결정이 이루어지는 정치제도를 의미한다. 대의민주제는 국민의 대리인이 참여하여 정부의 의사결정이 이루어지는 정치제도를 의미한다. 현대정치에서 대부분의 국가들은 대의민주제를 운용하고 있다.

1. 직접민주제하의 공공선택

직접민주제하에서의 의사결정방식에는 과반수제, 전원합의제, 점수투표제 등이 있다. 소규모의 자치단체나 민간기업의 주주총회에서 흔히 볼 수 있는 방식이다. 집단적 의사결정에서 중요한 것은 표의 배분과 의사결정 기준이다. 1인당 몇 표인지, 학력이나 소득수준, 보유주식 수 등 배분기준을 결정해야 한다. 또한 전원합의로 할 것인지, 과반수($\frac{1}{2}$, $\frac{2}{3}$, $\frac{3}{4}$)로 할 것인지를 결정해야 한다.

① 전원합의제(unanimity rule)는 어떤 의결사항에 구성원 모두가 동의하는 의사결정방식이다. 구성원 모두가 만족하는 가장 이상적인 방식이라 할 수 있다. 하지만 구성원 모두가 동의하는 과정에서 많은 비용이 발생할 수 있다. 또한 어느 한 구성원이 의사결정을 전략적으로 방해할 수 있다는 단점을 가진다.

② 과반수제(majority rule)는 어떤 의결사항에 구성원의 과반수 이상이 동의하는 의사결정방식이다. 신속한 의사결정으로 시간과 비용을 절감할 수 있다. 하지만 과반수제는 다수의 횡포(tyranny majority)와 소수의 비극(tragedy minority)이라는 결과에 직면한다. 100명이 의사결정에 참여했다 하자. 51명 찬성과 49명 반대로 1명의 찬반차이로 51명이 모든 것을 독점하고 49명이 패배자가 될 수 있다는 단점을 가진다. 또한 의안을 표결하는 순서에 따라 의사결정이 달라지는 투표의 역설(voting paradox)이라는 문제도 발생한다. 이론적으로는 최적다수결제(optimal majority)라는 진전된 제도가 있긴 하나 현실에 적용하기에는 너무 추상적이다. 의사결정비용(decision making costs)과 의사결정에서 소외된 사람들의 불만비용인 외부효과(external costs)를 산출하기 어렵다는 문제점이 있다.

③ 점수투표제(point voting rule)는 1인 1표제가 갖고 있는 문제점을 개선한 의사결정방식이다. 1인 1표제는 어떤 사람이나 안건에 투표하면 다른 사람이나 다른 안건에는 100% 부정적인 의사표시를 한 것처럼 처리되는 단점을 가진다. 점수투표제는 일정한 점수를 여러 사람이나 안건에 자신의 선호만큼 배분해서 투표할 수 있는 장점을 가진다. 하지만 점수를 한곳에 몰아주어 의도된 결과를 도출하려는 전략적 행위가 가능해진다는 단점도 있다.

2. 대의민주제하의 공공선택

대의민주제하에서 정부의 의사결정은 대부분 대리인(agency)에 의해 이루어진다. 정부를 움직이는 대리인은 정치인, 관료, 특수이익집단으로 분류할 수 있다. 따라서 정부의 의사결정을 이해하는 데에는 이들에 대한 성격과 행동 그리고 의사결정결과에 대한 경제적 의미를 해석하는 모형이 필요하다.

① 정치가를 설명하는 모형으로는 득표극대화모형(vote maximization model)과 중위투표자이론(median voter theorem)이 있다. 득표극대화모형은 정치가(politicians)들이 주인인 국민의 이익을 위해 최선을 다하는가에 대한 이해를 제공한다. 이 모형은 정치가도 시장이론에서 경제주체인 소비자와 생산자

처럼 자신의 이익을 위해 최선을 다한다는 가정에서 출발한다. 따라서 정치가는 권력을 장악하는 것이 자신의 목표이고 이것을 달성하기 위해서는 자신에 대한 지지표를 극대화하려 한다는 설명이다. 한편 중위투표자이론은 정치가 자신의 목표 달성(권력의 획득)을 위해 지지표를 극대화하기 위해서는 중산층을 위한 정치를 해야 하는 이유를 보여준다. 양극단의 정치적 성향이나 예산규모를 크기순서로 나열하고 과반수를 적용하여 표결하면 중도적인 성향의 사람이나 중간 정도의 예산규모가 채택되는 원리이다. 따라서 민주주의 정치질서가 확립된 상황에서 대의민주제는 중산층을 위한 정치가 이루질 수 있는 가능성을 보여준다.

② 관료제를 설명하는 모형으로는 니스카넨(W. Niskanen)모형과 미그-빌레인저모형이 있다. 관료제모형에서는 관료조직의 비효율성이 관료들의 역량부족에서 비롯된 것이라기보다는 관료제가 안고 있는 유인구조의 부족에서 비롯되었음을 설명해 준다. 관료들도 정치인과 마찬가지로 주인인 국민의 이익을 위해 최선을 다하는 것이 아니라 자신들의 목표(그들이 행사하는 특권이나 권한)를 위한 예산규모확대에 관심을 가진다. 따라서 관료들은 사회적 순편익이 극대화되는 규모에서 예산규모를 결정하는 것이 아니라 총비용과 총편익이 같아지는 수준(사회적 순편익은=0)에서 예산규모를 결정하려 한다. 이런 이유로 과잉예산이 편성되고 집행되는 과정에서 국민들의 혈세가 낭비될 수 있다.

③ 정치가와 관료만큼이나 대의민주제의 의사결정에 영향력을 행사하는 집단이 특수이익집단이다. 동일한 이해관계를 가진 사람들이 자신들의 이익을 보호하기 위해 집단적으로 행동하는 조직을 특수이익집단(special interest group)이라 한다. 예를 들면 전경련, 한국노총, 대한의사협회, 대한변호사협회 등이 특수이익집단이다. 이들은 로비를 통해 자신들의 이익을 지키려 한다. 정부의 의사결정에 소위 로비력을 동원하여 자신들의 이익을 극대화하려는 것이다. 정치인, 관료, 특수이익집단을 철의 삼각지(iron triangle)라고도 한다. 이 세 집단이 정부의 의사결정에 가장 막강한 영향력을 행사하기 때문이다.

읽을거리 11.4

편익집중과 비용분산

이익집단들이 자신들의 이익을 위해 집단행동을 하는 경우 대규모 집단보다 소규모 집단이 정치적으로 승리할 가능성이 높다는 점은 매우 흥미롭다. 이런 현상은 편익은 집중되고 비용은 분산되는 원리에서 비롯된다. 대규모 집단들은 소규모 집단에 비해 조직을 결성하고 행동하기 더 어려운 현상에서 출발한다. 대규모집단일수록 동일한 총 편익에 대해 집단 내 구성원에게 나눠지는 개인별 편익은 작아지는 반면 조직을 형성하고 하나로 움직이는 데 필요한 총비용은 오히려 커지는 경향을 보이기 때문이다. 예를 든다면 정부가 희귀암 환자를 무료로 치료해주는 프로그램을 운용하는 데 총비용은 1년에 5억이 소요된다 하자. 이 프로그램에 직접혜택을 받는 사람은 1년에 5명이라 하고 납세자(대규모집단)는 5,000만 명이라 하자. 이런 경우 납세자 5,000만 명이 부담하는 조세부담액은 1인당 10원인 셈이다. 그런데 겨우 5명(소규모집단)의 복지를 위해 정부가 5억을 지출해야 하나? 이 문제의 부당함을 주장하기 위해 대규모집단의 집단행동을 가정해 보자. 조직을 만들고 단체행동을 하는 과정에서 발생하는 비용을 계산하면 개인당 10원 이상의 비용이 발생하게 된다. 5,000만 명의 대규모 집단의 입장에서는 10원의 세금을 절약하기 위해 정부청사나 국회 앞에 가서 하루 종일 농성하는 선택을 할 것인가?의 문제가 발생한다. 아마도 개인이 부담하는 비용이 10원이라면 그냥 지나쳐버리기 쉬울 것이다. 이런 현상은 편익은 5명에게 집중되고 비용은 5,000만 명에게 분산되기 때문에 발생하며 편익집중(concentrated benefits)과 비용분산(diffuse costs)으로 인해 소규모집단이 대규모집단에 정치적으로 승리할 수 있는 이유를 합리적 무시(rational ignorance)라고도 한다. 특수이익집단(special interest group)에 의한 정치적 승리도 편익집중과 비용분산의 원리로 설명할 수 있다.

11.2.5 정부의 규제

1. 독점규제

정부의 독점규제는 자원배분의 효율성을 개선하기 위해 경쟁을 촉진시키려는 데 그 목적이 있다. 정부는 경쟁을 촉진하기 위해 자연독점의 통제기능을 맡는 공적 규제기관을 설립하거나 독점의 확장을 억제하기 위한 제도화 내지는 법제화노력을 지속하고 있다.

미국은 셔먼 법(1890년), 클레이튼 법(1914년), 공정거래위원회법(1914년), 셀러-키포버 법(1950년) 등, 반독점법(anti-trust law)으로 독점구조와 독점행위를 규제하고 있다. 우리나라의 경우에는 독점규제 및 공정거래에 관한 법률이 1980년 제정되고 1986년 개정되었는데 규제내용은 다음과 같다. ① 사업자의 시장 지배적 지위의 남용과 과도한 경제력 집중의 방지, ② 부당한 공동행위 및 불공정거래 행위의 규제, ③ 대규모기업집단에 대한 상호출자의 금지 등을 내용으로 하고 있다.

독점규제의 정책적 효과에 대해서는 구조주의적 견해와 행동주의적 견해가 대립하고 있다. 독점규제에 대한 구조주의적 견해는 시장점유율이 높은 기업들은 독점기업처럼 행동한다. 따라서 시장점유율이 높은 기업들을 구조적으로 분할시킴으로써 기업들의 행동과 성과를 개선시킬 수 있다고 설명한다. 반면에 독점규제에 대한 행동주의적 견해는 시장의 구조는 기업의 행동 및 시장의 성과와는 상관관계가 미약하거나 불분명하다는 주장이다. 독점기업의 시장점유율이 높은 이유를 기술수준의 우월성, 상품의 우수성, 규모의 경제로 인한 비용의 감소에서 찾고 있다. 따라서 독점기업이 효율적인 경영과 우월한 기술을 개발하여 상품의 질을 개선하고 합리적 가격을 설정할 수 있다면 단지 시장점유율이 높다는 이유만으로 독점을 규제하는 것은 바람직하지 않다는 주장이다. 현재의 독점은 시간이 흐름에 따라 새로운 기술에 의해 잠식되고 파괴되는 창조적 파괴의 진행과정이라 주장한다. 대부분의 경제학자들의 경우에는 독점규제를 약탈적이거나 남용적인 독점력을 대상으로 규제하는 현실적인 유효한 제도로 평가하고 있다. 주로 가격담합(가격담합, 입찰조작, 시장분할 등의 합의)이나 반경쟁적 기업결합(주로 수평결합)을 규제함으로써 시장의 경쟁과 효율성을 증대시킬 수 있다는 데 동의하는 셈이다.

2. 산업규제

자연독점현상은 규모의 경제가 나타나는 장기평균비용곡선이 우하향하는 산업의 경우 발생한다. 이것을 비용체감산업(decreasing cost industry)이라고 한다. 초기고정비용이 대규모로 투입되는 산업의 경우(전력, 상수도, 천연가스 등) 여러 경쟁기업에 의한 생산·공급보다 단일 기업에 의한 생산·공급이 장기평균비용을 감소시킬 수 있다. 따라서 자연독점현상이 나타나는 대부분의 공익사업의 경우에는 오히려 경쟁이 독점보다 효율을 떨어뜨릴 수 있다. 이 같은 자연독점산업의 경우에는 정부가 독점을 허용하거나 오히려 장려해야 한다. 하지만 자연독점의 성과를 개선시키고 그 성과를 사회적으로 공유하기 위해서는 정부가 가격을 규제해야 한다는 주장도 제기된다. 이것을 공익기반규제이론이라 한다. 공익기반규제이론이란 자연독점기업이 독점가격을 부과하지 못하도록 정부가 가격을 규제함으로써 소비자와 사회가 자연독점의 성과를 공유하도록 유도해야 한다는 논리이다.

자연독점을 규제하는 방식에는 공적 소유방식과 공적 규제방식으로 나뉘는데, 공적 규제방식을 산업규제라 한다. 정부는 자연독점의 성과, 즉 평균비용의 감소에서 발생하는 이익의 일부를 소비자나 사회가 나누어 공유할 수 있도록 가격을 규제하는 방식을 산업규제라 한다. 전기요금, 가스요금, 전화요금 같은 경우에 규제기

읽을거리 11.5

규제와 규제비용

정부가 시장에 개입하는 이유는 ① 규제를 통해 시장을 효율화시키고, ② 시장의 단점을 보완하며, ③ 사회적 목적을 달성을 촉진하는 데 있다. 공짜 점심은 없다는 경제법칙처럼 정부의 규제에도 다양한 비용을 수반하게 된다.

그런데 최근에는 정부가 시장에 비해 공공부문이 비대해지자 예산규모의 확대가 아닌 다양한 규제수단을 활용하여 정부의 활동영역을 확장하는 전략을 구사하고 있다. 규제라는 수단을 이용하면 정부는 예산을 편성·집행하지 않으면서도 정책의 목표를 달성할 수 있는 유용성이 있기 때문이다.

예를 들어 최저임금제도 같은 규제방식은 정부가 저소득 근로자들에게 소득보조를 해 주는 대신 기업에게 소득보조에 대한 부담을 전가시킬 수 있는 정책수단이다. 소득재분배와 관련하여 정부의 예산규모는 그대로이지만 실제로는 예산규모를 확대시킨 것과 같은 재분배효과가 발생한다.

정부가 공공정책의 목표를 달성하려면 예산을 지출해야 한다. 그런데 규제라는 방식을 사용하면 지출해야 할 예산비용이 규제비용으로 전환되고 그 규제비용은 개인이나 기업으로 전가되는 결과를 초래한다. 예를 들어 정부가 환경기준이나 안전성 기준을 강화하면 기업의 입장에서는 공기나 물에 대한 정화시설비용이나 안전디자인비용 등을 추가로 지불하게 된다. 따라서 정부의 입장에서는 실제로 정부가 부담해야 하는 환경정책이나 사회정책에 대한 예산지출을 줄일 수 있다는 논리이다.

한편 각종 직업면허제도와 같은 규제의 경우에는 편익보다 규제비용이 더 높다는 주장도 제기된다. 예를 들어 의사협회나 변호사협회 같은 특수이익집단은 국민들을 무면허 돌팔이나 허풍쟁이들로부터 보호해야 한다는 명분을 강조하며 까다로운 면허제도나 자격요건을 강화하려 노력한다. 그런데 이런 규제의 결과는 특수이익집단들의 합법적인 카르텔과 같은 역할을 수행하여 그들에게 일종의 독점이윤을 보장해 주는 셈이 된다. 각종 면허 자격시험을 어렵게 하고 합격정원을 줄일수 있다면 그들의 입장에서는 독점적 지위가 강화되는 시장진입에 대한 진입장벽을 견고히 쌓아주는 것과 같다.

관이 생산비용을 충당하고 적정한 수익을 얻을 수 있는 수준에서 가격을 설정하게 한다.

하지만 이와 같은 산업규제 방식은 X－비효율을 야기하는 원인이 된다는 주장도 있다. 자연독점기업의 입장에서 생산비용을 줄이는 합리적 경영을 달성하더라도 가격규제에 의해 기업의 이윤은 증가할 수 없는 문제로 인해 경영합리화에 대한 유인기능이 작동할 수 없는 상태에 이를 수 있다.

또 다른 산업규제의 문제점으로는 새로운 기술의 등장으로 더 이상 자연독점의 요건이 존재하지 않는데도 불구하고 독점규제가 지속되는 독점의 고착화현상이 발생할 수 있다. 뿐만 아니라 경쟁의 잠재력이 있는 산업임에도 불구하고 정치인과 자연독점기업의 이익이 일치하는 경우 그들은 담합하여 독점규제를 합법화하는 기 현상이 발생하기도 한다. 이런 문제를 해결하기 위해 1970년대와 1980년대에는 항공산업, 트럭운송, 은행, 철도, 천연가스, 통신, 전기산업에 이르기까지 광범위하게 탈규제 붐이 일어나게 된다. 탈규제가 경쟁을 촉진한 결과로 인터넷, 팩스, 휴대폰, 광케이블, 마이크로파 통신 등의 새로운 기술이 개발되고 새로운 상품이 등장하게 된다.

3. 사회규제

산업규제가 가격수준, 비용, 이윤 등에 초점을 맞춘 규제인 데 반해 사회규제는 생산여건, 생산이 사회에 미치는 영향, 재화 자체의 물리적 성질 등을 관리하고 통제하는 데 초점을 맞춘 규제라 할 수 있다. 사회규제는 제품의 안전성, 환경오염기준, 생산현장의 안전성 등을 확보하기 위한 규제이며, 또한 각 경제주체들의 경제적 기회의 균등을 보장하고 시장경제의 모순을 시정하여 시장경제에 대한 정치적 지지를 확보하려는 성격을 가진다.

사회적 규제는 다음과 같은 유형을 분류된다.

① 식품, 화장품, 의약품과 같은 제품들의 유통기한, 또는 광고에 대한 안정성과 유효성에 관한 기준에 대한 규제가 있다.

② 인종, 성, 나이, 종교 등에 따른 근로자의 고용, 승진, 그리고 해고와 관련한 차별을 금지하는 규제가 있다.

③ 생산현장에서의 안전과 보건 위생을 확보하기 위한 기준에 관한 규제가 있다.
④ 제품의 생산과 소비과정에서 발생하는 대기 및 수질오염 그리고 소음공해에 대한 기준과 규제가 있다.
⑤ 장난감을 비롯한 각종 소비제품의 안정성보장을 위한 기준과 규제가 있다.

경제학자들은 사회규제에 대한 필요성에 대해서는 동의하는 경향을 보인다. 하지만 사회규제의 최적수준에 관해서는 아직까지 일반론이 존재하지 않는다. 사회규제를 찬성하는 경제학자들은 사회규제로부터 발생하는 편익이 규제에 들어가는 비용보다 훨씬 크다고 주장한다. 사회규제로부터 보장되는 안전한 식품, 깨끗한 대기, 안전한 작업장, 안전한 자동차 등에 대한 편익을 제대로 평가해야 한다고 주장한다.

한편 사회규제를 반대하는 경제학자들은 대부분의 사회규제에 관한 법률들이 부족한 정보를 바탕으로 입안되었고, 규제의 목적이나 기준이 명료하지 못할 뿐만 아니라 시장경제에 적대적이고 규제의 역효과를 제대로 평가해야 한다고 주장한다. 또한 지나친 사회규제는 상품의 소비자 가격을 상승시키고, 생산과정에서 오히려 기술혁신을 방해하며, 시장에서 경쟁을 위축시킬 수 있다고 주장한다.

하지만 사회규제는 시장경제의 남용을 억제하고 시장경제의 단점을 극복할 수 있는 하나의 정책수단으로 활용되고 있다.

연습문제

EXERCISE

주관식 연습문제

1. 시장의 성공은 무엇인가?

2. 시장의 실패의 개념을 설명하라.

3. 독점이나 자연독점이 시장을 실패하게 하는 이유를 설명하고 정부가 해결하는 방식을 제시하라.

4. 공공재의 특성과 시장실패이유를 설명하고 정부가 해결하는 방식을 제시하라.

5. 외부성의 개념과 시장실패이유를 설명하고 정부가 해결하는 방식을 제시하라.

6. 사적비용과 사회적 비용의 개념으로 외부성을 설명하라.

7. 공유자원의 비극과 희극을 비교 설명하라.

8. 정보의 비대칭성과 시장의 실패를 설명하라.

9. 도덕적 해이를 설명하라.

10. 역선택을 설명하라.

11. 개살구시장을 설명하라.

12. 승자의 저주를 설명하라.

13. 선별과 신호보내기를 설명하라.

14. 시장경제와 공공경제의 차이를 설명하라.

15. 정부의 역할과 기능을 설명하라.

16. 정부의 실패를 설명하라.

17. 공공선택이란 무엇인가?

18. 전원합의제의 특징을 설명하라.

19. 과반수제의 장점과 단점을 설명하라.

20. 득표극대화 모형을 설명하라.

21. 관료제모형을 설명하라.

22. 편익집중과 비용분산 현상을 설명하라.

23. 독점규제의 장점과 단점을 설명하라.

24. 산업규제의 특징을 설명하라.

25. 사회규제의 특징을 설명하라.

객관식 연습문제

1. 시장실패에 대한 다음 설명 중 옳지 않은 것은? 〔공인회계사〕

① 사회적 비용이 사적 비용을 초과하는 외부성이 발생하면, 시장균형생산량은 사회적으로 바람직한 수준보다 크다.
② 사회적 편익이 사적 편익을 초과하는 외부성이 발생하면, 시장의 균형생산량은 사회적으로 바람직한 수준보다 작다.
③ 코즈정리에 의하면 외부성이 존재하는 경우, 일정 조건하에서 이해관계 당사자 간의 협상을 통해 파레토 효율성을 달성할 수 있다.
④ 공공재는 비배제성과 비경합성으로 인하여 시장실패의 원인이 될 수 있다.
⑤ 공공재의 공급을 사기업이 수행하게 되면 과잉공급이 이루어진다.

2. 다음 중에서 공공재에 대한 설명으로서 가장 옳은 것은? 〔보험계리사〕

① 외부성은 두 사람 사이에서 벌어지고, 공공재는 다수의 사람들 사이에서 벌어지는 현상을 의미한다.
② 공공재는 구매하지 않는 사람의 소비를 막기 어렵다는 비배제성의 성격을 갖는다.
③ 비경합성이란 공공재를 위해 경합하지 않아도 자연히 모든 사람들이 소비할 수 있음을 의미한다.
④ 일반적으로 정부의 개입이 없다면 공공재는 지나치게 많이 공급된다.

3. 공공재 및 시장실패에 관한 설명으로 옳은 것을 모두 고른 것은? 〔공인노무사〕

Ⓐ 정(+)의 외부효과가 있는 재화의 경우 시장에서 사회적 최적수준에 비해 과소생산된다. Ⓑ 공유지의 비극은 배제성은 없으나 경합성이 있는 재화에서 발생한다. Ⓒ 공공재의 경우 개인들의 한계편익을 합한 것이 한계비용보다 작다면 공공재 공급을 증가시키는 것이 바람직하다.

① Ⓐ　　② Ⓐ, Ⓑ　　③ Ⓐ, Ⓑ, Ⓒ
④ Ⓐ, Ⓒ　　⑤ Ⓑ, Ⓒ

4. 공공재 Z재에 대한 소비자 갑과 을의 수요함수와 한계비용이 아래와 같을 때 사회적으로 바람직한 이 공공재의 공급량은 얼마인가? 〔보험계리사〕

- 소비자 갑의 수요함수: $Q=450-3P$
- 소비자 을의 수요함수: $Q=320-2P$
- 한계비용: $MC=30+\frac{1}{3}Q$

① 90 ② 120 ③ 180 ④ 240 ⑤ 280

5. 시장기구에서 경제적 효율이 달성되기 어려운 이유에 해당되지 않는 것은? 〔공인회계사〕

① 공공재 ② 외부비경제 ③ 불완전정보
④ 빈부격차 ⑤ 독과점

6. 외부효과에 관한 설명으로 옳은 것은? 〔감정평가사〕

① 생산의 외부불경제가 존재하는 경우 사회적 최적생산량은 시장균형생산량보다 많다.
② 소비의 외부경제가 존재하는 경우 사회적 최적소비량은 시장균형소비량보다 적다.
③ 외부효과의 내부화로는 외부효과의 비효율성을 해결할 수 없다.
④ 교정적 조세는 경제적 효율을 향상시키면서 정부의 조세수입도 증대시킨다.
⑤ 오염배출권 거래제에서는 정부가 오염배출권의 가격을 먼저 설정함으로써 사회적 총오염배출량이 결정된다.

7. 정부가 연 소득 2,000만원까지는 10%의 세금을 부과하고, 추가적인 3,000만원에 대해서는 20%, 5,000만원을 초과하는 소득에 대해서는 30%의 세금을 부과한다면, 연 소득 7,000만원에 대한 평균세율과 한계세율을 바르게 연결한 것은? 〔국가직 9급〕

	평균세율	한계세율
①	20%	30%
②	20%	25%
③	30%	25%
④	30%	30%

8. 재화는 배제성과 경합성의 정도에 따라 사적재화, 공유자원, 공공재, 클럽재(club goods)로 분류한다. 다음 재화에 대한 분류를 바르게 연결한 것은? 〔국가직 9급〕

Ⓐ 막히는 유료도로	Ⓑ 막히지 않는 유료도로
Ⓒ 막히는 무료도로	Ⓓ 막히지 않는 무료도로

	Ⓐ	Ⓑ	Ⓒ	Ⓓ
①	사적재,	클럽재,	공유자원,	공공재
②	사적재,	공공재,	클럽재,	공유자원
③	사적재,	공유자원,	클럽재,	공공재
④	사적재,	클럽재,	공공재,	공유자원

9. 공공재에 대한 설명으로 옳지 않은 것은? 〔국가직 9급〕

① 공공재에 대한 시장수요함수는 개별수요함수를 수직으로 합하여 얻어진다.
② 비배제성은 충족되지 않으나 비경합성은 충족된다.
③ 특정 소비자를 공공재의 소비로부터 배제할 수 없다.
④ A, B 두 사람만 존재하는 경우 두 사람의 한계편익의 합이 한계비용과 일치하는 수준에서 최적산출량이 결정된다.

10. 다음 그림은 A재 시장의 사적 한계편익과 사적 한계비용을 각각 반영하는 수요와 공급곡선이다. 이 재화 생산을 위해서는 오염물질 발생이라는 부정적 외부효과가 생긴다. 이 시장에 대한 설명으로 옳은 것은? 〔국가직 9급〕

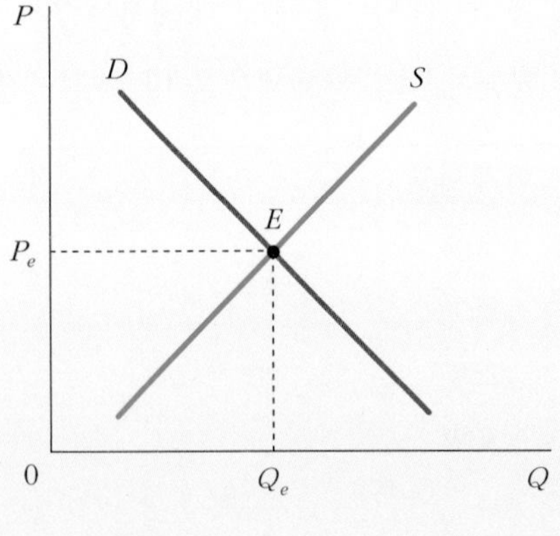

① A재의 사회적 한계비용은 사적 한계비용보다 작다.
② 시장균형 E점은 사회적으로 가장 효율적인 자원배분을 달성한다.
③ 시장균형가격 P_e는 외부효과를 고려한 사회적 최적가격보다 높다.
④ 시장균형 생산량 Q_e는 외부효과를 고려한 사회적 최적생산량보다 많다.

11. 역선택과 도덕적 해이는 정보의 비대칭성에 의해 발생하는 문제들이다. 건강보험과 관련된 다음의 두 가지 현상을 일컫는 용어로 바르게 연결한 것은? (국가직 9급)

Ⓐ 자기부담률이 낮은 보험은 과잉진료 수요를 초래할 수 있다. Ⓑ 건강한 사람보다 건강이 좋지 않은 사람이 보험에 가입할 가능성이 더 크다.

	Ⓐ	Ⓑ
①	역선택	역선택
②	역선택	도덕적 해이
③	도덕적 해이	역선택
④	도덕적 해이	도덕적 해이

12. 역선택과 관계가 없는 것은? (국가직 9급)

① 악화가 양화를 구축한다.
② 채무지불능력이 양호한 기업임에도 불구하고 은행으로부터 대출을 받지 못한다.
③ 기업이 자사 제품브랜드에 대한 명성을 쌓으려고 노력하는 것은 역선택 문제를 해결하는 방법일 수 있다.
④ 주인－대리인문제는 역선택 현상을 일반화한 것이다.

13. 외부효과와 코즈 정리에 대한 설명으로 옳지 않은 것은? (국가직 9급)

① 코즈 정리에 따르면 시장이 효율적인 결과에 도달하는지의 여부는 이해당사자들의 법적 권리가 누구에게 있는가에 따라 달라진다.
② 코즈 정리와 달리 현실에서는 민간 주체들이 외부효과 문제를 항상 해결할 수 있는 것은 아니다.

③ 외부불경제를 정부 개입을 통해 해결하려는 방식으로 피구세(교정적 조세)가 있다.

④ 외부불경제는 완전경쟁시장이나 불완전경쟁시장 모두에서 발생할 수 있다.

14. 비대칭 정보하에서 발생하는 현상에 대한 설명 중 옳지 않은 것은? 〔공인회계사〕

① 역선택현상이 발생할 수 있다.

② 정보를 가진 사람은 이를 이용하여 자기의 이득을 증가시킬 수 있고, 이는 정보가 없는 사람에게 피해를 줄 수 있다.

③ 시장에서 거래가 위축되는 현상이 발생할 수 있다.

④ 정보를 많이 갖고 있는 사람은 정보를 덜 갖고 있는 사람에 비하여 항상 피해의 규모가 작다.

⑤ 사고 운전자에 대한 보험료 할증은 도덕적 해이를 완화시킬 수 있다.

15. 도덕적 해이에 관한 설명으로 옳지 않은 것은? 〔공인노무사〕

① 팀별 발표의 경우 팀의 구성원 중 일부는 발표준비를 게을리 한다.

② 에어백을 설치한 후 자동차의 운전자는 설치 이전보다 부주의하게 운전한다.

③ 화재보험에 가입한 후 보험가입자는 가입 이전보다 화재방지 노력을 게을리 한다.

④ 은행이 대출이자율을 높이면 위험한 사업에 투자하는 기업들이 자금을 차입하려 한다.

⑤ 성과급 제도가 없는 회사의 경우 일부 직원들이 태만하게 근무한다.

제12장

미시경제이론의 확장

제12장

지금까지 우리는 소유권을 바탕으로 한 시장경제라는 전통적인 교환경제를 다루는 이론체계에 대해 학습하였다. 또한 경제행위의 주체로서 등장하는 두 주인공을, 소비자와 생산자 모두 합리적인 이기주의자를 전제로 하여 합리성을 바탕한 선택모형으로 설명해 왔다. 제4차 산업혁명이라 부르는 과학기술의 혁신으로 인해 소유권을 바탕으로 한 경제체제가 사용권을 바탕으로 하는 협력적 공유사회로 대체되려하고 있다. 또한 혁신적으로 발달한 인지과학은 인간의 선택이 합리적이라는 전통경제학적 가정에 강력한 비판을 가하고 있다. 제12장에서는 인터넷과 지식경제학 그리고 휴리스틱과 행동경제학이라는 새로운 개념의 틀을 활용하여 새로운 미시경제학의 영역을 설명하고 있다.

12.1 인터넷과 지식경제학

12.1.1 인터넷 경제

우리는 현재 지금까지의 인류역사에서 변화가 가장 빠른 시대에 살고 있다. 제4차 산업혁명으로 변화의 속도는 더욱 빨라지고 있다. 모바일 혁명과 소셜미디어는 초연결사회를 창출해가고 있다. 사람과 사람뿐만이 아니라 사람과 사물, 사물과 사물까지도 서로 네트워크가 설정돼있고 서로 정보를 주고받는다. 특히 모든 사물이 무선인터넷으로 연결돼 사용자의 편의를 돕는 사물인터넷은 우리의 모든 생활영역까지 침범해 들어오고 있다. TV, 세탁기와 같은 가전제품, 자동차, 기차, 항공기와 같은 대중교통수단, 그리고 개인의 통신장비에 이르기까지 인터넷 망에 편입되지 않은 기기는 무용할 정도이다. 현재 전 세계 15억 개 정도인 IoT기기가 2020년에는 최소 200억 개에서 최대 500억 개까지 30배 이상 폭증할 것이란 예측이다. 제4차 산업혁명이라 불리는 변화의 폭풍 속으로 진입하고 있는 것이다.

제4차 산업혁명시대의 특징을 요약하면 다음과 같다.

초스피드, 초정밀성, 초복잡성, 초네트워킹, 초지능성이라 할 수 있고 ① 모든 지식과 정보가 빠르게 변하는 초스피드, ② 나노기술과 같은 초정밀성, ③ 융합으로 가는 초복잡성, ④ 인간과 인간뿐만 아니라 인간과 사물, 사물과 사물, 그리고 현실과 가상세계까지 연결되는 초네트워킹, ⑤ 모든 것들이 빅데이터와 인공지능에 의해 분석·예측되는 초지능성으로 정리할 수 있다.

제4차 산업혁명의 요소 중 하나가 디지털 혁명이라 할 수 있고, 무어의 법칙, 사물인터넷 그리고 클라우드가 디지털 혁명의 기반을 구성한다.

① 무어의 법칙(Moore's law)은 컴퓨터의 성능(마이크로 칩)이 2년마다 2배로 증가하는 현상을 말하는데, 이 법칙은 지난 50년 동안 지속돼 왔다. 그리고 100만원짜리 컴퓨터가 2030년에는 사람의 두뇌 수준, 2060년경에는 모든 인류의 두뇌를 합한 성능(매트릭스, 마이너리티 리포트)에 버금가는 인공지능도 가능할 것으로 기대하고 있다. 이처럼 빠른 변화가 경제사회의 모든 면에서 범위와 깊이를 가늠하기 어려울 정도로 충격을 가하고 있으며 아마도 국가, 기업, 산업사회 전체의 모든 시스템을 혁명적으로 전환할 것을 압박하고 있다.

② 사물인터넷(internet of things)은 모든 사물이 센서를 통해 언제든지 자신의 상태를 전달함으로써 사물이 수행하는 작업을 즉시 조정하거나 예측가능하게 하는 네트워크이다. 사물인터넷은 사람과 사물, 사물과 사물, 그리고 현실과 가상세계까지 연결하고 교환하며 상호작동하는 작용을 하고 있다.

③ 클라우드(cloud)는 인터넷상에서 작동하는 소프트웨어와 서비스를 의미한다. 어떤 소프트웨어나 자료이든 클라우드에 저장하면 인터넷이 연결되는 어느 곳에서나 모든 디지털기기들로 자료나 정보를 내려받을 수 있을 뿐만 아니라 누구든 어느 곳에서든 세상의 모든 정보에 접근하고 활용할 수 있다.

무어의 법칙, 사물인터넷, 클라우드라는 기술들이 디지털혁명을 이끌고 있고 전 세계의 수많은 사람들이 인터넷으로 작업하며 소통하고 빅테이터를 만들어가고 있다. 전자상거래, 전자정부, 전자교육, 전자 보건, 전자화폐 등 인터넷산업이 확산되고 심화되고 있다. 인터넷산업이란 인터넷을 활용하는 인터넷에 기반을 둔 모든 산업을 인터넷산업이라 할 수 있다.

인터넷산업을 이해하기 위해 인터넷 경제학이라는 용어도 등장하고 이론도 발전하고 있다.

인터넷 경제학이 다루는 인터넷시장의 특징을 정리하면 다음과 같다.

① 시간과 장소의 제약없이 언제 어디서든 정보를 실시간으로 활용할 수 있어 거래비용이 작아진다. 또한 소비자와 생산자, 소비자와 소비자가 언제 어디서나 선호와 정보를 교류함으로서 구매와 판매 그리고 교환이 이루어진다. 소비자의 다양한 선호가 직접 즉시적으로 반영되는 특징을 가진다. 시장구조를 소비자주권이 강화되는 완전경쟁시장이나 경합시장으로 변화시킨다. 미국의 연구결과에 의하면 인터넷시장의 소비자들의 수요의 가격탄력성이 일반시장보다 탄력적인 것으로 나타났는데 이는 탐색비용이나 교체비용, 즉 거래비용이 낮기 때문이다.

② 인터넷 경제는 정보재(information goods)를 통한 규모의 경제가 확산된다. 정보재란 소프트웨어나 웹사이트 같은 디지털화할 수 있는 상품을 말하고 초기개발비용은 높지만 추가생산비용은 거의 제로에 가깝다는 특징을 가진다. 따라서 한계비용이 제로이므로 정보재에 대한 효율적인 시장가격을 책정하기 어렵다.

③ 인터넷 경제는 사용자수가 증가할수록 상품이나 서비스의 가치가 높게 증가하는 특징을 가진다. 이를 네트워크 외부효과라 하고 맷캘프의 법칙(Metcalfe's law)이라고도 한다. 맷캘프의 법칙이란 네트워크의 가치(V)는 네트워크 사용자 수(n)의 제곱에 비례한다는 내용이다.

수식으로는 $V=n^2$로 나타낸다. 예를 들어 네트워크에 연결된 사람의 수가 2배가 증가하면 상호연결된 사람들의 효용은 4배로 증가한다는 것이다. 이런 현상은 디지털상품의 경우에는 수확체증의 법칙이 작동하기 때문이다. 스마트폰과 같은 대규모 네트워크는 다양한 보완재의 개발을 가능하게 하여 소비자가 다양한 상품을 저렴한 가격에 소비할 수 있도록 효용을 증대시킨다.

④ 인터넷경제는 소비자가 기존의 상품에서 다른 상품으로 쉽게 바꿀 수 없는 잠김효과도 나타난다. 컴퓨터를 구입하면 운영체계, 응용프로그램과 같은 보완재들을 추가로 구입하기 때문에 다른 회사의 제품으로 쉽게 교체하기 어려운 현상이 나타난다.

12.1.2 지식경제

미래학자 버크민스터 풀러는 인류의 지식 총량은 100년마다 2배씩 증가한다는 지식두배증가곡선(knowledge doubling curve)을 도출한 바 있다. 그런데, 1900년대부터는 인류의 지식 총량이 2배되는데 25년이 소요되었고 현재는 13개월 소요되고 있으며, 2030년에는 지식 총량은 3일마다 2배씩 증가하는 지식빅뱅의 시대가 열리고 있다. 지식 총량이 2배로 증가하는 기간이 짧아지는 것은 그만큼 지식변화의 속도가 가속화된다는 것을 의미한다. 경제적 측면에서도 부의증가 속도와 지식 총량의 증가속도는 정(+)의 상관관계를 나타내고 잇으며 세계의 평균 1인당 GDP 수준이 국가별 지역별 차이가 있긴 하지만 1900년대 이후 급증하고 있다.

제4차 산업혁명에서 중요한 또 하나의 키워드는 빅데이터이다. 소위 디지털 발자국(digital foot print)이라는 우리의 모든 언행이 CCTV, 인터넷 글, 모바일에 남겨져 데이터로 활용되고 있는 것이다. 개인의 행동, 말뿐만 아니라 모든 경제활동까지 기록으로 남아 빅데이터가 되고 분석되어 활용된다. 빅데이터는 2020년에는 현재의 10배 이상 증가할 것으로 예상되는 상황이어서 데이터가 원유처럼 사용되는 테이터의 빅뱅시대가 열리고 있다. 이런 엄청난 변화는 30년 만의 변화이다. 1980년대 초 IBM PC가 출현하고, 1995년 인터넷이 등장했으며, 2007년 애플의 스마트폰이 출현했다. 그리고 유비쿼터스 모바일 인터넷, 저렴하고 강력해진 센서, 인공지능과 기계학습능력이 모바일 혁명과 소셜미디어혁명을 불러일으켰으며 우리 사회를 초연결사회(super-connected society)로 이끌고 있다. 데이터를 활용하고 인터넷, 스마트폰, 수많은 앱을 통해서 생활은 편리해지고 생산성은 배가되고 있다. 빅데이터의 활용으로 기업의 효율성을 1%만 증가시켜도 전 세계 GDP가 약 15조원 증가시킬 수 있다는 계산이 가능하다.

지금은 웹 2.0시대에서 웹 3.0시대로 넘어가는 전환기라 할 수 있다. 고도로 정보화된 사회에서 인터넷, 스마트폰, 수많은 앱을 통해 정보를 생산하고 공유하며 빅데이터(big data)의 홍수를 마주하고 있다. 과거보다 정보가 더 많이 생성되는 이유로는 많은 사람들이 카메라든지, GPS를 이용하고, 또한 각종 센서가 부착된 스마트기기를 사용하여 다양한 정보를 생산할 뿐만 아니라 블로그라든지 소셜 네트워크를 활용하여 생산된 정보를 수많은 사람들이 실시간으로 공유할 수 있기 때문이다. 빅데이터란 단순하게 많은 양의 데이터라는 개념보다는 기존에 주로 사용되던 문서화된 데이터와는 다른, 즉 동영상, 음성, 사진, 위치정보 등의 다른 형태의 정보를 의미한다. 블로그, 트위터, UCC 등과 같이 개인이 능동적으로 정보를 생산하고 동시에 소비하는 정보 프로슈머들이 초연결사회를 주도하고 있는 것이다. ① 특정된 사람들에게만 제공되는 제한된 정보를 이용하던 시대를 웹 1.0시대라 한다. ②블로그, 트위터, UCC처럼 어느 특정 개인만이 아닌 모든 사람들이 지식과 정보를 생산, 공유, 활용하는 시대를 웹 2.0시대라 한다. ③ 정보를 공유하던 수단이 개인용 컴퓨터뿐만 아니라 스마트폰, 태블릿PC 등 각종 모바일기기로 확산되고 뿐만 아니라 자동차 내비게이션이나 스마트 TV등의 매체를 통해서도 참여와 공유뿐만 아니라 개인에게 맞는 맞춤형 정보를 제공받을 수 있는 시대를 웹 3.0시대라 한다.

우리는 지식과 정보의 홍수시대에 진입해 있다. 지식이란 체계화된 정보를 말한다. 지식은 공공재처럼 비경합성과 비배제성을 가진다. 지적재산권으로 인한 예외는 존재하지만 기초과학이나 지적소유권은 유효기간이 설정되어 있기 때문에 장기적으로는 비배제성을 갖고 있다. 지적재산권은 새로운 기술개발을 위한 유인기능을 하고 있다. 지식재산권으로 인해 새로운 기술을 개발하면 독점이윤을 확보할 수 있기 때문이다. 지식과 관련된 비경합성은 새로운 지식이 널리 활용되면서 경제전체의 생산성을 높일 수 있고 지적재산권의 배제성은 새로운 지식을 창출하는 기제가 되고 있다.

12.1.3 온디멘드 경제와 공유경제

세계에서 가장 큰 택시 기업인 우버는 소유하고 있는 자동차가 없고, 세계에서 가장 많이 활용되는 미디어인 페이스북은 콘텐츠를 생산하지 않는다. 세계에서 가장 가치 있는 소매업체인 알리바바는 물품 목록이 필요 없고, 세계에서 가장 큰 숙박 제공업체인 에어비앤비는 부동산을 소유하지 않는다.

제4차 산업혁명은 디지털 플랫폼이 중시되는 공유경제(sharing economy), 온디멘드 경제(on-demand economy)를 촉진시킨다. 디지털 플랫폼은 개인이나 조직이자산을 활용할 때 발생하는 거래비용이나 마찰비용을 크게 떨어뜨리고 있다. 기존의 산업생산과 달리 한계비용을 거의 제로수준으로 낮추는 것이다. 다양한 제품과 서비스를 디지털 플랫폼을 통해 낮은 가격으로 구매하고 공유까지 가능하다.

따라서 플랫폼 비즈니스는 부동산, 피트니스, 세탁, 쇼핑, 집안일, 주차, 홈스테이, 장거리합승에 이르기까지 그 영역을 확장시킨다. 컴퓨터 기술의 비약적 발달로 O2O나 핀테크기술이 융합되면서 대출, 의료서비스, 가사노동, 차량제공, 법률자문, 전문연구개발 등 온디멘드 경제의 영토를 넓히는 것이다. 물리적 한계가 분명한 오프라인 플랫폼에 비해 정보통신기술은 가상공간에서의 개방과 공유를 통해 새롭고 다양한 플랫폼으로 진화해 간다. 플랫폼은 인간과 인간, 서비스와 서비스(O to O), 기술과 기술(peer to peer)들을 모이게 하고 공생과 협력으로 새로운 가치를 창출해 간다. 하드웨어적 사고에서 소프트웨어적 사고로의 전환은 플랫폼혁명을 촉진시킨다. 플랫폼혁명의 핵심은 하나의 천재가 아닌 수많은 사람들의 공생과 협력에 의해 혁신과 기술적 혁명이 가능해진다는 것이다. 개방과 공유의 플랫폼은 한 명의 천재가 선도하는 시대가 아닌 다수의 지혜(crowding wisdom)가 협력하는 공동창조의 시대를 열어가고 있다.

읽을거리 12.1

공생과 협력

휠러 교수는 개미연구에서 개미의 사회적 행동과 집단지성을 발견한 바 있다. 1910년 미국의 하버드대학교 윌리엄 모턴 휠러 교수는 "우리는 나보다 똑똑하다(we are smart than me)." 개미 한 마리는 미미하지만 수십만 마리의 개미가 집단으로 뭉치면 놀라운 지적 능력을 발휘한다. 거대한 거미왕국을 건설하고 주변 환경에 빠르고 효과적으로 대응하는 높은 지능을 보여준다. … 찰스 다윈 하면 약육강식과 적자생존을 머릿속에 떠올리지만 그를 사로잡았던 또 다른 중요한 화두는 이 자연계에 왜 경쟁만큼이나 협력이 가득할까 하는 것이었다. 다윈은 공동체 전체의 이익 때문에 협력이 진화할 수 있다고 생각했다. 이제 다윈의 목소리를 경청해야 할 때다. 진화론적으로도 혼자서 살아남은 개체는 지구상에 존재하지 않는다. 단기적으로는 승자독식이 이득일 수 있지만, 장기적으로 볼 때 공생과 협력이 더 큰 파이를 나눠 갖게 한다. 암사자는 혼자 사냥해도 충분히 먹고 살 수 있지만, 무리와 같이 사냥하고 먹이를 나눈다. 그것이 모두에게 이득이 되기 때문이다.

– KBS 명견만리 제작팀의 명견만리
(인구, 경제, 북한, 의료 편) 중에서

실리콘밸리의 구글, 페이스북, 애플, 트위터, 페이팔 등 세계적인 스타트업 기업들은 오래전부터 플랫폼 혁명을 추구하면서 "혁신은 이제 더 이상 내 것만을 끌어안는 탐욕만으로는 이루어질 수 없다"는 명제를 제시하고 있다. 개방과 공유를 바탕으로 한 혁신의 문화가 혁신의 생태계를 지배고 있는 것이다. 세계적인 많은 기업들은 수많은 특허기술들을 공개하고 어느 누구든 그 기술들을 사용하도록 특허기술의 공유를 허용하고 있다. 생산측면에서의 공유경제가 실현되고 있는 것이다.

공유경제(sharing economy)란 2008년 미국의 하버드대학교의 로런스 레식 교수가 처음 사용한 용어이다. 그는 그동안 자본주의를 지배해 온 대량생산체제의 소유개념과는 대비되는 이미 생산된 제품을 필요에 의해 서로 공유하는 새로운 차원의 경제개념을 제시한다. 공유경제는 거래형태에 따라 ① 쉐어링, ② 물물교환, ③ 협력적 커뮤니티로 나누어진다. 제4차 산업혁명은 정보처리비용을 거의 제로수준으로 떨어뜨릴 뿐만 아니라 유통공간의 플랫폼화를 확장시킨다. 공유경제가 자라날 환경을 조성하고 공유경제가 성장할 유인을 제공한다. 온라인과 오프라인이 통합된 플랫폼, 즉 O2O 방식의 기술적 가능성이 공유경제의 기반인 종합포털을 활성화시키고 있는 것이다.

우버(Uber)나 애어비앤비(Airbnb) 같은 오프라인에 온라인 기술을 접목한 공유경제방식의 경제규모가 매년 80%씩 성장하고 있다. O2O 방식과 같은 공유경제의 출발점은 지속가능한 지구를 만들기 위한 시도에서 비롯됐다. 온라인과 오프라인을 융합한 효율성을 수단으로 지속가능한 지구를 만들겠다는 정신이 공유경제(sharing economy)의 출발점이다. 생산된 제품을 한 사람이 소유하는 것보다는 여럿이 공유하고 사용함으로써 불필요한 자원낭비를 막을 수 있다. 대량생산과 대량소비라는 소유권 경제에서 필요생산과 필요소비라는 사용권 경제로의 전환을 모색한다.

공유경제는 이용자와 중개자뿐만 아니라 사회 전체 모두가 이익을 공유하는 윈윈(win-win)전략을 지향한다. 모든 거래 당사자들이 이익을 얻고 거래 자체가 본질적으로 자원절약과 환경문제 해소에 기반함으로써 사회전체이익에도 부합한다. 공유경제는 인터넷 접근성, 네트워크와 공유를 중시하는 문화, 환경지향적 소비습관, 가성비를 중시하는 소비문화 등의 기반이 중요하다. 온디멘드 경제는 공유경제에서 O2O와 핀테크가 융합되면서 온라인 또는 모바일 네트워크를 통해 차세대 비즈니스 전략으로 주목받고 있다. 디지털 플랫폼과 기술력을 가진 기업이 수요자가 요구하는 대로 서비스나 물품 등을 온라인이나 모바일 네트워크를 통해 즉각 제공하는 공급중심이 아닌 수요중심의 시스템을 지향한다. 휴대폰의 앱 하나로 제품에 대한 맞춤형 소비욕구를 충족시키는 수요중심의 메커니즘이 핵심을 이룬다.

12.1.4 인공지능 경제

경제행위의 주체는 경제인이고 법적으로는 자연인과 법인이라 할 수 있다. 왜냐하면 법적인 측면에서 인간은 권리와 의무의 주체이고 지금까지 권리·의무의 법적 주체로서 자연인과 법인만이 존재해 왔다. 그런데 제4차 산업혁명으로 이제 로봇(AI)도 권리·의무의 주체, 즉 법적 인격체로서 경제행위의 주체가 될 가능성이 높아지고 있다. 법인처럼 정관에 따라 로봇(AI)에게 법적 인격을 부여하는 전자인(electronic persons)이 등장할 수 있다. 머지않아 로봇이 인간과 함께 상생하고, 경쟁하며, 협력하는 새로운 세계가 열릴 것이다.

전자인이란 로봇에게 법적으로 권리능력, 행위능력, 책임능력을 부여하는 법적 개념인 셈이다. 이렇게 되면 로봇은 물건이 아닌 법적인 인격체가 되는 것이고 등기나 등록제도 등을 통해 하나의 고유한 법적 존재로써 권위와 책임을 부여받게 된다. 이렇게 되는 경우, 새로운 경제주체가 등장하게 되는 것이다.

인간의 모든 것을 대체하는 인공지능 로봇의 등장으로 노동의 종말에 대한 우려도 제기되고 있다. 노동이 없는 곳에는 소득이 없고 소득이 없는 곳에는 소비능력이나 납세능력도 기대하기 어렵다. 만약 노동이 종말을 고한다면 대부분의 중산층은 무너지고 자본주의 시스템마저도 위험에 처하게 될 것이다.

한편으로는 제4차 산업혁명으로 인해 소프트웨어, 네트워크, 정보서비스분야에서 수확체증의 법칙이 작동하는 네트워크 외부성이 확대될 것이다. 또한 네트워크와 플랫폼이 결합하면서 더욱 많은 가치가 창출될 것이다. 그럼에도 불구하고 다수의 사람들은 소외되고 소수의 사람들에게만 가치와 혜택이 집중되는 플랫폼 효과(platform effect)가 우려되고 있다. 따라서 모든 소비자들에게 기본소득을 보장해 줄 수 있는 사회복지시스템과 거기에 투여될 재원을 마련하기 위한 로봇세 등 조세제도에 대한 연구와 논의가 필요하다. 또한 공적인 봉사활동조차 노동으로 인정하는 새로운 보상체제에 대해서도 연구와 논의가 필요하다.

12.2 휴리스틱(heuristic)과 행동경제학

주류경제학은 경제주체가 일관성있게 합리적으로 행동는 경제인(homo economicus)이라는 가정하에 이론을 전개해 왔다. 하지만 심리학에서는 인간은 감정적이고, 이타적이며 공정성을 추구한다고 주장해 왔고 최근에는 심리학적 접근방법으로 경제현상을 현실적합성있게 분석할 수 있다는 것이 경제학계에서도 받아들여지고 있다. 따라서 심리학을 결합한 새로운 형태의 경제학을 행동경제학(behavioral economics)이라 한다. 최근 인지과학, 즉 인지심리학, 인공지능, 언어학 등 인간의 지능과 인식에 대한 다학문적·학제적 연구가 진전되면서 인간의 합리성이나 이기심에 대한 반론과 새로운 과학적 증거들이 제기되고 있다. 인간의 기억, 사고, 지각, 동기부여 등에 관한 연구에 주목할 필요가 있다.

주류경제학과 행동경제학의 차이점을 정리하면 다음과 같다.

① 주류경제학은 인간의 행동을 모두 합리적인 것으로 간주한다. 완전한 정보, 정보의 완전한 처리, 극대화, 최적화를 선택하는 완전한 합리성을 가정한다. 행동경제학은 인간의 행동을 비합리적인 패턴으로 간주하고 적정한 정보, 정보의 적정한 처리, 적정한 이윤 등 제한적 합리성을 가정한다.

② 주류경제학은 인간의 심리가 실제행동에 중요한 요소가 아니라고 본다. 행동경제학은 인간의 심리가 실제행동에 중요한 영향을 미친다.

③ 주류경제학은 정보가 충분하면 할수록 좋은 선택을 할 수 있다. 행동경제학은 정보가 너무 많으면 선택하는 과정에서 혼란과 어려움을 준다.

④ 주류경제학은 합리적인 이기심을 선호관계의 주축으로 본다. 행동경제학은 공정성이나 정의심도 선호관계에 영향을 미친다.

⑤ 주류경제학은 비합리성, 이타심, 심리적 요인 등이 사회 전체에 영향을 주지 않는다. 행동경제학은 비합리성, 이타심, 심리적 요인 등이 사회 전체에 중요한 영향을 미친다.

트버스키나 카네만 같은 행동경제학자들은 합리성보다는 "휴리스틱(heuristic)"이라는 개념으로 인간의 경제적 선택을 설명하고 있다. 그들은 시간이나 정보가 불충분하여 합리적인 판단을 할 수 없거나, 굳이 체계적이고 합리적인 판단을 할 필요가 없는 상황에서는 사람들은 신속하게 사용하는 주먹구구식이나 어림짐작(heuristic)의 기술을 사용한다는 것이다. 현실적으로 시간이나 정보가 충분하지 않은 상황에서 사람들은 보편적으로 체계적이거나 합리적인 분석을 통한 종합적인 판단에 대해 현실적으로 인지적 부담을 느낀다는 점을 부각시킨다. 또한, 합리적 판단을 위해 정보수집과 분석에 최선을 다하기보다는 경험이나 감정 같은 요소들에 지배당하는 어림짐작으로 신속한 의사결정에 쉽사리 경도된다는 것이다.

사람들은 현실의 상황을 판단하고 선택하는 일은 매우 복잡성을 동반하기 때문에 이를 단순화하기 위한 3가지 어림짐작(heuristic)을 사용한다는 것을 발견한 것이다. 이를 정리하면 다음과 같다.

① 대표성 휴리스틱은 우리가 어떤 대상이나 사람을 판단함에 있어 선입견이 작용하는 것을 말한다. 즉, 어떤 범주의 전형적인 특성이나 대표성을 근거로 판단하는 오류를 말하는데 이를 도박사의 오류라고도 한다. 실험횟수가 작은데도 평균치에 가까운 결과가 나오리라 기대하는 어림짐작에 해당한다. 동전던지기 게임에서 앞면이 몇 번 나왔기 때문에 다음에는 뒷면이 나올 확률이 높다고 판단하는 현상을 말한다.

② 가용성 휴리스틱이란 어떤 사건이 발생한 빈도를 판단할 때 그 사건의 객관적인 정보를 활용하는 것보다는 사건에 관한 구체적인 예를 얼마나 떠올리기 쉬운가를 근거로 발생빈도를 판단하는 현상을 말한다. 예를 들어 사망원인에 대한 판단에서 방송에서 교통사고에 대한 뉴스를 자주 접한 사람은 교통사고에

의한 사망을 우선순위로 갖게 되고, 자기 주변에 암환자가 많은 것을 체험한 사람은 암에 의한 사망에 대해 우선순위를 갖게 되는 어림짐작이다.

③ 기준점 효과(anchoring effect)는 어떤 비율을 추정할 때 그 기준점을 문제의 본질과는 관계가 없는 숫자인데도 그 숫자를 기준점으로 생각하는 편향을 말한다. 닻을 내리고 있는 배는 그 배가 흔들린다 해도 물결에 따라 그 부근에서 맴돈다는 현상의 비유이다. 예를 들어 어떤 물건을 살 때 정가와 할인가를 보고 정가를 기준으로 얼마나 할인했는가가 비싼 것인지 싼 것인지를 판단하게 하는 정가기준의 오류가 발생할 수 있다. 기준점인 정가가 조정된다면 판단이 달라질 수 있다.

다음으로는 휴리스틱과 같은 인간의 비합리적 성향으로 나타나는 특이현상(anomaly)을 정리하면 다음과 같다.

① 현상유지편향(status quo bias)은 현재의 상황을 유지하려는 성향인데 귀차니즘이라고도 한다. 합리적인 선택은 아니지만 나름대로의 일관성을 가진 행동이라 할 수 있다. 상황이 변화했음에도 불구하고 현재의 상황에서 벗어나지 않으려는 성향을 말하는데 어떤 변화를 선택하는 경우, 손실회피성향이 발동하여 현상을 유지하려는 관성작용에 해당한다.

② 부존효과(endowment effect)는 어떤 물건이나 상태(재산, 지위, 권리, 주장 등)를 소유할 때 그런 것들을 소유하지 않았을 때보다 더 높게 평가하는 성향이다. 사람들은 동일한 상품이더라도 자신이 소유한 것에 대해 가치를 높게 부여하는데, 이런 형상은 보유효과와 손실회피로 설명된다. 손실회피란 사람들은 똑같은 금액이라도 손실을 이득보다 더 높게 평가하는 성향을 말한다.

③ 틀짜기효과(framing effect)는 어떤 선택을 할 때 특정한 결정 틀(decision frame)을 사용하여 결정하는 성향을 말한다. 똑같은 사안인데도 불구하고 자신의 틀이 어떤 것이냐에 따라 서로 다른 선택을 하는 현상을 말하는데, 사람들의 의사결정이 질문이나 문제의 제시방법에 따라 달라지는 현상을 설명한다.

④ 심적회계(mental accounting)는 어떤 금전적 선택을 할 때 다양한 요인이나 선택대안에 대한 종합적 평가에 의해 결정하는 것이 아니라 특정한 틀에 끼워

결정하는 성향을 말한다. 사람들은 마음속에 장부를 기록해 두고 어떻게 생긴 돈이며 어디에 쓸 돈인지를 다르게 선택하는 것을 말한다. 똑같은 돈인데도 우연히 번 돈과 정상적으로 번 돈은 사용하는 방식도 서로 다르다는 것이다. 또한 어디에 쓸 것인지 마음에 정한 계정에서 돈의 가치를 다르게 평가한다는 것이다. 도박이나 복권으로 번 돈은 땀 흘려 어렵게 번 돈보다 쉽게 쓰는 현상을 설명할 수 있다.

비합리적인 선택으로 문제가 발생했다고 하는 경우 그러면 우리는 어떻게 합리적인 선택을 유도할 수 있을까에 대한 하나의 아이디어로 "넛지"라는 개념을 주목하고 있다. 경제학과 심리학의 가교를 이어 이성적인 인간행동의 비밀을 밝혀낸 공로를 인정받아 2017년 노벨경제학상을 수상한 시카고대학의 석좌교수인 리처드 탈러는 인간의 비합리성을 전략적으로 활용하여 보다 합리적인 선택으로 유도한다는 넛지라는 개념을 제시하고 있다. '넛지'는 자유주의적인 개념이면서 개입주의가 가미된 황금률의 법칙으로서의 비대칭적 개입주의라 할 수 있다.

'넛지'가 필요 없다는 개념은 완벽한 경제주체(합리적인 설계자+합리적인 대중)가 존재하고 그들은 완벽한 시장에서 경제행위를 선택한 결과로 시장은 반드시 성공한다는 원리에 해당한다. 모든 경제주체가 자신의 이익을 추구하는 합리적 선택을 했을 경우에도 그 결과는 공공이익도 극대화한다는 논리이다. 그렇다면 애덤 스미스의 보이지 않는 손의 섭리의 승리이며 합리적 이기주의가 모든 경제현상을 지배한다로 귀결된다.

그런데 최근의 인지과학과 신경경제학(neuroeconomics)에 관한 연구들은 인간행동의 비합리성을 밝혀내고 있다. 따라서 사람들의 행동을 변화시킬 어떤 개입이 필요하다는 논리가 설득력을 얻고 있고 그런 이론에 의한 정책들이 실효성을 거두고 있다. 다른 사람의 팔을 끌어당겨서 어떤 행동으로 강제하는 것이 아니라 단지 팔꿈치로 툭툭 치는 정도에서 합리적인 방향으로 넌지시 어떤 행동을 유도한다는 개념을 '넛지'라 한다.

예를 들어 운동이나 다이어트 같은 경우에는 비용은 즉시 발생하지만 효과는 한참 후에나 나타나는 특성을 갖고 있다. 흡연이나 알코올 같은 경우에는 쾌락은 즉

시 일어나지만 고통스러운 결과는 장래에 발생한다. 합리적 선택을 어렵게 하는 이유이다. 또한 다원적 무지(pluralistic ignorance), 비합리적인 사회적 관행들에 대해서 우리가 그것을 좋아하거나 옹호할 가치가 있어서 동조하는 것이 아니라 다른 사람들이 대부분 좋아할 거라는 착각에서 옹호한다는 사실이다. 독재나 나치주의도 이런 이유로 가능하다. 이런 모든 비합리적 선택에는 넛지가 필요하다. 넛지는 사람들에게 명령이나 지시 또는 계몽 같은 직접적 수단을 배제하고 교묘한 이벤트나 엔터테인먼트 같은 형식으로 사람들을 설득하고 유인하는 기술에 해당한다. 좋은 넛지의 사례로는 소변기의 파리라든지, 주유소의 연료공급 노즐의 차별화, 병원에서의 약물투입 노즐과 연결관을 약물마다 서로 다르게 설계하는 것 등을 들 수 있다.

행동경제학은 경제주체가 경제행동을 선택함에 있어 경제적 합리성 이외에도 심리적 사회적 요소를 반영하여 주류경제학보다 사회현상들을 폭넓게 설명하는 장점을 가진다. 하지만 행동경제학은 아직 주류경제학을 대체할 만큼 완성된 이론체계를 갖췄다고 평가할 수 없는 수준에 있다. 따라서 행동경제학은 주류경제학의 한계를 보완하면서 경제학의 새로운 지평을 여는 길잡이가 될 것이다.

연습문제

EXERCISE

1. 인터넷 경제의 특징을 설명하라.

2. 무어의 법칙이란 무엇인가?

3. 정보재란 무엇인가?

4. 네트워크 외부효과란 무엇인가?

5. 맷캘프의 법칙을 설명하라.

6. 지식경제의 특징을 설명하라.

7. 웹 1.0시대, 웹 2.0시대, 웹 3.0시대의 특징을 설명하라.

8. 초연결사회의 특징을 설명하라.

9. 온디멘드 경제란 무엇인가.

10. 공유경제란 무엇인가?

11. 인공지능 경제의 특징을 설명하라.

12. 플랫폼효과란 무엇인가?

13. 휴리스틱이란 무엇인가.

14. 현상유지효과란 무엇인가?

15. 부존효과란 무엇인가?

16. 틀짜기효과란 무엇인가?

17. 심적회계란 무엇인가?

18. 넛지란 무엇인가?

19. 행동경제학이란 무엇인가?

제3부

거시경제학

제13장

거시경제학의 기초

제13장

미시경제학은 개별경제주체의 경제행위와 경제주체들 간의 상호작용에 의해 시장에서 균형이 성립하고 균형시장가격과 균형수·급량이 결정되는 과정을 다루고 있다. 미시경제학은 경제주체들의 의사결정에 초점을 맞추어 개별상품의 개별가격과 개별 산출량의 결정을 설명하는 이론체계라 할 수 있다.

거시경제학은 미시경제학과는 달리 개별경제주체 중심이 아닌 국민경제 전체가 만들어낸 총공급과 총수요, 즉 경제총량의 관점에서 물가수준과 국민소득수준의 결정을 설명하는 이론체계이다.

거시경제학은 경제주체 중심이 아닌 경제량(국민소득, 투자, 저축, 소비, 통화량 등)을 중심으로 국민경제 전체를 분석하는 이론이다. 거시경제학은 국민소득, 물가, 고용, 실업, 경제성장, 경기변동, 국제수지, 환율 등 경제 전체의 경제량을 결정하는 결정요인들의 인과관계를 설명하는 이론체계이다.

미시경제학은 새가 숲속을 날면서 나무 한그루 한그루를 관찰하는 관점에서 모형을 설정하였다면 거시경제학은 새가 숲속이 아닌 숲 위를 날아가며 숲 전체를 관찰하는 관점에서 모형을 설정한 것으로 구분할 수 있다.

13.1 국민소득의 개념

"열려라 참깨!" 알리바바의 동굴에서는 쓸모 있는 것들이 거저 쏟아진다. 하지만 현실경제에서는 그처럼 후하지 않다. 공짜 점심은 존재할 수 없다. 생산에 쓰이는 노동, 자본, 토지, 경영 등을 생산요소라 하는데, 이를 구하자면 대가를 지불해야 한다. 임금, 이자, 지대(임대료), 이윤(배당금) 등이 그것이다. 이들은 생산요소를 구입하는 데 지출한 것이므로, 경제학에서는 이를 요소비용이라 한다.

회계학은 수입에서 모든 비용을 털어낸 나머지를 이윤이라 정의할지 모르나, 경제학에서의 이윤은 생산에 기여한 경영에 대한 대가라는 점에서 분명 요소비용으로 취급한다. 따라서 기업수입의 모두가 여러 요소비용으로 지출되는 과정을 분배라 한다. 가계의 입장에서 보면, 생산에 기여하고 차지한 것은 소득이 된다. 따라서 기업의 요소비용과 가계의 소득은 언제나 일치한다. 즉 기업수입 ⇒ 요소비용 ⇒ 국민소득의 관계가 성립하는 것이다.

13.1.1 2부문 모델(model)의 순환구조

2부문 모델(model)이란 경제주체를 가계와 기업, 즉 정부와 해외부문을 생략한 시장경제만을 고려한 경제를 의미한다. 가계와 기업만이 존재하는 경제모델에서는 세금을 내야 할 의무나 수입품을 사는데 돈 쓸 필요가 없겠다. 덧붙여 기업이 소비재만 생산하고 가계는 저축하지 않는다고 가정해 보자.

〈그림 13-1〉에서는 보는 바와 같이 ① 가계가 상품을 구매하기 위해서 지불한 돈은 기업의 수입이 된다. ② 기업이 수입을 요소비용의 형태로 분배한 금액은 가계소득이 되거니와, 거시경제학의 가계는 '모든 가계'를 뜻하므로, 곧 국민소득과 같다. 가계가 먼저 구매지출을 시작했는지, 기업이 앞서 요소비용을 지불하여 가계의 주머니를 채웠는지 따질 필요가 없다. 그저 돌고 돌 따름이다. 이것이 화폐의 순환이라면, 실물의 흐름은 어떠한가.

③ 가계는 생산요소를 판매하여 얻은 소득으로 기업이 공급하는 생산물을 구매하고, ④ 기업은 생산물을 판매하여 얻은 수입으로 가계가 제공하는 생산요소를 구매한다. 가계의 생산물 구입과 기업의 생산요소 구입 중 어느 것이 앞섰는지도 다툴 필요가 없다. 가계와 기업은 서로 필요한 것을 제공하고 그것에 대한 대가를 주

〈그림 13-1〉 국민소득의 순환

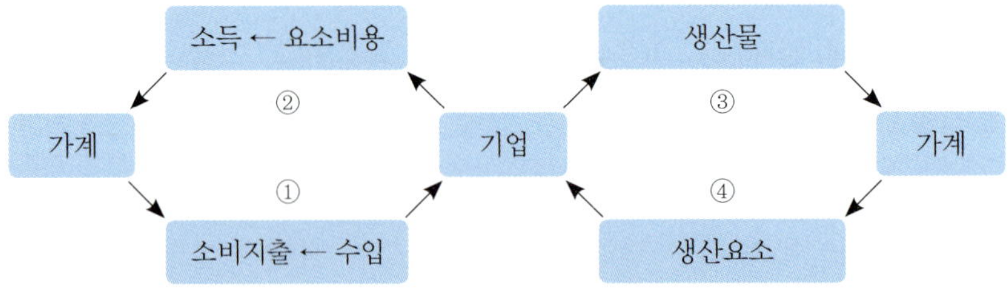

고받는 순환고리를 만들고 있다. 가계는 생산요소를 공급하여 소득을 벌어들이고 기업은 생산물을 공급하여 수입을 거둬들인다. 그리고 생산물이나 생산요소뿐만 아니라 화폐도 순환고리를 따라 돌고 돌게 된다. 이러한 흐름을 국민소득의 순환이라 부른다.

13.1.2 누출과 주입

지금껏 가계가 저축하지 않고, 기업이 소비재만 생산한다고 했다. 그런 경우 가계의 소득이 모두 수요로 작용하여 기업의 수입으로 들어가고, 기업수입이 모두 요소비용으로 가계에 되돌려져 소득흐름이 돌고 돈다. 그러나 가계수입의 일부가 저축으로 빠져나간다면 어찌 될까.

저축 ⇒ 소비수요감소 ⇒ 기업수입축소 ⇒ 요소비용축소 ⇒ 가계소득감소의 과정을 유발하므로, 소득흐름의 일부가 저축으로 빠져나간다. 이처럼 수요가 줄어 결국 소득을 감소시키는 흐름을 누출이라 부른다.

이와 대조적으로 투자는 투자재수요로 작용하여 기업수입을 늘리고, 따라서 가계수입을 확대한다. 이처럼 새로운 수요로 작용하여 소득흐름을 부풀리는 현상을 주입이라 부른다.

만약 저축된 만큼 투자되었다면 소득흐름에서 누출과 주입이 같아지게 된다. 따라서 2부문 모델에서는 저축=투자에서 균형이 성립한다.

1. 정부의 개입

정부가 참가하는 3부문 모델에서 조세징수는 가계소득감소 ⇒ 소비수요감소 ⇒ 기업수입축소 ⇒ 요소비용축소 ⇒ 가계소득감소의 과정을 유발하므로, 소득을 누출시킨다. 이와 대조적으로 정부지출은 그만큼 수요증가를 부가하여 소득을 증가시키므로 채워넣기, 곧 주입이다. 다만 조세징수와 정부지출이 국민소득에 미치는 힘이 같지는 않다. 왜 그러할까.

정부지출은 몽땅 수요로 작용한다. 그러나 세금을 걷지 않는대서 그만큼이 몽땅 수요로 작용하겠는가. 납부하지 않게 된 금액의 일부가 소비되지 않고 저축으로 빠지는 까닭에 그렇지 못하다. 납부하지 않게 된 금액의 일부만 수요로 작용한다는 말이다. 따라서 조세징수와 정부지출을 같게 하는 균형예산의 경우, 조세에 기인한 수요감소(누출)보다는 정부지출에 의한 수요증가(주입)의 크기가 크다. 곧 소득을 증가시키는 효과가 있다. 이것을 균형예산승수라 하고 1의 값을 가진다. 또한, 3부문 모델에서는 조세=정부지출에서 균형이 성립한다.

2. 해외의 역할

누출인 저축이 투자재원으로 바뀐다면, 당연히 투자재수요를 일으키는 주입으로 작용한다. 조세가 누출로서 소득을 감소시키지만, 그로써 집행된 정부지출이 소득을 증가시킨다. 누출이 모습을 바꾸어 주입으로 작용하는 한 소득흐름이 움츠러들 걱정은 없다. 그러나 해외부문을 포함하는 4부문 모델에서는 또 다른 결과에 주목해야 한다.

수출은 해외소득이 국내시장에 소득을 채워 넣는 것이므로 주입으로 작용한다.

따라서 수입>수출이면 국내에서의 생산규모를 축소시키고, 수입<수출이면 국내에서의 경제규모를 확대시킨다. 이와 반대로 수입은 해외시장으로 소득을 누출시킨다. 지불된 수입대금은 해외기업의 소득이며, 그로써 해외기업이 분배한 요소비용은 외국가계의 소득이다. 또한, 수출에 의한 국민소득의 증가가 그만큼 수입수요를 일으킨다면, 누출이 주입효과를 상쇄한다. 그러나 국민소득의 증가분이 몽땅 수입수요로 바뀌지 않으므로(한계수입성향<1), 소득증가를 기대한다. 또 수출에 의한 주입효과와 소득증가에 의한 수입의 누출효과 간에는 시차가 존재할 수 있다.

3. 경제의 성장(주입과 누출)

국산품에 대한 수요증가(투자, 정부지출, 수출)는 소득순환에 대한 주입이다. 수요증가 ⇒ 생산증가 ⇒ 요소비용증가 ⇒ 소득증가에 의해 국민소득은 증가해 간다. 이처럼 주입에 의해 국민소득이 증가해 가면 확대재생산 혹은 경제성장이라 한다. 반대로 소득이 국산품에 대한 수요가 되지 못하고 다른 용도(저축, 조세, 수입)로 빠져나가면 축소재생산이 예상되고 경제가 쇠락한다고 한다. 끼어들기(주입)와 빠지기(누출)가 모두 없거나 서로 같은 경우, 단순재생산이라 한다.

4. 균형의 조건

누출은 소득이 수요가 아닌 다른 용도로 빠지는 것이므로, 소득의 흐름이 움츠러든다. 따라서 생산이 재빨리 축소되지 않는 한, 초과공급 사태가 재고를 쌓아 올린다. 반면에 주입은 새로운 수요로 작용하므로, 기존의 생산량으로는 감당하기 어려운 초과수요를 맞이한다.

이제 2부문 모델에서 소비, 저축, 투자를 각각 C, S, I라 하자. 〈표 13-1〉의 수식 $C+S=C+I$에서 양변의 C은 같으므로 $S=I$이면 두 수식은 등식이 성립한다. 곧 누출과 주입의 크기가 서로 같으므로, 초과수요나 초과공급이 없는 상태, 균형이 되는 것이다. 만약 $S>I$은 누출이 더 많다는 뜻이므로 초과공급을, $S<I$는 주입이 더 많다는 뜻이므로 초과수요를 의미한다. 정부가 개입하는 3부분 모델이나 해외경제까지 고려한 4부문 모델에 경우에도 주입과 누출의 동일한 원리가 작동한다. 정부는 있되 해외가 없다는 3부문 모델에서는 조세(T)와 정부지출(G)이 개입하여, $S+T=I+G$가 균형조건이다. 해외거래를 고려하는 4부문 모델에서는 수출입을 반영하여 $S+T+M=I+G+X$가 균형조건이다.

〈표 13-1〉 누출과 주입

모델	누출 (재고증가)	주입 (재고감소)	균형조건
2부문	저축	투자	$C+S=C+1 \Rightarrow Y=C+I$
3부문	저축, 조세	투자, 정부지출	$C+S+T=C+I+G \Rightarrow Y=C+I+G$
4부문	저축, 조세, 수출	투자, 정부지출, 수입	$C+S+T+M=C+I+G+X \Rightarrow Y=C+I+G+(X-M)$

C=소비, I=투자, T=조세, G=정부지출, X=수출, M=수입

13.2 국민소득의 측정

13.2.1 국내총생산(GDP)

1. 국내총생산의 정의

총생산이나 총소득을 측정하는 지표 중에서 가장 많이 사용되는 지표가 국내총생산이다. 국내총생산(gross domestic product)이란 일정기간 동안(1년) 한 나라의 국내에서 생산된 모든 최종생산물의 시장가치를 합계한 것을 말한다. 또한 최종생산물을 생산하는 각 단계에서 발생하는 부가가치와 고정자본소모를 합하여 계산할 수 있다.

부가가치, 중간생산물, 그리고 최종생산물의 개념을 정리하면 다음과 같다.

① 중간생산물이란 다른 생산물을 생산하는 과정에 투입되어 본래의 성질이나 형태가 없어지는 생산물을 말한다. 예를 들어 밀은 밀가루 생산을 위한 중간생산물이며, 밀가루는 빵을 생산하기 위한 중간생산물이다. 물론 자본재와 원재료는 중간생산물이다. 일반적으로 산업용은 모두 중간생산물이고, 민간의 소비용은 최종생산물이다. 밥상에 오른 콩은 최종생산물이지만 밭에 뿌려진 콩은 중간생산물이다.

② 최종생산물은 최종생산 단계를 마친 것으로, 쓸모(효용)를 다할 때까지 그대로 소비되는 것을 말한다.

③ 부가가치란 중간생산물이 생산과정에서 그 형태나 질의 변화를 거쳐 덧붙여진 가치를 말한다. 밀(1kg)을 1만원어치로 생산하는데 원재료구입비(중간소비)가 3,000원, 농기구 등의 감가상각비 2,000원이라면 밀의 부가가치는 5,000원이 된다. 또한 밀(1kg)로 밀빵이 2만원어치 만들어지고 감가상각비 2,000원이라면 빵의 부가가치는 18,000원이 되는 셈이다.

부가가치 = 총산출 − 중간소비 − 감가상각

2. 국내총생산의 구분

국내총생산은 평가방법에 따라 명목GDP와 실질GDP, 그리고 실제GDP와 잠재GDP로 구분된다.

① 명목GDP와 실질GDP가 있다. 명목GDP는 당해연도 가격에 당해연도 최종생산물을 곱해서 구한 GDP이고, 실질GDP는 기준해연도 가격에 당해연도 최종생산물을 곱해서 구한 GDP이다. 명목GDP는 물가변동에 따라 크기가 달라지고 실질GDP는 물가변동에 영향을 받지 않는다는 특징을 가진다. 따라서 명목GDP는 국가간의 경제규모를 비교하거나 경제구조의 변동을 분석하는 경우 사용하고, 실질GDP는 경제성장이나 경기변동과 같은 실질적인 최종생산물의 변화를 분석하는 경우 사용한다.

② 실제GDP와 잠재GDP가 있다. 실제GDP는 말 그대로 실제로 생산된 최종생산물의 시장가치를 의미하는 것이고 잠재GDP는 한 나라의 모든 생산요소가 정상 고용될 경우 생산가능한 최종생산물의 시장가치를 말한다. 잠재GDP는 완전고용GDP 또는 완전고용국민소득이라고도 한다. 여기서 실제GDP와 잠재GDP의 차이를 GDP갭이라 한다.

GDP갭 = 잠재GDP − 실제GDP

따라서 GDP갭이 양의 값을 가지면 생산요소가 정상적으로 고용되지 못한 상태이므로 경기침체와 실업문제를 야기시킨다. 반대로 GDP갭이 음의 값을 가지면 생산요소가 너무 과잉으로 고용된 상태이므로 경기과열이나 인플레이션이 나타난다.

잠재GDP와 실제GDP가 동일하여 GDP갭이 0인 상태라면 완전고용산출량이라 한다. 그런데 1970년대 이후 완전고용 못지않게 물가안정이 중요하다는 것을 경험한 이후로 잠재GDP를 인플레이션을 가속화하지 않고 실현 가능한 최대GDP로 정의하고 있다. 따라서 잠재GDP를 자연생산량(natural rate of output)이라 하고 이런 상태에서 발생하는 실업률을 자연실업률(natural rate of unemployment)이라 한다. 정책적으로는 주로 잠재GDP를 목표로 삼는 것이며 전통적으로 선진국에서는 5～6%수준의 자연실업상태에서 달성하는 GDP를 의미한다.

13.2.2 국민소득의 3가지 측면

우리나라의 GDP는 국민소득계정을 이용하여 한국은행이 분기별 또는 연도별로 산정하고 있다. 국민소득계정은 GDP를 생산, 분배, 지출의 3가지 측면에서 측정가능하며 측정된 생산, 분배, 지출 GDP는 모두 동일하다는 원칙이 적용된다, 이를 국민소득의 3면 등가의 원칙이라 한다.

1. 생산GDP(국내총생산)

생산GDP(국내총생산)는 이미 앞에서 살펴본 것처럼 일정기간 동안(1년) 한 나라의 국내에서 생산된 모든 최종생산물의 시장가치의 총합이거나 최종생산물을 생산하는 각 단계에서 발생하는 부가가치에서 고정자본소모를 제한 값이라 할 수 있다.

생산GDP＝최종생산물의 시장가치의 합＝부가가치＋고정자본소모

2. 분배GDP(국내총소득)

모든 생산은 생산요소의 투입의 결과물이다. 생산요소의 기여가 곧 생산의 크기를 결정한다. 다만, 생산액 중에서 생산과정에서 마모된 고정자본소모분과 순간접세는 요소소득으로 분배될 수 없다. 따라서 분배GDP를 계산하는 과정에서 요소소득에 고정자본소모분과 순간접세를 합해야 한다.

분배GDP(국내총소득)＝총요소소득(임금, 이자, 지대, 이윤)
＋고정자본소모분＋순간접세

3. 지출GDP(국내총지출)

국내에서 생산된 모든 생산물(재화와 용역)은 누군가에 의해 사용되므로 지출측면에서도 국내총지출을 계산할 수 있다. 국내총지출(지출GDP)은 민간소비, 국내총투자, 정부소비지출, 순수출의 합이다. 국내총지출은 앞에서 살펴본 주입에 해당하고 이것은 총수요를 결정한다. 따라서 지출GDP(국내총지출)는 그 나라의 총수요와 같게 된다.

$$\text{지출GDP} = \text{민간소비지출}(C) + \text{국내총투자}(I) + \text{정부소비지출}(G) + \text{순수출}(X-M)$$

읽을거리 13.1

무형투자의 중요성

앞에서 이미 제4차 산업혁명으로 발전하는 디지털경제의 특징을 살펴본 바 있다. "세계에서 가장 큰 택시 기업인 우버는 소유하고 있는 자동차가 없다. 세계에서 가장 가치 있는 소매업체인 알리바바는 물품 목록이 필요 없고, 세계에서 가장 큰 숙박 제공업체인 에어비앤비는 부동산을 소유하지 않는다." 이것은 전통적으로는 공장이나 기계와 같은 실물투자가 기업가치를 창출하는 데 중요요소로서 작용했는데 이제는 유형투자보다 디자인, 소프트웨어와 같은 무형투자가 기업의 가치를 창출하는데 더 중요하게 작용한다는 것을 상징하는 표현이다. 마이크로소프트의 실물자산은 시장가치의 1%에 불과하다. 최근 세계가 주목하는 스타트업 기업들 중에서 우버(Uber), 애어비앤비(Airbnb), 디디콰이디 같은 유니콘(Unicorn)기업들도 앱이나 플랫폼 같은 무형자산에 투자하여 기업가치를 10억 달러 이상으로 높여가고 있다. 유형투자보다 무형투자가 중요해지는 이유이다.

13.3 국민소득의 지표

13.3.1 국민총소득(GNI)

1990년대 초반까지 GNP(gross national product)가 한 나라의 총생산과 총소득을 나타내는 주요지표로 사용된 바 있다. 1993년 UN이 마련한 국민계정체계(SNA)의 권고에 따라 한 나라의 총생산을 나타내는 주요지표로 국내총생산(GDP)을 쓰고 총소득을 나타내는 주요지표로 국민총소득(GNI)을 사용하게 되었다. 국민총소득(GNI)은 기존의 실질GNP가 국민들의 실질소득의 변화를 제대로 반영하지 못한다는 단점을 보완하는 총소득지표이다. 교역조건의 변화를 반영하여 실질무역손익을 계산한 국민총소득의 구매력을 계산한 개념이다.

교역조건이란 수출물가를 수입물가로 나눈 값을 말한다. 만약 교역조건이 나빠지면 동일한 양의 상품을 수출하고도 수입할 수 있는 수입 상품의 양은 줄어들므로 그 나라 국민들의 실질소득이 감소한 것과 같은 효과가 나타난다.

1. 국민총소득의 개념

국민총소득(GNI)이란 일정기간 동안 한 나라의 국민이 소유하고 있는 생산요소를 국내외에 제공한 대가로 벌어들인 총소득을 의미한다. 국내총생산(GDP)이 한 나라의 생산활동을 나타내는 지표임에 비하여, 국민총소득(GNI)은 국민들의 구매력(후생수준)을 나타내는 지표라 할 수 있다. 일반적으로 1인당 국민소득은 1인당 GNI로 나타낸다.

2. 국민총소득(GNI)과 국내총생산(GDP)과의 관계

국민총소득(GNI)은 국내총생산(GDP)에 교역조건의 변화를 인한 실질무역손익과 국외순수취요소소득을 합한 개념이다. 해외에서 벌어온 근로자나 기업의 소득은 국내총생산(GDP)에는 포함되지 않지만 국내총소득(GNI)에는 포함된다. 이를 국외순수취요소소득이라 하고 국외수취요소소득에서 국외지급요소소득을 빼낸 값이다. 한편 외국인들이나 외국기업들이 우리나라에서 생산한 것은 국내총생산(GDP)에 포함되지만 국외지급요소소득이므로 국내총소득(GNI)에서는 빼줘야 한다.

다음으로 교역조건의 변화에 따른 실질무역손익을 국민총소득(GNI)에 계상해야 한다. 교역조건은 $\frac{\text{수출상품가격}}{\text{수입상품가격}} \times 100$으로 나타낸다. 따라서 교역조건이란 수출품 1단위로 구매할 수 있는 수입품의 수량을 의미한다. 이 값이 커지면 수출품 1단위로 교환할 수 있는 수입품의 양이 증가하므로 이것은 마치 실질소득이 증가한 것과 같다.

GNI＝GDP＋실질무역손익(국외수취요소소득－국외지급요소소득:
국외순수취요소소득)

3. 기타 국민소득지표

기타 국민소득지표를 요약하여 정리하면 다음과 같다.

① 국민총처분가능소득(GNDI)=GNI+(국외수취경상이전-국외지급경상이전)
=GNI+국외순수취경상이전=총소비+총저축

② 국내순생산(NDP)=GDP-고정자본소모(감가상각)=시장가격국내소득

③ 국민순소득(NNI)=GNI-고정자본소모(감가상각)=요소비용국민소득

④ 국민처분가능소득(NDI)=GNDI-고정자본소모(감가상각)
=총소비+총저축-고정자본소모
=총소비+순저축

⑤ 국민소득(NI)=NNI-(간접세-기업에 대한 보조금)=NNI-순간접세

⑥ 가계본원소득(PI)=NI-사회보장부담금-법인세-사내유보이윤
-정부의 재산소득
=피용자보수+가계부문의 기업 및 재산소득

⑦ 가계처분가능소득(PDI)=가계본원소득+가계의 순이전소득
=민간소비지출+가계저축

4. 국부(national wealth)

국민소득은 일정기간에 걸친 양을 측정하는 유량(flow)의 개념인 데 반해 국부는 일정시점에서 한 나라의 국민이 소유한 부의 총액으로 저량(stock)에 해당한다.

국부(national wealth)=국내의 물리적인 자산
+국외순자산(국외자산-국외부채)

한 나라의 국민이 보유한 금융자산은 국부에 포함되지 않는다. 예금, 주식, 채권 같은 금융자산은 발행자의 입장에서는 부채에 해당하므로 순부로 볼 수 없기 때문이다. 국부를 결정하는 요소로는 국부를 구성하는 자산가격과 총저축이다. 자산가격이 증가하거나 총저축이 증가하는 경우 국부는 증가할 것이다.

13.3.2 GNI와 GDP의 유용성과 한계

1. 유용성

GDP를 비롯한 국민소득 지표들은 한 나라의 경제규모나 활동수준을 나타낸다. 한 나라의 경제활동의 수준은 생산, 고용, 물가 등에 의해 측정되면서 모두 GDP와 밀접한 관련이 있다. 국가간의 경제규모나 경제활동수준을 비교하는 대표적인 지표로서 GDP개념을 사용한다. 또한 GDP나 GNI의 측정과정에서 경제구조 파악이 가능하며 간접적으로 후생수준을 나타낸다. 정부의 경기상황에 대한 판단이나 정책의 필요성에 대한 기초자료를 제공하고 정부정책의 목표지표로 활용된다.

2. 한계점

GDP를 비롯한 국민소득 지표들은 측정과정에서 경제활동의 수준(총생산, 총소득)을 정확히 반영하지 못한다는 문제점이 있다. 또한 이 지표들은 경제적·사회복지적 측면에서도 국민들의 후생수준을 정확하게 반영하지 못하고 있다. ① GDP를 산정하는 과정에서 직접계산하는 것이 아니라 추계방식을 이용하고 있다. 시장에서 거래되지 않는 경우에도 귀속임대료(imputed rent), 농부의 자가소비농산물, 국가의 생산물 등이 추계에 포함되는 반면 주부의 가사노동이나 소비자의 여가에 대한 효용 등은 포함되지 않는다. ② 생산과정에서 발생하는 자연파괴나 공해 같은 부작용은 포함되지 않는다. 생산규모만을 계산하고 삶의 질은 반영하지 않는 문제가 있다. ③ 생산규모 중심으로 산정하다보니 생산품의 질적 변화를 반영하지 못한다. 예를 들어 컴퓨터는 질적으론 향상되면서 가격은 하락하기 때문에 소비자의 만족도를 향상시킬 수 있다. ④ 사채, 부동산투기, 밀수, 마약과 같은 지하경제, 상속, 증여와 같은 이전거래, 주식가격변동이나 부동산가격변동 같은 자본이득을 반영하지 못한다. ⑤ 확장하고 있는 디지털경제를 반영하지 못한다. 유튜브의 음악이나 공유경제의 서비스 생산을 반영하지 못한다.

13.3.3 새로운 후생지표

1. MEW와 NEW

J. Tobin과 W. Nordhaus는 GDP의 한계를 극복하려 했다. 경제후생지표로 GDP에 여가와 가사노동을 포함하고 공해비용을 차감한 경제후생지표(MEW=Measure of Economic Welfare)를 개발했다.

MEW=GDP+가정주부의 서비스+여가의 가치−공해비용

Samuelson은 MEW에 대신하여 순경제복지(NEW=Economic Welfare)라는 지표를 개발하였는데 산정방식은 MEW와 거의 유사하다.

2. 녹색GDP(Green GDP)

UN은 1995년 1월 국민계정체계(SNA)를 개정하면서 GNP계정에 환경계정을 부속표로 작성하도록 권고했다. 환경계정은 자원의 고갈 및 환경훼손을 원상 복구할 만큼 비용을 계산하는 것으로, 녹색GNP는 GDP에서 공해비용을 뺀 개념이다.

연습문제

EXERCISE

주관식 연습문제

1. 거시경제학의 특징을 설명하라.

2. 국민소득의 개념과 국민소득의 순환을 설명하라.

3. 누출과 주입의 개념을 설명하고 균형의 조건을 설명하라.

4. 국내총생산(GDP)의 개념과 성격을 설명하라.

5. 명목GDP와 실질GDP 그리고 잠재GDP를 설명하라.

6. GDP갭을 설명하고 자연실업률과의 관계를 설명하라.

7. 생산GDP, 분배GDP, 지출GDP를 설명하라.

8. 국민총소득(GNI)의 개념을 설명하고 국내총생산(GDP)과의 관계를 설명하라.

9. 국민소득(NI)와 가계처분가능소득(PDI)과의 관계를 설명하라.

10. 국부의 개념과 국내총생산의 차이점을 설명하라.

11. 국민총소득과 국내총생산의 유용성과 한계점을 설명하라.

12. 경제후생지표(MEW)의 개념과 특성을 설명하라.

13. 녹색GDP의 개념에 대해 설명하라.

객관식 연습문제

1. 국내총생산(Gross Domestic Product)에 포함되지 않는 것은? 〔지방직 7급〕

① 자국기업이 해외공장에서 생산하여 국내에 들여온 재화의 양
② 자국기업이 국내공장에서 생산하여 외국지사에 중간재로 보낸 재화의 양
③ 외국기업이 국내공장에서 생산하여 제3국에 수출한 재화의 양
④ 외국기업이 국내공장에서 생산하여 국내 소비자에게 판매한 재화의 양

2. 방앗간에서 밀 3톤을 3만 달러에 수입한 뒤, 밀 2톤을 소비자들에게 팔아 총 3만 달러의 매상을 올리고, 나머지 1톤은 밀가루로 만들어 2만 달러를 받고 제과점에 팔고, 제과점에서는 이 밀가루로 빵을 만들어 3만 달러를 받고 소비자에게 팔았다. 이 때 국내에서 창출 된 총부가가치는 얼마인가? 〔국회직 8급〕

① 2만 달러 ② 3만 달러 ③ 6만 달러
④ 8만 달러 ⑤ 9만 달러

3. 거시경제지표에 관한 설명으로 옳지 않은 것은? 〔공인노무사〕

① 국내총생산은 영토를 기준으로, 국민총생산은 국민을 기준으로 계산한다.
② 국내총생산 삼면등가의 법칙은 폐쇄경제에서 생산, 지출, 분배 국민소득이 항등관계에 있다는 것이다.
③ 국내총생산은 특정 시점에 한 나라 안에서 생산된 부가가치의 합이다.
④ 국민총생산은 국내총생산과 대외순수취 요소소득의 합이다.
⑤ 국내총생산은 국내총생산과 교역조건 변화에 따른 실질 무역 손익의 합이다.

4. 실질 GDP가 증가하는 경우는? 〔감정평가사〕

① 기존 아파트 매매가격 상승 ② 주식시장의 주가상승
③ 이자율상승 ④ 사과 가격의 상승
⑤ 배 생산의 증가

5. 2017년에 생산된 에어컨 중 일부는 판매가 되지 않아 재고로 남아있었다. 이 에어컨 재고 모두가 2018년 가계들에게 판매되었다면 다음 중 옳지 않은 것은? 〔보험계리사〕

① 이 재고판매는 2017년 GDP의 투자항목에 더해진다.
② 이 재고판매는 2018년 GDP의 민간소비항목에 더해진다.
③ 이 재고판매는 2018년 GDP의 투자항목에 음수로 더해진다.
④ 이 재고판매는 2018년 판매되었으므로, 2018년 GDP에 더해진다.

6. A국가의 올해 민간 소비지출이 400조원, 정부지출이 100조원, 투자가 200조원, 수출이 250조원, 수입이 200조원, 대외순수취요소소득이 10조원이라고 할 때, A국가의 국내 총생산(GDP)은? 〔국가직 9급〕

① 600조원 ② 750조원 ③ 760조원 ④ 950조원

7. 작년에 비해 실질 GDP가 상승하였다. 다음 중 가장 옳은 것은? 〔서울시 7급〕

① 작년에 비해 명목GDP와 GDP디플레이터가 모두 증가하였다.
② 작년에 비해 명목GDP가 증가하였거나 GDP디플레이터가 감소하였다.
③ 작년에 비해 명목GDP는 감소하였고 GDP디플레이터는 증가하였다.
④ 작년에 비해 명목GDP와 GDP디플레이터가 모두 감소하였다.

8. 명목GDP 증가율, 물가상승률, 인구증가율은 각각 연간 5%, 3%, 1%이다. 1인당 실질 GDP의 증가율은? 〔감정평가사〕

① 1% ② 2% ③ 4% ④ 9% ⑤ 10%

9. 소비자물가지수 산정의 문제점이 아닌 것은? 〔보험계리사〕

① 신규상품을 즉시 반영하기 어렵다.
② 상품의 질적 변화를 완전히 통제하기 어렵다.
③ 소득수준의 변화를 반영하기 어렵다.
④ 상대가격 변화로 인한 상품 구성 대체를 반영하기 어렵다.

10. 거시경제 자료의 측정에 대한 설명 중 옳지 않은 것은? 〔공인회계사〕

① 과거에 비해 더 많은 사람들이 와인을 마시고 와인의 가격도 상승하였을 경우 소비자물가지수는 물가상승을 과대평가한다.

② 커피 가격이 과거에 비해 상승함에 따라 차로 대체하는 사람이 늘었을 경우 소비자물가지 수는 물가상승을 과대평가한다.

③ GDP는 한 국가에서 생산된 재화와 서비스의 가치를 측정해주지만, 그 국가의 후생수준에 대한 정확한 척도로는 한계가 있다.

④ 수입품을 대체할 국산품이 별로 없는 국가에서 GDP디플레이터는 일반 국민의 생계비 척도로서 부적절하다.

⑤ 실업률 통계는 실망실업자를 포함하지 않기 때문에 실업률 수준을 과소평가하는 경향이 있다.

제14장

고전학파의 국민소득결정이론

제14장

경제학은 중상주의, 중농주의를 거쳐 고전학파에 이르게 된다. 애덤 스미스의 국부론을 근간으로 하는 고전학파가 성립함으로써 경제학은 체계적인 학문의 분과로 발전하게 된다.

중상주의 경제학의 특징은 국부의 원천이 금이나 은에 있다는 믿음과 정부가 개인의 경제 활동이나 국가 간의 교역을 통제해야만이 국익을 증진시킬 수 있다는 믿음에 바탕한다.

금이나 은을 화폐로 사용하던 당시로는 해외에서 약탈하는 금과 은이 막강한 군대를 육성하는 기초요, 막강한 군대는 만만한 미개지와 약소국의 금과 은을 빼앗는 갈퀴였다. "짐이 곧 국가"라고 외치는 국왕들이 뒷돈을 대고, 골목을 주름잡던 불량배들이 부국강병의 기치를 휘날리는 무장선박에 올라탔다. 여왕이 외국의 금과 은을 가로챈 해적에게 내준 훈장이 금과 은을 중하게 여기는 중금주의의 모습이다.[1)]

중상주의는 군화로 짓밟기에 힘겨운 이웃나라에 싸움꾼이 아닌 장사꾼을 보내 그쪽 나라의 금과 은을 거덜 내자는 전략이다. 비열한 웃음을 흘리면서 두 손을 비벼서라도 경쟁국의 금과 은을 끌어들이는 수출은 애국이오, 외국에 금과 은을 내주는 수입은 매국이다. 온 세상의 재산은 일정하므로 인접국을 가난하게 만들수록 자기나라가 부국이 될 수 있다는 믿음이다. 이것은 제로섬(zero-sum game)에 바탕한 인국궁핍화법칙에 해당한다.

애덤 스미스의 국부론은 중상주의의 중금주의나 인국궁핍화법칙을 무효화하는 새로운 패러다임의 경제원리를 제공한다. 국부의 원천은 노동을 바탕으로 한 생산능력에 달려있고, 개인의 자유로운 사익추구가 국가의 이익을 증진시키며, 국가 간의 자유무역은 국가의 경제적 이익을 증진시킨다는 자유주의 경제원리를 담고 있다.

고전학파의 경제원리는 노동가치설에 근거하여 노동시장이 균형을 이룰 때 균형국민소득이 결정되며, 공급은 스스로 그 수요를 창출한다는 공급측면의 경제원리라 할 수 있다. 시장가격은 매우 탄력적이어서 항상 수·급을 조절하여 균형에 이르게 하고, 화폐는 중립적이어서 실물경제에 전혀 영향을 미치지 않는다는 국민소득결정이론이다.

1) 홉스가 리바이어딘(Leviathan)을 써서 충동질했다. 오직 투쟁만이 인간의 자연스런 모습이다. 사람끼리의 치열한 투쟁을 확대하면, 국가 간의 노골적인 전투이다. 그래서 강력한 국왕이 철통 같은 성곽철옹성을 쌓는 한편 외국을 가차 없이 깨부셔야 한다고 믿게 했다.

14.1 고전학파의 국민소득결정이론

14.1.1 고전학파(classical school)의 철학

애덤 스미스의 신은 사람들이 저 세상을 염원하지 말고, 이 세상에서 행복하기를 바랬다. 그리고 황공스럽게도 인간에게 이기심을 주어 이승에 낙원을 세우도록 했다. 누가 스스로 잘 살기를 마다하겠는가. 이기심을 타고난 까닭에 부지런히 일하고 절약하게 마련이다.[2] 애덤 스미스는 "우리가 매일 먹고 즐길 수 있는 것은 빵집이나 정육점 주인의 자비심 때문이 아니라, 그들의 이기심에서 비롯된다." 이기심이 바로 자신뿐 아니라 이웃의 살림살이도 넉넉하게 하는 오묘한 매직 쇼이고 모든 사람을 행복하게 만들 수 있는 조화로운 섭리라고 주장한 바 있다.

신이 점지한 행복에 기여하는 것이야말로 윤리적 선이고, 행복을 가로막는 것은 모두 악이다. 개인적 이익의 합계가 국익이다. 즉, 국가는 '절대다수의 최대행복'을 추구하라. 정부의 성가신 간섭은 개인의 자율성과 창의성을 옥죄어 효율을 낮추는 폐해를 조장하므로 나서지 말라. 각자가 이기심을 발휘하도록 내버려 두라(Laissez faire). 자유방임[3]의 질서를 유지하는 것이 정부의 역할이므로 정부가 커야 할 필요가 없다.

누구에게든 이익을 추구하는 동기가 유인으로 작동하므로 가격의 등락에 따라 생산량과 수요량은 수렴할 것이다. 그로써 수요와 공급이 균형에 이르게 되면 모자라거나 넘침은 발생하지 않는다. 또한 개인의 이익추구가 공적이익도 함께 증진시킨다. 이것이 애덤 스미스가 주장하는 '보이지 않는 손(invisible hand)'의 섭리, 시장메커니즘이라 할 수 있다.

2) 근면, 신중, 절약, 조심(industry, prudence, parsimony, vigilance)을 이기심의 구체적 행동으로 보았다. 그는 이타심의 존재도 인정했다. "자기의 행복에 대한 배려는 심려의 덕을, 타인에 대한 배려는 정의와 인애의 덕을 길러 준다. 정의의 덕은 차인의 행복을 침해하는 일이 없도록 하고, 인애의 덕은 타인의 행복을 증진시키려고 하는 것이다."

3) Laissez faire(레세페르), laissez aller(레제자레)는 루이 14세가 남긴 말로 알려져 있다. 백성들의 생활고는 "어찌되건 내 알 바 아니다"는 입장이다.

14.1.2 고전학파의 기본가정

자유방임은 이기심과 경쟁심으로 무장한 경제인(Homo Economicus)을 앞세운다. 어떤 경제주체든 이기심에 이끌려 합리적인 경제선택에 이를 것이란 예정된 조화론이다. 그러므로 시장은 서로 이익을 챙기려고 경쟁하는 격전장이다. 소비자는 효용극대화를 노리고, 생산자는 이윤극대화를 겨냥한다. 기업 간의 경쟁이 보다 낮은 가격을 매기고, 소비자들 간의 경쟁이 돈주머니를 흔든다. 이윤이라는 당근과 경쟁이라는 채찍으로 시장은 균형이라는 최선의 결과를 도출하게 된다는 믿음, 자유주의 내지는 시장주의가 고전학파 경제학의 패러다임이다.

① 경제행위자들은 수시로 변하는 시장동향과 경제상황을 철저하게 파악하여 행동한다. 그렇게 함으로써 소비자는 효용을, 기업은 이윤을 극대화하기에 이른다. 소비자의 요구와 기업의 그것이 대립할지 모르나, 시장의 경쟁이 결국 양편을 조화시킨다.

② 상품시장은 물론이고 노동 및 자금시장도 완전경쟁적이다. 다른 말로는 물건값이 수요와 공급을 조절하듯, 임금(노동가격)이 노동시장의 수급을, 이자(자금가격)가 자금시장에서 고무줄처럼(신축적으로) 움직여 수요와 공급을 조절한다.

③ 고전학파의 모형은 세이의 법칙을 받아들인다.

④ 노동시장에서의 수요와 공급은 실질임금의 함수이고 노동시장은 완전경쟁시장이다.

이런 가정하에서 고전학파의 모형은 노동시장에서 자율적으로 고용수준이 결정되고 이것이 한 나라 전체의 생산함수와 결합하여 총공급을 결정한다. 따라서 완전고용하의 균형국민소득이 결정된다.

14.1.3 노동의 완전고용

고전학파에게 실질임금(wage)은 노동시장을 이끄는 매개변수이다. 노동시장은 '보이지 않는 손'을 써서 완전고용을 달성하는 재간을 부린다. 왜 그러할까. 실질임

〈그림 14－1〉 고전학파의 완전고용

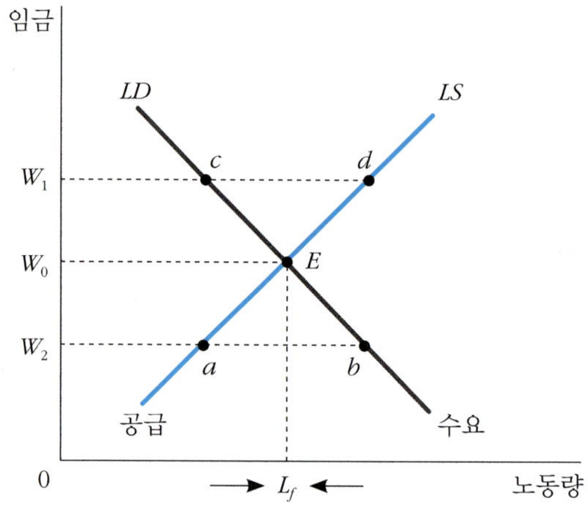

금은 노동의 가격이다. 실질임금이 높을수록 노동공급이 증가하는 반면,[4] 노동수요는 감소한다.[5] 증가함수는 우상향하고 감소함수는 우하향하는 곡선으로 도출되고 〈그림 14－1〉의 E점처럼 시장균형에 이르게 된다.

실질임금이 〈그림 14－1〉의 W_2수준이라면 낮은 노동가격에 반한 고용주가 일손을 마구 모집하겠으나, 쥐꼬리에 실망한 일꾼들은 일터를 떠날 것이다. 고용주는 $\overline{ab}$만큼의 일손이 모자라 애를 태울 것이다. 이것이 노동의 초과수요(shortage)상태인 것이다. 애타는 고용주들은 보다 높은 실질임금을 내걸고 일손을 끌어들인다. 실질임금은 결국 W_0수준으로 상승하고 노동공급은 증가하여 총고용을 L_f수준으로 수렴하게 한다. 〈그림 14－1〉의 $\overline{ab}$만큼의 노동의 초과수요가 실질임금상승으로 소

4) 실질임금의 인상은 살림을 넉넉하게 해서 여가를 즐기려는 소득효과를 발생시킨다. 또한 그만큼 여가의 기회비용이 커지므로 노동을 공급하려는 대체효과 또한 발생한다. 대체효과>소득효과면 노동의 공급이 늘어나고, 반대의 경우에는 감소한다. 따라서 개인의 노동공급곡선은 굴절하나, 시장의 공급곡선은 우상향한다.

5) 생산함수가 $Q=Q(L, K)$이고 W가 임금, i가 이자율, R이 수입, P가 가격이라면, $R=P\cdot Q(L, K)$이고 $C=W\cdot L-iK$이다. 따라서 이윤 $\pi=P\cdot Q(L, K)-W\cdot L-iK$이다. 이윤극대화의 1차조건은 이윤함수의 1차 도함수가 0이므로

$$\frac{\delta\pi}{\delta L}=P\frac{\delta Q}{\delta L}-W=P\cdot MP_L-W=0$$

여기서 MP_L은 노동의 한계생산물이며, 가격을 곱하면 한계생산액 VMP_L이다. 따라서 이윤극대화를 노리는 기업주는 $VMP_L<W$인 경우, $VMP_L=W$가 될 때까지 고용을 감소한다.

멸된 것이다.

임금이 〈그림 14-1〉의 W_1수준이라면 높은 임금에 홀딱 반한 노동자들은 노동시간을 대폭 늘릴 것이다. 하지만 기업측에서는 높은 비용으로 질겁하여 노동수요를 대폭 줄일 것이다. 결국 〈그림 14-1〉의 $\overline{cd}$만큼의 일손이 남아돌아 노동자들은 실업자가 될 것이다. 이것이 노동의 초과공급(surplus)상태인 것이다. 임금은 결국 W_0수준으로 떨어지고 노동수요가 증가하여 총고용을 L_f수준으로 수렴하게 한다.

〈그림 14-1〉의 $\overline{cd}$만큼의 노동의 초과공급이 실질임금하락으로 소멸된 것이다.

고전학파 모형은 노동시장에서 실질임금의 신축적인 변화가 노동의 초과공급이나 초과수요를 신속하게 조정하여 항상 시장균형을 유지한다는 특징을 가진다. 〈그림 14-1〉의 W_0는 균형실질임금률을 의미하고 L_f는 균형총고용량 또는 완전고용수준이라 한다.

14.1.4 국민소득의 결정

한 나라 경제에서 총생산함수는 노동과 자본의 투입량이 생산량을 결정하는 $Q=f(L, K)$로 표현된다. 하지만 단기적으로는 자본의 증감이 불가능하므로, $Q=f(L, \overline{K})$의 형태로 변한다. 자본이 변수 아닌 고정투입요소로 불변이고 오직 고용량만이 가변적인 투입생산요소를 의미한다.

따라서 한 나라의 총생산규모는 오직 노동투입량이 결정한다. 그런데 노동시장에서 임금이 정하는 노동수·급량은 완전고용수준 L_f를 넘지 못한다. 정상적으로 고용한 L_f를 투입하여 거두는 총생산(국민소득)은 Y_f수준에서 결정된다.

고전학파 모형에서는 노동시장에서의 보이지 않는 손의 섭리가 완전고용을 달성할 뿐만 아니라 그로써 얻는 국민총생산과 국민소득은 곧 완전고용수준에서 달성된다. 게다가 완전고용 생산량 Y_f는 물가에 영향을 받지 않는다. 물가가 오르면, 실질임금이 하락하고, 그에 따라 노동의 초과수요가 발생한다. 노동자를 구하는 고용주는 임금을 높일 것이므로, 실질임금이 오른다. 노동이 완전고용수준인 L_f에 복귀할 것이므로, 국민소득은 역시 Y_f에서 결정된다. 말하자면 고전학파의 물가는 총공급에 대해 중립적이다.

〈그림 14-2〉 고전학파 완전고용국민소득의 결정

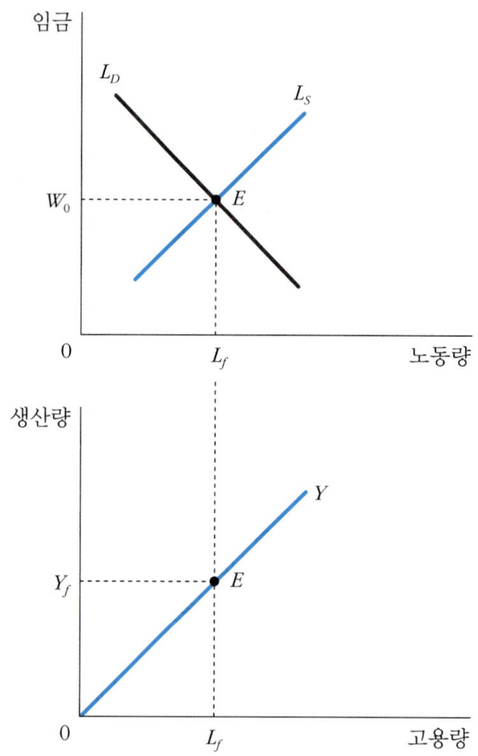

14.2 세이의 법칙(Say's Law)

프랑스의 세이(J.B. Say)는 고전학파에 속한다. 세이는 "공급은 스스로 수요를 창출한다"(supply creates its own demand)고 주장하였는데 이를 세이의 법칙(say's law)이라 한다. 한 나라의 총공급은 항상 총수요를 그만큼 창출하므로 경제는 항상 균형을 이룬다는 것을 의미한다. 경제는 생산과 소비인데 소비보다 생산이 주도권을 가진다는 의미여서 고전학파 모형을 공급중시경제학이라고도 한다.

모든 생산물(공급)은 화폐의 중개로 결국 다른 생산물과 교환된다. 화폐의 역할을 제거하고 보자니, 생산물을 주고 다른 생산물을 구매하는 셈인데 생산행위는 그만한 액수의 구매력을 만들어낸다고 본다.

시장에서는 서로 다른 생산물을 교환하므로, 개별상품의 불균형이 나타날 수 있다. 세이의 법칙도 개별상품의 단기적 불균형을 인정했다. 다만 총체적으로 초과공급과 초과수요가 상쇄되며, 가격의 신축적 움직임에 의해서 개별상품도 장기적으로는 균형상태를 되찾는다고 보았다. 세이의 법칙이 통하는 시장에서는 모두 팔리므로, 생산국민소득(공급)과 지출국민소득(수요)은 언제나 같다. 과잉생산과 판매애로가 없고 따라서 재고누적이란 없다. 3면등가의 원칙이 어김없이 들어맞는 것이다. 세이의 법칙을 받아들인 고전학파 모형은 전반적인 과잉이 지속적으로 일어날 수는 없다고 보았다. 세계대공황은 바로 전반적인 과잉이 만들어낸 경제적 위기이다. 따라서 케인스는 전반적인 과잉현상을 수요부족으로 파악하고 국민소득을 결정하는 주도적인 인자는 공급이 아닌 수요라는 모형을 제시하게 된다. 세이의 법칙

읽을거리 14.1

대부자금설

공급과 수요가 일치하려면, 저축(누출)이 아예 없거나, 투자(주입)가 저축과 같아져야 한다. 저축 없는 경제를 상정할 수 없다면, 문제는 저축과 투자가 일치할 것이냐?로 좁혀진다. 고전학파는 금융시장에서 수요는 투자이고 저축은 공급으로 본다.

또한 고전학파의 판단은 대부자금도 상품처럼 절로 수급의 균형을 이룬다고 본다. 대부자금시장에서 투자(수요)는 실질이자율이 오름에 따라 감소하는 한편, 저축(공급)은 실질이자율이 오르면 증가한다. 실질이자율이 i_0라면, 투자와 저축은 F_0에서 일치한다. i_0보다 높은 실질이자는 초과공급을 발생시켜 자금가격이자율을 하락시킨다. 반대로 실이자율이 i_0보다 낮으면 초과수요가 실질이자율을 i_0로 복귀시켜 수급은 F_0에서 자동적으로 일치한다. 이 같은 이론을 대부자금설 또는 실물이자론이라 한다.

고전학파의 대부자금설

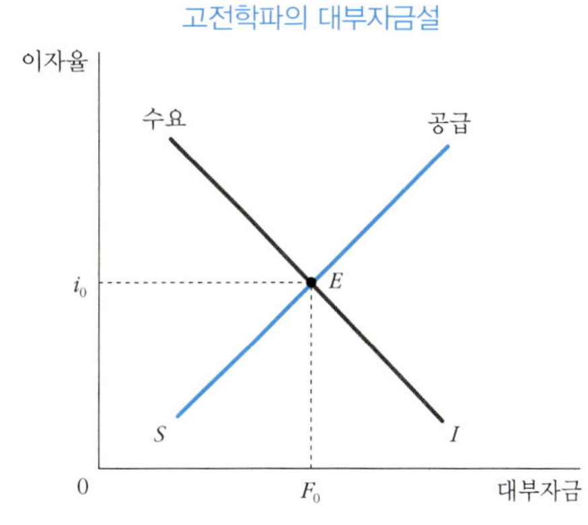

을 부정했던 것이다. 하지만 현재의 경제학계는 세이의 법칙이 단기에는 성립한다는 보장이 없으나 장기적으로는 성립하는 것으로 받아들이고 있다.

한편 고전학파 모형에서는 금융시장에서도 세이의 법칙이 작동하는 것으로 본다. 그것이 대부자금설이다. 금융시장은 실질이자율에 의해 공급과 수요가 조정되는데 통화량과 실질이자율은 아무런 관계가 없다. 실질이자율은 저축과 투자에 의해 결정된다. 통화량이 증가하더라도 실질이자율이 변하지 않으므로 민간소비, 저축, 투자 등 실물변수는 변하지 않는다. 단지 통화량이 증가하면 명목이자율만 상승할 뿐이다. 통화량이 증가하고 물가가 오르면 명목임금도 오르게 되어 실질임금도 변하지 않는다. 따라서 통화량의 변화가 실물부문에 아무런 영향을 미치지 않는 화폐베일관(veil of money) 또는 화폐중립성(neutrality)을 갖는 것이다.

연습문제

EXERCISE

주관식 연습문제

1. 중상주의와 고전학파의 차이를 설명하시오.

2. 자유방임주의와 고전학파 경제학의 관련성을 설명하시오.

3. 보이지 않는 손의 섭리를 설명하시오.

4. 고전학파의 노동시장과 총생산과의 관계를 설명하시오.

5. 고전학파의 국민소득결정을 설명하시오.

6. 세이의 법칙을 설명하시오.

7. 대부자금설을 설명하시오.

8. 화폐의 중립성을 설명하시오.

9. 피셔의 거래방정식을 설명하시오.

10. 고전학파 모형의 특징을 설명하시오.

11. 고전학파 모형의 한계를 설명하시오.

객관식 연습문제

1. 고전학파의 이자율에 관한 내용으로 옳은 것은? 〔공인노무사〕

① 피셔효과로 인해 화폐의 중립성이 성립된다.
② IS－LM곡선에 의해 균형이자율이 결정된다.
③ 유동성선호가 이자율을 결정한다.
④ 화폐부문과 실물부문의 연결 고리 역할을 한다.
⑤ 화폐시장에서 화폐에 대한 수요와 공급에 의해 결정된다.

2. "화폐는 중립적이다"라는 명제에 대한 설명으로 옳은 것은? 〔국가직 9급〕

① 화폐공급량을 증가시키면 명목소득의 변화가 없다.
② 화폐공급량을 증가시키면 물가가 상승한다.
③ 화폐공급량을 증가시키면 실질소득의 변화가 생긴다.
④ 화폐공급량을 증가시켜도 실질소득과 명목소득 모두 변화가 없다.

3. 고전학파의 화폐수량설에 따를 때, 통화량이 증가하는 경우 다음 설명 중 옳은 것은? 〔감정평가사〕

① 화폐유통속도가 감소한다. ② 화폐유통속도가 증가한다.
③ 물가가 상승한다. ④ 물가가 하락한다.
⑤ 명목 GDP는 불변이다.

4. 고전학파의 이분법(classical dichotomy)에 대한 설명으로 옳은 것은? 〔지방직 7급〕

① 이분이란 경기가 공급부문과 수요부문에 의해 둘로 나누어진다는 것을 의미한다.
② 화폐의 공급은 실질GDP를 증가시킨다.
③ 물가와 임금 등 명목변수와 산출량 등 실질변수는 상호 영향을 미치므로 동시에 결정된다.
④ 실질변수는 실질부문에 의해서만 결정된다.

5. 고전학파의 거시경제모형에서 일시적으로 소득이 잠재GDP에 못미친다고 가정하자. 이 경제가 잠재GDP 수준으로 복귀하기까지의 조정과정을 잘 나타낸 것은? [감정평가사]

① 이자율이 상승하여 총수요가 증가한다.
② 이자율이 하락하여 총수요가 증가한다.
③ 이자율이 하락하여 총공급이 증가한다.
④ 물가가 하락하여 총수요가 증가한다.
⑤ 물가가 상승하여 총수요가 증가한다.

6. 조세법이 대부자금(loanable funds)의 공급을 증가시키는 방향으로 개정되었다 하자. 이런 경우 대부자금 균형거래량 수준에 가장 큰 영향을 미칠 수 있는 상황은? [서울시 7급]

① 대부자금수요곡선이 매우 탄력적이며, 대부자금공급곡선이 매우 비탄력적인 경우
② 대부자금수요곡선이 매우 비탄력적이며, 대부자금공급곡선이 매우 탄력적인 경우
③ 대부자금수요곡선과 대부자금공급곡선이 모두 매우 탄력적인 경우
④ 대부자금수요곡선과 대부자금공급곡선이 모두 매우 비탄력적인 경우
⑤ 정답 없음

7. 다음과 같은 고전학파 모형에서 정부가 조세를 100억원 증가시켰을 때, 그 결과가 옳게 짝지어진 것은? [공인회계사]

> $Y=C+I+G$ $C=100+0.7(Y-T)$
> $I=1,000-50r$ $Y=5,000$
> 단, Y, C, I, G, T, r은 각각 국민소득, 소비, 투자, 정부지출, 조세, 이자율을 의미한다.

	공공저축의 변화	개인저축의 변화	투자의 변화
①	100억원 증가	30억원 감소	70억원 증가
②	100억원 증가	70억원 감소	30억원 증가
③	70억원 증가	30억원 감소	70억원 증가
④	70억원 증가	70억원 감소	30억원 감소
⑤	70억원 증가	30억원 감소	70억원 감소

8. "소비가 미덕이다"라는 말에 대한 설명으로 옳지 않은 것은? 〔국가직 7급〕

① 구성의 오류에 해당한다.
② 저축의 역설에 해당한다.
③ 경기가 과열일 때 적용된다.
④ 고전학파 모형에서는 일어나지 않는다.

제15장

케인스의 국민소득결정이론

제15장

고전학파는 세이의 법칙을 신봉하며 재화의 지속적인 과잉생산은 불가능하다는 가정에서 출발한다. 따라서 일시적으로 실업이 발생할 수 있으나 명목임금의 신축적인 조정으로 실업은 해소되고 완전고용상태를 유지하게 된다고 주장하였다. 금융시장의 경우에도 대부자금시장이론을 신봉하며 이자율의 신축적인 조정으로 저축과 투자는 항상 균형을 이루게 된다고 주장하였다. 그런데 1930년대 세계대공황이 발생하였고 그 이후에도 지속적인 과잉생산과 대량실업은 발생하였으며 경기침체로 인한 단기적인 경제위기가 반복되고 있다. 고전학파 모형으로는 경제현실을 잘 설명할 수 없는 한계상황에 직면하였고 케인스는 1936년 일반이론(The general theory on employment, interest and money)을 발표하여 불완전고용하에서 균형국민소득이 결정되는 원리를 설명하게 된다. 또한 과잉생산이나 대량실업은 유효수요의 부족에서 비롯되었으며, 정부가 재정지출 수단을 동원하여 유효수요를 관리할 수 있다고 주장하게 된다. 케인스모형은 고전학파 모형과 달리 공급주도가 아닌 수요관리측면에서 이론체계를 구축한 것이다. 오늘날 케인스 경제이론은 미시경제학과 함께 주류경제학을 구성하는 거시경제학의 중심축으로 발전해 가고 있다. 케인스는 거시경제학을 전통적인 미시경제학으로부터 분리시켜 하나의 독립된 이론체계로 구축하는 데 기여한 바 크다.

15.1 케인스의 단순모형

15.1.1 유효수요의 부족

1914~1918년간 세계1차대전이 막을 내리고 1920년대 경제황금기(golden era)를 거치더니 세계경제가 블록화되고 건전재정(고전학파적 견해)이 강조되면서 1930년을 전후해 세계경제는 길고도 깊은 대공황(The great deflation)의 늪에 빠지게 된다. 상품은 창고와 시장에 산더미처럼 쌓여 먼지를 뒤집어썼다. 가격을 엄청

낮추어도 팔리지 않고 재고는 더욱 쌓여갔다. "공급이 수요를 창출한다"는 믿음은 어디에서도 찾을 수 없었다. 기업주는 생산을 축소하고 고용을 감축한다. 예를 들어 1929년 3%에 불과하던 미국의 실업률은 3년 후에 무려 26%까지 육박한다. 일자리에서 밀려난 실업자들은 눈으로 요기했다. 그리고 눈요기는 배부르지 않다. 호주머니 사정이 먹거리를 사들이지 못한 까닭이다. 수요(눈요기)가 넘쳐나는데도 물건은 팔리지 않았다. 실업자들의 호주머니는 땡전 한 푼 없는 거러지 수준이었다. 눈요기가 아닌 실제로 먹거리를 사들일 수 있는 유효수요(effective demand)가 부족한 탓이다. 풍요 속의 빈곤(poverty in the midst of plenty)이라는 늪에서 허우적대는 형상이다. 이 처지에 '보이지 않는 손'에 매달려 메시아를 기다려야만 하는가(고전학파 경제학의 패러다임).

케인스는 정치인들에게 "경제가 회복되도록 기다리는 동안에 우리는 모두 굶어 죽고 말 것이다"라고 외쳤다. 그리고 루스벨트 대통령에게는 뉴욕타임지를 통해 공개서한을 발표했는데 "제발, 정부지출을 늘리십시오, 그렇게 해야 미국이 살고 세계가 살게 됩니다"라고 권고했다. 1933년 테네시 강 공사를 시작으로 뉴딜정책이 시행되었고 세계경제는 공황의 늪에서 빠져나오기 시작한다. 정부는 실업자들을 모아 땅을 파게 한 다음 그다음 모은 실업자들에게는 팠던 땅을 다시 메우게 한 다음 그들에게 돈을 지출하게 된다. 이처럼 어처구니없는 방식이었지만 정부지출은 유효수요를 창출하는 데 성공하게 된다.

케인스 경제학은 주류경제학에 편입되었고 하버드대학은 케인스 경제학을 세계에 전파하는 메신저 역할을 담당하게 된다. 1930년대 중반부터 케인스이론은 대부분의 나라에서 채택되었다. 1960년대 케네디 행정부와 존슨 행정부는 "이제 우리는 모두 케인스주의자다"라고 선언할 정도로 경제학의 중심으로 부상한다. 스태그플레이션과 함께 케인스 경제학은 사망과 부활을 거듭하지만, 2008년 이후 세계금융위기 상황에서도 케인스 경제학은 또 한 번 빛을 발하게 된다. 케인스 경제학은 아직도 주류경제학으로서 지위를 유지하며 발전하고 있는 셈이다. 또한, 케인스 경제학은 불황의 경제학, 유효수요의 경제학, 그리고 적자재정의 경제학이라는 특징을 가진다.

존 메이나드 케인스(John Maynard Keynes)는 그의 〈일반이론〉에서 고전학파, 특히 '법칙'으로 적용되던 세이의 견해를 부정했다. 총수요(소비+투자+정부지

〈그림 15 - 1〉 유효수요의 부족과 처방

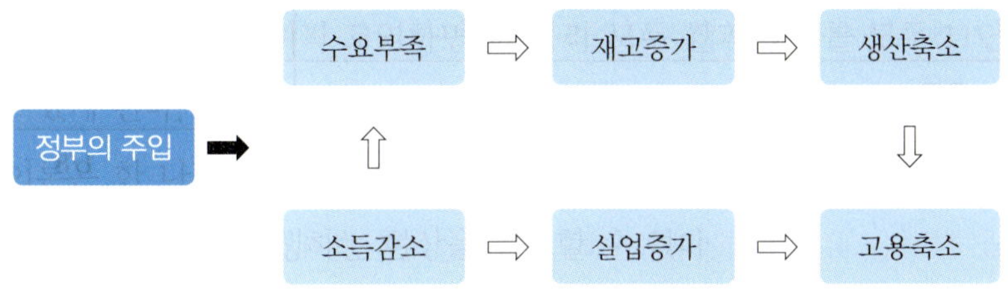

출)의 부족을 경제공황의 원인으로 파악하고, 실업병의 치료를 위해 총수요의 확장을 처방했다. 유효수요의 부족은 〈그림 15 - 1〉의 오른쪽 그림에서 ⇨의 악순환이 공황(축소재생산)상태를 지속하게 하는 원인으로 진단한 것이다. 따라서 정부가 조세를 감축하고 지출을 증대시켜 소득흐름에 유효수요를 주입할 것을 처방한 것이다.

15.1.2 케인스 단순모형의 기본가정

경제학은 물리학 못지않게 복잡한 수학모형들로 가득하다. 아무리 복잡한 수학적 모형이라 할지라도 현실 속의 모든 경제변수들을 담아내기에는 턱없이 부족하다. 경제모형들은 모든 것을 설명할 수 없고 단지 평균적으로 설명할 수 있다. 대수의 법칙을 따를 뿐이다. 경제이론은 가정에서 모형이 설정되고 검증으로 이론이 태어난다. 경제이론은 쉽게 말해 축소지도와 같은 특성을 가진다. 지도란 많은 것들을 축소하거나 생략한 결과이다. 그려진 현상보다 생략되거나 실제가 아닌 형상화한 것들로 가득하다. 그런데 지도는 현실을 이해하는 데 유용하게 사용된다. 경제모형도 이와 같은 특성을 함축한다. 별로 중요치 않은 변수들은 가정으로 생략하고 중요한 핵심변수만을 모형에 내재시킨다.

따라서 경제모형이란 현실경제를 단순화하고 추상화한 결과에 해당한다. 단순화와 추상화는 가정에서 출발해서 논리체계로 완성된다.

케인스의 단순모형을 학습하기 위해 먼저 기본가정들을 이해해야 한다.

① 국민경제는 가계와 기업만으로 구성된 민간경제이다. 곧 정부와 해외부문은 존재하지 않는다.

② 감가상각과 사내유보이윤과 같은 기업저축은 없다.

③ 소비는 소득의 증가함수이다. 또한 한계소비성향($MPC=\frac{\Delta C}{\Delta Y}$)은 0보다 크고 1보다 작다.

④ 투자는 유발투자가 아닌 독립투자수요만 존재한다. 독립투자란 소득수준이나 이자율의 변동에 영향을 받지 않는 투자를 말한다.

케인스모형은 세이의 법칙을 부정하고 일반적인 잉여생산능력(excess production capacity)이 존재하는 국민경제를 상정한다. 공급(생산)이 경제를 주도하는 것이 아니라 수요가 주도하여 생산(공급)을 결정할 수 있다. 수요가 잉여생산능력을 통하여 공급을 현실화할 수 있기 때문이다. 따라서 케인스모형은 수요가 증가할 때 물가상승은 일어나지 않는다는 것도 가정하고 있다. 수요가 증가하면 즉시 공급이 증가한다는 논리가 작동하기 때문이다.

15.1.3 소비수요와 투자수요

케인스의 단순모형(민간경제)에서는 소비수요와 투자수요가 유효수요를 결정한다. 그리고 그 유효수요가 총수요와 총공급을 결정함으로써 국민소득의 규모가 결정된다.

1. 소비수요

민간소비지출은 사후적 소비라 하고 사전적으로 계획된 소비를 소비수요(consumption demand)라 한다. 하지만 여기서는 소비지출과 소비수요를 동일한 개념으로 통일하여 소비라 한다. 또한 실질민간소비와 실질국민소득 개념으로 소비함수를 정의한다.

소비는 누구에게나 생명을 유지하기 위한 필수적 행위이다. 더할 나위없는 가난뱅이라도 주먹밥 하나 정도라도 소비해야 한다. 이를 기초소비라 할 수 있다. 절박한 주먹밥을 구걸이 해결할 수 있을지 모른다. 하지만 냉혹한 시장에서는 과거저축을 인출하거나 차입하여 살아남아야 한다. 거렁뱅이가 아닌 보통사람은 소득의 일부분을 소비한다. 그러므로 소비함수는 소득과 무관한 주먹밥(a)과 소득의 일부(bY)로 나타낼 수 있다. 따라서 소비함수는 다음과 같은 수식으로 표현된다.

$$C = a + bY \qquad (a > 0,\ 0 < b < 1)$$

a는 기초소비인 까닭에 반드시 0보다 큰 값을 가진다. b값은 소득증가(ΔY)에 대한 소비증가(ΔC)의 비율($\frac{\Delta C}{\Delta Y}$)로서, 한계소비성향($MPC$)이라 불린다.[1] 소득을 한 푼도 소비하지 않는 경우($b=0$), 소득의 전부를 몽땅 소비하는 경우($b=1$)는 평균적으로 비현실적이다. 따라서 한계소비성향은 $0 < MPC < 1$ 범위 안에 있다.

한계소비성향은 곧 소비곡선의 기울기를 나타낸다. 따라서 〈그림 15-3〉처럼 기울기<1인 소비함수는 기울기가 1인 45°선과 교차하게 된다. 〈그림 15-3〉의 교차점분기점, E에서 밑변=높이이므로, 소득=소비이고 저축=0이다. 곧 국민소득 Y_e의 좌측에서는 소비>소득이고 저축<0이므로 차입이나 저축의 인출이 불가피하다. 따라서 소비액을 소득액으로 나누어 계산하는 평균소비성향($\frac{C}{Y}$)이 Y_e의 좌측에서 1보다 크고 오른쪽에서 1보다 작다. 정리하면 소득이 많아질수록 평균소비성향(APC)은 작아지고 한계소비성향(MPC)은 평균소비성향(APC)보다 작다는 것을 의미한다($APC > MPC$).

2. 투자수요와 투자지출

투자수요(investment demand)란 사전적으로 계획된 투자 또는 의도된 투자를 말한다. 투자지출(investment expenditure)이란 사후적으로 실현된 투자를 말하고 이것을 투자라고도 한다.

투자수요=계획된 총고정자본형성+계획된 재고증가

투자=총고정자본형성+실현된 재고증가

투자수요란 계획된 투자이고 사전적 투자라 한다. 투자는 실현된 투자 또는 사후적 투자라 한다. 그런데 여기서 투자수요와 투자가 다른 이유는 의도하지 않은

1) 경제학이 언급하는 한계값은 어떤 함수든 설명변수에 관한 1차 도함수로 정의한다.

재고의 변화 때문이다. 정리하면 만약 계획된 투자=실현된 투자가 성립하면 의도하지 않은 재고가 발생하지 않고 투자수요와 투자가 동일한 것을 의미한다. 계획된 투자가 실현된 투자(계획된 투자+의도하지 않은 재고변화)보다 커지면 의도하지 않은 재고감소가 발생하고 투자수요가 투자보다 크게 나타난다. 이것은 예상 이상으로 물건이 많이 팔려 의도하지 않은 재고가 감소했다는 것을 의미한다. 반대로 계획된 투자가 실현된 투자보다 작아지면 의도하지 않은 재고증가가 발생하고 투자수요가 투자보다 작게 나타난다. 이것은 예상 이상으로 물건이 적게 팔려 의도하지 않은 재고가 증가했다는 것을 의미한다. 기업의 투자는 일정기간 동안 국내에서 새로이 생산된 최종생산물에 대한 기업의 지출액을 의미하기 때문에 의도하지 않은 재고변화는 생산물 중 소비되지 않은 것을 의미하므로 경제전체생산물에 대한 수요로 보기 어렵다는 것이다. 따라서 케인스의 단순모형에서 투자수요는 독립투자이고 계획된 투자(사전적 투자)를 의미한다. 의도하지 않은 재고변화를 없는 것으로 취급한다. 투자가 곧 투자수요가 되는 것이다.

한편, 국민소득이나 이자율에 영향을 받지 않는 계획된 투자를 독립투자라 부른다. 반대로 국민소득의 증가가 수요증가로 이어져 경기전망에 따라 증가하는 투자의 경우, 국민소득에 의해 유인되었다 하여 유발투자라 한다. 그러므로 투자는 흔히 독립투자와 유발투자의 합으로 설명된다.

〈그림 15-2〉에서 독립투자는 소득과 무관하므로 수평이고, 유발투자는 소득이

〈그림 15-2〉 독립투자와 유발투자

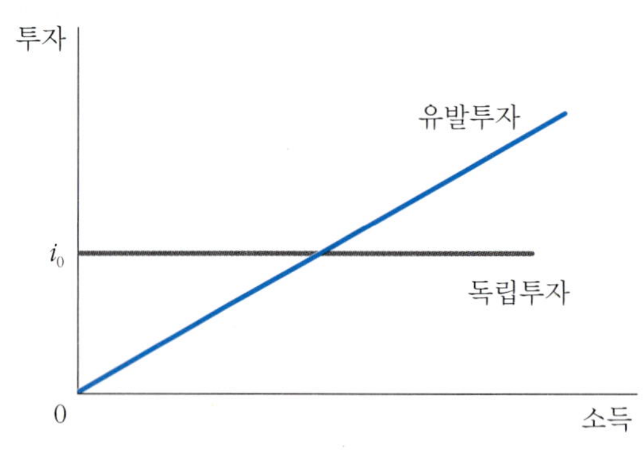

증가하면서 상승한다. 하지만 케인스의 단순모형에서는 독립투자만을 변수로 취급하기로 가정했으므로, 투자수요는 $I^D=I_0$로 나타난다. 등식에 표현했듯, 케인스 독립투자수요만 안중에 두고, 사후에 억지로 투자에 산입하는 뜻밖의 재고증가를 총수요에서 제외시켰다.

3. 저축함수

기업이 지불한 요소비용은 정부부문이 생략되었으므로 가계의 가처분소득이 된다. 가계의 주머니에 들어온 소득(가처분소득)은 소비와 저축으로 나뉘어 쓰인다. 따라서 소비와 저축은 서로 소득을 더 차지하고자 경쟁한다. 그들의 경합은 영합게임이며, 소득 중에서 소비를 제외한 나머지를 저축이라 한다.

저축함수 $S\equiv Y-C$이므로 소비함수로부터 곧장 얻어진다. 즉 소비함수가

$C=a+bY$ 라면

$S=Y-(a+bY)=-a+(1-b)Y$

소비함수에서 ⊕값인 a가 저축함수에서 ⊖부호를 얻는 것은 왜일까. 소득이 없는 경우에는 소비만큼 차입하거나 과거저축을 감소시켜야 하는 까닭이다. 〈그림 15-3〉에서 소득=소비인 Y_e의 좌측에서 저축<0이고, Y_e으로부터 소득이 증가함에 따라 저축 또한 증가한다. b는 한계소비성향(MPC)이고, $(1-b)$는 한계저축성향(MPS)이다. 한계소비성향이 $0<MPC<1$ 범위에 있고 $MPC+MPS=Y(1)$이므로 한계저축성향도 $0<MPS<1$이다.

4. 소비와 저축의 관계

$$Y=C+S$$

① 위 식의 양변을 Y로 나누면

$$\frac{Y}{Y}=\frac{C}{Y}+\frac{S}{Y}=1$$

즉 APC(평균소비성향)$+APS$(평균저축성향)$=1$

② 추가소득=추가소비+추가저축이므로,

$$\Delta Y = \Delta C + \Delta Y \Rightarrow dY = dC + dS$$

위 식을 미분 dY로 나누면

$$\frac{dY}{dY} = \frac{dC}{dY} + \frac{dS}{dY}$$

즉 MPC(한계소비성향)$+MPS$(한계저축성향)$=1$

③ 소득<소비 ⇒ $S<0$ ⇒ $APS<0$ ⇒ $APC>1$

소득=소비 ⇒ $S=0$ ⇒ $APS=0$ ⇒ $APC=1$

소득>소비 ⇒ $S>0$ ⇒ $APS>0$ ⇒ $APC<1$

〈그림 15-3〉 소비함수와 저축함수의 관계

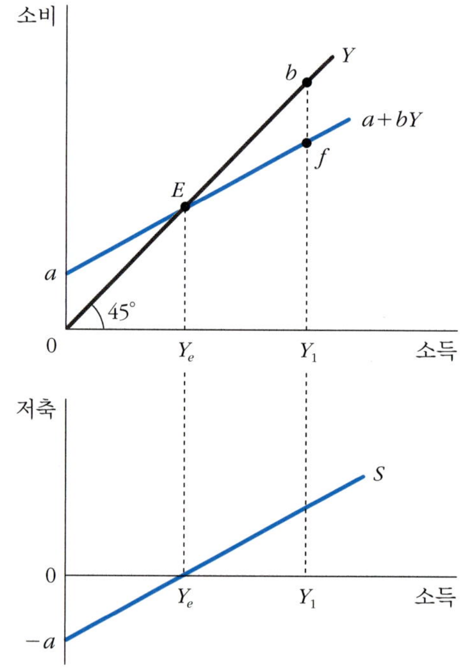

15.2 국민소득의 결정

총생산(Y^S)은 총공급(AD)이며, 분배된 후에 소비와 저축으로 처분된다. 그리고 소비와 투자수요의 합은 총수요(Y^D)로서 소득을 창출하는 결정변수가 된다.

$Y^S = C + S$ (총공급방정식) (수식 15-1)

$Y^D = C + I^D$ (총수요방정식) (수식 15-2)

따라서 균형조건은 총공급=총수요($Y^S = C + I^D$) 또는 저축=투자수요($S = I^D$)이다. 균형국민소득은 〈그림 15-4〉의 E점에서 결정된다.

15.2.1 총공급=총수요 접근법

총공급은 잠재GDP의 한계를 벗어나지 못한다. 〈그림 15-4〉의 Y_f가 완전고용수준(자연실업률)에서 얻을 수 있는 잠재국민소득이라 하자. 이제 현실의 국민소득은 어떻게 정해질까. 45°선의 어떤 점에서도 밑면=높이이고, 총공급과 총수요는 같다. 수요곡선의 E점은 동시에 45°선상에 있는, 즉 총공급(Y^S)과 총수요($C+I^D$)

〈그림 15-4〉 총수요=총공급에 의한 균형국민소득의 결정

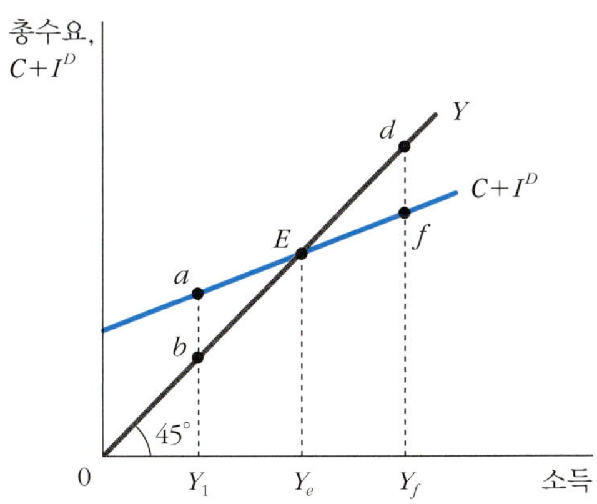

는 같다. 곧 $\overline{EY_e}=\overline{0Y_e}$로서 상품이 넘치거나 모자라지 않는다. 오직 Y_e의 생산 공급은 3면등가의 원칙에 따라 생산=소득=지출이 성립한다. 또한 〈그림 15-4〉의 E점은 Y_e와 유효수요=소비수요와 투자수요($C+I^D$)가 같다는 것을 의미한다. 만약 생산량이 Y_1수준이라면 $\overline{ab}$만큼의 초과수요가 발생하고, 생산량이 Y_f수준이라면 $\overline{df}$만큼의 초과공급이 존재한다. 이처럼 수급이 일치하지 않는 불균형국민소득은 유지될 수 없다. 초과수요가 생산을 확대시켜 국민소득을 Y_1에서 Y_e로 증가시키고 초과공급은 생산을 축소시켜 국민소득을 Y_f에서 Y_e로 축소시키는 까닭이다.

따라서 총수요와 총급은 Y_e에 이르러 균형을 이루게 되고 여기서 총고용과 균형국민소득이 결정된다. 그런데 완전고용수준(자연실업률)에서의 잠재국민소득은 Y_f수준이므로 현재의 총수요(유효수요=$C+I^D$)가 부족한 까닭에, 완전고용(Y_f)을 달성하지 못한다는 것을 알 수 있다. 총수요의 부족 때문에 Y_e-Y_f만큼 생산에 참여할 생산요소가 유휴상태로 남겨진 불완전고용에서의 균형인 것이다.

15.2.2 저축=투자수요 접근법

케인스의 단순모형에서는 국민소득을 $Y=C+I$, $Y=C+S$으로 나타내므로 국민소득에서 공급측에서 소비를 제외하면 저축이 남고, 수요측에서 소비수요를 제외하면 투자수요만 남게 된다. 따라서 저축과 투자수요가 일치하는 경우 총공급($Y=C+S$)과 총수요($Y=C+I$)가 균형을 이루게 된다.

〈그림 15-5〉의 E점에서 저축곡선과 투자곡선이 교차한다. 균형국민소득 Y_e수준에서 투자수요와 저축이 같아지고 총수요와 총공급이 일치하게 된다. 누출인 저축(S)과 주입인 투자수요(I^D)가 같아지므로 상품이 넘치거나 모자라지 않는다. 만약 $I^D<S$인 국민소득 Y_f수준에서는 $\overline{cd}$만큼 누출이 주입을 초과한다. 초과공급으로 재고가 발생하여 기업들은 다음 기에 생산을 Y_e수준까지 감소시킨다. 반면에 $I^D>S$인 국민소득 Y_1수준에서는 $\overline{ab}$만큼의 주입이 누출을 초과한다. 초과수요로 재고감소가 발생하여 기업들은 다음 기에 생산을 Y_e수준까지 증가시킨다. 이와 같은 조정과정을 거쳐 누출인 저축(S)과 주입인 투자수요(I^D)가 같아지는 E점에서 균형국민소득 Y_e가 결정되고 생산물시장은 균형상태에 도달한다.

〈그림 15-5〉 저축=투자수요에 의한 균형국민소득결정

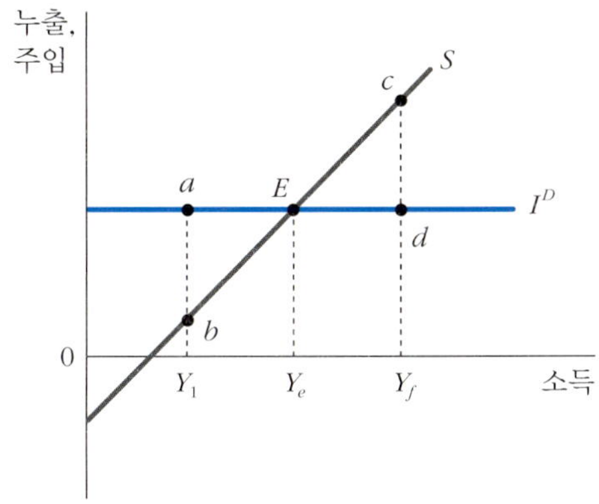

15.2.3 균형국민소득의 수리적 이해

가계와 기업만 있는 2부문 모델에서

$Y^S=C+S$ ← 공급(총공급방정식)

$Y^D=C+I^D$ ← 수요(총수요방정식)

$C=a+bY$ ← 소비함수

$I^D=I_0$ ← 독립투자함수

균형국민소득의 결정은 총공급=총수요조건에서 이루어지므로 $Y_e=Y^S=Y^D$가 된다.

① 총수요=총공급에 따른 균형조건은

$$Y_e=a+bY_e+I_0$$
$$(1-b)Y_e=a+I_0$$

② 저축=투자수요에 따른 균형조건은

$S=Y_e-C=Y_e-(a+bY_e)=(1-b)Y_e-a$이므로

$$(1-b)Y_e - a = I_0$$

$$(1-b)Y_e = a + I_0$$

균형국민소득은 $Y_e = \frac{1}{1-b}a + \frac{1}{1-b}I_0$가 성립한다.

$$Y_e = \frac{a+I_0}{1-b}, \text{ 즉 균형국민소득} = \frac{\text{독립소비}+\text{독립투자}}{\text{한계저축성향}} = \frac{\text{주요수입}}{\text{소득누출률}}$$

결론적으로 균형국민소득은 총수요가 커질수록 증가하고 한계저축성향이 커질수록 감소한다는 것을 의미한다.

15.3 케인스의 재정정책

15.3.1 인플레이션갭과 디플레이션갭

인플레이션갭(inflation gap)이란 인플레이션을 억제하기 위해 감소시켜야 하는 유효수요(소비수요+투자수요)의 크기를 말한다. 〈그림 15-6〉에서 균형국민소득이 Y_2인 경우 $a-E_0$만큼의 인플레이션갭이 발생한다.

디플레이션갭(deflation gap)이란 완전고용산출량 수준에서 균형국민소득이 결정되게 하기 위해 필요한 유효수요의 증가분을 말한다. 〈그림 15-6〉에서 균형국민소득이 Y_1인 경우 $b-E_0$만큼의 디플레이션갭이 발생한다.

〈그림 15-6〉의 E_0점에서는 완전고용산출량 수준과 균형국민소득이 동일하다. 따라서 총공급과 총수요도 같게 된다. E_0점에서는 인플레이션갭이나 디플레이션갭은 발생하지 않는다.

만약 총수요곡선이 AD_2인 경우 Y_f에서 생산량수준이 결정된다면 총수요가 총공급보다 $a-E_0$만큼 크게 된다. $a-E_0$만큼의 초과수요(인플레이션갭)가 발생하는데 총생산은 이미 완전고용수준을 벗어난 수준이어서 더 이상 증가할 수 없다. 따라서 이 같은 초과수요는 생산을 자극하지 못하고 오로지 물가인상의 압력으로 작용한

〈그림 15-6〉 인플레이션갭과 디플레이션갭

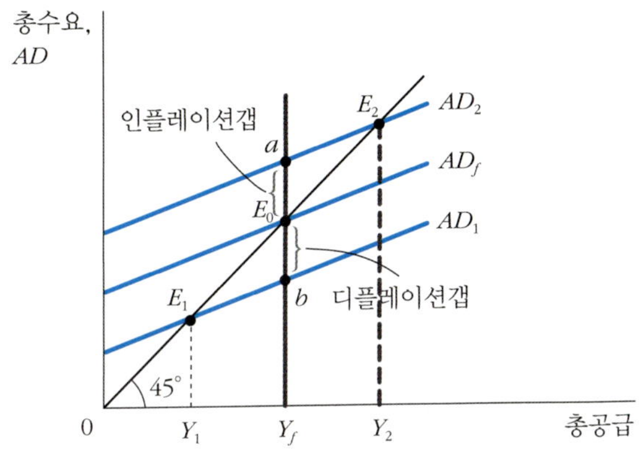

다. 이를 인플레이션갭 또는 진성인플레이션이라고 한다.

반대로 총수요곡선이 AD_1인 경우 Y_f에서 생산량수준이 결정된다면 총수요가 총공급보다 $b-E_0$만큼 작게 된다. $b-E_0$만큼의 초과공급(디플레이션갭)이 발생하여 물가를 떨어뜨리는 압력으로 작용한다. 이런 상황이 지속되는 것을 공황이라고 한다. 유효수요가 부족하므로 재고가 쌓이고 실업이 발생한다. 유효수요부족으로 기업들은 다음 기의 제품생산을 더욱 줄이게 되고 더 많은 실업자들은 길거리에 나 앉게 된다. 케인스는 이런 상황에서 정부의 개입이 필요하며 재정지출로 유효수요를 창출하여 디플레이션갭을 메워야한다고 주장한다. 정부의 미세조정(fine turning)의 필요성을 강조한 것이다.

15.3.2 절약의 역설(Paradox of Thrift)

절약의 역설(paradox of thrift)이란 한 나라의 국민경제에서 모두가 절약을 하여 저축이 증가하면 총수요가 줄어들고 균형국민소득이 감소하게 되어 그 나라의 총저축은 정체하거나 오히려 감소되는 현상을 말한다. 케인스모형은 소비가 미덕인 모형으로 한계소비성향이 높을수록 균형국민소득이 더 많이 증가하는 특징을 가진다. 개인이 절약하여 저축이 증가하면 재고가 늘어나게 되는데 이로 인해 기업은

〈그림 15-7〉 저축증가에 의한 소득의 감소

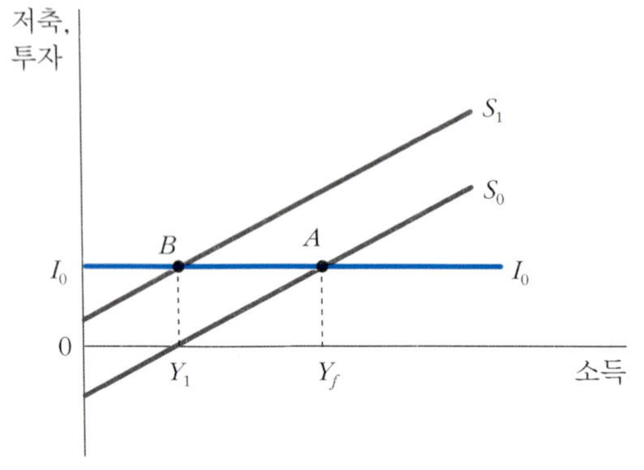

다음 기에 생산을 줄이게 된다. 따라서 균형국민소득이 감소하고 그 나라의 총저축도 감소할 수 있다. 이런 현상을 논리적으로 구성의 오류(fallacy of composition)라고도 한다.

〈그림 15-7〉의 A점은 저축곡선이 S_0이고, 투자가 I_0에서 균형국민소득 Y_f가 결정됨을 알 수 있다. 주입과 누출이 같아지는 조건을 충족한다.

$$C+I=C+S=Y_f$$

예를 들어 국민들의 저축의욕이 갑자기 높아져서 저축곡선이 S_1으로 이동했다 하자. 절대저축의 증가는 저축곡선(절대소비의 감소) 수평상방이동으로 나타난다. 〈그림 15-7〉에서 저축곡선은 S_0에서 S_1으로 이동하고 새로운 균형점 B점에서 새로운 균형국민소득 Y_1가 성립한다. 따라서 국민들의 절약이 증가하면 저축곡선은 S_0에서 S_1으로 균형국민소득은 Y_f수준에서 Y_1수준으로 감소하게 된다. 총저축은 Y_f-A수준에서 Y_1-B수준으로 증가하지 않는다. 균형국민소득은 감소했는데 저축이 불변이라면 평균저축성향($APS=\frac{S}{Y}$)은 커지게 된다. 만약 투자곡선(유발투자를 포함)이 우상향하는 모양을 가진다면 총저축은 오히려 감소하게 된다.

만약 개인의 절약이 한계저축성향($MPS=\frac{\Delta S}{\Delta Y}$)의 증가로 나타낸다면 〈그림 12-7〉의 저축곡선 S_0은 절댓값은 같고 기울기가 커지게 된다. 이런 경우에도 균형국민소득은 감소하게 된다.

수리적으로 투자승수 $\Delta Y = \frac{1}{MPS}\Delta I$에 적용하면 MPS는 한계저축성향인데 개인의 절약이 증가하면 MPS가 커지게 되고 균형국민소득(ΔY)은 감소하게 된다.

절약의 역설에 의하면 저축은 악덕이고 소비가 미덕이라는 것을 의미한다. 그런데 절약의 역설은 완전고용상태하에서 균형국민소득이 결정되는 장기적인 고전학파모형에서는 발생하지 않는다. 불완전고용상태하에서 균형국민소득이 결정될 수 있는 단기적인 케인스의 단순모형에서만 절약의 역설이 발생한다. 투자재원이 부족한 저개발국이나 개발도상국 같은 경우에는 절약은 개인적으로나 국가 전체적으로나 모두 미덕이다. 저축이 증가하더라도 더 이상 투자 기회가 확대되지 않는 선진국이나 불황의 경제에서만 절약의 역설이 발생하며 저축은 악덕이 되고 소비가 미덕으로 탈바꿈한다.

15.3.3 케인스의 재정정책

고전학파 모형에서는 '보이지 않는 손'의 섭리가 작동하여 완전고용상태하에서 균형국민소득이 결정되고 총공급과 총수요가 항상 일치되는 인플레이션갭이나 디플레이션갭이 발생하지 않는다.

하지만 케인스 모형에서는 균형국민소득은 생산요소의 완전고용을 보장하지 않는다. 단기적으로는 오히려 완전고용을 달성하는 균형국민소득은 유별난 경우로 본다. 일반적으로는 수요부족에 직면하여 완전고용에 미달하는 디플레이션갭이 존재한다. 불황의 경제를 설명하고 해결하는 데 최적화된 경제모형인 셈이다.

〈그림 15-8〉의 e점은 45°선(총공급곡선)과 AD_1(총수요곡선)곡선이 교차하여 균형국민소득을 Y_e수준에서 결정하고 있다. 하지만 Y_e수준의 균형국민소득은 완전고용소득 Y_f 수준보다 과소생산수준에 있다는 것을 알 수 있다. 〈그림 15-8〉의 $Y_e - Y_f$ 만큼의 실업이나 불가동시설이 존재한다는 것을 의미한다. 균형국민소득수준이 완전고용소득 Y_f 수준으로 증가하려면 총수요곡선 AD_1이 AD_2까지 상방 이동해야 한다.

그런데 〈그림 15-8〉의 $Y_e - Y_f$ 만큼의 불황과 실업으로 고통스러운 세계대공황

〈그림 15-8〉 불완전 고용균형

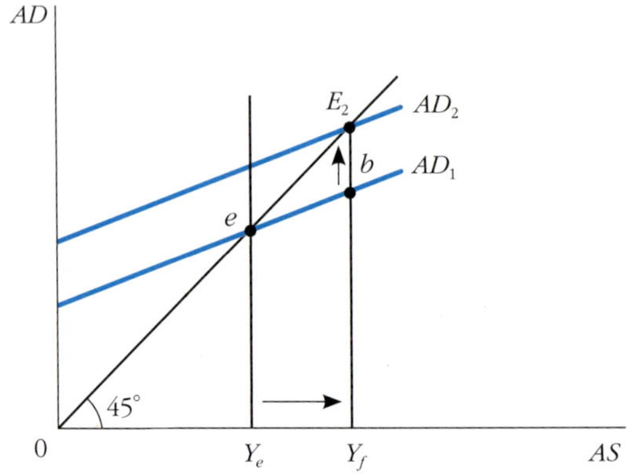

과 같은 상황에서조차 고전학파 경제학자들은 '작은 정부는 아름답다' 그리고 균형재정은 건전하다는 고전학파 모형의 틀을 벗어나지 않으려 했다.

그러나 케인스는 불완전고용 균형국민소득이론으로 유효수요부족의 문제를 진단하고 정부가 미세조정(fine turning)으로 문제를 해결하는, 즉 재량적 재정정책을 모형화했다. 정부의 개입에 의한 재량적 총수요조절이야말로 경제에 활력을 불어넣기 위한 효과적인 정책적 수단으로 처방한 셈이다.

케인스는 〈그림 15-8〉의 $Y_e - Y_f$ 만큼의 대량실업이라는 난치병을 치료하기 위해 정부지출의 확대와 조세감축 같은 재량적 재정정책을 처방한 것이다. $Y_e - Y_f$ 만큼의 대량실업의 원인을 〈그림 15-8〉의 b만큼의 총수요(AD)의 부족으로 파악하고 정부가 재정지출을 통해 총수요를 AD_1이 AD_2까지 상방 이동시킴으로써 균형국민소득을 $Y_e - Y_f$ 만큼 증가시킬 수 있다는 주장이다. 정부의 재량적 재정정책으로 $Y_e - Y_f$ 만큼의 대량실업을 해소하고 국민경제를 Y_f 수준의 완전고용균형국민소득으로 이끌 수 있다.

15.4 승수효과

15.4.1 승수효과란?

승수(multiplier)란 독립지출이 변화할 때 균형국민소득이 얼마나 변화하는지를 나타내는 척도를 의미한다. 독립지출이란 정부지출, 독립투자, 독립소비와 같은 국민소득과 무관하게 결정되는 외생변수를 말한다. 그런데 독립지출이 증가하게 되면 국민경제의 순환과정을 거쳐 국민소득을 증가시킨다. 독립지출(주입인 경우)은 수요를 형성하여 최초의 소득증가를 낳고 다음으로 증가된 소득은 소비함수에 의해 소비를 증가시키고, 소비증가는 유효수요의 원리에 의해 다시 소득을 증가시킨다. 이런 과정을 반복하게 되면 균형국민소득은 최초의 독립지출(총수요증가)보다 더 크게 나타난다.

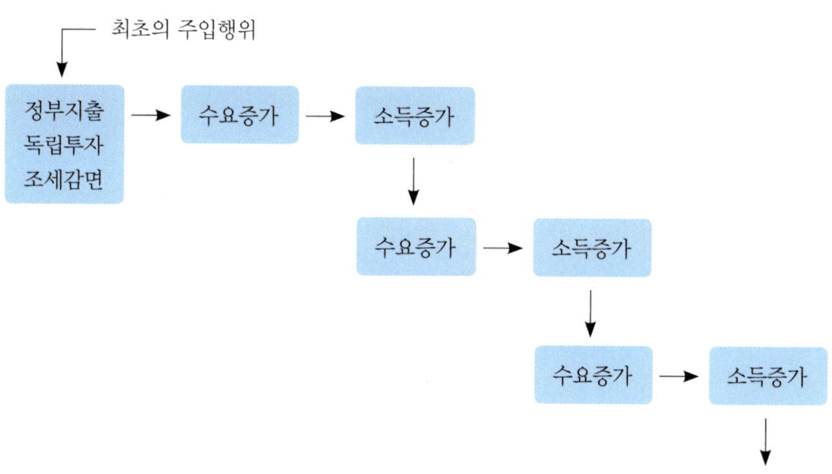

$$\text{승수} = \frac{\Delta \text{균형국민소득}}{\Delta \text{독립지출(독립투자)}}$$

독립투자증가(ΔI_0)가 k곱만큼 균형국민소득을 증가시킨다면,

$$k = \frac{\Delta Y}{\Delta I_0}$$

$$\Delta Y = k \cdot \Delta I_0$$

이때 ΔI_0가 k배만큼 ΔY를 변화시킨다는 의미에서 승수라 한다.

예를 든다면 정부가 고속철도를 건설하기 위해 100억원을 지출했다면 100억원은 고속철도 건설에 참여한 사람들의 최초의 소득이 되었다 하자. 그런데 이 사람들의 한계소비성향이 0.5라 한다면 100억원의 50%인 50억원을 소비로 지출하게 된다. 그러면 50억원의 소비지출은 또 다른 사람들의 소득 50억원이 되고 50억원의 50%인 25억원이 소비로 지출된다. 이런 과정은 소득이 소멸될 때까지 반복되면서 균형국민소득을 증가시킨다.

수식으로 정리하면

$$\begin{aligned} Y &= 100\text{억} + 50\text{억} + 25\text{억} + \cdots \\ &= 100\text{억} + (100\text{억} \times 0.5) + (100\text{억} \times 0.5^2) + \cdots \\ &= \frac{1}{1-0.5} 100\text{억} = 200\text{억} \end{aligned}$$

정리하면 최초의 독립지출 100억원이 소득증가 → 소비증가 → 소득증가… 과정을 거쳐 균형국민소득을 최초의 독립지출보다 2배가 많은 200억원으로 증가시킨다. 여기서 0.5는 한계소비성향(MPC)이고 이 값이 커질수록 승수값이 커진다는 것을 알 수 있다.

15.4.2 단순승수: 유발투자가 없는 경우

$$Y = C + I + G \text{ (국내총생산=국내총지출)}$$

$$C = a + b(Y - T)$$

$$T\text{(조세)} = T_0, \quad I\text{(투자)} = I_0, \quad G\text{(정부지출)} = G_0$$

$$Y=a+b(Y-T_0)+I_0+G_0$$
$$(1-b)Y=a-bT_0+I_0+G_0$$
$$Y=\frac{1}{1-b}(a-bT_0+I_0+G_0)$$

각 승수는 위의 균형국민소득함수를 독립지출변수(투자, 조세, 정부지출 등)로 편미분한 결과이다.

① 투자승수$=\frac{\delta Y}{\delta I_0}=\frac{1}{1-b}=\frac{1}{1-MPC}=\frac{1}{MPS}$

② 조세승수$=\frac{\delta Y}{\delta T_0}=\frac{-b}{1-b}=\frac{-b}{1-MPC}=\frac{-b}{MPS}$

③ 정부지출승수$=\frac{\delta Y}{\delta G_0}=\frac{1}{1-b}=\frac{1}{1-MPC}=\frac{1}{MPS}$

④ 균형예산승수: 균형예산이란 조세와 정부지출이 같은 경우, 즉 $G_0=T_0$인 상태를 말한다. 따라서 균형예산승수는 조세승수(정액세)와 정부지출승수의 합과 같다. 균형예산승수가 1이라는 것은 100억원을 조세(누출)로 걷어들이고 100억원을 정부가 지출(주입)하게 되면 균형예산인데, 이때 국민소득은 100억원 증가하게 된다는 것을 의미한다. 그 이유는 정부지출승수가 조세승수보다 크기 때문이고 정부지출은 직접적으로 총수요를 증가시키는 반면 조세는 국민소득감소분의 한계소비성향만큼 총수요를 줄이기 때문이다.

$$\text{균형예산승수}=\frac{1}{1-b}+\frac{-b}{1-b}=\frac{1-b}{1-b}=1$$

⑤ 비례세인 경우 조세승수$=\frac{\Delta Y}{\Delta T}=\frac{-c}{1-c(1-t)}=\frac{-c}{1-c+ct}$

$$\text{정부지출승수}=\frac{\Delta Y}{\Delta G}=\frac{1}{1-c(1-t)}=\frac{1}{1-c+ct}$$

$$\text{균형예산승수}=\text{조세승수}+\text{정부지출승수}=\frac{1-c}{1-c+ct}$$

균형예산승수에서 정액세인 경우에는 1인 반면 비례세인 경우에는 1보다 작다는 것을 알 수 있다.

15.4.3 해외부문 추가

$$Y = C + I + G + (X - M)$$

$M = mY$, X=수출, M=수입, m=한계수입성향

$$Y = a + b(Y - T_0) + I_0 + G_0 + X_0 - mY$$

$$Y = \frac{1}{1 - b + m}(a - bT_0 + I_0 + G_0 + X_0)$$

해외부문을 추가하면 수입은 한계수입성향(m)을 곱한 만큼 국민소득을 감소시킨다. 따라서 승수들의 분모가 $1-b+m(m>0)$으로 커지게 되므로 수입이 없는 경우보다 작아진다. 국민소득이 증가할 때 그중 일부가 수입품을 구입하는데 지출(노출)하게 되어 그만큼 총수여가 작아진다. 모든 승수들이 분모만 $1-b+m$로 달라지고 분자는 동일하다.

따라서 균형예산승수의 경우에도 분모가 커지므로 1보다 작아진다.

$$\text{균형예산승수} = \frac{\delta Y}{\delta T_0} + \frac{\delta Y}{\delta G_0} = \frac{1}{1-b+m} + \frac{-b}{1-b+m} = \frac{1-b}{1-b+m} < 1$$

읽을거리 15.1

고전학파 모형과 케인스 모형의 비교

	고전학파 모델	케인스 단순모델
기본골격	총공급이 총수요 창출: Say의 법칙	유효수요가 총공급 창출
균형소득결정	완전고용 국민소득: 노동시장에서 노동량이 완전 고용되고, 생산함수에 투입되어 총생산량이 결정되고, 이는 모두 판매되므로 항상 균형함	불완전고용 국민소득: 완전고용 소득의 범위 내에서 총수요=총공급 또는 투자수요=저축일 경우 균형함. 유효수요=균형소득이나 유효수요<완전고용생산량
관련함수	소비는 이자율의 감소함수 투자는 이자율의 감소함수	소비는 소득의 증가함수 투자는 이자나 소득과 무관함 ($I=I_0$)
조정방법	물가가 상품수급을, 임금이 노동수급을, 이자가 자금수급을 조정함. 즉 가격이 물량을 조절하여 균형함	자율적인 조절기능이 없음
정책권고	저축은 개인·사회적 미덕 공급능력제고 위한 시장경쟁 (자유방임, 작은 정부) * 면역과 자연치유력에 맡기는 셈	저축은 개인적 미덕이나 사회적 악덕 유효수요 주입을 위한 국가개입 (조세감축, 정부지출증가) * 국가가 수요를 주사하여 소생시키는 셈
		소득증가는 APC 높이고 APS 낮춘다. $APC+APS=1$ $S<0$이면 $APS<0$이고 $APC>1$ $S>0$이면 $APS>0$이고 $APC<1$ $APC>MPC$ $MPC+MPS=1$ $MPC>0$, $MPS>0$ 승수는 MPC가 클수록 커진다. 수입은 승수를 축소한다. 유발투자는 승수를 확대한다.

연습문제

EXERCISE

주관식 연습문제

1. 유효수요란 무엇인가?

2. 케인스의 단순모형이 무엇인지 설명하라.

3. 주입과 누출을 설명하라.

4. 소비수요를 설명하라

5. 투자지출을 설명하라.

6. 저축함수를 설명하라.

7. 소비와 저축의 관계를 설명하라.

8. 총공급과 총수요에 의한 국민소득결정을 설명하라.

9. 저축과 투자에 의한 국민소득결정을 설명하라.

10. 디플레이션갭과 인플레이션갭을 설명하라.

11. 절약의 역설을 설명하라.

12. 한계소비성향과 한계저축성향을 설명하라.

13. 세계대공황과 케인스의 재정정책을 설명하라.

14. 재정정책과 승수효과를 설명하라.

15. 투자승수와 정부지출승수를 설명하라.

16. 조세승수를 설명하라.

17. 균형예산승수를 설명하라.

18. 고전학파 모형과 케인스 모형의 차이점을 비교하라.

객관식 연습문제

1. 케인즈의 단순 국민소득 결정모형(소득 - 지출모형)에 대한 설명으로 가장 옳지 않은 것은? 〔서울시 7급〕

① 한계저축성향이 클수록 투자의 승수효과는 작아진다.
② 디플레이션갭이 존재하면 일반적으로 실업이 유발된다.
③ 임의의 국민소득 수준에서 총수요가 총공급에 미치지 못할 때, 그 국민소득 수준에서 디플레이션갭이 존재한다고 한다.
④ 정부지출 증가액과 조세감면액이 동리하다면 정부지출 증가가 조세감면보다 국민소득 증가에 미치는 영향이 더 크다.

2. A국의 경제는 $C=0.7(Y-T)+25$, $I=32$, $T=tY+10$으로 표현된다. 완전고용 시의 국민소득은 300이며, 재정지출은 모두 조세로 충당할 때, 완전고용과 재정지출의 균형을 동시에 달성하는 t는?(단, Y는 국민소득, C는 소비, I는 투자, G는 정부지출, T는 조세, t는 소득세율을 나타낸다.) 〔지방직 7급〕

① 1/5 ② 1/4 ③ 1/3 ④ 1/2

3. 소비지출 $C=100+0.8Y$, 투자지출 $I=500$, 정부지출 $G=200$일 때 균형국민소득은? 〔서울시 7급〕

① 1,000 ② 4,000 ③ 5,000 ④ 7,000 ⑤ 10,000

4. 폐쇄경제에서 국민소득 균형식에 따른 민간저축과 이자율은? 〔보험계리사〕

> $C=100+0.6Y$, $I=300-20r$, $Y=1,000$, $G=100$, $T=110$
> (단, Y:소득, G:정부지출, T:조세, C:민간소비, I:투자, r:이자율(%))

① 180, 5% ② 180, 6% ③ 190, 5% ④ 190, 6%

5. 케인즈의 단순폐쇄경제모형에서 가처분소득의 함수인 민간소비는 가처분소득이 0일 때 160, 한계소비성향이 0.6, 독립투자가 400, 정부지출이 200, 조세는 정액세만 존재하고 정부재정은 균형상태라고 가정할 때 균형국민소득은? 〔국회직 8급〕

① 1,600 ② 1,700 ③ 1,800 ④ 1,900 ⑤ 2,000

6. 국민소득, 소비, 투자, 정부지출, 순수출, 조세를 각각 Y, C, I, G, NX, T로 표현하자. 국민경제의 균형이 다음과 같이 결정될 때, 균형재정승수(balanced budget multiplier)는? 〔국가직 9급〕

> $C=100+0.8(Y-T)$, $Y=C+I+G+NX$

① 0.8 ② 1 ③ 4 ④ 5

7. 소비(C)함수, 투자지출(I), 정부지출(G), 조세징수액(T)이 다음과 같다. 여기서 I가 120으로 증가하고 동시에 G가 40으로 감소할 때 균형국민소득의 변화는? 〔국가직 9급〕

$C=700+0.8(Y-T)$, $I=100$, $G=50$, $T=50$

① 10만큼 증가 ② 10만큼 감소 ③ 50만큼 증가 ④ 50만큼 감소

8. 케인즈의 국민소득결정모형에서 소비 $C=0.7Y$이고, 투자 $I=80$이다. 정부지출이 10에서 20으로 증가할 때, 균형국민소득의 증가분은? 〔감정평가사〕

① 10/3 ② 5 ③ 100/7 ④ 100/3 ⑤ 50

9. A국의 소비지출(C), 투자지출(I), 정부지출(G), 순수출(Xn), 조세징수액(T)이 다음과 같을 때, 이에 대한 설명으로 옳은 것은? 〔공인노무사〕

$C=300+0.8(Y-T)$, $I=300$, $G=500$, $Xn=400$, $T=500$

① 균형국민소득은 4,000이다.
② 정부지출이 10증가하는 경우 균형국민소득은 30 증가한다.
③ 조세징수액이 10감소하는 경우 균형국민소득은 30 증가한다.
④ 정부지출과 조세징수액을 각각 100씩 증가시키면 균형국민소득은 100 증가한다.
⑤ 정부지출승수는 투자승수보다 크다.

10. 다음은 개방경제에 대한 케인즈의 국민소득결정모형이다. 이때 수출승수는? 〔공인회계사〕

$C=500+0.6(Y-T)$, $I=200$, $G=100$, $T=100$, $X=300$, $IM=0.1Y$

① 0.5 ② 1.0 ③ 1.5 ④ 2.0 ⑤ 2.5

11. 단순 케인지안모형에서 승수는 $1/1-b$이다.그러나 현실경제에서 승수는 이렇게 크지 않다. 그 이유로 가장 옳지 않은 것은? (단, b는 한계소비성향이다.) 〔서울시 7급〕

① 조세가 소득의 증가함수이기 때문이다.
② 수입이 소득의 증가함수이기 때문이다.
③ 화폐수요가 이자율의 감소함수이기 때문이다.
④ 투자가 소득의 증가함수이기 때문이다.

12. 절약의 역설(paradox of thrift)에 대한 설명 중 옳은 것을 모두 고르면? 〔국회직 8급〕

가. 경기침체가 심한 상황에서는 절약의 역설이 발생하지 않는다.
나. 투자가 이자율 변동의 영향을 적게 받을수록 절약의 역설이 발생할 가능성이 크다.
다. 고전학파 경제학에서 주장하는 내용이다.
라. 임금이 경직적이면 절약의 역설이 발생하지 않는다.

① 가 ② 나 ③ 가, 다 ④ 나, 라 ⑤ 나, 다, 라

제16장

화폐수요와 금융정책

제16장

물물교환경제(barter economy)가 아니고서는 화폐 없는 경제는 존재할 수 없다. 화폐에 대한 일반적인 정의는 존재하지 않지만 화폐의 본질적 기능은 교환의 매개수단에 있다. 따라서 재화와 서비스의 거래, 채권이나 채무관계의 청산과정에서 통용되는 자산을 통칭하여 화폐라 한다. 화폐의 발달과정에서 시장이 발달하고 분업과 전문화가 완성되었다. 화폐는 시장거래를 활성화하고 시장거래를 바탕으로 사람들은 자신의 전문분야에 특화할 수 있게 되었고 경제전반의 생산성을 증대시킨다. 현대경제는 화폐경제이며 화폐는 인체로 치면 혈액과 같은 기능을 수행한다. 화폐가 원활하게 유통(통화)될 때 경제는 건강성을 유지한다. 화폐의 유통은 신용을 바탕으로 이루어진다. 또한 금융화폐를 빌려주고 빌려가는 금융거래 도 중요하다. 고전학파 모형에서는 이자율은 생산물시장에서 결정된다는 대부자금설이 바탕을 이룬다. 케인스 모형에서는 이자율은 화폐시장에서 결정된다는 유동성선호설이 바탕을 이룬다. 제16장에서는 통화량과 통화지표, 화폐의 수요와 공급, 이자율 결정 그리고 금융정책에 대해 설명한다.

16.1 통화량과 통화지표

16.1.1 화폐와 통화

화폐는 구체적인 형태를 의미하는 것이 아니고 한 사회에서 일반적인 거래수단으로 통용되는 모든 것을 통칭한다. 화폐는 교환의 매개수단뿐만 아니라 가치의 척도, 가치저장수단 그리고 회계의 단위로서 기능한다. 화폐가 경제적으로 통용되는 것을 통화라 한다. 예를 들어 박물관에 들어앉아 세상출입을 마다하는 고화폐라든지, 중앙은행에서 잠자는 화폐는 통화라 할 수 없다. 통화는 통용되는 화폐, 곧 제구실을 하면서 돌고 도는 돈이다. 지불수단으로 구매력을 발휘하고, 가치저장수단으로 수요되는 기능이나 역할을 수행할 때 통화가 되는 것이다. 한국조폐공사에서 인쇄된 돈은 아직 법화가 아닌 종이에 불과하다. 금통위에 위해 결정된 통화량이 한국은행 금고에서 생명을 부여받음으로써 화폐가 된다. 한국은행 금고에 있는 돈은 화폐이지만 통화는 아니어서 통화량으로 산정되지 않는다.

16.1.2 통화량과 통화지표

통화량은 일정시점에서 얼마나 많은 양의 화폐가 유통되는지를 나타내는 저량(stock)의 개념이다. 통화량을 측정하는 지표로는 ① 통화지표(M_1, M_2)와 ② 유동성지표(L_f, L) 등이 있다. 통화지표 M_1은 화폐의 지급결제기능을 중시하는 통화지표로서 '협의통화'라 한다. 통화지표 M_2는 화폐의 거래적 기능과 가치저장기능까지 포괄하는 통화지표로서 '광의통화'라 한다. 유동성지표 L_f는 전체 금융기관의 자금상황을 나타내는 지표로서 금융기관유동성이라 한다. 유동성지표 L은 한나라의 경제가 보유한 전체의 유동성을 나타내는 지표로서 광의유동성이라 한다.

통화지표와 유동성지표를 정리하면 다음과 같다.

① 협의통화(M_1) = 현금통화 + 요구불예금 + 수시입출식 저축성예금 = 현금통화 + 예금통화

② 광의통화(M_2) = M_1 + 저축성예금 + 예금기관의 각종 수익성 금융상품(만기 2년 이상 장기 금융상 품은 제외) = M_1 + 준예금통화

③ 금융기관유동성(L_f) = M_2 + 금융기관 기타예수금 및 수익성 금융상품 등

④ 광의유동성(L) = L_f + 정부 및 기업이 발행한 유동성 시장금융상품 등

16.2 통화의 공급

16.2.1 금융과 금융기관

1. 금융시장

금융(finance)이란 재화나 서비스의 개입없이 화폐(자금)에 대한 수요자와 공급자 간의 화폐(자금)거래를 의미한다. 실물거래는 실물과 화폐를 교환하는 형식을 취하지만 금융거래는 화폐와 증서(증권)를 교환하는 형식을 취한다.

금융에는 직접금융과 간접금융이 있다. 직접금융(direct finance)이란 자금을 수요자와 공급자가 직접 거래하는 방식을 말하고 간접금융(indirect finance)이란 자금을 중개기관(금융기관)을 통해 거래하는 방식을 말한다. 예를 들어 기업이 주식이나 회사채를 발행하여 자금을 조달하는 방식을 직접금융이라 하고 기업이 은행을 통해 자금을 조달하는 방식을 간접금융이라 한다.

금융이 원활하게 이루어지려면 금융시장이 발달해야 한다. 금융시장이란 자금에 대한 수요자와 공급자가 거래함으로써 이자율과 자금거래액이 결정되는 시장을 말한다. 금융시장은 단기자금시장(1년 이내)과 장기자금시장(1년 이상)으로 나뉜다. 장기금융시장에는 장기대부시장과 증권시장이 있다.

단기자금시장은 콜시장(call market)과 할인시장(discount market)으로 나뉜다. 콜시장은 만기가 하루에서 2주 이내의 최단기자금시장으로서 공급자 측에서는 자금을 콜론(call loan)이라 하고 수요자 측에서는 자금을 콜머니(call money)라 한다.

할인시장이란 어음, 통화안정증권, 양도성예금증서(CD), 환매조건부채권(RP), 재정증권 등이 거래되는 시장을 말하는데, 만기일까지의 이자를 빼는 할인형식으로 거래가 이루어진다. 금융시장에는 외환시장과 파생금융상품시장(선물, 옵션 등)도 있다.

2. 금융기관

금융기관이란 자금의 수요와 공급을 중개하는 기관을 말한다. 금융기관의 기능을 정리하면 다음과 같다. ① 금융기관은 금융거래를 매개함으로써 거래비용을 절감시킨다. ② 금융기관은 자금의 수요자나 공급자를 분산시켜 금융거래에 따르는 위험을 줄일 수 있다. ③ 금융기관은 유동성이 높은 단기자금을 유동성이 낮은 실물자본으로 변환시키면서 유동성을 제고시킨다. ④ 금융기관은 화폐, 수표, 어음, 신용카드, 계좌이체 등 다양한 지급결제수단을 제공한다. ⑤ 금융기관은 신용창조를 통해 통화량을 증가시킨다.

우리나라의 금융기관을 분류하면 다음과 같다.

① 중앙은행은 한국은행이다. 중앙은행은 발권은행으로서의 기능, 은행의 은행으로서의 기능, 통화금융정책의 집행, 정부의 은행으로서의 기능, 외환관리업무 등을 수행한다.

② 예금취급기관은 예금은행, 수출입은행, 종합금융회사, 신탁회사, 상호저축은행, 신용협동기구(새마을금고, 신용협동조합)

③ 보험회사는 생명보험회사, 손해보험회사, 공제조합이 있고 연금기금은 공무원연금, 군인연금, 사립학교교원연금이 있다.

④ 기타금융중개기관은 증권기관, 투자회사, 여신전문금융기관, 유동화전문기관, 공적금융기관이 있다.

⑤ 금융보조기관은 신용보증기관, 자금중개회사, 선물회사, 투자자문회사, 금융감독원, 금융결제원, 증권거래소 등이 있다.

3. 금융제도

금융제도란 금융거래가 구체적으로 이루어지는 방식이나 제반 제도적 장치를 의미한다. 대체적으로 금융시장, 금융기관, 그리고 금융거래를 감시하고 지원하는 금융하부구조를 포함한다. 금융제도는 나라마다 다르고 경제구조가 변함에 따라 특성이 변하고 있다. 전통적으로 미국과 영국은 자본시장이 금융의 중심적인 역할을 하는 시장중심금융제도(market-based financial system)를, 독일과 일본은 은행이 금융의 중심적인 역할을 하는 은행중심금융제도(bank-based finacial system)를 채택하고 있다. 경제가 발전함에 따라 실물자산에 대한 금융자산액의 비율이 높아지는 금융심화(financial deepening)가 가속화되고 금융제도 또한 변하고 있다. 금융제도가 종래의 규제중심에서 금융자유화(financial liberalization)로 전환되면서 금융혁신과 금융겸업화가 진전되고 있다. 금융자유화는 금융의 증권화(securitization)로 직접금융의 비중을 높이게 되고 은행은 대출채권을 기초로 한 유동화채권을 발행하는 겸업주의로 나아가고 있다. 금융자유화와 정보화기술의 발달로 인해 금융거래비용이 대폭 축소되면서 세계 각국의 금융시장이 통합되어가는 금융의 국제화도 이루어지고 있다. 하지만 지나친 금융의 자유화나 증권화가 2008년 글로벌 금융위기를 초래했다는 반성과 함께 금융의 자유화를 완화하는 금융의 재규제(reregulation)가 이루어지고 있다.

16.2.2 신용창조와 통화승수

중앙은행은 현금을 발행하여 시중으로 내보내면 민간보유현금이 증가하고 민간부문은 그중 일부를 은행에 예금한다. 은행은 예금된 인출에 대비하여 일부를 보유하고 일부를 대출하게 된다. 이런 과정에 거듭되면서 예금통화가 창조되고 민간의 현금보유와 은행예금의 대출성향에 따라 예금통화량의 크기가 달라진다. 중앙은행은 발권은행으로서 독점적으로 현금을 발행한다. 중앙은행의 창구를 통하여 시중으로 풀려나간 현금를 본원통화(monetary base)라 한다. 시중은행은 본원통화를 새끼 쳐 더 많은 예금통화를 만들어 낸다. 이런 과정을 신용창조라 하고 본원통화를 고성능화폐(high-powered money)라 한다.

중앙은행이 공급한 현금을 본원통화라 하고 민간이 보유한 현금을 현금통화, 은행이 보유한 현금은 지급준비금이라 한다. 은행은 지급준비금의 일부는 중앙은행에 예치하고 일부는 은행이 보유하는데 중앙은행에 예치한 것을 지급준비예치금이라 하고 은행은 보유한 것을 시재금이라 한다. 화폐발행액이란 본원통화 중 중앙은행에 예치한 지급준비금을 제외한 민간이 보유한 현금통화와 은행이 보유한 시재금을 말한다.

화폐발행액 = 본원통화 − 지급준비금
= 민간이 보유한 현금통화 + 은행이 보유한 시재금

우선 국고가 바닥난 정부가 한국은행으로부터 100억원을 빌려 ㉮씨에게 지불했다 하자. 국가재정을 통해서 100억원의 본원통화가 공급된 셈인데, ㉮씨는 이를 사과상자에 담아 두지 않고 은행에 맡겼다. 이처럼 예금은행으로 처음 유입된 예금을 본원적 예금이라 부른다. 〈그림 16 − 1〉은 신용창조와 예금통화액이 증가하는 과정을 설명하고 있다.

〈그림 16 − 1〉 신용창조와 예금통화창조액

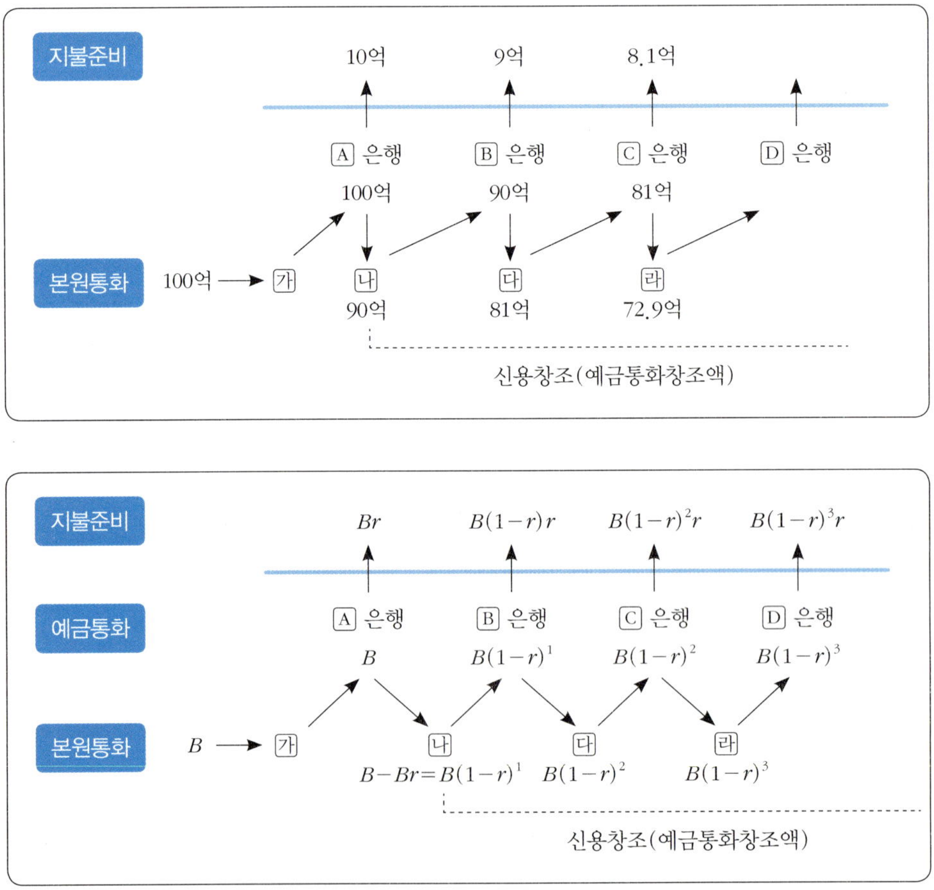

법정지불준비율이 10%라고 가정하면, '본원적' 예금 중에서 10억원을 남겨두고, 나머지 90억원을 ㉯씨에게 대출한다. 통화의 공급측면에서 보면 ㉮씨의 요구불예금 100억원은 물론 ㉯씨에게 대출된 90억원 또한 통화에 해당하므로 통화량은 190억원이 된다. 중앙은행 창구에서 100억원이 시중으로 공급된 애초의 본원적 예금 100억원이 90억원의 새로운 통화를 창조한 셈이다. 본원적 예금을 B(100억원)라 하고, 지불준비율을 r(0.1)이라면, $(1-0.1)100=90$억원 예금통화가 증가한 것이다.

또한 90억원을 대출받은 ㉯씨가 90억원을 장롱 속에 잠재우지 않고 '몽땅' 은행에 맡긴다 하자. 지불준비율(0.1)90억원=9억원을 제외한 대출액은 81억원이 되고 또다시 81억원의 예금통화가 창조된 셈이다. 이것을 수식으로 나타내면 $(1-r)(1-r)B$, $(1-0.1)(1-0.1)100$억원=81억원이 된다. 예금통화창조액의 크기는 점차 감소하겠지만, 이 같은 과정이 계속되어 최총예금통화 창조액을 결정하게 된다.

최총예금통화 창조액을 계산하면 공비가 $(1-r)$인 등비수열에 해당한다.

등비수열의 공식은 $\dfrac{1}{1-\text{공비}}=\dfrac{1}{1-(1-r)}=\dfrac{1}{r}$이 된다.

〈그림 16-1〉을 수식에 대입하면 100억(본원통화)$\times\dfrac{1}{r}$이 되고 $r=0.1$이므로 총예금창조액은 1,000억원이 된다. 순신용승수는 $\dfrac{1-r}{r}$이고 순예금창조액은 900억원이 된다.

따라서 신용승수(credit multiplier)는 $\dfrac{1}{\text{법정지불준비율}}=\dfrac{1}{r}$이고 순신용승수는 $\dfrac{1-r}{r}$이이다.

통화승수(money multiplier)란 통화량이 본원통화의 몇 배인가를 나타내는 배수를 말한다. 이를 수식으로 나타내면 $M=mB$ 또는 $m=\dfrac{M}{B}$이다(M: 통화량, B: 본원통화, m: 통화승수).

통화량(M)=현금통화(C)+예금통화(D)으로 나타내고 본원통화(B)=현금통화(C)+지급준비금(R)으로 나타낼 수 있다. 그런데 통화승수는 $m=\dfrac{M}{B}$이므로 $\dfrac{M}{B}=\dfrac{C+D}{C+R}$ 분자와 분모를 모두 D로 나누면 $\dfrac{M}{B}=\dfrac{C/D+1}{C/D+R/D}$이 된다. 여기서 $\dfrac{C}{D}=c$라 하고, $\dfrac{R}{D}=r$이라 하자. c: 예금통화에 대한 현금통화의 비율, r: 예금에 대한 지급준비금의 비율(법정지급준비율+초과지급준비율)이다. $\dfrac{M}{B}=\dfrac{C/D+1}{C/D+R/D}$식을 $\dfrac{C}{D}=c$, $\dfrac{R}{D}=r$로 정리하면 $m=\dfrac{M}{B}=\dfrac{c+1}{c+r}$이 된다. 따라서 통화공급방정식은

$M^S = mB = \frac{c+1}{c+r}B$가 도출된다. 여기서 본원통화에 통화승수($m$)를 곱하면 통화공급량이 된다. c: 현금－예금비율로 민간부문에서 결정, r: 지급준비율(중앙은행이 결정하는 법정지급준비율＋예금은행이 결정하는 초과지급준비율)

16.2.3 통화의 공급함수

통화당국으로서 중앙은행은 통화승수를 고려하면서 본원통화를 공급한다. 시중은행은 신용창조에 의해 예금통화를 창출하지만 중앙은행은 법정지불준비율로 신용창조에 영향을 미친다.

통화공급함수 $M^S = \frac{c+1}{c+r}B = mB$이므로 이자율과는 상관관계가 성립하지 않는다. 따라서 〈그림 16－2〉의 M^S처럼 통화의 공급곡선은 수직선이 된다. 현금통화비율과 초과지급준비율이 일정하다면 통화공급량은 중앙은행에 의해 결정된다는 것을 의미한다. 즉, 통화공급은 본원통화(B)와 통화승수(m)의 함수인 셈이다. 만약 본원통화(B)와 통화승수(m)가 커진다면 통화공급곡선은 오른쪽으로 수평이동하게 된다.

그런데 현실적으로 이자율이 상승하면 현금보유에 대한 기회비용이 상승하므로 민간의 현금보유비율이나 은행의 초과지급준비율이 낮아질 수 있다. 이런 경우 통화공급곡선은 우상향하는 형태를 갖게 되고 이자율이 변함에 따라 통화량이 영향을 받아 중앙은행의 정확한 통화량 통제가 어려워질 수 있다.

〈그림 16－2〉 통화의 공급곡선

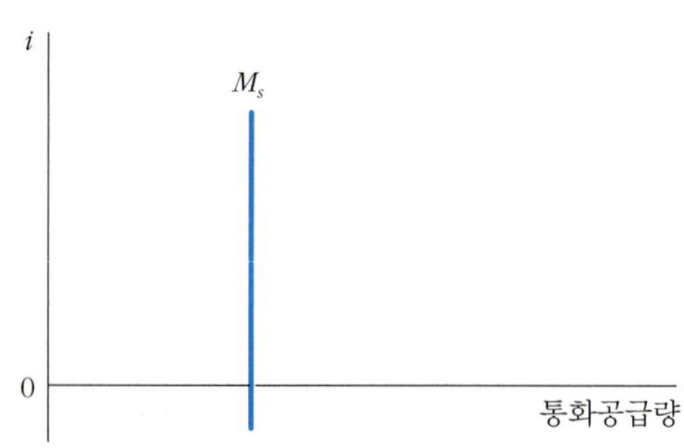

16.3 화폐의 수요

화폐수요(money demand)란 사람들이 일정시점에서 보유하고자 하는 화폐의 총량을 의미하는 저량(stock)의 개념이다. 화폐는 수익성이 없는 금융자산에 속한다. 일정시점에서 사람들은 화폐를 가질 수도 있고, 부동산이나 광물과 같은 실물자산을 가질 수도 있고, 아니면 주식, 회사채, 국채와 같은 금융자산을 선택적으로 소유할 수 있다. 화폐는 무수익성 자산임에도 불구하고 일정시점에서 사람들은 화폐를 소유하는 이유는 무엇인가?, 그리고 일정시점에서 사람들은 얼마나 많은 화폐를 어떤 요인에 의해서 소유하게 되는 것일까? 화폐수요이론은 이런 문제들을 다루는 경제이론이다. 화폐수요이론은 ① 고전학파의 화폐수요이론, ② 케인스의 유동성선호설, ③ 프리드만의 신화폐수량설이 가장 유력하다.

고전학파의 화폐수요이론은 화폐의 교환기능을 강조한 화폐수량설로써 화폐수요가 이자율과 아무런 함수관계가 없다고 주장하는 반면에, 케인스의 화폐수요이론은 화폐의 기능에 대해 교환기능뿐만 아니라 가치저장수단으로서의 기능을 강조하면서 화폐수요가 이자율과 민감한 함수관계라는 것을 주장한다. 오늘날 여러 가지 화폐수요이론이 쟁점을 다투고 있지만 이자율과 화폐수요 간의 관련성이 그 논의의 핵심이라 할 수 있다.

16.3.1 고전학파의 화폐수요이론

고전학파의 화폐수량설은 일반물가수준은 통화량의 크기에 의해 결정된다는 화폐수요에 대한 전형적인 기본이론이다. 고전학파의 화폐수량설에는 피셔의 교환방정식과 케임브리지학파의 현금잔고방정식이 있다.

1. 피셔의 교환방정식

화폐수량설(quantity theory of money)은 물가와 통화량과의 관계를 설명하는 고전학파의 기본적인 화폐수요이론이다.

피셔의 교환방정식(equation of exchange)은 일정기간 동안의 생산물 총거래액은 그 기간 중 사용된 화폐지불액과 같다는 개념이다. 피셔의 교환방식을 수식으로 나타내면 다음과 같다.

$$MV_t = PT$$

M: 통화량　p: 단위당 가격　V_t: 화폐의 유통속도　T: 거래량

총거래에 중간재의 거래가 포괄되므로, 총거래액은 국민소득보다 크다. 국민소득에 기초하려면, 총거래액 T에서 최종재의 거래액만을 때어내면 된다. 최종재가 차지하는 비율(α)을 사용하여 $Y=\alpha T$이고, $V=\alpha V_t$로 조정하면

$$MV = VP$$

MV: 일정기간 동안의 최종생산물 거래액
PY: 일정기간 동안의 명목소득

위에서 V는 화폐의 유통속도(V_t)가 소득의 유통속도로 변형된 것이다. 이는 크기만 다를 뿐 본질상 서로 같다. 즉, 거래제도나 관습을 배경으로 형성되므로, 단기적으로 변하지 않는 상수로 취급된다. 또 고전학파의 균형국민소득은 항상 완전고용산출량수준에서 고정된 값을 갖는다. 그렇다면, 교환방정식에서 V와 Y는 일정한 값이므로 통화량과 가격은 정비례한다. 따라서 화폐공급은 물가를 움직일 뿐 국민소득에 전혀 영향을 미치지 못한다는 고전학파의 화폐의 중립성이 성립한다.

$$M\overline{V} = P\overline{V^F}$$

피셔의 교환방정식은 통화량과 물가의 관계를 나타내는 직접적인 화폐수요이론은 아니지만 이 수식을 M에 대해 정리하면 화폐의 수요를 이끌어 낼 수 있다. 이 수식의 우변은 명목국민소득만큼의 거래를 위해서는 일정비율($\frac{1}{V}$)만큼의 화폐가 필요하다는 것, 즉 M이 화폐수요를 의미한다.

2. 케임브리지학파의 현금잔고방정식

케임브리지학파의 현금잔고방정식(cash balance equation)은 마샬과 피구(A.C.

Pigou) 등 케임브리지학파에 의해 정립된 명시적인 화폐수요함수이다. 피셔의 교환방정식이 거래를 위한 통화량결정에 초점을 맞추고 있다면 현금잔고방정식은 개인이 보유하고자 하는 통화량이 무엇에 의해 결정되는지에 관심을 가진다.

현금잔고방정식은 사람들은 수입의 시점과 지불의 시점이 불일치하고 채권의 매매에는 비용이 따르므로 금융자산 중 일부를 현금으로 가지려는 성향을 가지는데, 이것을 사람들이 화폐를 보유하려는 이유로 파악한다.

사람들이 명목소득(Y)의 일정비율(k)만큼 화폐를 보유하려는 명목화폐수요를 수식으로 나타내면 다음과 같다.

$$M^D = kPY$$

$$\frac{M^D}{P} = kY$$

단 $Y = \beta A$, $K_a = \beta K$, $0 < \beta < 1$

위 식에서 k를 마샬의 k(Marshallian k)라 하고 이것은 총소득에 대한 보유현금의 비율, 곧 현금잔고의 비율을 나타낸다. k 역시 V처럼 경제제도와 관습에 의해 결정되므로 단기적으로 일정하다고 본다. 현금잔고방정식은 실질화폐수요는 국민소득 규모에 의해 결정된다는 화폐수량설에 포함된다. 교환방정식이나 현금잔고방정식은 모두 화폐의 유통속도가 일정하고 화폐수요는 국민소득의 크기가 결정한다. 또한 화폐의 유통속도가 이자율에 영향을 받지 않는다는 점에서 케인스의 유동성선호설이나 프리드만의 신화폐수량설과 다른 점이다.

16.3.2 케인스의 유동성선호이론

케인스의 화폐수요이론은 사람들이 유동성(liquidity)을 확보하기 위해 유동성이 가장 큰 화폐를 가지려 한다는 유동성선호설(theory of liquity preference)이라 한다.

유동성(liquidity)이란 어떤 자산이 가치의 손실 없이 얼마나 빨리 교환의 매개수단으로 활용될 수 있는가를 나타내는 개념이다. 금이나 은은 현금으로 교환하여 사용하는데 편리한 반면 부동산은 현금으로 교환하는 데 시간과 비용이 든다. 부동산은 그 가치가 아무리 높다 하더라도 현금처럼 사용하는데 금과 은에 비해서 용이하지 못하다. 일반적으로 실물자산보다 금융자산이 유동성이 큰 성향을 가진다. 금융자산 중에서도 현금은 가장 유동성이 높다. 현금은 그 자체가 교환의 매개수단이기 때문이다. 케인스는 화폐에 대한 수요를 유동성선호에서 찾은 셈이다. 그리고 케인스는 유동성선호의 동기를 ① 거래적 동기, ② 예비적 동기, ③ 투기적 동기의 셋으로 구분한다.

1. 거래적 수요와 예비적 수요

가계는 매일 여러 가지 가계지출을 위해 화폐를 보유하려 한다. 기업의 경우에도 수입과 지출 사이에 시차가 존재하므로 정상적인 영업활동을 위해 어느 정도의 화폐가 필요하다. 이처럼 소득동기와 영업동기에 의해 발생하는 화폐수요를 거래적 화폐수요(transactions motive)라 하고 소득과 정비례관계에 있다.

또한 가계나 기업은 돌발사태에 대비하기 위해 화폐를 예비적으로 보유하려 하는데 이런 화폐수요를 예비적 동기의 화폐수요(precautionary motive)라 한다. 예비적 동기의 화폐수요는 거래적 동기의 화폐수요처럼 소득과 정비례관계에 있다.

따라서 거래적 동기의 화폐수요와 예비적 동기의 화폐수요를 수식으로 나타내면 다음과 같다.

예비적 수요를 포함한 거래적 수요를 M_t라 하면,

$$M_t = M_t(Y), \qquad \frac{dM_t}{dY} > 0$$

2. 투기적(speculative) 수요

투기적 화폐수요는 사람들이 자산증식을 위해 채권을 살 목적으로 보유하고 있는 유휴잔고를 말한다. 투기적 화폐수요는 이자율과 역함수관계에 있다. 수식으로는 $M_d = f(r)$이고 그래프로 나타내면 〈그림 16-3〉과 같다.

종축에는 이자율(r)을 표시하고 횡축에는 투기적 화폐수요(L)를 표시하였다. r_H는 사람들이 더 이상 오르지 않을 것으로 예상하는 이자율 수준이고 r_L는 사람들이 더 이상 떨어지지 않을 것으로 예상하는 이자율수준이다. 이자율이 r_e수준에서는 L_e만큼의 화폐를 투기적 동기에 의해 수요한다는 것을 나타낸다. 이자율이 r_H인 수준이면 사람들은 유휴잔고를 모두 사용하여 채권을 매입하며, 이자율이 r_L수준이면

〈그림 16 - 3〉 케인즈의 투기적 수요

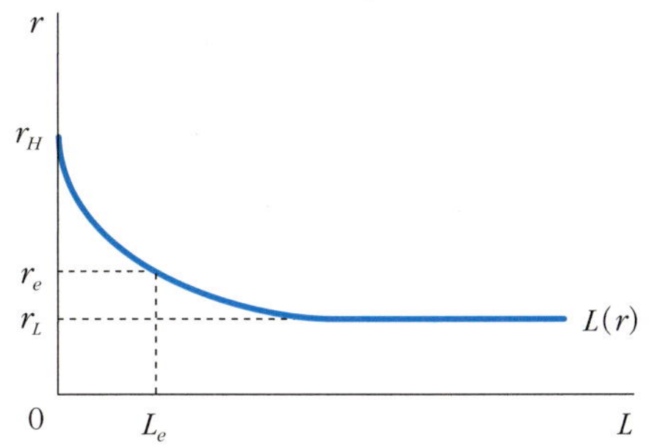

사람들은 유휴잔고를 화폐수요로 유지한다는 것이다.

투기적 화폐수요란 유휴잔고를 이용하여 자본이득을 얻을 목적으로 채권가격이 낮아지기를 기다리며 가지고 있는 화폐를 말한다. 이것은 이자율과 역함수 관계에 있는데 채권가격과 이자율이 역함수 관계에 있기 때문이다. 화폐를 이용하여 자본이득을 얻기 위해서는 채권가격이 낮을 때(이자율이 r_H) 채권을 매입하여 채권가격이 높을 때(이자율이 r_L) 채권을 매각해야 한다. 국채나 회사채와 같은 채권의 경우에는 확정된 이자를 미래에 지급하는 증권이다. 이런 확정이자부증권의 경우에는 이자율이 올라가면 가격이 떨어지고 이자율이 내려가면 가격이 상승하는 특징을 가진다. 이자율이 올라가면 미래이자수익에 대한 현재가치가 작아지고 이자율이 내려가면 미래이자수익에 대한 현재가치가 증가하기 때문이다. 예를 들어 채권을 구매하여 1년 후에 받게 될 이자수익이 100원이라 하자. 연이자율이 10%라 한다면 1년 후에 100원에 대한 현재가치는 $PV=\frac{100}{1+0.1}$=약 90.9원이고 만약 이자율이 20%로 오르는 경우 1년 후의 이자수익 100의 현재가치는 $PV=\frac{100}{1+0.2}$=약 83.3원이 된다. 채권시장에서 거래되는 채권의 가격은 이자율을 반영하여 결정된다. 채권의 현재가치는 이자율과 역함수관계에 있는 것이다. 채권의 현재가치가 채권의 시장가격보다 높다면 채권에 대한 수요가 증가하고 채권가격은 상승한다. 반면에 채권의 현재가치가 채권의 시장가치보다 낮으면 채권에 대한 수요가 감소하고 채권가격은 하락한다. 결국 채권의 가격은 채권의 현재가치와 채권의 시장가치가 같아질 때 결정된다.

16.3.3 프리드만의 신화폐수량설

프리드만의 신화폐수량설은 고전학파와 달리 화폐를 단순히 거래매개수단으로만 보는 것이 아니라 개인의 부를 구성하는 하나의 자산으로 파악한다. 따라서 프리드만은 사람들이 화폐를 보유하려는 동기보다는 사람들이 얼마만큼의 화폐를 보유하려 하는지에 대한 결정요인에 관심을 둔다.

프리드만은 화폐를 사람들이 소유하고 있는 자산 중에서 하나의 상품으로 간주하기 때문에 실질화폐수요는 이자율과 실질소득의 함수로 본다. 채권이나 주식의 예상수익률이 상승하면 대체자산들이 더 투자가치가 있게 되어 화폐에 대한 수요가 감소한다. 예상물가상승률이 상승하는 경우에도 화폐의 구매력이 떨어질 것으로 예상되므로 화폐에 대한 수요는 감소한다. 프리드만의 화폐수요함수는 이자율과 실질소득의 함수로 보는 점에서는 케인스의 화폐수요함수와 유사하다. 하지만 케인스는 투기적 화폐수요에서 채권의 명목수익률만을 고려한 반면 프리드만은 모든 형태의 자산에 대한 예상수익률을 모두 고려한다. 프리드만은 고전학파와 달리 화폐수요를 소비자가 효용극대화를 달성하기 위한 선택처럼 하나의 자산선택의 대상으로 취급한다. 또한 프리드만은 채권이나 주식의 예상수익률, 예상물가상승률 등이 화폐의 유통속도에 미치는 영향이 아주 미미한 것으로 파악하기 때문에 실질화폐수요는 거의 실질소득에 의해 결정된다고 보는 점에서, 고전학파의 화폐수량설과 매우 유사하다. 따라서 프리드만의 화폐수용이론을 신화폐수량설이라고 한다. 프리드만의 화폐수요함수는 다음과 같다.

$$\frac{M^D}{P} = kY = \kappa(r_b,\ r_e,\ \pi)\cdot Y$$

κ: 마샬의 κ,　　r_b: 채권의 예상수익률,
r_e: 주식의 예상수익률,　　π: 예상물가상승률

프리드만의 화폐수요함수는 r_b, r_e, π가 κ에 미치는 영향이 아주 미미한 것으로 파악하여 실질화폐수요($\frac{M^D}{P}$)는 실질국민소득(Y)의 함수로 보는 것이다.

16.4 이자율의 결정

16.3에서 지금까지 고전학파를 중심으로 한 화폐수량설과 케인스의 유동성선호설을 바탕으로 한 화폐수요의 차이점을 살펴보았다. 화폐수량설은 화폐의 수요가 국민소득(실물변수)에 의해 결정되고 케인스는 이자율(화폐변수)에 의해 결정된다고 파악하기 때문에 이자율결정이론도 고전학파는 실물시장에서 케인스는 화폐시장에서 결정된다고 보는 차이점을 보인다.

16.4.1 케인스의 이자율 결정

〈그림 16-4〉는 케인스의 화폐수요함수는 $M^D=P\cdot L(r)$에 의한 화폐수요곡선과 통화공급함수 $M^S=\dfrac{c+1}{c+r}B=mB$에 의한 화폐공급곡선에 의해 r_e점에서 화폐시장이 균형을 이루고 있다. 〈그림 16-4〉의 r_e점에서 은 화폐의 수요와 공급의 의한 균형이자율을 나타낸다. 만약 이자율이 r_H수준이라면 화폐에 대한 초과공급이 발생하고 이자율은 하락하게 될 것이다. 이자율이 하락하면 투기적 화폐수요는 증가하고 화폐시장은 다시 균형을 이룬다. 반대로 이자율이 r_L수주이라면 화폐에 대한 초

〈그림 16-4〉 케인스의 화폐시장균형

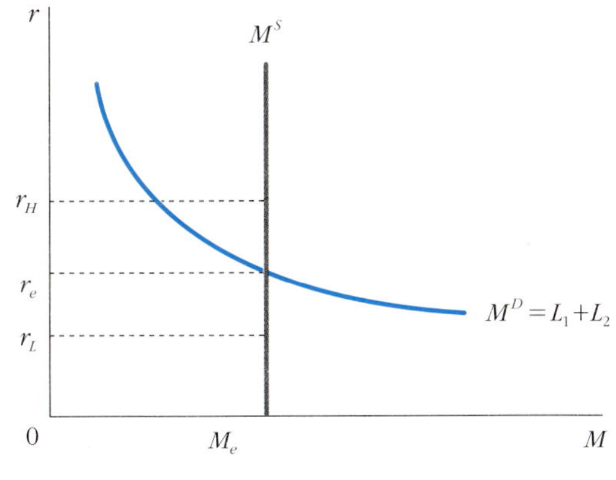

과수요가 발생하여 이자율은 상승하게 될 것이다. 이자율이 상승하면 투기적 화폐수요는 감소하고 화폐시장은 다시 균형을 회복하게 된다.

또한 케인스의 화폐수요는 물가와 실질국민소득이 주어져 있을 때 이자율의 역함수이므로 물가나 실질국민소득이 상승하면 화폐의 수요곡선이 우측으로 수평이동한다. 이런 경우 각각의 이자율에서 화폐수요가 증가하기 때문이고 따라서 이자율이 상승하게 된다. 이처럼 케인스의 유동선호이론은 이자율결정을 고전파경제학자들과는 달리 화폐시장에서 화폐의 수·급에 의해 결정되는 화폐적 현상으로 파악하고 있다.

16.4.2 고전학파의 이자율 결정

고전학파는 이자율 결정이 화폐시장이 아닌 생산물시장에서 생산물의 수·급에 의해 결정되는 것으로 파악한다. 생산물시장이론은 수요와 공급이 일치하려면, 저축이 아예 없거나, 투자가 저축과 같아져야 한다. 따라서 〈그림 16－5〉의 i_0에서 수요(투자)와 공급(저축)이 균형을 이룬다.

고전학파는 투자수요는 이자율의 역함수로 보고 저축은 이자율의 증가함수로 본다. 물가변동을 제거한 실질투자(수요)와 실질저축이 이자율을 결정하는 것이다.

〈그림 16－5〉 고전학파의 이자율 결정

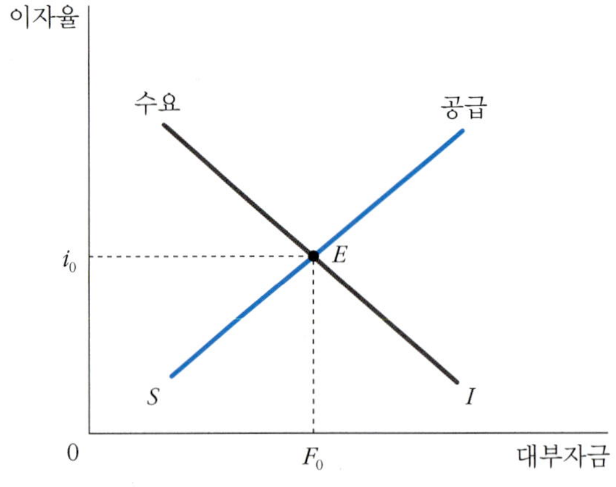

따라서 대부자금시장에서 투자수요는 실질이자율이 오름에 따라 감소하는 한편, 저축(공급)은 실질이자율이 오르면 증가한다. 실질이자율이 i_0라면, 투자와 저축은 F_0에서 일치한다. i_0보다 높은 실질이자는 초과공급을 발생시켜 자금가격(이자율)을 하락시킨다. 반대로 실이자율이 i_0보다 낮으면 초과수요가 실질이자율을 i_0로 복귀시켜 수급은 F_0에서 자동적으로 일치한다.

16.5 금융정책과 정책수단

중앙은행은 정책수단을 동원하여 통화량이나 이자율에 영향을 미쳐 물가안정, 완전고용, 경제성장, 국제수지 등의 경제적 목표를 달성하는 데 금융정책을 활용한다. 금융정책(monetary policy)이란 중앙은행이 운용목표(단기금리, 지급준비금 등)나 명목기준지표(통화량, 환율, 물가상승률)를 통제하여 최종목표(국민경제의 안정적 성장)를 달성하는 정책체계를 의미한다. 금융정책은 최종목표와 정책수단 사이에 중간목표를 설정하는 중간목표관리제와 직접 최종목표를 달성하려는 물가안정목표제가 있다.

16.5.1 금융정책의 수단

금융정책 수단은 일반적 정책수단과 선별적 정책수단으로 나뉜다. 일반적 정책수단이란 금융정책의 효과가 국민경제 전반에 미칠 수 있는 정책수단을 말하고 선별적 정책수단이란 금융정책의 효과가 국민경제의 특정한 부문에 영향을 미치는 정책수단을 말한다. 금융시장이 발달할수록 일반적인 정책수단을 주요 정책수단으로 사용하고 선별적 정책수단은 보조수단으로 사용한다.

1. 일반적 정책수단

금융정책의 일반적 정책수단으로는 재할인율정책, 공개시장운영, 지급준비율정책 등이 있다.

① 재할인율정책(rediscount rate policy)이란 중앙은행이 예금은행에 대한 대출금리(재할인율)를 인상하면 통화량이 감소하고 인하하면 통화량이 증가하는 정책을 말한다. 수단이다. 재할인율(rediscount)이란 예금은행이 자금을 대출하면서 고객으로부터 받은 상업어음을 중앙에 제시하여 자금을 차입하는 것을 말하고 중앙은행이 예금은행에 적용하는 이자율을 재할인율이라 한다.

재할인율정책은 예금은행의 중앙은행에 대한 자금의존도가 높을 때에 효과적인 정책수단으로 활용할 수 있다. 우리나라의 경우에는 1994년부터 재할인율제도를 폐지하고 총액한도대출제도(은행별 대출한도를 정해 한국은행의 지급준비금계정에서 자유롭게 빌려 쓰는 제도)를 2013년에는 금융중개지원대출제도로 이름을 바꾸게 된다. 따라서 우리나라의 재할인율정책은 한국은행대출정책이고 재할인율은 금융중개지원대출금리로 파악해야 한다.

② 공개시장운영(open market operation)이란 중앙은행이 단기금융시장이나 채권시장에서 금융기관을 대상으로 국공채나 유가증권을 매매함으로써 본원통화와 이자율을 조절하는 정책수단을 말한다. 중앙은행이 국공채를 매입하면 통화량은 증가하고 이자율은 하락한다. 반면 중앙은행이 국공채를 매각하면 통화량은 감소하고 이자율은 상승한다.

오늘날처럼 금융의 자유화, 금융의 증권화, 금융의 국제화가 발달한 선진국의 경우에는 공개시장운영을 통한 금융정책을 가장 많이 활용한다. 우리나라의 경우에는 공개시장에서 매매되는 운영대상이 국공채가 아니라 통화안정증권이나 환매조건부 정부채가 활용되고 있다. 최근에는 통화안정증권에 대한 이자부담이 막대하여 환매조건부 정부채를 주로 활용하고 있다.

③ 지급준비율정책이란 중앙은행이 법정지급준비율을 조절하여 통화승수를 변화시키고 그로 인한 통화량이나 이자율의 변화를 조정하는 정책수단이다. 중앙은행이 법정지급준비율을 인상하면 예금은행의 초과지급준비금이 감소하

고 통화승수($m=\frac{M}{B}$)가 작아져 통화량은 감소한다. 반면에 중앙은행이 법정 지급준비율을 인하하면 예금은행의 초과지급준비금이 증가하고 통화승수($m=\frac{M}{B}$)가 커져 통화량은 증가한다.

2. 선별적 정책수단

선별적 정책수단이란 직접적인 규제수단으로 은행이 민간에게 제공하는 대출에 대해 통화당국이 선택적으로 통화량이나 이자율을 규제하는 방식을 말한다. 일반적인 정책수단만으로는 충분한 통화량 조절효과를 기대할 수 없는 경우, 선별적 규제수단을 활용한다. 선별적 정책수단에는 대출한도제, 이자율규제정책, 창구규제 등이 있다.

① 대출한도제란 통화당국이 중앙은행과 예금은행의 대출한도를 규제하거나 자산을 규제하여 국내총여신을 규제하는 직접규제이다. 국내여신총여신은 정부와 민간에 대한 예금취급기관의 여신총액을 말한다.

② 이자율규제정책은 통화당국이 금융시장의 각종 이자율을 직접 규제함으로써 신용의 규모와 배분을 조정하고 통화량을 조절하는 정책이다.

16.5.2 중간목표관리제

중간목표관리제란 정책당국이 최종목표인 물가안정, 완전고용, 경제성장, 국제수지 등 금융정책의 최종목표를 달성하기 위해 중간목표를 설정하고 이 중간목표를 우선적으로 달성하려는 방식을 말한다. 중간목표로는 주로 이자율과 통화량을 설정한다. 앞에서 살펴본 일반적 정책수단이나 선별적 정책수단을 사용하여 중간목표인 이자율과 통화량을 안정적으로 유지하려는 금융정책 운용체계이다.

① 이자율목표제는 이자율을 중간목표로 운영하는 진성어음주의라고도 한다. 은행은 고정된 이자율 수준에서 기업이 일반적인 상거래에서 발행한 진성어음을 탄력적으로 할인해주는 정책이다. 이 정책은 통화당국이 적정이자율 수준에서 민간의 화폐수요를 얼마든지 공급해 주는 방식이다. 그런데 적정이자율

수준을 정하는 데에는 현실적으로 어려움이 따르고 시장이자율이 변할 때 적정한 통화량공급을 찾는 것도 쉽지 않다. 예를 들어 대부자금시장에서 초과수요가 발생하여 시장이자율이 상승하는 경우에는 통화량을 증가시켜야 하지만 한동안 과도하게 통화가 공급되어 시장이자율이 상승하는 경우라면 오히려 통화공급을 줄여야 한다.

② 통화량목표제는 구체적인 통화지표에 의한 통화공급증가율을 설정하여 통화량을 관리하는 방식이다. 어떤 통화지표를 중간목표로 삼을 것인가는 다라와 시대에 따라 다양하다. 하지만 일반적으로 1972년 유럽공동체 각료이사회가 전회원국에 채택할 것을 권고한 바 있는 EC방식을 사용한다. EC방식은 피셔의 교환방정식에 근거하여 통화공급목표 증가율을 산정한다. 수식으로 나타내면 다음과 같다.

통화공급목표 증가율=목표인플레이션율+자연성장률−예상소득유통속도 증가율

16.5.3 물가안정목표제

세계 여러 나라들의 정책경험에 의하면 통화당국이 물가안정을 최우선목표로 삼고 중간목표인 통화량을 안정적으로 공급하는 경우, 물가안정, 경제성장, 국제수지균형 등 국민경제의 최종목표들을 효과적으로 달성한다는 것이다. 또한 1980년대부터 금융자유화, 금융국제화로 인해 통화량과 최종목표와의 관계가 불안정해지자 이자율을 중간목표로 삼는 것이 적절치 못한 상황이 전개되었다. 따라서 많은 나라들이 1990년대에 들어서면서 물가안정목표제를 도입하게 되었다.

물가안정목표제란 중앙은행이 일정기간 달성해야 할 물가목표치를 미리 공표하고 중간목표 없이 공개시장운영이나 재할인율정책 등의 금융정책을 통해 직접 물가안정목표를 달성하는 방식이다. 중요한 것은 통화량, 이자율, 환율, 기대인플레이션, 자산가격 등 다양한 거시변수들을 활용하여 최적한 물가목표치를 설정하는 것이다. 이 제도는 경제주체에게 안정적인 경제환경을 조성해 준다는 데 있다. 물

가가 인플레이션 억제 목표를 상회하는 경우 중앙은행은 긴축정책을, 반대로 물가가 인플레이션 억제목표를 하회할 경우에는 중앙은행은 경기부양을 위해 확장정책을 펼 것이라는 것은 누구나 예측 가능하다.

읽을거리 16.1

유동성함정과 양적 완화

케인스는 투기적 화폐수요을 이자율의 역함수로 보았다. 이자율이 낮아지면 사람들은 장래의 이자율상승(채권가격은 하락)을 예상하게 된다. 케인스는 경기가 침체되어 이자율이 아주 낮은 구간을 유동성함정(liquidity trap)이라 하고 화폐의 수요곡선이 수평으로 보았다. 사람들은 이 구간에서는 자산증식을 위해 화폐수요를 무한히 증가시키는 원리가 작동하여 통화당국이 화폐공급을 증가시키더라도 이자율이 전혀 변하지 않는다. 따라서 이 구간에서는 금융정책으로는 소비와 투자에 영향을 미칠 수 없다. 따라서 이자율이 0에 가까워지면 이자율을 낮추어 민간소비와 투자지출을 원하는 방향으로 조절할 수 없게 된다. 이런 상황에서 양적완화(quantitative easing policy)라는 비전통적 금융정책이 등장한 것이다. 양적완화는 3가지 방식으로 운용되는 금융정책이다. ① 중앙은행이 상당기간 동안 단기이자율을 낮게 유지할 것을 공표하여 장기이자율을 낮추고 민간소비와 투자지출을 증가시킬 수 있다. ② 중앙은행이 공개시장에서 단기채권 대신 장기채권을 매입하는 방식이다. 장기채권을 매입하면 장기채권가격은 상승하고 장기이자율은 하락하게 되어 민간소비와 투자지출을 촉진할 수 있다. ③ 중앙은행이 화폐를 발행하여 공개시장에서 채권을 매입하는 방식이다. 이런 경우 중앙은행의 대차대조표의 규모가 커지게 된다(화폐발행은 부채증가, 채권매입은 자산증가). 중앙은행이 본원통화와 은행의 지급준비금을 늘리게 되는 것이다. 양적완화가 경기를 어느 정도 부양하고 나면 확대된 통화량이 인플레이션을 일으킬 수 있으므로 양적완화정책을 종료하게 되는데 이를 출구전략(exit strategy)이라 한다.

연습문제

EXERCISE

주관식 연습문제

1. 화폐의 기능을 설명하라.

2. 화폐, 통화, 그리고 금융의 차이점을 설명하라.

3. 협의통화(M_1)란 무엇인가?

4. 광의통화(M_2)란 무엇인가?

5. 금융기관유동성(L_f)이란 무엇인가?

6. 광의유동성(L)이란 무엇인가?

7. 금융시장이란 무엇인가?

8. 중앙은행의 역할과 기능을 설명하라.

9. 시장중심금융제도란 무엇인가?

10. 은행중심금융제도란 무엇인가?

11. 금융의 재규제를 설명하라.

12. 신용창조를 설명하라.

13. 통화승수를 설명하라.

14. 화폐의 공급함수를 설명하라.

15. 피셔의 교환방정식을 설명하라.

16. 케임브리지학파의 현금잔고방정식을 설명하라.

17. 화폐의 유통속도와 마샬의 k를 비교 설명하라.

18. 케인스의 유동성선호설이란 무엇인가?

19. 거래적 예비적 화폐수요를 설명하라.

20. 투기적 화폐수요를 설명하라.

21. 프리드만의 신화폐수량설과 고전학파의 화폐수량설을 비교 설명하라.

22. 채권가격과 이자율의 관계를 설명하라.

23. 고전학파의 이자율 결정과 케인스의 이자율 결정의 차이점을 설명하라.

24. 재할인율정책이란 무엇인가?

25. 공개시장운영이란 무엇인가?

26. 지급준비율 정책이란 무엇인가?

27. 대출한도제란 무엇인가?

28. 이자율규제정책이란 무엇인가?

29. 중간목표관리제와 물가안정목표제를 비교 설명하라.

30. 유동성함정이란 무엇인가?

객관식 연습문제

1. 다음 중 협의의 통화(M1)에 해당하지 않는 것은? 〔보험계리사〕

① 민간보유현금　　② 요구불예금
③ 기간물 정기예금　　④ 수시입출식 저축성예금

2. 다음 중 광의의 통화(M2)에 포함되는 항목을 모두 고른 것은? 〔지방직 7급〕

가. 현금통화
나. 요구불예금
다. MMDA(money market deposit account)
라. 양도성예금증서(CD)

① 가, 나, 다　　② 가, 다, 라　　③ 나, 다, 라　　④ 가, 나, 다, 라

3. 부분지급준비제도하의 통화공급 모형에서 법정지급준비율과 초과지급준비율의 합이 1보다 작다. 다른 조건이 일정할 때, C/D비율의 증가로 발생하는 현상은?(단, C는 현금, D는 요구불 예금이다.) 〔국가직 7급〕

① 현금 유통량이 증가하고 통화공급도 증가한다.
② 통화공급은 증가하지만 지급준비금은 변화가 없다.
③ 통화공급이 감소한다.
④ 현금 유통량은 증가하지만 통화공급은 변화가 없다.

4. A국의 모든 은행들은 법정지급준비금 외에 추가로 지급준비금을 마련하지 않고, 국민들은 돈이 생기면 모두 은행에 예금한다. 법정지급준비율이 5%인 A국의 중앙은행이 통화량을 200억 달러 증가시키기 위한 방법으로 옳은 것은? 〔국가직 9급〕

① 국채를 10억 달러어치 판다.
② 국채를 10억 달러어치 산다.
③ 국채를 40억 달러어치 판다.
④ 국채를 40억 달러어치 산다.

5. 민간은 화폐를 현금과 요구불예금으로 가각 1/2씩 보유하고, 은행은 예금의 1/3을 지급준비금으로 보유한다. 통화공급을 150만큼 늘리기 위한 중앙은행의 본원통화 증가분은?(단, 통화량은 현금과 요구불예금의 합계이다.) 〔감정평가사〕

① 50 ② 100 ③ 150 ④ 200 ⑤ 250

6. 통화승수를 상승시키는 것으로 옳지 않은 것은? 〔보험계리사〕

① 법정지급준비율의 하락
② 은행자기자본비율 상승
③ 초과지급준비율 하락
④ 민간현금보유율 하락

7. 중앙은행의 화폐공급에 관한 설명으로 옳은 것은? 〔공인노무사〕

① 예금창조기능은 중앙은행의 독점적 기능이다.
② 본원통화는 현금과 은행의 예금을 합한 것이다.
③ 중앙은행이 민간에 국채를 매각하면 통화량은 증가한다.

④ 중앙은행이 재할인율을 인하한다고 발표하면 기업은 경기과열을 억제하겠다는 신호로 받아들인다.

⑤ 법정지급준비율은 통화승수에 영향을 미친다.

8. 통화정책에 대한 설명으로 옳지 않은 것은? 〔지방직 7급〕

① 중앙은행이 법정지급준비율을 인하하면 총지급준비율이 작아져 통화승수는 커지고 통화량은 증가한다.

② 중앙은행이 재할인율을 콜금리보다 낮게 인하하면 통화량이 증가한다.

③ 중앙은행이 양적완화를 실시하면 본원통화가 증가하여 단기이자율은 상승한다.

④ 중앙은행이 공개시장조작으로 국채를 매입하면 통화량이 증가한다.

9. 재정정책 및 금융정책의 효과에 대한 설명으로 옳은 것은? 〔국가직 7급〕

① 단기 IS−LM 분석시 화폐수요가 이자율에 탄력적일수록 재정정책의 효과는 약해진다.

② 단기 IS−LM 분석시 투자가 이자율에 비탄력적일수록 통화정책은 효과가 강해진다.

③ 통화주의자들은 재량적 통화정책을 주장한다.

④ 풀(W. Poole)에 따르면 실물 부문보다 금융부문의 불확실성이 클 때는 금융정책의 지표로 이자율이 통화량보다 바람직하다.

10. 화폐유통속도가 바뀌지 않고 있는 상황에서 통화량이 3배가 되고 실질거래량이 50% 증가했다면, 물가상승률은? 〔국가직 9급〕

① 50% ② 100% ③ 150% ④ 200%

제17장

IS－*LM* 모형

제17장

총수요는 실물(상품)시장과 화폐시장에서 결정되고 총공급은 노동시장과 총생산함수로부터 도출된다. 지금까지 우리는 케인스의 단순모형이나 이자율결정이론에서 국민소득은 외생변수로 이자율은 화폐시장에서 독립적으로 결정되는 것으로 가정하였다. 하지만 실제로는 국민소득이나 이자율은 생산물시장과 화폐시장에서 상호작용하는 변수로 밝혀졌다. 생산물시장의 변화가 화폐시장에 파급되고 화폐시장의 변화는 다시 생산물시장을 변화시킨다. 따라서 생산물시장과 화폐시장의 상호작용을 이해하기 위해서는 $IS-LM$모형을 학습해야 한다.

$IS-LM$모형은 케인스의 일반이론에 근거한다. ① IS모형은 화폐시장에서 결정된 이자율이 투자변동을 통해 국민소득에 영향을 미치고 ② LM모형은 실물시장의 국민소득변화가 화폐수요를 변동시켜 이자율에 영향을 미친다는 생산물시장과 화폐시장의 상호작용을 함축하고 있다. $IS-LM$모형은 케인스의 일반이론에 토대를 두고 케인스의 단순모형을 완결모형으로 발전시킨 것으로 볼 수 있다. 케인스의 단순모형은 투자를 독립투자로 설정한 반면 $IS-LM$모형은 투자를 이자율의 역함수로 취급한다. 하지만 $IS-LM$모형에서도 케인스처럼 물가는 고정되어 있고 공급능력은 충분하나 수요부족으로 생산이 정체된 경제가 가정되어 있다.

17.1 생산물시장과 IS곡선

17.1.1 IS곡선의 도출

IS곡선은 투자(Investment)와 저축(Saving)이 균형을 이루는 이자율과 국민소득의 조합을 연결하여 도출한다. 따라서 IS분석이 균형을 이루는 조건은 총생산=총수요 또는 저축=투자로 나타낼 수 있다.

$$Y^S = C + S$$

$$Y^D = C + I^D$$

앞의 식에서 실물시장의 총공급과 총수요를 균형($Y^S = Y^D$)시키는 균형조건은 $S = I^D$이다. 〈그림 17－1〉의 a점은 이자율이 I_0일 때, 투자수요 $I(i_0)$와 같고 Y_0에서 균형국민소득이 결정된다. 이제 이자율이 i_1으로 하락한다면, 투자수요곡선이 $I(i_1)$로 뛰어오르고 실물시장의 균형점은 b로 옮겨진다.

이들 이자율과 균형국민소득의 관계를 〈그림 17－1〉의 아래 그림에 나타내면 a'와 b'점을 얻게 된다. 이같은 조건을 충족하는 수많은 점들을 연결하면 IS곡선이 도출된다. IS곡선은 투자와 저축이 일치하는 실물시장의 균형상태와 동시적으로 금융시장의 균형상태에서 나타나는 이자율 i와 국민소득 Y의 조합을 나타낸 것이다. IS곡선은 실물시장을 균형 시키는 이자율과 국민소득의 조합을 나타낸 것이다.

17.1.2 IS곡선의 기울기와 이동

IS곡선은 〈그림 17－1〉처럼 우하향하는 형태를 갖는다. 화폐시장에서 이자율이 하락하면 투자가 증가하고 유효수요가 증가한다. 유효수요가 증가하면 생산이 증하고 따라서 균형국민소득은 증가하게 된다. 정부와 해외부문을 제외한 단순모형을 가정하고 수식으로 정리하면 다음과 같다.

$$C = a + bY, \ (a > 0, \ 0 < b < 1)$$

$$S = Y - C = Y - (a + bY) = -a + (1 - b)Y$$

$$I^D = I_0 + c_i, \ (I_0 > 0, \ c \equiv \frac{\delta I^D}{\delta i} < 0)$$

① 균형조건 $S = I^D$에 따르면

$$-a + (1 - b)Y = I_0 + c_i$$

② 균형조건 $Y = C + I^D$에 따르면

$$= a + bY + (I_0 + c_i) - a + (1 - b)Y = I_0 + c_i$$

①과 ②를 i에 관하여 정리하면, IS곡선의 기울기를 나타내는 함수가 도출된다.

〈그림 17 - 1〉 저축=투자에 의한 IS곡선 도출

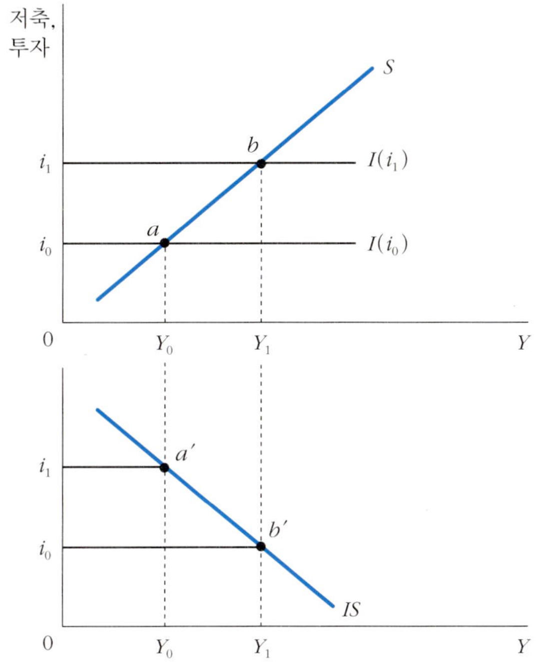

$$IS\text{곡선 } i = \left(\frac{1-b}{c}\right)Y + \left(\frac{a-I_0}{c}\right)$$

$$= \left(\frac{\text{한계저축성향}}{\text{투자의 이자율탄력성}}\right)Y + \left(\frac{\text{독립소비}+\text{독립투자}}{\text{투자의 이자율탄력성}}\right)$$

위 식에서 *IS*곡선의 기울기는 $\frac{1-b}{c}$이다. 따라서 *IS*곡선은 음의 기울기(이자율과 국민소득 간의 관계)를 가지며 한계저축성향이 클수록 그리고 투자의 이자율탄력성이 작을수록 그 값이 커진다.

한계저축성향이 *IS*곡선 기울기를 작아지게 하는 이유는 무엇일까. 투자는 국민소득 흐름에 대한 주입이고 저축은 누출이다. 이자율변화가 투자수요를 자극하여 국민소득을 증가시킬 때 한계저축성향이 높을수록 소득을 더 누출시키게 된다. 투자수요증가에 의해서 증가하려던 국민소득의 발목을 잡는 셈이다. 투자의 이자율탄력성이 크다는 것은 투자수요가 이자율변동에 민감하게 작용한다는 뜻이다.

케인스학파는 c(투자의 이자율탄력성)가 작기 때문에 재정정책이 효과적(IS 기울기 크다)이고 통화주의학파는 c가 크기 때문에 재정정책의 효과가 없다(IS 기울기 작다)고 주장한다.

독립투자가 증가하면 IS곡선은 수평으로 상향이동하고 독립투자가 감소하면 IS곡선은 수평으로 하방이동한다. 정부지출이 증가하면 IS곡선은 수평으로 상향이동하고 정부지출이 감소하면 IS곡선은 수평으로 하향 이동한다.

17.2 화폐시장과 *LM*곡선

17.2.1 *LM*곡선의 도출

LM의 곡선은 화폐의 수요(Liquidity)와 화폐의 공급(Money)이 균형을 이루는 이자율과 국민소득의 조합을 연결하여 도출한다. 화폐공급은 통화당국이 외생적·정책적으로 결정하는 외생변수이다. 따라서 화폐공급곡선은 이자율과 무관한 〈그림 17-2〉의 왼쪽 그림에서 수직선 M_0가 된다. 〈그림 17-2〉의 왼쪽 그림 A점에서 화폐수요곡선 $L(Y_0,\ i)$와 화폐공급곡선이 만나게 되고 오른쪽 그림 A'에서 국민소득 Y_0와 이자율 i_0조합으로 LM곡선이 도출된다. 그런데 실물시장에서 국민소득이 Y_1까지 증가했다 하자. 소득증가는 거래적·예비적 화폐수요 M_1을 증대시키므로 화폐수요곡선은 $L(Y_1,\ i_1)$으로 우측 이동시킨다. 화폐공급(M_0)은 일정하므로 이자율은 i_1 수준까지 상승하고 새로운 화폐시장의 균형점 B가 성립한다. 이런 과정을 거쳐 이자율 i_0와 i_1은 화폐시장을 균형 시키는 이자율로서 각각 국민소득 Y_0와 Y_1에 대응한다. 이자율과 국민소득 간의 관계를 그래프로 나타내면 〈그림 17-2〉의 오른쪽 A'와 B'가 되고 이와 같은 화폐시장 균형점들($M^D=M^S$)을 모두 연결하여 LM곡선을 도출한 것이다. 따라서 LM곡선은 화폐시장을 균형 시키는 이자율과 국민소득의 조합을 나타낸 것이다.

〈그림 17-2〉 화폐시장의 균형과 LM곡선

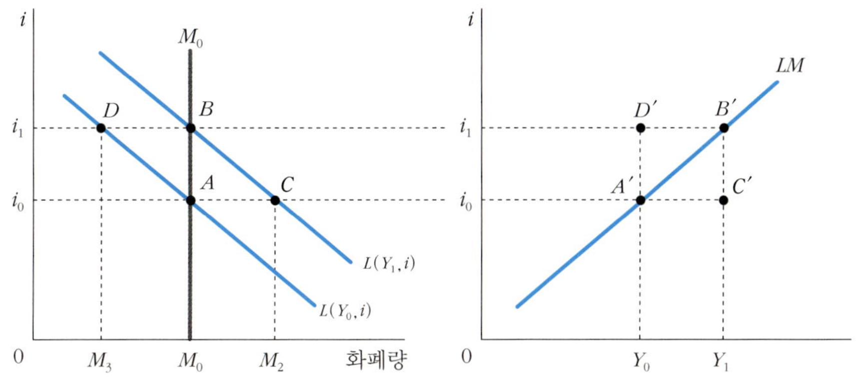

17.2.2 *LM*곡선의 기울기와 이동

*LM*곡선은 〈그림 17-2〉의 오른쪽 그림처럼 우상향하는 형태를 가진다. 실물시장에서 국민소득이 증가하면 거래적(예비적) 동기의 화폐수요가 증가하고 이자율이 상승하게 된다. 정부와 해외부문을 제외한 단순모형을 가정하고 수식을 정리하면 다음과 같다.

화폐의 수요함수가 $aY+bi$라면
(거래적 수요는 국민소득의 증가함수+투기적 수요는 이자율의 역함수)

$$M^D=L(Y,\ i)=aY+bi,\ \ (L_y\equiv\frac{\delta L}{\delta Y}=a>0,\ L_s\equiv\frac{\delta L}{\delta i}=b<0)$$
$$M^S=M_0$$

균형조건은 $M^D=M^S$이므로

$$aY+bi=M_0$$
$$LM\text{곡선}\ \ i=(-\frac{a}{b})Y+(-\frac{M_0}{b})$$
$$LM\text{곡선의 기울기}=-\frac{a}{b}-\frac{L_y}{L_i}=-(\frac{\text{화폐수요의 국민소득탄력성}}{\text{화폐수요의 이자율탄력성}})>0$$

화폐수요의 국민소득탄력성 $L_Y>0$이고 이자율탄력성 $L_i<0$이므로, LM의 기울기는 양의 값(+)을 갖는다. LM곡선의 기울기는 화폐수요가 국민소득에 반응하는 민감도가 클수록 급격하고, 화폐수요의 이자율탄력성이 클수록 완만해진다.

여기서 화폐의 수요함수를 $M^D=kPY$, $\frac{M^D}{P}=kY$를 대입하여 정리하면 $r=\frac{k}{b}Y-\frac{1}{b}\cdot\frac{M}{P}$이 된다. LM곡선의 기울기는 마샬 k가 클수록(실질화폐수요의 국민소득탄력성), 화폐수요의 이자율 탄력성이 작을수록 커진다.

케인스학파는 b(화폐수요의 이자율탄력성)가 크기 때문에 금융정책은 효과가 없다(LM의 기울기 작다)고 주장하고 통화주의학파는 b가 작기 때문에 금융정책은 효과적(LM의 기울기 크다)이라고 주장한다.

① 고전학파에게 화폐수요는 이자율과 무관하다. 즉 화폐수요의 이자율탄력성이 0이라 했다. 따라서 LM의 기울기는 무한대에 이르게 된다. 고전학파를 이은 통화주의학파의 판단으로 화폐수요의 이자율탄력성은 거의 0에 가깝다. 〈그림 17-3〉의 LM곡선의 기울기는 거의 수직의 형태를 갖는다

② 케인스는 이자율이 일정수준 이하에서는 거의 무한대의 화폐수요가 발생하므로 LM곡선의 기울기가 〈그림 17-3〉처럼 거의 수평이며 화폐수요의 이자율 탄력성은 ∞에 가깝게 된다. 케인스는 이런 상황을 유동성함정(liquidity trap)이라 불렀다.

〈그림 17-3〉 학파간 LM 기울기의 차이

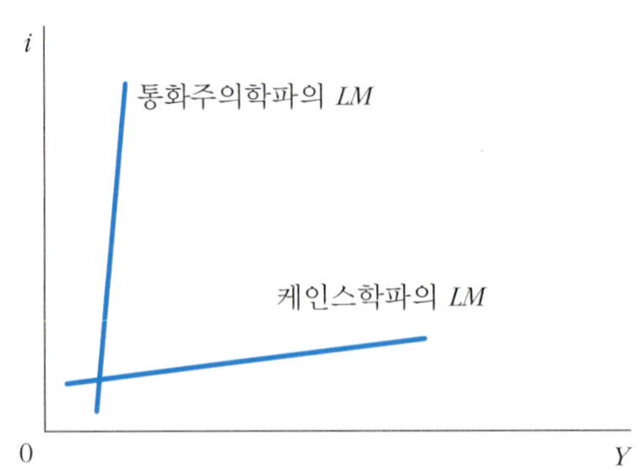

*LM*곡선은 통화량이 증가하면 오른쪽으로 이동하고 통화량이 작아지면 왼쪽으로 이동한다. 또한 물가수준이 낮아지면 오른쪽으로 이동하고 물가수준이 높아지면 왼쪽으로 이동한다. 여기서 $b<0$이고 *LM*의 절편은 $-\frac{1}{b}\cdot\frac{M}{P}$이므로 *LM*곡선의 절편 값은 양의 값을 갖는다.

17.3 *IS* – *LM*곡선의 동시적 균형

〈그림 17 – 4〉의 *IS*곡선의 아래쪽은 상품의 초과수요의 영역이며, 위쪽은 초과공급의 영역이다. 그리고 *LM*곡선의 아래는 화폐의 초과수요를, 위쪽은 초과공급을 의미한다. 생산물시장은 불균형이 발생하면 생산량(Y)이 변하므로 *IS*곡선은 좌우로 이동하여 조정이 이루어진다. 화폐시장은 불균형이 발생하면 이자율(i)이 변하므로 위아래로 조정이 이루어진다.

〈그림 17 – 4〉의 화살표는 균형을 회복하려는 힘이 작용하는 방향을 나타낸다. 수

〈그림 17 – 4〉 실물시장과 화폐시장의 동시균형

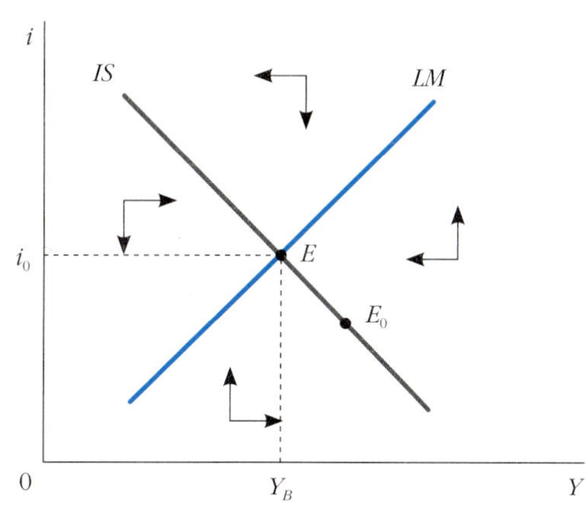

평선으로 나타낸 화살표는 국민소득을 변화시키는 힘들이고 수직선으로 나타낸 화살표는 이자율을 변화시키는 힘들이다. 따라서 *IS*와 *LM*이 교차하는 *E*점에서만 실물시장과 화폐시장이 동시적으로 균형을 달성한 상태이며 변화의 힘이 작용하지 않지 균형점이다. 〈그림 17 – 4〉의 *IS*곡선상의 E_0점은 실물시장의 균형점이지만 화폐시장에서는 화폐의 초과수요가 발생한 상태이다. 따라서 ① 화폐의 초과수요는 이자율을 끌어올리고, ② 높은 이자율은 투자를 억누르는 힘이 작동하게 된다. 이런 힘의 작동으로 〈그림 17 – 4〉의 *IS*곡선상의 E_0점은 *E*점으로 균형을 회복하게 된다.

17.4 재정정책의 효과

재정정책(fiscal policy)이란 정부가 재정지출이나 재정수입(조세)을 변화시켜 경제성장이나 경제안정에 관한 목표를 달성하려는 경제정책의 수단이다. 정부가 총수요를 관리하기 위한 주요 정책으로는 재정정책과 금융정책이 있다. 17.4에서는 재정정책의 효과를 살펴보기로 한다.

〈그림 17 – 5〉에서 조세증가는 누출증가이므로 *IS*곡선을 좌측으로 이동시키고, 정부지출의 증가는 주입증가이므로 *IS*곡선을 우측으로 이동시킨다. 그림에서 E_0는 최초의 균형점이고 이자율 i_0와 국민소득 Y_0에 대응한다. 정부가 정부지출을 증가시키거나 조세를 줄이게 되면 *IS*곡선은 우측으로 이동하여 IS_1가 되고 새로운 균형점 E_1이 성립된다. 그리고 E_1은 이자율 i_1와 국민소득 Y_1에 대응하게 되므로 국민소득은 $Y_0 - Y_1$으로 증가하고 이자율은 $i_0 - i_1$까지 상승하게 된다.

만약 이자율이 i_0수준에서 오르지 않았다면, 국민소득은 Y_2까지 증가할 수 있었을 것이다.

그런데 이자율은 왜 오르게 되는 걸까. 실물시장에서 국민소득이 증가하게 되면 화폐시장에서 거래적 화폐수요가 증가하기 때문이다. 화폐수요의 증가로 이자율이 오르면 투자는 감소하고 정부지출로 국민소득이 증가(정부지출승수의 효과)한 일

〈그림 17-5〉 재정정책의 효과

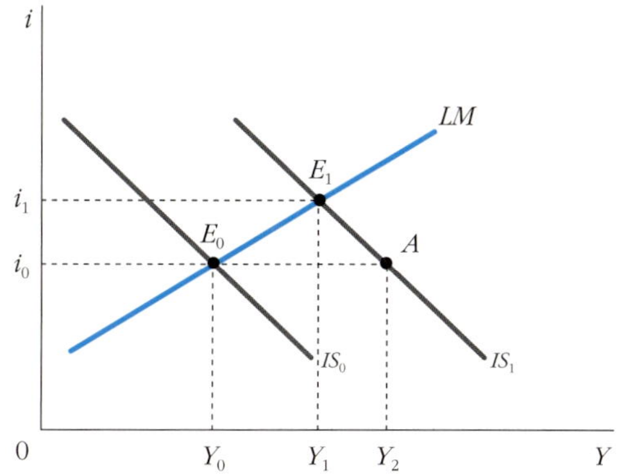

부분을 상쇄하게 된다. 정부지출은 공적부문의 확대를 의미하는데, 이것이 민간부문을 일부 축소시킨다 하여 구축효과(crowding out effect)라 부른다. 투자가 감소하는 것은 민간부문이 위축되는 것이기 때문이다. 구축효과의 크기는 *LM*곡선의 기울기가 결정하는데, ① *LM*곡선이 수평이면 구축효과는 0이 되고, ② *LM*곡선이 수직이면 구축효과가 정부지출승수 효과를 모두 상쇄시켜 버린다.

1. *LM*이 수직인 경우(화폐의 이자율탄력성=0)

고전학파의 경우 화폐에 대한 수요를 오직 거래를 위한 수요, 실물시장에서 투자수요에서 비롯된 것으로 파악했다. 화폐수요는 국민소득을 반영할 뿐 투기용이 아니므로, 이자율을 반영하지 않는다. 이것은 이자율의 변동이 화폐수요에 전혀 영향을 미치지 않는다는 것을 의미하므로 화폐수요의 이자율탄력성은 0이 된다. 〈그림 17-6〉의 수직인 *LM*곡선은 화폐수요의 이자율탄력성이 0인 경우이다. 따라서 정부지출증가나 조세감축으로 인해 IS_0-IS_1로 상방으로 이동시킨다 해도 이자율만 오를 뿐 국민소득은 변하지 않는다. 정부지출로 인해 증가한 국민소득을 구축효과가 모두 상쇄해 버렸기 때문이다. 구축효과는 화폐수요의 이자율탄력성이 작을수록 투자의 이자율탄력성이 클수록 커지게 된다. *LM*곡선의 모양이 수직인 구간을 고전학파 구간이라 부르는 이유이다.

〈그림 17－6〉 화폐수요의 이자율 탄력성＝0

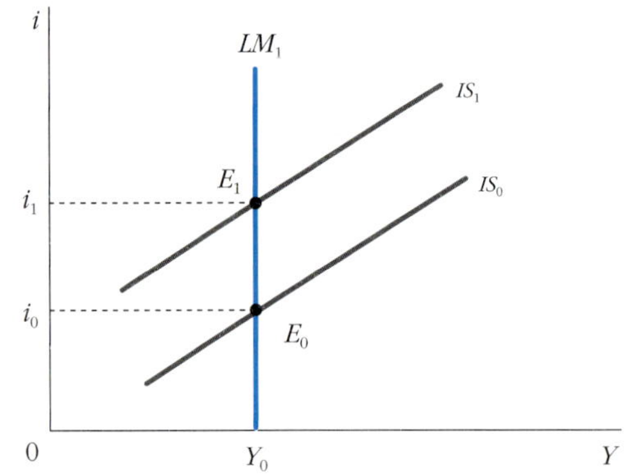

2. LM이 수평인 경우(화폐수요의 이자율탄력성＝∞)

케인스는 투기적 동기의 화폐수요로 인해 이자율이 낮은 수준에서는 이자율이 조금만 변해도 화폐수요가 무한대로 증가한다고 주장한다. 따라서 *LM*곡선은 이자율탄력성과 역의 관계인 〈그림 17－7〉의 기울기가 0인 수평선의 형태를 갖게 된다. 정부가 정부지출을 증가시키거나 조세를 줄이게 되면 〈그림 17－7〉에서 보는 바와 같이 *IS*곡선은 IS_0-IS_1로 우측이동하게 된다. *LM*곡선이 수평인 경우 국민소득은

〈그림 17－7〉 재정정책의 효과

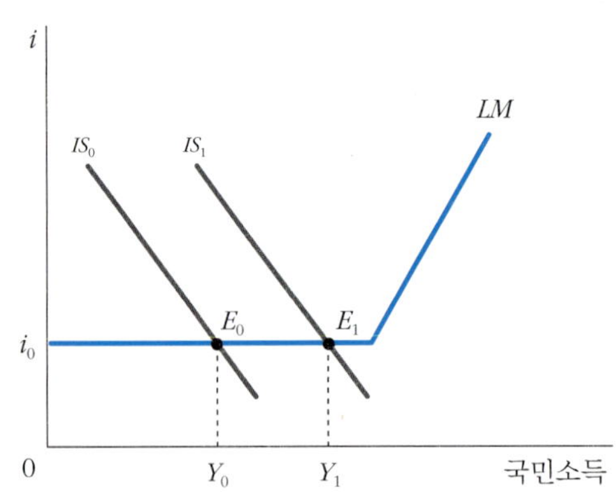

Y_0-Y_1수준으로 증가하여 균형점 E_0-E_1으로 이동하게 된다.

LM곡선이 수평인 경우에는 국민소득이 증가해도 이자율이 상승하지 않으므로 구축효과는 0인 것이다. 구축효과는 화폐수요의 이자율탄력성이 클수록, 투자의 이자율탄력성이 작을수록 작아지기 때문이다. *LM*곡선의 모양이 수평인 구간을 케인스 구간 또는 유동성함정 구간이라 부르는 이유이다.

17.5 금융정책의 효과

금융정책(monetary policy)이란 중앙은행이 각종 금융정책수단을 동원하여 물가안정, 완전고용, 경제성장 등의 국민경제목표를 달성하려는 경제정책 수단 중 하나이다. 〈그림 17-8〉의 E_0는 최초의 균형점이다. 중앙은행이 통화량을 증가시키면 *LM*곡선은 LM_0-LM_1까지 우측으로 하방이동하게 된다. 따라서 국민소득은 Y_0-Y_1까지 증가하고, 이자율은 i_0-i_1수준으로 하락한다. 균형점은 E_0에서 E_1으로 이동하게 된다.

〈그림 17-8〉 금융정책의 효과

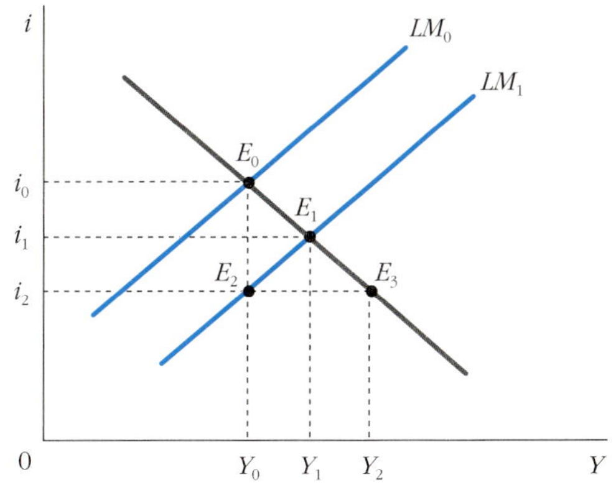

통화량이 증가하면 화폐시장에서 이자율이 하락하고 실물시장에서 투자가 증가하여 국민소득이 증가한다. 실물시장에서 국민소득이 증가하면 다시 화폐시장에서 거래적 동기의 화폐수요가 증가하고 이자율이 상승하여 실물시장에서 투자가 감소한다. 금융정책은 재정정책보다 전달경로가 길고 복잡하다는 특성을 가진다.

만약 〈그림 17-8〉 E_0점에서 국민소득 Y_0수준을 유지한다면 이자율은 i_2수준까지 하락하게 될 것이다. 낮아진 이자율은 투자를 증가시켜 새로운 균형점 E_3에서 국민소득을 Y_2수준까지 증대시킬 것이다. 국민소득의 증가는 거래적 화폐수요를 증가시켜 이자율을 i_1수준으로 오르게 하고 투자가 감소하여 국민소득이 감소하는 부분적인 상쇄가 이루어진다. 통화량증가는 $E_0 \rightarrow E_2 \rightarrow E_3 \rightarrow E_1$의 전달경로를 거쳐 균형점을 E_1에 이르게 한다. 이와 같은 경로를 살펴보면 *IS*곡선의 기울기가 작을수록 국민소득이 크게 증가하고 *IS*곡선의 기울기가 클수록 국민소득은 작게 증가한다. *IS*곡선의 기울기는 투자의 이자율탄력성이 작을수록 커지고 투자의 이자율탄력성이 클수록 작아진다. 따라서 투자의 이자율탄력성과 금융정책의 효과는 정(+)의 관계를 가진다.

1. *IS*가 수직인 경우(투자의 이자율탄력성=0)

*IS*곡선의 기울기는 투자의 이자율탄력성이 작을수록 커지고 투자의 이자율탄력성이 클수록 작아진다. 또한 투자의 이자율탄력성과 금융정책의 효과는 정(+)의 관계를 가진다. 투자의 이자율탄력성이 0일 때 *IS*곡선은 〈그림 17-9〉처럼 수직선

〈그림 17-9〉 수직적 *IS*와 금융정책효과

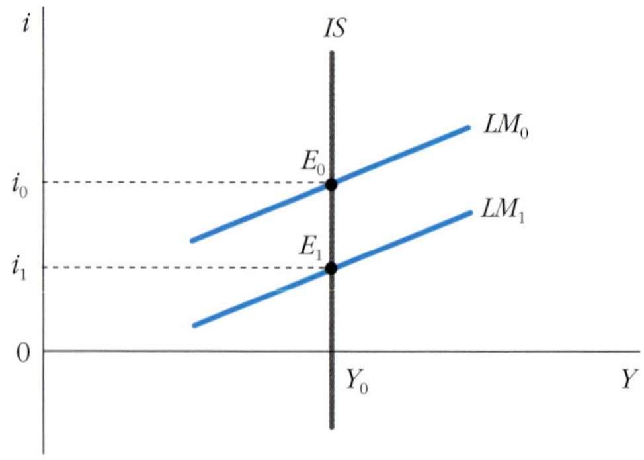

이다. 정부가 통화량을 증가시키면 *LM*곡선은 오른쪽으로 하방 이동한다. 따라서 최초의 균형점 E_0는 E_1으로 이동하게 된다. 통화량의 증가가 이자율을 i_0-i_1수준으로 하락시켜는데도 불구하고 국민소득은 Y_0-수준에서 변하지 않는다. *IS*곡선이 수직인 경우(투자의 이자율탄력성=0) 금융정책은 무효하다.

2. *IS*가 수평인 경우(투자의 이자율탄력성=∞)

*IS*곡선의 기울기는 투자의 이자율탄력성이 작을수록 커지고 투자의 이자율탄력성이 클수록 작아진다. 또한 투자의 이자율탄력성과 금융정책의 효과는 정(+)의 관계를 가진다. 투자의 이자율탄력성이 무한대일 때 *IS*곡선은 〈그림 17-10〉처럼 수평선이다.

정부가 통화량을 증가시키면 *LM*곡선은 오른쪽으로 하방 이동한다. 따라서 최초의 균형점 E_0는 E_1으로 이동하게 된다. 통화량의 증가가 이자율을 i_0수준에서 전혀 하락시키지 않았는데도 불구하고 국민소득은 Y_0-Y_1수준으로 대폭 증가하게 된다. *IS*곡선이 수평인 경우(투자의 이자율탄력성=∞) 금융정책은 완전하게 효과적이다.

투자의 이자율탄력성이 무한대라는 것은 이자율이 조금만 떨어져도 투자를 무한대로 증가시킬 만큼 투자가 이자율에 대해 민감하게 반응한다는 것을 의미한다. 따라서 이자율이 조금만 떨어져도 투자가 크게 증가하고 그에 따라 투자승수만큼 국민소득이 증가하게 된다.

〈그림 17-10〉 수평적 *IS*와 금융정책효과

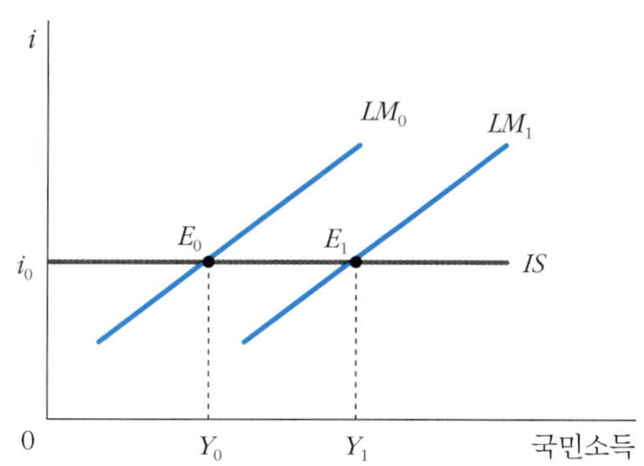

3. 피구효과(Pigou Effect)

유동성함정이 존재하면 금융정책의 효과가 없다는 것이 케인스의 주장이다. 하지만 피구는 유동성함정이 존재하는 경우에도 금융정책의 효과가 유효하다고 주장한다.

대공황의 경우, 이자율이 매우 낮은 수준인데도 투자는 증가하지 않는 상황이었다. 케인스는 대공황의 경우 이자율이 매우 낮은 상태에서 화폐수요의 이자율탄력성이 무한대로 커져 유동성함정이 발생했다고 설명한다. *LM*곡선이 수평인 상황에서 금융정책은 국민소득을 증가시킬 수 없다는 논리이다. 〈그림 17-11〉의 수평인 *LM*곡선 구간에서는 금융정책을 통해 *LM*곡선을 아무리 우측으로 멀리 이동시킨다 할지라도 국민소득은 증가하지 않는 것이다. 그런데 피구의 경우에는 금융정책의 유효함을 다음과 같이 주장한다. 만약 *A*점에서 균형국민소득이 결정된다면 국민소득수준이 완전고용수준을 밑돌기 때문에 $Y_f - Y_0$만큼의 실업이 존재한다. 피구는 이런 경우에도 경기침체는 물가를 하락시켜 *A*점에서 *B*점으로 국민소득을 증가시킬 수 있다고 주장한다. 이런 현상을 피구효과 또는 실질잔고효과라 한다. ① 실질화폐공급($\frac{M_s}{P}$)을 증가시킨다. ② 사람들이 보유한 화폐의 구매력이 높아진다. 따라서 실질화폐의 공급증가는 *LM*곡선을 우측으로 이동시킨다. ③ 물가하락으로 인한 실질구매력의 증가는 *IS*곡선을 $IS_0 - IS_1$로 이동시킨다. 따라서 균형국민소득은 *B*점(i_e, Y_f) 수준으로 증가하게 되고 $Y_f - Y_0$만큼의 실업을 해소하고 완전고용을 달성하게 된다.

〈그림 17-11〉 피구효과

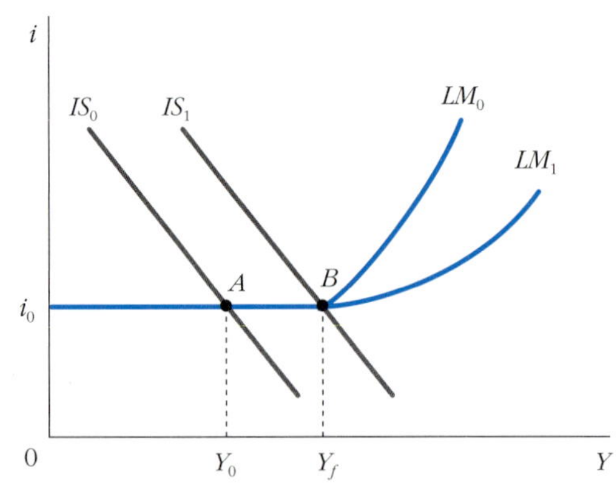

17.6 $IS-LM$ 모형의 한계

① $IS-LM$ 모형은 거시경제에서 수요측면의 균형만을 분석하는 모형으로 부분균형분석이라 할 수 있고 공급측면의 분석에 한계가 있다.

② $IS-LM$ 모형은 물가가 변하지 않는 것으로 가정하고 있어 인플레이션 같은 동태적 현상을 분석하는 데 한계가 있다.

③ $IS-LM$ 모형은 불확실성하에서 경제주체들의 기대심리를 분석하는 데 한계가 있다.

읽을거리 17.1

Hicks와 Hansen의 $IS-LM$ 모형

	IS분석(실물시장)	LM분석(화폐시장)
도출	$Y=Y^D$(실물시장 균형조건) $Y^D=C+I^D+G$ $C=a+bY(Y-T)$ $I^D=I(i)=I_0+c_i,\ c<0$ $G=G_0,\ T=T_0$	$M^S=M^D$ $M^S=M_0$ $M^D=L(Y,i)$
불균형	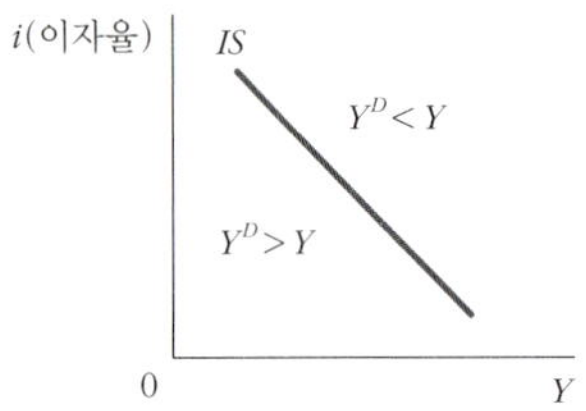	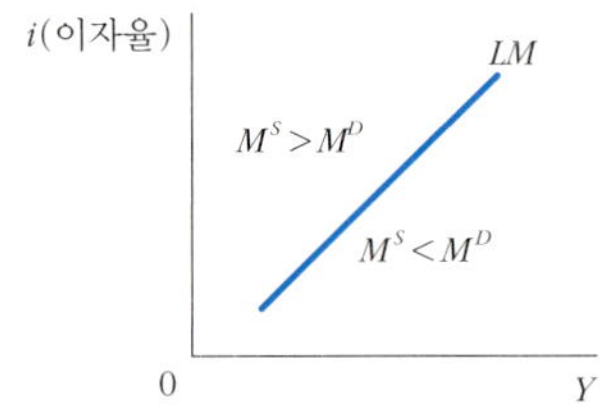
이동	① 이자변동에 의한 Y변동은 IS곡선상의 이동 ② 이자율과 무관한 Y^D 증가(감소)는 IS를 우측(좌측) 이동	① 이자변동에 의한 Y변동은 LM곡선상의 이동 ② 이자율과 무관한 M^S 증가(감소)는 LM을 하방(상방) 이동
동시균형	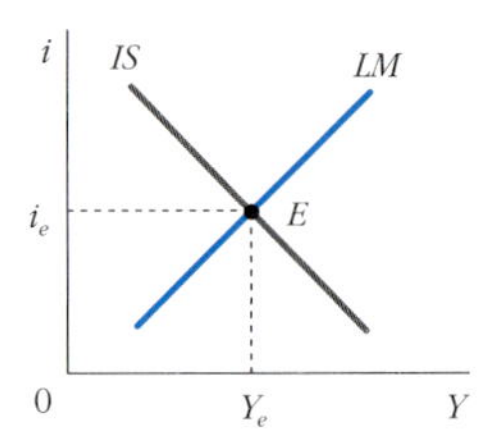	
정책권고	① 확대재정: 경기침체 경우(G↑, T↓) ⇒ IS 우측이동 ⇒ 이자율↑, 국민소득↑ ② 긴축재정: 경기과열 경우(G↓, T↑) ⇒ IS 좌측이동 ⇒ 이자율↓, 국민소득↓ ③ LM이 수직인 경우 무효함 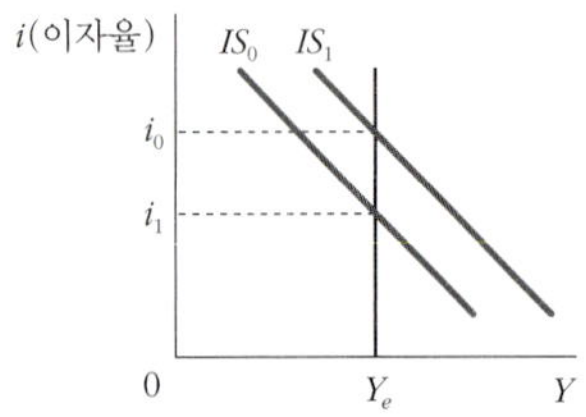	① 확대금융: 경기침체 경우(M^S↑) ⇒ LM 하방이동 ⇒ 이자율↓, 국민소득↑ ② 축소금융(M^S↓) ⇒ LM 상방이동 ⇒ 이자율↑, 국민소득↓ ③ IS가 수직인 경우 무효함 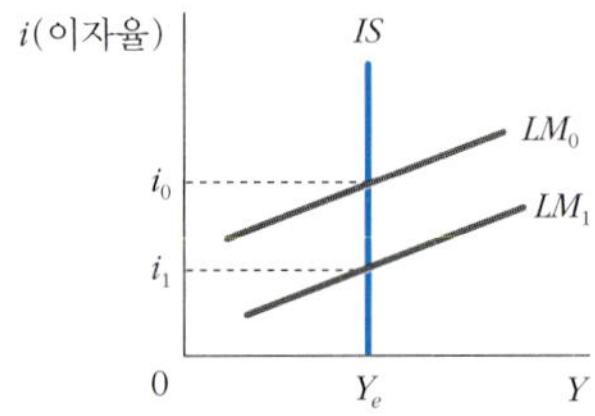

연습문제

주관식 연습문제

1. 생산물시장과 *IS*곡선의 개념을 설명하라.

2. *IS*곡선의 기울기를 결정하는 요인을 설명하라.

3. *IS*곡선을 이동시키는 요인에 대해 설명하라.

4. 화폐시장과 *LM*곡선의 개념을 설명하라.

5. *LM*곡선의 기울기를 결정하는 요인을 설명하라.

6. *LM*곡선을 이동시키는 요인에 대해 설명하라.

7. 유동성함정의 개념과 정책적 시사점을 설명하라.

8. *IS*-*LM*곡선의 동시적 균형조건과 의미를 설명하라.

9. *LM*곡선의 기울기와 재정정책의 효과를 설명하라.

10. 구축효과의 개념과 구축효과가 정책효과에 미치는 영향을 설명하라.

11. *IS*곡선의 기울기와 금융정책의 효과를 설명하라.

12. 피구효과의 개념과 피구효과가 정책효과에 미치는 영향을 설명하라.

객관식 연습문제

1. 케인즈의 이자율이론에 관한 설명으로 옳지 않은 것은? 〔감정평가사〕

① 소득수준이 상승하면 화폐수요가 상승한다.
② 화폐수요가 증가하면 이자율이 상승한다.
③ 통화당국이 화폐공급을 증대시키면 이자율이 하락한다.
④ 통화량이 증가하면 총수요가 감소한다.
⑤ 이자율은 화폐의 수요과 공급이 일치되도록 변동한다.

2. 화폐수요를 증가시키는 요인을 모두 고르면? 〔서울시 7급〕

가. 국민소득의 증가	나. 이자율의 상승
다. 물가수준의 상승	라. 기대물가상승률의 증가

① 가 ② 가, 다 ③ 가, 나, 다 ④ 가, 다, 라

3. 통화 수요 함수가 다음과 같다.

$(\frac{M}{P})^D = 2,200 - 200r$ 여기서 r은 %로 표현된 이자율(예를 들어 이자율이 10%라면 $r = 10$)이며, M은 통화량, P는 물가수준, 그리고 D는 수요를 나타낸다.

물가수준이 2라면, 중앙은행이 이자율을 7% 수준으로 맞추고자 할 때 통화공급량은 얼마인가? 〔공인회계사〕

① 1,600, ② 1,400 ③ 1,200 ④ 1,000 ⑤ 800

4. 통화공급이 감소하고 정부지출이 증가하는 경우, $IS-LM$분석에 관한 설명으로 옳은 것은?(단, 물가가 고정된 폐쇄경제이고, IS곡선은 우하향하고, LM곡선은 우상향한다.) 〔공인노무사〕

① 이자율은 불변이고, 소득은 감소한다. ② 이자율은 상승하고, 소득은 증가한다.
③ 이자율은 하락하고, 소득은 감소한다. ④ 이자율은 하락하고, 소득은 증가한다.
⑤ 이자율은 상승하고, 소득의 증감은 불확실하다.

5. 다음은 통화정책의 전달경로를 나타낸 것이다. 이에 대한 설명으로 옳은 것은?

〔국가직 7급〕

통화량 변화 → 이자율 변화 → 투자 변화 → 총수요 변화 → 국민소득 변화

① 한계소비성향은 클수록 정책효과가 작다.
② *IS*곡선이 수평선에 가까울수록 정책효과가 크다.
③ 투자의 이자율 탄력성이 클수록 정책효과가 작다.
④ 화폐수요의 이자율탄력성이 클수록 정책효과가 크다.

6. 경기부양을 위해 재정정책과 통화정책의 사용을 고려한다고 하자. 이와 관련한 서술로 가장 옳지 않은 것은? 〔서울시 7급〕

① 두 정책의 상대적 효과는 소비와 투자 등 민간지출의 이자율 탄력성 크기와 관련이 있다.
② 두 정책이 이자율에 미치는 영향은 동일하다.
③ 이자율에 미치는 영향을 줄이고자 한다면 두 정책을 함께 사용할 수 있다.
④ 두 정책 간의 선택에는 재정적자의 누적이나 인플레이션 중 상대적으로 어느 것이 더 심각한 문제일지에 대한 고려가 필요하다.

7. 유동성함정(liquidity of trap)에 대한 설명 중 가장 옳지 않은 것은? 〔서울시 7급〕

① 채권의 가격이 매우 높아서 더 이상 높아지지 않으리라 예상된다.
② 통화정책이 효과가 없다.
③ 화폐수요곡선이 우상향한다.
④ 추가되는 화폐공급이 모두 투기적 수요로 흡수된다.

8. *IS*－*LM*모형에 관한 설명으로 옳은 것을 모두 고른 것은? 〔감정평가사〕

가. *IS*곡선이 우하향할 때, 확장적 재정정책은 *IS*곡선을 왼쪽으로 이동시킨다. 나. *LM*곡선이 우상향할 때, 중앙은행의 공개시장을 통한 채권매입은 *LM*곡선을 오른쪽으로 이동시킨다. 다. 투자가 이자율의 영향을 받지 않는다면 *IS*곡선은 수직선이다.

① 가　　② 나　　③ 가, 다　　④ 나, 다　　⑤ 가, 나, 다

9. 통화정책의 단기적 효과를 높이는 요인으로 옳은 것을 모두 고른 것은? 〔공인노무사〕

가. 화폐수요의 이자율탄력성이 높은 경우 나. 투자의 이자율탄력성이 높은 경우 다. 한계소비성향이 높은 경우

① 가 ② 나 ③ 가, 나 ④ 나, 다 ⑤ 가, 나, 다

10. $IS-LM$모형에서 확장적인 재정정책이 소득에 미치는 효과에 대한 설명 중 옳은 것을 모두 고르면? 〔공인회계사〕

가. 화폐수요의 이자율탄력성이 높을수록 소득증가 효과가 커진다. 나. 소득세율이 높을수록 소득증가 효과가 커진다. 다. 한계소비성향이 높을수록 소득증가 효과가 커진다. 라. 민간투자의 이자율탄력성이 높을수록 소득증가 효과가 커진다.

① 가, 나 ② 가, 다 ③ 가, 다, 라 ④ 나, 다, 라 ⑤ 가, 나, 다, 라

11. 유동성함정과 부(wealth)의 효과에 관한 설명으로 옳지 않은 것은? 〔보험계리사〕

① 유동성함정은 LM곡선의 수평구간에서 발생한다.
② 케인즈의 유동성함정에 대한 반론으로서 고전학파는 부의 효과를 주장하였다.
③ 유동성함정은 화폐수요의 이자율탄력성이 영(0)일 때 발생한다.
④ 유동성함정에 빠진 경제라도 부의 효과가 존재한다면 확장적 통화정책은 국민소득을 증가시킨다.

12. 구축효과(Crowding Out Effect)에 대한 설명으로 옳지 않은 것은? 〔국가직 9급〕

① 정부의 재정지출 증가 ② 가계의 소비지출 감소
③ 기업의 투자지출 감소 ④ 중앙은행의 통화량 감소

제18장

총수요와 총공급이론

제18장

총수요·총공급(*AD*－*AS*모형)분석은 실질국민소득과 물가수준이 생산물시장, 화폐시장, 노동시장 등 국민경제의 모든 시장과 생산기술의 상호작용의 결과로 보는 일반균형이론에 해당한다.

IS－*LM*모형(실물시장과 화폐시장의 동시적 균형)으로부터 총수요곡선을 도출하고 총공급곡선은 노동시장과 총생산함수로부터 도출된다. 총공급곡선의 형태에 대해서는 논란의 여지가 많다. 고전학파는 총공급곡선이 수직선이라고 파악하고 케인스학파는 수평선이라고 파악한다. 현재의 주류경제학에서는 수직선의 형태인 고전학파의 총공급곡선을 장기총공급곡선으로 인식하고 단기총공급곡선은 우상향하는 형태로 인식한다.

IS－*LM*모형에서는 물가를 고정된 변수로 가정한 반면, *AD*－*AS*모형에서는 물가를 가변적인 변수로 취급한다. *IS*－*LM*모형에서는 총수요만을 분석한 반면 *AD*－*AS*모형에서는 총수요뿐만 아니라 총공급까지 고려된다. 따라서 *AD*－*AS*모형에서는 물가가 가변적인 경우를 총수요와 총공급을 모두 고려한 일반균형분석이 가능해진다. 또한 총수요·총공급이론은 물가수준과 생산량수준의 변동을 총량적으로 분석함으로써 경기변동(인플레이션이나 실업)이나 경제발전의 원인을 설명하고 재정정책이나 금융정책의 효과를 분석하는 데 유용하다.

18.1 총수요곡선

수요를 관찰함에 있어서 미시경제학과 거시경제학의 차이는 가격과 물가의 차이에서 비롯된다. 가격은 한 단위의 재화와 교환되는 화폐액을 의미하지만, 물가는 한 나라의 국민경제 전체의 모든 재화들의 가격을 한데 묶어 나타내는 개념이므로 모든 재화의 가격을 가중평균한 개념으로 정의된다.

18.1.1 총수요곡선의 도출

총수요곡선은 실물시장의 균형($I=S$)과 화폐시장의 균형($L=M$)에 의해 도출된다. 총수요는 물가수순이 변함에 따라 변화하는 국민소늑(실질GDP)과의 관계를 나타낸다. 물가수준이 변화하면 $IS-LM$의 균형이 변하게 되고 균형점의 이동경로를 따라 총수요곡선을 도출할 수 있다.

물가가 하락하면 실질화폐공급($\frac{M^s}{P}$)이 증가하게 되고 〈그림 18-1〉에서처럼 LM 곡선은 $LM_2 \rightarrow LM_1 \rightarrow LM_0$로 이동하고 이자율은 $i_2 \rightarrow i_1 \rightarrow i_0$로 떨어지게 된다. 이 때 실물시장에서는 이자율이 하락하여 민간소비와 민간투자가 증가하게 되어 균형국민소득은 $Y_2 \rightarrow Y_1 \rightarrow Y_0$로 증가하게 된다. 따라서 총수요곡선은 물가가 하락하면 총수요가 증가하는 우하향의 형태가 된다. 만약 물가가 하락할 때 피구효과(실질잔고효과)가 발생한다면 총수요곡선은 그 기울기가 더 완만하게 그려진다.

〈그림 18-1〉 총수요곡선의 도출

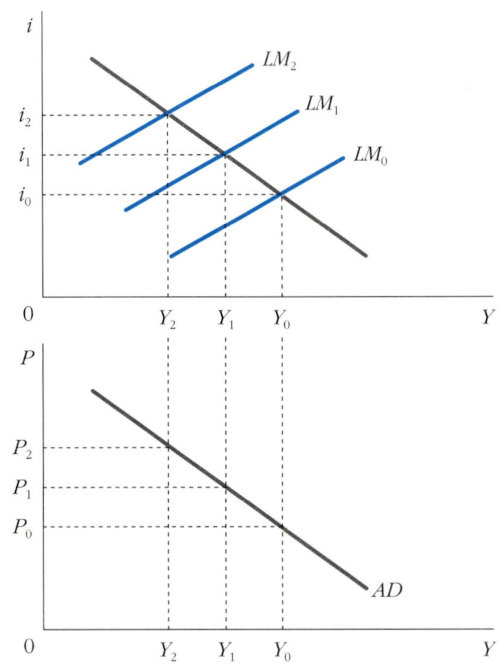

18.1.2 총수요곡선의 기울기

총수요곡선은 미시경제학에서의 개별수요곡선처럼 우하향하는 형태를 갖는다. 총수요곡선은 재화에 대한 수요의 총합을 나타내는 까닭에 미시경제학의 개별적 수요와는 다른 의미를 갖는다. 미시경제학에서는 재화의 상대가격변화에 따른 각각의 생산량의 변화를 다루지만 거시경제학에서는 모든 재화의 절대가격수준의 변화에 따른 총생산량의 변화를 화폐가치로 파악하여 다룬다. 거시경제학에서의 물가는 절대가격을 의미하고 미시경제학에서의 가격은 상대가격을 의미한다. 미시경제학에서의 수요의 증가는 상대가격의 변화에 따른 대체효과로 우하향하는데 거시경제학에서의 총수요는 대체효과가 아닌 절대가격 변동으로 인한 이자율효과, 부의 효과(실질잔고효과), 경상수지효과로 인해 우하향하게 된다.

총수요곡선의 기울기가 음의 값을 가지는 이유를 정리하면 다음과 같다.

① 물가가 하락하는 경우, 실질통화공급은 증가하고 이자율은 하락하여 민간소비와 민간투자가 증가시킴으로써 총수요는 증가하게 된다. 이런 현상을 이자율효과라 하고 *AD*곡선 도출과정에서 가장 크게 나타난다.

② 물가가 하락하는 경우, 민간이 보유한 화폐의 실질가치는 상승한다. 즉, 보유금융자산의 구매력이 증가하는 것이다. 따라서 민간소비수요가 증대하고 총수요를 증가시킨다. 이런 현상을 부의 효과(wealth effect) 또는 실질잔고효과 ($\frac{M^s}{P}$)라 한다.

③ 물가가 하락하는 경우, 수출가격은 하락하고 수입가격은 상승하게 되어 순수출이 증가한다. 순수출이 증가하면 주입이 증가하여 국내의 총수요를 증대시킨다.

①, ②, ③의 효과로 인해 물가가 하락하면 총수요가 증가하고 물가가 상승하면 총수요는 감소하게 된다.

따라서 화폐시장에서는 화폐수요의 이자율탄력성이 작을수록 투자가 크게 증가하여 총수요가 크게 증가한다. 실물시장에서는 투자의 이자율탄력성이 클수록 투자가 크게 증가하여 총수요가 크게 증가한다. 이런 경우에는 모두 *AD*곡선의 기울기가 작아진다. 반대의 경우에는 *AD*곡선의 기울기가 모두 커진다.

18.1.3 총수요곡선의 이동

총수요곡선상의 점의 이동은 물가수준이 변할 때 국민소득수준이 변하는 것을 나타낸다. 다른 변수는 일정하고 물가수준만이 변한다고 가정한 상태를 말한다. 정부지출, 통화량, 조세, 독립투자, 독립소비, 순수출 등은 그림의 좌표에 소속되지 않는다. 〈그림 18-2〉에서 보는 바와 같이 현재의 좌표(P, Y)는 이들을 외생변수로 취급하며, 이들의 변화는 총수요곡선상의 이동이 아니라, 총수요곡선 자체의 이동을 뜻한다.

실물시장의 경우, 정부지출 증가나 조세감면 같은 국민소득 흐름에 대한 주입은 모두 총수요를 증가시킨다. 물가가 변동하지 않는다면 〈그림 18-2〉의 $AD_1 \rightarrow AD_0$의 변화는 누출이 발생했을 때 총수요가 감소하여 총수요곡선이 좌측으로 이동한다. 〈그림 18-2〉의 $AD_2 \rightarrow AD_0$의 변화는 주입이 발생했을 때 총수요가 증가하여 총수요곡선이 우측으로 이동한다.

화폐시장의 경우, 화폐공급이 증가하면 LM곡선이 우측으로 이동하고 AD곡선도 우측으로 이동한다. 화폐수요가 증가하면 LM곡선은 좌측으로 이동하고 AD곡선도 좌측으로 이동한다.

〈그림 18-2〉 총수요곡선의 이동

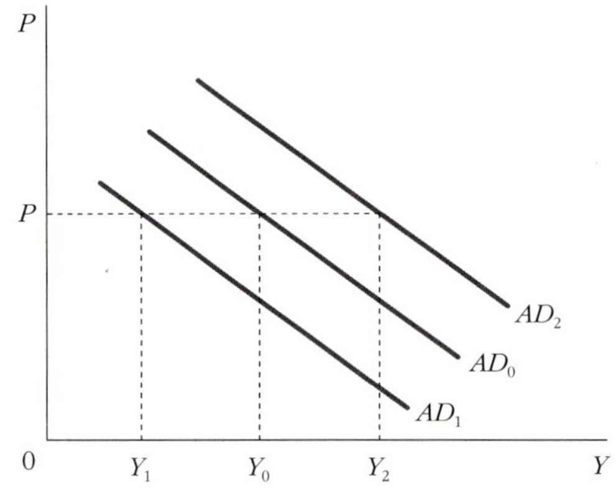

18.2 총공급곡선

총공급(AS)곡선은 물가수준이 변할 때 한 나라 국민경제의 기업 전체가 생산한 총생산량(실질GDP)의 변화관계를 나타낸다. 총공급의 크기는 한 나라가 보유한 노동, 자본 등 모든 생산요소의 부존량과 총생산함수(생산기술)에 의해 결정된다. 총공급곡선의 모양은 생산요소가격의 신축성, 기간의 장·단에 따라 달라진다.

총공급(AS)곡선은 상대가격이 변할 때 개별재화나 서비스의 공급의 변화를 나타내는 것이 아니라 물가수준이 변할 때 모든 재화나 서비스의 총공급의 변화를 나타낸다. 요소가격은 일정하고 물가수준이 상승하면 기업의 이윤은 증가하고 생산도 증가하게 된다. 따라서 총공급곡선이 우상향하는 이유를 설명할 수 있다. 총수요곡선은 실물시장과 화폐시장의 동시적 균형에 의해 도출되고 총공급곡선은 노동시장과 자본시장의 동시적 균형에 의해 도출된다. 그런데 일차성 공준에 의해 노동시장이 균형에 이르면 자본시장도 균형에 이르게 된다. 따라서 총공급곡선은 노동시장에서 결정된 고용량을 총생산함수(생산기술)에 투입하여 도출할 수 있다.

18.2.1 총공급곡선의 도출

고전학파가 노동공급을 실질임금의 증가함수로 본 반면, 케인스는 하방경직성을 고집하는 명목임금의 함수라고 보았다. 그러나 신고전파종합은 케인스학파의 이론체계를 계승하였음에도 불구하고, 고전학파처럼 노동공급이 실질임금의 함수로 파악한다.

다만 고전학파가 물가의 신속한 조정기능을 신뢰한 데 반하여, 근로자들의 정보시차 때문에 현재의 물가가 아니라 예상물가를 반영한다고 본다.

$$N_s = N_s\left(\frac{W}{P^e}\right)$$

$$P^e = \sum a_i P_{t-i} \qquad (i = 1,\ 2,\ \cdots,\ n)$$

a_i = 가중치

〈그림 18 - 3〉 신고전학파의 총공급곡선

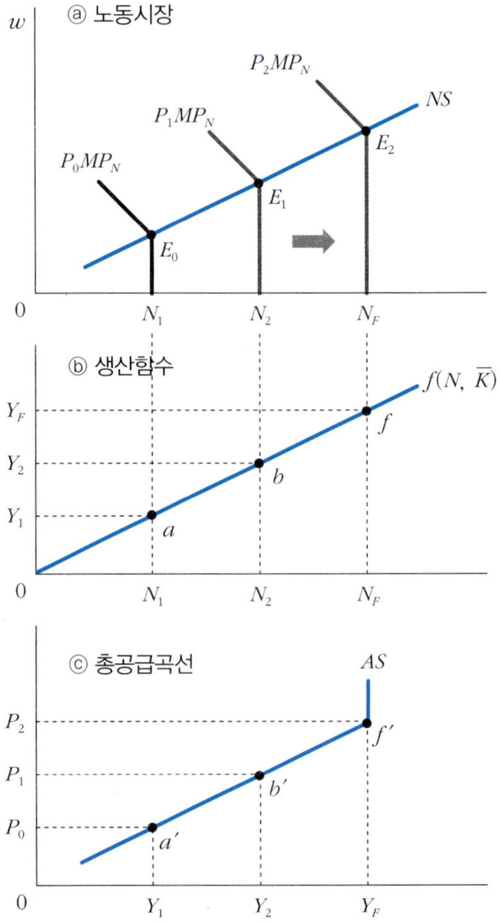

따라서 신고전학파의 노동공급곡선은 케인스의 것과 달리 우상향한다. 노동수요곡선은 역시 한계수입생산곡선과 같으므로 우하향한다. 이는 우상향하는 노동공급곡선과 마주치게 마련이고, 교점에서 노동시장의 균형이 이루어진다. 〈그림 18 - 3〉의 ⓐ에서 물가상승($P_0 \rightarrow P_1 \rightarrow P_2$)이 노동수요곡선을 우측으로 이동시켜, 고용을 N_1에서 N_F까지 확대한다.

〈그림 18 - 3〉의 ⓑ에서 고용량을 사회적 생산함수 $f(N, \overline{K})$에 투입하여 얻은 생산량이 곧 총공급이 된다. 노동량의 증가에 따라 총생산은 Y_1에서 Y_F까지 증대하게

된다. 따라서 〈그림 18-3〉의 ⓐ → ⓑ → ⓒ의 과정을 거쳐 물가상승이 고용량을 증가시키고 늘어난 노동투입이 사회적 생산, 총공급을 확대하게 된다. 물가와 국민소득과의 대응관계를 연결하면 우상향하는 총공급곡선이 도출된다.

18.2.2 총공급곡선의 기울기와 이동

총공급곡선의 기울기는 유휴노동력이 충분하면 작아지고 유휴노동력이 부족하면 커지는 성질을 가진다. 경기침체기에는 유휴노동력이 충분하므로 물가가 약간만 상승하더라도 고용이 크게 증가하고 생산량이 크게 증가하게 된다. 경기호황기에는 유휴노동력이 부족하므로 생산증대를 위해 임금을 많이 올려야 하고 물가도 많이 오르게 된다. 따라서 완전고용산출량 수준에 근접해 가면 총공급곡선은 수직선에 가까워진다. 장기총공급곡선은 잠재GDP수준에서 수직이므로 잠재GDP가 변하면 이동하게 된다. 잠재GDP가 증가하면 우측으로 이동하고 잠재GDP가 감소하면 좌측으로 이동한다. 잠재GDP의 변화는 자본량의 크기, 노동자수의 크기, 기술수준의 변화가 결정한다.

총공급곡선은 총공급이 물가변화에만 반응하는 것으로 본다. 물가를 제외한 다른 변수는 고려하지 않는다. 그러므로 총공급곡선의 이동은 물가가 변하지 않았음에도 불구하고 총공급량이 변화는 이유를 살펴야 한다.

물가수준이 변하지 않았는데도 국민소득을 변화시키는 요인, 즉 총공급곡선을 이동시키는 요인은 다음과 같다. ① 일반적으로 생산요소비용의 가격하락은 생산비용을 감소시키므로, 총공급증가에 기여한다. ② 장기적으로 자본량의 증가는 노동생산성 제고에 의한 채산성을 제공하므로, 총공급곡선을 오른쪽으로 이동시킨다. 노동수요 측면을 보건데, 생산성제고는 노동수요곡선을 우측으로 이동시키고, 따라서 고용증대와 총공급증가를 초래한다. 기술의 진보나 혁신 또한 노동생산성을 높이므로 총공급곡선을 오른쪽으로 이동시킨다. ③ 인구증가는 엇비슷한 비율로 경제활동참가자를 늘리고, 그로써 총공급곡선을 우측으로 이동시킨다. 다만 총공급이 증가하기 위해서는 새롭게 경제활동에 참가하려는 구직자가 고용되어야 한다.

18.2.3 장·단기와 총공급곡선

1. 장·단기의 구분

거시경제학에서는 통상적으로 가격변수의 신축성과 경제주체들의 기대조정 등을 장·단기 구분의 기준으로 본다. 가격변수의 신축성이나 경제주체의 기대조정이 충분히 작동하려면 긴 기간이 필요하고 이런 기간을 장기라 한다. 일반적으로 가격변수가 신축적이면서 물가예상이 완전하게 이루어지는 기간을 장기라 하고, 일부 가격변수가 경직적이거나 물가예상이 불완전한 경우를 단기로 인식한다.

2. 단기총공급곡선

불경기처럼 충분한 정도의 유휴설비가 존재하고 물가가 경직적인 상황에서 산출량수준을 조정할 수 있는 생산조건하에서 단기 생산함수가 도출된다. 케인스의 단순모형은 단기생산함수를 반영한 것이고 〈그림 18-4〉의 *SAS*와 같은 수평으로 나타난다.

단기에는 유휴설비가 충분하므로 물가수준이 일정한 상태에서도 원하는 만큼 생산을 증가시킬 수 있다는 것을 의미한다.

〈그림 18-4〉 단기총공급곡선

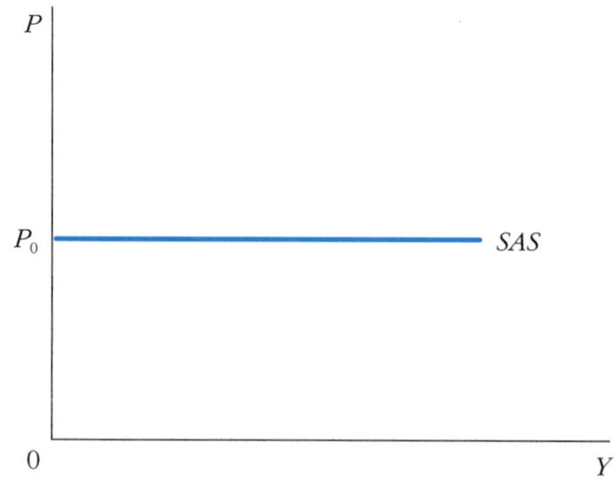

3. 장기총공급곡선

장기총공급곡선은 〈그림 18 - 5〉에서 보는 것처럼 수직선의 형태를 보인다. 장기적으로 물가수준의 상승은 국민소득(실질GDP)을 증대시키지 않는다. 단기적으로는 물가수준이 상승할 때 요소비용은 변하지 않아 기업의 이윤이 증가하고 생산을 증가시키게 된다. 하지만 장기적으로는 가격변수가 신축적이므로 물가수준이 상승하면 임금을 비롯한 여타 요소비용이 모두 상승하게 되어 기업의 이윤을 상쇄되고 생산은 자연산출량 수준에서 멈추게 된다. 경제 전체의 생산량은 외생변수인 노동, 자본, 생산기술 등 실물적 요인이 결정하게 된다. 고전학파의 경우 가격변수를 신축적이고 경제주체들의 완전한 기대조정을 가정하므로 단기에도 총공급곡선은 〈그림 18 - 5〉와 같이 수직선의 형태를 가진다.

〈그림 18 - 5〉 장기총공급곡선

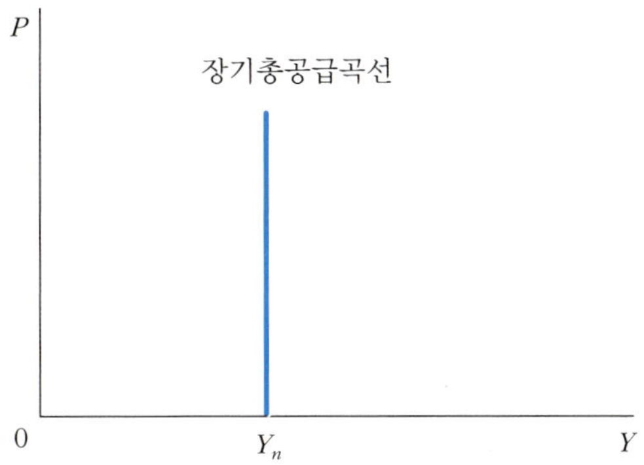

4. 현대의 총공급곡선

고전학파와 케인스학파의 양극단에서 물가가 어느 정도 변하는 것을 가정하고 단기에는 우상향하는 총공급곡선을 루카스 총공급곡선이라 한다. 루카스 총공급함수는 다음과 같다.

$$Y = Y_N + \alpha(P - P^e)$$

$$\alpha > 0$$

위의 식에서 실제물가(P)가 예상물가(P^e)보다 크게 되면 산출량(Y)이 자연산출량(Y_N)을 초과하게 된다. 앞의 식을 P에 대해 정리하면

$$P = \frac{1}{\alpha}Y + (P^e - \frac{1}{\alpha}Y_N)$$

Y_N: 완전고용국민소득, P^e: 예상물가

총공급곡선의 기울기는 $\frac{1}{\alpha}$라는 것을 알 수 있고 노동자의 예상물가(P^e)가 상승하면 공급곡선이 왼쪽으로 이동하고 작아지면 오른쪽으로 이동한다.

〈그림 18-6〉에서 LAS는 장기총공급곡선이고 SAS는 단기총공급곡선이다. 실제물가(P)수준이 예상물가(P^e)수준보다 높은 경우에는 산출량이 자연산출량을 초과하고, 실제물가(P)수준 예상물가(P^e)수준보다 낮은 경우에는 산출량이 자연산출량보다 작아진다. 또한 실제물가(P)수준이 예상물가(P^e)수준과 같아지면 완전고용상태가 되고 장기에는 실제물가(P)수준이 예상물가(P^e)수준과 같아지므로 장기총공급곡선(LAS)는 수직선이 된다.

〈그림 18-6〉 현대의 총공급곡선

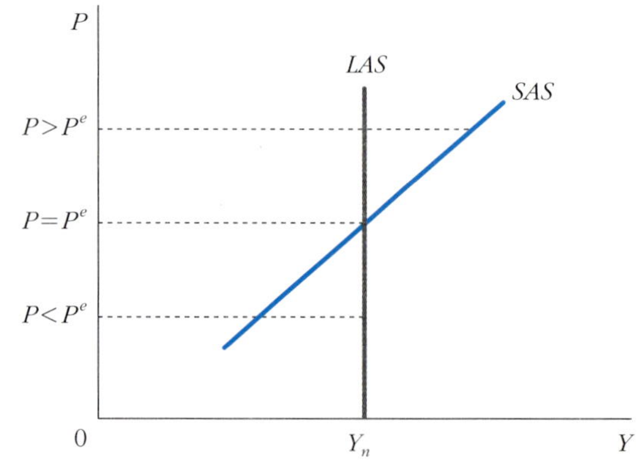

18.3 균형과 재정정책

총수요와 총공급이 교차하는 점에서 물가수준과 균형국민소득이 결정되고 이를 거시적 균형이라 한다. 고전학파모형에서는 총공급이 균형을 결정하고 케인스모형에서는 총수요가 균형을 결정한다. 총공급곡선의 경우, 고전학파는 명목임금이 완전신축적으로 변동하여 생산을 조정한다고 가정하여 총공급곡선은 수직이 되고, 케인스는 물가가 전혀 변하지 않고서도 생산을 조정한다고 가정하여 총공급곡선은 수평이다. 오늘날 거시경제학에서는 물가가 변하지 않는 단기에는 수평인 총공급곡선을, 물가와 명목임금이 완전신축적인 장기에는 수직인 총공급곡선을 사용한다. 또한 물가가 어느 정도 변하는 것을 가정하고 단기에는 우상향하는 형태의 총공급곡선을 루카스의 총공급곡선이라 한다. 거시경제의 균형에서는 총공급곡선의 형태에 따라 물가수준과 균형국민소득의 조합이 크게 달라진다.

18.3.1 총공급곡선과 재정정책

고전학파의 노동시장은 '언제나' 완전고용을 달성하는, 즉 총공급은 물가에 관계없이 언제나 일정하다. 총수요곡선이 교환방정식 또는 거래방정식에서 직접유도되지만,[1] 케인스처럼 총수요를 소비, 투자, 정부지출, 순수출의 총합으로 보자. 단 완전고용국민소득은 불변이므로 상수가 된다.

$$\overline{Y_F} = (C + I_0 + X_n) + G_0$$

← 민간수요 → ←정부지출

제한된 총공급은 민간수요와 정부수요지출로 나누어진다. 따라서 정부지출을 늘리기 위해서는 그만큼 민간수요의 감축이 불가피하다.

1) 고전학파의 총수요곡선을 유도하는 교환방정식 $MV = PT$에는 총수요의 구성요소는 하나도 등장하지 않는다. 곧 설명변수가 아니다. 투자는 물론 정부지출이나 조세 등 재정정책수단은 총수요에 영향을 미치지 못한다.

$$\Delta \overline{Y_F} = \Delta(C + I_0 + X_n) + \Delta G_0 = 0$$

$$\Delta G_0 = -\Delta(C + I_0 + X_n)$$

↖—정부지출증가 ↖—민간수요감소

따라서 정부지출의 확대는 민간수요의 축소에 의해서만 가능하다. 정부지출증가가 그만큼 민간수요를 감축하므로, 고전학파의 확대재정정책은 무효하다고 주장한다. 완벽한 구축효과가 발생하여 물가와 소득에 변함이 없다.

케인스의 단순모델의 경우 〈그림 18-7〉의 ⓑ의 b점에서 균형을 이룬다 하자. 총공급은 Y_0로서 완전고용수준 Y_F까지 부족하다. 총수요가 부족하여 나라의 생산능력을 활용하지 못하는 상황이라 할 수 있다. 정부가 적자를 무릅쓰고라도 '손수' 지출을 늘리거나, 세금을 줄여 민간으로 '하여금' 수요를 확대하도록 해야 한다. 〈그림 18-7〉의 ⓑ의 총수요곡선을 오른쪽으로 AD_F까지 이동시키면, 완전고용수준의 총공급을 달성할 수 있다. 이처럼 총공급곡선의 형태가 재정정책의 효과를 달리한다.

〈그림 18-7〉의 ⓒ의 총수요곡선은 루카스의 단기총공급곡선에 해당한다. 단기적으로는 물가상승이 기업의 수입을 증대시키므로 총공급을 확대한다. 이런 경우 확대재정정책은 총수요곡선을 오른쪽으로 이동시킴으로써 총공급확대를 촉구한다. 확대재정정책으로 〈그림 18-7〉의 ⓒ의 총수요곡선 AD_0를 AD_F에 옮겼다 하자. 총수요가 Y_2까지 늘어났는데, 총공급이 부응하는가. 총공급측으로서는 물가 P_0

〈그림 18-7〉 재정정책의 효과

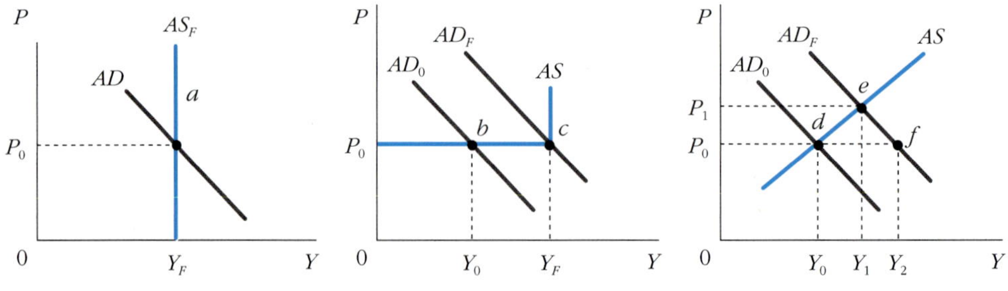

ⓐ 고전학파 ⓑ 케인스 단순모델 ⓒ 일반적 수급균형

가 유지되는 한, 총공급은 변하지 않을 것이다. 따라서 총수요증가분 $\overline{df} = Y_2 - Y_0$가 모두 초과수요가 되고 물가수준을 P_1까지 오르게 한다. 따라서 e점에서 새로운 균형이 달성된다. 초과수요의 일부인 $Y_1 - Y_0$만큼은 채워졌는데, $Y_2 - Y_1$만큼은 부족한 이유는 무엇인가? 물론 물가인상 때문이다. 그것은 두 갈래의 경로를 거쳐 $Y_2 - Y_1$만큼의 예상효과를 구축해 버린다. 물가인상이 실질소득을 감소시켜 총수요를 얼마간 깎아내는 한편, 물가인상 → 거래적 화폐수요의 증가 → 이자율상승 → 민간투자 감소로 $Y_2 - Y_1$만큼의 생산을 구축하는 것이다. 〈그림 18-7〉의 ⓐ에서처럼 고전학파의 총공급곡선은 수직이므로 구축효과가 $Y_2 - Y_0$만큼 완전하게 발생하여 국민소득(생산)은 전혀 증가하지 않는 것이고 〈그림 18-7〉의 ⓑ에서 케인스의 총공급곡선은 수평이므로 구축효과가 전혀 발생하지 않게 되어 $Y_0 - Y_F = Y_2 - Y_0$만큼 국민소득(생산)은 증가하는 것이다.

18.3.2 학파별 재정정책효과

1. 학파별 효과의 차이

고전학파의 LM곡선은 〈그림 18-8〉의 ⓒ처럼 수직선이다. 화폐수요가 이자율에 완전비탄력적이다. LM곡선이 수직인 경우, 확장적 재정정책을 통해 IS곡선을 우측으로 이동시켜도 균형국민소득은 〈그림 18-8〉의 ⓒ의 Y_4처럼 변하지 않는다. 총수요를 조절하여 경기침체를 벗어나려는 재정정책은 전혀 작용하지 않는다. 구축효과가 소득증대효과를 완전히 상쇄시킨 결과이다.

케인스의 LM곡선은 〈그림 18-8〉의 ⓐ처럼 수평선이다. 화폐수요가 이자율에 완전탄력적이다. 또한 IS곡선은 수직선이고 투자는 이자율에 완전비탄력적이다.

정부지출 증가나 조세 감면은 〈그림 18-8〉의 ⓐ의 IS곡선을 오른쪽으로 이동시킴으로써 국민소득을 Y_0 → Y_1까지 확장한다. 이런 경우 이자율이 변하지 않으므로 민간투자감소에 따른 구축효과는 발생하지 않는다.

신케인스학파 또는 신고전파종합(neo-classical synthesis)은 케인스와 고전학파의 절충적 입장이라고 볼 수 있다. 〈그림 18-8〉의 ⓑ의 LM곡선은 ⓐ와 ⓒ의 중간

〈그림 18－8〉 학파별 재정정책효과의 비교

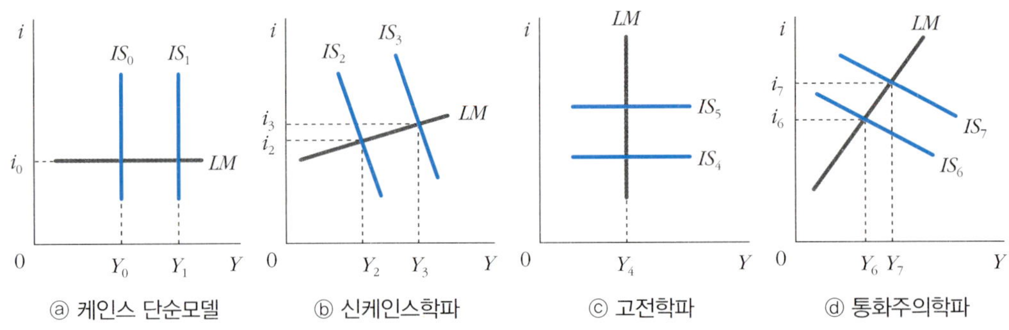

정도의 기울기를 가진다. 따라서 확대재정정책($IS_2 \rightarrow IS_3$)은 이자율상승($i_2 \rightarrow i_3$)을 고전학파보다는 적게 상승시키고 그에 따른 구축효과가 작아진다는 것을 보여준다.

고전학파의 부활이라 일컬어지는 통화주의학파는 〈그림 18－8〉의 Ⓓ처럼 기울기가 가파른 *LM*과 기울기가 완만한 *IS*를 설정한다. 이런 상황에서 확장적 재정정책으로 $IS_6 \rightarrow IS_7$으로 이동하면 균형국민소득은 $Y_7 - Y_6$으로 증가한다. 하지만 *LM*곡선과 *IS*곡선의 기울기 차이 때문에 재정정책의 국민소득증가효과는 축소된다.

정리하면 ① 고전학파의 재정정책은 〈그림 18－8〉의 Y_4처럼 무효하다. ② 케인스의 경우에는 〈그림 18－8〉의 $Y_0 \rightarrow Y_1$만큼 정부지출승수만큼 완전히 효과적이다. ③ 신케인스학파의 경우에는 〈그림 18－8〉의 $Y_2 \rightarrow Y_3$만큼 상당히 유효하다. ④ 통화주의학파의 경우에는 〈그림 18－8〉의 $Y_6 \rightarrow Y_7$만큼 미미하게 유효하다.

2. 재원별 효과의 차이

재정정책을 위한 재원조달방식으로는 ① 화폐발행 방식, ② 증세방식, ③ 차입방식으로 나뉜다. 재정지출을 위한 재원조달방식에 따라 재정정책의 효과도 달라진다. ① 화폐발행으로 재원을 조달하는 경우에는 재정정책의 효과가 금융정책의 효과와 다를 바 없다. 통화량이 증가하고 이자율이 하락하여 투자와 생산을 증대시킨다. ② 증세를 통해 재원을 마련하는 경우, 총수요와 총공급을 모두 위축시킬 수 있

〈그림 18－9〉 재원조달과 재정정책의 효과

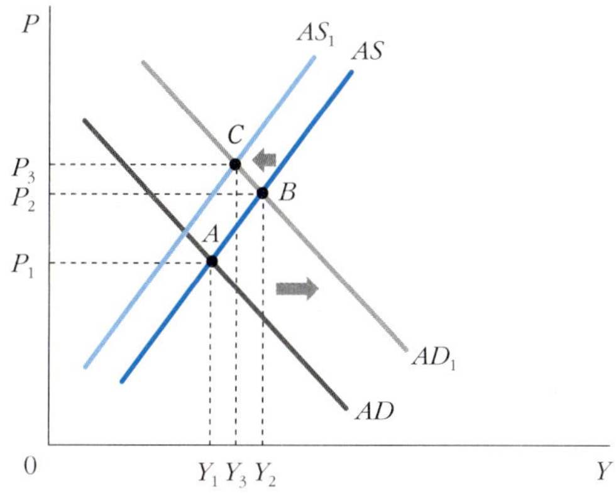

다. 소비자의 입장에서 조세의 증가는 가처분소득을 감소시키고 가처분소득의 감소는 총수요를 감소시킨다. 소비함수는 $C=a+c(Y-T)$이기 때문이다. 생산자입장에서는 근로소득에 대한 세금부과는 생산을 위축시키고 총공급곡선을 좌측으로 이동시킬 수 있다(supply-side economics).

재정정책으로 총수요가 $AD \rightarrow AD_1$로 우측으로 이동하여 균형점 $A \rightarrow B$가 되고 균형국민소득은 $Y_1 \rightarrow Y_2$로 증가하게 된다. 그런데 재원을 조세로 조달하는 경우 〈그림 18－9〉의 총공급곡선이 $AS \rightarrow AS_1$로 좌측이동하게 되어 균형점 $B \rightarrow C$가 되고 균형국민소득은 $Y_2 \rightarrow Y_3$로 감소하게 된다.

③ 차입방식으로 재원조달을 조달하는 경우에는 정부가 국채를 매각하게 되면 채권가격은 떨어지고 이자율은 상승한다. 이자율이 상승하면 민간투자는 위축되고 국민소득수준은 감소한다. 구축효과(crowding out effect)가 발생한다.

18.3.3 장기균형과 재정정책

대체로 현대 경제학자들은 장기총공급곡선을 수직선으로 파악한다. 〈그림 18－10〉의 수직선은 장기총공급곡선(LAS)이고 우상향하는 AS곡선은 단기총공급곡선이다. 재정정책의 효과는 단기적으로 총수요를 AD_1에서 AD_2로 증대시키면 AS_1의

2점에서 AD_2와 교차하여 균형국민소득이 $Y_n \rightarrow Y_2$수준으로 증가한다. 균형점이 1에서 2로 이동한다. 그런데 재정정책의 효과는 장기적으로 물가수준을 $P_1 \rightarrow P_2 \rightarrow P_3$로 오르게 하여 비용이 증가함으로 총공급곡선은 $AS_1 \rightarrow AS_2$로 상방이동하게 된다. 따라서 장기적으로는 재정정책으로 인한 총수요의 증대가 균형점을 1 → 2 → 3으로 변하게 하고 균형국민소득을 Y_n수준으로 회귀시켜 버린다. 결과적으로 재정정책은 단기에는 국민소득을 증가시키나 장기에는 국민소득을 자연산출량수준으로 되돌려 놓는다. 오히려 물가만 $P_1 \rightarrow P_2 \rightarrow P_3$수준으로 상승시키는 결과를 만들게 된다.

〈그림 18-10〉 장기균형과 재정정책

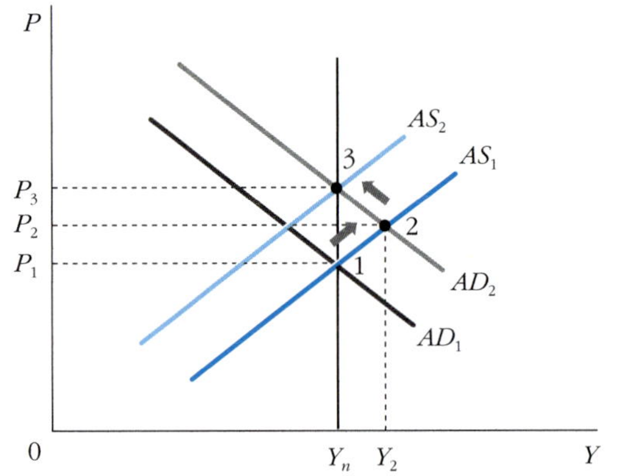

18.4 균형과 금융정책

18.4.1 단기의 금융정책효과

케인스는 LM곡선을 수평으로 파악하여 금융정책의 효과를 무시했다. 그러나 화폐시장이 유동성함정을 벗어나 우상향하는 LM곡선인 경우에는 확대금융정책은 국

〈그림 18 - 11〉 금융정책의 효과

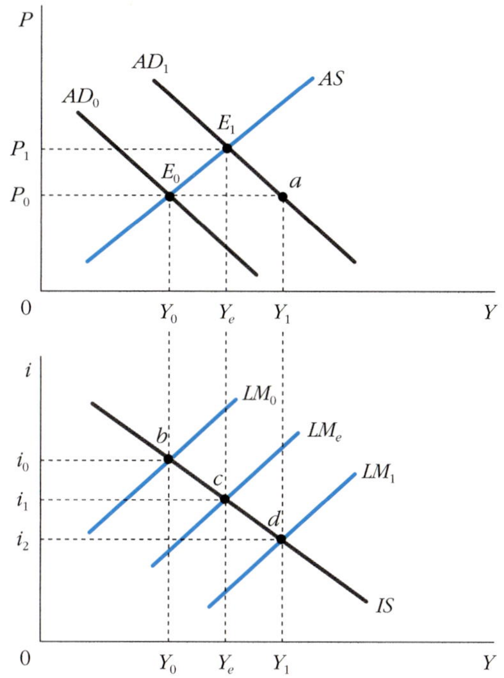

민소득을 증대시킬 수 있다. 〈그림 18 - 11〉에서 E_0가 최초의 균형점이라 하자. 이자율이 i_0이며 국민소득이 Y_0임은 당연하다. 이제 확대금융정책을 펼치면 어떤 변동이 있을까. 넉넉해진 화폐시장이 LM곡선을 $LM_0 \rightarrow LM_1$으로 우측 이동시키고 이자율은 i_2까지 하락하게 된다. 따라서 총수요곡선 AD는 $AD_0 \rightarrow AD_1$으로 이동하고 균형국민소득을 $Y_0 \rightarrow Y_1$까지 증대시킬 수 있다. 그런데 〈그림 18 - 11〉의 $IS-LM$ 좌표에서 보건데, 화폐시장은 d에서 균형하고 국민소득은 Y_1에서 결정되지 못하고 통화량증가에 힘입은 총수요곡선이 AD_1으로 이동함으로써 빚어낸 $\overline{Y_1 - Y_0}$만큼의 초과수요가 물가를 $P_0 \rightarrow P_1$까지 끌어올리게 된다. 따라서 새로운 균형점은 E_1에서 성립하고 균형국민소득은 $Y_0 \rightarrow Y_e$까지 증가한다. $P_0 \rightarrow P_1$까지의 물가상승이 실질 화폐공급($\frac{M^s}{P}$)을 감소시켜 LM곡선을 $LM_1 \rightarrow LM_e$까지 되돌려 놓은 결과이다.

18.4.2 장기의 금융정책효과

재정정책에서와 마찬가지로 장기총공급곡선은 수직선이다. 장기에는 통화량이 증가하더라도 실질변수가 전혀 변하지 않은 결과이다. 이런 현상을 화폐의 중립성(neutrality of money)이라 한다.

〈그림 18-12〉의 수직선은 장기총공급곡선(*LAS*)이고 우상향하는 *AS*곡선은 단기 총공급곡선이다. 금융정책의 효과는 단기적으로 총수요를 AD_1에서 AD_2로 증대시키면 AS_1의 2점에서 AD_2와 교차하여 균형국민소득이 $Y_n \rightarrow Y_2$수준으로 증가한다. 균형점이 1에서 2로 이동한다. 그런데 금융정책의 효과는 장기적으로 초과수요로 물가수준을 $P_1 \rightarrow P_2 \rightarrow P_3$로 오르게 하여 화폐의 실질공급을 감소시키고 떨어졌던 이자율을 다시 오르게 한다. 어찌되었든 총공급곡선은 확대적 금융정책의 결과로 $AS_1 \rightarrow AS_2$로 상방이동하게 된다. 따라서 장기적으로는 금융정책으로 인한 총수요의 증대가 균형점을 1 → 2 → 3의 과정을 거쳐 균형국민소득을 Y_n수준으로 회귀시켜 버린다. 결과적으로 금융정책은 단기적으로는 국민소득을 증가시키지만 장기적으로는 국민소득을 자연산출량수준으로 되돌려 놓는다. 오히려 물가만 $P_1 \rightarrow P_2 \rightarrow P_3$수준으로 상승시키는 결과를 만든다. 확장적 재정정책은 장기적으로 이자율을 상승시킨다. 확장적 금융정책은 장기적으로 이자율을 원래 수준으로 되돌려 놓는다.

〈그림 18-12〉 장기균형과 금융정책

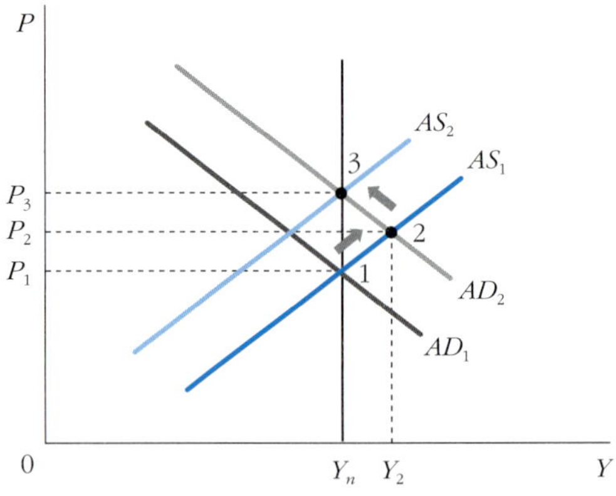

연습문제

EXERCISE

주관식 연습문제

1. $IS-LM$이론과 총수요와 총공급이론의 차이점을 설명하라.

2. 총수요곡선을 도출하고 총수요곡선의 의미를 설명하라.

3. 총수요곡선의 기울기를 결정하는 요인을 설명하라.

4. 부의 효과 또는 실질잔고효과를 설명하라.

5. 총수요곡선을 이동시키는 요인을 설명하라.

6. 총공급곡선을 도출하고 총공급곡선의 의미를 설명하라.

7. 총공급곡선의 기울기를 결정하는 요인을 설명하라.

8. 총공급곡선을 이동시키는 요인을 설명하라.

9. 단기총공급곡선과 장기총공급곡선의 차이를 설명하라.

10. 루카스의 총공급곡선을 도출하고 그 특징을 설명하라.

11. 총공급곡선의 형태와 재정정책의 효과에 대해 설명하라.

12. 학파별 재정정책의 효과를 비교하라.

13. 재원별 재정정책의 효과를 비교하라.

14. 장기균형과 재정정책의 효과를 설명하라.

15. 단기 금융정책의 효과를 설명하라.

16. 장기 금융정책의 효과를 설명하라.

객관식 연습문제

1. 현재 경제가 장기균형 상태에 있다. 총수요가 감소할 경우 새로운 장기균형에 대한 옳은 설명은? (국가직 9급)

① 물가수준과 산출량이 현재의 장기균형보다 높은 수준으로 이동한다.
② 물가수준과 산출량이 현재의 장기균형보다 낮은 수준으로 이동한다.
③ 물가수준은 현재의 장기균형과 동일하지만 산출량은 감소한다.
④ 물가수준은 현재의 장기균형보다 낮아지지만 산출량은 동일하다.

2. 확장적 재정정책과 확장적 통화정책의 장·단기 효과에 대한 설명으로 옳은 것은? (국가직 9급)

① 확장적 재정정책은 단기적으로 이자율의 하락을 통해 투자를 증가시키지만, 장기적으로 물가상승만을 초래한다.
② 확장적 통화정책은 단기적으로 이자율의 상승시켜 자산가격을 안정화시키고, 장기적으로 소비와 투자를 증가시킨다.
③ 확장적 재정정책은 단기적으로 총공급을 증가시켜 경기를 활성화시키고, 장기적으로

민간 투자를 활성화시킨다.

④ 확장적 재정정책은 단기적으로 외부정책 시차가 길어 효과가 없지만, 장기적으로 경기를 활성화시킨다.

3. A점에서 장기 균형을 이루고 있는 *AD*–*AS*모형이 있다. 오일쇼크와 같은 음(–)의 공급충격이 발생하여 단기 *AS*곡선이 이동한 경우에 대한 설명으로 옳지 않은 것은? 〔지방직 7급〕

① 단기균형점에서 물가수준은 A점보다 높다.
② A점으로 되돌아오는 방법 중 하나는 임금의 하락이다.
③ 통화량을 증가시키는 정책을 실시하면, A점의 총생산량 수준으로 되돌아올 수 있다.
④ 정부지출을 늘리면 A점의 물가수준으로 되돌아올 수 있다.

4. 총수요곡선을 우측으로 이동시키는 요인으로 옳지 않은 것은? 〔국가직 9급〕

① 물가수준의 상승　② 조세감면　③ 통화량 증대　④ 정부지출 증대

5. 총수요–총공급 분석에서 긍정적 단기공급충격에 따른 새로운 단기균형에 관한 설명으로 옳지 않은 것은? 〔보험계리사〕

① 소비는 증가한다.　② 고용은 증가한다.
③ 명목이자율은 상승한다.　④ 실질화폐공급은 증가한다.

6. 총수요곡선이 오른쪽으로 이동하는 이유로 옳은 것을 모두 고른 것은? 〔감정평가사〕

가. 자율주행 자동차 개발지원 정책으로 투자지출이 증가한다. 나. 환율이 하락하여 국내 제품의 순수출이 감소한다. 다. 주식가격이 상승하여 실질자산가치와 소비지출이 증가한다. 라. 물가가 하락하여 실질통화량이 늘어나 투자지출이 증가한다.

① 가, 나　② 가, 다　③ 나, 다　④ 나, 라　⑤ 다, 라

7. 패쇄경제에서 총수요-총공급 모형과 관련된 설명으로 옳지 않은 것은? (보험계리사)

① 총수요곡선은 재화시장과 화폐시장으로부터 도출된다.
② 총공급곡선은 노동시장과 생산함수로부터 도출된다.
③ 정부지출 또는 통화량의 변동은 총수요곡선을 이동시킨다.
④ 장기 총공급곡선은 우상향하고 단기 총공급곡선은 수직이다.

8. 다음 중 총수요곡선을 우측으로 이동시키는 요인으로 옳은 것을 모두 고른 것은? (공인노무사)

가. 주택담보대출의 이자율 인하	나. 종합소득세율의 인상
다. 기업에 대한 투자세액공제 확대	라. 물가수준 하락으로 가계의 실질자산가치 증대
마. 해외경기 호조로 순수출 증대	

① 가, 나, 라 ② 가, 다, 마, ③ 가, 라, 마 ④ 나, 다, 라 ⑤ 나, 다, 마

9. 다음 중 총공급곡선을 오른쪽으로 이동시키는 요인만을 모두 고른 것은? (국가직 7급)

가. 실질임금상승	나. 원자재가격의 하락	다. 신기술 개발	라. 정부지출의 증가

① 가, 라 ② 나, 다 ③ 가, 다, 라 ④ 가, 나, 다, 라

10. 거시경제의 총수요와 총공급에 대한 다음 설명 중 옳지 않은 것은? (공인회계사)

① 명목임금 경직하에서 물가수준이 하락하면 기업이윤이 줄어들어 기업들의 재화와 서비스 공급이 감소하므로 단기 총공급곡선이 좌측으로 이동한다.
② 케인즈의 유동성선호이론에 의하면 경제가 유동성함정에 빠지는 경우 추가적 화폐공급이 투자적 화폐수요로 모두 흡수된다.
③ 공급측면의 경제학에 의하면 근로소득세율의 인하는 단기 총공급곡선의 우측이동을 가져온다.
④ 변동환율제도하에서 확장적 재정정책의 구축효과는 폐쇄경제에서 동일한 정책의 구축효과보다 더 크게 나타날 수 있다.
⑤ 단기 변동에서 소비와 투자가 모두 경기순응적이며, 소비의 변동성은 투자의 변동성보다 작다.

제19장

인플레이션과 실업

제19장

물가상승률(인플레이션)과 실업률을 고통지수(misery index)라 한다. 정부의 거시적 경제목표는 고통지수를 최소화하는 데 있다. 재정정책이나 금융정책은 정책목표를 달성하기 위한 수단에 해당한다. 고통지수를 어떻게 하면 최적하게 통제할 수 있느냐가 정책결정의 핵심적 요소이다. 제19장에서는 인플레이션이나 실업은 왜 발생하는가? 어떤 정책적 수단들이 있는가?, 어떤 정책들이 유효한가?에 대해 살펴보기로 한다. 인플레이션이나 실업을 설명하고 대책을 분석하는 이론적 틀에는 케인스학파와 통화주의학파가 바탕을 이룬다.

케인스학파의 경우에는 경제는 근본적으로 불안정성을 내포하고 있으며 불균형 상황에서 균형으로 회복하려는 자정능력이 없는 것으로 파악한다. 경기침체기에는 재정지출이나 통화공급을 늘려 총수요를 증가시킴으로써 경기를 진작시키고 경기가 과열되면 그 반대의 정책으로 경기를 완화시키는 미세조정(fine turning)을 주장한다. 적극적인 자유재량정책으로 경제를 안정화할 수 있다는 관점이다. 반면에 통화주의학파의 경우에는 경제는 근본적으로 안정성을 내포하고 있으므로 불균형 상황에서 균형으로 회복하려는 자정능력을 가지고 있는 것으로 파악한다. 따라서 통화주의학파는 소극적이면서 어떤 정해진 틀, 즉 준칙주의에 의해 경제를 안정화할 수 있다는 관점이다.

19.1 인플레이션

19.1.1 인플레이션의 개념과 분류

1. 인플레이션의 개념

일반물가 수준이 지속적으로 상승하는 현상을 인플레이션(inflation)이라 한다. 총수요가 증가하거나 총공급이 감소하여 총수요와 총공급의 균형점이 높아져가는 현상을 말한다. 인플레이션이 발생하면 화폐를 비롯한 모든 금융자산의 가치는 하락하고 그 결과 구매력도 하락하게 된다. 또한 물가가 상승하면 임금을 비롯한 모든 요소비용도 상승하여 기업은 생산을 줄이게 된다. 따라서 인플레이션은 구매력의 감소로 인한 소비자들의 수요를 줄어들게 하고 생산자들은 생산비용증가로 인해 공급물량을 줄이게 된다.

인플레이션은 물가수준의 변화율로 측정되는데 정리하면

$$\pi_t = \frac{P_t - P_{t-1}}{P_{t-1}} \times 100$$

π_t: t기의 인플레이션율, P_t: t기의 물가지수, P_{t-1}: $t-1$기의 물가지수

인플레이션율은 소비자물가비수(*CPI*), 생산자물가지수(*PPI*), GDP디플레이터를 이용하여 각각 다르게 계산할 수 있다.

2. 인플레이션의 분류

인플레이션은 발생원인에 따라 ① 수요견인 인플레이션(demand pull inflation), ② 비용인상 인플레이션(cost push inflation), ③ 혼합형 인플레이션(mixed inflation)으로 구분한다.

① 수요측 요인에 의해 발생하는 수요견인 인플레이션은 〈그림 19-1〉의 $AD=AS$인 새로운 균형점 E점에서 AD_0가 AD_1으로 이동하면 최초균형점 E_D점이 되고 물가수준은 $E \rightarrow E_D$만큼 상승하게 되는 현상을 말한다. ② 공급측 요인에 의해 발생하는 비용인상 인플레이션은 〈그림 19-1〉의 $AD=AS$인 최초균형점 E점에서 AS_0가 AS_1으로 이동하면 새로운 균형점 E_S점이 되고 물가수준은 $E \rightarrow E_s$만큼 상승하게 되는 현상을 말한다. ③ 수요측 요인과 공급측 요인이 동시에 작용하여 발생하는 혼합형 인플레이션은 〈그림 19-1〉 $AD=AS$인 최초균형점 E점에서 AD_0가 AD_1로, AS_0가 AS_1로 이동하여 새로운 균형점 E_{D+S}점이 되고 물가수준은 $E \rightarrow E_{D+S}$만큼 상승하게 되는 현상을 말한다.

수요 측에서 예상치 못한 정부지출 증가, 통화량의 증가 등으로 총수요를 증가시켜 경기변동을 만들어 낸다. 이런 현상을 수요충격(demand shock)이라 하고 〈그림 19-1〉에서 AD_0에서 AD_1으로 총수요곡선이 이동하는 것을 말한다. 공급 측에서 예상치 못한 노사분쟁, 원자재가격의 상승 등으로 총공급을 감소시켜 경기변동

〈그림 19 – 1〉 AD·AS와 인플레이션

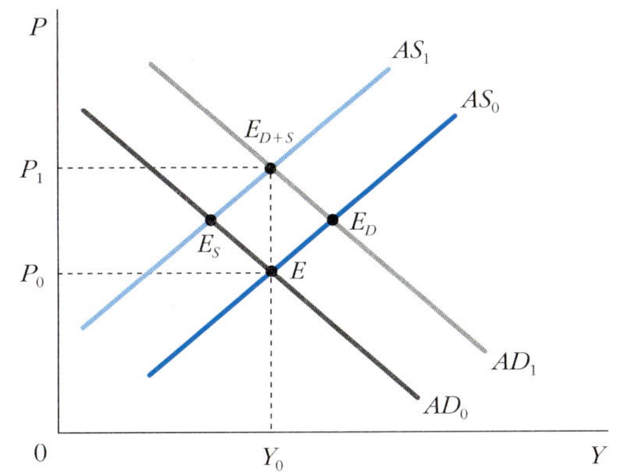

을 만들어 낸다. 이런 현상을 공급충격(supply shock)이라 하고 〈그림 19－1〉에서 AS_0에서 AS_1으로 총공급곡선이 이동하는 것을 말한다.

수요견인 인플레이션은 대체로 통화공급의 증가로 나타나는 인플레이션이다. 고전학파나 통화주의학파는 인플레이션은 근본적으로 화폐적인 현상으로 본다. 그들은 비용인상 인플레이션은 단기적인 현상에 불과하고 통화량의 증가로 인한 수요견인 인플레이션만을 문제 삼는다. 따라서 그들은 경제성장률에 따라 비례적으로 통화공급을 유지해야 한다는 통화준칙을 강력한 해결책으로 권고한다.

반면에 케인스학파의 경우에는 총수요를 증가시켜 생산과 고용을 증가시키기 위해 재량적인 재정정책의 유효성을 주장하며 수요견인 인플레이션을 문제 삼지 않는다. 다만 임금인상으로 인한 비용인상 인플레이션을 문제로 인식하며 이를 해결하기 위해 임금과 물가를 통제하는 소득정책을 제시한다.

19.1.2 인플레이션의 영향

인플레이션이 발생하면 소비자 입장에서 모든 상품의 가격이 상승한다. 하지만 임금이나 자본서비스 등 생산요소 가격도 그만큼 상승한다면 소득이 증가하게 된다. 소득이 물가보다 더 많이 오른다면 생활수준은 향상되지만 물가가 소득보다 더 많이 오른다면 생활수준은 떨어진다. 인플레이션은 여러 가지 측면에서 사회문제를 일으킨다. 그 이유를 정리하면 다음과 같다.

① 인플레이션은 생산과정을 거치지 않고 소득과 부를 재분배한다.
② 인플레이션은 생산수준과 고용수준을 변화시킨다.
③ 인플레이션은 자원배분을 비효율화시킨다.

특히 경제주체들이 예상하지 못한 인플레이션은 예상된 인플레이션보다 많은 문제를 일으킬 수 있다.

1. 예상치 못한 인플레이션

① 인플레이션은 생산과정을 거치지 않고 소득과 부를 재분배한다. 생산에 기여하지 않은 누군가에게 소득과 부를 배분할 수 있다. 인플레이션은 불로소득을 발생시키는 원인이 된다. 현금, 예금, 증권 등 금융자산을 소유한 사람들과 채권자를 가난하게 만든다. 물가상승이 금융자산의 가치를 떨어뜨리기 때문이다. 채무자는 명목화폐가치나 명목이자율로 부채를 상환할 수 있고 채권자는 실질화폐가치나 실질이자율보다 낮은 금융자산으로 변제받게 된다.

② 정부의 화폐발행으로 예상하지 못한 인플레이션이 발생하는 경우 인플레이션 조세효과(inflation tax effect)가 나타난다. 세금을 부과하지 않았지만 소비자들은 물가상승으로 인해 세금을 징세당한 것과 같은 구매력을 상실하게 된다. 정부는 세금을 부과하지 않고서 화폐를 발행한 만큼 재정정책의 재원으로 사용할 수 있게 된다. 또한 기업의 경우에는 자금에 대한 수요자이기 때문에 소비자로부터 부가 이전되는 효과를 누리게 된다

③ 예상하지 못한 인플레이션이 발생하고 단기적으로 임금이나 요소비용에 반영되지 않는다면 생산과 고용은 증가하게 된다. 하지만 장기적으로는 물가상승은 상품의 가격만 오르게 하는 것이 아니라 임금을 비롯한 모든 생산요소비용을 증가시키게 된다. 따라서 장기적으로 인플레이션은 물가수준을 올려놓을 뿐 생산과 고용에는 아무런 영향을 미치지 못한다. 또한 경제주체들의 안정된 장기적인 소비계획이나 투자계획이 어려워지고 불확실성으로 인한 경제적 효율성이 낮아지게 된다.

2. 예상된 인플레이션

① 예상된 인플레이션이 발생하면 사람들은 그 몫만큼 명목이자율에 반영하여 실질이자율은 일정하게 유지하려 한다. 따라서 채권자로부터 채무자에게 소득이 재분배는 현상은 발생하지 않는다(명목이자율=실질이자율+인플레이션율).

② 인플레이션이 예상되면 명목이자율도 그만큼 상승하므로 실질이자율은 일정하게 되는 현상을 피셔가설(Fisher hypothesis) 또는 피셔효과(Fisher Effect)라 한다. 경제전반에 피셔효과가 발생하면 화폐에 대한 기회비용은 증가하게 되는데, 이런 이유로 사람들은 화폐보유를 줄이게 되고 금융기관을 자주 방문하는 결과를 가져오게 될 것이다. 이 때 거래비용이 증가하고, 이를 구두창비용(shoe-leather cost)이라 한다. 기업들의 경우에는 물가상승에 맞춰 상품가격을 조정해야 하는데 이때 발생하는 비용을 메뉴비용(menu cost)이라 한다.

③ 예상된 인플레이션이 지속된다면 경제의 효율성을 왜곡시킨다. 경제주체들은 인플레이션으로 인한 조세효과를 피하기 위해 금융자산을 효율적인 생산부문에 투자하기보다는 부동산이나 귀금속과 같은 실물자산에 투기하게 된다. 따라서 예상된 인플레이션이더라도 사회제도, 법률, 규정 등이 예상된 인플레이션을 충분히 반영하지 못한다면 자원을 생산적이지 못한 곳에 배분하는 비효율의 문제를 발생시킨다. 금융저축이 감소하므로 투자재원조달이 제약되고 장기적으로 경제성장이 위축된다.

④ 인플레이션이 예상되면 국내에서 생산된 재화의 상대가격이 상승하므로 수출이 감소하고 수입은 증가하여 국제수지를 악화시킨다.

19.1.3 인플레이션의 해결방안

1. 수요측 요인에 대한 대책

통화공급이 증가하면 〈그림 19－1〉의 $AD=AS$인 새로운 균형점 E점에서 AD_0가 AD_1으로 이동하면 최초균형점 E_D점이 되고 물가수준은 $E \rightarrow E_D$만큼 상승하게 된다. 고전학파의 경우, 노동은 항상 완전고용상태에 있고 화폐의 유통속도가 일정하다고 보기 때문에 통화량의 증가는 물가를 비례적으로 상승시킨다.

① 피셔(I. Fisher)의 교환방정식(equation of exchange)

교환방정식은 $MV=PQ$(M: 통화량, V: 화폐의 유통속도, P: 물가수준, Q: 생산물의 거래량)이다. 이 수식을 근거로 화폐수량설이라고도 한다.

위의 수식을 쉽게 이해하기 위해 예를 들어보자. PQ는 1년 동안 국민경제에서 이루어진 거래총액이다. 100조원이라 하자. 그런데 통화량(M)은 10조원이라면 화폐의 유통속도(V)는 10이라는 것을 알 수 있다. $V=\frac{PQ}{M}$ 그런데 V는 문화적 제도적 요소에 의해 결정되므로 단기적으로 변하지 않는다고 가정한다. 그리고 현실적으로 PQ(총거래액)를 측정하기 난해하므로 PY(명목국민소득)를 사용하기로 하자. 명목국민소득은 총거래액에서 자산이나 중간재 거래가 포함되지 않는다는 차이점만 있을 뿐 서로 비례적인 관계를 가진다. 위의 교환방정식은 $MV=PY$로 나타낼 수 있다. 여기서 V가 일정하고 Y가 완전고용수준으로 일정하다면 M의 변화가 바로 P의 변화를 나타낸다.

② 통화주의학파의 신화폐수량설(new quantity theory of money)

통화주의학자들은 V가 안정적이지 않더라도 변화를 비교적 안정적으로 예측할 수 있으므로 M의 변화에 의한 PY의 변화를 계측할 수 있다고 주장한다. 따라서 정부는 통화량(M)과 유통속도(V)를 조절하면 명목국민소득을 조정할 수 있다고 인식한다. 또한 단기적으로는 물가수준(P)도 안정적으로 보아 실질국민소득도 조정 가능하다고 해석할 수 있다. 따라서 케인즈학파나 통화주의학파나 모두 단기에서는 통화량을 증대시켜 총수요를 관리하는 정책수단이 유효하다고 생각한다. 통화주의자들의 경우에는 정책이 수립되고 집행되어 효과가 나타나기까지 시차(time lag)가 발생한다고 주장한다.[1] 또한 정책의 효과는 가변적이며 장기적인 성격을 가지기 때문에 예측하기 어렵다고 믿는다. 뿐만 아니라 통화정책의 효과가 강력하기 때문에 함부로 사용하면 부작용을 초래한다는 주장한다.

③ 통화준칙과 EC방정식

통화주의학파는 k%준칙을 통화정책으로 제시한다. 매년 일정한 비율로 통화량

1) 프리드만은 시차문제를 샤워장의 바보에 비유했다.

을 증가시켜야 한다는 것이다. 예를 든다면 V, P, Y가 예측된다면 변수들의 비율에 비례하여 통화량(M)을 조율해야 된다는 논리이다. 현실적으로 k%를 결정하는 EC 방정식이 널리 사용된다.

$MV=PY$에서 $\frac{\Delta M}{M}+\frac{\Delta V}{V}=\frac{\Delta P}{P}+\frac{\Delta Y}{Y}$으로 전환하고 $\frac{\Delta M}{M}=\frac{\Delta P}{P}+\frac{\Delta Y}{Y}-\frac{\Delta V}{V}$으로 정리된다.

위 수식에서 화폐공급증가율($\frac{\Delta M}{M}$)은 P, Y, V의 변화율을 측정하면 알 수 있게 된다.

통화주의자들은 $\frac{\Delta V}{V}$가 상당히 안정적이라고 인식하기 때문에 통화공급이 증가하면 단기에는 통화량증가율+유통속도증가율($\frac{\Delta M}{M}+\frac{\Delta V}{V}$)과 인플레이션율+경제성장률($\frac{\Delta P}{P}+\frac{\Delta Y}{Y}$)로 나뉜다고 보았다. 장기적으로는 국민소득 증가효과는 사라지고 오직 인플레이션율 증가로 나타난다고 보았다. 또한 프리드만은 비용인상인플레이션은 단기적인 현상이기 때문에 인플레이션의 원인은 오로지 과도한 통화공급에 있고 안정적인 통화공급만이 인플레이션을 막는 유효한 대책이라고 주장한다.

2. 공급측 요인에 대한 대책

노사분규, 원재료가격 상승 등으로 공급측 요인에 의해 〈그림 19-1〉의 $AD=AS$인 최초균형점 E점에서 AS_0가 AS_1으로 이동하면 새로운 균형점 E_S점이 되고 물가수준은 $E \rightarrow E_S$만큼 상승하게 된다. 공급측 인플레이션은 고전학파나 통화주의자들은 단기적인 현상으로 주목하지 않는다. 케인스학파는 지나친 임금인상을 공급측 인플레이션의 주요요인으로 주목한다.

케인스학파는 노동생산성을 초과하는 임금인상은 상품가격을 인상시키고 다른 산업으로 전파되어 높은 인플레이션의 원인으로 파악하였다. 따라서 정부가 임금과 물가상승을 규제하여 임금 및 기타소득을 조절하는 소득정책(incomes policy)의 필요성을 주장한다. 정부는 매년 임금과 물가의 악순환(wage-price spiral)의 고리를 끊을 수 있는 임금상승률의 가이드라인이나 임금과 물가상승을 직접 억제해야 한다고 주장한다. 고전학파나 통화주의자들은 정부가 단기적으로 실업을 해소하기 위해 확장적 재정정책을 사용하면 그것이 화폐발행이든 차입이든 관계없이 모두 물가상승으로 이어지고 물가상승은 임금을 상승시키고 임금상승은 다시 물가를 상승시키는 악순환을 거듭한다고 주장한다. 어떤 재정정책도 생산과 고용을 증가시킬 수 없고 물가상승만을 부채질한다는 것이다. 따라서 국민소득의 증가에 따라 통화량을 증가시키는 통화준칙만이 인플레이션을 예방할 수 있다는 입장이다. 한편, 공급측면 경제학자들은 비용인상 인플레이션에 대한 해결책으로 공급측면의 생산성을 향상시키는 대안들을 제시하고 있다. 투자와 저축 그리고 노동공급을 유인할 수 있는 조세의 감면, 기술개발과 경영혁신을 유인하거나 지원하는 정책들이 유효하다는 입장이다.

3. 혼합요인에 대한 대책

수요측 요인과 공급측 요인이 동시에 작용하여 발생하는 혼합형 인플레이션은 〈그림 19-1〉 $AD=AS$인 최초균형점 E점에서 AD_0가 AD_1로, AS_0가 AS_1로 이동하여 새로운 균형점 E_{D+S}점이 되고 물가수준은 $E \rightarrow E_{D+S}$만큼 상승하는 현상을 말한다. 현실적으로는 혼합형 인플레이션의 경우가 많다. 혼합형 인플레이션은 비용증가가 생산과 고용을 감소시키고 실업의 증대라는 문제를 발생시키면 정부는 확장적 정책으로 대응하게 되고 그 결과 임금과 물가는 더욱 상승한다. 이런 상황이 반복되면 경제주체들의 기대인플레이션도 높아져 간다. 기대인플레이션이 높아져 예상물가가 상승하면 총공급곡선은 왼쪽으로 이동하고 소득은 줄고 실업은 증가한다.

새 고전파(new classical) 경제학자들은 정책무력성(policy ineffectiveness) 명제를 제시한다. 루카스를 중심으로 한 합리적 기대가설(rational expectation hypothesis) 신봉자들은 물가는 신축적 조정을 통해 항상 시장을 균형 상태에 머물게 한다는 가정을 내세운다. 경제주체들이 합리적 기대와 정책의 변화를 예상하게 되는 경우 경제 안정화정책은 단기에서조차도 무효하다고 주장한다. 합리적 기대란 가능한 모든 정보를 활용하여 미래를 예측하고 대응한다는 것을 의미한다. 노동자는 총수요확대정책은 물가상승을 초래할 것으로 예측하여 미래의 임금을 결정하는데 물가상승을 반영하게 된다는 뜻이다. 따라서 총수요확대로 인한 총공급의 상승은 일어나지 않는다.[2] 따라서 합리적 기대가설은 케인스적인 재량정책보다는 통화주의적인 준칙주의를 옹호한다.

2) 케인스학파의 재량적 경제정책에 대한 비판인 셈인데, 이를 루카스비판(Lucas critique)이라 한다.

19.2 실업

인플레이션과 실업은 경제주체들의 경제적 고통을 수반하는 경제적 병폐현상에 해당한다. 이를 감안하여 실업은 인플레이션과 함께 고통지수라 한다. 인플레이션과 실업은 생산과 소비를 위축시켜 궁핍한 경제를 만들기 때문에 경제주체들에게 고통을 유발하는 것이다. 역사적으로 경험한 1920~1930년대의 세계경제공황(great depression)과 1910~1920년대의 독일의 초인플레이션(hyper-inflation)은 우리에게 엄청난 고통과 공포심을 심어 준 대신 실업과 인플레이션에 대한 경계심과 면역력을 유발했는지도 모른다. 특히 실업의 경우에는 인간의 생존권을 위협하는 절망적 경제문제로 주목받고 있다.

19.2.1 실업의 개념과 측정

실업이란 일할 의사나 능력을 보유한 사람이 직업을 갖지 않거나 갖지 못한 상태로 있는 현상을 의미한다. 한 나라의 경제활동인구에서 취업자수를 제외하면 실업자 수가 된다. 경제활동인구수에 대한 실업자수의 비율을 실업률이라 한다. 이를 수식으로 나타내면 다음과 같다.

$$\text{실업률} = \frac{\text{실업자수}}{\text{경제활동인구}}$$

경제활동인구에 대한 기준은 각 나라마다 다른데, 우리나라의 경우, 15세 이상의 인구 중에서 일할 의사가 없는 인구와 일할 능력이 없는 인구를 제외한 민간인을 말한다. 학생이나 주부 또는 병원에 입원한 환자 등과 같은 경제활동에 참여할 수 없는 인구를 제외시킨다. 만 15세 이상의 인구를 생산가능인구 또는 노동가능인구라 한다. 생산가능인구 중에서 경제활동인구가 차지하는 비율을 경제활동참가율이라 한다. 실업자 중에서 구직활동을 포기한 실망노동자는 비경제활동으로 분류한다.

경제활동인구는 취업자와 실업자로 구성된다. 취업자는 ① 조사대상기간 중 1주일에 수입을 목적으로 1시간 이상 일을 한 사람으로 정의된다. ② 수입이 직접 발생하지 않더라도 동일 가구에서 경영하는 농장이나 사업체에서 주당 18시간 이상 일한 가족종사자도 포함된다. 주부나 학생은 비경제활동인구로 분류되지만 부수입을 올리는 주부이거나 아르바이트에 종사하는 학생은 경제활동인구이고 취업자에 포함된다. ③ 일정한 직업이나 사업장을 갖고 있지만 일시적인 질병, 휴가, 노사분규 등으로 조사기간 중에 일하지 못한 사람도 취업자에 포함된다.

실업자는 ① 조사대상 주간을 포함한 지난 4주간 수입이 발생하는 일을 하지 않았거나 적극적으로 구직활동을 하였으며, 언제든 일자리가 주어지면 즉각 일을 할 수 있는 사람으로 정의된다. ② 과거에 구직활동을 지속적으로 유지하였으나 일시적인 질병, 기상악화, 구직결과 대기, 창업준비 등의 사유로 조사기간 중에 구직활동을 하지 못한 사람의 경우에도 실업자에 포함된다.

경제활동참가율, 실업률, 그리고 고용률은 다음과 같이 계산한다.

$$① \text{ 경제활동참가율} = \frac{\text{경제활동인구}}{\text{15세 이상 인구}} \times 100 = \frac{\text{경제활동인구}}{\text{경제활동인구} + \text{비경제활동인구}} \times 100$$

$$② \text{ 실업률} = \frac{\text{실업자수}}{\text{경제활동인구}} \times 100 = \frac{\text{실업자수}}{\text{취업자수} + \text{실업자수}} \times 100$$

$$③ \text{ 고용률} = \frac{\text{취업자수}}{\text{15세 이상 인구}} \times 100$$

19.2.2 실업의 분류

케인스는 자발적 실업과 비자발적 실업으로 구분하고 비자발적 실업문제에 관심을 둔다. 자발적 실업은 일할 능력을 가지고서 현재의 임금수준에서 일할 의사가 없는 경우의 실업을 말한다. 마찰적 실업은 자발적 실업이며 탐색적 실업이라고도 한다. 마찰적 실업은 직업을 구하거나 보다 나은 새로운 직업을 탐색하는 과정에서 나타나는 실업이다. 따라서 마찰적 실업은 어떤 경제상황에서나 나타나는 현상이며 정책적 차원에서 문제가 되지 않는 실업이다. 구조적 실업은 기술혁신으로 인해 기존의 기술에 훈련된 노동자들이 경쟁력을 상실하거나 어떤 산업이 사양산업으로 전락하여 그 산업분야의 일자리가 줄어들어 발생하는 실업을 말한다. 마찰적 실업과 구조적 실업은 경기변동에 의한 것이 아니라 노동시장이나 특정산업의 요인 등으로 발생하는 일자리조정이나 노동수요구조의 변화를 반영한다. 따라서 마찰적 실업이나 구조적 실업은 경제활력을 반영하는 의미로 해석될 수도 있다. 마찰적 실업과 구조적 실업만이 존재할 때 완전고용(full employment)이라 하고 완전고용하에서 발생하는 실업률을 자연실업률(natural rate of unemployment)이라 한다.

사회적·경제적으로 문제가 되는 경기변동의 영향을 많이 받는 실업은 비자발적 실업이다. 비자발적 실업이란 주어진 임금수준에서 취업할 의사가 있으나 일자리가 없어 취업을 하지 못하는 상태를 의미한다. 비슷한 능력을 가진 사람이 평균임금수준보다 더 높은 임금을 원하기 때문에 취업할 수 없는 경우에는 자발적 실업에 포함된다. 비자발적 실업에는 경기적 실업과 구조적 실업의 일부가 포한된다. 경기적 실업이란 총수요의 부족, 과잉생산, 즉 불황으로 인해 발생하는 실업이다. 케인스는 비자발적 실업에 관심을 두었다면 프리드만은 자연실업에 관심을 두고 자연실업률가설을 전개한다.

19.2.3 학파별 이론과 대책

케인스는 비자발적 실업문제에 프리드만은 자연실업률에 관심을 가진다. 인플레이션의 경우처럼 실업의 문제도 총수요와 총공급의 문제이다. 총공급이 완전고용수준에서 일정하다면 인플레이션을 줄이기 위해 총수요를 억제해야 한다. 반대로 실업을 줄이기 위해서는 오히려 총수요를 확대해야 한다. 인플레이션과 실업은 정책적으로 서로 상충관계(trade-off)가 성립한다. 실업문제의 원인과 대책에 대해서도 케인스학파와 통화주의자들은 서로 다른 견해를 갖고 있다.

1. 케인스학파의 이론과 대책

케인스학파 경제학자들은 경기가 침체하면 물가수준(P)이 하락하고 실질임금($\frac{w}{p}$)은 상승한다. 상승한 실질임금은 노동자들의 노동공급은 증대시키고 기업들의 노동수요는 감소시킨다. 여기서 비자발적 실업이 발생한다. 즉, 임금이 하방경직성을 갖는다는 것을 전제로 실업을 설명한다. 따라서 확장적인 재정정책과 통화정책으로 총수요곡선을 우측으로 이동시키면 물가수준이 상승하여 실질임금($\frac{w}{p}$)은 하락한다. 노동수요는 증가하고 노동공급은 감소한다. 〈그림 19 – 2〉에서 물가수준 P_0에서 P_1수준으로 상승하면 $a-b$만큼의 비자발적 실업이 발생한다. 정부가 확장적 안정화정책으로 AD_0를 AD_1으로 이동시켜 $a-b$만큼의 실업을 해소할 수 있다.

〈그림 19 – 2〉 케인스학파의 실업이론과 대책

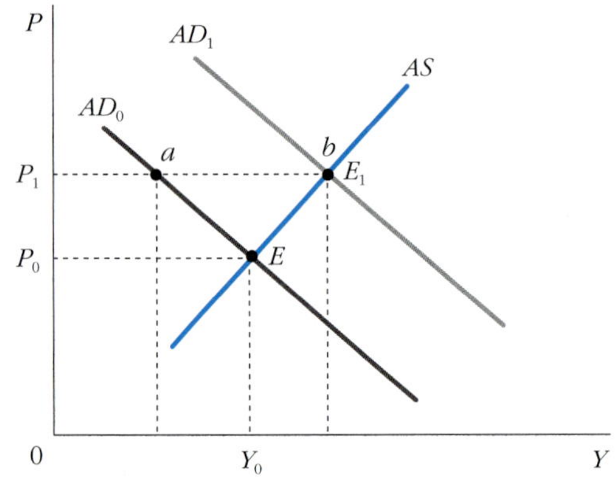

2. 통화주의학파의 이론과 대책

통화주의학파 경제학자들은 구조적 실업도 탐색적 실업으로 인식하며 실업은 정도의 차이가 있을 뿐 대체로 자발적 실업으로 취급한다. 따라서 실업은 대부분 마찰적 실업, 즉 탐색적 실업으로 인식하고 자연실업률이론을 전개한다. 정부가 실업을 줄이기 위해 재량적 확대정책, 즉 안정화정책을 펴는 것에 반대한다. 왜냐하면 확대재정정책은 총수요를 증가시키므로 물가수준을 끌어올려 인플레이션을 일으킬 수 있고, 자연실업률수준은 안정화정책에 관계없이 변하지 않는 특성을 보이기 때문이다. 통화주의학파는 실업보다는 인플레이션으로 인해 사회·경제적 폐해가 크다는 인식을 갖고 있다. 인플레이션은 생산과정을 거치지 않고 소득을 재분배하는 특징과 개인의 선택과 무관하게 인플레이션 조세를 부과하여 공평성이나 효율성을 해치는 문제를 안고 있다고 믿는다. 통화주의 경제학자들은 고전학파의 완전고용개념을 현대화하여 자연실업률가설을 정립하였다. 현실경제에서 노동자가 자신이 원하는 일자리를 찾는 과정에서 발생하는 실업을 자연실업률이라는 개념으로 정의했으며, 이런 상태를 완전고용이라 보고 자연실업률가설을 모형화하였다. 자연실업률이란 경제가 장기균형상태에서 마찰적 실업과 구조적 실업만 존재하는 실업률을 의미한다.

자연실업률을 수식으로 정리하면 다음과 같다.

$$Nu(\text{자연실업률}) = \frac{u}{u+e}$$

$$u = \frac{\text{일자리를 잃은 사람의 수}}{\text{취업자수}}, \quad e = \frac{\text{일자리를 찾는 사람의 수}}{\text{실업자수}}$$

단기적으로 u가 커질수록 e가 작아질수록 자연실업률은 커지게 된다. 장기적으로 〈그림 19-3〉의 Y_n에서 장기총공급곡선(LAS)은 수직이므로 $\Delta U = uU - eE$에서 ΔU(실업자수의 변화)$=0$ 자연실업률 수준에서 실업자수는 변하지 않는다.

〈그림 19-3〉 통화주의학파의 실업이론과 대책

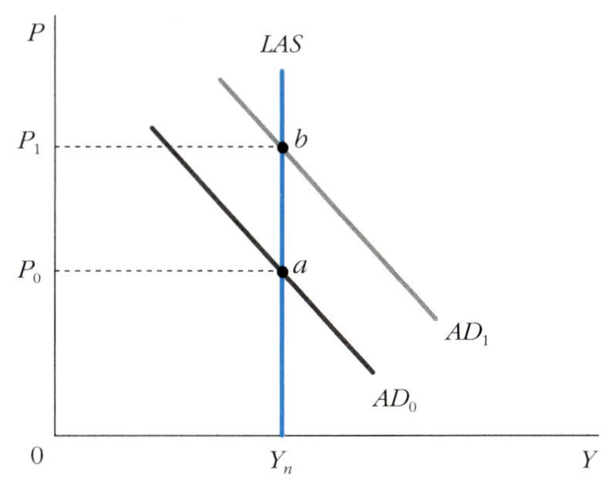

〈그림 19 - 3〉의 Y_n은 자연실업률이다. 실업을 줄이기 위한 재량적 안정화정책으로 총수요곡선을 AD_0에서 AD_1으로 이동시켰다 하자. 자연실업률은 Y_n수준에서 변하지 않고 물가만 $a-b$수준으로 상승하게 된다.

3. 고전학파의 탐색이론과 대책

고전학파는 탐색적 실업이론에 관심을 기울여 왔다. 탐색이론은 실업을 합리적인 경제주체들의 합리적 선택의 결과로 인식한다. 따라서 일자리를 탐색하는 과정에서 발생하는 한계편익과 한계비용에 의해 실업의 최적수준이 결정된다. 예를 들어 예상치 못한 인플레이션이 발생하면 경기가 좋아지고 좋은 일자리나 보수가 제시될 수 있다. 이 때 일자리를 거절한다는 것은 탐색의 한계비용을 증가시키는 것이 되고 실업수당을 줄어들게 된다면 탐색의 한계편익을 감소하게 한다. 탐색의 한계비용이 증가하거나 한계편익이 감소한다면 탐색시간을 줄이게 되고 탐색적 실업은 감소하게 된다. 탐색이론은 정책이란 경제주체의 합리적 선택에 영향을 주는 탐색비용이나 탐색편익을 변화시키는 것으로 인식한다. 따라서 탐색이론은 실업을 경제주체들의 합리적 선택이라는 관점에서 최적 실업수준에 관심을 갖는다. 케인스학파의 경우에는 실업은 경제적 병폐라는 관점에서 재량적 정책으로 정부가 실업을 치유해야 한다고 본다.

4. 새 케인스학파이론과 대책

새 케인스학파의 실업이론은 임금경직성이론을 바탕으로 한다. 통화주의학파와 케인스학파의 실업에 대한 근본적인 견해 차이는 실질임금($\frac{w}{p}$)의 경직성에 대한 인식에서 비롯된다. 새 케인스학파는 실질임금의 경직성을 설명하기 위해 효율임금이론과 내부자-외부자이론을 개념화한다. 효율성임금이란 노동자의 생산성을 유인하고 조직에 대한 충성심을 강화하기 위해 시장평균임금보다 높은 임금을 지불하려는 현상을 말한다. 노동조합이 외부자를 고려한 임금수준보다 높은 내부자만의 이익을 고려한 임금을 관철하게 된다는 이론이다. 또한 그들은 이력현상(hysteresis)을 개념화한다. 이력현상이란 어떤 경제충격이 사라진 후에도 장기적이고 지속적으로 영향을 미치는 현상을 말한다. 임금의 경직성이 효율임금이론, 내부자-외부자이론, 그리고 이력현상으로 설명된다는 입장이다. 새 케인스학파는 높은 실업률이 자연실업률을 높이게 되고 한 번 높아진 자연실업률은 그 이후에도 이력현상으로 인해 실업률과 자연실업률을 또 높일 수 있다고 본다. 따라서 재량적 안정화정책이 실업률을 줄이는 데 효과적이라는 주장이다.

19.2.4 필립스곡선과 스태그플레이션

필립스곡선(Phillips curve)은 1958년 경제학자 필립스(A.W. Phillips)가 영국의 자료를 분석하였는데 명목임금상승률과 실업률 간에는 상충관계가 존재한다는 것을 발견하였다. 물가가 상승하면 실질임금($\frac{w}{p}$)은 하락하고 고용량이 증가하여 실업률은 줄어들게 된다. 반대로 물가가 하락하면 실질임금이 상승하고 고용량이 감소하여 실업률은 증가한다. 필립스곡선은 〈그림 19-4〉와 같이 물가상승률과 실업률 사이에서 안정적인 상충관계(trade-off)를 보여준다.

1. 최초의 필립스곡선

우하향하는 필립스곡선 〈그림 19-4〉의 왼쪽 그림에서 횡축의 실업률을 국민소득(실질GDP)으로 바꿔 그리면 오른쪽의 총공급곡선(AS)으로 나타낼 수 있다. 필

〈그림 19-4〉 필립스곡선과 실업정책

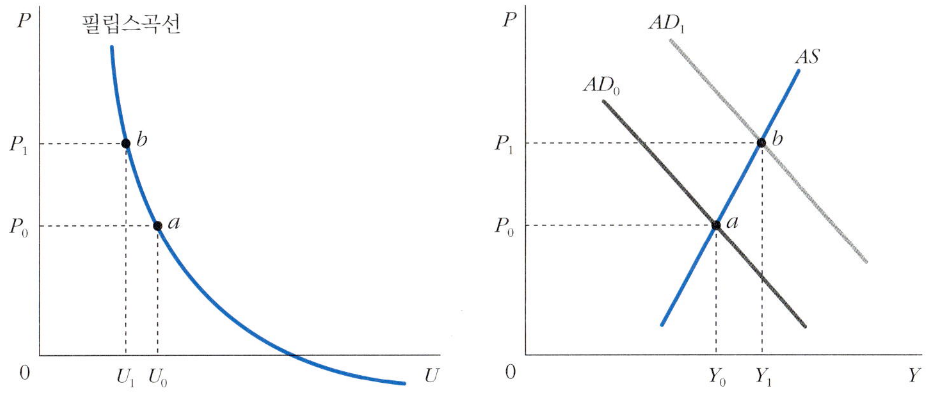

립스곡선을 수식으로 나타내면 다음과 같다. 〈그림 19-4〉에서처럼 좌측의 필립스 곡선이 우하향하는 경우, 우측의 총수요곡선을 $AD_0 \rightarrow AD_1$으로 이동시키면 국민소득은 $Y_0 \rightarrow Y_1$로 증가하게 된다. 따라서 왼쪽 그림에서 실업률은 $U_0 \rightarrow U_1$수준으로 감소하게 된다. 우하향하는 필립스곡선이 안정적이라면 물가안정과 완전고용을 동시에 달성할 수 없음을 의미한다. 따라서 케인스학파의 입장에서 재량적 안정화 정책은 실업률을 조절하는 데 유효한 것으로 받아들여진다.

필립스곡선의 특징을 수식으로 정리하면 다음과 같다.

$$\pi = -a(u-u_n),\ a>0$$

π: 인플레이션율, u: 실제실업률, u_n: 자연실업률

a: 반응계수(인플레이션율이 실제실업률과 자연실업률과의 격차에 얼마나 반응하는가를 나타내는 반응계수)

위 수식에서 실제실업률이 자연실업률보다 작게 나타나면 인플레이션율은 양(+)의 값을 갖게 되고 실제실업률이 자연실업률보다 크게 나타나면 인플레이션율은 음(−)의 값을 갖게 된다.

2. 스태그플레이션과 기대부가 필립스곡선

① 비용인상 인플레이션과 스태그플레이션

1970년대가 되면서 자본주의 세계경제는 새로운 위기에 직면하게 된다. 높은 실업률과 높은 인플레이션이라는 합병증세가 나타나게 된다. 소위 스태그플레이션(Stagflation)이 발생한 것이다. 스태그플레이션이란 경기침체기에 실업률이 높은 수준인데도 불구하고 높은 인플레이션까지 나타나는 현상을 말한다. 즉, 필립스곡선에서 나타난 실업률과 인플레이션율 간의 안정적인 음(−)의 관계가 무너진 상황을 말한다. 안정적인 기존의 필립스곡선으로는 스태그플레이션을 설명할 수 없게 된 것이다.

따라서 케인스학파 경제학자들은 필립스곡선이 〈그림 19-5〉의 왼쪽 그림처럼 이동할 수 있어 실업률과 인플레이션율이 동시에 상승할 수 있다고 설명한다. 이런 현상은 비용인상 인플레이션이 발생하여 나타난 것으로 파악한다. 1970년대 석

〈그림 19 – 5〉 필립스곡선의 이동과 스태그플레이션

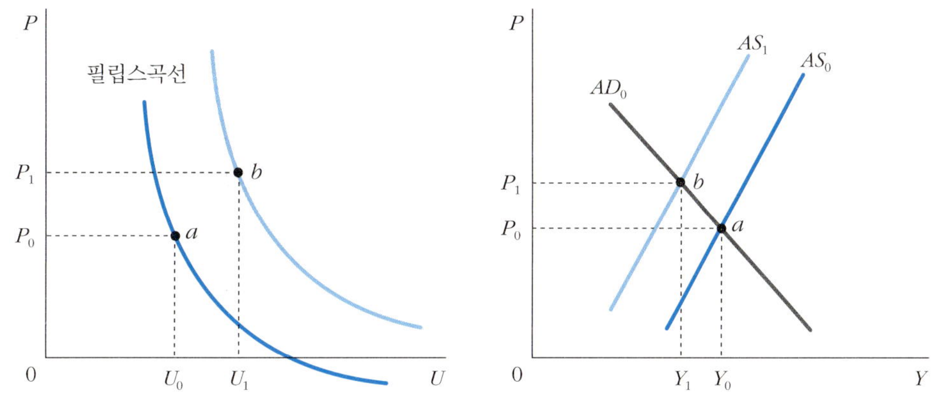

유파동으로 인한 공급충격으로 〈그림 19 – 5〉의 오른쪽 그림처럼 총공급곡선이 AS_0 → AS_1으로 좌측 이동함으로써 물가수준은 P_0 → P_1수준으로 높아지고 국민소득은 Y_0 → Y_1수준으로 감소하게 된다. 이런 과정을 〈그림 19 – 5〉의 왼쪽 필립스곡선으로 대입하면 a점에서 b점으로 이동한 결과와 같다. 케인스학파는 필립스곡선은 안정적(이동하지 않는다)이다는 관념을 수정하여 필립스곡선을 우측으로 이동시킴으로써 스태그플레이션 현상을 이해하게 된다.

필립스곡선이 우측으로 이동하게 된 요인에 대해 케인스학파는 석유나 원자재파동으로 인한 공급충격으로 파악한다. 즉 비용인상 인플레이션을 스태그플레이션의 원인으로 보는 것이다. 따라서 생산성을 향상시켜 총공급곡선을 우측으로 이동시키는 동시에 확장적인 총수요정책을 통해 스태그플레이션 문제를 해결할 수 있다고 주장한다. 하지만 오늘날 거시경제학에서는 재량정책으로 인한 수요견인 인플레이션에 예상요인을 가미하고 비용인상 인플레이션도 첨가한 혼합형 인플레이션으로 스태그플레이션을 설명한다.

② 자연실업률가설과 스태그플레이션

1980년대 이후에는 석유가격과 원자재가격이 안정되었음에도 불구하고 경제현실에서 최초의 필립곡선으로 회귀하지 못하는 현상이 발생한다. 이와 같은 필립스

곡선의 변이현상은 비용인상 인플레이션과 같은 케인스학파이론으로는 설명이 불가하다. 따라서 프리드만-펠프스(Friedman-phelps) 모형이 새롭게 등장하는데 스태그플레이션은 기존의 재량정책이 주도한 수요견인 인플레이션에 대한 예상요인과 비용인상 인플레이션이 복합적으로 작용하여 나타나는 현상이라는 주장이다. 이를 기대부가 필립스곡선(expectation augmented Phillips curve) 또는 자연실업률가설이라 한다.

자연실업률가설은 단기에 경제주체들의 기대인플레이션이 불변이라면 필립스곡선은 안정적으로 우하향하는 형태를 유지한다. 하지만 기대인플레이션이 상승하면 그만큼 필립스곡선도 위로 이동한다는 것이다. 자연실업률가설에 의한 기대필립스곡선을 수식으로 정리하면 다음과 같다.

$$\pi-\pi^e=-a(u-u_n),\ a>0$$

π: 인플레이션율, u: 실제실업률, u_n: 자연실업률

a: 반응계수(인플레이션율이 실제실업률과 자연실업률과의 격차에 얼마나 반응하는가를 나타내는 반응계수)

기대필립스곡선은 예상하지 못한 인플레이션율($\pi-\pi^e$)과 실업률($u-u_n$) 간에 음($-a$)의 상관관계로 정의된다. 〈그림 19-6〉의 오른쪽 그림 *SPC*는 단기필립스

〈그림 19-6〉 자연실업률과 장기필립스곡선

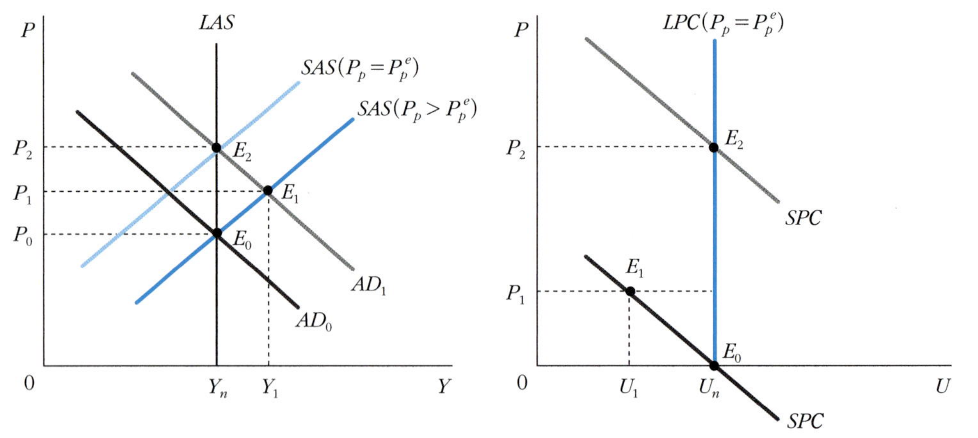

곡선이고 LPC는 장기필립스곡선이다. 단기필립스곡선 SPC가 우상향하는 이유는 $\pi=0$이여서 실제인플레이션이 예상치 못한 인플레이션이기 때문이다. 장기필립스곡선 LPC가 수직인 이유는 장기적으로는 실제인플레이션과 예상인플레이션은 항상 같아지기 때문이다($\pi-\pi^e$가 성립). 총수요를 증가시키면 〈그림 19-6〉의 왼쪽 그림에서 $AD_0 \rightarrow AD_1$으로 이동하고 균형점 $E_0 \rightarrow E_1$으로 이동하여 국민소득 $Y_0 \rightarrow Y_1$로 이동한다. 따라서 오른쪽 그림 실업률은 $u_n \rightarrow u_1$으로 감소하게 된다.

그런데 장기에는 총공급곡선(LAS)과 기대필립스곡선(LPC)이 수직이 된다. 장기에는 실제인플레이션율과 기대인플레이션율이 같아지기 때문이다. 따라서 왼쪽 그림의 균형은 E_2점으로 다시 회귀하게 되고 완전고용국민소득은 Y_n수준에서 결정된다. 오른쪽 그림 실업률은 다시 자연실업률 u_n수준으로 회귀하게 된다. 물가만 $P_1 \rightarrow P_2$수준으로 상승했을 뿐이다.

결론적으로 자연실업률가설은 장기적으로 총수요확대정책은 기대물가의 상승을 유발해 실질물가를 상승시킬 뿐 생산이나 고용을 증대시키지 못하기 때문에 실업은 자연실업률 수준에서 벗어나지 못한다고 주장한다.

고전학파의 경우에는 자연실업률가설로부터 단기의 안정화정책에 대한 무용론을 주장한다. 하지만 케인스학파의 경우에는 자연실업률로 시장기능에 의해 회귀하는 데에는 장기간 고통이 수반되므로 단기적인 안정화정책이 필요하다고 주장한다.

연습문제

EXERCISE

주관식 연습문제

1. 인플레이션의 개념과 인플레이션율을 계산하는 산식은 무엇인가?

2. 수요견인 인플레이션의 개념과 특징을 설명하라.

3. 비용인상 인플레이션의 개념과 특징을 설명하라.

4. 혼합형 인플레이션의 개념과 특징을 설명하라.

5. 인플레이션이 국민경제에 미치는 영향을 설명하라.

6. 예상치 못한 인플레이션의 개념을 설명하라.

7. 예상치 못한 인플레이션이 국민경제에 미치는 영향에 대해 설명하라.

8. 예상된 인플레이션의 개념과 국민경제에 미치는 영향에 대해 설명하라.

9. 피셔가설과 피셔효과에 대해 설명하라.

10. 구두창비용과 메뉴비용에 대해 설명하라.

11. 피셔의 교환방정식과 인플레이션의 해결방안에 대해 설명하라.

12. 신화폐수량설과 인플레이션의 해결방안에 대해 설명하라.

13. 통화준칙과 EC방정식에 대해 설명하라.

14. 소득정책의 개념과 특성에 대해 설명하라.

15. 정책무력성 명제와 합리적 기대가설에 대해 설명하라.

16. 실업의 개념과 실업률을 계산하는 산식을 설명하라.

17. 경제활동참가율, 실업률, 고용률을 비교 설명하라.

18. 자발적 실업과 비자발적 실업의 개념과 경제에 미치는 영향에 대해 설명하라.

19. 실업에 대한 케인스학파의 이론과 대책에 대해 설명하라.

20. 실업에 대한 통화주의학파의 이론과 대책에 대해 설명하라.

21. 자연실업률의 개념과 계산하는 산식을 설명하라.

22. 새 케인스학파의 실업이론과 대책에 대해 설명하라.

23. 필립스곡선을 도출하고 의미를 설명하라.

24. 필립스곡선을 이용하여 스태그플레이션을 설명하라.

25. 스태그플레이션과 기대부가 필립스곡선에 대해 설명하라.

26. 자연실업률가설과 스태그플레이션에 대해 설명하라.

객관식 연습문제

1. 디플레이션(deflation)이 경제에 미치는 효과로 볼 수 없는 것은? 〔국가직 9급〕

① 고정금리의 경우, 채무자의 실질 채무부담이 증가한다.
② 명목이자율이 일정할 때 실질이자율이 내려간다.
③ 명목연금액이 일정할 때 실질연금액은 증가한다.
④ 디플레이션이 가속화될 것이라는 예상은 화폐수요를 증가시킨다.

2. 명목이자율 i, 실질이자율 r, 예상인플레이션이 π^e이고, 피셔방정식(Fisher equation)이 성립한다고 가정할 때, 옳지 않은 것은? 〔국가직 9급〕

① 예상인플레이션은 $i-r$이다.
② 화폐보유의 실질수익률은 0이다.
③ 채권보유의 실질수익률은 $i-\pi^e$이다.
④ 채권보유의 실질수익률은 화폐보유의 실질수익률보다 i만큼 높다.

3. A근로자의 연봉이 올해 1,500만원에서 1,650만원으로 150만원 인상되었다. 이 기간에 인플레이션이 12%일 때, A근로자의 임금변동에 관한 설명으로 옳은 것은?

〔공인노무사〕

① 2% 명목임금 증가 ② 2% 명목임금 감소 ③ 2% 실질임금 증가
④ 2% 실질임금 감소 ⑤ 15% 명목임금 증가

4. 인플레이션 상승에 따른 파급효과에 대한 설명으로 옳지 않은 것은? 〔국가직 9급〕

① 기대하지 못한 인플레이션은 개인의 능력이나 필요에 무관하게 부의 재분배를 야기한다.
② 가격조정비용 또는 메뉴비용을 증가시킨다.
③ 상대가격의 변동성은 증가하지만 자원배분의 효율성은 유지된다.
④ 구두창비용(shoeleather costs)이 증가한다.

5. 인플레이션 조세(inflation tax)에 관한 설명으로 옳은 것은? 〔감정평가사〕

① 물가가 상승함에 따라 납세자들이 더 높은 세율등급을 적용받아 납부하는 소득세로 정의 된다.
② 물가가 상승함에 따라 경제주체가 보유하고 있는 통화의 실질가치가 상승할 때 발생한다.
③ 세율이 인상됨에 따라 인플레이션이 상승하는 것을 의미한다.
④ 정부가 정부채권을 시중금융기관으로부터 매입함으로써 발생한 이자율 하락으로 인한 금융자산의 가격하락을 의미한다.
⑤ 정부가 통화량을 증가시켜 재정자금을 조달할 때 발생한다.

6. 단기 총공급이 감소할 경우의 상황과 정책효과에 대한 설명으로 옳지 않은 것은? 〔국가직 9급〕

① 스태그플레이션(stagflation)이 발생한다.
② 정부가 재정지출확대정책을 실시하여 대응할 경우 물가가 더욱 상승할 수 있다.
③ 정부가 금리를 인하하여 대응하면 산출량을 증대시킬 수 있다.
④ 정부의 총수요확대정책은 장기총공급의 감소를 유발한다.

7. 다음 실업유형에 대한 설명으로 옳지 않은 것은? 〔국가직 9급〕

근로자들이 마음에 드는 일자리를 얻기 위해 옮겨 다니는 과정에서 발생하는 실업

① 안전고용상태에서도 이러한 실업은 나타난다.
② 산업구조 재편 등 경제구조의 변화가 이러한 실업을 늘린다.
③ 일반적으로 실업 보험 급여는 이러한 실업을 늘린다.
④ 정부의 실직자 재훈련 및 직장 알선 노력 등으로 이러한 실업은 줄어들 수 있다.

8. 노동시장과 실업에 관한 설명으로 옳은 것은? 〔공인노무사〕

① 실망노동자는 실업자로 분류되지 않는다.
② 완전고용은 자발적 실업이 없는 상태이다.
③ 최저임금제의 도입은 실업 발생과 무관하다.

④ 실업보험이 확대되면 자연실업률이 낮아진다.

⑤ 비자발적 실업은 경기적 실업과 구조적 실업 그리고 마찰적 실업을 말한다.

9. 노동시장에서 구조적으로 초과공급을 발생시킬 수 있는 요인으로 옳지 않은 것은?
〔보험계리사〕

① 효율적 임금

② 지나치게 높은 최저 임금제

③ 노동조합으로 고용비용의 상승

④ 유동성 제약으로 인한 소비부족으로 유효수요 하락

10. 자연실업률에 관한 설명으로 가장 옳지 않은 것은? 〔국회직 8급〕

① 인터넷의 발달은 자연실업률을 낮추는 역할을 한다.

② 최저임금제나 효율성임금, 노조 등은 마찰적 실업을 증가시켜 자연실업률을 높이는 요인으로 작용한다.

③ 새케인즈학파의 이력현상에 의하면 실제실업률이 자연실업률을 초과하게 되면 자연실업률 수준도 높아지게 된다.

④ 일자리를 찾는 데 걸리는 시간 때문에 발생하는 실업은 자연실업률의 일부이다.

⑤ 산업 간·지역 간의 노동수요구성의 변화는 자연실업률에 영향을 미칠 수 있다.

11. 인플레이션율과 실업률에 대한 설명으로 옳은 것은? 〔국가직 9급〕

① 단기 필립스곡선에 따르면 인플레이션율과 실업률은 양(+)의 관계에 있다.

② 인플레이션율과 실업률은 장기적으로 양(+)의 관계에 있지만 단기적으로는 음(−)의 관계에 있다.

③ 스태그플레이션은 인플레이션이 높아지면서 실업률이 높아지는 현상이다.

④ 인플레이션과 실업률이 동시에 높아지는 현상은 장기 필립스곡선의 이동으로 설명할 수 있다.

제20장

국제경제이론

제20장

우리들의 경제생활은 세계의 수많은 사람들의 경제활동이 상호작용하여 만들어 낸 결과물이다. 따라서 우리는 경제현상을 이해하기 위해 세계 곳곳에 있는 서로 다른 사람들과 서로 다른 기업, 그리고 서로 다른 나라들이 마치 그물망처럼 얽힌 복잡한 경제관계에 주목해야 한다. 더구나 4차 산업혁명으로 운송과 정보통신의 발달이 가속화되면서 세계는 국경없는 지구촌경제를 가속화해 가고 있다. 세계경제는 국가와 국간의 권역별 교역에서 범세계적인 차원의 지구촌(globalization)경제로 나아가고 있다. 오늘날 우리의 경제생활은 세계화된 경제영역에서 생산과 소비가 융합되며 재창조되고 있다. 미국의 기업이 생산하는 휴대폰은 키보드는 중국, PCM은 싱가포르, 마더보드는 말레이시아, 플랫 스크린은 한국, 반도체는 대만에서 제조되고 있다. 여기다가 소프트웨어 컴파일은 미국, 인도, 스웨덴, 러시아에서 진행되기도 한다. 우리가 일상생활에서 사용하는 하나의 소비제품이 세계화과정을 통해 창출되고 있는 것이다. 세계 모든 국민경제는 연관성과 의존성을 더욱 공유하고 있는 셈이다. 제20장에서는 ① 국가 간의 교역은 왜 이루어지고 교역조건은 어떤 요인들에 의해 결정되는가? ② 자유무역주의와 보호무역주의는 어떤 경제적 의미를 가지고 있는가? ③ 관세나 비관세장벽들은 어떤 경제적 효과를 기대하는가? ④ 자유무역을 위한 국제기구는 어떤 역할과 기능을 수행하는가? ⑤ 환율은 무엇이고 어떻게 결정되는가? ⑥ 국제수지는 무엇이고 국제수지표는 어떻게 작성되는가? 등을 살펴볼 것이다.

20.1 국제무역이론

국가 간의 교역은 교역에 참여하는 모든 국가의 경제주체들에게 이익을 발생시킬 수 있다. 소비와 생산이 증대하고 고용이 증가하며 국민소득이 증가한다. 자유무역이론에 근거하여 국가 간의 교역은 특화와 분업으로 인해 생산성이 증가하고 규모의 경제와 학습효과까지 생산성에 긍정적으로 작용하는 것으로 볼 수 있다.

경험적으로도 수입대체산업 중심의 경제모형(공산주의+종속이론)을 추구한 나라보다는 수출중심의 경제모형(자유무역)을 추구한 나라들이 경제개발에 성공하고 있다. 상대적으로 자원이 부족함에도 불구하고 고도의 경제성장을 이룬 나라들, 일본, 대만, 홍콩, 싱가포르, 한국 등의 국가들은 자유무역주의를 채택한 나라들이다. 인도를 비롯한 제3세계국가들, 공산주의 국가들, 중남미, 아프리카 대부분의 빈국들이 자급자족경제(수입대체형)체제를 지향해 왔었다. 하지만 이 같은 대부분의 국가들이 1980년대 이후 신자유주의 물결을 타고 자유무역주의로 전환하고 있으며 빠르게 성장하고 있다. 최근 들어 지구촌 경제라 할 수 있을 정도로 국가 간의 경제교류가 확대되고 있어 무역과 금융 모두에 있어서 국가 간 상호의존성이 높아지고 있다. 무역의존도는 수출액과 수입액을 합한 값을 명목GDP로 나눈 값으로 나타낸다.

20.1.1 절대우위론

애덤 스미스는 무역이 일어나는 이유와 무역이익을 절대우위의 개념으로 설명한다. 절대우위(absolute advantage)란 두 나라가 교역하는 경제에서 어떤 나라가 다른 나라보다 보다 적은 양의 자원으로 그 재화를 생산할 수 있을 때 그 재화생산에 있어 절대우위에 있다고 말한다.

〈표 20-1〉에는 중국과 한국의 쌀과 고기에 투입되는 노동시간이 나타나 있다. 중국은 한국에 비해 쌀 생산에 절대우위가 있고 한국은 고기 생산에 절대우위가 있다. 두 나라가 모두 무역 이전에 쌀과 고기를 2단위씩 생산하고 소비한다 하자. 이런 경우 두 나라 모두 총생산노동투입시간은 각각 22시간이 될 것이다. 두 나라가

〈표 20-1〉 두 나라의 투입노동시간(생산비)

	쌀(1단위)	고기(1단위)
중국	1시간	10시간
한국	10시간	1시간

교역을 위해 각각 절대우위 상품을 특화생산하여 교역한다면 중국은 쌀에 한국은 고기에 특화할 것이다. 중국은 쌀을 22단위 생산하고 한국은 고기 22단위를 생산하게 된다. 두 나라가 각각 11단위씩 교역하면 두 나라 모두 쌀과 고기를 모두 11단위씩 소비할 수 있게 된다.

절대우위이론은 한 나라가 두 상품에 대해 모두 절대우위에 있거나 모두 절대열위에 있는 경우에도 무역이 발생하는 현상을 설명할 수 없다.

20.1.2 비교우위론

리카르도(D. Ricardo)는 각각의 교역국이 비교우위에 특화하여 생산하고 교역하면 교역국 모두에게 교역이익이 발생한다고 설명한다. 리카르도의 비교우위론은 한 나라가 두 재화생산에 모두 절대우위나 절대열위에 있더라도 각국이 기회비용이 낮은 재화에 특화하여 생산하고 교역하면 두 나라 모두 교역이익을 얻을 수 있다고 있다고 설명한다. 따라서 리카르도의 비교우위론은 애덤 스미스의 절대우위론보다 일반적으로 무역을 설명할 수 있다.

설명의 편의를 위해 중국과 한국의 쌀과 고기생산에 투입되는 노동시간은 〈표 20-2〉와 같다 하자.

〈표 20-2〉의 중국과 한국의 생산에 투입되는 노동시간을 보면 중국은 한국에 비해 쌀과 고기생산에서 더 많은 노동시간을 필요로 한다. 한국은 쌀과 고기생산에 있어 모두 절대우위에 있고 중국은 쌀과 고기생산 모두 절대열위에 있다. 그렇다면 한국은 중국과 교역할 이유가 없다. 하지만 비교우위론은 중국과 한국은 모두 비교우위에 의해 특화하고 교역할 수 있으며 두 나라 모두 무역이익을 얻을 수

〈표 20-2〉 두 나라의 투입노동시간(생산비)

	쌀(1kg)	고기(1kg)
중국	10시간	20시간
한국	8시간	1시간

〈표 20-3〉 쌀과 고기 생산의 기회비용

	쌀	고기
중국	1/2	2
한국	8	1/8

있다고 설명한다. 중국과 한국은 기회비용을 비교하여 자국에게 가장 유리한 상품에 특화하고 생산하여 서로 교역하면 중국과 한국에게 모두에게 교역이익이 발생할 수 있다.

중국과 한국의 쌀과 고기생산의 기회비용은 〈표 20-3〉과 같다. 중국과 한국의 쌀과 고기 생산에 대한 기회비용을 노동투입시간을 기준으로 환산한 것이다. 중국의 경우, 생산에 대한 쌀의 기회비용과 고기의 기회비용을 비교하면, 쌀 생산에 드는 기회비용은 $\frac{1}{2}$인 데 비해 고기생산에 드는 기회비용은 2라는 것을 알 수 있다. 따라서 중국은 기회비용이 상대적으로 작은 쌀 생산에 특화해야 한다. 한편 한국의 경우, 쌀 생산에 드는 기회비용은 8인 데 비해 고기생산에 드는 기회비용은 $\frac{1}{8}$이라는 것을 알 수 있다. 따라서 한국은 기회비용이 상대적으로 작은 고기생산에 특화해야 한다.

1. 생산가능곡선의 도출

중국과 한국 모두는 1년에 농사일과 가축을 돌보는데 400시간을 투입하고 있다고 하자. 위에서 살펴본 바와 같이 중국은 고기 1kg을 생산하는 데 20시간, 쌀 1kg을 생산하는 데 10시간을 투입하고 한국은 고기 1kg을 생산하는 데 1시간을, 쌀 1kg을 생산하는 데 8시간을 투입한다 하자. 이런 조건에서 중국과 한국의 생산가능곡선을 도출하면 〈그림 20-1〉과 같다. 〈그림 20-1〉의 왼쪽 그림에서 A점은 교역 이전의 중국의 생산·소비균형점이다. 1년 동안 400시간을 투입하여 고기 20kg와 쌀 40kg을 생산·소비하고 있다. 〈그림 20-1〉의 오른쪽 그림에서 E점은 교역 이전의 한국의 생산·소비균형점이다. 1년 동안 400시간을 투입하여 고기 400kg과 쌀 50kg을 생산·소비하고 있다.

〈그림 20 - 1〉 생산가능곡선과 교역이익

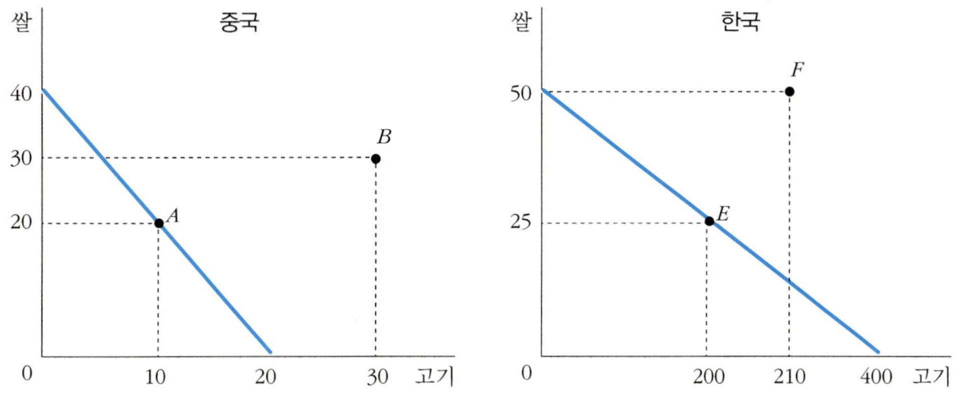

2. 특화와 무역이익

중국은 쌀 생산에만 특화하여 1년에 40kg를 생산하고 한국은 주로 고기에 특화하여 쌀 20kg과 고기 240kg를 생산하였다 하자. 그런 다음 고기 30kg을 쌀 10kg과 교환한 다음 소비한다면 중국은 〈그림 20 - 1〉의 왼쪽 그림에서 B점 쌀 30kg과 고기 30kg을 소비할 수 있고 한국은 〈그림 20 - 1〉의 오른쪽 그림에서 F점 쌀 50kg과 210kg을 소비할 수 있게 된다. 중국의 경우에는 소비가능점이 A점에서 B점으로 우측이동했으며 한국의 경우에도 소비가능점이 E점에서 F점으로 우측이동하게 된다. 이것은 중국과 한국 모두 무역을 통해 쌀과 고기를 더 많이 소비할 수 있고 그만큼 무역이익이 발생했다는 것을 의미한다.

특화생산 후 무역이익은 〈표 20 - 3〉과 같이 중국과 한국 모두에게 발생한다. 중

〈표 20 - 4〉 특화생산 후 거래이익

거래 이전 소비	쌀	고기	거래 이후 소비	쌀	고기
농부	20kg	10kg	농부	30kg	30kg
목축업	25kg	200kg	목축업	50kg	210kg

국은 특화 후 거래 이전에 비해 쌀 10kg과 고기 20kg을, 한국은 쌀 25kg과 고기 10kg을 무역이익으로 더 소비할 수 있다.

3. 무역이익의 분배

자유무역은 비교우위에 의해 교역국가에게 무역이익을 발생시킨다. 하지만 비교우위이론으로는 국가에 발생한 이익이 어떤 경제주체들에게 어떻게 배분되는지 설명할 수 없다. 〈그림 20 - 2〉는 소비자잉여와 생산자잉여를 이용하여 소비자와 생산자에게 교역이익이나 손실이 어떻게 배분되는지를 보여준다.

〈그림 20 - 2〉는 자유무역에 의한 수입국의 이익과 손실을 나타낸다. 〈그림 20 - 2〉에서 국제무역은 수입국의 경우 국내가격수준을 P_e에서 국제가격수준 P_w로 하락시킨다. 따라서 수입으로 인해 국내공급은 Q_s로 감소하고 국내수요는 Q_d로 증가한다. $Q_s - Q_d$만큼의 초과수요가 발생하고 수입물량이 초과수요를 채우게 된다. 이런 과정을 거쳐 교역 후 소비자는 $b+d$만큼의 무역이익(소비자잉여의 증대)을 얻게 되고 생산자는 b만큼 무역손실(생산자잉여의 감소)을 입게 된다. 자유무역에 의해 어떤 상품이 수입되는 경우, 수입국의 그 상품에 대한 소비자는 이익을 얻고 수입국의 그 상품에 대한 생산자는 손실을 보게 된다. 수입국의 소비자의 무역이익과 생산자의 무역손실을 차감하면 수입으로 인한 수입국의 후생은 d만큼 증가하게 된다.

〈그림 20 - 2〉 수입국의 이익과 손실

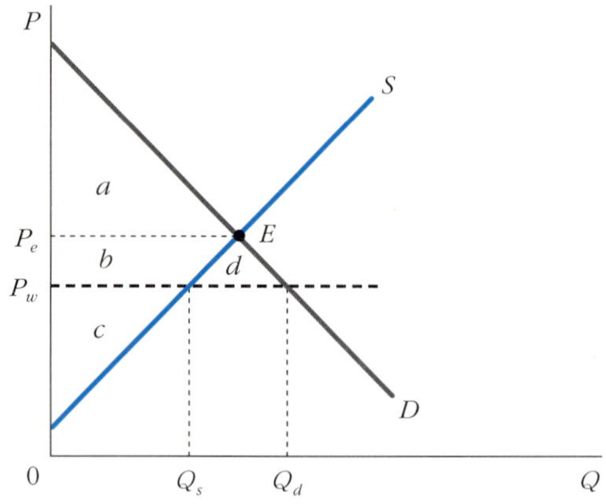

〈그림 20 - 3〉 수출국의 이익과 손실

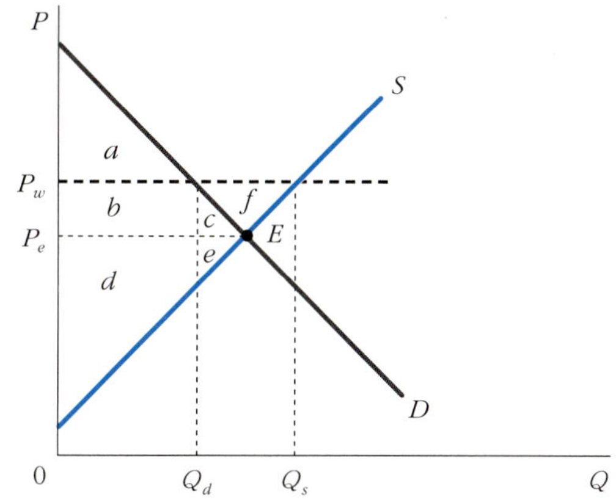

〈그림 20 - 3〉은 자유무역에 의한 수출국의 이익과 손실을 나타낸다. 〈그림 20 - 3〉에서 수출은 국내가격수준을 P_e에서 국제가격수준 P_w으로 오르게 한다. 따라서 수출로 인해 국내공급은 Q_s로 증가하고 국내수요는 Q_d로 감소한다. $Q_s - Q_d$ 만큼의 초과공급이 발생하고 수출로 초과공급은 해소된다.

자유무역에 의해 어떤 상품이 수출되는 경우, 소비자는 $b+c$만큼의 손실을 보고 생산자는 $b+c+f$만큼 이익을 얻게 된다. 소비자의 손실과 생산자의 이익을 차감하면 수출국의 후생은 f만큼 증가하게 된다.

따라서 자유무역에 참여한 각각의 교역국가들은 수입국이나 수출국 모두 무역이익을 얻게 된다. 국내적으로는 수입의 경우에는 생산자에게 손실이 발생하고 수출의 경우에는 소비자에게 손실이 발생한다.

4. 비교우위의 원인

리카르도의 비교우위론은 무역의 원인이나 무역의 이익을 잘 설명하고 있다. 하지만 무역을 가능하게 하는 비교우위가 발생하는 원인은 설명할 수 없다. 비교우위의 원인으로는 ① 기후의 차이, ② 기술의 차이, ③ 요소자원의 차이, ④ 레온티에프의 역설 등이 있다.

① 국가간 과일이나 와인과 같이 기후조건이나 생태환경의 차이에서 생산요소비

용의 차이가 발생한다. ② 일반적으로 국가간 인적자본의 차이에서 기술의 수준의 차이가 발생하고 생산기술 수준의 차이는 생산성의 차이를 결정한다. 따라서 기술수준의 차이가 생산요소비용의 차이를 결정한다. ③ 역사적인 요인이나 생태적 요인으로 각 국가의 생산요소 부존의 차이가 발생한다. 생산요소부존도의 차이는 국가간의 상대적 요소풍요도와 상대적 요소집중도를 결정한다. 예를 들어 상대적으로 노동이 풍부한 나라는 노동집약적인 산업에 특화하고 상대적으로 자본이 풍부한 나라는 자본집약적인 산업에 특화하여 교역하게 된다는 설명이다. 헥셔-올린의 모형(Heckscher-Ohlin theorem)은 기술수준이 동일한 국가 간에도 상대적 요소풍요도와 상대적 요소집중도 다른 경우 무역이 발생한다는 것을 설명한다. 또한 자유무역이 이루어지면 국가간 생산요소가 직접 이동하지 않더라도 국가 간에 생산요소가격이 같아진다고 설명한다. 이를 요소가격균등화정리라고 한다. ④ 레온티에프는 미국의 1947년 무역통계를 분석하였는데 자본이 상대적으로 풍부한 미국이 자본집약재를 수입하고 노동집약재를 수출하는 현상을 발견하였는데 이를 레온티에프의 역설(Leontief paradox)이라 한다. 레온티에프 역설은 헥셔-올린의 모형과는 정반대되는 실증분석결과를 의미한다.

20.1.3 자유무역과 보호무역

자유무역주의는 각국이 비교우위가 있는 재화생산에 특화하여 자유무역을 하는 경우, 국제적으로 자원배분의 효율성이 높아진다는 이론이다. 비교우위론에서 살펴본 바와 같이 무역을 통한 각국의 소비가능영역이 확대되므로 무역당사국들의 후생이 증대한다고 주장한다. 반면에 보호무역주의는 국내산업을 보호하여 육성하기 위해서는 국가가 적극적으로 수입을 규제해야 한다는 이론이다. 독일의 경제학자 리스트(F. List)에 의해 유치산업보호론이 처음 대두되었다. 그 후 일부 경제학자들에 의해 후진국의 입장에서 보호무역의 타당성이 주장되었고 선진국에서도 사양산업을 보호할 목적으로 신보호무역주의가 주장되고 있다. 보호무역주의는 국내고용의 안정, 국가안보, 외국의 불공정무역에 대한 대응 등의 이유로 정당화되고 있다.

이처럼 현실적인 여러 가지 이유에서 무역은 규제되는 상황이다. 무역에 대한 규제방법으로는 관세에 의한 규제와 비관세에 의한 규제가 있다.

1. 관세

관세(tariff)란 관세선을 통과하는 상품에 대해 부과하는 조세를 의미하고 수량할당(quota)과 함께 오랫동안 널리 사용되어진 무역정책 수단이라 할 수 있다. 관세의 종류에는 관세를 부과하는 목적에 따라 반덤핑관세, 상계관세, 보복관세, 긴급관세 등으로 구분한다. 관세가 부과될 때 나타나는 경제적 효과를 부분균형모형을 이용하여 분석하면 다음과 같다.

〈그림 20-4〉에서 국제시장가격이 P_w수준일 때 관세를 부과하면 수입상품의 가격은 P_{w+t} 수준이 된다. 따라서 관세를 부과하면 다음과 같은 효과가 발생한다. ① 생산증가효과가 $Q_{s1}-Q_{s2}$만큼 나타난다. ② 소비억제효과가 $Q_{d1}-Q_{d2}$만큼 나타난다. ③ 재정수입효과 사각형 e만큼 나타난다. ④ 국제수지개선효과가 사각형 $h+i$만큼 나타난다. ⑤ 소비자잉여는 $c+d+e+f$만큼 감소한다. ⑥ 생산자잉여는 c만큼 증가한다. ⑦ 사회순손실은 $d+f$만큼 나타난다. 관세로 인한 가격상승으로 비효율이 발생한 자중적 손실이다.

〈그림 20-4〉 관세의 경제적 효과

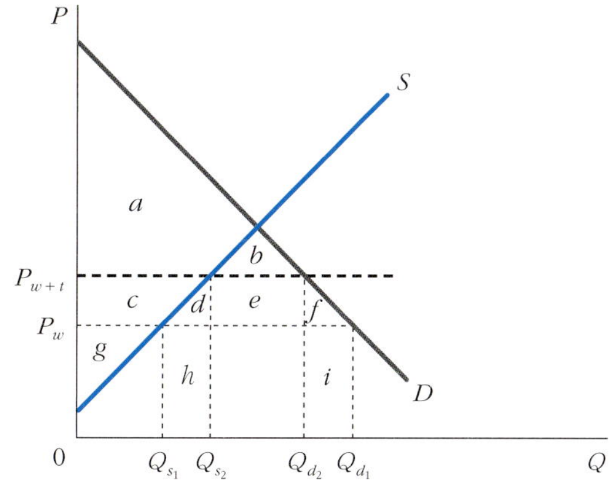

2. 비관세장벽

관세 이외의 모든 무역장벽을 비관세장벽(nontariff barrier)이라 한다. 비관세장벽에는 ① 수입허가제, ② 수입할당제, ③ 수입과징금, ④ 수입담보금, ⑤ 수출입링크제, ⑥ 수출자율규제(VER)와 수출질서유지협정(OMA) 등이 있다.

① 수입허가제는 정부가 수입품을 허가하는 제도를 말한다. 우리나라의 경우, 수출입공고를 통하여 수입금지품목, 제한승인품목, 자동승인품목으로 나눈다. 수입금지품목과 제한승인품목을 열거하고 나머지는 수입자유화하는 방식인 제한품목열거방식을 사용한다.② 수입할당제는 수입품목의 최대 수입량을 정해놓고 그 범위 안에서 수입을 허가하는 수량제한제도이다. 이 제도는 관세처럼 수입을 억제하고 국내산업을 육성하며 무역수지를 개선하려는 목적을 가진다. 수량할당제의 효과는 〈그림 20-4〉의 관세의 효과와 동일하나 정부의 관세수입으로 귀속되던 부분이 수입허가권자의 초과이윤으로 귀속된다는 차이가 있다. ③ 수입과징금은 수입상품에 대해 관세 이외에 추가적으로 일정액을 부과하는 것을 말한다. ④ 수입담보금은 정부가 수입을 승인과정에서 수입업자로 하여금 수입신청액의 일정비율에 해당하는 금액을 은행에 적립하도록 하는 것을 말한다. 수입담보금의 적립비율은 국제수지의 상태에 따라 결정하고 비율이 높을수록 수입억제효과가 크게 나타난다. ⑤ 수출입링크제는 정부가 수출을 전제로 하여 그 제품에 대한 원료수입을 허가하는 것을 말한다. 이 제도는 수출을 촉진하고 수입을 억제하는 효과가 나타나고 균형무역을 위한 수출산업육성정책 수단으로 이용된다. ⑥ 수출자율규제(VER)는 수출국이 자율적으로 수출물량을 일정수준 이하로 조정하는 것을 말하고, 수출질서유지협정(OMA)은 수출국이 자율적으로 수입국 국내시장 점유율을 일정수준 이하로 유지하는 것을 말한다. 수출자율규제와 수출질서유지와 같이 자율규제나 질서유지라는 명분으로 무역에 있어 국가간 차별을 금하는 가트(GATT)의 기본원칙을 교묘하게 회피하는 제도를 회색지대조치(grey area measure)라 한다.

2. 자유무역과 국제기구

무역에 참가하는 모든 나라들이 자국의 이익을 위해 보호무역주와 자유무역주의 동시에 활용한다. 역사적으로 보면 무역에 참가하는 모든 나라들이 자유무역을 통해 세계경제발전을 도모하려는 노력을 지속해 왔다. 이런 노력의 결과물로 GATT를 비롯한 자유무역을 위한 국제기구들이 탄생하게 된다.

① GATT란 1947년 미국의 주도하에 자유무역의 안정적인 질서를 구축하기 위한 관세 및 무역에 관한 일반협정을 말한다. 그동안 무역환경의 변화에 따라 다자간 무역협상을 통해 무역규범을 설정해 왔다. 가트는 자유무역의 촉진을 위해 회원국들이 관세인하협정을 맺을 때 협정당사국들만의 특혜조치를 금지하는 최혜국대우원칙(most-favored-nation treatment)을 규정한다. 회원국이 관세 이외의 내국세, 정부규제 등에서 수입품을 국산품과 동등하게 취급해야 한다는 내국민대우원칙(national tretment)도 규정한다.

② WTO란 GATT가 국제무역에 관한 일반협정으로서 국제기구의 성격이 미흡하고 협정위반국에 대한 제재조치가 거의 불가능한 문제를 보완하기 위해 1995년 WTO체제가 출범하게 된다. WTO는 우루과이라운드에서 각국이 GATT에 대체하여 UR협정을 관할하고 국제무역분쟁을 해결할 강제적 집행능력을 보유한 국제기구로 탄생한 것이다. WTO의 기본원칙으로는 무차별원칙(최혜국대우원칙+내국민대우원칙), 안정적인 시장접근의 보장, 공정경쟁촉진, 경제

〈표 20-5〉 GATT와 WTO의 차이점

	GATT	WTO
성격	국제협정(Agreement)	법적인 국제기구(Organization)
권한	위반국에 대한 제재기능 미약	위반국에 대한 강제적 제재기능
분쟁의 해결	분쟁해결을 위한 전담기구미비	분쟁해결을 위한 상설기구설치
관세 및 비관세장벽	비관세는 선언적 규범, 관세인하에 주력	비관세장벽철폐강화, 특정분야에 대한 일률적인 관세철폐 및 인하
국제무역규율의 범위	공산품에 주력, 서비스, 지적재산권, 투자조치에 대한 규범 미비	공산품과 농산품에 대한 규율강화, 서비스, 지적재산권, 투자조치에 대한 규율마련
무역규범의 강화	보조금, 반덤핑협정 등이 있으나 보조금 불명확, 반덤핑조치에 대한 규범미비	보조금의 정의 및 규율강화, 반덤핑조치의 발동기준 및 부과절차 규정화

개발과 개혁의 장려 등이다. GATT와 WTO의 특징을 비교하면 〈표 20－4〉와 같다.

WTO는 몇 차례의 각료회의에서 합의에 실패하였으나 2001년 카타르의 도하에서 뉴라운드 협상의제에 합의함으로써 도하개발아젠다(Doha Development Agenda)가 출범하게 된다. 도하개발아젠다에서는 농업, 서비스, 반덤핑 및 보조금, 경쟁정책, 환경문제 등에 대한 협상이 이루어진다.

3. 지역경제통합

1990년대 신자유주의 물결이 사회주의 국가를 변화시키면서 2차 세계대전 이후 이어온 이념대립적 세계질서가 군사력에 바탕한 힘의 균형(balance of power)에서 경제력에 바탕한 이해의 균형(balance of interest)으로 변하고 있다. 또한 1995년 이후 WTO체제가 세계경제질서로 정착되면서 공산품뿐만 아니라 농산물, 서비스, 투자 및 지적재산권까지 거의 모든 분야로 자유무역의 범위를 확대시키고 있다. WTO체제하에서 UR협정을 기반으로 환경문제, 경쟁정책, 노동기준, 반부패 문제 등에 관한 세계공동규범체제가 확산되는 경향을 보이고 있다. 또한 세계의 많은 국가들이 경쟁력을 강화하여 무역이익을 극대화하기 위해서 지역경제통합을 꾀하고 있다. 지역경제통합의 유형으로는 ① 자유무역지역, ② 관세동맹, ③ 공동시장, ④ 경제동맹, ⑤ 완전경제통합 등으로 구분된다.

① 자유무역지역(FTA)은 회원국 간에는 관세 및 비관세 장벽을 제거하여 자유무역을 강화하지만 비회원국에 대해서는 각국이 독자적으로 관세 및 비관세 장벽을 유지하는 통합의 형태이다.

② 관세동맹은 회원국 간에 관세 및 비관세 장벽을 제거하여 자유무역을 강화하는 한편으로 는 비회원국에 대해 공동의 관세를 부과하는 경제통합이다.

③ 공동시장은 관세동맹에서 더 나아가 회원국들 간에 생산요소의 자유로운 이동을 허용하는 경제통합형태이다. 1990년대 중반 유럽국들이 결성한 EC가 공동시장에 해당한다.

④ 경제동맹은 공동시장에서 더 나아가 재정정책 및 금융정책 등 경제정책면에

서까지 협조체제가 구축되는 경제통합형태이다. 현재 유럽국가들이 결성한 EU가 경제동맹에 가까운 형태이다.

⑤ 완전경제통합은 회원국 모두가 경제면에서 완전한 통합을 이룬 경제통합형태이다. 아직까지 완전경제통합에 가까운 지역경제통합은 나타나지 않고 있다.

20.2 환율과 통화제도

20.2.1 환율제도

환율을 결정하는 제도에는 고정환율제, 변동환율제, 관리변동환율제가 있다.

1. 고정환율제

고정환율제도란 정부가 특정통화에 대한 환율을 일정수준에 고정시키는 제도이다. 고정환율제하에서는 중앙은행이나 정부가 일정수준의 환율을 유지하기 위해 지속적으로 외한시장에 개입하는 특징을 가진다. 대표적인 고정환율제에는 금본위제와 브레튼우즈 체제가 있다. 예를 들어 1870~1914년간에 유지되었던 금본위제도의 경우, 각국의 화폐를 일정량의 금과 묶어 가치를 정하는 방법의 고정환율제에 해당한다. 1913년의 미국의 1달러는 금 0.053온스의 가치를 갖고, 영국의 1파운드는 금 0.257의 가치가 있는 것으로 평가되어 1파운드당 4.86달러라는 환율이 결정되는 방식이다. 금본위제는 어떤 나라의 국제수지가 적자가 되는 경우, 외환에 대한 수요가 증가하여 환율이 상승하고 환율이 금수출점을 초과하게 된다. 이런 경우에는 수입품에 대한 대금을 화폐를 금으로 태환하여 지급하는 것이 유리하다. 따라서 금이 해외로 유출되고 통화량이 감소하여 국내물가가 하락하고 국내상품의 가격경쟁력이 높아져서 수출이 증가하게 된다. 결론적으로 국제수지가 적자이면 금이 해외로 유출되어 국제수지를 다시 균형상태로 돌려놓는다. 반대로 국제수지가 흑자가 되는 경우에는 국내로 금이 유입되어 통화량이 증가하고 물가가 상승하여 순수출이 감소하는 과정을 거쳐 국제수지는 다시 균형으로 회복된다. 고정환율제의 장점으로는 ① 고정환율제하에서는 환율변동으로 인한 불확실성이 제거되므로 무역과 금융거래가 활발해진다. ② 일시적인 환차익을 위한 투기성 단기자본(hot money)의 유출입이 발생하지 않는다. ③ 통화가치가 안정된 국가의 통화에 환율을 고정시킴으로써 물가안정을 도모할 수 있다. 고정환율제의 단점으로는 ① 국제수지의 불균형이 시장에 의해 자동적으로 조정되지 않는다. ② 중앙은행의 통화정책에 대한 자율성이 침해되어 통화정책의 경기조절기능이 무력화된다. ③ 중앙은행은 외환시장 개입을 위해 충분한 외화준비금을 보유하고 있어야 한다.

2. 변동환율제

변동환율제란 환율이 외환시장에서 외환에 대한 수요와 공급에 의해 결정되도록 방임하는 제도이다. 또한 기본적으로는 환율이 외환시장에서 외환에 대한 수요와 공급에 의해 결정되지만 환율이 일정범위를 벗어나면 외환당국이 개입하여 환율을 조정하는 제도를 관리변동환율제라 한다. 변동환율제의 장점으로는 ① 국제수지 불균형이 발생하는 경우, 시장원리에 따른 환율변동에 의해 국제수지가 자동으로 조절된다. ② 외국의 경제위기가 국내로 쉽게 전파되지 않는다. ③ 중앙은행이 외환시장에 개입할 필요가 없으므로 통화정책의 경기조절기능이 발휘된다. 변동환율제의 단점으로는 ① 환율변동으로 인한 불확실성이 발생하여 무역이나 금융거래가 위축된다. ② 일시적인 환차익을 위한 투기성 단기자본(hot money)의 유출입이 발생한다. ③ 중앙은행의 자유재량적인 통화정책으로 인플레이션이 발생할 수 있다.

20.2.2 우리나라의 환율제도

① 고정환율제는 해외원조에 기대던 이승만 정부에서는 정부가 사용할 외환에는 낮은 환율을 적용하고 민간이 사용할 외환에는 높은 환율을 적용하였는데 이 같은 환율을 '이중환율제', '복수환율제'라 할 수 있다.

② 단일고정환율제는 박정희 정부에서 1964년부터 그동안 이중적인 환율을 하나로 묶고, 값어치를 달러화에 고정시킨 환율제도를 말한다. 두 차례의 석유파동으로 인해 국내물가가 치솟는 상황에서도 환율이 고정되어 있어 국제수지 조정에 대한 어려움에 직면하게 된다.

③ 복수통화바스켓환율제는 1980년에 시행된 환율제도로 한국은행이 SDR바스켓과 '독자바스켓'으로 나누어 환율을 운용한 제도이다. SDR바스켓은 IMF의 화폐, SDR에 가치를 고정시켰고, 독자바스켓은 우리 경제와 거래가 많은 몇 나라 통화의 대미환율을 거래비중으로 가중평균하여 원화가치를 정하는 방식이었다. 한국은행은 SDR바스켓에서 계산된 것과 독자바스켓에서 계산된 것을 합하고, 여기에 국제수지, 국내외금리, 국내외물가, 외환시장전망 등의 정책변수를 감안하여 '집중기준율'을 정하여 고시하는 방식이다.

④ 시장평균환율제도는 1990년대 자본자유화와 함께 추진되었다. 시장평균은 하루 동안의 은행간 환율을 거래량으로 가중평균하여 다음날의 기준환율을 삼는다. 급격한 환율변동을 조정하기 위하여 매일 은행간 거래환율의 변동폭을 기준율의 1% 범위 내로 제한하는 방식이다.

⑤ 자유변동환율제는 1997년 외환위기를 거치면서 급속히 진전되었다. 환율의 일일 변동제한폭을 폐지하고 상장채권에 대한 외국인투자를 허용하였다. 2014년에는 외환의 지급·수령 절차를 개선하고 외환거래의 자율성을 제고시켰으며 증권사 등 비은행금융기관의 업무범위를 확대하였고 전자금융업을 외국환업종에 포함시켰다. 해외증권투자 활성화, 기업의 해외 M&A 촉진, 해외투자활성을 도모하였다. 그러나 다른 한편으로는 과도한 외채증가를 억제하기 위해 외화대출의 용도제한을 강화하였고, 원화 사용용도로 국내에서 발행된 외화표시채권에 대한 외국환업무취급기관의 투자를 제한하였다.

20.2.3 환율의 결정

환율은 외환의 가격이고 외환시장에서 외환에 대한 수요와 공급에 의해 결정된다. 외환에 대한 수요곡선과 공급곡선이 만나는 교차점에서 균형환율이 결정되는

데, 환율이 균형수준보다 높으면 초과공급이 발생하여 환율이 하락하고 균형수준보다 낮으면 초과수요가 발생하여 환율은 상승한다.

1. 환율의 변동

환율은 외환의 수요가 증가하면 상승하고 공급이 증가하면 하락한다. 외환의 수·급에 영향을 미치는 요인을 정리하면 다음과 같다.

① 외환에 대한 수요는 국민소득, 해외이자율, 국내외 물가 등에 영향을 받는다. 국민소득이 증가하면 수입이 증가하여 외환수요가 증가한다. 해외이자율이 오르면 자본이 해외로 유출되고 외환수요가 증가한다. 국내기업의 해외투자나 해외여행증가도 외환수요를 증가시킨다. 국내물가가 상승하면 수입이 증가하고 외환수요가 증가한다.

② 외환에 대한 공급은 해외의 국민소득, 국내외의 이자율, 국내외 물가 등에 영향을 받는다. 해외의 국민소득이 증가하면 수출이 증가하고 외환공급이 증가한다. 국내이자율이 오르면 해외자본이 국내로 유입되어 외환공급이 증가한다. 외국인의 국내투자나 외국인 관광객이 증가하면 외환공급이 증가한다. 해외물가가 상승하면 수출이 증가하여 외환공급이 증가한다.

2. 환율변동의 효과

환율이 변하면 국내경제 전반에 걸쳐 영향을 미치게 되는데, 이를 정리하면 다음과 같다.

① 환율이 오르면 원화가치가 하락하므로 평가절하라고 한다. 원화가 평가절하되면 수출이 증가하고 수입은 감소하여 경상수지가 개선된다.

② 원화가 평가절하되어 순수출이 증가하면 총수요가 증가하여 총수요곡선은 〈그림 20-5〉의 $AD_0 \rightarrow AD_1$으로 우측으로 이동한다. 하지만 수입원자재가격의 상승으로 총공급곡선은 $AS_0 \rightarrow AS_1$으로 좌측으로 이동한다. 그런데 일반적으로 총수요곡선의 이동크기가 총공급곡선의 이동 크기보다 크게 나타난다. 따라서 물가는 $P_0 \rightarrow P_1$으로 상승하고 국민소득은 $Y_0 \rightarrow Y_1$으로 증가한다.

〈그림 20-5〉 환율상승의 효과

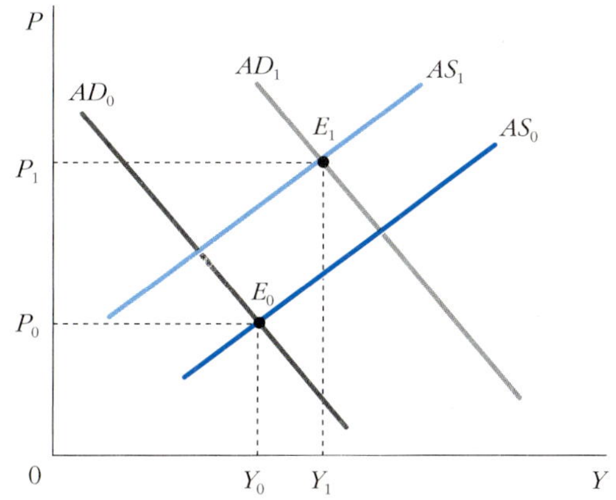

③ 환율이 하락하면 원화가치가 상승하므로 평가절상이라고 한다. 원화가 평가절상되면 평가절하와는 반대의 효과가 나타난다.

3. 구매력평가설과 이자율평가설

구매력평가설(purchasing power parity)에 의하면 환율상승률은 국내물가상승률과 해외물가상승률의 차이와 같다고 설명한다. 국내인플레이션이 해외인플레이션보다 높으면 그 인플레이션 차이만큼 환율이 상승한다는 가설이다. 이를 수식으로 정리하면 다음과 같다.

$$\text{국내가격}(P) = \text{해외가격}(P_f) \times \text{환율}(e)$$

$e = \dfrac{P}{P_f}$ 이 수식을 변화율로 표시하면 $\dfrac{\Delta P}{P} = \dfrac{\Delta P_f}{P_f} + \dfrac{\Delta e}{e}$

또는 $\dfrac{\Delta e}{e} = \dfrac{\Delta P}{P} - \dfrac{\Delta P_f}{P_f}$

구매력평가설은 환율결정요인으로 물가만 고려하고 외환의 수·급에 영향을 미치는 다른 요인들을 무시하는 문제점이 있다. 하지만 구매력평가설은 장기적인 환율의 변화추세를 잘 나타내주는 것으로 평가되고 있다.

이자율평가설은 환율이 양국의 명목이자율의 차이와 환율에 대한 기대변동률이 반영되어 결정된다는 이론이다. 국가간 자본시장이 완전히 개방된 경우에는 국내투자수익률과 해외투자수익률은 자동으로 균형을 이룬다. 환율의 기대상승률만큼 국내의 금리차가 발생한다는 가설이다.

국내이자율＝해외이자율＋환율의 기대상승률

예를 들어 한국의 이자율은 연 6%이고 미국의 연이자율은 연 3%라 하자. 미국의 투자가가 1달러를 원화로 바꿔 한국에 예금하면 1년 후에 6%의 수익을 얻는다. 그런데 1년 후에 환율이 3% 오르기 때문에 미국에 달러로 예금한 경우의 이자수익률 3%는 한국에서의 이자수익률 6%와 같게 된다. 따라서 합리적인 투자가는 타국의 금융자산에 투자할 때 국가 간의 이자율 차이뿐만 아니라 예상되는 환율의 변화도 고려한다고 설명한다.

구매력평가설이 경상수지의 관점에서 환율을 설명한다면 이자율평가설은 자본수지의 관점에서 환율을 설명한다고 평가할 수 있다.

읽을거리 20.1

빅맥지수

빅맥지수란 맥도날드에서 판매하는 가장 대표적인 햄버거인 빅맥을 이용하여 각국의 화폐가치를 평가하는 지수이다. 이런 평가방식은 구매력평가의 일종이라 할 수 있다. 영국에서 발간되는 〈이코노미스트〉지에서 1986년부터 매년 빅맥지수를 발표하고 있다. 최근 미국의 트럼프 대통령은 빅맥지수를 근거로 교역상대국들에게 환율조작국이라며 평가절상을 압박하고 있다. 빅맥지수는 각국의 통화가치를 각국의 맥도날드 빅맥 햄버거 현지 통화가격에 대한 달러로 환산한 다음, 각국의 화폐에 대한 구매력을 비교·평가하는 방식으로 계산된다. 이런 방식을 햄버거의 버거와 이코노믹의 노믹을 따서 버거노믹이라고도 부른다. 예를 들어 2016년 1월 미국 매장 빅맥 가격은 4.93달러, 한국 매장 가격은 4,300원이었다. 그런데 달러 대 원화환율은 1달러당 1,198원이었다. 이것을 환율로 환산하면 한국에서의 빅맥가격 4,300원은 3.59달러가 된다. 따라서 원화환율은 적정 환율보다 27.2% 저평가된 것으로 볼 수 있고, 미국에서의 빅맥가격과 한국에서의 빅맥가격이 같아지려면 환율은 1달러당 872.21원으로 평가절상되어야 한다는 계산이다. 최근에는 스타벅스에서 판매하는 대표상품인 카페라테를 이용하여 계산한 카페라테지수도 발표되고 있다.

20.2.4 국제통화제도

물물교환경제라면 나라마다 상품경쟁력이 교역조건을 결정할 뿐 화폐에 대한 교환비율로 경쟁할 필요가 없다. 하지만 화폐가 무역에 개입되는 한 결제수단과 환율은 늘상 다툼거리의 단초가 된다. 19세기 중엽까지는 사고파는 당사자가 '직접' 또는 당사국이 '대신' 나서서 짜증스런 흥정과 힘겨운 협상을 벌여야 했다. 협상이 두 나라 간에 진행된 까닭에 어렵사리 맺어진 협정조차 제3국에 대해서는 통하지 못했다. 각국이 거래 상대국과 따로 따로 협상하는 절차는 피곤하고 혼란스럽다. 모든 거래상대국에 일률적으로 적용할 국제통화제도가 필요하게 되었다. 국제통화제도란 재화 및 서비스 그리고 자본거래에 있어 세계의 주요 국가들이 채택하는 국제결제수단과 환율에 관한 제도를 말한다. 국제통화제도는 금본위제도(1870~1914), 브레튼우즈체제(1944~1971), 신브레튼우즈체제(1976~현재)를 구축하며 시대적 변화를 반영하고 있다.

1. 브레튼우즈체제

1차 세계대전이 끝나고 주요 서방국가들이 금본위제로 복귀하였으나, 세계경제의 상황이나 여건은 많은 변화를 내포하고 있었다. 특히 1929년의 세계대공황은 국내에서 팔리지 않는 재고를 해외에 처분하려는 목적으로 자국통화를 경쟁적으로 평가절하하려는 환율전쟁을 유발시켰다. 국제금융질서의 한 축으로서 환율에 대한 안정성이 무너지게 되자, 국제경제는 큰 혼란에 빠져들었다.2차 세계대전이 마무리돼 갈 무렵인 1944년 미국의 브레튼우즈(Bretton Woods)에서 연합국의 대표들이 모여 새로운 국제통화제도를 모색하게 된다. 당시 세계 금보유의 2/3쯤을 장악한 미국이 달러를 금과 일정비율로 교환해 줄 것을 보장하는 대신, 여타국가의 통화는 달러와 일정한 교환비율을 유지하기로 합의한 것이다.[1] 그로써 미국의 달러화는 어떤 나라의 화폐든 달러를 '통하여' 금과 바꿀 수 있는 금태환화폐의 지위를 확보

1) 다만 각국의 국제수지개선을 위한 약간의 환율조정을 허용했다. 국제수지적자가 단기적인 경우에는 1%의 범위 내에서 자의적으로 조정토록 허용하고, 만성적이고 지속적인 불균형에 대해서는 국제통화기금(IMF)의 승인하에 10%까지 조정할 수 있는 여유를 주었다(조정가능 고정환율제도).

하게 된다. 달러를 직접 금에 묶고 각국 화폐를 달러에 묶는 소위 '달러화를 기축통화(key currency)'로 삼는 금환본위제도가 출발하게 된다. 이것은 이른바 브레튼우즈체제라 불리는 고정환율제도인 것이다(금 1온스=35달러). 1947년에는 브레튼우즈체제를 감시하고 운영하기 위해 국제통화기금(IMF)이 설립된다.

제2차 세계대전 이후 미국보다는 서유럽국가들과 일본경제가 빠르게 발전하게 되자 세계경제에서의 미국의 절대적 우위는 사라지고 미국의 국제수지는 약화되게 된다. 1960년대 월남전으로 인한 미국의 막대한 군비지출과 재정적자는 미국의 경상수지를 급격하게 악화시킨다. 결과적으로 미국의 달러화에 대한 국제신뢰도는 추락하게 되고 달러화를 보유한 나라들이 앞서서 미국에 대하여 달러화를 금으로 바꿔줄 것을 요구하게 된다. 대폭 감소한 미국의 금보유잔고가 달러화가치를 더욱 하락시키자, 급기야 국제금융시장에서 달러화의 투매현상이 발생한다. 1971년 미국의 닉슨 대통령은 사태수습을 위해 달러화에 대한 금태환정지를 선언하게 된다. 기축통화인 달러의 가치유지와 달러의 충분한 공급필요성 간에 딜레마가 발생한 것이다.[2] 달러화가 두 손을 든 패배의 선언이요, 금태환보장을 일방적으로 파기하는 횡포라 할 수 있다. 1973년 유럽 각국이 변동환율제의 채택을 공식화함에 따라 브레튼우즈체제는 막을 내리게 된다.

2. 신브레튼우즈(킹스턴)체제

브레튼우즈체제가 흔들지자 국제금융시장은 커다란 혼란에 빠지게 되고 이를 진정시키기 위해 선진10개국 재무장관들이 미국 워싱턴의 스미소니언 박물관에서 과도기적 조치, 스미소니언협정에 합의하게 된다. 고정환율제를 유지하되 달러를 금에 대해 평가절하하고 각국의 환율 변동폭을 확대하는 조치이다.

1976년 자마이카의 킹스턴에서 개최된 IMF회의에서 변동환율제에 대한 당위성을 인정하게 되는데, 그 핵심내용은 각국에 나름의 환율제도를 선택할 재량권을 부여한다는 것이다.

외환의 수요와 공급이 환율을 조정하도록 놔두되, 지나친 경우에 외환시장에 개입하여 환율을 '관리'하는 '관리변동환율제도'가 일반적인 모습이다. 이것을 킹스턴

2) 이것을 트리핀의 딜레마(Triffin's dilemma)라 한다.

체제(Kingston system)라 한다.

브레튼우즈체제 붕괴 이후에도 국제통화질서는 여전히 일종의 달러본위제의 형태를 유지하고 있다. 하지만 달러본위제는 국제유동성(달러)의 공급은 미국의 경상수지 적자와 대외투자에 의해 이루어진다는 기본적인 문제를 안고 있다. 이것을 글로벌 불균형(global imbalance)이라고 한다. 독일, 일본, 중국, 동아시아 신흥국들이 대미경상흑자를 증가시키고 산유국들의 누적된 오일달러가 미국의 국공채를 사들임으로써 미국의 소비는 실제소득보다 더 높은 수준을 유지하게 된다. 이와 같은 글로벌 불균형의 문제는 미국의 달러화가 기축통화라는 특권에서 발생한다. 이런 문제를 해결하기 위해 G20과 IMF 등 국제기구를 중심으로 IMF의 특별인출권(SDR)의 역할을 강화하는 방안이 논의되고 있다.

20.3 국제수지

20.3.1 국제수지의 균형

1. 국제수지란?

국제수지표(balance of payments statement)는 "일정기간 동안 한 나라의 거주자와 비거주자 간에 이루어진 모든 경제적 거래를 체계적으로 기록한 표"를 말한다. 거래란 주고받음, 곧 수지이므로 수입과 지출의 양측 면에서 측정되어 화폐단위로 기록한다. 국제수지에서, 수입이 지출을 초과한 만큼을 흑자라 하고, 지출의 수입 초과분을 적자라 부른다.

① 국제수지는 일정기간 동안에 걸쳐 측정되므로 유량이며 국제적으로 통일된 기준에 의해 작성한다.

② 거주자는 굳이 국적을 문제 삼지 않겠다는 뜻이다. 거주지를 기준으로 삼는 것은 국내화폐와 외화의 어느 쪽을 주로 사용하는가를 구별하고자 함이다. 그

래서 내국화를 사용하는 본사는 거주자로 보되, 외화를 사용하는 해외의 지점이나 자회사는 비거주자로 취급한다. 마찬가지로 외국인과 해외법인일지라도 국내에서 국내화폐를 주로 사용하므로 모두 거주자에 포함한다. 또한 정부기관의 경우에는 거처에 구애받지 않고 본국의 거주자로 취급한다. 예를 들면, 해외주재 외교관이나 해외파병군인은 모두 본국의 거주자에 포함된다.

③ 모든 경제거래라 했으므로 재화뿐 아니라 '눈에 보이지 않는' 서비스의 거래와 자본거래까지[3] 포함한다. 또한 대가를 지불하지 않는 증여와 원조 등의 이전거래도 '주고받음'이므로 포함된다.

2. 국제수지표의 구성 및 내용

국제수지표는 〈표 20-6〉에서 보듯 경상수지, 자본수지, 금융계정 그리고 오차

〈표 20-6〉 국제수지표의 구성

<table>
<tr><td rowspan="12">종합수지</td><td rowspan="4">경상수지</td><td>상품수지</td><td>일반상품, 중계무역순수출, 비화폐용 금</td></tr>
<tr><td>서비스수지</td><td>가공서비스, 운송, 여행, 건설, 보험서비스, 금융서비스, 통신·컴퓨터·정보서비스, 지식재산권사용료, 유지보수서비스, 기타사업서비스, 개인·문화·여가서비스, 정부서비스</td></tr>
<tr><td>본원소득수지</td><td>급료 및 임금, 투자소득</td></tr>
<tr><td>이전소득수지</td><td>일반정부 이전소득, 기타부문 이전소득</td></tr>
<tr><td rowspan="2">자본수지</td><td>자본이전</td><td></td></tr>
<tr><td>비생산·비금융자산</td><td></td></tr>
<tr><td rowspan="5">금융계정</td><td>직접투자</td><td></td></tr>
<tr><td>증권투자</td><td></td></tr>
<tr><td>파생금융상품</td><td></td></tr>
<tr><td>기타투자</td><td></td></tr>
<tr><td>준비자산</td><td></td></tr>
<tr><td>오차 및 누락</td><td></td><td></td></tr>
</table>

3) 국가 간의 이자율, 투자수익성 등의 요인에 따라 '자발적이고 독립적으로' 발생하는 것과 국제수지 적자의 보전을 위하여 '어쩔 수 없이 의존적으로' 이루어지는 것이 있다. 예를 들어, 외국투자자가 자발적으로 100억 달러의 투자를 하거나, 정부가 국제수지 적자를 매꾸기 위해 50억의 차관을 도입할 수도 있겠다.

〈표 20-7〉 경상수지의 구성내용

상품수지	재화 및 원자재의 수출과 수입에 따른 외화 수취와 지급의 차이
서비스수지	가공서비스, 운송, 여행, 건설, 보험서비스, 금융서비스, 지적재산권사용료 등에 따른 외화 수취와 지급의 차이
본원소득수지	1년 미만 단기체류 근로자의 급료 및 임금, 해외투자에 따른 배당금 및 이자지급에 따른 외화의 수취와 지급의 차이
이전소득수지	무상원조, 기부금과 구호물자, 친척에 대한 송금 및 국제기구 출연금 등으로 인한 외화 수취와 지급의 차이

및 누락의 네 가지로 구성되어 있다. 그중에서 경상수지는 생산활동, 고용, 국민소득 등 국내경제에 영향을 가장 크게 미친다.

① 경상수지는 외국과의 상품 및 서비스 거래, 투자대가로 벌어들이는 배당금 이자, 대가없이 주거나 받은 이전거래가 포함된다. 경상수지는 상품수지, 서비스수지, 본원소득수지, 이전소득수지로 구성되고 내용은 〈표 20-7〉과 같다.

경상수지 흑자는 그만큼의 외화를 수중에 넣었다는 뜻이다. 경상수지의 계속적 흑자는 대규모의 외화를 조성하여 대외투자와 차관을 위한 재원을 형성하고, 이로부터 들어오는 해외투자소득이 경상수지를 더욱 유리하게 한다. 반대로 경상수지 적자가 외채를 누적시켜 경제의 대외적 예속을 초래할 염려가 있다.

특히 무역수지 흑자는 활발한 수출을 반영하므로, 고용과 국민소득을 늘린다. 또 외환사정이 넉넉하므로 경기를 부양시킬 때, 해외수입을 크게 염려할 필요가 없다. 외화를 벌어들인 거주자는 이를 시중은행을 거쳐 결국 중앙은행에 넘기고 국내화폐를 요구하므로 통화량을 팽창시킨다. 경상수지 흑자는 그만큼 상대국의 적자를 의미하므로, 시장을 개방하라거나 환율을 평가절상하라는 압력을 받을 수 있다. 또는 외국의 수입규제를 초래하고 무역분쟁의 원인이 될 수도 있다.

② 자본수지에는 자본이전 및 비생산·비금융자산 거래가 포함되고 전체 국제수

〈표 20 - 8〉 금융계정의 구성내역

금융계정	직접투자	직접투자 관계에 있는 투자자와 투자대상기업 간에 일어나는 대외거래
	증권투자	거주자와 비거주자 간에 이루어진 주식, 채권 등에 대한 투자로 인해 발생하는 거래
	파생금융상품	파생금융상품거래로 실현된 손익 및 옵션 프리미엄의 지급과 수취
	기타투자	직접투자, 증권투자, 파생금융상품 및 준비자산에 포함되지 않는 거주자와 비거주자 간의 모든 금융거래
	준비자산	중앙은행의 외환매입이나 매각 등 거래적 요인에 따른 외환보유액 변동분

지에서 차지하는 비중이 미미하다. 자본수지는 자산소유권의 무상이전, 채권자에 의한 채무면제, 브랜드네임, 상표 등 마케팅자산과 기타 양도가능한 무형자산의 취득과 처분에 따른 외화의 수취와 지급으로 계상된다.

③ 금융계정은 투자목적에 따른 자금의 이동이나 중앙은행의 준비자산변화를 계상한다. 금융계정은 직접투자, 증권투자, 파생금융상품, 기타투자, 준비자산으로 구성된다. 금융계정의 구성내역은 〈표 20 - 8〉과 같다.

④ 오차 및 누락은 각 기관의 통계작성 시점이나 평가방법의 차이, 통계작성과정에서의 누락 등에 따른 불일치를 조정하기 위한 항목이다.

3. 국제수지의 흑자와 적자

① 국제수지의 균형은 경상수지와 자본수지를 합한 전체 국제수지는 항상 균형을 이룬다. 일부 계정을 놓고 볼 때 대변과 차변이 일치하지 않는 경우를 국제수지불균형이라 한다.

② 경상거래가 이루어지는 과정에서 만약 경상수지에서 10억 달러 적자가 발생하면 외화를 충당하기 위해 외국에서 10억 달러를 차입하기 때문에 금융계정에서는 10억 달러 흑자가 발생한다.

③ 반대로 경상수지가 10억 달러 흑자가 발생하면 외국의 금융자산의 매입이나 외채상환으로 자본이 유출되므로 금융계정은 10억 달러 적자가 발생한다.

④ 국제수지가 균형이면 경상수지와 금융계정 모두 균형을 이루고 경상수지가 적자이면 금융계정은 흑자가 되고 경상수지가 흑자이면 금융계정은 적자가 된다.

⑤ 자국의 통화가 평가절하되는 경우, 경상수지가 개선되기 위해서는 양국의 수입수요의 가격탄력성의 합이 1보다 커야 한다. 즉, 자국의 수입은 커지고 상대국의 수입은 작아지는 비율의 합이 1보다 크다는 것을 의미한다. 이것을 마샬-러너 조건이라 한다. 마샬-러너 조건은 환율의 변화가 경상수지에 미치는 영향을 보여주는 외환시장의 안정조건이다.

⑥ 자국의 통화가 평가절하되는 경우, 일시적으로 경상수지가 악화되었다가 시간이 지남에 따라 개선되는 현상이 나타나는데 이를 J-curve 효과라 한다. 평가절하가 이루어지면 단기적으로는 수출가격은 하락하지만 수출물량은 상대적으로 작게 증가하여 수출액이 감소하고 경상수지는 악화된다.

읽을거리 20.2

양털깎기

국제금융재벌들은 시중에 유동성을 실컷 풀어놓고 경제적 거품을 조장한다. 경제적 거품이 만연하게 되면 수많은 사람들은 투기에 집중하게 되고 거품경제는 극도로 팽창하게 된다. 이런 시점을 노려 국제금융재벌들은 통화량(유동성)을 갑자기 회수하고 거품은 터지게 된다. 경제는 불황의 나락으로 빠지게 되고 우량 자산가격은 폭락을 면할 수 없게 된다. 우량한 자산이더라도 가격이 1/10~1/100까지 추락하고 이 때를 기다렸다가 국제금융재벌들은 헐값으로 우량자산들을 마구잡이로 사들이게 되는데, 이 과정에서 서민들의 이득을 국제금융재벌들이 착취해가는 먹이사슬이 형성되는 셈이다. 이런 과정을 되풀이 하면서 국제금융재벌들이 이익을 증식해 가는 현상을 양털깎기(fleecing of the flock)라 한다. 양털깎기는 쑹훙빙의 화폐전쟁에서 비롯된 용어이다.

20.4 개방경제와 재정·금융정책

20.2와 20.3에서 환율은 어떻게 물가수준과 국민소득수준에 영향을 미치는가에 대해 살펴보았다. 20.4에서는 개방경제하에서 재정정책과 금융정책의 효과를 살펴보고자 한다. 환율과 국민소득, 그리고 물가수준이 통합적으로 결정되는 거시모형을 통해 재정정책과 금융정책의 효과를 분석할 수 있다.

20.4.1 고정환율제도하에 경제정책의 효과

고정환율제도하에서는 정부는 항상 일정수준의 환율을 유지시키려 노력한다. 정부는 재정정책이나 금융정책으로 환율이 변동하게 되면 외환을 수·급을 조절하여 환율을 다시 본래의 수준으로 회복시키려 한다. 정부가 외환을 시장에서 공급하는 경우 국내의 화폐공급량은 증가하고 외환을 환수하는 경우 국내의 화폐공급량은 줄어들게 된다.

1. 금융정책의 효과

확장적 통화정책은 국내의 통화량을 증가시켜 이자율을 하락하게 한다. 통화량의 증가는 〈그림 20-6〉에서 총수요곡선(LM곡선의 우측이동으로)은 $AD_0 \rightarrow AD_1$로 우측 이동하고 균형점은 $E_0 \rightarrow E_1$으로 변하게 된다. 물가수준은 $P_0 \rightarrow P_1$로 상승하고 국민소득수준은 $Y_0 \rightarrow Y_1$으로 증가한다. 그런데 통화량이 증가하면 이자율은 하락하고 자본이 유출되므로 환율은 하락압력(외환에 대한 초과수요)을 받게 된다. 이 때 중앙은행은 환율을 일정수준에 유지하기 위해 외환을 매각한다. 중앙은행이 외환을 매각하면 통화량은 감소하므로 총수요곡선은 $AD_1 \rightarrow AD_2$로 좌측이동하게 된다. 균형점은 $E_1 \rightarrow E_2$로 이동하고 최종적인 균형점이 된다. 최종적인 균형점 E_2점에서는 물가수준 P_2이고 국민소득수준은 Y_2가 된다. 따라서 금융정책의 효과로 개방경제하에서의 새로운 균형점 E_2점은 폐쇄경제하에서의 균형점 E_1보다 좌측에 위치하는데, 이것은 개방경제가 폐쇄경제보다 금융정책의 효과가 작다는 것을 알 수 있다.

〈그림 20 - 6〉 고정환율제도와 금융정책

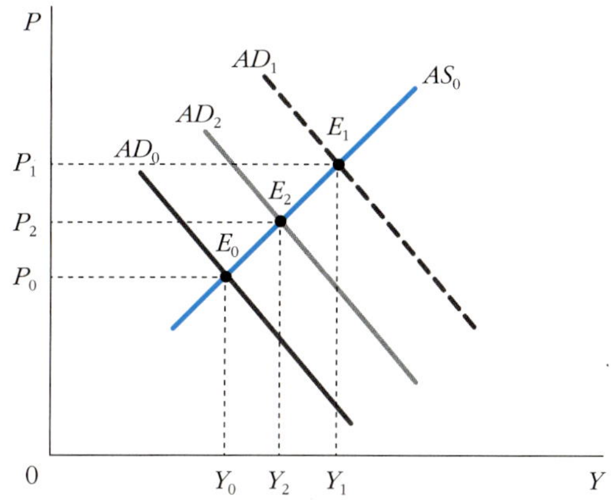

2. 재정정책의 효과

확장적 재정정책은 〈그림 20 - 7〉의 총수요곡선(IS곡선의 우측이동으로)을 AD_0 → AD_1로 우측 이동하고 균형점은 E_0 → E_1으로 변하게 된다. 물가수준은 P_0 → P_1로 상승하고 국민소득수준은 Y_0 → Y_1으로 증가한다. 그런데 국민소득이 증가하면 거래적 화폐수요가 증가하고 이자율은 상승한다. 이자율이 상승하면 자본이 유입

〈그림 20 - 7〉 고정환율제도와 재정정책

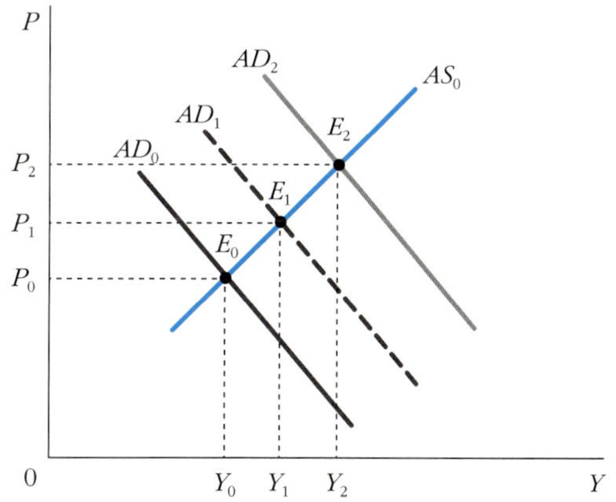

되므로 환율은 상승압력(외환에 대한 초과공급)을 받게 된다. 이 때 중앙은행은 환율을 일정수준에 유지하기 위해 외환을 매입한다. 중앙은행이 외환을 매입하면 통화량은 증가하므로 총수요곡선은 $AD_1 \rightarrow AD_2$로 우측이동하게 된다. 균형점은 $E_1 \rightarrow E_2$로 이동하고 최종적인 균형점이 된다. 최종적인 균형점 E_2점에서는 물가수준 P_2로 상승하고 국민소득수준은 Y_2로 증가한다. 따라서 고정환율제하에서는 개방경제가 폐쇄경제보다 재정정책의 효과가 더 크다는 것을 알 수 있다.

20.4.2 변동환율제도하에 경제정책의 효과

변동환율제도하에서는 재정정책이나 금융정책으로 인한 국내경제의 변화가 이자율에 영향을 미치고 이자율의 변화는 환율에 영향을 미치게 된다. 따라서 재정·금융정책은 이자율을 변화시키고, 이자율의 변화는 환율을 변화시키며, 환율의 변화는 총수요와 총공급에 영향을 미쳐 물가수준과 국민소득수준을 변하게 한다.

1. 금융정책의 효과

확장적 금융정책은 〈그림 20-8〉의 총수요곡선(LM곡선의 우측이동으로)을 $AD_0 \rightarrow AD_1$로 우측 이동시킨다. 균형점은 $E_0 \rightarrow E_1$으로 이동하여 물가수준은 P_0

〈그림 20-8〉 변동환율제도와 금융정책

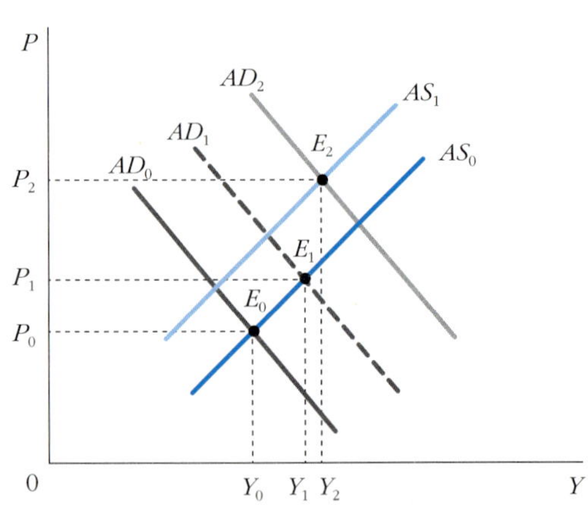

$\rightarrow P_1$로 상승하고, 국민소득수준은 $Y_0 \rightarrow Y_1$로 증가한다. 화폐시장에서는 통화량이 증가하면 이자율은 하락하게 되는데, 이자율이 하락하면 자본이 유출되고 외환에 대한 수요가 증가하게 된다. 외환에 대한 수요가 증가하면 환율은 상승하게 되고 순수출이 증가하므로 〈그림 20-8〉의 총수요곡선(*IS*곡선의 우측이동으로)은 $AD_1 \rightarrow AD_2$로 우측 이동하게 된다. 그런데 환율상승은 공급측면에서 원자재가격을 오르게 하므로 총공급곡선을 $AS_0 \rightarrow AS_1$로 좌측 이동시킨다.

따라서 최종균형점은 $E_0 \rightarrow E_1 \rightarrow E_2$점에 이르는 과정을 거쳐 E_2으로 결정된다. 금융정책의 효과는 최종균형점 E_2점에서 물가수준 P_2, 국민소득수준 Y_2으로 크게 증가한다. 결론적으로 개방경제하에서는 확장적 금융정책의 경우 폐쇄경제하에서보다 물가수준이나 국민소득수준을 모두 더 많이 증가시킨다.

2. 재정정책의 효과

확장적 재정정책(*IS*곡선의 우측이동)은 〈그림 20-9〉의 총수요곡선 $AD_0 \rightarrow AD_1$로 우측 이동시킨다. 균형점은 $E_0 \rightarrow E_1$으로 이동하여 물가수준은 $P_0 \rightarrow P_1$로 상승하고, 국민소득수준은 $Y_0 \rightarrow Y_1$로 증가한다. 화폐시장에서는 국민소득증가로 거래적 화폐수요가 증가하여 이자율은 상승하게 되는데, 이자율이 상승하면 자본이 유입되고 외환공급이 증가하게 된다. 외환공급의 증가는 환율을 하락시킨다. 환

〈그림 20-9〉 변동환율제도와 재정정책

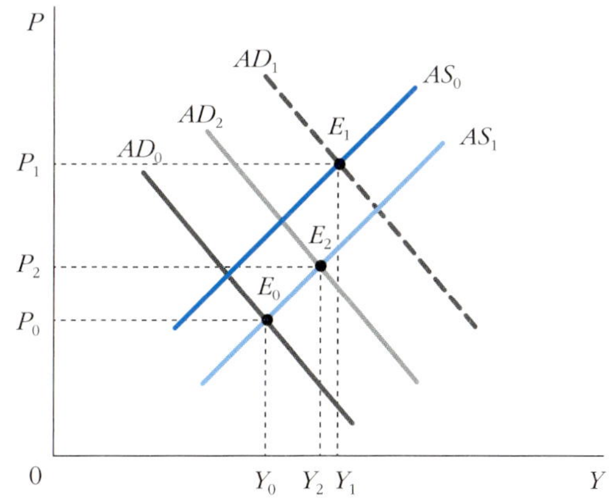

율하락은 순수출을 감소시켜 〈그림 20-9〉의 총수요곡선을(IS곡선의 좌측이동으로) AD_1 → AD_2로 좌측으로 이동시킨다. 그런데 환율하락은 공급측면에서 원자재 가격을 내리게 하므로 총공급곡선을 AS_0 → AS_1로 우측 이동시킨다.

따라서 최종균형점은 E_0 → E_1 → E_2 점에 이르는 과정을 거쳐 E_2으로 결정된다. 재정정책의 효과는 최종균형점 E_2점에서 물가수준 P_2, 국민소득수준 Y_2으로 금융정책보다 작게 증가한다. 결론적으로 개방경제하에서는 확장적 재정정책의 경우 폐쇄경제하에서보다 물가수준이나 국민소득수준을 모두 더 작게 증가시킨다.

결론적으로 변동환율제도하에서는 금융정책이 재정정책보다 효과적인 안정화정책이라 할 수 있고, 고정환율제도하에서는 재정정책이 금융정책보다 효과적인 안정화정책이라 할 수 있다.

연습문제

EXERCISE

주관식 연습문제

1. 절대우위론과 비교우위론을 비교 설명하라.

2. 수입국의 이익과 손실을 설명하라.

3. 수출국의 이익과 손실을 설명하라.

4. 헥셔-올린의 모형을 설명하라.

5. 레온티에프의 역설을 설명하라.

6. 과세부과에 따른 경제적 효과를 설명하라.

7. 비관세장벽을 설명하라.

8. GATT와 WTO체제의 차이점을 설명하라.

9. 자유무역지역을 설명하라.

10. 관세동맹을 설명하라.

11. 경제동맹을 설명하라.

12. 고정환율제와 변동환율제의 차이점을 비교하라.

13. 우리나라의 환율제도를 설명하라.

14. 평가절상이 경제에 미치는 영향을 설명하라.

15. 평가절하가 경제에 미치는 영향을 설명하라.

16. 구매력평가설과 이자율평가설을 비교 설명하라.

17. 빅맥지수란 무엇인가?

18. 브레튼우즈체제를 설명하라.

19. 신브레튼우즈체제를 설명하라.

20. 국제수지의 개념과 구제수지표를 설명하라.

21. 경상수지와 자본수지를 설명하라.

22. 금융계정의 구성내역을 설명하라.

23. 고정환율제도하에서 금융정책의 효과를 설명하라.

24. 고정환율제도하에서 재정정책의 효과를 설명하라.

25. 변동환율제도하에서 금융정책의 효과를 설명하라.

26. 변동환율제도하에서 재정정책의 효과를 설명하라.

객관식 연습문제

1. 국가 간의 교역이 경제적 이득을 가져다주는 이유로서 가장 적절한 설명은? (국가직 9급)

① 국제교역은 소비자잉여와 생산잉여의 합을 증가시킨다.
② 국제교역은 수출국의 수출상품의 국내가격을 하락시키는 경향이 있다.
③ 특정 재화의 수출·수입에 관계없이 국내 생산자 이득은 국내 소비자의 손실을 상회한다.
④ 특정 재화의 수출·수입에 관계없이 그 재화의 국내 생산자와 국내 소비자는 경제적 이득이 모두 증가한다.

2. 국제무역의 효과로 옳지 않은 것은? (공인노무사)

① 사회적 후생의 증가
② 보다 다양한 소비 기회의 제공
③ 규모의 경제를 누릴 수 있는 기회 발생
④ 수입으로 인한 동일제품 국내 생산자의 후생증가
⑤ 경쟁의 촉진으로 국내 독과점 시장의 시장실패 교정 가능

3. 소국 개방경제 A국에서 X재의 국내수요함수는 $Q_D=2,000-P$, 국내기업들의 공급함수는 $Q_s=P$이다. 현재 국제가격 $P=1,200$일 때, X재의 시장에 대한 설명으로 옳은 것은? (보험계리사)

① A국은 X재를 수입하고 있다.
② A국이 대외무역을 중지하면 X재의 국내생산은 감소한다.
③ A국에서 X재 국내생산에 대해 보조금을 지급하면 국내소비가 증가한다.
④ A국에서 X재 국내생산에 대해 보조금을 지급하면 사회후생이 증가한다.

4. 관세부과에 따른 경제적 효과에 해당하지 않는 것은? (국가직 9급)

① 국내생산 증대 효과 ② 재정수입 증가 효과
③ 사회후생 증가 효과 ④ 국제수지 개선 효과

5. 갑국에서 X재에 대한 국내 수요곡선과 국내 공급곡선은 다음과 같다. (국가직 9급)

• 국내 수요곡선: $Q_d = -\frac{P}{4} + 100$ • 국내 공급곡선: $Q_s = \frac{P}{2} + 10$

X재의 국제가격이 100인 상황에서 갑국은 자유무역을 허용하였다. 이 때 갑국 정부에서 국내 X재 생산자를 보호하기 위해 수입관세를 단위당 8만큼 부과하는 경우 자중손실(deadweight loss)은?(단, Q_d:국내 수요량, Q_s:국내 공급량, P: X재의 가격, 갑국은 소규모 개방경제 국가이다.)

① 14 ② 24 ③ 28 ④ 36

6. 다음 그림에 따를 때 A국과 B국 사이에서 특화를 통한 무역이 가능하게 되는 컴퓨터 가격의 범위로 옳은 것은? (국회직 8급)

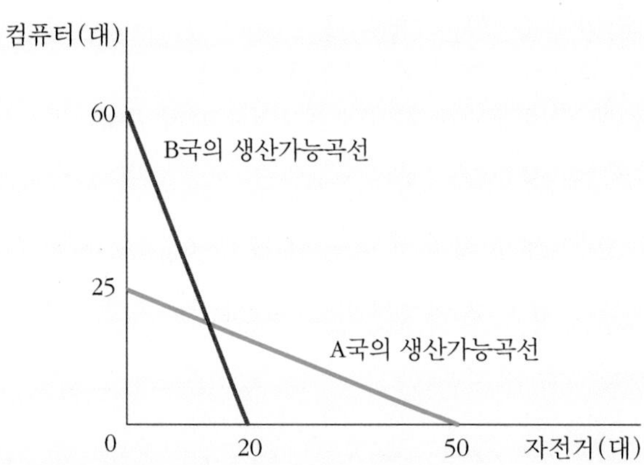

① ($P_{최저}$, $P_{최고}$) = (자전거 1/2대, 자전거 2대)
② ($P_{최저}$, $P_{최고}$) = (자전거 1/2대, 자전거 3대)
③ ($P_{최저}$, $P_{최고}$) = (자전거 1/3대, 자전거 2대)
④ ($P_{최저}$, $P_{최고}$) = (자전거 1/3대, 자전거 3대)
⑤ ($P_{최저}$, $P_{최고}$) = (자전거 2대, 자전거 3대)

7. 헥셔 – 올린 정리(Heckscher-Ohlin theorem)에 관한 설명으로 옳은 것은? [보험계리사]

① 양국의 선호차이에 의해 비교우위가 결정된다.
② 무역이 이루어지면 양국의 산업구조는 보다 유사해진다.
③ 양국 간 생산요소의 이동이 가능하다는 가정에 기반을 둔다.
④ 양국 간 요소부존의 차이가 재화의 상대가격 차이를 발생시켜 비교우위가 결정된다.

8. 우리나라 국제수지표의 경상수지에 포함되지 않는 것은? [국가직 9급]

① 국내 A은행이 차입한 외화증권 이자로 일본 B은행에 지급한 100만 달러
② 한국 정부가 C국에 무상원조로 제공한 1,000만 달러
③ 국내 해운사가 수출화물 운송 대가로 외국 D기업으로부터 받은 10만 달러
④ 외국 증권투자자가 국내 주식시장에서 매입한 주식대금 500만 달러

9. 외환 시장에서 국내 통화가치를 상승시키는 요인으로 옳은 것을 모두 고르면?
[공인회계사]

가. 국내 실질 이자율 상승 나. 수입수요의 증가 다. 외국물가 대비 국내 물가수준의 하락 라. 우리나라 제품에 대한 외국의 무역 장벽 강화

① 가, 나　② 가, 다　③ 나, 다　④ 나, 라　⑤ 다, 라

10. 구매력평가설에 대한 설명으로 옳지 않은 것만을 모두 고르면? [국회직 8급]

가. 구매력평가설은 일물일가의 법칙에 근거한다. 나. 구매력평가설에 따르면 두 나라 화폐의 실질환율은 두 나라 물가수준의 차이를 반영해야 한다. 다. 구매력 평가설에 따르면 실질환율은 항상 일정해야 한다.

① 가　② 나　③ 다　④ 나, 다　⑤ 가, 나, 다

제21장

경제성장과 발전이론

제21장

경제성장(economic growth)과 경제발전(economic development)은 유사한 개념이다. 지금까지 살펴본 경제이론보다 종합적이고 장기적인 관점에서 한 나라의 국민경제를 동태적으로 살펴보는 이론체계이다. 경제성장이란 장기간에 걸쳐 경제규모(실질GDP)가 지속적으로 커지는 현상을 말하고, 경제발전이란 경제규모(실질GDP)뿐만 아니라 자본축적, 기술진보, 산업구조의 변화 등 경제사회의 전반적인 변화로 인한 생산력의 증대현상을 말한다. 경제성장론은 주로 선진국을 연구대상으로 보는 관점이라면 경제발전론은 후진국을 연구대상으로 보는 관점이라 할 수 있다.

21.1 경제성장이론

21.1.1 경제성장의 개념과 요인

1. 경제성장의 개념

경제성장이란 장기간에 걸쳐 경제규모가 지속적으로 커지는 현상을 의미하는데, 한 나라의 실질총생산이나 1인당 실질소득이 증가하는 것을 말한다. 경제성장은 미시경제학에서는 생산가능곡선(*PPC*)의 우측 이동으로 나타낼 수 있고 거시경제학에서는 장기총공급곡선(*LAS*)의 우측 이동으로 나타낼 수 있다.

경제성장률은 한 나라의 실질GDP증가율이나 1인당 실질GNI증가율로 측정할 수 있다.

① 경제성장률 $= \dfrac{Y_t - Y_{t-1}}{Y_{t-1}} \times 100$

② 1인당 실질GNI증가율(1인당 경제성장률) = 경제성장률 − 인구증가율

장기적인 측면에서 경제성장은 수요측 요인보다 공급측 요인에 의해 결정된다.

〈그림 21 - 1〉 총공급곡선의 이동과 경제성장

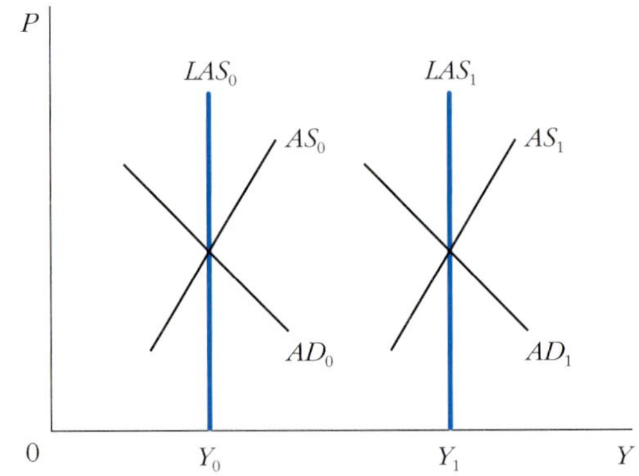

장기적으로 노동투입이나 자본설비의 증가와 같은 생산요소투입이 증가함으로써 장기총공급곡선은 〈그림 21 - 1〉의 $LAS_0 \rightarrow LAS_1$로 우측으로 이동하여 실질GDP를 〈그림 21 - 1〉의 $Y_0 \rightarrow Y_1$수준으로 증가시킨다. 또한 기술진보에 의한 생산성 향상으로 장기총공급곡선은 〈그림 21 - 1〉의 $LAS_0 \rightarrow LAS_1$로 우측 이동하여 실질GDP를 〈그림 21 - 1〉의 $Y_0 \rightarrow Y_1$수준으로 증가시킨다. 기술진보는 경제성장을 결정하는 가장 중요한 요인으로 평가된다.

고전학파는 경제가 성장하는 이유를 공급측면에서 저축을 통한 자본축적으로 노동생산성의 향상에서 비롯되는 것으로 이해한다. 케인스는 단기적으로 수요측면에서 투자를 투자수요로만 계상한다. 따라서 새로운 투자가 자본을 증식하게 되어 공급능력이나 노동생산성을 향상시키는 공급측면의 요인들을 간과하게 된다. 해로드(R. Harrod)와 도마(E. Domar)는 고전학파와 케인스를 종합하면서 장기적인 관점에서 성장이론을 체계화하고 솔로우(R. Solow)는 해로드와 도마의 성장모형을 발전시켜 내생적 성장이론에 이르게 한다.

2. 경제성장의 요인과 정형화된 사실

영국의 경제학자 칼도우(N. Kaldor)는 선진국들의 경제성장 과정을 분석하여 장기적인 규칙성을 발견하였는데, 이를 경제성장의 정형화된 사실(stylized facts of growth)이라 한다. 주요내용을 정리하면 다음과 같다.

① 장기적으로 1인당 실질소득($\frac{Y}{L}$)이 증가하는데 증가비율이 대체로 일정하다. 노동의 평균생산성이 계속 증가한다는 것을 의미한다.

② 1인당 실물자본($\frac{K}{L}$)은 증가한다. 자본의 심화(capital deepening)가 지속적으로 이루어진다.

③ 경제 전체의 실물자본－생산량비율($\frac{K}{Y}$)이 대체로 일정하다. 자본계수($\frac{K}{Y}$)가 일정하다는 것은 자본의 평균생산성($\frac{Y}{K}$)이 일정하다는 것을 의미한다.

④ 실질이자율은 뚜렷한 추세를 보이지 않는다. 명목이자율에서 인플레이션율을 뺀 실질이자율은 자본수익률에 해당한다.

⑤ 노동과 자본의 상대적 분배율이 대체로 일정하다. 총소득에서 노동소득 대 자본소득의 비율이 대체로 일정하다는 것을 의미한다.

⑥ 생산성 증가율은 나라마다 상당한 차이를 보인다. 나라마다 경제성장률이 현저하게 다르다는 것을 의미한다.

21.1.2 경제성장이론

경제성장이론은 한 나라의 경제성장률을 결정하는 근본적인 요소가 무엇인지, 경제성장률을 높일 수 있는 바람직한 경제정책은 무엇인지에 관한 이론체계이다.

1. 해로드－도마의 모형

해로드－도마모형은 공급능력의 증대와 총수요의 변화를 포괄적으로 고려한 성장이론체계로서 케인스이론을 동태화하여 자본주의 경제가 장기적으로 어떻게 성장해 가는가를 규명한 경제성장경로에 관한 모형이라 할 수 있다.

해로드－도마모형은 해외부문과 정부부문을 제외한 시장경제모형이며 다음과 같은 가정하에서 전개된다.

(1) 해로드－도마모형의 기본가정

① 총생산함수는 레온티에프(Leontief) 생산함수이다. 레온티에프 생산함수는 노동과 자본투입비율이 고정된 생산함수로 요소간 대체탄력성이 0이다. 등량곡선은 L자 형태이다.

$Y=\text{Min}\left[\frac{K}{v}, \frac{L}{\alpha}\right]$ 여기서 v, α는 상수이다.

이 함수는 최솟값 극대화원리를 담고 있어 총생산이 두 항목 중 최솟값을 취하는 특성을 가진다.

② 매기당 인구증가율은 n으로 일정하다. 노동공급의 증가율도 매기당 n이다. 여기서 노동공급을 L이라 하면

노동증가율은 $\frac{\Delta L}{L}=n$이다.

③ 총저축은 총소득의 일부분이고 총저축과 총투자는 같다. 총저축: S, 총투자: I, 국민소득: Y, 저축성향: s라 하면

총저축=총투자 $S=sY=I$이 성립한다.

레온티에프 생산함수는 요소가격이 변해도 노동과 자본의 결합비율은 변하지 않는 요소간 대체탄력성이 0이다. $Y=\text{Min}\left[\frac{K}{v}, \frac{L}{\alpha}\right]$은 생산량 1단위 생산을 위해 자본($K$) v단위와 노동(L) α단위가 투입된다는 것을 의미한다. 따라서 $Y=\frac{K}{v}=\frac{L}{\alpha}$이 성립한다. 여기서 $\frac{K}{v}$: 자본－산출량비율 또는 자본계수(capital coefficient)이고, $\frac{L}{\alpha}$: 노동－산출량비율 또는 노동계수(labor coefficient)이다.

해로드－도마 모형은 ①의 가정에서 자본계수와 노동계수가 일정하다는 조건이 성립한다.

가정 ①, ②, ③ 모두에서 노동의 완전고용조건과 자연성장률을 도출할 수 있다.

(2) 노동의 완전고용조건과 자연성장률

$Y=\frac{L}{\alpha}$ 또는 $L=\alpha Y$

노동이 증가할 때 증가된 노동(ΔL)까지 완전고용되는 조건식을 구하면 다음과 같다.

$$\Delta Y=\frac{1}{\alpha}\Delta L$$

즉 국민소득이 $\frac{1}{\alpha}\Delta L$만큼 늘어나면 생산함수에 의해서 ΔL만큼 늘어난 노동이 추가로 고용된다는 것을 의미한다.

$\Delta Y=\frac{1}{\alpha}\Delta L$을 $Y=\frac{L}{\alpha}$으로 양변을 나누면 $\frac{\Delta Y}{Y}=\frac{\Delta L}{L}$이 되고, 이 수식에 $\frac{\Delta L}{L}=n$를 결합하면

$\frac{\Delta Y}{Y}=\frac{\Delta L}{L}=n$이 설립한다. 따라서 이 수식은 노동의 완전고용을 달성하는 조건식에 해당한다. 경제성장률과 인구증가율이 같아야 한다는 것을 의미하며, 이것을 자연성장률(natural rate of growth)이라 한다.

(3)자본의 완전가동조건과 적정성장률

$Y=\frac{K}{v}$ 또는 $v=\frac{K}{Y}$(자본계수)

자본설비가 증가할 때 증가된 자본설비 ΔK까지 완전가동되는 조건을 구하기 위해 위식을 증분으로 표시하면 $\Delta Y=\frac{\Delta K}{v}$이 된다. $\Delta Y=\frac{\Delta K}{v}$을 $Y=\frac{K}{v}$으로 양변을 나누면 $\frac{\Delta Y}{Y}=\frac{\Delta K}{K}$이 성립한다.

총투자$(I)=I_r$(대체투자)$+I_n$(신투자)$=I_r+\Delta K$에서 자본재가 감가상각 없이 계속 사용될 수 있다고 가정하면 대체투자(I_r)는 0이 되므로 $\Delta K=I$가 성립한다.

$\frac{\Delta Y}{Y}=\frac{\Delta K}{K}=\frac{I}{K}$에서 $\Delta Y=\frac{I}{K}\cdot Y=\frac{I}{\frac{K}{Y}}=\frac{I}{v}$와 같이 투자는 생산력증대 효과가 있다.

또한, 유효수요의 증대 및 소득창출효과를 가진다. ③의 가정에서 총저축=총투자 $S=sY=I$에서 $\Delta I=s\cdot\Delta Y$이 성립한다.

$\frac{\Delta Y}{Y}=\frac{I}{K}=\frac{S}{K}=\frac{sY}{K}=\frac{s}{\frac{K}{Y}}=\frac{s}{v}$ 생산물시장 균형조건이 도출된다.

$$\frac{s}{v}=\frac{\Delta K}{K}=\frac{I}{K}=\frac{S}{K}=\frac{sY}{K}=\frac{s}{\frac{K}{Y}}$$

또한 $\frac{s}{v}=\frac{\Delta K}{K}$이어서 $\frac{s}{v}$는 자본증가율임을 알 수 있다.

생산물시장이 균형을 유지하면서 자본설비가 완전가동되기 위해서는 매기에 국민소득은 $\frac{s}{v}$만큼 성장해야 한다. 이것을 적정성장률(warranted rate of growth)이라 한다.

(4)자본과 노동의 완전고용조건

노동완전고용 조건식 $\frac{\Delta Y}{Y}=\frac{\Delta L}{L}=n$과 자본완전가동 조건식 $\frac{\Delta Y}{Y}=\frac{I}{K}=\frac{S}{K}=\frac{sY}{K}=\frac{s}{\frac{K}{Y}}=\frac{s}{v}$을 결합하면 $\frac{\Delta Y}{Y}=\frac{s}{v}=n$ 경제가 완전고용상태에서 장기적으로 성장가능조건이 도출된다. 따라서 경제가 일정성장률을 유지하기 위해서는 필요한 저축률=투자율을 계산할 수 있다.

(5) 해로드 – 도마모형의 특징

해로드 – 도마모형에서 저축률(s), 자본계수(v), 인구증가율(n)은 모두 외생변수이다. 모형외부에서 독립적으로 결정된 상수에 해당한다. 따라서 완전고용상태에서 경제가 장기적으로 성장할 수 있는 조건이 모형내부적으로 충족될 수 없다. 예를 들어 현실경제 상태가 $\frac{s}{v}<n$인 경우, 레온티에프 생산함수의 최솟값 결정원리 때문에 경제성장률은 $\frac{s}{v}$이 결정하고 실업이 발생한다는 것을 의미한다. 반대로 $\frac{s}{v}>n$인 경우, 경제성장률은 $\frac{s}{v}$이 결정하고 n이 결정하고 자본의 과잉설비가 존재한다는 것을 의미한다.

따라서 해로드 – 도마모형은 자유시장경제에서 생산요소들이 완전고용되고 총수요와 총공급이 일치되는 균형성장이 어렵다는 것을 시사한다.

2. 솔로우의 모형

솔로우의 모형은 해로드 – 도마모형에서 가정한 생산요소간 대체불가능을 비판하고 생산요소간 대체를 가정한 경제성장모형이다. 솔로우의 모형은 생산요소간 대체를 가정하면 자유시장경제는 장기적으로 안정된 균형성장을 지속할 수 있으며 성장의 정형화된 사실도 대부분 설명할 수 있다는 것을 보여준다. 솔로우의 정장모형은 기술수준이 모형외부에서 독립적으로 결정된 상수로 가정하여 외생적 성장이론이라고도 한다.

(1) 솔로우모형의 기본가정

① 매기당 인구증가율은 n으로 일정하다. 노동공급의 증가율도 매기당 n이다.
여기서 노동공급을 L이라 하면
노동증가율은 $\frac{\Delta L}{L}=n$이다.

② 총저축은 총소득의 일부분이고 총저축과 총투자는 같다. 총저축: S, 총투자: I, 국민소득: Y, 저축성향: s라 하면
총저축=총투자 $S=sY=I$이 성립한다.

③ 총생산함수는 생산요소간 대체가 가능한 1차 동차함수인 콥 – 더글라스(Cobb-Douglas) 생산함수를 가정한다. 1차 동차생산함수는 규모에 대한 보수가 불변이다.

(2) 솔로우모형의 균형조건

솔로우모형의 균형조건은 총생산함수 대신 1인당 생산함수로 설명하는 것이 편리하다.

1인당 생산함수: $y=\frac{Y}{L}$, 또는 $Y=yL$

1인당 자본량: $k=\frac{K}{L}$, 또는 $K=kL$

솔로우모형은 규모에 대한 보수가 불변인 1차 동차생산함수이므로 1인당 생산량은 1인당 자본량의 함수가 된다.

$y=f(k)$: 1인당 생산함수, $\Delta K=I=S=sY$: 투자=자본의 증분=저축=투자

$\Delta K=sY=syL=sf(k)L$ 이 식의 양변을 $K=kL$로 나누면 $\frac{\Delta K}{K}=\frac{sf(k)}{k}$가 된다.

노동증가율 $\frac{\Delta L}{L}=n$이다.

자본과 노동이 완전고용되면서 경제가 성장하려면 자본증가율과 노동증가율이 일치하여야 한다.

따라서 $\frac{sf(k)}{k}=n$, 또는 $sf(k)=nk$가 균형조건이다.

k: 1인당 자본량, nk: 총자본량(현재의 1인당 자본량을 유지하기 위해 필요한 투자액)

〈그림 21-2〉의 nk선은 자본유지선이다. 현재의 1인당 자본량을 유지하기 위해

〈그림 21-2〉 1인당 생산함수와 자본유지선

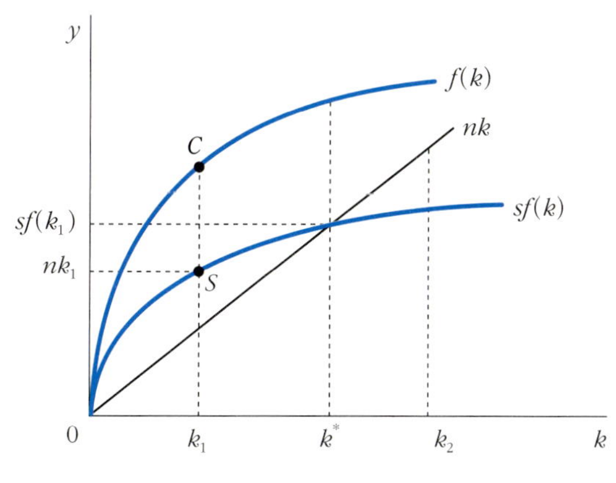

필요한 투자액을 나타낸다. 1인당 자본량(k)이 커질수록 현재의 1인당 자본량을 유지하기 위해 필요한 투자액이 비례적으로 증가함으로 nk선은 원점을 통과하는 직선이 된다.

〈그림 21-2〉의 k_1-c는 1인당 생산량을, k_1-s는 1인당 저축=투자를, $s-c$는 1인당 소비의 크기를 나타낸다. 1인당 생산량($k_1-c=y$)은 1인당 저축=투자(k_1-s)와 1인당 소비($s-c$)를 합한 것이다. 케인스의 단순모형으로는 $Y=C+S$, $Y=C+I$, $S=I$에서 완전고용국민소득이 결정된다.

〈그림 21-2〉의 $sf(k)=nk$가 성립하는 점 k^*에서 균제상태 또는 정상상태(steady state)가 된다.

1인당 자본증가율=자본증가율−인구증가율이다. 수식으로는 $\frac{\Delta k}{k}=\frac{sf(k)}{k}-n$이다. 양변에 k를 곱하면 $\Delta k=sf(k)-nk$가 된다.

$sf(k)$: 저축에 따른 1인당 자본량 증가분(1인당 실제투자액)

nk: 인구증가에 따른 1인당 자본량 감소분(현재의 1인당 자본량을 유지하기 위한 1인당 필요투자액)

실제투자액 $sf(k)$이 필요투자액 nk보다 크면 〈그림 21-2〉의 k_1처럼 1인당 자본량이 균제상태인 k^*점을 향해 증가해 가고 필요투자액 nk가 실제투자액 $sf(k)$보다 크면 〈그림 21-2〉의 k_2처럼 자본량이 균제 상태인 k^*점을 향해 감소해 간다.

솔로우모형에서는 불균형상태에서 1인당 자본량의 조정과정을 거쳐 실제투자액과 필요투자액이 같아지는 균제상태에 이르게 된다. 따라서 안정적인 장기균형성장을 설명할 수 있다.

(3) 기술진보와 솔로우모형

솔로우모형에서는 기술진보가 있을 때 정상상태에서 변하지 않는 것은 자본·유휴노동비율이다. 자연성장률은 유휴노동의 증가율과 같은 경제성장률을 의미한다. 노동과 자본이 완전고용되면서 경제가 균형있게 성장하기 위해서는 자본량과 생산량이 모두 자연성장률과 같아야 한다. 따라서 자본증가율과 경제성장률은 인구증가율보다 기술진보율만큼 더 높게 나타난다. 자본·노동비율(1인당 자본량: k)과 1인당 소득(y)은 매년 기술진보율만큼 증가한다.

경제성장률=인구증가율+기술진보율

1인당 소득증가율=기술진보율

(4) 솔로우모형과 1인당 소득

솔로우모형에서 1인당 소득이 높아지기 위해서는 1인당 자본비율이 높아지는 자본의 심화($\frac{K}{L}$)가 일어나야 한다. 〈그림 21-3〉의 횡축 k가 커져야 한다. 1인당 자본비율(k)은 저축률의 증가(s), 생산기술의 향상(f), 인구증가율(n)의 감소에 의해 커질 수 있다.

〈그림 21-3〉에서 저축률(s)이 커지면 1인당 저축곡선 $sf(k)$곡선이 $s_0f(k)$ → $s_1f(k)$으로 상방 이동한다. 정상상태의 1인당 자본이 k_0^* → k_1^*로 증가하여 1인당 소득=1인당 저축+1인당 소비가 모두 증가할 수 있다.

〈그림 21-3〉에서 인구증가율이 줄어들면 nk직선의 기울기가 작아지고 정상상태의 1인당 자본 k가 증가한다.

〈그림 21-3〉에서 기술진보가 일어나면 1인당 생산곡선 $f(k)$가 위로 이동하고 1인당 저축곡선 $sf(k)$곡선도 위로 이동한다. 따라서 정상상태의 1인당 자본 k가 증가한다.

솔로우모형은 경제가 성장하고 국민소득을 증대시키기 위해서는 저축률을 증대

〈그림 21-3〉 솔로우모형과 1인당 소득

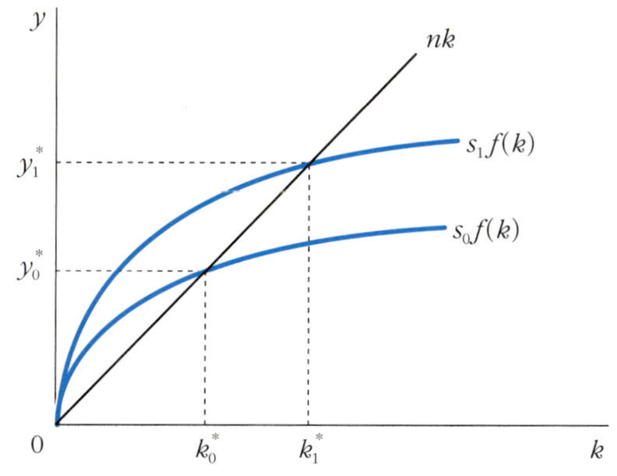

시키고, 인구증가율은 억제하며, 생산기술을 향상시키는 정책이 유효하다는 것을 보여준다.

(5) 솔로우모형의 특징

솔로우모형은 칼도우가 검증한 경제성장의 정형화된 사실을 잘 설명하고 있다. 마르크스는 분권화된 시장경제의 비판에서 자본수익률의 저하, 노동분배율 하락, 실업률의 증가로 자본주의의 종언을 예언한 바 있다. 그런데 솔로우모형은 시장경제는 기술진보로 자본수익률이나 노동분배율이 하락하지 않고 완전고용을 이룬 정상상태에서 지속적인 경제성장이 가능하다는 시장경제체제의 역동성을 잘 설명해주고 있다. 하지만 솔로우모형은 ① 국가 간의 경제성장률의 격차문제를 설명하지 못하고, ② 장기적인 1인당 소득증가의 요인을 기술진보라고 설명하는데, 기술진보는 솔로우모형에서 외생변수로 다루어진다는 한계를 가지고 있다.

3. 내생적 성장이론

솔로우모형은 1인당 소득의 증가요인은 장기적으로 기술진보로 보고 있다. 그런데 기술진보가 어떻게 발생하는지에 대한 설명이 부족하다. 기술진보는 단지 주어진 독립변수로 취급된다. 따라서 1980년대부터 경제성장의 원동력이 무엇이며 이것을 결정하는 요인이 무엇인지를 밝히려는 이론체계가 등장하는데 이를 내생적 성장이론(endogenous growth theory)이라 한다.

내생적 성장이론은 ① 기술진보가 경제성장의 요인으로 보고 기술진보는 연구 및 개발(R&D)에 의해 늘어난는 지식스톡에 의해 이루어진다고 보는 관점이 있고, ② 경제성장의 요인이 기술진보 없이도 물적자본이나 인적자본이 지속적으로 증가하여 1인당 소득을 증가시킨다는 관점이 있다.

(1) 로머의 R&D모형

로머의 R&D모형은 기술진보를 경제주체들의 최적화 행위로 경제 내에서 결정되는 내생변수로 본다. 지식축적을 위한 연구개발투자가 이루어지면 내생적인 힘에 의해 지속적인 성장이 가능해진다. 연구인력의 생산성이 높을수록, 기존 지식스톡의 연구창출효과가 클수록, 연구인력의 증가율이 높을수록 경제성장률이 높아진다. 또한 로머는 지식자본의 외부효과를 지속적인 경제성장의 요인으로 설명한다. 지식자본은 물적·인적자본뿐만 아니라 지식자본까지 포함한다. 지식자본의 외부효과에 의해 개별기업의 수확체감의 생산함수가 경제 전체로 보면 수확체증하는 생산함수로 변환되어 지속적인 경제성장이 가능해진다.

(2) AK모형과 인적자본모형

AK모형은 생산함수는 자본에 대해 수확불변이라고 가정한다. 자본에 대한 수확체감이 성립하지 않기 때문에 선진국과 후진국의 1인당 자본량의 격차가 줄어들지 않는다. AK모형에서는 1인당 자본량이 지속적으로 증가하므로 내생적인 요인에 의해 경제가 지속적으로 성장할 수 있음을 보여준다.

AK모형의 총생산함수: $Y=AK$

단, A는 상수이고 K는 물적자본과 인적자본 모두를 포괄한다. 여기서 인적자본이란 노동생산성을 증대시키는 교육, 훈련, 건강과 같은 노동의 질을 의미한다.

자본축적은 저축=투자에서 이루어지고 대체투자를 무시하면 신투자 $I=\Delta K$이다. $Y=AK$에서 $A=\dfrac{Y}{K}$가 성립하고 이를 아래 수식에 대입하면

$\dfrac{\Delta K}{K}=s\dfrac{Y}{K}=sA$가 성립한다. A는 상수이므로 $Y=AK$에서 총생산은 자본스톡의 함수이다.

$\dfrac{\Delta Y}{Y}=\dfrac{\Delta K}{K}=sA$가 도출된다. 정상상태에서 경제성장률은 sA임을 알 수 있다.

인구증가율이 n이라면 1인당 소득증가율은

$$\frac{\Delta Y}{Y}-n=sA-n$$

자본증가율(sA)이 인구증가율(n)보다 크다고 가정하면 1인당 소득은 지속적으로 증가하게 된다.

(3) 내생적 성장이론의 평가

내생적 성장이론은 경제성장요인을 매우 다양하게 다루고 있다. ① 국제무역은 교역국 간의 모방과 기술이전을 통해 기술개발을 촉진시킨다. ② 정부투자지출은

사회간접자본(SOC)을 확충함으로써 경제전반에 걸쳐 생산성을 향상시킨다. ③ 금융시장의 발달은 투자재원의 효율적인 조달과 배분을 통해 경제적 효율을 증진시킨다.④ 사유재산권의 확립은 자본축적이나 기술개발을 촉진시키는 요인으로 작용한다. ⑤ 사회적 하부구조의 개선은 경제전반의 효율성을 증진시킨다(관료체계, 사법제도의 효율성, 회계제도의 투명성 등).

내생적 성장이론은 경제성장의 요인을 다양하게 다루고 있지만 1인당 소득이 지속적으로 증가하는 내생적 요인에 대한 설명으로 귀결된다. 경제성장에 있어 경험을 통한 학습(learning by doing)이나 인적자본의 축적 그리고 연구개발의 중요성을 함축하고 있다.

21.2 경제발전이론

선진국의 경우에는 생산요소 부존량의 증가와 기술진보에 따른 생산능력을 제고시킴으로써 지속적인 경제성장을 도모하는 데 관심을 집중해 왔다. 그러나 후진국의 경우에는 경제성장을 위해서는 생산능력뿐만 아니라 사회구조의 개혁, 산업구조의 혁신, 인적자원의 개발 등 질적 향상까지 도모해야 한다. 이런 차원에서 선진국은 경제성장의 문제, 후진국(개도국)은 경제발전의 문제로 이분화하는 경향을 유지하였으나 최근에는 경제성장이나 경제발전을 거의 동일개념으로 취급하고 있다.

21.2.1 개도국의 경제발전전략

1950년대부터 후진국 경제발전을 위한 산업정책으로 균형성장이론과 불균형성장이론이 주목받고 있다. 산업정책이란 경제발전에 도움이 되는 외부효과나 산업연관효과가 높은 특정산업들을 지원하는 정부의 정책을 의미한다.

1. 균형성장론

균형성장론은 넉시(R. Nurkse)에 의해 주창된 이론으로 후진국이 빈곤의 악순환에서 벗어나기 위해서는 여러 산업을 동시적으로 균형있게 발전시켜야 한다는 이론이다. 넉시는 후진국이 가난에서 벗어나지 못하는 이유를 저생산 → 저소득 → 저저축 → 저투자라는 빈곤의 악순환(vicious circle of poverty)으로 설명한다. 따라서 후진국은 빈곤의 악순환에서 탈피하는 정책이 중요하며 우선적으로 시장을 확대시키는 정책이 필요하다고 주장한다. 시장을 확대하는 방법에는 수출시장을 개척하거나 국내시장을 확장하는 방법이 있다. 후진국의 경우에는 수출경쟁력이 낮으므로 국내시장을 확대하는 것이 현실적이다. 따라서 국내시장을 개발하거나 확대하기 위해서는 모든 산업에 균형있게 투자하여 각 산업이 서로 상호수요(reciprocal demand) 및 보완적 수요(complementary demand)를 창출함으로써 시장수요능력과 공급능력을 균형있게 확장할 수 있다. 또한 공급측면에서는 위장실업을 제거하여 농업부문의 저축률을 높이고 국제적 전시효과를 억제하여 소비를 억제함으로써 자본축적을 강화해야 한다.

2. 불균형성장론

불균형성장론은 허쉬만(A. Hirschman)에 의해 주창된 이론으로 후진국은 자본부족으로 동시에 균형있게 모든 산업을 발전시키기 어려움으로 전·후방연관효과가 큰 산업을 선도적으로 육성해야 한다는 이론이다.

산업연관효과란 전방연관효과와 후방연관효과로 나뉘는데, 전방연관효과는 한 산업의 생산물이 다른 산업의 중간재로 쓰여져 그 산업의 증대에 미치는 효과(생산물이 다른 생산물을 증대)를 말하고, 후방연관효과는 한 산업의 생산증가가 그 산업에 투여되는 중간재나 원료를 공급하는 다른 산업의 생산에 미치는 효과(투입물에 대한 생산유발)를 말한다. 후진국은 자본이 부족하고 기술수준은 열악하며, 기업가적 능력도 미약하기 때문에 산업연관효과가 큰 산업을 집중적으로 육성하여 발전을 도모해야 한다는 이론이다.

허쉬만은 투자에 따른 생산능력창출효과, 소득창출효과 그리고 산업연관효과 중

산업연관효과를 가장 강조하여 농업부문보다 공업부문에 우선적으로 투자해야 한다고 주장한다.

3. 균형성장론과 불균형성장론의 평가

자본이 풍부하고 기술수준이 높으며 우수인력이 충분하다면 모든 산업을 균형있게 성장시키는 것은 당연하다. 후진국의 경우에는 모든 것이 부족하며 시장도 협소한 상태에서 경제를 발전시켜야 한다. 이런 상황에서는 우선 선택적으로 산업연관효과가 큰 산업을 중심으로 집중투자하고 경제발전과정에서 산업부문간 균형이 이루어지도록 균형성장을 지향하는 전략적 선택이 중요하다.

① 수출경쟁력을 쉽게 확보할 수 있는 나라의 경우에는 불균형성장전략에 의한 경제개발을 도모하는 것이 적합하고, 내수시장을 쉽게 확대할 수 있는 나라의 경우에는 균형성장전략에 의한 경제개발이 적합하다.

② 생산요소 공급면에서 부존자원이 풍부한 나라의 경우에는 균형성장전략이 적합하고 그렇지 못한 나라의 경우에는 불균형성장전략이 적합하다.

③ 시장기능이 활성화된 나라의 경우에는 균형성장전략이 적합하고 그렇지 못한 나라의 경우에는 불균형성장전략이 적합하다.

21.2.2 개도국의 자본축적과 경제발전

경제발전을 위한 가장 중요한 요소는 자본의 축적이다. 자본의 축적은 저축과 투자에 의해 결정된다는 것은 이미 앞에서 설명한 바 있다. 후진국의 경우, 낮은 자본축적을 해결하기 위해 ① 잠재실업을 활용한 자본축적방법, ② 해외자본을 이용한 자본축적방법을 전략적으로 선택할 수 있다.

1. 잠재실업을 활용한 자본축적

후진국의 경우, 대부분의 나라에서 농업부문에 방대한 잠재실업이 존재한다. 잠재실업(disguised unemployment)이란 노동의 한계생산(MP_L)이 0이거나 0에 가까운 사실상 실업의 상태라고 볼 수 있는 농촌의 노동력을 말한다. 루이스(A. Lewis)

는 농촌의 잠재실업자가 공업부문에 고용됨으로써 실질임금이 낮게 유지되고 노동소득보다 자본소득이 더 빨리 증가하여 자본축적이 촉진될 수 있다는 무한노동공급모형을 제시했다. 후진국의 경제개발 초기단계에서 나타나는 현상으로 우리나라, 중국, 베트남의 고도성장을 설명할 수 있다. 그런데 경제발전이 진전됨에 따라 잠재실업인구가 감소하고 잠재실업에 의한 자본축적효과도 소멸하게 된다. 농촌의 잠재실업을 공업부문으로 흡수할 투자재원을 위해서는 중앙은행이 화폐발행으로 재원을 조달하는 인플레이션조세에 의한 강제저축을 활용할 수 있다. 화폐발행으로 물가가 상승하고 기업이윤을 얻는 계층의 저축률이 증가하여 자본축적이 촉진될 수 있다.

2. 해외자본을 이용한 자본축적

후진국은 부족한 자본을 조달하기 위해 자발적인 저축증대, 잠재실업을 활용한 자본축적, 그리고 해외자본을 도입하는 방식을 활용할 수 있다.

해외자본을 도입하는 방식으로는 직접투자방식과 간접투자방식이 있다. ① 중국과 같이 경제특구를 만들어 해외자본을 국내로 유치하는 방식을 직접투자라 하는데 직접투자방식은 투자수익이 해외로 유출되고 외국기업의 영향력이 증대한다는 특징을 가진다. ② 우리나라의 경우처럼 정부나 민간이 외국에서 돈을 빌려 투자하는 해외차입방식을 간접투자라 한다. 간접투자방식은 자금을 독자적으로 활용할 수 있으나 자금에 대한 원리금을 상환할 의무가 부과되고 외채(foreign debt)를 증가시킨다.

외자도입의 경제적 효과를 정리하면 다음과 같다.

① 외자도입으로 투자가 증가하면 국민소득과 고용수준이 증가한다. 해외자본이 자본재형태로 들어오는 경우 체화된 기술까지 도입되는 효과가 발생한다. 외자가 사회간접자본에 투자되는 경우 경제전반의 개발효과를 증폭시킨다. 외자도입으로 수입대체산업이나 수출산업의 생산성을 증가시키는 경우에는 경상수지도 개선시킬 수 있다.

② 외자도입으로 해외자본수출국에 대한 의존도가 높아진다. 해외자본을 선진

국이 후진국을 지배하는 수단으로 활용한다는 종속이론(dependence theory)도 대외의존도에 근거한다. 외자도입은 원리금상환에 대한 부담을 가중시킨다. 외자도입은 단기적으로 국민저축을 대체함으로써 국민저축을 감소시킬 수 있다.

연습문제

EXERCISE

주관식 연습문제

1. 경제성장이론의 개념을 설명하라.

2. 경제성장률을 계산하는 산식은?

3. 경제성장의 정형화된 사실을 설명하라.

4. 해로드 - 도마모형의 기본가정을 설명하라.

5. 해로드 - 도마모형의 자연성장률과 적정성장률을 설명하라.

6. 해로드 - 도마모형의 자본과 노동의 완전고용조건을 설명하라.

7. 해로드 - 도마모형의 특징을 설명하라.

8. 솔로우모형의 기본가정을 설명하라.

9. 솔로우모형의 균형조건을 설명하라.

10. 균제상태의 의미와 조건을 설명하라.

11. 기술진보와 솔로우모형의 관계를 설명하라.

12. 솔로우모형의 특징을 설명하라.

13. 내생적 성장이론의 특징을 설명하라.

14. 로머의 R&D모형을 설명하라.

15. AK모형과 인적자본모형을 설명하라.

16. 경제발전이론의 개념을 설명하라.

17. 넉시의 균형성장이론을 설명하라.

18. 허쉬만의 불균형성장이론을 설명하라.

19. 균형성장이론과 불균형성장이론을 비교하라.

20. 잠재실업을 활용한 자본축적방식을 설명하라.

21. 인플레이션 조세란 무엇인가?

22. 직접투자방식의 장·단점을 설명하라.

23. 간접투자방식의 장·단점을 설명하라.

객관식 연습문제

1. 경제성장에 대한 설명으로 옳은 것은? 〔국가직 7급〕

① 솔로우 모형에서는 1인당 소득이 높은 나라일수록 경제가 빠르게 성장한다.
② 성장회계는 현실에서 이룩된 경제성장을 각 요인별로 분해해 보는 작업을 말한다.
③ 쿠즈네츠 가설에 따르면 경제성장의 초기단계에서 발생한 소득불평등은 처음에 개선되다가 점차 악화된다.
④ 내생적 성장이론은 일반적으로 자본에 대한 수학체감을 가정한다.

2. 총요소생산성에 대한 설명으로 옳은 것을 모두 고른 것은? 〔지방직 7급〕

가. 총요소생산성의 변화율은 생산량의 변화율에서 생산요소에 각 요소의 몫으로 가중한 생산요소의 변화율을 차감하여 측정한다. 나. 총요소생산성은 직접 관찰하기 어렵다. 다. 경제성장에 기여하는 기술수준, 산업구조, 경제제도 등이 포함된다.

① 가, 나 ② 가, 다 ③ 나, 다 ④ 가, 나, 다

3. D국 경제의 총생산함수 $Y=AK^{\frac{1}{3}}L^{\frac{2}{3}}$에 관한 설명으로 옳지 않은 것은? 〔공인노무사〕

① 총생산량에 대한 노동탄력성은 2/3이다.
② 기술이 진보하면 총요소생산성(A)이 증가한다.
③ 총생산함수는 규모에 따른 수확체감을 나타내고 있다.
④ 경제성장률은 총요소생산성(A)의 증가율과 투입물(L, K)의 증가율로 결정된다.
⑤ 노동소득분배율은 2/3이다.

4. 모든 시장이 완전경쟁 상태인 경제에서 총생산함수는 $Y=AK^{\frac{2}{3}}L^{\frac{1}{3}}$이다. 매년 L, K, A가 각각 3%씩 증가하는 경제에 관한 설명으로 옳은 것을 모두 고른 것은? 〔감정평가사〕

가. 총생산함수는 규모 수익 불변이다.	나. 노동소득분배율은 2/3이다.
다. 경제성장률은 6%이다.	

① 가 ② 나 ③ 가, 나 ④ 나, 다 ⑤ 가, 나, 다

5. 다음 중 Domer의 성장이론에서 투자의 이중성에 대한 설명으로 옳은 것은? 〔국가직 7급〕

① 투자가 생산물의 공급능력을 증가시키는 한편 총수요를 증가시키는 두 가지 역할을 수행하는 것을 말한다.
② 투자를 설비투자와 재고투자 두 부분으로 나눌 수 있는 것을 말한다.
③ 투자에는 유발투자와 독립투자의 이중성이 있음을 말한다.
④ 투자는 사전적 투자와 사후적 투자로 구분되어 있음을 말한다.

6. 솔로우(Solow) 성장모형에서 장기적으로 1인당 소득을 증가시키는 요인으로 옳은 것만을 고르면? 〔국가직 9급〕

가. 생산기술의 향상	나. 국민저축률의 감소	다. 인구증가율의 증가

① 가 ② 가, 나 ③ 나, 다 ④ 가, 나, 다

7. 솔로우(Solow) 성장모형이 〈보기〉와 같이 주어져 있을 때 균제상태(steady state)에서 일인당 자본량은?(단, 기술진보는 없다.) 〔서울시 7급〕

- 생산함수: $y=2K^{\frac{1}{2}}$ (단, y는 일인당 생산량, k는 일인당 자본량이다.)
- 감가상각률: 5%, 인구증가율: 5%, 저축률: 20%

① 2 ② 4 ③ 8 ④ 16

8. 솔로우(Solow) 성장모형에 대한 설명으로 옳은 것을 모두 고른 것은? (국가직 9급)

> 가. 기술진보는 외생적으로 결정된다.
> 나. 자본의 한계생산성은 일정하게 유지된다.
> 다. 인구증가율이 높아져야 1인당 소득이 높아지는 경제성장이 가능해 진다.
> 라. 기술진보에 의한 1인당 생산함수 곡선의 상방이동은 균제상태에서의 1인당 자본을 증가시킨다.

① 가, 나 ② 나, 다 ③ 다, 라 ④ 가, 라

9. 솔로우(Solow) 경제성장모형의 가정에 해당하지 않는 것은? (국가직 9급)

① 생산요소의 한계생산이 체감한다.
② 저축률은 일정하다.
③ 효용의 극대화를 추구한다.
④ 총생산함수가 규모에 대한 수확불변이다.

10. 다른 조건이 같은 경우, 상대적으로 가난한 상태에서 출발하는 나라가 빠른 속도로 성장하기 쉽다는 따라잡기 효과(catch-up effect)의 배경이 되는 이론은? (국가직 9급)

① 자본의 한계수확체감의 법칙 ② 인적자본투자의 플러스 외부효과
③ 내생적 경제성장이론 ④ 인구증가의 1인당 자본량 감소효과

찾아보기

ㄱ

ㄴ

기타

저자 약력

강남호 교수

원광대학교 경제학부 교수로서 20여 년 간 경제학원론 교과를 담당하고 있다. 대통령 직속 국가균형발전 위원회 전문위원 및 전라북도 지역혁신협의회 위원으로 국가균형발전을 위한 정책수립에 참여하고 있다. 원광대학교 경영대학 학장 및 경영대학원장, 기획부처장, 평생교육원장, 그리고 인력개발처장 직을 수행하면서 대학교육발전에 기여한 바 있다. 여성대학, 행정대학원 최고여성지도자과정 및 법학전문대학원에서 강의하였으며 특강, TV토론, 신문의 칼럼 등을 통하여 국민경제교육에 노력하고 있다. 국가고시(행정고시, 7급 공무원, 9급 공무원)문제선정, 평가 및 면접위원 등으로 활동하였고, 농촌진흥청 정책과제심의위원, 전라북도 재정사업민간평가위원, 국회사무직 8급 경제학문제 확정위원 등으로 활동 중이다.
연구논문으로는 '우리나라 임대주택시장과 법적규제에 관한 연구' 외에 다수의 논문이 있고, 저서로는 미시경제학(1996), 지방재정학(공저, 1997), 테마경제(1998), 잘사는 사회 위대한 사회(2008), 경제학(Boys & Melvin, *Fundamentals of Economics*, 공동번역, 2013), 경제학(2016)을 출간하였다.

김경표 교수

원광대학교 경제학부 교수로서 10여 년 간 경제학원론 교과를 담당하고 있다. 연구논문으로는 '주택임대차시장 임대차계약 형태 구조 변화에 따른 세제개편에 관한 연구' 외에 다수의 논문이 있고, 저서로는 한국세제사 2편 3권 지방세·재산과세·조세지원제도(공동저서, 2014)가 있다.

경제학원론 [제2판]

초판 발행 2019년 6월 30일
제2판 발행 2022년 5월 20일

지은이 강남호 · 김경표
펴낸이 김중용
편 집 심성보
펴낸곳 도서출판 정독
경기도 고양시 일산서구 하이파크로 113, 102-204
등록 제406-2014-000093호

전 화 031)924-7203 팩 스 02)718-8554
홈페이지 www.jeongdok.co.kr 이메일 admin@jeongdok.co.kr
ISBN 979-11-6858-057-2 93320

정 가 30,000원